Donner/Schnebel

Handarbeiten wie zu Großmutters Zeiten

Mizi Donner/Carl Schnebel

Handarbeiten wie zu Großmutters Zeiten

Illustriertes Handbuch
für das Häkeln, Stricken, Sticken, Knüpfen,
für die Klöppel-, Durchbruch- und Spitzenarbeit,
die Goldstickerei und die Ziersticbe.

Ullstein

Ein Gelbes Ullstein Buch
Faksimiledruck der Originalausgabe
„Ich kann handarbeiten"
Illustriertes Hausbuch für die Techniken der weiblichen Handarbeit
herausgegeben von Mizi Donner und Carl Schnebel

Gesamtherstellung: Ebner Ulm
Printed in Germany 1984
ISBN 3-550-06097-1

Inhalts-Übersicht

Das Häkeln

Material und Werkzeug 17
Abkürzungen 25

I. Die einfache Häkelarbeit

Verschiedene Anschläge 18
Maschen- und Muschenbildungen 18
Wickelstäbchen 23
Gekreuzte Stäbchenmasche, Gitter- oder Netzstäbchen, Stäbchenmusche, Reliefhäkelei 24
Pikotanschlag, Schlingenpikot 25
Rippen- oder Plisseestich, Puffenmusche 26
Spitzen, Einsätze, Quadrate u. Sterne 27-38

II. Die Gabel- oder Gimpenhäkelei

Einfache Börtchen und Börtchen mit verschränkten Schlingen 39
Herstellung von Quasten 40

III. Die Wollhäkelei

Tunesische Strick- oder Trikothäkelei . . 41
Muschenstich 42
Handschuh in Gobelinstich 48
Jäckchen, Mützen, Handschuhe 44-49
Muschenhäkelei 49
Sternstich 51
Schlingenhäkelei 52
Häkelstich „Punto Lydia“ und Häkelstich „Punto Corinna“ 53
Pelerine für Kinder 54

IV. Die Häkelgipüre

(Irische Häkelarbeit — irish guipure)

Material und Werkzeug 56
Tabellen mit Blättern, Blüten, Rosetten und Reliefröschen 60
Bordüren-Abbildungen 57
Ringfigur-Abbildung 64
Ringmusche 66
Blattzweig 68
Babyjäckchen 69
Babyhäubchen 69
Babyschuhe 71
Gipüregrund 72

Das Stricken

Material und Werkzeug 74
Abkürzungen 75

Die gewöhnliche Strickarbeit 75
Verschiedene Maschenanschläge 76
Bilden der Maschen 78
Patentstrickerei, der tunesische Strickstich 80

Das Strumpfstricken 81
Damen- und Herrenstrumpf 82
Orthopädischer Strumpf 84
Verschiedene Fersen und Strumpfspitzen 85
Kinderstrumpf 86

Ausbessern von Strümpfen 87
Strickstopfe, Stricknaht, Arbeitserleichterungen bei Strickarbeiten 88

Das Stricken von Bekleidungsgegenständen für den Winter und für Sportzwecke 89
Babyhöschen 89
Gamaschen, Wadenstutzen 89

Kinderschuhe 92
Handschuhe 93-98
Kinderjäckchen 98
Damensportjacke und Mütze 100
Sweater 102
Sportmützen 104
Joppe, Herrenweste 105

Verschiedene Grundmuster 107

Das Stricken von Quadraten und Sternen 108-110

Strickspitzen 111
Typenmuster für einen breiten Einsatz in durchbrochener Strickarbeit . . . 110
Durchbrochene Strickarbeit nach Typenmustern 113
Waschen von Strickspitzen 114

Die Knüpfarbeit

Material und Werkzeug 116
Anlage und verschiedene Anschläge . . 118
Abkürzungen 124

I. Die Knüpfflechtarbeit

Flachknoten, Flachdoppelknoten oder Jagdtaschenknoten, Zopfknoten. . . . 118
Kreuzknoten und Kettenknoten 119
Erbsknoten 120
Pikots, Josephinen- oder Isabellaknoten, Quasten und Abbinden von Quasten 122

Das Knüpfen von Mustern 123
Börtchen 124
Fransen mit armenischem Knüpfknoten, Muschenknoten, Rundknoten 126
Verschiedene Fransen und Franse mit Ecke 127

II. Die Makrameeknüpfarbeit

Das Knüpfen mit Rippenknoten . . . 130
Anlage oder Anschlag mit Verzierung 131
Verschiedene Pikots 131
Rippenknoten 132
Pikots und Ringelbörtchen 132
Rosenmusche, Kugelmusche 132
Langettenmusche, Kettenmusche, Rippenmusche, Erbsmusche, Ringmusche . . 133
Geknüpfte Borten und Fransen. 136-139

III. Die Posamentenknüpfarbeit

Knopf, Posamentenquasten 140
Bällchen 145
Geflochtene Schnüre und geknüpfte Schnüre 146
Lederfransen und Quasten 147

Die Filet- oder Netzarbeit

Material und Werkzeug 150

Anschlag und die Ausführung des Maschennetzes 151
Handstellungen beim Schürzen des Knotens 151
Eckiger Netzgrund 153
Karofilet 154
Löcherfilet, Sternfilet 156
Muschenfilet 157
Fächerfilet 158
Herstellung des geraden Filetgrundes 159
Einspannen des Filetgrundes 162

Durchstopfen des Filetgrundes in den verschiedenen Sticharten . . 164
Abbildungen verschiedener Füllstiche 162-165
Gewöhnlicher Stopfstich (point de reprise), Leinenstopfstich (point de toile) 165
Festonstich (point d'esprit), Kreuzstich (point croisé) 166

Pilzstiche 166
Zacken und Pikots 168
Pyramidenzacke und Reliefblättchen, Büschellangette, Filet antique . . . 170
Filet richelieu und filet guipure . . . 171
Verschiedene Mustervorlagen
Heraldischer Löwe, Typenmuster 154
Kissen 161
Bordüren, Schutzglocke, Karos, Lampenschirm 167-171

Die Frivolitätenarbeit

(Occhi-Technik)

Material und Werkzeug 172
Der Frivolitätenknoten 175
Handstellungen beim Bilden des Knotens 173
Arbeiten mit einem und zwei Schiffchen, Pikots 174
Ringe, Bogen, Josephinenknoten 176
Abkürzungen 176
Muster-Abbildungen
Spitzen, Sterne, Einsätze, Eckbildungen, Dreiecke 176-187

Die Klöppelarbeit

Material und Werkzeug 188
Abkürzungen 191
Die verschiedenen Klöppelschläge und Spitzenarten 190
Handstellung 191
Einfacher Löcherschlag 190
Netzschlag 191
Leinenschlag, Tüllgrund, Brüsseler Grund 193
Fond à la vierge (Jungfernschlag), Rosengrund, Eternellespitze 194
Torchonspitze 196
Eckiger Formenschlag 198
Flechtspitze 200
Bandspitze 203
Gipürespitze 205
Karo in Formenklöppelei 216
Herstellen von Klöppelbriefen . . . 217
Vergrößern und Verkleinern 217
Erneuern des Klöppelfadens, Ausbessern von Klöppelspitzen, Waschen von Spitzen 218
Bügeln und Nadeln der Spitzen 219

Stoffproben

Stofftabellen 220-221

Die gebräuchlichen Stickfäden

Stickfädentabellen 223-224

Die Kreuzstichstickerei

Stoff, Material und Werkzeug 226
Der Kreuzstich und seine verschiedenen Arten 227
Gewöhnlicher Kreuzstich 227
Gewöhnlicher Sternstich, Zopfstich . . . 228
Slawischer Lockenstich 230
Die gleichseitige Strichstichstickerei (Holbeintechnik) 231
Kästchenstich 232
Wiener Kreuzstich 234
Der gleichseitige (doppelseitige) Kreuzstich 236
Doppelseitiger Rosettenstich 237
Der durchbrochene, italienische Doppelstich (Durchbruchstich) . . 237
Das Sticken nach Typenmustern . . 240
Nachthemd und Bildchen 241
Bordüren, Karos, Eckbildungen . 240-252
Alphabete und Monogramme . . 249-250
Kissen 251

Die Flachstichstickerei

Stoff, Material und Werkzeug 256
Verschiedene Flachsticharten 256
Der gewöhnliche oder nordische Flachstich, Gobelin- und Perlstich . . 256-258
Byzantinischer Flachstich, ungarischer Flachstich 258
Orientalischer Flachstich, Flechtstich, Flammenstich 259
Flachstichmuster 262
Bordüre, Wandbehang 262
Tischdecke, Stuhlbehang 264
Die imitierte Webearbeit 265
Der Kelimstich 266
Muster 265
Kissen, Stuhlbehang 267
Behang oder Teppich in Stopfarbeit . . 268
Der Knüpfstich in seinen verschiedenen Arten 269
Smyrna-Knüpfstich, neuer persischer Knüpfstich, Kettenknüpfstich 270
Quästchenstich 272
Muster 271
Teppich in Smyrnaknüpfarbeit 271

Das Übertragen der Muster

Das Bügelverfahren 273
Das Pausverfahren 274
Pausen mittels Durchstechens 274
Herstellung des Durchreibers 274
Pausen mittels Durchzeichnens mit Blau-, Graphit-, Kreide- oder Rötelpapier 275
Behelfe für abweichende Arten von Musterverwendungen 276
Das Spiegelverfahren, Vergrößern und Verkleinern von Mustern 276
Das Einspannen in den Stickrahmen 277
Bügeln im Stickrahmen 278

Die Weißstickerei

Stoff, Material und Werkzeug 280
I. Die einfache Weißstickerei (Langettenstickerei) 280
Vorziehen, Übersticken, Zackenlangetten, Bogenlangetten 281
Stielsticharten 283

II. Die Lochstickerei

(Madeira- oder englische Stickerei) . . . 284
Kordonnierstich 284
Kordonnierte Kreislöcher, kordonnierte Blattlöcher, Schattenlöcher 286

Muster für Lochstickerei 286
Bordüren, Babyschuhe 286

III. Die Richelieustickerei

(Renaissance- oder Venezianer Durchbrucharbeit). Das Vorziehen, das Langettieren, das Ausschneiden . . . 288

Muster für Richelieustickerei 287
Taschentücher, Deckchen 287
Läufer 289

Die künstlerische Weißstickerei

Das Einspannen des Stoffes 290

I. Die Hochstickerei

Unterlegen und Sticken verschiedener Figuren 291
Steppstich, Muschenstich, Pikee- und Sandstich 294
Verschiedene Knötchenstiche, Wickelstich, Kreuznahtstich (point d'armes), imitierter Leiterstich 296
Durchbrochener Leiterstich 297
Alphabete, Ziffern 299-301
Monogramme 302
Adelskronen 303

II. Die Schweizer Ajourarbeit

Spitzenstich-Füllmuster 297

III. Die Pikeetechnik

(Marseiller Technik) 303
Einstopfen des Fadens für schmale und breite Flächen 303

Muster: Toilettekissen 304

IV. Die Perser Ajourarbeit

Verschiedene Muster 305
Bordüre mit Ecke 307
Fragment aus einer Decke 308

Die Durchbrucharbeit

Stoff, Material und Werkzeug 309

I. Hohlnähte

Verschiedene Arten von Hohlnähten 310-314

Spinnen 314
Verschiedene Arten von Spinnen . . . 314

Gemusterter Durchbruch 316

Durchbrucheinsätze, Grundmuster mit abgenähten Fadengruppen, Grundmuster mit Sternfiguren, geknoteter Spitzenstich (point d'esprit), gewöhnlicher Spitzenstich, Festonstich (point d'esprit), Grundmuster mit verschränkten Gewebefäden, Grundmuster mit abgenähten Stoffkaros, Ausziehen der Stoffäden für Durchbruch 319
Sichern der Ränder (Abbildung) . . . 319

II. Die Hardanger Durchbrucharbeit

Doppeldurchbruch (punto tagliato) oder Varotta-Arbeit

Stoff, Material 321
Einfach gewickelte Stäbchen, geteilte Stäbchen (point de reprise), Pikotverzierungen aus Kettenstich, Spitzenstich (point d'esprit), Gitterdurchbruch (punto tagliato) 322
Muster 324
Eisdeckchen, Bordüre, Läufer, Decke . . 323
Verschiedene Durchbrucheinsätze (punto tagliato) 326
Spitzenmuster zu den Vorlagen, Typenmuster für einen breiten Durchbrucheinsatz 329
Verschiedene Durchbrüche in Punto tirato 329
Fruchtstück in Leinendurchbruch, breiter Durchbruch in Punto in aria. . . . 331

III. Russischer Durchbruch

(Prutik und Myreschka) 333
Durchbruch in Prutik, Durchbruch in Myreschka 333

IV. Die dänische Leinenspitze
(Hedebotechnik)

Randspitze und rautenförmige Füllung 336

Die Nähspitze

I. Die Reticellaspitze

Material und Werkzeug 337
Vorarbeiten für die Nähspitze 338
11 Spitzenstichmuster in Langettenstich, Bogen und Pyramidenzacken 343

Muster:

Karos, Spitzen und Rosetten . . 337-344

II. Die Flachspitze

Blumenstrauß in Nähspitze, Schutzblatt, zwei unvollendete Muster. 346

III. Die Reliefspitze

(point de Venise) 348
3 Spitzenmuster 348

Die Tüllspitze

Material und Werkzeug 350

I. Der Tülldurchzug

Spitze, Einsatz und Bordüre 352

II. Die Tüllstickerei

Verschiedene Grundmuster auf Tüll 352-356
Zwei Blumenstücke 354-355
Tüllstickerei mit Batistunterlage. . . . 357

Die Bändchenspitze

(Irische Spitzenarbeit, Point lace oder Dentelle Renaissance)

Material, Werkzeug und Vorarbeiten 358
Abbildungen verschied. Spitzenstiche 360-363
Verschiedene Fadenstäbchen (point d'Alençon) 361
Spitzen, Langettenstäbe (point de Bruxelles) 364
Gewickelte Spitzenstichlangetten (point d'Espagne), verschlungene Langetten (point turc), mehrfache Langetten (point de Sorrento) sowie kor-

donnierte Langettenstäbe (point d'Anvers — point de Malines), Gewöhnliches geschürztes Knotenpikot 365
Rückwärtslangetten (point de Venise), Rosetten oder Spinnenmuster (point d'Angleterre), ... 364-366
Tabelle verschiedener Bändchen und Ringe 367

Verschiedene Mustervorlagen:
Bordüre 359
Taschentuch 364
Spitze 368

Die Plattstichstickerei

Stoff und Arbeitsmaterial 370
Das Einspannen des Stoffes 371
Das Sticken 372
Japanische Plattstichstickerei 374
Chinesische Plattstichstickerei und Knötchentechnik 376
Die Nadelmalerei und Wollstickerei 377

Muster:
Kissen, Decken, Fächer, Babyschuhe, Bild, Tee- und Kaffeewärmer . . . 377-393
Mittelalterliche Plattstichstickerei 393

Die orientalische Buntstickerei

Stoff und Arbeitsmaterial 394
Mossul- oder Janinastich 394
Federstich und überstickter orientalischer Plattstich 394
Rhodusstich 395
Die arabische Technik 396
Gewebe und Strickmaterial 396

Muster
Tischdecken, Riechkissen 397-399

Die Tamburierarbeit

(Kettenstichstickerei)

Stoff und Material 400
Blumenstück in Tamburierarbeit . . . 400
Handstellungen bei der Ausführung . 401
Der Kettenplattstich 402

Die orientalische Geflechtstickerei

Stoff und Material 403
Ausführung des Geflechtstiches 403
Bordüre 403
Spitze 404

Die Goldstickerei

Werkzeug und Material 406
Einspannen des Stoffes und Zubereitung des Kleisters 407
Das Unterlegen der Arbeit und Ausschneiden der Formen 409
Prüfung des Materials und der Stoffe 410

Anlegearbeit oder Legetechnik 411-414

I. Glattes Anlegen

Anlegen in gerader und gebogener Form, Anlegen einer Blatt-, Kreis- und geäderten Blattfigur, Wappenschild mit Lilie 412

II. Gemustertes Anlegen und Kordeltechnik

Karo-, Zickzack- und Grundmuster in Kordeltechnik 412
Umranden der Formen mit Goldschnur 414

III. Die japanische Goldstickerei
(Bouillonstickerei)

Mustervorlage in japan. Anlegearbeit 415

IV. Die Kantillenstickerei

Aufnähen der Kantille, das Unterlegen mit losen Fäden 416
Monogramm, Blattfigur 417
Aufnähen von Flittern, Bordüre . . . 418

V. Die Sprengarbeit

VI. Die Stecharbeit

Sprengen mit Metallfäden, Stellung der Hände bei der Sprengarbeit, Blattfigur, Sprengarbeit mit Frisé über Kartonunterlage, Stabfigur, Sprengen mit Lahn 419
Monogramm, Blumenzweig 420
Wappenstickerei 421
Stechen mit Metallfäden 422

Die Aufnäharbeit
(Applikationstechnik)

Material und Werkzeug 423
Vorarbeiten 424
Kissen mit Band und Stoffauflagen . 426
Bettdecke in Aufnäharbeit, Bordüre . 428
Behang in Ausschneidearbeit 429
Scheibengardinen in Stoff-Inkrustation 432
Aufnäharbeit auf Seidendamast (Stickerei aus der spanischen Renaissance) 434
Kissen 435
Wandbekleidung 437

Die Soutache- oder Litzenstickerei
(Konfektionsstickerei)

Bordüre in Soutachestickerei 438

Kombinationstechniken in der Volkskunst

Kissen mit schwedischer Plattstichstickerei, russischer Durchbrucharbeit und Fransenverzierung, Teemütze mit schwedischer Buntstickerei 440
Kissen mit bulgarischem Muster 442
Läufer und Decken mit Flach-, Strichstichstickerei und russischer Durchbrucharbeit 442-446
Überhandtuch in ungarischer Buntstickerei 447

Zierstiche, Nahtverbindungen und verzierte Säume

Zierstiche

Doppelseitiger altdeutscher Schlingstich, Steinchenbordüre, romanischer Grätenstich, Fischgrätenstich, Blättchenstich, Zickzackstich 448

Nahtverbindungen

durch Wickelstäbchen, Häkelarbeit, Langettenstich, Umsticken Hexenstich, Langettierte Saumverzierung und Fadenverschnürung 443

Nahtverbindungen in Perlstickerei . . . 448

Saumverzierungen

durch Langetten-, Stil- und Plattstichstickerei, Häkelarbeit, Langettenstickerei 450

Kettenknüpfstich 451

Altdeutscher Knüpfstich, Schnurstich, Passementerieknopf 452

Das Montieren

Montieren von Kissen 453

Fußkissen, waschbare Kissenbezüge, Täschchen mit Bügel, Fertigstellen von Deckchen 454

Die Stopfarbeit

Die gewöhnliche Stopfarbeit und die Kunststopferei in Geweben 457

Werkzeug und Material 457

Leinenstopfe, Atlas- oder Köperstopfe, Damaststopfe, Tuchstopfe 457

Tüllstopfe 459

Kinderarbeiten

Hinweise auf Vorlagen für Kinderarbeiten 460

Die einzelnen Handarbeitstechniken

I. Das Häkeln

Das Häkeln zählt zu den volkstümlichen einfachen Handarbeitstechniken neueren Ursprungs und diese Technik wird schon Kindern im Elementarunterricht für Handarbeiten gelehrt. Mit bescheidenem billigen Material und Werkzeug ist es möglich, die mannigfachsten Gegenstände herzustellen, die für den Haus- und Luxusgebrauch dienen können. Durch die erweiterte Ausgestaltung der Technik in bezug auf Muster und Formen wird das Häkeln nie langweilig, dazu kommt noch der Vorzug, daß man die Arbeit leicht mitnehmen kann und daher nicht an einen bestimmten Arbeitsort gebunden ist. Man unterscheidet vier Arten der Häkelarbeit: 1. die einfache Häkelarbeit, die nach bestimmten Regeln eines Zählsystems mit sich gleichmäßig wiederholenden Mustersätzen auszuführen ist, 2. die Gabel- oder Gimpenhäkelei, die mittels eines besonderen Werkzeugs „Gabel" in Streifen gearbeitet wird, 3. die tunesische Häkelarbeit, auch bekannt unter Strick- oder Trikothäkelei und 4. die Formenhäkelei in freier Ausführung nach Konturenmustern, Schnitten oder eigener Phantasie. In diese Gruppe gehört auch die künstlerische Herstellung der Häkelgipüre oder „Irish-Gipüre-Spitze", die jetzt zu den echten Spitzen zählt.

Als Material eignet sich jedes glatte Fadengespinst in mannigfachster Art, wie: Baumwoll-, Leinengarn, Zwirn-, Seiden-,

1. Breite Häkelspitze. Gebildet aus zusammengesetzten Quadraten. Nachbildung einer genähten Reticellaspitze. Muster auch verwendbar für Einsätze. Beschreibung siehe Seite 37

Metallfäden, Schnürchen, Wolle und sogar weiche elastische Litze, weiß oder buntfarbig. Für Spitzen wird man stets dem reinen Weiß den Vorzug geben.

Das *Werkzeug* bildet eine Häkelnadel, die aus Stahl, Holz oder Knochen bestehen kann. Bei der Wahl der Häkelnadel beachte man, daß die Nadel nicht zu schwer ist, das Häkchen leicht mit dem Faden durch die Masche gleitet und daß die Stärke zum Material paßt. Für feinere Arbeiten benutzt man Stahlnadeln, die ihrer Leichtigkeit und besseren Handhabung wegen in einem verstärkten Holzgriff befestigt sind. Dagegen sind für die tunesische Häkelarbeit nur gleichmäßig glatte Nadeln in einer Stärke aus Stahl Holz oder Knochen zu gebrauchen. Für starkes Material, z. B. Wolle. benutzt man Holz-, Knochen- oder starke Stahlhäkelnadeln.

Zunächst geben wir die Erklärungen für die verschiedenen Maschenbildungen, die sich aus den *drei Grundmaschen*: Luftmasche, feste Masche und Stäbchenmasche, entwickeln. Der sogenannte *Umschlag* bildet die Vermittlung zur Maschenbildung. Abb. 5 und 6 zeigen zwei *Handstellungen*, die beim Häkeln gebräuchlich sind. Am gefälligsten wirkt die Handstellung Abb. 6, die auch in Schulen gelehrt wird. Die Häkelnadel wird mit dem Daumen und Zeigefinger der rechten Hand wie ein Federhalter gefaßt. Um die linke Hand wird der Arbeitsfaden geschlungen. Man legt den Faden, von außen nach innen der Handfläche zu, zwischen den kleinen Finger und Ringfinger, legt den Faden, von innen nach außen, zweimal um den Zeigefinger, so daß der Faden zwischen dem Zeige- und Mittelfinger herabfällt. Mit dem Daumen und Mittelfinger wird später die Arbeit festgehalten. Bei der Handstellung Abb. 5 umfaßt die rechte Hand die Häkelnadel so, daß die Nadel in wagerechter Lage in der Hand ruht. Der Daumen liegt gegenüber dem Zeigefinger und beide Finger halten die Nadel fest. Die Stellung der linken Hand ist wie die Handstellung Abb. 6.

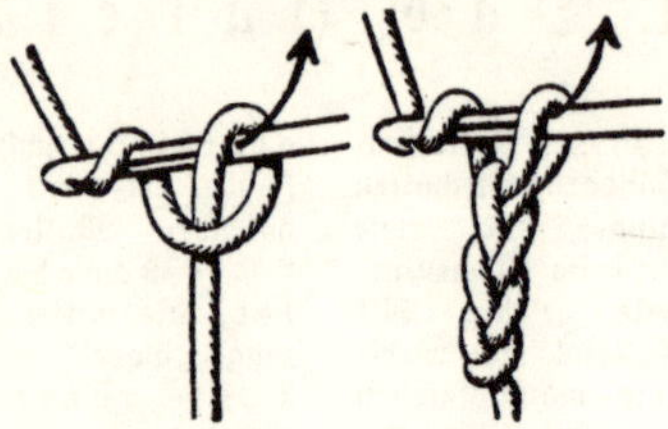

2 2a

2 u. 2a. Die Luftmasche

2. Fadenanlage. 2a. Luftmaschenkette. Die Richtung des Pfeils zeigt das Durchziehen des Fadens

Für die Bildung einer *Luftmasche* legt man zunächst mit dem Fadenende eine Schlinge, siehe Abb. 2, schiebt die Häkelnadel durch die Schlinge, schlägt den langen Faden von hinten nach vorn um die Häkelnadel, d. i. ein *Umschlag*, zieht mittels des Häkelhakens den Faden durch die Schlinge, und zieht den unteren Faden an, wodurch sich die 1. Luftmasche schließt. Für die Bildung der folgenden Luftmaschen läßt man je die neue Schlingenmasche auf der Nadel und zieht mittels eines Umschlages den Faden durch die Schlinge, siehe Abb. 2a. In beliebiger Wiederholung fortgesetzte Luftmaschen ergeben einen *Anschlag*, auf den man in hin- und zurückgehenden Reihen arbeiten kann. Beim Zurückarbeiten wird die Arbeit gewendet, d. h. man dreht die

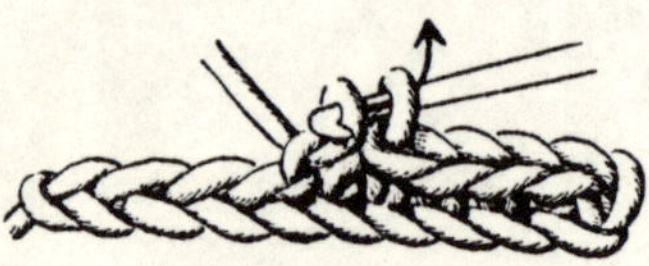

3

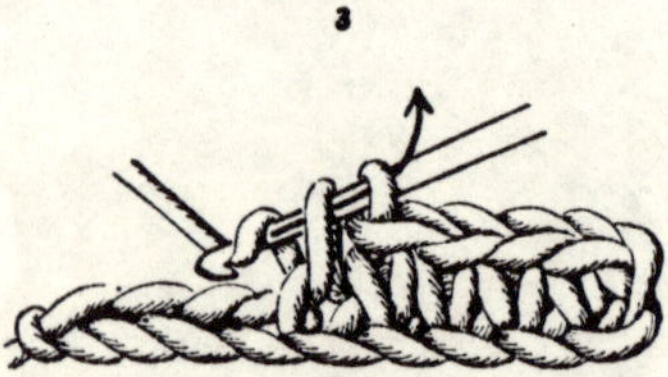

4

3. Die Kettenmasche. 4. Die feste Masche
Die Richtung des Pfeils zeigt das Durchziehen des Fadens

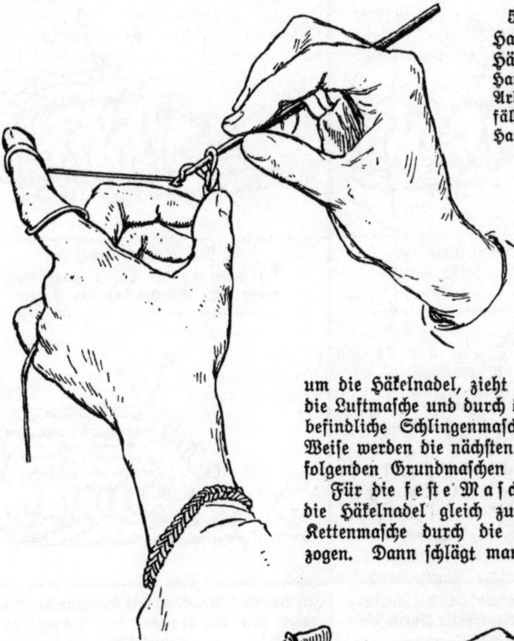

5. Gebräuchliche Handstellung beim Häkeln. Bei dieser Handstellung wirkt das Arbeiten nicht so gefällig als bei der Handstellung Abb. 6

Arbeit um, so daß sich die Rückseite vorn befindet. Abb. 3 erklärt die Ausführung der *Kettenmasche*. Am Anfang einer Reihe übergeht man eine Luftmasche resp. Grundmasche, führt die Häkelnadel durch die 2. Masche, von vorn nach rückwärts stechend, ein, schlägt den Faden von hinten nach vorn um die Häkelnadel, zieht den Faden durch die Luftmasche und durch die auf der Nadel befindliche Schlingenmasche. In derselben Weise werden die nächsten Maschen auf den folgenden Grundmaschen gearbeitet.

Für die *feste Masche*, Abb. 4, wird die Häkelnadel gleich zur Bildung einer Kettenmasche durch die Grundmasche gezogen. Dann schlägt man den Faden von

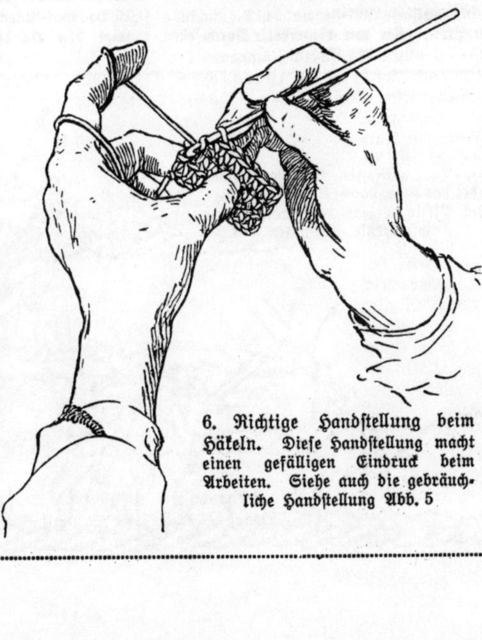

6. Richtige Handstellung beim Häkeln. Diese Handstellung macht einen gefälligen Eindruck beim Arbeiten. Siehe auch die gebräuchliche Handstellung Abb. 5

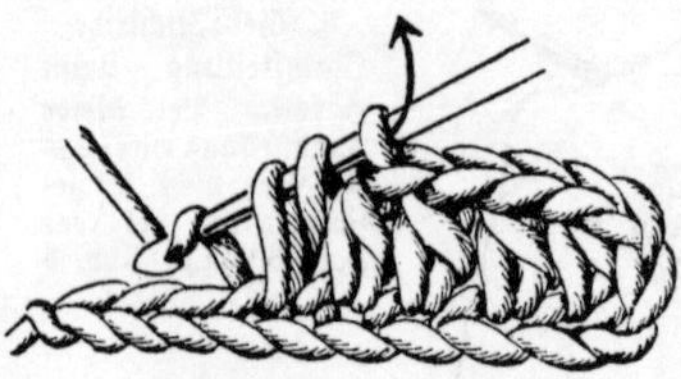

7. Die halbe Stäbchenmasche
Die Richtung des Pfeils zeigt das Durchziehen des Fadens

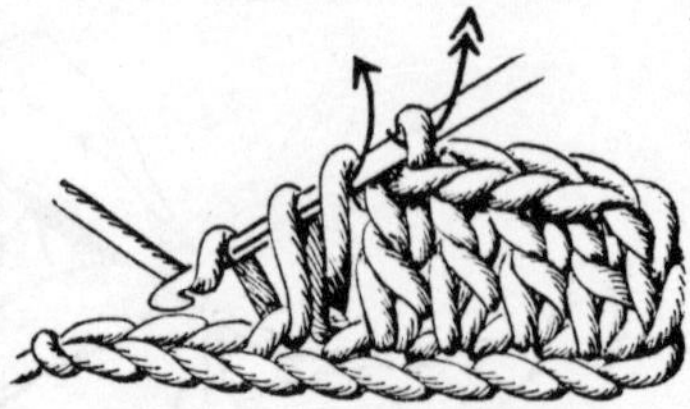

8. Die Stäbchenmasche
Die Richtung der Pfeile zeigt das wiederholte Durchziehen des Fadens

9. Die zweifache Stäbchenmasche. Die Richtung der Pfeile zeigt das wiederholte Durchziehen des Fadens

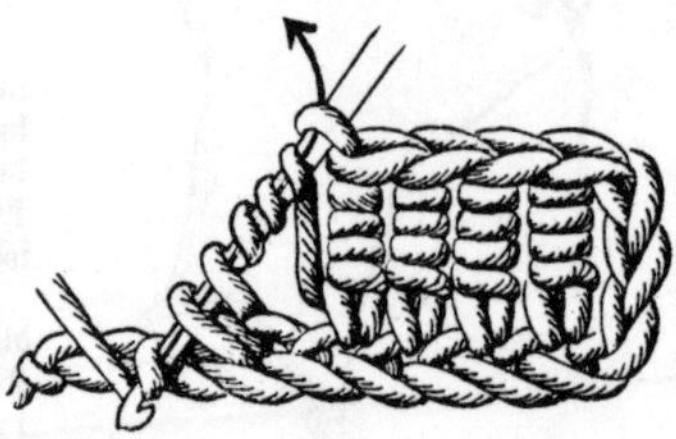

10. Das Wickelstäbchen. Die Richtung des Pfeils zeigt das Durchziehen des Fadens beim Abmaschen

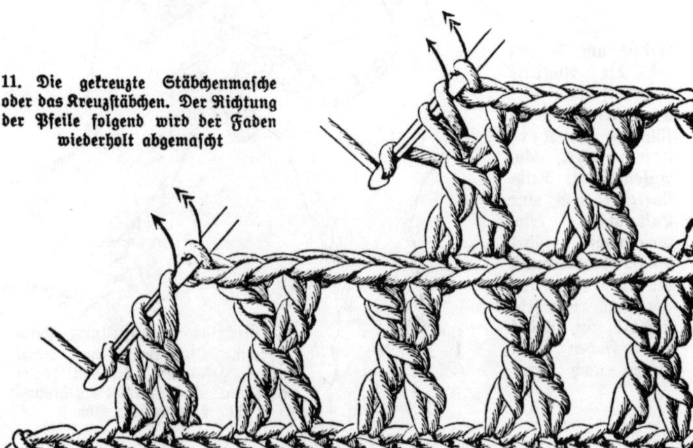

11. Die gekreuzte Stäbchenmasche oder das Kreuzstäbchen. Der Richtung der Pfeile folgend wird der Faden wiederholt abgemascht

12. Das Gitter- oder Netzstäbchen. Der Richtung der Pfeile folgend wird der Faden wiederholt abgemascht

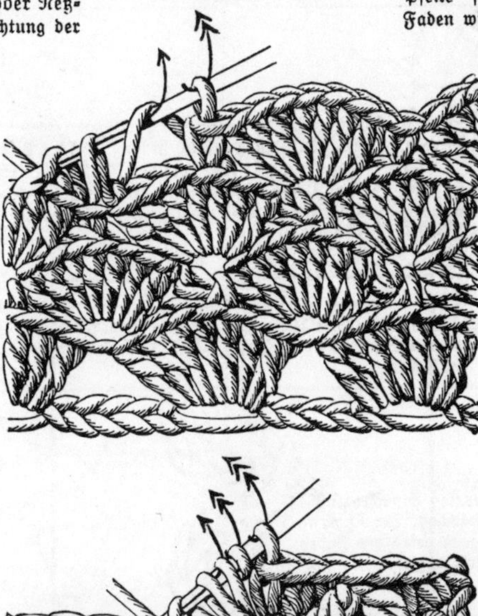

13. Die Stäbchenmusche. Der Richtung der Pfeile folgend wird der Faden wiederholt abgemascht

14. Die Reliefhäkelei. Der Richtung der Pfeile folgend wird der Faden wiederholt abgemascht

15. Anschlag mittels Kettenmaschen
Der Pfeilrichtung folgend wird der Faden durchgezogen

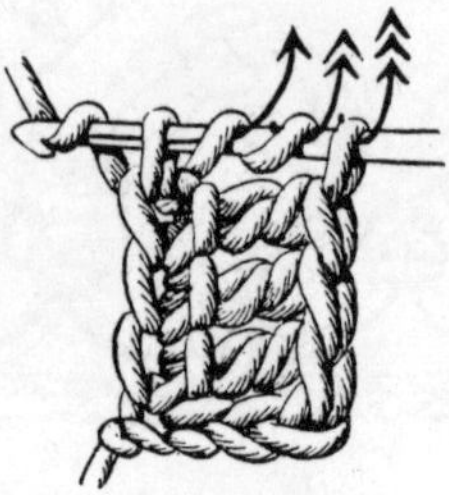

16. Anschlag mittels Stäbchenmaschen. Der Richtung der Pfeile folgend wird der Faden wiederholt abgemascht

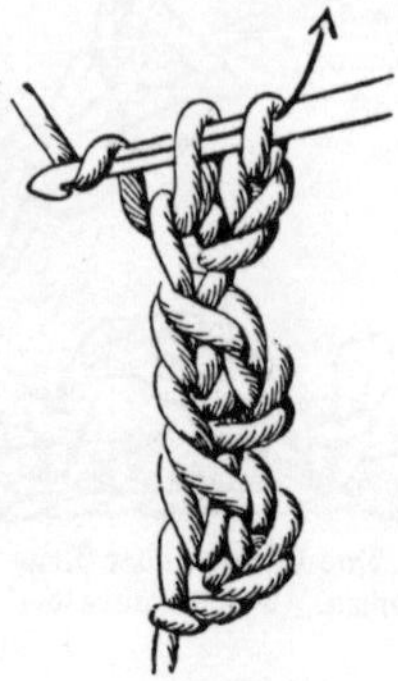

17. Pikotanschlag mittels fester Maschen
Der Pfeilrichtung folgend wird der Faden durchgezogen

hinten nach vorn um die Häkelnadel und zieht den Faden durch die beiden auf der Nadel liegenden Schlingenmaschen.

Unter Stäbchenmaschen versteht man säulenförmig aufgebaute Maschenbildungen in verschiedenen Längen. Beim Häkeln in hin- und zurückgehenden Reihen beginnt man mit mehreren Luftmaschen in der Höhe einer. Stäbchenmasche, und dieses sogenannte Luftmaschenstäbchen ersetzt die erste Stäbchenmasche. Man unterscheidet fünf Arten der Stäbchenmasche: 1. die halbe Stäbchenmasche, deren Herstellung Abb. 7 zeigt, 2. die Stäbchenmasche, Abb. 8, auch gewöhnliche Stäbchenmasche genannt, 3. die zwei-, drei-, vierfache usf. Stäbchenmasche, Abb. 9, d. i. je eine Stäbchenmasche mit 2, 3, 4 und mehreren Umschlägen, 4. das Wickelstäbchen, Abb. 10, oder die Wickelmasche, 5. die gekreuzte Stäbchenmasche, Abb. 11, oder das

18. Pikotanschlag mittels Stäbchenmaschen
Der Richtung der Pfeile folgend wird der Faden wiederholt abgemascht

Kreuzstäbchen. Um das Erlernen der einzelnen Maschenbildungen zu erleichtern, wird an unseren Darstellungen das Durchziehen des Fadens durch einen Pfeil bezeichnet. Pfeile mit mehreren Spitzen deuten das wiederholte Durchziehen des Fadens zur Vollendung einer Stäbchenmasche an.— Für die **halbe Stäbchenmasche**, Abb. 7, schlägt man den Faden von hinten nach vorn um die Häkelnadel, führt die Nadel in der bekannten Art durch die Grundmasche, zieht den Faden mittels eines Umschlages empor, schlägt den Faden von hinten nach vorn um die Häkelnadel und zieht alle auf der Nadel liegenden Schlingen ab. — Für die **Stäbchenmasche**, Abb. 8, schlägt man den Faden von hinten nach vorn um die Häkelnadel, führt die Nadel in der bekannten Weise durch die Grundmasche ein, schlägt den Faden von hinten nach vorn um die Nadel und zieht den Faden durch die Grundmasche empor. Darauf schlägt man den Faden von hinten nach vorn um die Nadel, zieht den Faden durch die beiden unteren Schlingenmaschen, schlägt den Faden von hinten nach vorn um die Nadel und zieht den Faden durch die beiden oberen Schlingenmaschen. — Für die **zweifache Stäbchenmasche**, Abb. 9, wird der Faden zweimal um die Häkelnadel geschlagen, worauf man die Häkelnadel durch die Grundmasche einführt, den Faden mittels eines Umschlags emporzieht und je mittels eines vorhergehenden Umschlags die untere Schlingenmasche mit dem untern Umschlag, dann den oberen Umschlag und zuletzt beide Schlingenmaschen abmascht. In gleicher Weise sind die einzelnen Umschläge von mehrfachen Stäbchenmaschen abzumaschen. — Die Herstellung des **Wickelstäbchens** macht Abb. 10 verständlich. Der gewünschten Länge des Stäbchens entsprechend wird der Faden mehrere Male, um die Häkelnadel, nicht zu fest geschlungen. Dann sticht man, wie bei den übrigen erklärten Maschen, durch die Grundmasche, zieht den Faden mittels eines Umschlags empor und mascht mittels eines Umschlags **alle** auf der Nadel liegenden Schlingenmaschen und Umschläge ab. Nun schlägt man den Faden

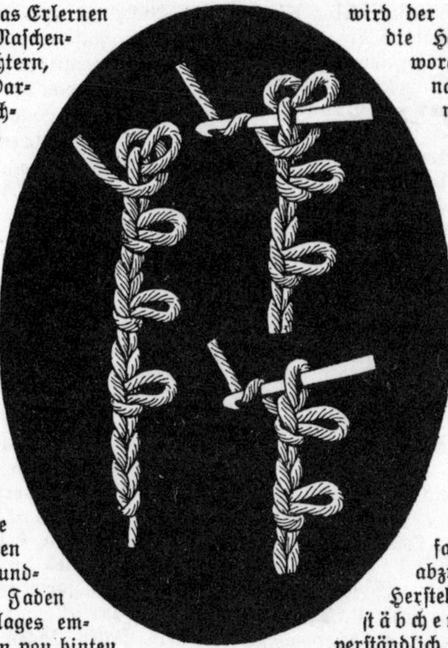

19, 19a u. b

Das Bilden eines unlösbaren gehäkelten Schlingenpikots
19. Erstes Stadium
19a. Zweites Stadium
19b. Drittes Stadium. Pikot festgezogen. Fortsetzung der Arbeit

20. Quadrat aus festen Maschen
Von der Mitte ausgehend gehäkelt

21. Der Rippen- oder Plisseestich
Gebildet aus festen Maschen

von hinten nach vorn um die Häkelnadel und zieht den Faden durch die Schlinge. Dabei darf der Faden nicht zu fest angezogen werden, damit das Wickelstäbchen gerade steht.

Abb. 11. Die gekreuzte Stäbchenmasche wird in drei Arbeitsgängen gehäkelt. 1. Gang: Man schlägt den Faden von hinten nach vorn zweimal um die Häkelnadel, führt diese durch die Grundmasche ein, von vorn nach rückwärts stechend, schlägt den Faden um die Nadel, zieht den Faden empor und mascht mittels eines Umschlags die untere Schlingenmasche und den unteren Umschlag ab. 2. Gang: 1 Umschlag, die Nadel durch die zweitfolgende Grundmasche einführen, den Faden mittels eines Umschlags emporziehen, dann je mittels eines vorhergehenden Umschlags alle einzelnen Schlingenmaschen und Umschläge abmaschen. 3. Gang: 1 Luftmasche, 1 Stäbchenmasche in die beiden vorn liegenden losen Maschenglieder der Kreuzung. An der Vorlage, Abb. 11, sind die gekreuzten Stäbchenmaschen durch je 1 Luftmasche voneinander getrennt und auf jeder zweitfolgenden Grundmasche gehäkelt. Die zweite Reihe zeigt die gekreuzten Stäbchenmaschen versetzt, wodurch sich ein Gittermuster bildet.

Abb. 12. Das Gitter- oder Netzstäbchen kann in hin- und zurückgehenden Reihen und in Rundreihen gehäkelt werden. Siehe Erklärung der Abkürzungen, Seite 25. An Abb. 12 wird das Arbeiten in hingehenden Reihen erklärt. 1. Reihe: Man beginnt mit 1 f. M. auf 1 L., * dann folgen zweimal je 1 langgezogene L., 1 f. M. in die Fadenschlinge hinter der L. zurück. Nun häkelt man 1 f. M. auf die 7. folgende L. des Anschlags und wiederholt fortgesetzt vom * am Anfang. 2. Reihe: 1 f. M. um die 2 Maschenglieder der ersten langgezogenen L., wobei man vor der f. M. des gegliederten Gitterstäbchens die Nadel einführt. 1 f. M. um die 2 Maschenglieder der folgenden langgezogenen L. nach der f. M., zweimal je 1 langgezogene L., 1 f. M. in die Fadenschlinge hinter der L. zurück, vom Anfang der Reihe fortgesetzt wdh. Die folgenden Reihen sind gleich der 2. Reihe zu häkeln, siehe Abb. 12.

Abb. 13. Muster mit Muschenbildung durch Stäbchenmaschen. Abkürzungen siehe Seite 25. Auf einen Luftmaschenanschlag häkelt man in hingehenden Reihen. 1. Reihe: 7 St. in die 1. L., * 1 L., 7 St. in die sechstfolgende L., vom * wdh. 2. Reihe und folgende Reihen: 1 f. M. in das rückwärtige Maschenglied der 4. St. der 1. Msch., * 7 St. in die L. zwischen den Muschen, 1. f. M. in das rückwärtige Maschenglied der 4. St. der folgenden Msch, vom * fortgesetzt wdh. Das Muster kann zur Herstellung von wollenen Tüchern, Schals, Decken, Jacken u. dgl. dienen.

Abb. 14. Muster in Reliefhäkelei. Das Muster wird in hin- und zurückgehenden Reihen gehäkelt. Abkürzungen siehe Seite 25. Auf einen Luftmaschenanschlag arbeitet man 3 Reihen f. M. 4. Reihe (Musterreihe): 3 f. M. auf 3 f. M., 1 zf. St. um das senkrechte Verbindungsglied zwischen der 1 f. M. am Anfang der 1. und 2. Reihe, * die beiden oberen Schlingen auf der Nadel lassen, 1 zf. St. um das senkrechte Verbindungsglied über der viert-

22. Das Schlingenstäbchen oder die Puffenmasche

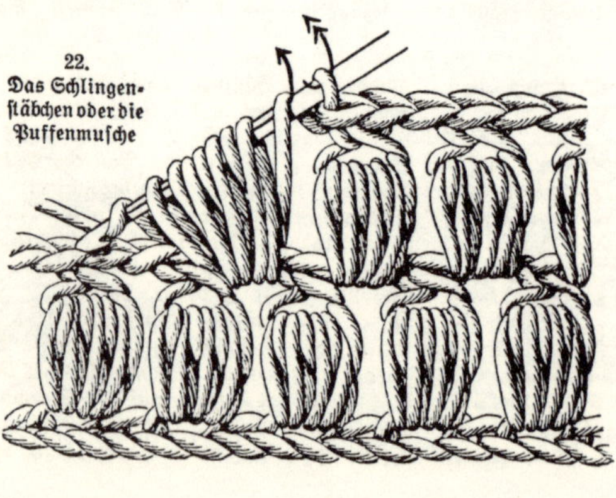

Der Richtung der Pfeile folgend wird der Faden in fortlaufender Wiederholung weiter abgemascht

Abkürzungen für die Häkelarbeit

M. = Masche,
L. = Luftmasche,
K. = Kettenmasche,
f. M. = feste Masche,
h. St. = halbe Stäbchenmasche,
St. = Stäbchenmasche,
zf., drf., vrf. usf. = zwei-, drei-, vierfache usw. Stäbchenmasche (d. i. je eine St. mit 2, 3, 4 usf. Umschlägen),
gkz. St. = gekreuzte Stäbchenmasche,
Wckst. = Wickelstäbchen,
Schl. = Schlinge,
Schlgm. = Schlingenmasche,
L.-B. = Luftmaschenbogen,
P. = Pikot,
Wckp. = Wickelpikot,
Schlp. = Schlingenpikot,
U. = Umschlag,
Msch = Musche,
anschz. = anschürzen,
w. = wenden (d. i. die Arbeit gewendet, die Rückseite nach vorn legen),
Rg. = Ring,
Pfm. = Puffenmusche,
Elgf. = Einlagefaden,
wdh. = wiederholen,
zsm. abm. = zusammen abmaschen,
usf. = und so fort,
Für die Wiederholung des Musters gelten verschiedene Zeichen, z. B. *, ×, + u. dgl., Kommas und Punkte hinter den Maschenzahlen sind stets zu beachten.

folgenden f. M. der 1. Reihe, die oberen 3 Schlingen zsm. abm., 1. f. M. auf die zweitfolgende f. M. der 3. Reihe, 2 f. M. auf die beiden nächsten f. M., 1 zf. St. um dasselbe Verbindungsglied der letzten zf. St. zurück, d. i. das Glied zwischen der 1. und 2. Reihe, vom * fortgesetzt wdh. 5. Reihe: f. M. auf alle M. 6. Reihe: 1 zf. St. auf den Kopf der zusammen abgem. zf. St., * 1 f. M. auf die zweitfolgende f. M. der 5. Reihe, 2 f. M. auf die beiden nächsten f. M., 1 zf. St. auf dieselben zf. St. zurück, die beiden oberen Schl. auf der Nadel lassen, 1 zf. St. auf den Kopf der nächsten zsm. abgem. zf. St., die oberen 3 Schlingen zusammen abmaschen, vom * fortgesetzt wdh. Die 7. Reihe wiederholt von der 5. Reihe usf. abwechselnd eine Reihe mit Reliefstäbchen und eine Reihe mit f. M. häkeln.

Der Anschlag mit Kettenmaschen, Abb. 15, dient häufig als Ersatz von Schnüren oder Mignardisen. Abkürzungen obenstehend. Man beginnt mit 2 L., führt die Häkelnadel durch die 1. L., * schlägt den Faden vor die Nadel, zieht den Faden durch beide Schl., führt die Nadel durch die linke Schl. und wdh. fortgesetzt vom *.

Abb. 16. Der Anschlag mit Stäbchenmaschen beginnt mit 4 L., 2 U., die Nadel durch die 1. L. einführen, * den Faden nach vorn um die Nadel schlagen, den Faden durch die L. ziehen, mittels 1 U. die 2 nächsten Schlg. abm. und dann je mittels eines vorhergehenden Umschlags die Schlingen gleich einer St. abm., 2 U., die Nadel durch das linksseitige Glied der zweifachen St. einführen, vom * wdh.

Abb. 17. Der Pikotanschlag mit festen Maschen wird wie folgt gehäkelt: 3 L., 1 f. M. in die 1. L. zurück usf.

Abb. 18. Der Pikotanschlag mit Stäbchenmaschen beginnt mit 5 L., * 1 h. St. in die 4. L. zurück (von der letzten L. zurückzählend), 1 St. in die letzte L., 5 L., vom * fortgesetzt wdh.

Abb 19, 19a und b. Ausführung des unlösbaren Schlingenpikots. Will man genähte Spitzen oder geklöppelte Gipürespitzen in Häkelarbeit täuschend nachahmen, so wählt man für die Verzierung das Schlingenpikot. Das bisher noch nirgends veröffentlichte Pikot hat vor den bekannten gleichartigen Pikots den Vorzug, daß es sich nicht in der Wäsche auflöst. Um die Herstellung leicht verständlich zu machen, zeigen wir die Bildung des Pikots in drei Stadien. Man beginnt mit 3 L., * zieht die Häkelnadel aus der Schlinge, legt den Faden von links nach rechts hinter der Schlinge nach vorn, siehe Abb. 19, führt die Nadel über dem gelegten Faden durch die letzte L., schlägt den Faden von hinten nach vorn um die Nadel, siehe Abb. 19a, zieht den Faden durch die L., wodurch sich das P. befestigt, läßt die Schlinge nach Abb. 19b auf der Nadel, häkelt 2 L. und wdh. vom *.

Abb. 20. Quadrat aus festen Maschen. Von der Mitte ausgehend gehäkelt. Man beginnt mit 4 L. und schließt sie durch 1 K. in die 1. L. zum Rg. — 1. Reihe: 1 L., je 2 f. M. in die 4 L. des Rg. — 2. Reihe: 1 f. M. in die 1. L. der 1. Reihe, 3 f. M. in das rückwärtige Glied der 1. f. M., dreimal je 1 f. M. auf die nächste M. und 3 f. M. auf die folgende M. — 3. Reihe: viermal je 3 f. M. auf 3 f. M. und 3 f. M. auf die nächste f. M. — 4. Reihe und folgende Reihen: gleich der 3. Reihe, je 1 f. M.

23. Häkeleinsatz. Geeignet für Banddurchzug. In kurzen Querreihen hin- und zurückgehend zu häkeln

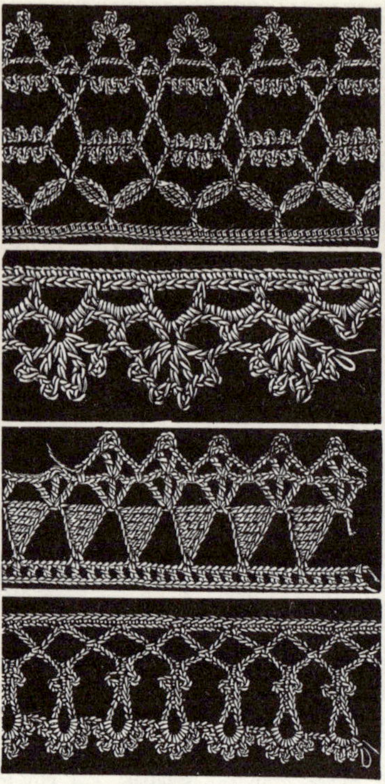

24—27. Vier Häkelspitzen. Abb. 24—26 in hingehenden Längsreihen, Abb. 27 in kurzen Querreihen hin- und zurückgehend zu häkeln. Zur Verzierung von Leibwäsche, Decken u. dgl.

28. Häkeleinsatz. In kurzen Querreihen hin- und zurückgehend zu häkeln. Lochreihen der Begrenzung in Längsreihen ausgeführt

auf die einzelnen f. M. bis zur Ecke, dann je 3 f. M. auf die mittlere Eckmasche.

Abb. 21. Der Rippenstich oder Plisseestich. Dieser Stich wird meistens in festen Maschen gehäkelt, jedoch läßt er sich auch in Stäbchenmaschen arbeiten. Man häkelt hin- und zurückgehend stets die festen Maschen auf die rückwärtigen Maschenglieder der letzten Reihe.

Abb. 22. Die Büschelmasche oder Puffenmasche. Man beginnt mit 1 L., schlägt den Faden von hinten nach vorn um die Häkelnadel, führt die Nadel, von vorn nach rückwärts stechend, durch die Grundmasche, schlägt den Faden nach vorn um die Nadel, zieht den Faden durch, zieht die Schlinge hoch, bildet dreimal je 1 Umschlag, 1 langgezogene Schlinge, sticht stets für die Schlinge in dieselbe untere Grundmasche, legt zuletzt den Faden von hinten nach vorn um die Nadel, zieht den Faden durch alle langgezogenen Schlingen und Umschläge und mascht mittels eines Umschlags die beiden oberen Schlingen ab. An unserer Vorlage sind die Büschelmaschen auf einen Luftmaschenanschlag in jede zweitfolgende Luftmasche gehäkelt, je eine Luftmasche trennt die Büschelmaschen. Bei der zweiten Reihe und den folgenden Reihen werden die Büschelmaschen um die

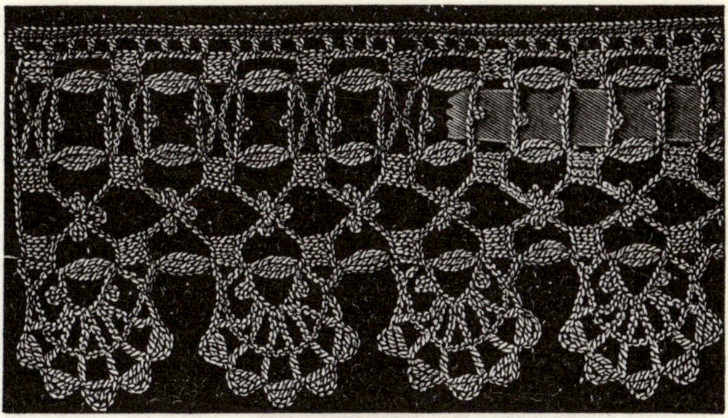

29. Häkelspitze mit Banddurchzug. Imitation von Klöppelgipüre. In kurzen Querreihen hin- und zurückgehend zu häkeln. Passender Einsatz siehe Abb. 30

Luftmaschen gehäkelt, dadurch wirkt das Muster gleichmäßig versetzt.

Abb. 23. Häkeleinsatz. Geeignet für Banddurchzug. In hin- und zurückgehenden Querreihen gearbeitet. Anschlag: 18 L. — 1. Reihe: 1 St. in die 4. L. zurück, von der letzten L. zählend, 13 St. in die folgenden L., 3 L., 1 zf. St. in die 3. folgende L., w. — 2. Reihe: 3 L., 3 St. um den L.-B., 5 L., 10 St. auf die 4. bis letzte St. und nächste L., w. — 3. Reihe: 3 L., 6 St. auf die 2. bis 7. St., 5 L., 3 St. um den L.-B., 4 St. auf die St. — 4. Reihe: 3 L., 1 St. auf die 2. St., 5 St. auf die folgenden St., 3 St. um den L.-B., 5 L., 4 St. auf die 4. bis letzte St. u. die nächste L., w. — 5. Reihe: 10 L., 3 St. um den L.-B., 10 St. auf die St. und die L. nach der letzten St., w. — 6. Reihe: 13 L., 1 P. (gebildet aus 4 L., 1 K. in die 1. L. zurück), 8 L., 1 drf. St. auf die 5. L. des letzten L.-B., w. — 7. Reihe: 3. L., 7. St. auf die unteren L., 1 St. auf die Verbindungsmasche des P., 1 P., 7 St. auf die nächsten L., w. — 8. Reihe: 20 L., 1 zf. St. auf das letzte Luftmaschenstäbchen der 7. Reihe, w. — 9. Reihe: 3 L., 12 St. auf die 13 L. nach der zf. St., 5 L., 1 zf. St. auf die 4. folgende L., w. Nun von der 2. Reihe wdh. Die Ränder werden nach Abb. 23 je durch eine Lochreihe behäkelt. Man arbeitet St., getrennt durch 2 L. auf die

30. Häkeleinsatz mit Banddurchzug. In kurzen Querreihen hin- und zurückgehend zu häkeln. Passende Spitze siehe Abb. 29

oberen und unteren Maschenglieder, der St., um die zf. St. und die L.-Stäbchen.

Abb. 24. Häkelspitze. Imitation von Klöppelgipüre. Material DMC-Häkelgarn Nr. 60. Die Spitze wird in sieben Längsreihen gehäkelt. 1. Reihe (Ausführung der Blättchen): 6 L., 2 zsm. abzm. drf. St. in die 1. L. zurück, * 7 L., 2 zsm. abzm. drf. St. in die 6. L. zurück (von der letzten L. zählend), vom * fortgesetzt wdh. — 2. Reihe: Man häkelt von links nach rechts. 7 L., + die Nadel aus der letzten Schlingm. ziehen, dann die Nadel von vorne nach rückwärts stechend, durch die L. zwischen den beiden ersten Blättchen einführen, die lose Schlingenm. erfassen und durch die L. nach vorne ziehen, 1 K. in die vorletzte L. zurück (d. i. die 6. L.), 5 L., 1 P. (gebildet aus 4 L., 1 K. in die 1. L. zurück), zweimal je 1 L., 1 P., 7 L., bei der L. zwischen dem zweit- und drittfolgenden Blättchen vom + fortges. wdh. — 3. Reihe: Man häkelt von rechts nach links. ×× 1 K. in die 2. L. vor dem P.-Bogen, dreimal je 1 L., 1 P., zuletzt 1 L., 1 K. in die 2. folgende L. nach dem letzten P. des unteren P.-Bogens, 11 L., vom ×× fortgesetzt wdh. — 4. Reihe: gleich der 2. Reihe von links nach rechts häkeln. 1 K. in die 6. L. des L.-B. (d. i. die mittlere L.), * 5 L., 1 P., zweimal je 1 L., 1 P., 7 L., die letzte Schlgm. in der bekannten Art an die 6. L. des nächsten L.-B. anschz., 1 K. in die vorletzte L. zurück, vom * fortges. wdh.—5. Reihe: Man häkelt von rechts nach links. + 1 K. in die 2. L. vor dem P.-Bogen, 4 L., 1 P., viermal je 1 L., 1 P., zuletzt 1 L., 1 drf. St. in die 2. L. vor dem 1. P. zurück, 2 L., 1 K. in die 2. folgende L. nach dem letzten P. des unteren P.-Bogens, 6 L., 1 St. in die 1. L. zurück, vom + fortgesetzt wdh. — Den Fuß der Spitze bilden zwei von rechts nach links zu häkelnde Längsreihen. Man behäkelt die zwischen den Blättchen befindlichen L. wie folgt: 1. Reihe: 1 St. in die 1. L., × 12 L., 1 St. in die folgende L., vom × fortgesetzt wdh. — 2. Reihe: f. M. in die L. und St.

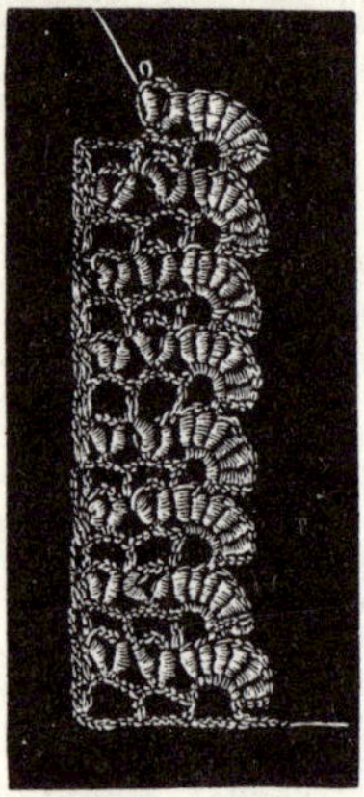

31. Schmale Häkelspitze
Gebildet aus Wickelstäbchen. In kurzen Querreihen hin- und zurückgehend zu häkeln. Aus der Zeitschrift „Die praktische Berlinerin"

Abb. 25. Spitze. In hingehenden Längsreihen zu häkeln. Material: DMC-Häkelgarn 50 oder 60. Auf einen L.-Anschlag in der erforderlichen Länge folgt zunächst eine Reihe f. M. 1. Reihe: 1 f. M. auf die 1. f. M., dann fortgesetzt je 6 L., 1 f. M. auf die 5. folgende f. M. — 2. Reihe: Je um die einzelnen L.-B. 3 f. M., 3 L., 3 f. M. — 3. Reihe (Abschlußreihe): 1 f. M. um die L. zwischen den f. M. des ersten Bogens, * 2 L., dann um den folgenden L.-B. viermal je 1 St., 1 P. (gebildet aus 3 L., 1 f. M. in die 1 L. zurück), zuletzt 1 St. anfügen, 2 L., 1 f. M. um die L. des nächsten Bogens und die Ausführung vom * fortgesetzt wdh.

Abb. 26. Spitze mit Pyramidenzäckchen. In fünf hingehenden Längsreihen gehäkelt. Material: DMC-Häkelgarn Nr. 70. 1. Reihe: 7 L., 1 f. M., 1 St., 2 zf. u. 2 drf. St. in die 6. bis 1. L. zurück, 1 L. stets vom Anfang wdh. 2. Reihe: für den geraden Rand 1 f. M. in eine Pyramidenspitze, × 7 L., 1 f. M. in die folgende Pyramidenspitze, vom × fortgesetzt wdh. 3. Reihe: 1 St. in die 1. f. M., fortgesetzt 1 L. u. 1. St. in die zweitfolgende M. 4. Reihe: an dem gegenüberliegenden glatten Rand der Pyramidenfiguren, 3, je durch 2 L. getrennte zf. St. in die L. zwischen 2 Pyramiden, 2 L., fortgesetzt wdh. 5. Reihe: 1 f. M. um die 2 L. zwischen den Strahlenstäbchen, 2 L., 1 St. auf die mittlere zf. St., 1 P. (gebildet aus 5 L., 1 St. in die 1. L. zurück), 1 St. auf dieselbe zf. St., 2 L., vom Anfang wdh.

Abb. 27. Spitze. In Querreihen hin- und zurückgehend zu häkeln. Material: weißes oder farbiges DMC-Häkelgarn Nr. 60. Das hübsche Spitzchen eignet sich zur Verzierung von Leibwäsche, Tablettdecken u. dgl. Man beginnt die 1. Reihe mit 6 L., 1 P. (gebildet aus 3 L., 1 K. in die 1. L. zurück), 13 L. Dann häkelt man für die 2. Reihe zurückgehend 1 f. M. auf die 2. L. vor dem P., 1 f. M. auf die nächste L., 1 P. — das mittels 1 K. an das lose Maschenglied des gegenüberliegenden P.

32. Häkelspitze in Verbindung mit Kobralitze
Geeignet für Banddurchzug

anzuschürzen ist —, 2 f. M. auf die folgenden 2 L., 7 L., 1 f. M. auf die 1. L., w. — 3. **Reihe**: 7 L., 1 f. M. um den L.-B., 5 L., 1 P., 13 L., w. — 4. **Reihe**: 1 f. M. auf die 2. L. vor dem P. zurück, 1 f. M. auf die nächste L., 1 P. — mittels 1 K. an das lose Maschenglied des gegenüberliegenden P. anschürzen —, 2 f. M. auf die folgenden 2 L., 7 L., 1 f. M. um den L.-B., w., dann von der

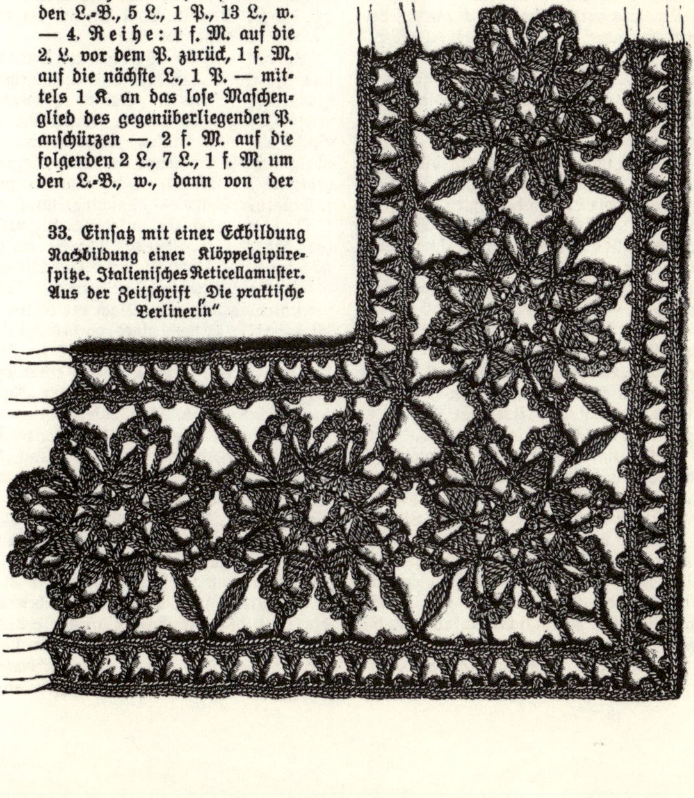

33. Einsatz mit einer Eckbildung
Nachbildung einer Klöppelgipürespitze. Italienisches Reticellamuster. Aus der Zeitschrift „Die praktische Berlinerin“

3. Reihe fortgesetzt wdh., bis die gewünschte Länge des Spitzchens erreicht ist. Hierauf häkelt man in Längsreihen den Zackenrand und den glatten Rand am Fuß der Spitze. Ausführung des Zackenrandes: Man beginnt an der ersten L.-Schl. mit * 1 f. M. um die L., dann häkelt man fünfmal je 3 L., 1 f. M., um die L. derselben Schl., arbeitet im Anschluß 3 L. und wdh. die Ausführung an der nächsten Schl. vom *. Den Fuß der Spitze bildet eine Reihe f. M., wobei man die f. M. auf die einzelnen M. häkelt.

Abb. 28. Häkeleinsatz. In hin- und zurückgehenden Querreihen gearbeitet. Anschlag 32 L. — 1. Reihe: 1 gkz. St. mit 4 U. auf die 14. und 19. L. zurück (von der letzten L. zurückzählend). Man häkelt die gkz. St. wie folgt: 4. U., die Nadel in die 14. L. einführen, den Faden mittels einer Schlinge emporziehen, je mittels eines vorhergehenden U. die beiden unteren U. abmaschen, 1 zf. St. in die 19. L., dann je mittels eines vorhergehenden U. die auf der Nadel liegenden Schl. abm., 4 L., 1 zf. St. in die Maschenglieder der Kreuzungsstelle zurück, 3 L., 1 gkz. St. mit 4 U. in die 4.—9. folgende L., 4 L., 1 drf. St. auf die 4. folgende L., w. — 2. Reihe: 3 L., 22 St. auf die einzelnen L. und gkz. St. der 1. Reihe, w. — 3. Reihe: 9 L., 1 St. auf die 5. folgende St., 14 St. auf die nächsten St., 4 L., 1 zf. St. auf die L. nach der letzten St., w. — 4. Reihe: 3 L., 3 St. um den L.-B., 4 L., 1 St. auf die 4. folgende St., 8 St. auf die nächsten St., 4 L., 3 St. um den L.-B., 1 St. auf die 5. L. d. L.-B., von unten nach oben zählend, w. — 5. Reihe: 3 L., 1 St. auf die 2. St., 2 St. auf die nächsten St., 3 St. um den L.-B., 4 L., 3 St. auf die mittleren 3 St. der Stäbchenmaschengruppe, 4 L., 3 St. um den L.-B., 3 St. auf die nächsten St., 1 St. auf die L. nach der letzten St., w. — 6. Reihe: 3 L., + 6 St. auf die 2. bis letzte St., 3 St. um den L.-B. *, 3 L., vom * zurückgehend, bis + einmal wdh., dann noch 1 St. auf die L. nach der letzten St. häkeln, w. — 7. Reihe: 12 L., 3 St. um den L.-B., 9 L., 1 St. auf die L. nach der letzten St., w. — 8. Reihe: 3 L., 9 St. auf 9 L., 4 L., 10 St. auf die nächsten 10 L., w. — 9. Reihe: 3 L., 6 St. auf die 2. bis 7. St., 4 L., 3 St. um den L.-B., 4 L., 7 St. auf die 4. bis letzte St. und die nächsten L., w. — 10. Reihe: 3 L., 3 St. auf die 2. bis 4. St., 4 L., 3 St. um den L.-B., 3 St. auf die 3 mittleren St., 3 St. um den L.-B., 4 L., 4 St. auf die 4. bis 6. St. und die nächste L., w. — 11. Reihe: 8 L., 3 St. um den L.-B., 9 St. auf die St., 3 St. um den L.-B., 3 L., 1 zf. St. auf die L. nach der letzten St., w. — 12. Reihe: 3 L., 3 St. um den L.-B., 15 St. auf die St., 3 St. um den L.-B., 1 St. auf die 5. L. (von der 1. unteren L. zählend), w., 12 L., 1 gkz. St. mit 4 U. auf die 5. folgende und wieder 5. folgende St., 3 L., 1 gkz. St. auf die 4. u. 5. folgende St., 3 L., 1 drf. St. auf die L. nach der letzten St., w. — 13. Reihe: von der 2. Reihe wiederholen. Zuletzt behäkelt man beiderseits den Rand durch eine Lochreihe. Man arbeitet um die St. oder L. der Reihe gkz. St. je 2 St. getrennt durch 2 L., dann 2 L., 1 St. auf die Grundmasche der St., 2 L., 1 St. auf die obere M. der St., 2 L., 1 St. um die St. oder L. des nächsten Loches usf. St., getrennt durch 2 L. auf die Grund- und obere Masche der St., 1 St. um die zf. St. resp. L., 2 St. um die drf. St. resp. L., siehe Abb. 28.

Abb. 29 und 30. Spitze und Einsatz. In Querreihen hin- und zurückgehend gearbeitet. Material: Weißes Häkelgarn Nr. 60 DMC. Da sich die Mustersätze der Spitze an dem Einsatz wiederholen, erübrigt sich die Erklärung des Einsatzes; wir geben daher nur die Anleitung zur Herstellung der Spitze. — Anschlag: 30 L. — 1. Reihe: 1 zf. St. auf die 5. L. zurück, (von der letzten L. zählend), 2 zf. St. auf die nächsten L., × 1 gkz. St. auf die nächste und 8. folgende L. Hierfür bildet man 6 U., leitet die Häkelnadel in die L. nach der letzten zf. St., zieht je mittels eines vorhergehenden U. die drei unteren U. ab, bildet 3 U., sticht in die 8. L. und zieht je mittels eines vorhergehenden U. sämtliche auf der Nadel befindlichen U. ab. Nun häkelt man 4 L., 1 P. (gebildet aus 5 L., 1 f. M. in die 1. L. zurück), 4 L., 1 drf. St. auf die M. der Kreuzungsstelle der gekreuzten St. ×× und häkelt weitergehend 4 zf. St. auf die nächsten L., 3 L., 1 P., 1 L., 1 P., 3 L., 1 zf. St. auf die 8. folgende L., 3 zf. St. auf die nächsten L., w. — 2. Reihe: 3 L., 1 P., viermal je 2 L., 1 P., zuletzt 3 L., 1 Gipüreblättchen auf die 1. L. des Pikotbogens zurück, gebildet aus 1 vrf. St. auf die L. vor der 1. zf. St., wobei man die oberste Schlingenmasche auf der Nadel läßt, 2 zsm. abzumaschende drf. St. auf das untere Maschenglied der vrf. St. zurück, zuletzt die Schlgm. der vrf. St. abm., 8 L., 1 f. M. auf die L. zwischen den Pikots, 5 L., 1 f. M. in dieselbe Lücke, 8 L., 1 Gipüreblättchen auf das erste obere Maschenglied der gekreuzten St., 4 L., 1 P. nach unten (hierfür zieht man nach den 5 L. den Häkelhaken heraus, sticht in die 1. der 5 L. zurück und zieht die lose Schl. durch). Dann folgen weitergehend 4 L., 1 Gipüreblättchen auf das nächste obere Maschenglied der gekreuzten St., 3 L., 1 fünffache St. auf die L. nach der letzten St., w. — 3. Reihe: Am Anfang 5 L., 3 zf. St. auf die nächsten L., vom × bis ×× der 1. Reihe die gekreuzten St. wiederholen, wobei die unteren St. auf die oberen Randm. der beiden Gipüreblättchen zu häkeln sind; weitergehend folgen 4 zf. St. auf die nächsten L., 4 L., 1 P., 1 L., 1 P., 4 L., 1 zf. St. auf die 6. L. nach dem unteren P., 2 zf. St. auf die folgenden L., 1 zf. St. auf die Blättchenspitze, 3 L., 1 zf. St. in dieselbe Lücke der letzten zf. St., 3 L., 1 zf. St. in das 2. P., 3 L., 1 zf. St. in dasselbe P., 3 L., zweimal je 2 zf. St. getrennt durch 3 L. in die zwei nächsten Pikots, 3 L., 1 zf. St. auf das obere Maschenglied der letzten zf. St. der Stäbchenmaschengruppe, 1 zf. St. auf die 1. L. der Anschlagreihe, w. — 4. Reihe: 3 L., 1 St. auf die 1. zf. St., * 5 L., 1 zf. St. auf die 4. L. zurück (von der letzten L. zählend), 1 drf. St. auf die nächste L., 1 zf. St. auf die folgende zf. St., ×× dreimal vom * bis ×× wiederholen, dann ein Pyramidenzäckchen wiederholen, 1 St. auf die folgende zf. St., 3 L., 1 K. auf die nächste zf. St., 3 K. auf die L., weitergehend, 5 L., 2 zsm. abzumaschende drf. St. auf die 1. L. zurück, von der letzten L. zählend, 8 L., 1 f. M. um die L. zwischen den P., 5 L., 1 f. M. in dieselbe Lücke, 8 L., 1 Gipüreblättchen auf die nächste Randm. der gekreuzten St., 4 L., 1 P. nach unten, 4 L., 1 Gipüreblättchen auf die Randm. der folgenden gekreuzten St., 3 L., 1 fünff. St. auf die letzte St., das ist die aus Luftmaschen gebildete St., w. — 5. Reihe. Am Anfang 5 L., 3 zf. St. auf die nächsten L., 1 gkz. St. mit 6 U. auf die Spitzen der beiden nächsten Gipüreblättchen, getrennt durch 4 L., 1 P., 4 L., dann 4 zf. St. auf die nächsten L. des L.-B., 4 L., 1 P., 1 L., 1 P., 4 L., 3 zf. St. auf die 3 L. vor dem letzten Gipüreblättchen, 1 zf. St. auf die Blättchenspitze, w. — 6. Reihe: 3 L., 1 P., viermal je 2 L., 1 P., dann 3 L., 1 Gipüreblättchen auf die 1. untere zf. St., 8 L., w., 1 zf. St. in das 2. P., 3 L., 1 zf. St. in dasselbe P., 3 L., zweimal je 2 zf. St., getrennt durch 3 L. in die 2 nächsten P., 3 L., 1 zf. St. auf das obere Maschenglied der letzten zf. St. der Stäbchenmaschengruppe, 1 zf. St. auf das untere Glied derselben St., w. — Nun von der 4. Reihe fortgesetzt wdh. Für den Fuß der Spitze häkelt man zunächst eine Lochreihe gebildet aus St., getrennt durch 2 L. auf die 2. folgenden Maschenglieder der fünff. St. und die Randmaschen der Stäbchenmaschengruppe. Dann folgt eine Reihe f. M. Die Löcher zwischen den gekreuzten Stäbchenmaschen dienen zum Durchleiten eines Bandes. An dem Einsatz bilden 44 L. den Anschlag. Das Muster läßt sich nach Abb. 29 und der Erklärung leicht nacharbeiten.

Abb. 31. Spitze in Wickelstäbchen ausgeführt. In Querreihen hin- und zurückgehend gehäkelt. Material: Weißes Häkelgarn Nr. 80 DMC. Erklärung des Wickelstäbchens siehe Abb. 10 u. Seite 23. Für ein Wickelstäbchen wird der Faden als Umschlag zehnmal um die Nadel geschürzt. Anschlag: 22 L. — 1. Reihe: 1 St. in die 5. L. zurück (von der letzten L. zählend), dreimal je 5 L., 1 St. auf die sechstfolgende L., dann 4 L., w. — 2. Reihe: 6 Wckst. um die L. des ersten Loches, dann * 1 Wckst. in die 3. L. des nächsten Loches, 3 L., 1 Wckst. in dieselbe L., vom * wdh., 1 St. auf die nächste St., 1 St. auf die nächste L. des L.-Stäbchens, 4 L., w. — 3. Reihe: 1 St. auf die 2. St., * 5 L., 1 St. in die L. zwischen dem 2. und 3. folgenden Wckst., vom * wdh., dann 5 L., 1 f. M. in die L. zwischen dem 2. und 3. folgenden Wckst. der letzten Gruppe, 4 L., w. Nun von der 2. Reihe fortgesetzt wdh.

Abb. 32. Spitze in Verbindung mit Kobralitze. In hingehenden Längsreihen gehäkelt. Praktisch bewährt sich die Kobralitze für Häkelarbeiten, die zur Ausstattung von Wäschegegenständen bestimmt sind. Man beginnt an der mittleren Pikot-Bogenreihe, die die doppelt gelegte Kobralitze zum Wellenband formt. Hierfür legt man zunächst zwei lange Enden der Litze so zusammen, daß die verdickten und feinen Litzenfäden korrekt aneinander treffen. Man beginnt an den feinen Fäden und häkelt um diese * 5 f. M., dann folgen 4 L., 3 P. (je 1 P. gebildet aus 3 L., 1 K. in die 1. L. zurück), 4 L., worauf man um die zweitnächste feine Fadenstelle die Ausführung vom * wiederholt, bis die gewünschte Länge der Spitze erreicht ist. 2. Reihe: Man häkelt in entgegengesetzter Richtung auf der gegenüberliegenden Seite der Litze über der ersten Reihe je ×× 5 zsm. abzm. zf. St. auf die losen fünf f. M. der ersten Reihe, siehe Abb. 32. Nun arbeitet man 5 L., 1 drf. St. um die nächste lose feine Fadenstelle der Litzen, dann sechsmal je 2 L., 1 drf. St. um dieselbe Stelle, 5 L., worauf man auf die nächsten unteren Maschenglieder der f. M. der 1. Reihe vom ×× fortgesetzt wdh. — 3. Reihe (Abschlußreihe der Spitze: 1 f. M. um die L. zwischen den zwei ersten drf. St., × fünfmal je 5 L., 1 f. M. um die nächste L. zwischen den drf. St., 5 L., 5 f. M. um den nächsten L.-B., 5 f. M. um den folgenden L.-B., 2 L., die Schlgm. an die mittlere L. des letzten L.-Pikots anschürzen, 2 L., 1 f. M. um die L. zwischen der 1. und 2. drf. St. der nächsten Muschenfigur, dann vom × fortgesetzt wdh. Nun arbeitet man den Fuß der Spitze wie folgt: Man behäkelt die Anschlagreihe der Spitze durch eine L.-B.-Reihe mit Pikotverzierung und arbeitet um eine doppelt gelegte Litze. — Ausführung der 1. Reihe: Man beginnt mit ×× 1 f. M. um die feine Fadenstelle der Litzen und häkelt die f. M. auf das untere Maschenglied des 1. Pikots, dann wiederholt man dreimal 1 P., 1 f. M. auf die unteren Maschen über den P., dann folgen 13 L., worauf man um die nächste feine Fadenstelle der Litzen die 4 f. M., je getrennt durch P.-Bogen wiederholt. — 2. Reihe: 1 zf. St. auf die mittlere L. des ersten L.-Bogens, ×× zweimal je 2 L., 1 zf. St. in dieselbe Lücke, 9 L., 1 zf. St. auf die mittlere L. des folgenden L.-B., dann vom ×× fortgesetzt wdh. — 3. Reihe: f. M. auf die M. — 4. Reihe (Lochreihe): 1 St. auf die 1. f. M., ××× 1 L., 1 St. auf die 2. folgende f. M., vom ××× das Muster fortgesetzt wdh.

Abb. 33. Einsatz mit Eckbildung. Material: Weißes Häkelgarn Nr. 60 DMC. Je nach der Verwendung des Einsatzes wählt man zur Ausführung stärkeren oder feineren Arbeitsfaden, selbstverständlich verändert sich danach die Breite des Musters. Man häkelt zunächst die einzelnen Sternfiguren und schürzt sie im Laufe der Arbeit aneinander. Zuletzt werden die Begrenzungsstreifen angehäkelt. Erklärung einer Sternfigur. Man beginnt von der Mitte ausgehend und häkelt achtmal 1 L., 1 P. (gebildet aus 3 L., 1 f. M. in die 1. L. zurück), zuletzt schließt man durch 1 K. in die 1. L. den P.-Ring so, daß die P. nach unten zu liegen kommen. — 1. Rundreihe: 4 L., 1 zf. St. auf die folgende L. zwischen dem 1. u. 2. P., hierauf häkelt man für die Pyramidenfigur * 6 L., dann auf den L. zurückgehend 1 auf einmal abzm. St. auf die vorletzte L., 1 St. 2 zf. St., 1 drf. St. auf die nächsten L., worauf 1 zf. St. auf dieselbe untere L. des P.-Ringes zu arbeiten ist. Nun häkelt man 1 zf. St. auf die nächste L. zwischen den P. ** und wiederholt sechsmal vom * bis ** die Ausführung, danach folgt eine Pyramidenfigur, die man mittels 1 K. auf das obere Maschenglied der zwei anschließenden zf. St. anschürzt. — 2. Rundreihe (Abschlußreihe): 4 L., 2 P., 1 St. auf die erste Pyramidenspitze, 3 P., 1 St. in dieselbe Lücke der Pyramidenspitze, 2 P., 4 L., 1 f. M. auf das Maschenglied der zusammentreffenden zf. St., dann vom Anfang siebenmal wiederholen und zuletzt statt der f. M. eine K. auf die K. häkeln, den Faden abschneiden und vernähen. Man häkelt in beliebiger Wiederholung die Sternfiguren und schürzt sie im Laufe der Arbeit nach Abb. 33 durch P. zusammen. — Erklärung des oberen Begrenzungsstreifens: Die Erklärung beginnt an der zweiten Sternfigur vor einem Eckstern. Man häkelt ** 1 St. um das mittlere P. des rechten freien P.-Bogens der Sternfigur, 3 L., 1 P. nach unten (man zieht die Häkelnadel aus der letzten L., führt die Nadel in die 1. L. ein, erfaßt die Schl. und zieht sie mittels 1 U. durch die L.), 5 L., 1 P. nach unten, 3 L., 1 St. um das mittlere P. des folgenden P.-Bogens, 5 L., 1 P. nach unten, 5 L., * dann für die Zweigblättchen in der Bogentiefe 1 St. mit 7 U. um das 1. P. des nächsten P.-Bogens, wobei man je mittels 1 U. den Arbeitsfaden durch 4 U. durchzieht und zwei zusammen abzm. drf. St. auf das untere Maschenglied der siebenf. St. häkelt. Danach sind die oberen U. als zf. St. abzm. und in gleicher Weise die Ausführung des Zweigblättchens um das letzte P. des anschließenden P.-Bogens der nächsten Sternfigur zu wiederholen. Nun wiederholt man vom * bis ** zurückgehend die Ausführung und häkelt danach 3 L., 1 P. nach unten, 3 L., * worauf der dreiteilige Blattzweig über der Sternfigur an der Ecke zu häkeln ist. — 1. Blättchen: 1 St. mit 6 U. um das 1. P. des nächsten P.=B., wobei man je mittels eines vorhergehenden U. 4 U. abm. und 2 drf. St. auf das untere Maschenglied der sechsf. St. häkelt, zuletzt sind mittels 1 U. die auf der Nadel befindlichen U. abzumaschen. 2. Blättchen (mittleres): 8 U., den Faden um das letzte P. des nächsten P.=B. des Ecksterns anschürzen, mittels 1 U. 1 Schl. abm., 1 St. um das 1. P. des nächsten P.=Bogens, dann je mittels eines vorhergehenden U. 4 Schl. abm., 2 drf. St. auf die zusammengeschürzten Maschenglieder der 2 unteren St., dann je mittels 1 U. die auf der Nadel befindlichen Schl. abm. und das 3. Blättchen

34. Gehäkelte Rosette
Geeignet zum Zusammensetzen und zur Inkrustation in Decken, Kissen, Kragen u. dgl.

35. Gehäkeltes Karo. Nachbildung einer genähten alten Reticellaspitze
Geeignet zur Inkrustation in Decken, Kissen u. dgl.

gleich dem 1. Blättchen um das letzte P. des nächsten P.-B. der anschließenden Sternfigur wiederholen. Hierauf wiederholt man fortgesetzt bis zur nächsten Ecke vom * bis ** — 2. Begrenzungsreihe. f. M. auf die L. und Maschenglieder über den P. — 3. Reihe: 2 L., * 4 U., den Faden an eine f. M. anschürzen, je mittels 1 U. 3 Schl. abm., 1 drf. St. auf die 4. folgende f. M., je mittels eines vorhergehenden U. die auf der Nadel befindlichen Schl. abm., 2 L., 1 P. nach unten, 2 L., vom * fortgesetzt wdh., und zwar die vierf. St. auf die 2. f. M. häkeln. An der Ecke treffen zwei zusammen abgemaschte Zweigstäbchen nebeneinander. — 4. Reihe: f. M. auf die L. und die Maschenglieder über den P. In gleicher Weise ist auch der untere Begrenzungsstreifen zu häkeln, mit dem Unterschied, daß je den Ausschnitt an dem Eckstern eine siebenf. St., der eine drf. St. anzuschürzen ist, füllt.

Abb. 34. Rosette. Material: Weißes Häkelgarn Nr. 70 DMC. 8 L., durch 1 f. M. in die 1. L. zurück zum Ring schließen. 1. Rundreihe: Am Anfang 3 L., 23 St. um den Ring, durch 1 K. in die obere L. am Anfang die Reihe schließen. — 2. Reihe: Im Rippenstich K. auf die einzelnen Maschen, hierbei sticht man stets in die rückwärtigen Maschenglieder der vorigen Reihe, zuletzt 1 K. auf die 1. K. — 3. Reihe: 5 L., 1 f. M. auf die 2. folgende K., zehnmal je 5 L., 1 f. M. auf die 2. folgende K., zuletzt 5 L., 1 K. in die 1. untere L. des ersten L.-Bogens. — 4. Reihe 1 f. M. um den 1. L.-B., elfmal je 7 L., 1 f. M. um den folgenden L.-B., dann 7 L., 1 K. auf die 1 f. M. — 5. Reihe: Um die einzelnen L.-B. je 4 f. M., 4 P. (je 1 P. gebildet aus 3 L., 1 K. in die 1. L. zurück), je getrennt durch 1 L., 4 f. M., zuletzt Faden abschneiden und vernähen. — 6. Reihe: 1 f. M. um die L. zwischen den mittleren P. einer Pikotschlinge, elfmal je 11 L., 1 f. M. um die L. zwischen den mittleren P. der einzelnen Pikotschlingen, 11 L. u. zuletzt 1 K. auf die 1. f. M. — 7. Reihe: Um die einzelnen L.-Bogen je 12 f. M. — 8. Reihe: Im Rippenstich f. M. auf die M. — 9. Reihe: In gleichmäßigem Wechsel 6 L., 1 f. M. auf die mittlere f. M. des Bogens, 6 L., 1 f. M. auf die f. M. über die Pikotschlinge. — 10. Reihe: Je 1 K. auf die 1. u. 2. L. des ersten L.-Bogens, * 3 L., 1 f. M. um denselben L.-B., 5 L., 1 f. M. um den nächsten L.-B., vom * fortgesetzt wdh., zuletzt nach der 2. f. M. um den letzten L.-B. 3 L., 1 K. auf die 1. f. M. — 11. Reihe: 1 f. M. um den 1. L.-B., 3 L., * 1 St. um den nächsten L.-B., 4 L., 1 St. um denselben L.-B., 3 L., 1 f. M. um den nächsten L.-B., 3 L., vom * bis zum Schlusse wdh., nach der letzten St. 3 L., 1 K. auf die 1. f. M.

Abb. 35. Karo. Nachbildung einer Reticella-Nähspitze. Man beginnt mit der Sternfigur in der Mitte. 6 L., mittels 1 K. in die 1. L. zum Ring schließen. Um den Rg. viermal je 2 f. M. und 1 P. (3 L. und 1 K. in die 1. f. M. zurück), 1 K. in die 1. f. M. des Ringes, dann 12 L., darauf zurückgehend und -zählend 1 f. M. in die 3. L., 1 St. in die folgende L., zwei zf. St. in die 2 nächsten L., und zwei drf. St. in die 2 folgenden L. Nun eine zf. St. in die 1. f. M. nach dem 1. P. des Ringes, worauf man für das nächste Dreieck 8 L. anschlägt, und in der vorhin erklärten Weise, zurückgehend, die f. M., die verschiedenen St. in die L. ausführt und eine zf. St. in die 1. f. M. nach dem 2. P. häkelt. Nach zweimaliger Wiederholung dieses letzten Dreiecks schließt statt der zf. St. 1 K. in die 4. L. die Sternfigur. 14 L., eine drf. St. in die 7. L. zurück, 3 L., 1 P. nach unten (hierfür 4 L., die Nadel aus der Schl. ziehen und diese dann durch die 1. L. durchziehen), 3 L., 1 f. M. in die Dreieckspitze. * 3 L., 1 P. nach unten, 3 L., eine siebenf. St. in die zf. St., 3 L., eine zf. St. in das vierte Maschenglied der siebenf. St., 3 L., eine drf. St. in dasselbe Maschenglied, 3 L., 1 P. nach unten, 3 L., 1 f. M. in die Dreieckspitze, zweimal vom * wiederholen, dann weitergehend 3 L., 1 P. nach unten, 3 L., eine drf. St. in das schon erfaßte Maschenglied der 14. L., 3 L. und mittels 1 K. in die 4. L., von oben zählend, die Figur schließen. ** 4 f. M. in den äußeren L.-Rand, 1 P., wie zuerst gesagt, 7 f. M., dann für den fünfteiligen Blattzweig * 14 L., 1 f. M. in die 3. L. zurück, 1 St., zwei zf. St., 2 St., 1 f. M. und 2 K. je in 1 L. zweimal vom letzten * wiederholen. Dann 3 K. in die 3 L., 11 L., und in diese zurück die für die Blattfigur erforderlichen verschiedenartigen St., f. M. u. K. Dann 1 K. in den Ansatz des 2. Blättchens, 3 K. in die 3 L., die zuletzt beschriebene Blattfigur wiederholen und K. in den Blattansatz und in die L. häkeln. 1 K. genau über die Dreieckspitze, 7 f. M. in 7 L., 1 P., 3 f. M. in die folgenden

3 L., zurückgehend fünfmal je 8 L. und 1 K. in die Blattspitze, 8 L., 1 K. in die 1. f. M. nach Schluß der Sternfigur, w. und zurückgehend, ** 5 f. M. in 5 L., 1 P., zweimal je 8 f. M. in 8 M. und 1 P., 5 f. M., * 3 f. M. in die K. der Blattspitze, dann vom * zurückgehend bis ** wiederholen und 3 f. M. in die zf. St. der Ecke, worauf man von ** die Bogenformen mit Blattzweigen dreimal wiederholt. Die eingeschobenen Eckkaros sind genau so wie das mittlere Karo zu häkeln, nur die Abschlußreihe zeigt eine kleine Variation. Man häkelt hierfür in die L.-Reihe 4 f. M., 1 P., zweimal je 8 f. M. und 1 P., wobei noch das letzte P. die Verbindung mit dem 1. P. der Bogenfigur vermittelt. 3 f. M. in die 3 L., 1 f. M. in die zf. St., mittels einer folgenden f. M., die in dieselbe St. greift, in die Bogentiefe der fertigen Musterform fassen und diese somit anschließen, 1 f. M. in dieselbe St., 3 f. M., 1 P., bei dem man gleichfalls das 1. P. der nächsten Bogenfigur erfaßt, zweimal je 8 f. M. und 1 P., dann 4 f. M., 6 L., 1 P. nach unten, 6 L., 1 P. nach unten und mit diesem die Bogenspitze erfassen, 6 L., 1 P. nach unten, 7 L., zurückgehend f. M. in die L., dann f. M. in die M. des Karos bis zur Ecke und hier 3 f. M. in die zf. St. Nun folgen wieder f. M. in die L. bis zur nächsten Ecke, wo 1 K. in die 1. f. M. das Karo vollendet. Dieses Eckkaro ist dreimal zu wiederholen, indem man stets je das lose Luftmaschenschnürchen im Laufe der Arbeit nach Abb. 35 mittels 1 K. mit dem Karo verbindet. Eine durchbrochene Stäbchenreihe schließt das fertige Karo ab. Man häkelt je 1 St. in jede 2. M. getrennt durch 1 L.

Abb. 36. Rosette. Nachbildung einer Reticella-Nähspitze. Durchmesser: 10 cm. Material: Weißes Häkelgarn Nr. 60 DMC oder Leinenzwirn Nr. 50. An-

36. Gehäkelte Rosette
Nachbildung einer Reticella-Nähspitze aus dem 16. Jahrhundert. Ursprung Zypern

37. Gehäkelte Rosette
Nachbildung einer Reticella-Nähspitze aus dem 17. Jahrhundert. Ursprung Italien. Aus der Zeitschrift „Dies Blatt gehört der Hausfrau"

schlag: 4 L., durch 1 K. in die 1. L. zum Ring schließen. — 1. Reihe: Am Anfang 9 L., dreimal je 1 St. (um den L.-B.), 6 L., durch 1 K. in die 4. L. am Anfang die Reihe schließen. — 2. Reihe: viermal je 3 f. M., 1 P., 3 f. M. um den 1., 2., 3., 4. L.-B., durch 1 K. in die 1. f. M. die Reihe schließen. — 3. Reihe: viermal je 13 L., 1 f. M. um das Maschenglied in den Bogentiefen zwischen den f. M., durch 1 K. in die 1. L. die Reihe schließen. — 4. Reihe: Auf jeden der vier L.-B. dreimal je 3 f. M., 1 P., dann 3 f. M., durch 1 K. in die 1. f. M. die Reihe schließen. — 5. Reihe: Am Anfang 14 L., + 1 f. M. in das 2. P., 10 L., 1 zf. St. auf die untere f. M. zwischen den P.-B., 10 L., ++ von + bis ++ zweimal wiederholen, 1 f. M. in das zweitfolgende P., 5 L., 1 drf. St. in die 4. L. am Anfang. — 1. Reihe der breiten Blattfigur: 4 f. M. um die drf. St., 4 f. M. um den nächsten halben L.-B., w. — 2. Reihe: 1 L., 8 f. M., w. — 3.—14. Reihe: gleich der zweiten Reihe. — 15. Reihe: 1 L., 6 f. M. auf die 2. bis 7. f. M., w. — 16. Reihe: 1 L., 4 f. M. auf die 2.—5. f. M., Faden abschneiden und vernähen. Dieselbe Blattfigur wiederholt man nach Abb. 36 an den drei entsprechenden Stellen. Die Dreiecke arbeitet man an den dazwischenliegenden Stellen mit einer Reihe von 11 f. M. beginnend. Man häkelt je 5 f. M. um die Hälfte der L.-B. und 1 f. M. auf die f. M. über dem P. Nun folgen, hin- und zurückgehend auszuführende, abnehmende Reihen f. M., indem man stets die 1. M. übergeht, bis zuletzt nur 1 M. übrigbleibt, dann schneidet man den Faden ab. Nach Beendigung sämtlicher Figuren arbeitet man die Verbindungen, auf der Arbeitsrückseite beginnend. 1 f. M. in die Randmasche der 5. Reihe der großen Blattfigur (von oben zählend), * 4 L., 1 durch 5 L. getrenntes doppeltes Kreuzstäbchen. Ausführung: 1 drf. St. in die Randmasche der 5. Reihe derselben Figur (von unten zählend), nach dem Abmaschen von 2 U., 1 zf. St. in die Randmasche der 5. Reihe der gegenüberliegenden Figur, die beiden letzten U. abmaschen, 5 L., 1 zf. St. in den Kreuzungspunkt zurück, 4 L. ** 1 f. M. auf die Spitze des Dreiecks, vom * bis ** wiederholen, 1 f. M. in die 5. Reihe (von oben) der nächsten Figur, w. — Auf jeden der 6 L.-B. 3 f. M., 1 P., 3 f. M., dann Faden abschneiden. An den übrigen Seiten die Verbindungen in gleicher Weise arbeiten. — 1. Reihe des Außenbogens: + 1 St. auf die 1. f. M. der großen Blattfigur, 3 L., 1 St. auf die 3. f. M., 3. L., 1 St. auf die letzte f. M., 20 L., 1 zf. St. auf die Spitze des Dreiecks, 20 L., ++ von + bis ++ dreimal wiederholen, durch 1 K. in die 1. St. die Reihe schließen. — 2. Reihe: 4 f. M. um den 1. kleinen L.-B., 1 P., 4 f. M. um den 2. L.-B., 1 P., * um den großen L.-B. 4 f. M., 1 P., 12 f. M., w. — 6 L., 1 zf. St. auf die 4. f. M. (von der letzten f. M. zählend), 6 L., 1 K. auf die viertfolgende f. M., w., dann um den L.-B. 3 f. M., 1 P., 3 f. M., 1 P., um den nächsten L.-B. 3 f. M., 1 P., 3 f. M., im Anschluß 4 f. M. um den großen L.-B., 1 P., 4 f. M., ** von * bis ** wiederholen. 1 P., vom Anfang der Reihe dreimal wiederholen, mit 1 K. in die 1. f. M. die Reihe schließen.

Abb. 37. Rosette. Nachbildung einer Reticella-Nähspitze. Durchmesser: 11 cm. Material: Weißes Häkelgarn Nr. 60 DMC oder Leinenzwirn Nr. 50. Anschlag: 4 L., durch 1 K. in die 1. L. zurück, zum Ring schließen. 1. Reihe: Am Anfang 15 L., * 1 drf. St. in die 1. L. des Ringes, 6 L., 1 fünffache St. in die nächste L. des Ringes, 6 L., ** von * bis ** zweimal wdhl. Die drf. und fünff. St. stets in die nächsten L. häkeln. 1 drf. St., 6 L., 1 K. in die 8. L. am Anfang. — 2. Reihe: 1 L., achtmal je 7 f. M. um jeden der acht L.-B., w. — 1. Reihe: des ersten Dreiecks: 1 L., 14 f. M. auf die letzten 14 f. M., w., 1 L., 13 f. M. auf die 2. — 14. f. M., w. — Man fährt fort, in jeder Reihe die 1. M. zu übergehen, bis nur noch 1 M. übrig ist, dann Faden abschneiden. Die drei übrigen Figuren in gleicher Weise arbeiten. — 3. Rundreihe: × je 1 St., 2 L., auf die Randmasche der 5., 7., 9., 11., 13. Reihe der f. M. des Dreiecks, je 1 St., 2 L., auf die Spitze des Dreiecks, je 1 St., 2 L., auf die 13., 11., 9., 7., 5. Reihe des gegenüberliegenden Randes nach abwärts häkelnd, 7 L., diese durch 1 K. zwischen den Dreieckfiguren anschürzen, zurückgehend, 5 f. M. um die letzten 5 L., 2 L., ×× von × bis ×× dreimal wdh., zuletzt durch 1 K. an die 1. St. die Reihe schließen. — 4. Rundreihe: 1 L. je 1 f. M., 1 P., 1 f. M. um jeden L.-B., am Ende 1 K. in die 1. f. M., Faden abschneiden. — 5. Reihe: ×*

1 St. auf die Spitze einer Dreieckfigur, 20 L., diese durch 1 K. an die f. M. hinter dem 4. P. anschürzen, w. Um den halben L.-B. zurück: 5 f. M., 1 P., 5 f. M., w.; 22 L., diese durch 1 K. an die f. M. hinter dem zweitfolgenden P. anschürzen, w. — 12 f. M. um 12 L. des L.-B., w.; 20 L., diese durch 1 K. hinter dem zweitfolgenden P. anschürzen, w. — 5 f. M., 1 P., 5 f. M. um den halben L.-B., 12 L.; vom × * dreimal wdh., durch 1 K. in die 1. St. die Reihe schließen. — 6. Reihe: 1 L., 16 mal je 15 f. M. um je 1 L.-B., durch 1 K. die Reihe schließen. — 7. Reihe: Am Anfang 6 L., * 1 St. auf die fünftfolgende f. M., 3 L., 1 St. auf die drittfolgende f. M., 3 L., 1 St. auf die viertfolgende f. M., 3 L., 1 St. auf die f. M. der Bogentiefe, zweimal je 3 L., 1 St. auf die fünftfolgende f. M., 3 L., 1 St. auf die drittfolgende f. M., 3 L., 2 St. auf die f. M. der Bogentiefe, dreimal je 3 L., 1 St. auf die viertfolgende M., dann 3 L., 1 St. auf die f. M. der Bogentiefe, dreimal je 3 L., 1 St. auf die viertfolgende M., 3 L., 1 f. M. auf die f. M. der Bogentiefe, 3 L., vom * fortgesetzt bis zum Schluß wiederholen, zuletzt durch 1 K. in die 3. L. am Anfang die Reihe schließen. — 8. Reihe: 1 L., fortgesetzt um jeden kleinen L.-B. f. M., auf die vier St.-Paare jedesmal 2 f. M., durch 1 K. die Reihe schließen. Faden abschneiden. Dann werden die acht Dreiecke in der bereits angegebenen Weise gearbeitet, nämlich so, daß immer zwei Figuren ein Paar bilden, das von dem nächsten durch vier untere L.-B. getrennt ist. Zwischen den Paaren beträgt der Zwischenraum nur zwei untere L.-B., und dieser kleine Zwischenraum befindet sich immer an der Spitze der unteren Dreiecke, siehe Abb. 37. Dann folgt die erste Reihe der äußeren Randbehäkelung: 2 St. auf das untere St.-Paar, 3 L., 1 St. auf die nächste untere St., 3 L., dann *** 1 St., durch 3 L. getrennt, — auf die 2., 4., 6., 8., 10., 12., 14. Reihe des Dreiecks, 1 St. auf die Spitze des Dreiecks, dann je 1 St., durch 3 L. getrennt, auf die 14., 12., 10., 8., 6., 4., 2. Reihe des Dreiecks. +++ 3 L., 1 St. auf die 4. f. M., 3 L., von *** bis +++ wdh., 3 L., 1 St. auf die 4. f. M., 2 St. auf die 8. u. 9. f. M., 3 L., 1 St. auf die 13. f. M. Dann umhäkelt man die sechs übrigen Figuren gleich den ersten beiden und verziert den Rand, indem man in jeden kleinen L.-B. 1 f. M., 1 P., 1 f. M. arbeitet.

1. Siehe Seite 17. **Breite Spitze.** Material: Weißes Häkelgarn Nr. 40 DMC. Die Spitze setzt sich aus Sternfiguren zusammen. — **Ausführung einer Sternfigur.** Man beginnt von der Mitte ausgehend mit 5 L. und schließt diese durch 1 K. in die 1. L. zurück zum Ring. — 1. Reihe: 7 f. M. um die L., durch 1 K. in die 1. f. M. die Reihe schließen. — 2. Reihe: 7 L., 1 zf. St. auf die 1. f. M., sechsmal je 4 L., 1 zf. St. auf die folgenden f. M., zuletzt 4 L., durch 1 K. auf die 3. L. des 1. L.-B. die Reihe schließen. — 3. Reihe: 9 L., * 4 zsm. abzumaschende zf. St. auf die unteren 4 L., 4 L., 1 drf St. auf die untere zf. St., 4 L., dann vom * sechsmal wdh., zuletzt 4 zsm. abzm. zf. St. auf die 4 L. des letzten L.-B., 4 L., 1 K. in die 5. L. des 1. L.-Bogens. — 4. Reihe: 4 L., * 1 St. auf die 2. folgende L., 1 L., 1 St. auf die nächste L., 1 L., 1 St. auf die 2. folgende M., d. i. die Blättchenspitze, 1 L., 1 St. auf die 2. folgende L., 1 L., 1 St. auf die nächste L., 1 L., 1 St. auf die 2. folgende St., 1 L., dann vom * wdh., nach der letzten L. 1 K. in die 3. L. am Anfang. — 5. Reihe: 10 L., 1 P. (gebildet aus 3 L., 1 K. in die 1. L. zurück), 4 L., ** 1 f. M. auf die St. über der Blättchenspitze, 4 L., 1 P., 3 L., 1 drf. St. auf die St. über der zf St., 4 L., 1 P., 4 L., sechsmal vom ** wdh., zuletzt 1 f. M. auf die St. über der letzten Blättchenspitze, 4 L., 1 P., 4 L., 1 K. in die 7. L. am Anfang. — 6. Reihe: 16 L., + 1 fünff. St. auf die nächste drf. St., 4 L., 3 zsm. abm. drf. St. auf das 3. Maschenglied der fünff. St. zurück, 4 L., 1 zf. St. in dieselbe Lücke der fünff. St. zurück, 13 L., ++ 1 St. auf die nächste drf. St., 13 L., vom + zweimal wdh, dann vom + bis ++ einmal wdh., zuletzt 1 K. in die 3. L. des 1. L.-Bogens. Ebenso sind die Sterne der oberen Querreihe der Spitze zu häkeln, wobei man die einzelnen Figuren durch K. aneinanderschürzt. Man beginnt mit dem Anschürzen der Blättchenspitzen der Eckfiguren, * verbindet die zf. St., häkelt 6 L., × schürzt die nächste L. an die 7. L. des fertigen Motivs, arbeitet 6 L. +, 1 St. auf die drf. St., schürzt die Motive an der St. zusammen, häkelt 6 L. und wdh. vom × bis +. Nun folgt die fünff. St. mit der zf. St. des vollendeten Motivs, verbindet sie, häkelt 4 L. und das Blättchen und schürzt die Blattspitzen zusammen **. Die **Sterne der Zackenspitze** sind wie die oberen Figuren zu häkeln, dagegen verändert sich

die Umrahmungsreihe. Man beginnt diese mit 16 L., häkelt gleich der Abschlußreihe die fünff. St., 4 L., das Blättchen, schürzt die Blattspitze an die Blattspitzen der Sternbordüre, häkelt 4 L. und wdh. einmal vom * bis ** der Anschürzreihe. Nach dem Anschürzen folgen 4 L., 1 zf. St. in dieselbe Lücke des dritten Maschengliedes der fünff. St.; weitergehend 13 L., 1 St. auf die nächste drf. St., viermal je 17 L., 1 St. auf die folgende drf. St., zuletzt 1 K. in die 3. L. am Anfang. Nach dem Anhäkeln der Figuren häkelt man auf den Zackenrand f. M., auf die einzelnen Randm. Nun folgt eine Lochreihe, gebildet durch je 1 L., 1 St. auf die 2. folgende M. Die Lochreihe begrenzt eine Pikotspitze. — 1. **Reihe:** × 1 f. M. auf die 2. St., vor der St. in der Ecktiefe zählend, 3 L., 1 f. M. auf die 3. St. nach der St. in der Ecktiefe, dann 14 mal fortgesetzt je 10 L., 1 f. M. auf die 4. folgende St., an der Ecktiefe 3 L., 1 f. M. auf die 2. St. nach der St. der Ecktiefe, weitergehend 10 L., 1 f. M. auf die 4. St., 10 L., 1 f. M. um die L. der drittfolgenden Lücke, 10 L., 1 f. M. auf die 4. folgende St., 10 L., 1 f. M. auf die 4. folgende St., vom × bis zum Schlusse wdh. — 2. **Reihe:** 3 f. M. um die L. des Eckbogens, weitergehend ×× um den folgenden L.-B. 4 f. M., 1 P., 5 f. M., 1 P., 4 f. M., weitergehend um den nächsten L.-B. 4 f. M., 1 P., 3 f. M., w., 10 L., durch eine K. an die 3. f. M. zwischen den P. des 1. großen behäkelten Bogens anschürzen, w., um den L.-B. 4 f. M., 1 P., zweimal je 3 f. M., 1 P., dann 4 f. M., weitergehend um die L. des halben L.-Bogens 2 f. M., 1 P., 4 f. M., vom ×× sechsmal wdh. Um den kleinen L.-B. in der Ecktiefe 3 f. M., weitergehend um den folgenden L.-B. 4 f. M., 1 P., zweimal je 3 f. M., 1 P., dann 4 f. M. * Nun folgt eine dreiteilige Bogenzacke, dann vom * zurückgehend wdh.

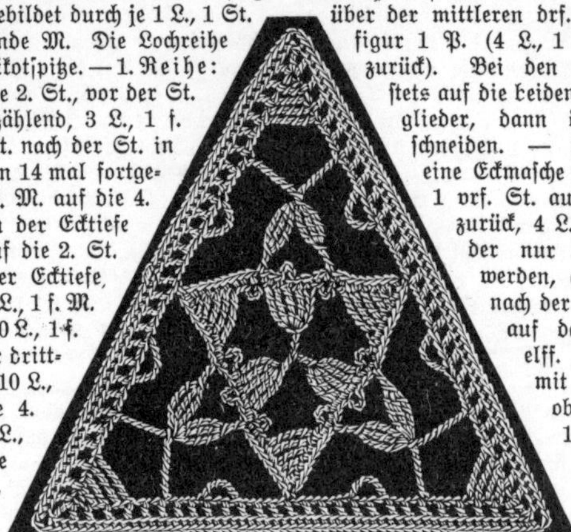

38. Dreieck. Nachbildung einer genähten Reticellaspitze

Abb. 38. **Dreieck.** Material: Häkelgarn Nr. 60 DMC. Man beginnt von der Mitte ausgehend die 1. **Reihe.** 10 L., 4 drf. St. in die 4 L. zurück (von unten nach oben zählend), * 1 L., 1 P. nach unten (5 L., die Nadel aus der letzten L. ziehen, die Nadel in die 1. L. einführen und die Schl. durchziehen), 2 L., dann für die Dreieckfigur 6 L., zurückgehend auf die 5.—1. L. 1 f. M., 1 St., 1 zf. St., 2 drf. St., 2 L., 1 P. nach unten, 1 L., 1 fünff St. auf die 1. der 10 L. u. 4 drf. St. auf das 2. Glied der fünff. St. ××, vom * bis ×× einmal wdh., 1 L., 1 P. nach unten, 2 L., 1 Dreieck, 2 L., 1 P. nach unten, 1 L., 1 K. in die obere L. der 1. Fächerfigur. — 2. **Reihe:** Auf jede M. der 1. Reihe 1 f. M., an den Ecken je 3 f. M. in die Eckmasche und je über der mittleren drf. St. der Fächerfigur 1 P. (4 L., 1 K. in die 1. L. zurück). Bei den St. häkelt man stets auf die beiden oberen Maschenglieder, dann den Faden abschneiden. — 3. **Reihe:** Auf eine Eckmasche je 1 f. M., 8 L., 1 vrf. St. auf die 5. der 8 L. zurück, 4 L., 1 elff. St., von der nur 5 Schl. abgem. werden, auf die 9. f. M. nach der Eckm., 2 drf. St. auf das 2. Glied der elff. St. zurück, und mit der nächsten oberen Schl. abm., 1 sechsf. St., wobei nur 5 Schl. abgem. werden, auf die 5. f. M. nach dem P., 2 drf. St. auf das 2. Glied der fünff. St. zurück, dann mit der Schl. des fertigen Blättchens abm., nun die übrigen Schl. der elff. St. abm., 4 L. Dann häkelt man für die Dreieckfigur 6 L., zurückgehend auf die 5.—1. L. 1 f. M., 1 St., 1 zf. St., 1 drf. St., 1 vrf. St., 4 L., 1 vrf. St. auf die obere M. der Blättchengruppe, 10 L., 1 vrf. St. in die 7. L. zurück (von unten nach oben zählend), 4 L. — Nun vom Anfang der Reihe zweimal wdh., zuletzt durch 1 K. an die 1. f. M. die Reihe schließen. — 4. **Reihe:** 4 L., fortgesetzt wdh., 1 St. auf die 2. folgende M., 1 L. Auf jede der 3 Eckm. häkelt man 1 St., 2 L., 1 zf. St., 2 L., 1 St., zuletzt durch 1 K. in die oberste L. am Anfang die Reihe schließen. — 5. **Reihe:** f. M. auf die M. und je 3 f. M. auf die Eckm. Das Motiv eignet sich zur Inkrustation in Stoff.

II. Die Gabel- oder Gimpenhäkelei

39. Ausführung der einfachen Gabel- oder Gimpenhäkelei
Zur Herstellung von Borten

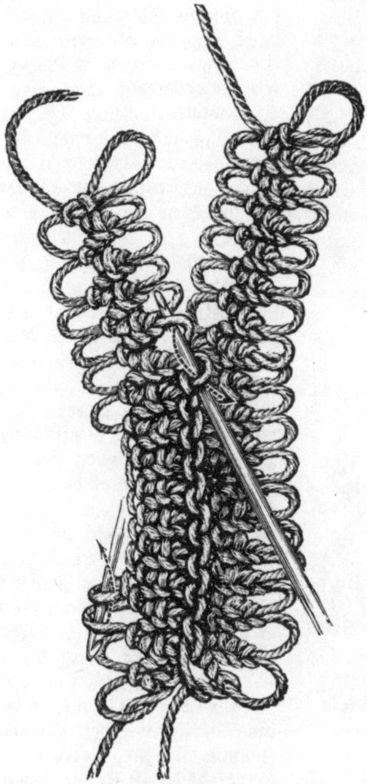

40. Zusammenhäkeln der Gabelborten
Der Pfeilrichtung folgend werden die losen Schlingen ineinandergeschürzt

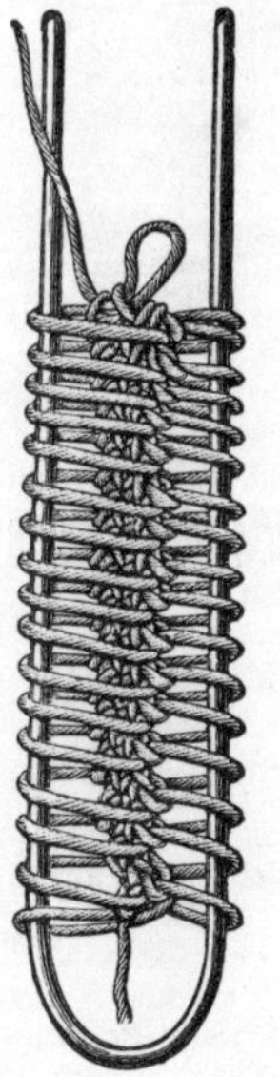

41. Ausführung der Gabelhäkelei mit verschränkten Schlingen, die die Mittelrippe decken

Diese eigenartige Technik kann in Verbindung mit gewöhnlicher Häkelarbeit zur Herstellung von Spitzen, Bordüren, Fransenborten, Bekleidungsgegenständen u. dgl. dienen. Nach der Art der Verwendung richtet sich das Arbeitsmaterial. Für feine waschbare Gegenstände wählt man Häkelgarn oder Perlgarn, für Wintersachen Wolle und für Posamenten kräftige Seide, Baumwoll- oder Seidenschnürchen.

Das Werkzeug bildet eine sogenannte Gabel aus Metall, Holz oder Bein. Eine Metallgabel kann man sich leicht von einem Goldarbeiter oder Mechaniker herstellen lassen. Man besorgt sich eine kräftige Stahlstricknadel, etwa Nr. 00, und läßt diese zurechtbiegen. Für ganz feine Arbeiten benutzt man eine Haarnadel als Gabel.

Man beginnt mit einer langgezogenen L., leitet die Luftmaschenschlinge z. B. um die linke Gabelzinke, wobei man die Gabel mit der linken Hand hält, wendet die Gabel, d. h. man dreht die Vorderseite um und schlingt den losen Faden von vorn nach rückwärts um die wieder links befindliche

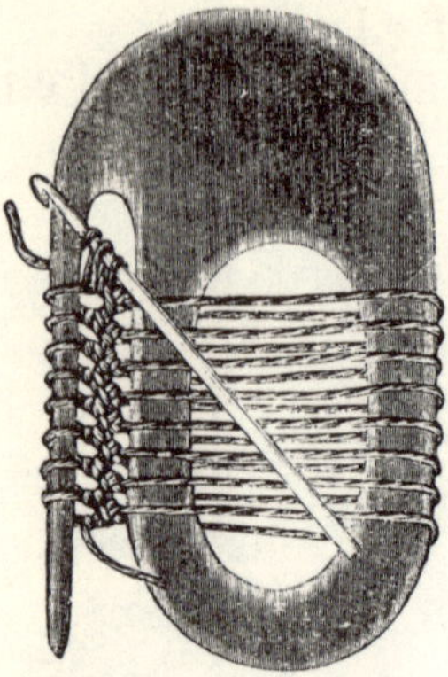

42. Holzgabel mit breiter und schmaler Schiene. Zur Herstellung von Quasten. Siehe Abb. 43 u. 44

43. Ausführung eines Quastenkerns zu Abb. 44

44. Quaste mit Gabelhäkelei Quastenkern Abb. 43

freie Gabelzinke, führt den Häkelhaken, von vorn nach rückwärts stechend, durch die Luftmaschenschlinge, erfaßt den losen Arbeitsfaden, zieht ihn durch die Schl. und häkelt 1 f. M., * hierauf schiebt man den Griff des Häkelhakens durch die Gabel auf die Rückseite, schlingt den Faden um die linke Gabelzinke von rückwärts nach vorn, wendet die Gabel und bildet 1 f. M. um den vorderen Faden der linken Schl. Danach wiederholt in stetem Wechsel vom * die Ausführung. Es ist ratsam, fest zu häkeln, damit sich in der Mitte der Litze eine kräftige Zackenrippe markiert. Wenn die Gabel gefüllt ist, schiebt man die Litze herunter und leitet nur die zwei obersten Ösenpaare auf die Gabel, um bequemer weiterarbeiten zu können.

Abb. 40 zeigt das Zusammenhäkeln von zwei Gabelbörtchen. Hierfür nimmt man die rechts befindliche Öse auf die Häkelnadel und zieht die links liegende Öse durch, genau so, als wenn man den Häkelfaden mittels eines Umschlags abziehen wollte. Um auf beiden Seiten einen festen Bortenrand zu erzielen, sichert man die Ösen an den Außenrändern durch Abketten, siehe Abb. 40. Die Endösen sind fest zu vernähen. Die Gabelbörtchen können gleich Mignardisebörtchen verarbeitet werden, indem man sie zur Herstellung von Mustern benutzt. Außerdem eignen sich die Ösen zur Befestigung von Fransen und Quasten.

Abb. 41. Ausführung der Gabelhäkelei mit verschränkten Schlingen. Diese Abart der Gabelhäkelei wird häufig zur Herstellung von Wollsachen gewählt. Man benutzt eine starke Gabel aus Holz und eine kräftige Holz- oder Knochenhäkelnadel. Feine Börtchen werden mit einer gewöhnlichen Stahlgabel ausgeführt. Man beginnt, wie bei der einfachen Gabelhäkelei, mit einer langgezogenen L., w., schlingt den Faden von vorn nach rückwärts um die freie Gabelzinke, * führt die Häkelnadel von vorn nach rückwärts stechend durch die Schl. durch, schlingt den Faden von rückwärts nach vorn um die Nadel, zieht den Faden unter den rückwärtigen Schlingenfaden durch und mascht mittels 1 U. die Schl. ab. Nun schiebt man den Griff der Häkelnadel auf die Rückseite, w., schlingt den Faden von vorn nach rückwärts um die entgegengesetzte Gabelzinke und wdh. fortgesetzt vom *. Bei dieser Ausführung wirkt das mittlere Börtchen verstärkt und wird durch die verschränkten Schl. verdeckt.

Abb. 42. Holzgabel mit breiter und schmaler Schiene. Die Form der Gabel ermöglicht die Ausführung der Gabelhäkelei mit anderer Gabelstellung als die Vorlagen Abb. 39 u. 41. Aber die Gabelhäkelei ist in der vorhin erklärten Art auszuführen. Inmitten der schmalen Schiene wird das Börtchen gehäkelt, indem man stets nach dem Wenden je 1 f. M. ausführt.

Abb. 43 u. 44. Quaste mit Gabelhäkelei. Leicht und schnell lassen sich mit Sudan- oder Teppichwolle Quasten in Gabelhäkelei herstellen. Man häkelt eine Gabelborte in entsprechender Länge und befestigt die Borte in der an Abb. 43 ersichtlichen Weise um den Quastenkern. Diese Grundlage der Quaste bildet ein Wollbüschel, den man in entsprechender Länge und Fülle über die Finger der linken Hand legt und mit einem Hilfsfaden fest zuschürzt, wobei die Fadenenden gleichzeitig die gedachte Hängeschnur darstellen können. Ueber einem runden Holzknopf wird dann der Quastenkopf mit einem Hilfsfaden hübsch rund abgebunden. Dann legt man nach Abb. 44 über den Kopf des Quastenkernes die zusammengezogenen kurzen Schlingen der Gabelborte, die man in der Hülle des Quastenkopfes festnäht, und bindet unter dem Quastenkopf die langen Schlingen ab, die zuletzt ausgeglichen werden.

III. Die Wollhäkelei

Die tunesische Strick- oder Trikothäkelei

Gobelin-, Muschenstich-, Schlingenhäkelei u. dgl.

Wie am Anfang des Lehrkursus, Seite 18, erwähnt ist, kommt für die tunesische Häkelarbeit nur eine gleichmäßig lange glatte Häkelnadel als Werkzeug in Betracht. In dieser Technik werden vorzugsweise flache, nicht zylinderförmige Gegenstände gearbeitet.

Als Material können die verschiedenen Fadensorten, die für Häkelarbeiten Verwendung finden, verarbeitet werden. In der Regel wird die Technik zur Herstellung von Wollsachen benutzt. Der tunesische Häkelstich wird in zwei Arbeitsgängen ausgeführt. Man bezeichnet den ersten Gang als Maschenreihe und den zweiten Gang als Schlußreihe.

Ausführung des einfachen tunesischen Häkelstiches, Abb. 45 u. 46. Auf einen Luftmaschenanschlag in entsprechender Länge werden für die Maschenreihe aus jeder einzelnen Grundmasche mit dem Arbeitsfaden Schl. gebildet. Man führt die Häkelnadel von vorn nach rückwärts stechend durch die Grundmasche, schlingt den Faden von hinten nach vorn um die Nadel, zieht den Faden durch und läßt die Schl. auf der Nadel. Dieses wird fortgesetzt wiederholt, wobei man alle Schl. auf der Nadel läßt.

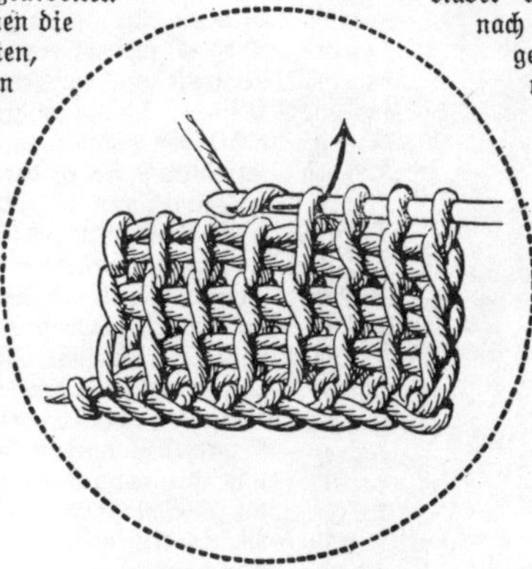

45. Der einfache tunesische Häkelstich. Maschenreihe

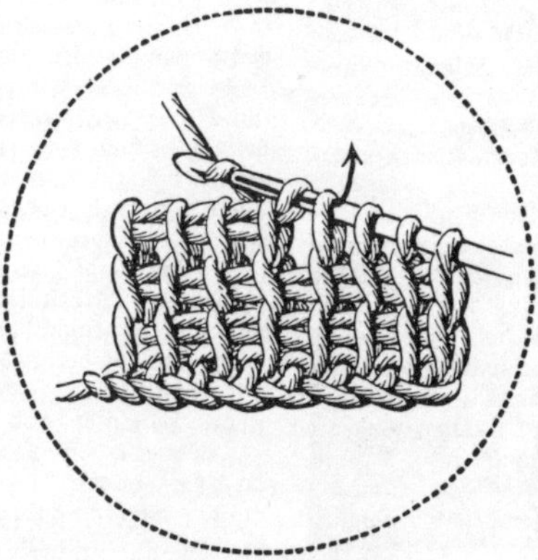

46. Der einfache tunesische Häkelstich. Schlußreihe

Für die Schlußreihe schlingt man den Faden von hinten nach vorn um die Nadel, zieht den Faden durch die letzte Schl., * schlingt den Faden um die Nadel und zieht den Faden nach Abb. 46 durch die neu gebildete Schl. und die nächste auf der Nadel liegende Schl., nun vom * fortgesetzt das Abmaschen wdh.

Am Anfang der nächsten Maschenreihe wird die erste Schl. in der Höhe einer Doppelreihe langgezogen. Dann führt man die Häkelnadel, von rechts nach links stechend, unter dem ersten lose liegenden senkrechten Faden durch, schlingt den Arbeitsfaden von hinten nach vorn um die Nadel, zieht den Faden durch, siehe Abb. 45, und läßt die Schl. auf der Nadel. Auf diese Weise werden aus allen senkrechten Maschengliedern M. gebildet, und in der Folge werden alle Maschenreihen so gehäkelt. — Will man in der tunesischen Häkelarbeit aufnehmen, so führt man die Häkelnadel in der Maschenreihe zuerst von links nach rechts unter dem losen senkrechten Faden

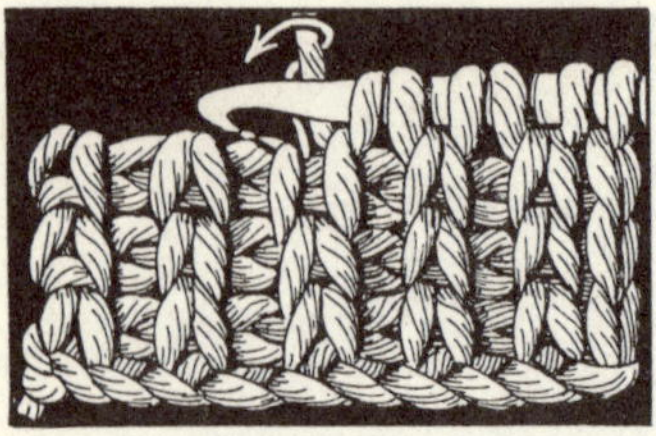

47. Der tunesische gehäkelte Strickstich
Nachbildung von gestrickten Rechtsmaschen
Ausführung der Maschenreihe

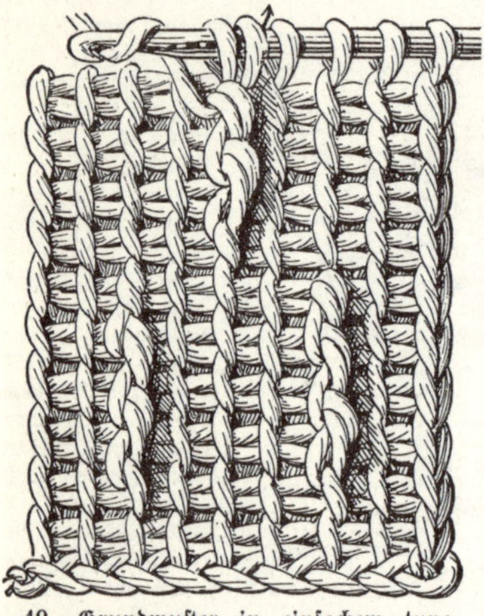

49. Grundmuster in einfachem tunesischen Häkelstich mit aufliegenden versetzten Muschen
Muster geeignet für Decken, Jacken u. dgl.

48. Der gehäkelte tunesische Strickstich
Nachbildung von gestrickten Linksmaschen

durch und zieht den Faden als Masche ab, dann bildet man in der bekannten Weise eine Masche aus demselben Glied. Das Abnehmen erfolgt in der Schlußreihe durch Abmaschen von zwei Maschen mittels Durchziehens des Fadens.

Abb. 47. Der gehäkelte tunesische Strickstich. Nachbildung von gestrickten Rechtsmaschen. Bei der Ausführung dieses Stiches berechnet man die doppelte Maschenzahl für den Anschlag, weil aus je zwei Anschlagmaschen ein Strickstich gebildet wird. Die 1. Maschenreihe ist wie die 1. Maschenreihe des einfachen tunesischen Stiches. In der Schlußreihe werden nach Abb. 47 mittels eines vorhergehenden Umschlags je zwei Maschen zusammen abgemascht. Bei der 2. Maschenreihe * führt man die Häkelnadel von rechts nach links unter den rechts befindlichen Faden der zusammen abgemaschten tunesischen Strickmasche, zieht mittels eines Umschlags den Faden durch und läßt die Schlinge auf der Nadel. Dann führt man die Häkelnadel, von links nach rechts stechend, unter den links befindlichen Faden der tunesischen Strickmasche, zieht mittels eines Umschlags den Faden durch und läßt die Schl. auf der Nadel, worauf man vom * fortgesetzt wiederholt. Die 2. Schlußreihe und die folgenden Schlußreihen sind wie die 1. Schlußreihe zu häkeln. Die nächsten Maschenreihen häkelt man wie die zweite Maschenreihe.

Abb. 48. Der gehäkelte tunesische Strickstich. Nachbildung von gestrickten Linksmaschen. Um in tunesischer Häkelarbeit eine gestrickte Linksmasche nachzubilden, hat man in der Maschenreihe vor dem Einführen der Häkelnadel unter dem losen senkrechten Faden den Arbeitsfaden nach vorn zu legen. Dann schiebt man die Nadel über dem Arbeitsfaden und unter dem losen senkrechten Faden durch, legt den Arbeitsfaden von vorn nach rückwärts hinter die Nadel, zieht mittels eines Umschlags den Arbeitsfaden durch die aufgenommene Fadenschlinge und läßt die Schlingenmasche auf der Häkelnadel, siehe Abb. 48. Die Schlußreihe gleicht dem einfachen tunesischen Häkelstich Abb. 46.

Abb. 49. Grundmuster in einfacher tunesischer Häkelarbeit mit aufliegenden, versetzten Muschen. Material: Zephir-, Kastor- oder Deckenwolle. Das für Schlaf-, Kinderwagendecken, Flaschenhüllen für Babies verwendbare

Muster ist leicht und rasch herzustellen. Die Zahl der Anschlagmaschen muß durch 5 teilbar sein. Man häkelt zunächst 5 *Reihen* in einfachem tunesischen Häkelstich. Bei der 6. *Reihe* beginnt das Muster. Man häkelt 3 M. in tunesischem Häkelstich auf 3 M., × dann bildet man 1 U., führt die Häkelnadel von rechts nach links unter den losen senkrechten Faden der vorletzten Reihe, d. i. der Faden, der gerade unter dem aufgenommenen oberen Faden liegt, zieht mittels eines U. den Faden durch, läßt die Schl. auf der Häkelnadel ××, wiederholt zweimal vom × bis ××. indem man die zwei unteren Fäden der vorigen Reihen umhäkelt und dann je mittels 1 U. die Schl. bis auf die obere Schl. abmascht ×××. Weitergehend folgen 4 M. in tunesischem Häkelstich, dann wiederholt sich die Ausführung vom × bis ×××. Nach der Schlußreihe folgen 4 *glatte Reihen* in tunesischem Häkelstich. Bei der 5. M. der *nächsten Reihe* wdh. sich die Ausführung des Muschenstichs vom × bis ×××. Dann häkelt man wieder 4 glatte Reihen und wdh. bei der nächsten Reihe die Ausführung des Musters vom Anfang der 6. Reihe uff. weiterarbeitend.

Der tunesische Häkelstich mit Schlingenbildung auf der Arbeitsrückseite. Zur Herstellung von Gegenständen, die besonders

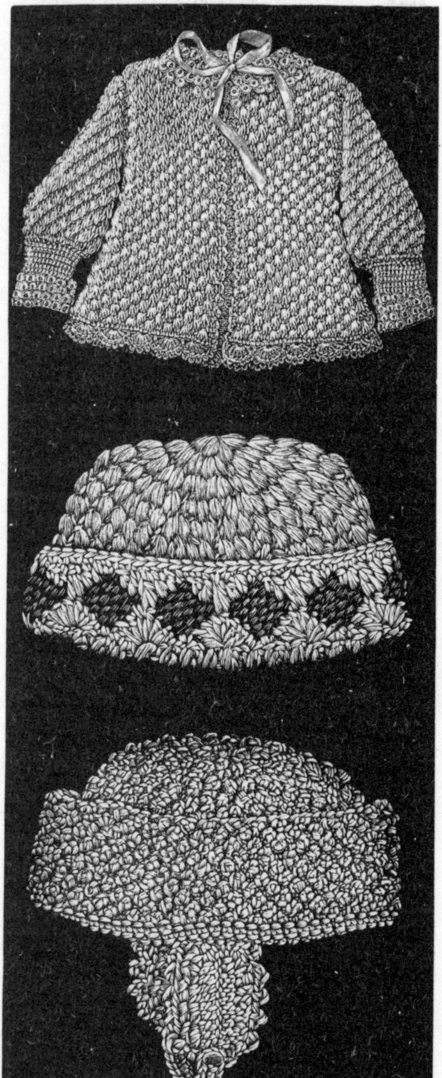

50. Gehäkeltes Jäckchen für Kinder von 1—1½ Jahren. Arbeitsproben Abb. 50 a u. 50 b, Seite 45. Modell: Firma Otto Mosich, Berlin. Aus der Zeitschrift „Die praktische Berlinerin“. Schnittmuster Nr. 16492. Näheres Seite 15. 51. Wintermütze für Knaben und Mädchen. Zweifarbige Wollhäkelei. Arbeitsprobe Abb. 51 a, Seite 44. Modell: Firma Max Kühl, Berlin

52. Kindermütze mit Ohrklappen. Für Babies. Wollhäkelei. Arbeitsprobe Abb. 52 a, Seite 44. Modell: Firma Max Kühl, Berlin

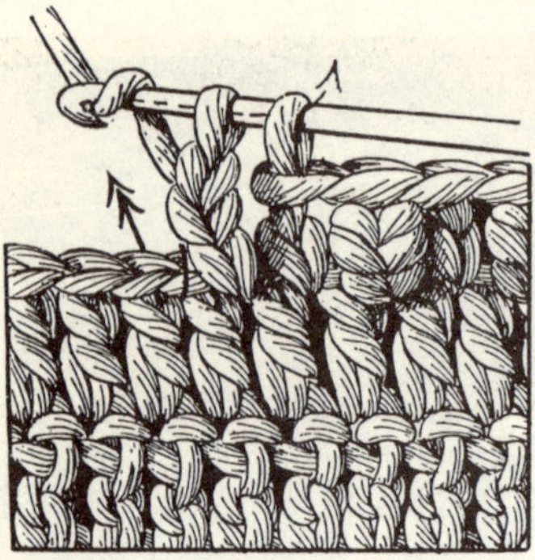

52a. Ausführung der Wollhäkelei (nat. Größe) mit Schlingenmuschen zur Kindermütze Abb. 52

warm halten sollen, z. B. Fußtaschen, Flaschenwärmern für Babies u. dgl., arbeitet man auf der Rückseite im Laufe der Schlußreihe des tunesischen Häkelstiches lose Schlingen, die wie ein Pelz die Fläche decken. Man häkelt zunächst die Maschenreihe in der bekannten Art. Bei der Schlußreihe wird am Anfang die 1. M. einfach abgemascht, dann schlingt man den Arbeitsfaden von unten nach oben um den Zeigefinger der linken Hand, indem man den Finger auf der Rückseite an die Arbeitsstelle anlegt. Nun führt man die Häkelnadel unter den um den Finger gelegten Faden und zieht ihn durch die auf der Nadel befindliche M., worauf man den Zeigefinger aus der Schl. entfernt.

51a. Ausführung (nat. Größe) der tunesischen Reihen zur Mütze Abb. 51

Abb. 50. Jäckchen für Kinder von 1 bis 1½ Jahren. Schnitt erhältlich. Material: 100 Gramm weiße Karolawolle, etwa 2 Knäuel hellblaues Glanzgarn, lange Knochen-Häkelnadel für die Wollhäkelei und mittelstarke Stahl-Häkelnadel für die Spitzengarnitur aus Glanzgarn. Arbeitsproben Abb. 50a u. b, siehe Seite 45. Die Grundform des Jäckchens wird nach den zusammengenähten Schnitteilen im Zusammenhang gehäkelt. Man beginnt am unteren Rand mit 132 M. Anschlag (etwa 70 cm). Auf den Anschlag häkelt man zwei Reihen in gewöhnlichem tunesischen Häkelstich. Bei der 3. Reihe beginnt das Muschenmuster. Man nimmt in gewöhnlichem tunesischen Häkelstich drei lose senkrechte Maschenglieder auf die Nadel, × sticht unter der letzten M. in das untere lose senkrechte Maschenglied der vorletzten Reihe, zieht den Faden als Schlingenmasche empor, arbeitet aus den zwei nächsten Gliedern derselben Reihe 2 Schlgm., mascht mittels 1 U. die 3 vertieften Schl. ab und führt die Nadel durch das senkrechte Maschenglied über der letzten Schlgm. der Musche. Dann wdh. sich 2 tunesische M. in der letzten abgem. Reihe. Hierauf wdh. die Ausführung des Muschenstiches vom ×. Zuletzt werden die auf der Nadel befindlichen Schlingenmaschen in gebräuchlicher Art abgemascht. 2. Reihe mit versetzten Muschen. Zunächst werden die senkrechten Maschenglieder bis nach dem 1. Glied der 1. Musche in gewöhnlichem tunesischen Häkelstich behäkelt. Dann vom × bis × die Ausführung des Muschenstiches wdh. und 3 Einzelmaschen in die nächsten Maschenglieder der oberen Reihe häkeln. Nun wdh. in gleichmäßigem Wechsel der Muschenstich und die 3 Einzelmaschen. 3. Reihe mit versetzten Muschen. Man häkelt in gleichmäßigem Wechsel 3 tunesische M. in die Glieder der letzten Reihe, nämlich in das Glied vor der Musche, in das Muschenglied und in das Glied nach der Musche. Dann folgt die Musche in der bekannten Art auf den drei unteren Gliedern der vorletzten Reihe, siehe die Arbeitsprobe Abb. 50a, Seite 45. Nun folgen in gleichmäßigem Wechsel tunesische Reihen mit versetzten Muschen. Dem Schnitt entsprechend, hat man an den Seitennähten allmählich abzunehmen. Um die Wirkung des versetzten Muschenmusters nicht zu beeinträchtigen, erfolgt das Abnehmen stets bei der Ausführung eines

Muschenstichs, indem man nach Bedarf zweimal oder einmal 2 senkrechte Maschenglieder für 1 Schlgm. zusammenmascht. An unserem Modell beginnt das Abnehmen bei der 3. Muschenreihe und setzt sich bis zum unteren Rand des Ärmelausschnittes fort. Hier beträgt die Brustbreite der Vorderteile je 12½ cm und die Rückenbreite 24 cm. Dann häkelt man die Teile lose und arbeitet bis zur Schulternaht gerade fort. Nun häkelt man auf dem Rückenteil abnehmende Reihen, wobei man stets am Rande abnimmt. — Die Ärmel werden als gerade Teile nach dem Schnitt gehäkelt. Man beginnt an der Ärmelkugel mit einem L.-Anschlag in der Länge der Bogenweite. Auf den Anschlag häkelt man allmählich verlängerte Reihen mit versetzten Muschen. 1. Reihe: auf die 11 mittleren M. des Anschlages eine Reihe in tunesischem Häkelstich, wobei man in die mittlere L. 3 f. M. häkelt. Nach dem Abmaschen der Schlingenmaschen den Faden abschneiden und 4 L. vor der 1. tunesischen M. der 1. Reihe, die 2. Reihe in tunesischem Häkelstich beginnen und die Reihe bis nach der 4. L. des Anschlags nach der 1. Reihe häkeln, dann den Faden abschneiden. Die 3. Reihe mit Muschenstichen ist von der 1. bis letzten L. zu häkeln. Dann folgen gerade Reihen mit gleichmäßig versetzten Muschenstichen. Im Anschluß an die letzte Reihe häkelt man die 6 cm breite, 12 cm weite Manschette in tunesischem Häkelstich mit Rippenmuster. Für die 1. verengte Reihe hat man die entsprechende Anzahl Maschenglieder der letzten Muschenreihe zus. abzum. Die 1. Reihe wird in gewöhnlichem Häkelstich gearbeitet. Dagegen hat man bei der 2. Reihe × für die Bildung der Schlgm. die Häkelnadel von hinten nach

50a. Muschenmuster (nat. Größe) in tunesischer Häkelarbeit zum Jäckchen Abb. 50

vorn, von rechts nach links stechend, durch die einzelnen losen Maschenglieder der abgemaschten Reihe einzuführen, siehe Abb. 50a. Dann werden die Schlgm. in gebräuchlicher Art abgemascht. Nun wiederholt sich die Ausführung fortgesetzt vom ×, bis die gewünschte Breite der Manschette erreicht ist. Zuletzt werden die Ärmelteile und die losen Teile der Grundform mit Wolle durch überwendliche Naht geschlossen. In gleicher Weise sind die Ärmel einzunähen. Der Halsrand wird mit Wolle durch 2 Reihen f. M. behäkelt. Dann verziert man den Halsrand und die Manschetten durch eine 3½ cm breite Spitze, die man mit blauem Garn und der Stahlhäkelnadel ausführt. Man häkelt die Spitze, Abb. 50b, direkt an den Rand der betreffenden Teile. 1. Reihe: 1 f. M. in eine Randmasche, × 7 L., w., 1 f. M. um die L. vor der f. M., w., 7 f. M. um den L.-B., ×× 1 f. M. in die drittfolgende Randmasche, ××× vom × bis ××× wdh. Nach der Befestigung des letzten Bogens häkelt man für den Anfang der 2. Reihe: 3 K. auf die ersten 3 f. M. des ersten Bogens der 1. Reihe, 1 f. M. auf die mittlere f. M., dann die Ausführung des durch f. M. behäkelten L.-B. vom × der 1. Reihe bis ×× wdh., nun 1 f. M. auf die mittlere f. M. des nächsten Bogens und vom × fortgesetzt wdh. In gleicher Art sind noch 2 Reihen zu häkeln. Nun behäkelt man den unteren Rand des Jäckchens mit weißer Wolle durch eine Zackenspitze, gebildet aus je 6 St. auf eine Randm.,

50b. Ausführung (nat. Größe) der Randspitze zum Jäckchen Abb. 50

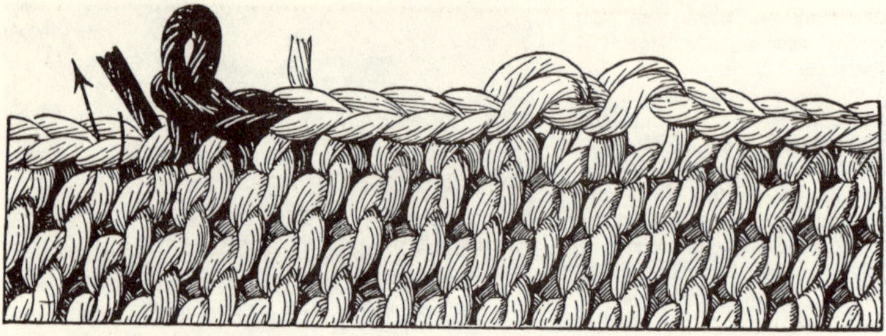

53a. Der Gobelinstich (vergrößert) zur Herstellung der Handschuhe Abb. 53

× 1 f. M. auf die drittfolgende Randmasche, 6 St. auf die drittfolgende Randmasche, vom × fortgesetzt wdh. Zuletzt sind die Ränder der Vorderteile und der untere Rand des Jäckchens mit blauem Garn durch Pikotzäckchen zu verzieren. Man beginnt am Halsrand mit 1 f. M. auf die Randmasche, × 1 P. (gebildet durch 3 L., 1 f. M. in die 1. L. zurück), 1 f. M. auf die zweitfolgende Randm. usf. vom × fortgesetzt wdh. Für den Schleifenverschluß am Halsrand leitet man durch die erste Lochreihe der Spitze ein 82 cm langes, 1½ cm breites hellblaues Seidenband.

Abb. 51. **Wintermütze in zweifarbiger Wollhäkelei.** Material: 80 Gramm weiße und 20 Gramm dunkelblaue Schneesternwolle, starke Holzhäkelnadel. Arbeitsprobe Abb. 51a, Seite 44. Die Mütze wird mit weißer Wolle in Rundreihen, von der Mitte der Deckplatte beginnend, gehäkelt. Am Anfang: 3 L., durch 1 K. in die 1. L. zurück zum Ring schließen. 1. Reihe: Am Anfang 3 L., dann für die Puffenmasche × die Häkelnadel, von vorn nach rückwärts stechend, durch das Ringloch einführen, den Faden als Schlg. emporziehen ××, 1 U., vom × bis ×× einmal wdh., dann mittels 1 U. alle auf der Nadel befindlichen Schl. abm., durch 1 L. die Pfm. schließen, vom × siebenmal wdh.; nach der letzten Pfm. durch 1 f. M. um die 3 L. am Anfang die Reihe schließen. — 2. Reihe: 1 Pfm. um die L. am Anfang der 1. Reihe, siebenmal je 2 Pfm. um die M. zwischen den Pfm., zuletzt 1 Pfm. um die L. am Anfang, durch 1 K. in die obere M. der 1. Pfm. die Reihe schließen. — 3. Reihe: gleich der 2. Reihe. — 4. Reihe: Am Anfang und Schluß der Reihe 1 Pfm. in bekannter Art um die M. vor und nach den einzelnen unteren Pfm. häkeln, dann fortgesetzt je 1 Pfm. zwischen den zusammengehäkelten Pfm. und 2 Pfm. um die nächste M. häkeln. — 4. bis 12. Reihe: Stets am Anfang der Reihe die beiden ersten Pfm. um die M. zwischen den beiden ersten Pfm. häkeln, dann je 2 Pfm. um die M. zwischen den einzelnen Pfm. und 1 Pfm. zwischen 2 Pfm. Nach der 12. Reihe Faden abschneiden und vernähen. Dann häkelt man den 6 cm breiten Aufschlag, nämlich von der Arbeitsrückseite beginnend, siehe Abb. 51a.

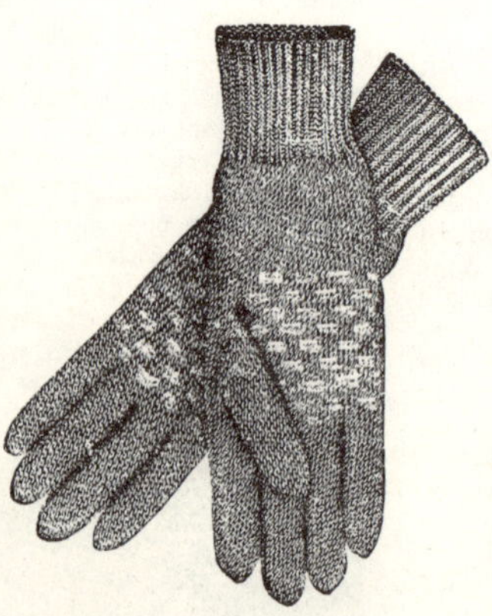

53. Herrenhandschuhe
Zweifarbige Wollhäkelei in Gobelinstich. Gestrickte Manschetten. Muster auch für Damenhandschuhe geeignet. Arbeitsprobe Abb. 53a

54. Zackenmuster mit Muschen. Häkelarbeit in Rippenstich. Geeignet für Decken, Tücher u. dgl.

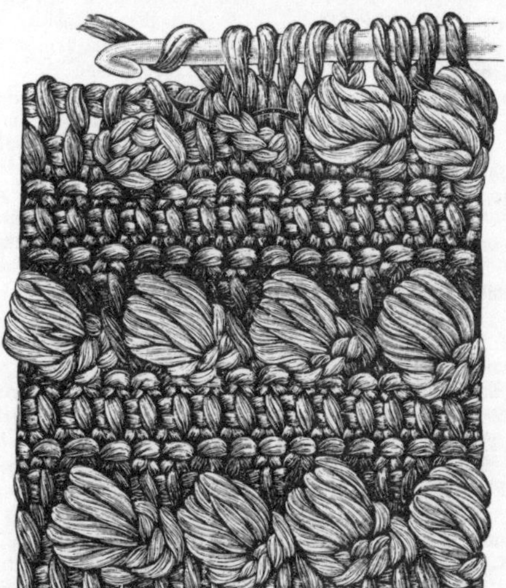

55. Streifenmuster mit Muschen. Tunesische Häkelarbeit. Geeignet für Tücher, Schals u. dgl.

Erste Rundreihe mit weißer Wolle: 1 f. M. auf 1 M. über der Pfm., × 2 St. auf eine M. über der nächsten Pfm., 3 langgezogene St. und 2 St. in dieselbe Lücke, 1 f. M. auf die nächste M. über der Pfm., vom × fortgesetzt wdh. — 2. Rundreihe mit blauer Wolle. Man häkelt in tunesischem Häkelstich das Muster wie folgt: 1 f. M. auf die mittlere langgezogene St. vor der Zackentiefe, × 4 tunesische Schlgm. auf die 4 nächsten Randmaschen nach abwärts über die Zackentiefe häkelnd, * dann zurückgehend je mittels eines vorhergehenden U. die beiden letzten Schlg. zusammen und die übrigen Schlg. einzeln abm. ++ —

2. kurze Reihe: in tunesischem Häkelstich, 3 Schl., wobei man von rückwärts die Nadel durch die losen Maschenglieder einführt, dann 1 Schl. auf die nächste St. der Zacke, vom * bis ++ der 1. Reihe wdh. — 3. u. 4. kurze Reihe: gleich der 2. Reihe. Dann 4 f. M. um die rückwärtigen losen Maschenglieder der 4. tunesischen Häkelreihe und 1 f. M. auf die mittlere langgezogene St. der Zacke. Hierauf vom × der 1. Reihe fortgesetzt wdh. — 3. Rundreihe mit weißer Wolle. * 1 f. M. auf die Spitze des blauen Vierecks, 1 St. auf die 2. folgende f. M., 1 St. auf die nächste f. M., 1 langgezogene St., wobei man nur das untere Glied abmascht und die oberen beiden Schl. auf der Nadel läßt, auf die f. M. des Vierecks in der Zackentiefe, 1 langgezogene St., die mit der vorigen langgezogenen St. abzumaschen ist, auf die f. M. nach der Zackentiefe, 2 St. auf die 2 nächsten f. M. des folgenden Vierecks, dann vom * fortgesetzt wdh.

Abb. 52. Kindermütze mit Ohrklappen. Wollhäkelei. Material: 80 Gramm weiße Armbrust-Sportwolle „Frida“, kräftige Knochenhäkelnadel. Arbeitsprobe Abb. 52a, Seite 44. Man häkelt die Mütze in Rundreihen, von der Mitte beginnend. 5 L., durch 1 K. in die 1. L. zurück zum Rg. schließen. 1. Reihe: × 1 f. M. um den L.-Rg., 1 Schlingenmusche (Schlgm.) (hierfür leitet man die Häkelnadel, von vorn nach rückwärts stechend, durch das Loch, zieht den Faden durch, häkelt 3 L. und zieht die letzte L. durch die auf der Nadel liegende Schl.), viermal vom × wdh. — 2. Reihe: 1 f. M. um die M. vor der Schlgm. der 1. Reihe, 1 Schlgm. u. 1 f. M. in dieselbe Lücke, * 1 f. M. um die M. nach der Schlgm, 1 Schlgm. u. 1 f. M. in dieselbe Lücke, dann vom * in gleichmäßigem Wechsel wdh. — 3. Reihe: + 1 Schlgm und 1 f. M. um die M. nach der letzten Schlgm., 1 f. M. um die M. vor der nächsten Schlgm., vom + wdh., dann 1 Schlgm. und 1 f. M. um die M. nach der Schlgm., nun in gleichmäßigem Wechsel noch 2 Schlgm., je getrennt durch 1 f. M. um die einzelnen M., 1 Schlgm. und 1 f. M. (oder in verkehrter Folge) um die nächste M. — 4. Reihe und folgende aufnehmende Reihen in gleichmäßigem Wechsel nach 3 Schlgm., je getrennt durch 1 f. M., 1 Schlgm. und 1 f. M. (oder in verkehrter Folge) um die nächste M. Man häkelt so lange aufnehmende Reihen, bis 32 Schlgm. eine Reihe bilden. Dann folgen glatte Reihen Schlgm. An unserem Modell bilden 11 Reihen mit Schlgm. die Deckplatte. Dann folgen in 7 cm Breite glatte Reihen f. M. (11 Reihen an dem Modell). Dann folgt die Ausführung des 8 cm breiten Randaufschlages mit Schlgm. (10 Reihen an dem Modell). Man häkelt von der Innenseite ausgehend für die 1. Reihe in gleichmäßigem Wechsel 1 f. M. auf die untere f. M., 1 Schlgm. auf die nächste f. M. — 2. und folgende Reihen in bekannter Art glatte Reihen mit Schlgm. Nun häkelt man die beiden Teile für die Ohrklappen. Man arbeitet von der Mitte ausgehend. 12 L. bilden den Anschlag. 1. Reihe: 1 St. auf die 4. L. zurück, von der letzten L. zählend, 8 St. auf die folgenden L., dann 2 f. M. in dieselbe letzte L. und 2 f. M. in die gegenüberliegenden M. des Anschlags weitergehend, 9 St. w. — 2. Reihe mit Schlgm.: fünfmal je 1 f. M., 1 Schlgm. auf die St., dann 3 f. M. auf die folgende f. M. der Spitze und auf den gegenüberliegenden St. fünf Schlgm., je getrennt durch 1 f. M., wdh., zuletzt Faden abschneiden. Nun behäkelt man den Muschenrand durch Pikotzäckchen. 1 f. M. auf die 1. f. M., × 3 L., 1 f. M. in die 9. L. zurück (von der letzten L. zählend), 1 f. M. auf die nächste f. M. und so fort vom × wdh., zuletzt Faden abschneiden. Nach den beiden Klappen häkelt man noch eine 9 cm lange Spange. Auf 16 L. Anschlag folgen 13 St., wobei man die letzten 3 L. übergeht; diese bilden die Öse für den Knopfschluß mit einem Klappenteil. Man befestigt an dem zugespitzten Ende der Klappe einen kleinen flachen weißen Knochenknopf. Dann werden die geraden Enden der Klappenteile mit Wolle durch unsichtbare Saumstiche auf der Innenseite des Mützenrandes in Gegenüberstellung befestigt. Zuletzt wird an einem Ende der Klappe die Spange angenäht.

Abb. 53. Herrenhandschuhe. In Gobelinstich gearbeitet. Gestrickte Manschette. Material: 50 Gramm braune und 10 Gramm modefarbige (drap) Gobelinwolle, fünf der Fadenstärke angepaßte Stahlstricknadeln und eine entsprechend starke Stahlhäkelnadel. Arbeitsprobe Abb. 53a. Abkürzungen für die Strickarbeit siehe Seite 75. Man arbeitet am besten nach einem gutsitzenden Modellhandschuh. Nachstehend geben wir die Erklärung für die Herstellung eines Handschuhes für eine kleine Herrenhand und eine große Damenhand in der Handschuhgröße 6¾. Mit brauner Wolle wird zunächst der 7 cm breite Rand gestrickt. 58 M. bilden den Anschlag. Man verteilt die M. gleichmäßig auf vier Nadeln und strickt in der Runde 45 Reihen im Streifenmuster, 1 r., 1 l., dann werden die M. abgekettet. Auf die abgeketteten Randmaschen häkelt man mit brauner Wolle weiter, nämlich in der Runde Kettenmaschen, wobei man stets die vorderen Maschenglieder umfaßt. Bei den ersten 6 Reihen nimmt man in jeder Reihe 2 M. zu, indem man am Anfang und in der Mitte der Reihe 2 M. in eine untere M. häkelt. Nach der 6. Reihe folgen 14 glatte Reihen. Dann beginnt an einer Seite über dem Aufnehmen das Aufnehmen für den Daumenzwickel. Man häkelt in 2 M. je 2 K., zieht mit dem Häkelhaken die 2. M. hoch, so daß zwischen den hochgezogenen M. 1 M. liegt; siehe die Arbeitsprobe, Abb 53a. Dann häkelt man abwechselnd 4 K. mit brauner und 6 K. mit modefarbener (drap) Wolle bis zur 1. hochgezogenen M. Nun häkelt man mit brauner Wolle das Aufnehmen für den Zwickel weiter, indem man je in die hochgezogenen M. 2 K. häkelt und dabei die 2. M. hochzieht, siehe Abb. 53a. Hierbei markieren die dunklen M. das zweite Aufnehmen; man häkelt gleich der unteren Reihe das Muster weiter bis zur ersten hochgezogenen M. Nun wiederholt man das Aufnehmen in der bekannten Art; die zwischen den aufgenommenen M. befindlichen M. werden in gewöhnlicher Art abgehäkelt. Man arbeitet die 3. und 4. Reihe mit braunem Faden glatt weiter, dann wiederholt sich die erste zweifarbige und 2. Musterreihe, wobei man die Farbentöne gleichmäßig versetzt. Nach zwei glatten Reihen folgen wieder die versetzten zweifarbigen Musterfiguren der 1. und 2. Reihe. Das Aufnehmen für den Zwickel wiederholt sich so lange, bis 20 glatte K. zwischen den aufgenommenen hochgezogenen K. liegen. Nach der letzten hochgezogenen K. der letzten Reihe beginnt der Däumling. Man häkelt nach der letzten hochgezogenen M. 8 L., schürzt die letzte L. an die erste hochgezogene K. an, daß sich die Reihe rundet. Dann häkelt man mit brauner Wolle glatte Reihen K. fast in der Länge des Däumlings weiter und schließt den Däumling durch allmähliches Abnehmen, indem man zunächst nach jeder 3. M. 2 M. zusammenhäkelt und zuletzt durch rasches Abnehmen den Däumling schließt. Nun wird der Handteil fortgesetzt, indem man das zweifarbige Muster bis auf 8 Musterreihenhöhe wiederholt und die 8 L. des Däumlings hinzunimmt. 2 glatte braune Reihen begrenzen den letzten Musterstreifen. Dann beginnt der kleine Finger. Man häkelt mit brauner Wolle K. vom Zwickel des Daumens bis zur Hälfte der 6. hellen Musterfigur, schlägt 5 L. zu und schlingt diese der 3. M. der 4. hellen Musterfigur an, worauf man in der Runde glatt weiterhäkelt und den Finger gleich dem Däumling schließt. Nun häkelt man drei glatte Rundreihen mit brauner Wolle, faßt bei der 1. Rundreihe je ein Glied der 5 L. mit auf und arbeitet mit ⅓ der übrigen M. und 5 zugeschlagenen L. den vierten Finger wie den kleinen Finger; Mittel- und Zeigefinger werden sofort angehäkelt ohne vorherige Rundreihen. Man teilt die vorhandenen M. in die Hälfte und schlägt für jeden Finger 5 L. zu. Zuletzt werden die Fadenenden unsichtbar auf der Rückseite der Arbeit vernäht.

Abb. 54. Zackenmuster mit Muschen. Häkelarbeit im Rippenstich (Plisseestich). Material: Kastorwolle. Feste, je das hintere Maschenglied erfassende Maschen bilden in hin- und zurückgehenden Reihen das Rippenmuster. Die Zackenhöhe entsteht dadurch, daß man nach je 5 f. M. 1 f. M. in das zuletzt erfaßte Maschenglied einschiebt, die Zackentiefe dadurch, daß man nach weiteren 5 f. M., die eingeschobenen M. mitzählend, ein Maschenglied übergeht. Im Verlauf der Arbeit ist zum Beginn der Reihe das 1. Maschenglied zu übergehen, — also aufwärts steigend an den Zacken abzunehmen, — und das Zu- und Abnehmen regelmäßig in dieser Weise fortzusetzen. Zunächst nach 2, dann stets nach 3 Rippenstichreihen setzen mit einer abstechenden Farbe die Muschen ein, die sich in den Zackentiefen und auf den Zackenhöhen markieren. Der Muschenfaden wird von dieser Reihe an, sobald er unbenutzt ist, eingehäkelt. Für jede durch 5 f. M. getrennte Musche hat man, nachdem für die nächste f. M. die Schl. schon aus dem betreffenden Maschengliede hervorgeholt worden ist — wobei das Ab- und Zunehmen zu berücksichtigen ist — mit dem abstechenden Faden nach

56. Grundmuster mit versetzten Muschen
Tunesische Häkelarbeit. Geeignet für Kinderjäckchen, Mützen, Decken u. dgl.

je 1 U. 2 Schl. aus den beiden senkrecht stehenden Maschengliedern vor und nach der Zackentiefe oder Zackenhöhe der vorletzten Reihe hervorzuholen, die so erhaltenen Fadenschlingen mit 1 U. abzuziehen und durch 1 L. die Msch.

57. Ausführung des Sternstiches
Die Pfeile bezeichnen die Schlingenbildungen

zu schließen. Die dann noch auf der Nadel befindlichen 3 Schl. werden schließlich mit 1 U. des Hauptfadens abgezogen. Diese letzte M. zählt zu den nächsten 5 f. M. Eine Reihe f. M. von der hellen Wolle sichert die Seitenränder, deren verzierende Bogen mit dunkler Wolle wie folgt zu häkeln sind: 1 f. M. in den Rand, 4 L., 1 Schl. in die 1. der 4 L., 1 L. und die beiden auf der Nadel befindlichen Schl. zusammen abziehen.

Abb. 55. Streifenmuster mit Muschen. Tunesische Häkelarbeit. Material: Zephirwolle. — 1. bis 3. Reihe: Einfach tunesisch. In der 2. Reihe, jedoch zurückgehend, stets nach je vier wie gewöhnlich abgezogenen M., 1 Schl. aus 4 L. häkeln und in der 3. Reihe hingehend neben jeder L.-Schl. zuerst das nach der Schl., dann das vor ihr liegende senkrechte Stäbchen durchstechen, wodurch die Schl. sich fester aneinander schließen. — 4. Reihe: Hingehend für jede Msch., nachdem das senkrechte Stäbchen oberhalb der L.-Schl. durchstochen worden ist, in der Richtung des Pfeiles, eine lange Fadenschlinge durch die L.-Schl. holen, dieses nach je 1 U. noch zweimal wdh., alle diese Schl. und U. mit 1 U. abziehen und die dadurch auf der Nadel erhaltene Schl. beim Durchziehen des nächsten senkrechten Stäbchens mit abm. — 5.—6. Reihe: Tunesisch, aber in der 5. Reihe hingehend die auf der Rückseite liegenden senkrechten Stäbchen durchstechen. Von der zweiten Reihe an wdh., aber in dieser hingehend, wie in der 5. Reihe, die auf der Rückseite liegenden senkrechten Stäbchen durchstechen. Die Msch sind beliebig zu versetzen.

Abb. 56. Grundmuster mit versetzten Muschen. Das Muster ist ähnlich der Vorlage Abb. 50a zu häkeln. Material: Sportwolle. Auf einen L.-Anschlag häkelt man 3 Reihen in einfachem tunesischen Häkelstich. 4. Reihe: 1 einfache tunesische M., für die Msch.: × 1 U., die Häkelnadel, von rechts nach links stechend, unter das untere Maschenglied der 2. Reihe durchführen, mittels 1 U. den Faden durchziehen, Schl. auf der Nadel lassen, zweimal vom × wdh.,

58. Ausführung der Schlingenhäkelei
Die Schlingen werden in der zurückgehenden Reihe durch Umwickeln des Fingers gebildet

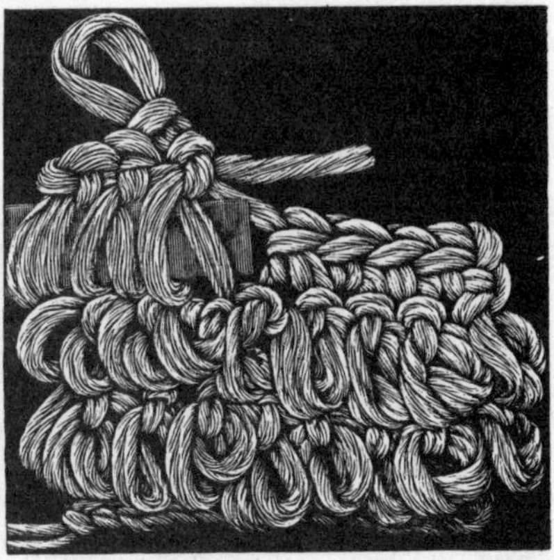

59. Ausführung der Schlingenhäkelei um einen Streifen Kartonpapier. Muster zum Babyhandschuh Abb. 36, Seite 94, siehe „Das Stricken"

wobei man um die 2 nächsten losen Maschenglieder der 2. Reihe häkelt. Dann werden mittels 1 U. die Schl. und U. der Msch. abgem., worauf man mittels 1 L. die aus der Msch. durchgezogene Fadenschl. abm. und auf der 3. Reihe in einfachem tunesischen Häkelstich weiterhäkelt. Man übergeht nach der letzten Msch. das untere Maschenglied (d. i. die M. über der Msch.) und häkelt 3 einfache tunesische M. auf die nächsten losen Maschenglieder, dann die Ausführung wdh. vom ×. Bei der Schlußreihe werden die Schl. in bekannter Art abgem. Dann folgt eine glatte Reihe in tunesischem Häkelstich. Nach dieser arbeitet man eine Musterreihe mit Msch. in gleichmäßig versetzter Anordnung. Nun wdh. sich in gleichmäßigem Wechsel eine glatte Reihe in tunesischem Häkelstich und eine Muschenreihe mit versetzten Muschen.

Abb. 57. **Ausführung des Sternstiches.** Material: Dochtwolle. Starke Knochen = Häkelnadel.

60. Ausführung der Schlingenhäkelei
Die Schlingen werden in der hingehenden Reihe auf der Vorderseite gebildet. Geeignet für Boas, Fußtaschen, Flaschenhüllen für Babies u. dgl.

Der Sternstich wird in hingehenden Reihen oder in der Runde gehäkelt. L.-Anschlag. 1. Reihe: × Man führt die Häkelnadel von vorn nach rückwärts stechend durch 1 L., holt den Faden als Schl. hervor, läßt die Schl. auf der Nadel, ×× vom × bis ×× zweimal wdh. und aus den beiden nächsten L. die Schl. holen, dann alle auf der Nadel liegenden Schl. mittels 1 U. abm., 1 L. Bildung des 2. Sternstiches und der folgenden Sternstiche: Die Häkelnadel durch das Loch unter der L., von vorn nach rückwärts stechend, einführen, den Faden als Schl. hervorholen, Schl. auf der Nadel lassen, die Häkelnadel, von vorn nach rückwärts stechend durch das rückwärtige Glied der letzten Schl. des Sternstiches einführen, den Faden als Schl. hervorholen, Schl. auf der Nadel lassen, zweimal je 1 Schl. aus den beiden nächsten L. des Anschl. holen und mittels 1 U. alle auf der Nadel liegenden Schl. abm. Die 2. Reihe ist wie die 1. Reihe zu

61. Häkelstich „Punto Lydia“. In festen Maschen gearbeitet (Rechtsseite). Geeignet für Jagdwesten, Mützen u. dgl. Rückseite siehe Abb. 61a

61a. Rückseite des Häkelstiches „Punto Lydia“ Abb. 61. Geeignet für Jagdwesten, Mützen, Decken u. dgl. Rechtsseite siehe Abb. 61

häkeln; an Abb. 57 sind die aus dem Sternstich und den Grundmaschen hervorzuholenden Schlingen durch Pfeile bezeichnet.

Abb. 58. Ausführung der Schlingenhäkelei. Material: Deckenwolle, kräftige Knochenhäkelnadel. Auf einen L.-Anschlag häkelt man 2 Reihen f. M. Bei der 3. Reihe werden die Schl. auf der Rückseite zwischen den einzelnen f. M. gebildet. Nach der 1. f. M. legt man den Arbeitsfaden auf der Arbeitsrückseite um den Zeigefinger der linken Hand, nämlich von der Ausgangsstelle der letzten M. von unten nach oben über den an die Arbeitsstelle angelegten Zeigefinger. Dann holt man zur nächsten f. M. den Arbeitsfaden durch die Randmasche der letzten Reihe, vollendet die f. M. und löst den Zeigefinger aus der Schl. Dann wdh. man in gleichmäßigem Wechsel die Schl. und f. M. Die nächste Reihe bilden f. M. auf die Randm. Nun häkelt man in stetem Wechsel 1 glatte f. M.-Reihe und 1 Reihe aus Schlgm.

Abb. 59. Ausführung der Schlingenhäkelei um einen Streifen aus Karton-Papier. Material: Doppelfädige Zephirwolle. Starke Knochen-Häkelnadel. Man häkelt in Längsreihen, hin- und zurückgehend und benutzt einen 1 cm breiten, zu etwa 18 cm langen Streifen aus Kartonpapier oder Pappe für die Schlingenbildungen. Auf 1 L.-Anschlag häkelt man 1 Reihe f. M. Nach dieser folgt die Schlgm.-Reihe. Man legt den Papierstreifen vorne

62. Muster für Häkelarbeiten mit Mohärwolle. Geeignet für Schals, Tücher u. dgl.

63. Häkelstich „Punto Corinna“. In festen Maschen gearbeitet (Rechtsseite), geeignet für Jagdwesten u. dgl. Rückseite siehe Abb. 63a

63a. Rückseite des Häkelstiches „Punto Corinna“ Geeignet für Jagdwesten, Mützen und dgl. Rechtsseite siehe Abb. 63

(außen) an der Arbeitsstelle an, * schlägt den Arbeitsfaden zweimal von unten nach oben um den Papierstreifen, sticht mit der Nadel durch die erste untere f. M. und die auf dem Papierstreifen befindlichen losen Schlgm.-Fäden, holt mittels 1 U. den Arbeitsfaden durch die beiden Schlgm. und die f. M. und zieht mittels 1 U. die beiden letzten auf der Nadel befindlichen M. ab. Nun fortgesetzt vom * die Ausführung wdh., wobei man stets die Schl. dicht nebeneinander legt und die einzelnen Randm. durch f. M. behäkelt. Nach vollendeter Reihe wird der Papierstreifen herausgezogen. Bei zu langen Reihen ist der Papierstreifen öfters herauszuziehen und neu anzulegen. Dann häkelt man zurückgehend eine Reihe f. M. und wiederholt nach dieser die Reihe mit Schlingen.

Abb. 60. **Ausführung der Schlingenhäkelei mit Doppelschlingen.** Dieser Schlingstich kann in hin- und zurückgehenden Reihen gearbeitet werden. Man häkelt zunächst 2 Reihen f. M. Bei der 3. Reihe beginnt die Schlingenhäkelei. Zwischen je 2 f. M. wird eine Doppelschlinge gebildet. * Für jede Doppelschlinge hat man den Arbeitsfaden zweimal lose um den Zeigefinger der linken Hand zu wickeln, jedoch nicht in der Richtung, wie der Faden beim Häkeln über dem Finger liegt, sondern entgegengesetzt, also von vorn nach hinten, so daß der Faden rechts über dem Zeigefinger herabhängt. Nun führt man die Nadel von rechts nach links stechend unter dem Finger durch die 2 Fadenumwicklungen, kreuzt den Faden nach links, holt ihn als Schl. hervor, läßt mittels einer leichten Drehung die Schl. von dem Finger herabgleiten, siehe Abb. 60, zieht die Fadenschl. durch die auf der Nadel liegende Schl., häkelt 1 f. M. auf die nächste Grundmasche und wdh. vom *.

64. Pelerine für Kinder von 7—9 Jahren
Häkelarbeit mit Muschen: Arbeitsschema Abb. 64a

Abb. 61 u. 61a, 63 u. 63a. **Häkelstich „Punto Lydia" und „Punto Corinna".** Material: Zephirwolle. Knochen-Häkelnadel. Abb. 61 u. 61a zeigen, daß sich an den Mustern Vorder- und Rückseite gleich gestalten. Man häkelt hin- und zurückgehend nur f. M., wobei jedoch nicht eines der beiden oberen Maschenglieder, sondern das unter diesen liegende Glied durchstochen wird. 1 L. führt von einer Reihe zur andern, so daß ein Zackenrand entsteht. An Abb. 63 u. 63a wirken Vorder- und Rückseite sehr ähnlich. Man häkelt stets, das obere Maschenglied durchstechend, hingehend K. und zurückgehend f. M., 1 L. führt von einer Reihe zur anderen.

Abb. 62. **Muster in Mohärwolle gehäkelt.** Tücher und Schals werden gern mit leichter Mohärwolle gearbeitet. Abb. 62 zeigt ein Muster, das sich zur Verzierung von Schalenden eignet. Man häkelt für einen Schal mit einer Knochen-Häkelnadel 170 L. Anschlag mit losen gleichmäßigen L. Dann folgen 2 Luftmaschenbogenreihen, wobei man in je 3 L., 1 f. M. auf die 4. folgende L. und bei der 2. Reihe 3 L., 1 f. M. auf die mittlere L. der L.-B. häkelt. — 3. Reihe (Musterreihe): Am Anfang 4 L.-B. mit je 1 f. M. auf die mittlere L. des unteren L.-B., * 5 St. auf die nächste f. M., 1 f. M. auf die mittlere L. des folgenden L.-B., 4 L.-B. vom * fortgesetzt wdh.—4. Reihe: L.-B. bis vor die 1. Msch., * dann 5 St. auf die f. M. vor der Msch., 1 f. M. auf die 3. St. der unteren Msch., 5 St. auf die f. M. nach der Msch., 1 f. M. auf die mittlere L. nach der Msch., 3 L.-B., vom * fortgesetzt wdh. — 5. Reihe: L.-B. bis zur 1. Msch., dann 5 St. auf die f. M. vor der Msch., 1 f. M. auf die 3. St. der unteren Reihe, 5 St. auf die f. M. über der 1. Muschenreihe, 1 f. M. auf die mittlere St. der nächsten Msch., 5 St. auf die f. M. nach der Msch., 1 f. M. auf die mittlere L. des nächsten L.-B., 2 L.-B., dann vom * fortgesetzt wdh. — 6. Reihe: L.-B. bis zur 1. Msch., 1 L.-B., die f. M. auf die mittlere St. der Msch. häkeln, ** 5 St. auf die f. M. über der Msch. der vorletzten Reihe, 1 f. M. auf die mittlere St. der nächsten Msch., 5 St. auf die f. M. der Msch. der vorletzten Reihe, 1 f. M. auf die mittlere St. der nächsten Msch., vom ** fortgesetzt wdh. — 7. Reihe: L.-B. bis zur 1. Msch., 1 L.-B., die f. M. auf die mittlere St. der 1. Msch. häkeln, * 5 St. auf die f. M. über der Msch. der vorletzten Reihe, 1 f. M. auf die mittlere St. der nächsten Msch., 4 L.-B., dabei die f. M. des letzten L.-B. auf die mittlere St. der 1. Msch. häkeln, dann vom * fortgesetzt wdh. — 8.—10. Reihe: L.-B. — 11. Reihe: Musterreihe mit versetzten Musterfiguren. Wiederholung von der 3. Reihe. Ist die gewünschte Länge erreicht, so begrenzt man die Ränder durch eine Zackenreihe mit Mohär-, oder Friséwolle. Man häkelt um einen 3 cm breiten Streifen aus Kartonpapier je auf die mittlere L. der L.-B. 3 f. M., 1 P. (gebildet aus 3 L., 1 f. M. in die 1. L. zurück), 3 f. M. um den Papierstreifen. Ist der Streifen behäkelt, so wird er herausgezogen und man umhäkelt ihn von neuem.

Abb. 64. Pelerine für Kinder von 7—9 Jahren. Arbeitsschema Abb. 64a. Material: 370 g weiße Schneestern- oder Zephirwolle. Knochen-Häkelnadel in mittlerer Stärke. An dem praktischen Modell mißt die Pelerine 60 cm Länge zu 210 cm Weite. 40 cm beträgt die Länge des L.-Anschlags für die Halsweite. — Fast mechanisch läßt sich der Passenteil der Pelerine nach dem mit Abb. 64a zur Hälfte gegebenen, von uns neu eingeführten Arbeitsschema häkeln. Die Bogenlinien bezeichnen die Muschenfiguren, die je in den Bogentiefen in einer Lücke zusammentreffende St. bilden. Die Anzahl der Stäbchenmaschen bestimmen Strichlinien am vorderen Rand und Zahlen in der zweiten und mittleren Bogenfigur. Die vermehrte Anzahl der St. an den Aufnahmestellen bezeichnen Strichlinien. Nach dem Mittelbogen wiederholt die Anzahl der Muschenfiguren und St., vom vorletzten Bogen zurückzählend. — Man beginnt mit 50 L. Anschlag und häkelt auf diesen hin- und zurückgehend in Querreihen. 1. Reihe: am Anfang 3 St. auf die 48. L., dann 1 f. M. auf die nächste L., 3 St. auf die folgende L. usf. nach dem Schema die f. M. und St. wdh. — 2. Reihe: am Anfang 1 L., 1 f. M. auf die mittlere St. der letzten resp. 1. Msch., 3 St. auf die nächste f. M. zwischen den Msch., 1 f. M. auf die mittlere St. der folgenden Msch., dann nach dem Schema wdh. 3. Reihe: am Anfang 3 L., dann nach dem Schema die Msch. und f. M. In gleicher Weise sind die übrigen Reihen zu häkeln. Nach der 13. Reihe folgen 10 glatte Muschenreihen mit Msch. aus je 6 St. Hierauf häkelt man 10 gleichartige Reihen mit Msch. aus je 7 St., dann folgen 14 Reihen mit Msch. aus je 7 zf. St. — Der Halsrand wird durch drei Reihen f. M. behäkelt. Dann folgt eine durchbrochene Reihe. Man häkelt 1 zf. St. auf die 1. f. M., × 1 zf. St. auf die nächste f. M., 2 L., 1 zf. St. auf die 3. folgende f. M., worauf man vom × fortgesetzt wdh. Eine Reihe f. M. begrenzt die Lochreihe. — Für die Kapuze häkelt man einen 39 cm breiten zu 24 cm langen Streifen in Muschenstich mit Msch. aus je 5 St. Man häkelt in 39 cm Länge den L.-Anschlag und arbeitet auf diesen für die 1. Reihe die einzelnen Msch. und f. M. auf jede zweitfolgende L. Bei den nächsten Reihen sind die Msch. in der bekannten Weise auf die f. M. und die f. M. auf die mittlere St. zu häkeln. An unserem Modell bilden 29 Muschenreihen die Länge der Kapuze. Der fertige Streifen wird in der Längsmitte gefaltet, worauf man die aufeinandertreffenden Randm. der letzten Reihe durch eine Reihe K. verbindet. Weiße indische Seide bekleidet die Innenseite der Kapuze.

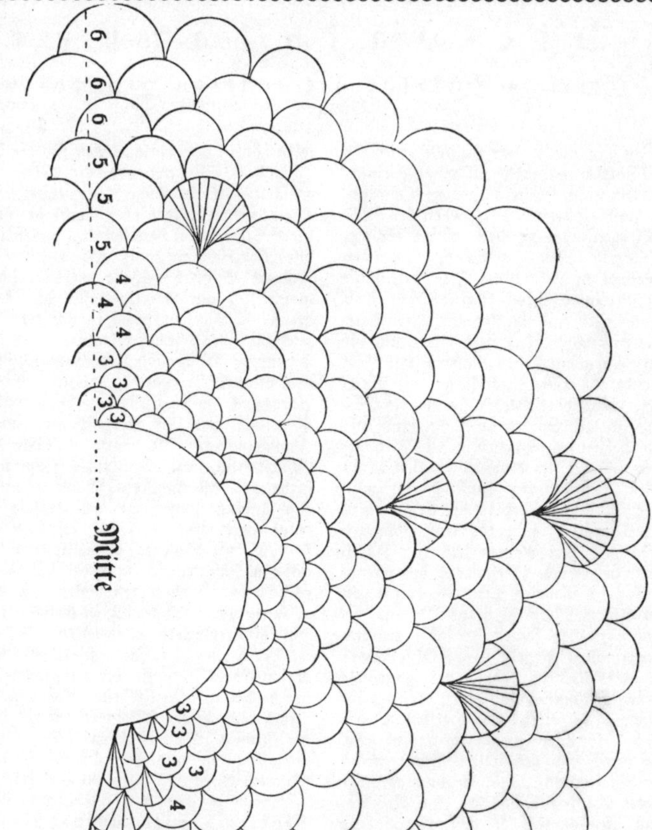

64a. Arbeitsschema (Hälfte) für die Häkelarbeit zur Pelerine Abb. 64

IV. Die Häkelgipüre

(Irische Häkelarbeit — irish gipure)

Im Anschluß an die einfache praktische Häkelarbeit erklären wir die kunsttechnische Herstellung der wirkungsvollen Häkelgipürespitze, die neben der Näh- und Klöppelspitze zu den echten Spitzen zählt. Es ist bekannt, daß nach der großen Hungersnot in Irland im Jahre 1850 die Häkelgipürespitze ihren künstlerischen Aufschwung nahm, und Muster und Technik sich veredelten. Allmählich verbreitete sich die Technik in allen Kulturländern und jetzt beherrscht die Häkelgipürespitze den Welthandel. Besondere Verdienste um die Förderung dieser Spitzenkunst hat sich der k. und k. Zentral-Spitzenkurs in Wien erworben. Durch die Wahl von neuen künstlerischen Mustern in kunsttechnisch vollendeter Ausführung erhielt die Spitze einen neuen Charakter, und die neuen Spitzen wurden mit dem Namen „Wiener Häkelgipüre" bezeichnet. Besonders bemerkenswert ist an den neuen Arbeiten, daß sie oft mit kräftigem Material hergestellt sind, im Gegensatz zu den feinen Irländer Spitzen. Frei von allen Regeln des Zählprinzipes wird die Häkelgipüre nach der zugrunde liegenden Zeichnung und eigenem Formenempfinden gearbeitet. Die Herstellung des Musters erfolgt in einzelnen Teilen, die später durch den gehäkelten Gipüregrund verbunden werden. Dadurch wird es möglich, wie bei der Nähspitze, eine Arbeitsteilung zu schaffen, so daß verschiedene Hände die Herstellung eines großen Stückes übernehmen können. Ebenso wie in der großen Spitzenindustrie werden auch für die Häkelgipürespitze Spezialkräfte für die verschiedenen Arbeitsarten herangezogen, z. B. gibt es Figuren-Häklerinnen und Häklerinnen, die sich nur mit dem Zusammenhäkeln beschäftigen. Dazu kommen noch Spezialkräfte für feine und gröbere Arbeiten. Selbstverständlich muß diese Arbeitsteilung mit richtigem Verständnis erfolgen, damit eine gute Gesamtwirkung erzielt wird.

Für Häkelgipüre bildet fast ausschließlich weißes Häkelgarn in Primaqualität das Arbeitsmaterial Weicher Baumwollfaden, stärker als das Häkelgarn, wird häufig als Einlagefaden für die Verstärkung der Figuren oder als Ersatz eines gehäkelten L.-Anschlages verwendet. Das Werkzeug bildet eine Stahlhäkelnadel, deren Stärke zum Arbeitsfaden passen muß. Die Vorzeichnung muß auf widerstandsfähigem Stoff hergestellt werden, da sie gleichzeitig als Unterlage für die Arbeit dient. Am besten bewährt sich das Aufzeichnen des Konturenmusters mittels chinesischer Tusche und Feder auf hellfarbenem Glanzkattun oder Pausleinen. Bei der Benutzung von Ullsteins Bügelmustern überträgt man die Vorzeichnung mittels Abbügelns auf die matte Rückseite von Glanzkattun, weil die Glanzseite die Druckfarbe des Bügelmusters schwer annimmt. Um Anfängerinnen mit der Technik vertraut zu machen, erklären wir die Herstellung verschiedener Einzelfiguren nach unserem Zählprinzip, und wir hoffen, daß es nach den Vorübungen vielen Leserinnen gelingen wird, selbständig in freier Art nach Häkelgipüremustern zu arbeiten.

Die Tabelle, Abb. 4—12 zeigen die verschiedenen Figuren, die zur Herstellung der beiden stilvollen Muster Abb. 1 und 2 erforderlich sind. Häkelgarn Nr. 30 bildet die großen Musterfiguren. Die kleinen Grundfiguren und der Grund sind mit feinerem Garn, Nr. 50 u. 60, gearbeitet.

Abb. 3 u. 3a. Ausführung des Blattes mit aufgehäkelten Adern zur Bordüre Abb. 2. Man beginnt von der Mitte des Blattes ausgehend und häkelt die erste Blatthälfte um einen Elgf. stets im Rippenstich in hin- und zurückgehenden Reihen, M. auf M. treffend. Anschlagreihe: Um den Elgf. 5 f. M., 3 h. St., 15 St., 2 h. St., 3 f. M., w. — zurückgehend auf die M. 5 f. M., 3 h. St., 11 St., 2 h. St., 1 f. M., w. — 3 f. M., 3 h. St., 11 St., 2 h. St., 3 f. M., im Anschluß 1 f. M. auf die Randm. der 1. Reihe, w — 5 f. M., 3 h. St., 7 St., 1 h. St., 2 f. M., w. — 4 f. M., 2 h. St., 15 St., im Anschluß 1 St. auf die Randm. der 2. Reihe, 1 h. St. in die nächste f. M. der 1. Reihe, 6 f. M. auf die folgenden f. M.

1. Bordüre in Häkelgipüre. Hierzu die Einzelfiguren Abb. 4, 4a, 5, 5a, 6, 8, 10 und 11. Entwurf von Franziska Hofmanninger, Wien Modell im Besitz des k. und k. Museums für Kunst und Industrie, Wien

2. Bordüre in Häkelgipüre. Hierzu die Einzelfiguren Abb. 3 und 3a, 7 und 7a, 8, 9 und 12. Entwurf von Franziska Hofmanninger, Wien Modell im Besitz des k. und k. Museums für Kunst und Industrie, Wien

3. Musterteil (natürliche Größe) zur Bordüre Abb. 2

der 1. Reihe, im Anschluß um den losen Elgf. 7 f. M., w. — 21 f. M., w. — 3 f. M., 1 h. St., 7 St., 2 h. St., im Anschluß um den losen Elgf. 6 f. M., w. — 19 f. M., im Anschluß 1 f. M. auf die nächste f. M. der vorletzten Reihe, 1 f. M. auf die folgende M., w. — 4 f. M., 2 h. St., 2 St., im Anschluß um den losen Elgf. 2 h. St., 2 f. M., w. — 2 f. M., 2 h. St., 3 St., 1 h. St., 4 f. M., im Anschluß 1 f. M. in die 1. f. M. auf die Randm. der vorletzten Reihe, 2 f. M. auf die Randm.

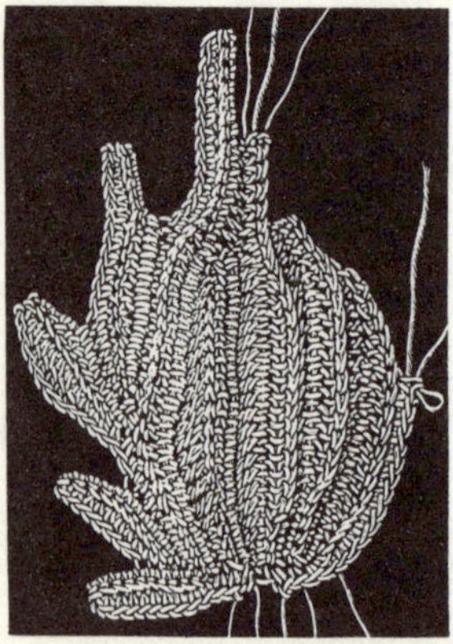

3a. Unvollendetes Blatt
ohne Adern
Zur Bordüre Abb. 2

der unteren Längsreihe w. — 5 f. M. auf die M., 4 f. M. um den losen Elgf., w. — 9 f. M., im Anschluß 1 f. M. auf die Randm. der vorletzten Reihe, 3 f. M. auf die Randm. bis zur Anschlagreihe, Faden abschneiden und vernähen. Arbeit w. und von der Blattspitze beginnend zwischen den M. um den Elgf. der Anschlagreihe ohne Elgf. die gleichartigen M. in Gegenüberstellung zur 1. Reihe häkeln, w. — 5 f. M., 2 h. St., 11 St., 2 h. St., 3 f. M., w. — 5 f. M., 1 h. St., 10 St., 2 h. St., 5 f. M., w. —

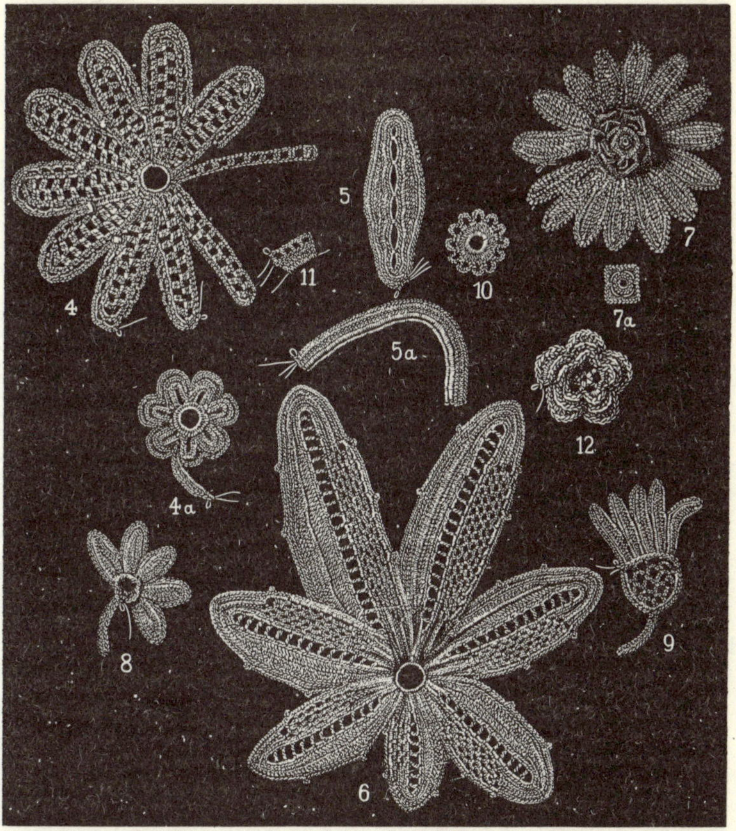

4. **Durchbrochene Stielblüte mit Reliefröschen als Deckfigur in der Mitte.** Siehe die Ausführung des Reliefröschens Abb. 4a. — 5. **Zweigblatt mit durchbrochener Mittelader.** 5a. **Stiel um einen Einlagefaden gehäkelt.** — 6. **Siebenteiliges gelapptes Blatt.** — 7. **Marguerite mit plastischer kuppelförmiger Mitte.** Verziert durch kleine, aufgenähte Sternfiguren. Siehe die einzelne Sternfigur Abb. 7a. — 8. **Fünfblätterige Stielblume.** — 9. **Margueritenknospe.** — 10. **Kleine Scheibenblume.** — 11. **Kleine Grundfigur.** — 12. **Fünfblättriges Reliefröschen.** — Abb. 4, 4a, 5, 5a, 6, 8, 10 und 11 Figuren zur Bordüre Abb. 1. — Abb. 7 und 7a, 8, 9 und 12 Figuren zur Bordüre Abb. 2

7 f. M., 2 h. St., 7 St., 2 h. St., 1 f. M., w. — 3 f. M., 2 h. St., 9 St., 2 h. St., 3 f. M., Faden abschneiden und vernähen, Arbeit w. und den Rand der zuletzt gehäkelten Blatthälfte durch eine Reihe f. M. behäkeln. Man beginnt an der Blattwurzel und häkelt bis zur Spitze, dann Faden abschneiden und alle Fäden unsichtbar zwischen der Arbeit vernähen. Für die Blattadern häkelt man zunächst lose Luftmaschenstäbchen, die an den betreffenden Stellen angeschürzt werden. Man beginnt mit der Mittelader bis zur ersten Verzweigung, schürzt das Stäbchen an, häkelt für die verzweigte Ader das L.-Stäb-

chen, schürzt es an, umhäkelt das St. zur Mittelader zurückgehend durch f. M., bildet die entgegengesetzte Zweigader, häkelt zur Mitte zurückgehend f. M. um das L.-Stäbchen, häkelt das Mittelstäbchen bis zur nächsten Verzweigung, schürzt das L.-Stäbchen an und wiederholt nach Abb. 3 die Ausführung. Zuletzt werden die Mittelstäbchen im Zusammenhang durch f. M. umhäkelt. Im Anschluß häkelt man um einen Elgf. f. M. für den Blattstiel. Zurückgehend arbeitet man im Rippenstich f. M. auf die Stielreihe.

Abb. 4. Durchbrochene Stielblüte mit Reliefröschen als Mitte. Für den mittleren Ring legt man den Elgf. zum doppelten, losen, weiten Fadenring, siehe Abb. 13, 13a—b, und umhäkelt den Ring durch 44 f. M. Dann zieht man die losen Enden des Elgf. an und schließt den Rg. durch 1 K. in die 1. f. M. * Im Anschluß folgen 28 L. für den Anschlag des 1. Blattes. 1. Blattreihe: 1 St. auf die 5. L. zurück (von der letzten L. zählend), 1 St. in dieselbe L., 8 mal je 2 L., 2 St. auf die 3. folgende L., dann 1 f. M. auf die 2. folgende f. M. des Rg., 1 f. M. auf die nächste M. des Rg. ××, vom * bis ×× 9 mal wdh. 2. Blattreihe: Im Anschluß häkelt man f. M. um den L.-Anschlag der 1. Blattreihe, am Anfang 1 f. M. um die unteren L., × 1 f. M. in die L. der Stäbchenmaschengruppe, 2 f. M. um die nächsten L., vom × 7 mal wdh., dann 1 f. M. in die L. der letzten Stäbchenmaschengruppe, 4 f. M. um den L.-B., weitergehend, 3 L., * 2 f. M. um die L. zwischen den beiden Stäbchengruppen, 2 L., ** vom * bis ** 6 mal wdh., statt der beiden letzten L. 1 f. M. auf die 1. untere f. M. des Rg., dann vom Anfang der Reihe 9 mal wdh. Nun behäkelt man die 2. Reihe der Blatteile durch f. M. in gleicher Art wie die Anschlagreihe. Man beginnt an der Spitze, häkelt 2 f. M. um den 1. L.-B., dann 5 mal je 2 f. M. um die L. und je f. M. auf die St., weitergehend häkelt man die f. M. mit den gegenüberliegenden Randm. des Blatteils zusammen; zuletzt Faden abschneiden und vernähen. Auf diese Art sind die übrigen Teile zu behäkeln, jedoch hat man den letzten Teil mit dem ersten Teil nicht zu verbinden. 3. Blattreihe: 1 f. M. auf die 1. untere Randm. des 1. Blattes, 17 mal * je 3 L., 1 f. M. auf die 2. folgende M. Nun 14 mal vom * je für die folgenden 8 Blätter wdh., das letzte Blatt gleich dem 1. Blatt durch 17 L.-B. begrenzen. 4. Blattreihe: Je 4 f. M. um die L.-B., Faden abschneiden und Fadenenden unsichtbar vernähen

Abb. 4a. Ausführung des mittleren Deckröschens zur Blüte Abb 4. Um einen doppelten Fadenrg. des Elgf. häkelt man 35 f. M., schließt durch 1 K. in die 1. f. M. zum Rg. und zieht die losen Fadenenden des Elgf. an. Nun häkelt man um den Elgf. 5 f. M. auf die 5 nächsten M. des Rg., * nur um den Elgf. 1 f. M., 3 h. St., 4 St., 3 h. St., 1 f. M. +++, dann um den Elgf. 5 f. M. auf die nächsten f. M. des Rg. ××, vom * bis ×× 5 mal wdh. Dann vom * bis +++ 1 mal wdh., durch 1 K. in die 1. f. M. die Reihe schließen. — 2. Reihe: 1 f M. auf die 5. f. M., * um den losen Elgf. 2 f. M., 3 h. St., 7 St., 3 h. St. 2. f. M., dann 2 zsm. abzumaschende f. M. auf die folgende 1. u. 5. f. M. des Ringes **, von * bis ** 6 mal wdh., zuletzt durch 1 f. M. auf die 1. f. M. den Bogen anschürzen. — 3. Reihe: * Um den losen Elgf. 3 f. M., 4 h. St., 9 St., 4 h. St., 3 f. M, dann 1 f. M. auf die beiden f. M. des Rg. ××, von * bis ×× 6 mal wdh. Nach dem Anschürzen des letzten Bogens Faden abschneiden und vernähen. Die fertige Figur wird in der Mitte der großen Blüte unsichtbar aufgenäht.

Abb. 5. Ausführung eines Zweigblattes an dem Blütenstiel Abb. 5a. Man häkelt um den Elgf. 43 f. M. und behäkelt den Elgf. auf der entgegengesetzten Seite, indem man zunächst 1 f. M. zwischen die 10. und 11. f. M. (von der letzten f. M. zählend) um den Elgf. arbeitet. × Nun folgen um den losen Elgf. 7 f. M., dann 1 f. M. um den behäkelten Elgf. zwischen die 7. und 8. f. M. **, von × bis ** 3 mal wdh., um den losen Elgf. 5 f. M., zuletzt durch 1 K. in die 1. f. M. die Reihe schließen. Im Anschluß in der Runde im Rippenstich häkeln: 8 f. M., 2 h. St., 4 St., 1 zf. St., wobei die oberen 3 Schl. zusammen abgemascht werden, × 11 zf. St., von × zurückgehend wdh., dann um die Blattspitze f. M. und in Gegenüberstellung auf der 2. Seite die verschiedenartigen St. häkeln. Im Anschluß arbeitet man für die Abschlußreihe f. M. auf die M., zuletzt Faden abschneiden und vernähen. In gleicher Weise sind die größeren Blätter mit vermehrter Maschenzahl zu häkeln. Für den Stiel, Abb. 5a, häkelt man um den Elgf. in der erforderlichen Länge f. M., w. — 2. Reihe: Im Rippenstich f. M. auf die M. Der Stielansatz wird unter der Blütenmitte angenäht. Dann sind der Zeichnung entsprechend die Blätter an dem Stiel zu befestigen.

Abb. 6. Ausführung eines siebenteiligen gelappten großen Blattes zur Bordüre Abb. 1. Um den zweifachen Fadenring des Elgf. häkelt man 35 f. M., schließt diese durch 1 K. in die 1. f. M. zum Ring und zieht die Fadenenden fest an, damit sich der Ring rundet. Dann folgen 32 L., 1 h. St. in die 25. L. zurück, 5 mal je 2 L., 1 St. auf die 3. folgende L., 2 mal je 2 L., 1 h. St. auf die 3. folgende L., 2 L., 1 K. in die letzte L., w., 1 K. auf die M. des Rg. vor dem L.-Anschlag zurück. Dann häkelt man um die freien L. des Anschlags je 3 f. M. zwischen den St., 8 f. M um den L.-B. an der Spitze, nun auf der gegenüberliegenden Seite je 3 f M. um die L., 1 K. in dieselbe f. M. des Ringes, w., 1 K. auf die f. M. des Rg. vor der 1. f M. der gegenüberliegenden Blattreihe (d. i. die 1. Reihe f. M. um den L.-Anschlag). Nun häkelt man stets im Rippenstich. — 2. Verkürzte Reihe: 6 f M auf die nächsten M. der 1. Blattreihe, 4 mal je 3 L., 1 f. M. auf die drittfolgende f. M., 5 f. M. auf die folgenden M., Faden abschneiden. Auf derselben Seite am Anfang der Reihe die 2. Rundreihe beginnen: 1 f. M. auf die 1. K. des Rg., 4 f. M. auf die 4 unteren f. M. der Blattreihe, 4 mal je 3 L., 1 f. M. um den folgenden L.-B., 3 L., 1 f. M. auf die 3. folgende f. M., 3 f. M. auf die 3 folgenden M. der kurzen Reihe, 13 f. M. auf die nächsten f. M. der Rundreihe, 2 f. M., 10 St., 2 h. St., 6 f. M., 1 K. auf die f. M. des Ringes vor dem Blatt, w. — 3. Rundreihe: 1 f. M. auf die vorletzte f. M., 6 f. M. auf die folgenden M., 3 h. St., 4 St., 6 zf. St., 2 St., 1 h. St., 7 f. M., dann 3 f. M. auf die nächste f. M. (d. i. die mittlere M. der Blattspitze), 6 f. M., 5 mal je 3 L., 1 f. M. um den L.-B., 5 f. M. auf die folgenden f. M., 1 K. auf die nächste f. M. des Rg., w. — 4. Rundreihe: 5 f. M. auf die f. M., 3 f. M. um den L.-B., 1 f. M. um den nächsten L.-B., 1 P. (gebildet aus 3 L., 1 K. in die 1. L. zurück), 2 f. M. um denselben L.-B., 2 mal je 3 f. M. um die 2 folgenden L.-B., 2 f M. um den nächsten L.-B., 1 P., 1 f. M. um denselben L.-B., 8 f. M. um die nächsten f. M., 3 f. M. auf die folgende f. M., 7 f. M. auf die nächsten f. M., 1 P., 9 f. M. auf die folgenden f. M., 1 P., f. M. auf die M. bis zum Schluß Dann 3 f M. auf die nächsten M. des Rg. und das nächste größere Blatt mit dem erforderlichen L.-Anschlag beginnen. Da das 2. Blatt und die übrigen Blätter nach dem Prinzip des 1 kleinen Blattes zu häkeln sind, nennen wir für die 3 vergrößerten Blätter die Zahl der L. für den Anschlag und die Anzahl der Löcher für die mittlere durchbrochene Blattader. 2. Blatt: 46 L.-Anschlag, 13 Löcher 3. Blatt: 50 L.-Anschlag, 15 Löcher. 4. Blatt: 74 L.-Anschlag, 23 Löcher. 5. Blatt gleich dem 4., 6. Blatt gleich dem 3. und 7. Blatt gleich dem 2. Blatt häkeln.

Abb. 7 u. 7a. Ausführung einer Marguerite zur Bordüre Abb. 2. Man beginnt von der Mitte ausgehend mit dem Blütenboden. 7 L. durch 1 K. in die 1. L. zurück zum Rg. schließen. 1. Rundreihe: Am Anfang 5 L., 1 St. um den L.-Rg., 6 mal je 3 L., 1 St. um den L.-Rg., dann 3 L., 1 f. M. um den 1. L.-B. — 2. Reihe: 5 L., 1 f. M. um denselben L.-B., fortgesetzt je 3 L., 1 f. M. um den folgenden L.-B., zuletzt 3 L., 1 K. in die 2. L. der 5 L. am Anfang der Reihe. — 3. Reihe: 3 L., 1 f. M. um den 1. L.-B., 3 L., 1 f. M. um den nächsten L.-B., 3 L., 1 f. M. um denselben L.-B., * 2 mal je 3 L., 1 f. M. um den nächsten L.-B., dann 3 L., 1 f. M. um denselben L.-B. ××, vom * bis ×× 2 mal wdh., dann 3 L., 1 f. M. um den nächsten L.-B., 3 L., 1 f. M. um den L.-B. — 4. Reihe: Fortgesetzt je 3 L., 1 f. M. um die L.-B., so daß 15 L-B. die Reihe bilden. Im Anschluß häkelt man für das 1. Blatt um einen Elgf. 1 f. M. um den 1. L.-B., * dann nur um den Elgf. 2 f. M., 2 h. St., 9 St., 2 h. St., 1 f. M., nun zwischen die letzte f. M. und h. St. 1 h. St. um den Elgf., 1 h. St. um den Elgf. zwischen den beiden folgenden h. St., 1 h. St. um den Elgf. zwischen der nächsten h. St. u. St., 9 St., 2 h. St., 2 f. M. um den Elgf. zwischen den einzelnen St. u. f. M. — Im Anschluß 1 f. M. um denselben L.-B. des Blütenbodens, 1 f. M. um den nächsten L.-B., vom * 14 mal wdh. Dann behäkelt man die Blattränder durch f. M., wobei man einen Elgf. umhäkelt und im Laufe der Arbeit die Blätter in je 5 M. Länge, von der Blattwurzel zählend, zsm.-häkelt. Nun wird der Blütenboden durch ein gehäkeltes Gitternetz gleich dem unteren Netz auf der Rechtsseite behäkelt. Man beginnt am Rand des Blütenbodens und häkelt L.-B., getrennt durch f. M., die die f. M. des Blütenbodens umfassen. Dann häkelt man in Spiralform weitergehend allmählich verkürzte Rundreihen, indem man ab und zu 1 Bogen übergeht. Vor dem Schließen des Rundes stopft man den Hohlraum zwischen beiden Netzen mit einem fest gewickelten kleinen Baumwollknäuel aus. — Dann deckt man die Kuppel durch aufgenähte kleine gehäkelte Sternblumen, siehe Abb. 3. Man häkelt die Blüten mit feinerem Garn. Um den zum einfachen Fadenring gelegten Elgf. häkelt man 13 f. M., schließt durch 1 K. in die 1. f. M. zum Rg. und zieht die Enden des Elgf. an. Nun häkelt man 1 f. M. auf die 1. f. M. 4mal je 5 L., 1 f. M. auf die drittfolgende f. M., statt der letzten f. M. 1 K. auf die 1. f. M. Dann sind die L.-B. durch je 1 f. M., 1 h. St., 2 St., 1 h. St., 1 f. M. zu umhäkeln, Faden abschneiden und vernähen. Nachdem die genügende Anzahl Sternblumen vollendet sind, näht man die Mitte der einzelnen Figuren dicht nebeneinander auf der Kuppel unsichtbar fest.

Abb. 8. Ausführung einer fünfblätterigen Stielblume zur Bordüre Abb. 2. × 9 L. durch 1 K. in die 1. L. zum Rg. schließen. 1 f. M. um den L.-Rg., dann um den losen Elgf. 2 f. M., 3 h. St., 4 St., 2 h. St., 2 f. M., zurückgehend je zwischen den M. um den Elgf. häkeln 2 f. M., 2 h. St., 4 St., 2 h St., 2 f. M. Dann 1 f. M. um den Rg. ×× und vom × bis ×× 4 mal wdh Zuletzt behäkelt man den Rand der Blättchen um 1 Elgf. durch 1 Reihe f. M. in Rippenstich, wobei man stets die unteren 6 M. mit den Randm. des fertigen Blättchens zsm.-häkelt. Nun verziert man den Rg. durch Bogenzacken. Man beginnt mit 1 f. M. um den Ring, dann folgen 5mal je 5 L., 1 f. M. um den Rg. Im Anschluß häkelt man um die einzelnen L.-B. 1 f. M., 1 h. St., 2 St., 1 h. St., 9 f. M., zuletzt durch 1 K. auf die 1. f. M. die Reihe schließen. Für den Stiel häkelt man um 1 Elgf. 2 Reihen f. M. in Rippenstich.

Abb. 9. Ausführung einer Margueritenknospe zur Bordüre Abb. 2. 17 L. Anschlag, 1 f. M. auf die 8. L. zurück (von der letzten L. zählend), 3 L., 1 f. M. auf die drittfolgende L., 3 L., 1 f. M. auf die 4. folgende L., w. — 2. Reihe: 1 f. M. um den 1. L.-B., 5 L., 1 f. M. um den nächsten L.-B., 5 L., 1 f. M. um denselben L.-B., w. — 3. Reihe: 6 L., 1 f. M. um den 1. L.-B., 2 mal je 5 L., 1 f. M. um den folgenden L.-B., 5 L., 1 h. St. auf die letzte f. M., w. — 4. Reihe: 1 f. M. um den 1. L.-B., 3 mal je 5 L., 1 f. M. um den folgenden L.-B., w. — 5. Reihe: 3 mal je 5 L., 1 f. M. um die einzelnen L.-B., 3 L., 1 St. auf die letzte f. M., w. Im Anschluß um den Elgf. 3 f. M., 1 h. St., 3 St., 1 zf. St., wobei die 3 oberen Maschenglieder zsm. abgem. werden, 5 zf. St., 1 zf. St., deren 3 oberen Maschenglieder zsm. abgem. werden, 1 St., 2 h. St., 2 f. M., w., zurückgehend um den Elgf. und f. M. im Rippenstich f. M. häkeln, dann 1 f. M. um den 1. L.-Bogen des Blumenkelches w. — Ausführung des 2. Blättchens, × um den Elgf. in Rippenstich auf die letzte Reihe 4 f. M., 3 h. St., 3 St., 1 zf. St., wobei die oberen 3 Schl. zus. abgem. werden, nur um den Elgf. 2 zf. St., 1 zf. St., deren 3 oberen Schl. zsm. abgem. werden, 2 St., 2 h. St, 2 f. M., w., zurückgehend um den Elgf. f. M. auf die M. im Rippenstich, dann 1 f M. um den nächsten L.-B., w. 3., 4., 5. Blättchen vom × wdh. Zuletzt umhäkelt man den Rand des Blumenkelches durch 1 Reihe f. M. um den Elgf. Den Stiel bilden 2 Reihen f. M. im Rippenstich, die man um 1 Elgf. häkelt.

Abb. 10. Ausführung einer kleinen Scheibenblume zur Bordüre Abb. 1. Um 1 drf. Fadenring 36 St., durch 1. K. auf die 1. St. zum Rg schließen, Fadenenden des Elgf. anziehen. 2 f. M. auf die beiden 1. St., dann fortgesetzt je 7 L., 1 f. M. auf die 2. folgende f. M. und 1 f. M. auf die nächste f. M., den letzten L.-B. durch 1 K. der 1. f. M. anschz.

Abb. 11. Ausführung einer kleinen Grundfigur zur Bordüre Abb. 1. Um 1 Elgf. oder 1 L.-Kette 9 St., w., 5 L., 1 St. auf die 2. folgende St., 3 mal je 2 L., 1 St. auf die 2. folgende St.

Abb. 12. Ausführung eines fünfteiligen Reliefröschens zur Bordüre Abb. 2. (Dementsprechend sind auch Röschen mit mehr und weniger Blatteilen zu häkeln.) 5 L. durch 1 K. in die 1. L. zurück zum Rg. schließen. 1. Reihe: 6 L., 1 St. um den Ring, 3 mal je 3 L., 1 St. um den Rg., dann 3 L., durch 1 K. in die 3. L. am Anfang die Reihe schließen. — 2. Reihe: je um die L.-B. 1 f. M. 1 h. St., 2 St., 1 h. St., 1 f. M. — 3. Reihe: 1 f. M. um das L.-St. der Lochreihe (die f. M. von rückwärts nach vorn stechend um die L. häkeln), weitergehend 4mal je 4 L., 1 f. M. um die St., dann 4 L., 1 K. auf die 1 f. M. — 4. Reihe: je um die L-B 1 f. M., 1 h. St., 1 St., 1 zf. St. (wobei die 3 oberen Schl. zsm. abgem. werden), 1 St., 1 h. St., 1 f. M. — 5. Reihe: 1 f. M. um die f. M. des L.-B. (von rückwärts nach vorn stechend die f. M. umfassen), dann 5 mal je 5 L., 1 f. M. (von rückwärts nach vorn stechend) um die f. M. des L.-B., zuletzt 1 K. auf die 1. f. M. — 6. Reihe: Je um die L.-B. 1 f. M., 1 h. St., 1 St., 2 zf. St. (wobei die 3 oberen Schl. je zsm. abzum. sind) ×, 1 zf. St., vom × zurückgehend bis zum Anfang wdh. Für die Reliefröschen mit vermehrter resp. verminderter Blätterzahl hat man am Anfang die Löcher zu vermehren resp. zu verringern.

Abb. 14. Fünfblätterige Reliefrosette. 45 f. M. um einen 2 mal zur Runde gelegten Elgf., dann durch Zusammenziehen des Elgf. zum Rg. schließen. 1 K. in die 1. f. M. — 1. Reihe. 15 mal je 3 L., 1 f. M. in die 3. folgende f. M. — 2. Reihe (Ansatzreihe der Blattlappen): 3 L., * 1 f. M. um den 1. L.-B., 2 mal je 3 L., 1 f. M. um die 2 folgenden L.-B., 3 L., 1 f. M. um denselben letzten L.-B., w. Auf der kurzen Reihe zurückgehend. 4 mal je 3 L., 1 f. M. um den L.-B., dann 3 L., 1 f. M. um denselben L.-B., w.; zurückgehend: 5 mal 3 L., 1 f. M. um die L.-B., dann noch 3 L., 1 f. M. um denselben L.-B., w. — 4.—7. Blattreihe: Hin- und zurückgehend je 3 L., 1 f. M. um die L.-B., dann nach der letzten f. M. 3 L., 1 f. M. um denselben L.-B., nun am Rande abwärts häkelnd, 5 mal je 3 L., 1 f. M. auf die f. M. und um die L.-B. der Randm. der einzelnen Reihen, 3 L., dann vom * die Ausführung der Blattfigur 4 mal wdh Zuletzt behäkelt man die Randm. durch eine Reihe f. M., wobei die f. M. um einen doppelt gelegten Elgf. greifen. Je am oberen Blattrande werden 3 f. M. um den L.-B. und 1 f. M. auf die M. gehäkelt, seitlich greifen stets 2 f. M. um die L. Im Laufe der Arbeit schürzt man die Längsränder je in der Mitte durch 1 f. M. aneinander.

Ausführung der unteren Deckfigur für die Blütenmitte. Zunächst folgt die Erklärung für den aufliegenden dreiteiligen Blattring. Man häkelt 1 f. M. zwischen den f. M. des mittleren f. M.-Ringes der großen Blattrosette, und zwar direkt unter dem Ansatz eines Blattlappens, danach folgen 7 L., 1 f. M. um den f. M.-Rg. in der Mitte unterhalb des folgenden Blattlappens. Hierauf häkelt man wieder 7 L., 1 f. M. um den Rg. unter den Ansatz des 2. folgenden Blattlappens, dann 7 L., 1 f. M. auf die 1. f. M. — Um die einzelnen L.-B. häkelt man 14 f. M., dann für die 1. Blattreihe: * 3 L., 1 St. auf die 2. f. M., 6mal je 1 L., 1 St. auf die 2. f. M., w. — 2. Reihe: zurückgehend: 3 L., 1 St. auf die 2. St., 5 mal je 1 L., 1 St. auf die St., dann 3 L., 1 f. M. auf das obere Maschenglied der 1. L. der 1. Lochreihe, 2 L., 1 f. M. auf die f. M., w., zurückgehend 2 f. M. um den 1. L.-B., dann 7mal 3 f. M. um die L., 2 f. M. um die St. der 1. Lochreihe. Nun wdh. man 2 mal vom * die Ausführung der Blattfigur auf den 2 nächsten Bogen. Im Anschluß folgt die Begrenzungsreihe, bestehend aus 4 mal 5 f. M., 1 P. zuletzt 5 f. M. auf die einzelnen Blattlappen. Für die obere Ringrosette häkelt man zunächst um einen zum Ring gelegten doppelten Elgf. 21 f. M. schließt durch 1 K. in die 1. f. M. und durch Anziehen der Enden des Elgf. den Rg. Hierauf häkelt man um einen losen Elgf. weitergehend 15 f. M., dann 3 f. M. auf die 3 ersten f. M. der Ringfigur, * 15 f. M. um den losen Elgf., 1 f. M. in die Lücke der f. M zurück, 3 f. M. auf die nächsten 3 f. M. der Ringfigur, dann vom * 6 mal wdh. Nach der letzten f. M. den Faden abschneiden und vernähen und die Ringrosette in der Mitte der Blattrosette aufnähen.

Abb 15. Ausführung der Blütenrosette Man beginnt von der Mitte ausgehend mit dem Muschenring. Häkelgarn Nr. 20 dient als Elgf., dagegen bildet Häkelgarn Nr. 70 den Arbeitsfaden. Für den Muschenring häkelt man um einen 3 mal zum Ring gelegten Elgf. 33 St., schließt durch Anziehen der Fadenenden des Elgf. die Msch. und häkelt dann weitergehend um einen Elgf. in Rippenstich f. M. auf die Msch. Nach vollendeter Rundreihe häkelt man im Anschluß die Blättchenreihe. Man häkelt um den Elgf. 13 f. M., w., läßt den Elgf. lose hängen und häkelt ohne Elgf. nach Abb. 15 in Rippenstich, auf der f. M.-Reihe zurückgehend, 1 f. M. auf die vorletzte f. M., 2 h. St. auf die nächsten M., 9 St. auf die folgenden St. — Im Anschluß häkelt man für das Wickelstäbchen 1 zf. St. auf die drittfolgende Randm. der Msch., worauf man um die zf. St. 6 Wickelm. arbeitet. Hierfür bildet man * 1 U., läßt diesen auf der Nadel liegen, häkelt eine Schlgm. um die zf. St. ** und wdh. 5 mal vom * bis **, worauf man mittels eines U. sämtliche Schl. und U. abmascht und die Arbeit wendet. Man häkelt in Rippenstich die gleichartigen M. auf die letzte Blättchenreihe zur Spitze zurück, w. und häkelt um den Elgf. eine Reihe f. M. auf die letzte Blättchenreihe zurück, w. Nun die Ausführung des Blättchens vom Anfang wdh., wobei man am Anfang die ersten 5 f. M. in Rippenstich auf die letzten 5 f. M. des fertigen Blättchens häkelt. Dieses gilt für die Wiederholung der 8 Blättchen. Die letzten 5 Randm. des letzten Blättchens werden den Anfangsmaschen des ersten Blättchens angeschürzt. Hierbei häkelt man die f. M. um den Elgf. zwischen den f. M. des ersten Blättchens, worauf man die Fadenenden vernäht.

Abb. 16. Bogenfigur mit Ringansatz. Man bildet mit dem Elgf. einen drf. Fadenrg. und häkelt um diesen 16 f. M., schließt durch 1 K. in die 1. f. M. den Rg., zieht die Fadenenden des Elgf. an und häkelt im Anschluß um ein Ende des Elgf. 27 f. M., w., arbeitet im Rpst. f. M., worauf man den Faden abschneidet und zwischen der Ringfigur vernäht. Dann häkelt man eine Lochreihe um die f. M. der Anschlagreihe. Man beginnt an der Spitze mit 1 K., häkelt 3 L., 1 St. um den Elgf. zwischen die 3. und 4. f. M., 6 mal je 1 L., 1 St. um den Elgf. zwischen die 3. und 4. folgende M., zuletzt 2 L., 1 K. um den Elgf. vor der letzten f. M., Faden abschneiden und unsichtbar vernähen.

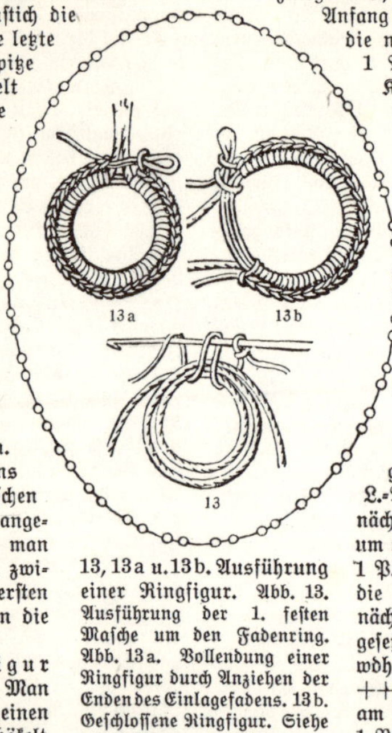

13, 13a u. 13b. Ausführung einer Ringfigur. Abb. 13. Ausführung der 1. festen Masche um den Fadenring. Abb. 13a. Vollendung einer Ringfigur durch Anziehen der Enden des Einlagefadens. 13b. Geschlossene Ringfigur. Siehe die Erklärung zu Abb. 4 und 4a, Seite 60

Abb. 17. Sternrosette. 5 L. durch 1 K. in die 1. L. zum Rg. schließen. — 1. Reihe: 6 L., 5 mal je 1 St. um den Rg., 3 L., zuletzt 1 K. in die 3. L. des 1. L.-B. — 2. Reihe: je 6 f. M. um die L.-B. — 3. Reihe: 3 K. auf die 3 ersten f. M., 3 L., 1 St. auf dieselbe untere f. M., 1 St. auf die nächsten f. M., 5 mal je 6 L., 3 St. auf die mittleren f. M. der nächsten B., zuletzt 6 L., 1 K. auf die 3. L. am Anfang der Reihe, 1 K. auf die nächste St. — 4. Reihe: 1 P. (gebildet aus 3 L., 1 K. in die 1. L. zurück), 2 L., 1 P., 1 f. M. um den L.-B., 1 P., 2 L., 1 P., 1 f. M. auf die mittlere St. der nächsten Stäbchenmaschengruppe, fortgesetzt bis zum Schlusse wdh. — 5. Reihe: 1 P.-Bogen, 1 f. M. um die L. zwischen den P. des nächsten Bogens, + 5 L., 1 f. M. um die L. zwischen den P. des nächsten P.-Bogens, w., 7 f. M. um den L.-B., w. 3 L., 6 St. auf die nächsten f. M., 1 P., 1 f. M. um denselben unteren P.-B., 1 P., 2 L., 1 P., 1 f. M. um die L. zwischen den P. des nächsten P.-B. vom + fortgesetzt bis zum Schlusse wdh. — 6. Reihe: 1 P., ++ 1 f. M. um die 1. L. am Anfang der St.-Gruppe, 1 P., 2 L., 1 P., 1 f. M. um die L. nach der St.-Gruppe, 1 P.-B., 1 f. M. um die L. zwischen den P. des nächsten P.-B., 1 P.-B., vom ++ bis zum Schlusse wdh., zuletzt Faden abschneiden und vernähen.

Abb. 18. Sternrosette. 6 L. durch 1 K. in die 1. L. zum Rg. schließen. 1. Reihe: am Anfang 6 L., 5 mal je 1 St., 3 L., zuletzt 1 K. in die 3. L. am Anfang. — 2. Reihe: Am Anfang 4 L., dann um den 1. L.-B. × 4 zf. St., 4 L., 1 K. um denselben L.-B., 1 K. um den nächsten L.-B. vom × 5 mal wdh., zuletzt

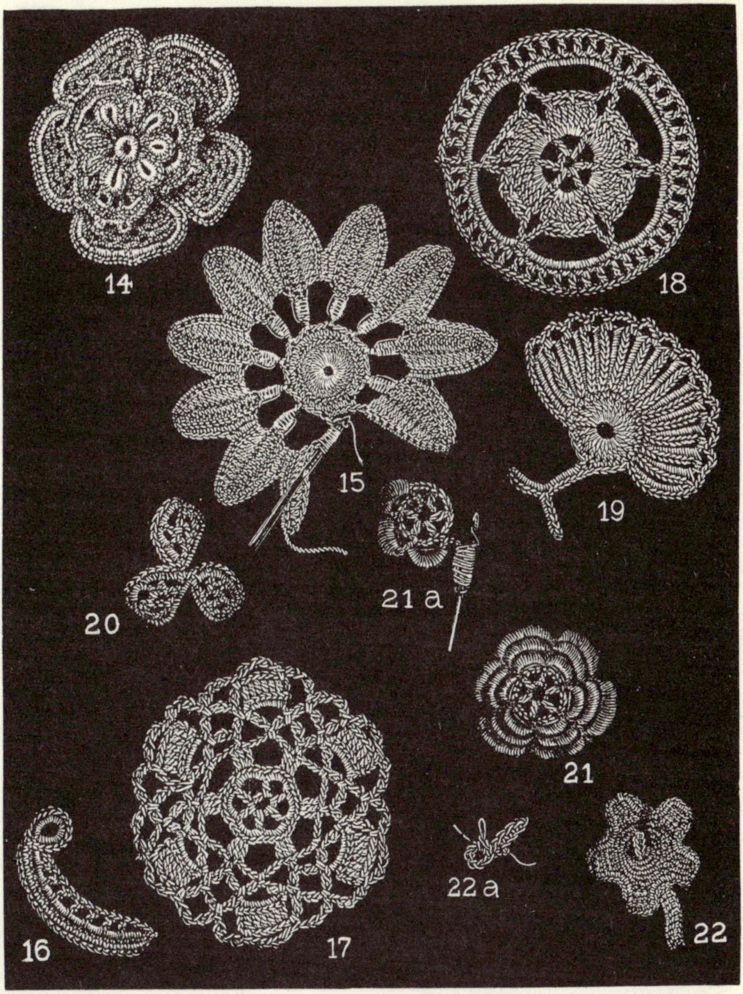

14. Fünfblätterige Reliefrosette. — 15. Blütenrosette in Verbindung mit Wickelstäbchen. — 16. Bogenfigur mit Ringansatz. — 17. Sternrosette. — 18. Sternrosette. — 19. Stielrosette. — 20. Dreiblattfigur. — 21 u. 21a. Reliefröschen mit Wickelstäbchen, Ausführung 21a. — 22. Fünfteilige Sternblüte. — 22a. Stempel zur Sternblüte Abb. 22

4 K. auf die L. vor der 1. St.-Gruppe. 3. Reihe: ×× 2 mal je 3 L., 1 f. M. auf die 2. folgende zf. St., 5 L., 1 f. M. auf die oberste L. vor der nächsten St.-Gruppe, vom ×× 4 mal wdh. 4. Reihe: 6 mal je 12 L., 1 f. M. um den L.-B. aus 5 L. 5. Reihe: je 17 f. M. um die L.-B. 6. Reihe: am Anfang 4 L., 1 St. auf die 2. folgende f. M., dann fortgesetzt je 1 L., 1 St. auf die 2. f. M., zuletzt 1 L., 1 K. in die 3. L. des 1. L.-B., Faden abschneiden und vernähen.

Abb. 19. Stielrosette. Man beginnt mit der Ringfigur. 8 L.. durch 1 K. in die 1. L. zum Rg. schließen. 1. Rundreihe: am Anfang 3 L., 23 St. um den L.-Rg. 2. Reihe: 1 f. M. auf die 3. L. am Anfang der 1. Reihe, dann f. M. auf die St. 3. Reihe: 14 L., w., 1 f. M. auf die letzte f. M. zurück, w., 10 f. M. um 7 L. der L.-Schlinge, 14 mal je 7 L., w., 1 f. M. auf die nächste f. M., w., 10 f. M. um die L. Im Anschluß an die letzte f. M. folgen × 3 L., 1 f. M. um die L. zwischen den nächsten St.-Spangen, vom × 11 mal wdh., dann 3 L., 10 f. M. um den letzten L.-B., 1 K. auf die nächste f. M. der Ringfigur, Faden abschneiden und vernähen. Für den verzweigten Stiel beginnt man mit 1 f. M. auf die mittlere f. M. des Rg., häkelt etwa 12 L., w., und häkelt um die L. 6 f. M., 4 L., w., 6 f. M. um die L. des Anschlußstieles und 8 f. M. um die L. des Hauptstieles zurück, dann Faden abschneiden und vernähen.

Abb. 20. Dreiblattfigur. Man häkelt um einen Elgf. 10 f. M., w., 1 L., 1 St. in die 6. f. M. zurück, von der letzten f. M. zählend, 2 mal je 1 L., 1 St., auf die 2. folgende f. M., w., 3 L., 1 St. um die L. des mittleren Loches, 3 L., 1 f. M. auf die letzte f. M. der Anschlagreihe, w., um den Elgf. und um die L. 7 f. M., dann 2 f. M. um die untere St., 1 K. in die 1. f. M. Im Anschluß zwei Blättchen wdh., zuletzt die Fadenenden vernähen.

Abb. 21 u. 21a. Reliefröschen mit Wickelstäbchen. 5 L. durch 1 K. in die 1. L. zurück zum Rg. schließen. Um den Rg. folgen 5 L., 1 St., 4 mal je 3 L., 1 St., dann 3 L. und durch 1 K. in die 3. L. am Anfang die Reihe schließen. — 2. Reihe: 6 Wckst. gebildet aus je 4 L., um die 9 Schlgm., je getrennt durch 1 U. zu häkeln sind, dann mittels 1 U. den Faden durch alle Schl. durchziehen, siehe Abb. 21a, wobei man die einzelnen Wckst. durch 1 f. M. um die zunächstliegende untere St. befestigt. — 3. u. 4. Reihe: 6 Wckst., jedes Wckst. durch eine f. M. um die letzte f. M. der letzten Reihe befestigen, indem man für die f. M. von rückwärts nach vorn sticht.

Abb. 22 u. 22a. Fünfteilige Sternblüte. Häkelgarn Nr. 70. Man beginnt, von der Mitte ausgehend, mit dem losen Stempelfaden. 5 L., auf diese häkelt man 4 f. M. zurück, wobei man am Anfang die letzte L. übergeht. Weitergehend 6 L. durch 1 K. in die 1. L. zurück zum Rg. schließen. Um den L.-Rg. häkelt man 12 f. M. Dann folgen zwei glatte Rundreihen, wobei man f. M. auf f. M. häkelt. — 3. und 5. Reihe (aufnehmende Reihen): * 1 f. M. auf die 1. f. M. der unteren Reihe, 1 f. M. auf die nächste M., 2 f. M. auf die folgende M., vom * fortgesetzt bis zum Schluß wdh. Im Anschluß der 5. Reihe folgt die Ausführung der Blattlappen. Man häkelt zunächst 5 f. M., w., arbeitet drei gleichartige Reihen auf die verkürzte Reihe, worauf man zurückgehend f. M. auf die M. der letzten Reihe und die linken Randm. des Blattlappens bis zur Ansatzstelle häkelt. Dann folgt + 1 f. M. auf die Randm. des Blütenbodens, nun die Ausführung des folgenden Blattlappens vom + wdh. Hierauf häkelt man wieder drei gleichartige Blattlappen. Zuletzt behäkelt man den Rand durch 1 Reihe f. M., die man um 1 Elgf. arbeitet. Nach vollendeter Blüte wird der lose Stempelfaden durch den Kreisring auf die Rechtsseite gezogen, dann sind die losen Fadenenden zu vernähen.

Abb. 23, 23a u. b. Die Ringmusche. Man beginnt mit einem L.-Anschlag, dessen Länge nach dem gewünschten Umfang der Msch. zu bemessen ist. Dann legt man den Elgf. zum mehrfachen Fadenring und häkelt auf den L.-Anschlag und um den Fadenring 1 Schlgm. in die 1. L., × 1 U., 1 Schlgm. in die folgende L. usf. vom × wdh. bis alle L. behäkelt sind, dann den Arbeitsfaden vor das Häkchen legen und den Faden durch alle auf der Nadel liegenden Schl. zurückziehen, die Fadenenden des Elgf. anziehen, wodurch sich die Msch. rundet und durch 1 K. in die 1. L. die Msch. schließen.

Abb. 24. Reliefröschen mit zwei Lochreihen. Man beginnt mit

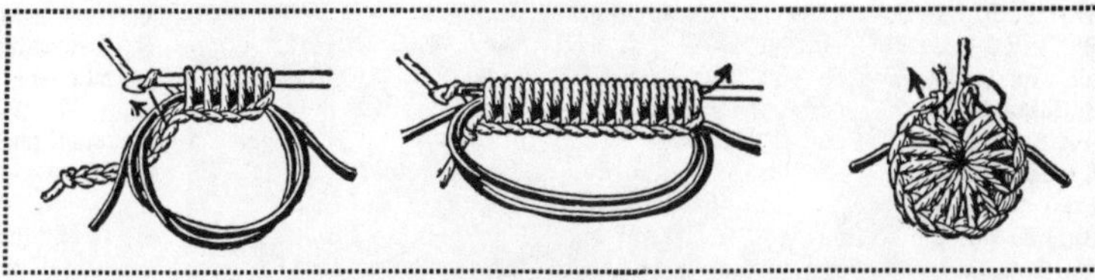

23, 23a und b. Ausführung der Ringmusche. Um einen doppelten Fadenring und auf einen Luftmaschenanschlag gehäkelt

Abb. 23. Anlage des Fadenringes und Behäkeln des Luftmaschenanschlages

Abb. 23a. Durchziehen des Fadens durch alle auf der Nadel liegenden Schlingen

23b. Vollendung der Musche durch Zusammenhäkeln und Anziehen des Einlagefadens

24. Reliefröschen, begrenzt durch zwei Lochreihen

25. Einfacher Einsatz in Häkelgipüre

26. Kleine Rosette mit durchbrochenem Rand

der mittleren Ringfigur. 5 L. durch 1 K. in die 1. L. zum Rg. schließen. — 1. **Reihe**: am Anfang 6 L., 4 mal je 1 St., 3 L. um den Rg., zuletzt 3 L., 1 K. in die 3. L. des 1. L.-B. — 2. **Reihe**: um die L.-B. je 1 f. M., 1 h. St., 1 St., 1 h. St., 1 f. M. — 3. **Reihe**: 1 St. um die St. der 1. Reihe, von rückwärts nach vorne stechend die St. umfassen, fortgesetzt je 3 L., 1 St. um die folgende St. — 4. **Reihe**: je um die L. 1 f. M., 1 h. St., 3 St., 1 h. St., 1 f. M. — 5. **Reihe** gleich der 3. Reihe, jedoch 4 L. häkeln. — 6. gleich der 4. Reihe, statt 3 St. 5 St. — 7. **Reihe**: 6

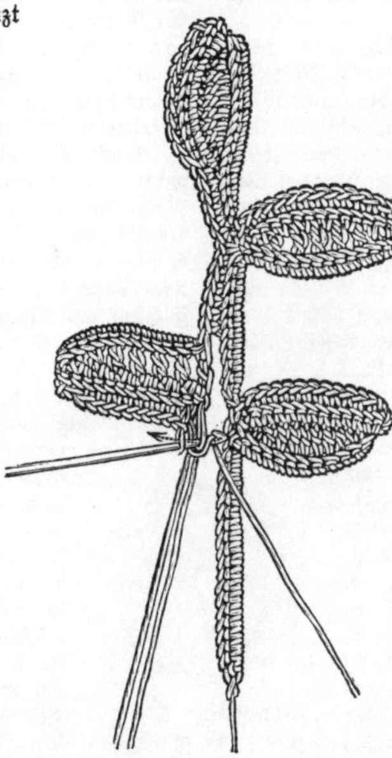

27. Ausführung eines Blattzweiges

L., × 1 St. auf die h. St. der nächsten Bogenzacke, 3 mal je 2 L., 1 St. auf die 2. folgende M., dann 2 L., 1 St. zwischen die M. der Zackentiefe, 2 L., vom × fortgesetzt wdh. — 8. **Reihe**: je 4 L., 1 f. M. um die L., zuletzt durch 1 K. auf die 1. f. M. die Reihe schließen, Fadenenden vernähen.

Abb. 25. **Einfacher Einsatz in Häkelgipüre.** Man häkelt in Querreihen, hin- und zurückgehend. 17 L. bilden den Anschlag. 1. **Reihe**: 1 P. (gebildet aus 3 L., 1 K. in die 1. L. zurück), 2 L., 1 P., 1 L., 1 f. M. auf die 5. L. vor dem 1. P. zurück, 3mal je 1 L., 1

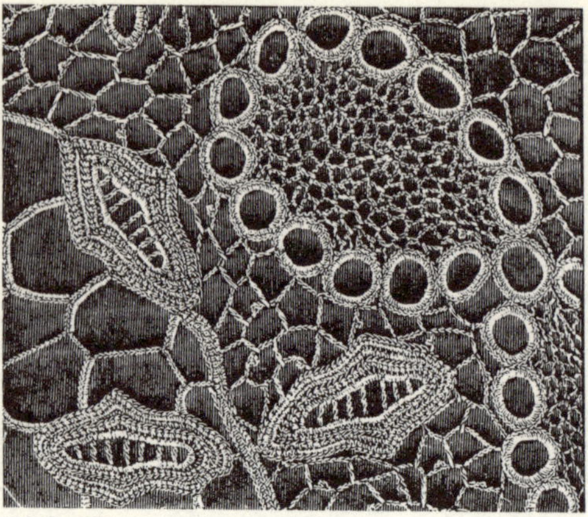

28. Ausführung des Gipüregrundes in drei Arbeitsarten

P., 2 L., 1 P., 1 L., 1 f. M. auf die 4. folgende L. — 2. Reihe: am Anfang 2 L., 1 P., 2 L., 1 P., 1 L., 1 f. M. um die L. zwischen den P. des unteren P.-B., 3 P.-B., je getrennt durch 1 f. M., um die L. zwischen den P. der nächsten P.-B., w. — Von der 2. Reihe fortgesetzt wdh. Dann begrenzt man die Längsränder durch je 1 Lochreihe. Hierfür häkelt man in gleichmäßigem Wechsel je 1 St. um die L. zwischen den P. des P.-B., 2 L., 1 St. je um die f. M.

Abb. 26. Kleine Rosette mit durchbrochenem Rand. Man beginnt von der Mitte ausgehend und häkelt in Spiralform um 1 Elgf. in Rippenstich 14 f. M. um den Elgf., dann folgt 1 f. M. im Rippenstich auf die 1. f. M., darauf häkelt man 1 Reihe f. M. Nun folgen in gleichmäßigem Wechsel noch 2 f. M. auf die einzelnen M., 2 f. M. auf die nächsten M., bis 33 M. die letzte Reihe bilden. Hierauf häkelt man 11 mal je 1 L., 1 P. (gebildet aus 3 L., 1 f. M. in die 1. L. zurück), 1 L., 1 f. M. auf die drittfolgende f. M., weitergehend 7 L., 1 f. M. um die L. nach dem P. des unteren P.-Bogens, + 2 mal je 1 L., 1 P., 1 L., 1 f. M. um die L. vor dem P. des folgenden P.-B., 5 L., 1 f. M. um die L. vor dem P. des nächsten P.-B., vom + 2 mal wdh., dann 1 P.-B., 1 f. M. um die L. vor dem P. des nächsten P.-B., 1 L., 1 P., 1 L., 7 St. um den folgenden L.-B., 1 L., 1 P., 1 L., 1 f. M. um die L. nach dem P. des nächsten P.-B., * 5 L., 1 f. M. um die L. vor dem P. des folgenden P.-B., 1 L., 1 P., 1 L., vom * 2 mal wdh., dann 7 St. um den letzten L.-B., 1 L., 1 P., 1 L., 1 f. M. um die L. vor dem P. des nächsten P.-B., 5 L., 1 f. M. um die L. vor dem P. des folgenden P.-B., 1 P.-B., ×× 1 f. M. auf die 1. St. der St.-Gruppe; weitergehend 1 P.-B., 1 f. M. auf die 2. folgende St., 1 P.-B., 1 f. M. um die L. vor dem P. des nächsten P.-B., 1 P.-B., 7 St. um den L.-B., 1 P.-B., 1 f. M. vom ×× fortgesetzt bis zum Schluß der Reihe wdh. Zuletzt Faden abschneiden und vernähen.

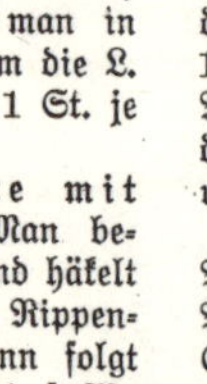

29c. Kleine Rosette zum Babyjäckchen Abb. 29

Abb. 27. Ausführung eines Blattzweiges. Für einen fünfteiligen Blattzweig beginnt man an dem mittleren Stiel mit 30 f. M. um 1 Elgf., w., zurückgehend im Rippenstich ohne Elgf. (dieser bleibt lose hängen) 1 f. M. auf die vorletzte f. M., 1 h. St. auf die nächste M., 6 St. auf die folgenden M., 1 h. St., 1 f. M., dann auf derselben Reihe zurückhäkelnd, im Rippenstich f. M. auf die M., w. und um den Elgf. weitergehend im Rippenstich f. M. auf die f. M. des Blättchens, zuletzt 1 f. M. auf die 1. f. M. des Blattansatzes zurück, dann um den Elgf. weitergehend 26 f. M., w., 1 f. M. auf die letzte f. M., 5 mal je 1 L., 1 St. auf die 2. folgende M., dann 1 L., 1 f. M. auf die 2. folgende M., w., je 1 f. M. um die L., auf die St. und f. M., w. Nun häkelt man um den Elgf. im Rippenstich f. M. auf die f. M. der Reihe, zuletzt 1 f. M. auf die untere f. M. am Blattansatz, weitergehend um den Elgf. 17 f. M., w., dann im Rippenstich 1 f. M. auf die

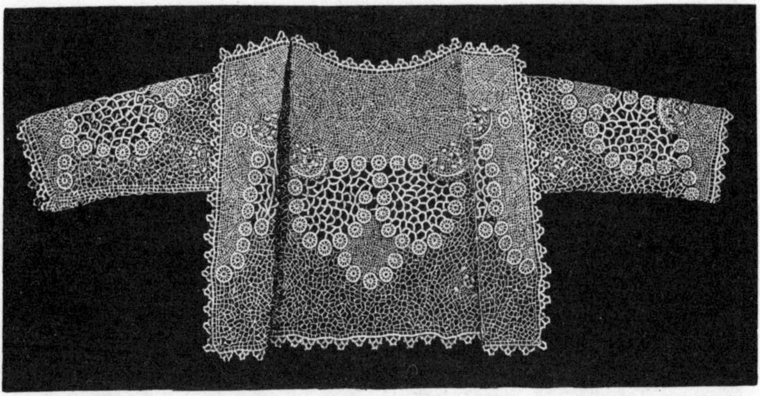

29. Babyjäckchen in Häkelgipüre. Hierzu Häubchen Abb. 30 und Schuhe Abb. 31 Arbeitsproben Abb. 29a bis c. Aus der Zeitschrift „Das Blatt der Hausfrau". Musternummer 2452. Näheres Seite 15. Modell aus dem Verein zur Hebung der Spitzenindustrie in Österreich, Wien

letzte M. zurück, 1 h. St. auf die nächste M., 6 St., 1 h. St., 1 f. M., w.; zurückgehend im Rippenstich f. M. auf die einzelnen M. der Anschlagreihe. Nun weitergehend um den Elgf. 14 f. M., w., ohne Elgf. 1 f. M. auf die vorletzte M. zurück, 1 L., 1 h. St. auf die 2. folgende f. M., 4 mal je 1 L., 1 St. auf die 2. folgende f. M., 1 L., 1 h. St. auf die 2. folgende f. M., w. Dann je 1 f. M. auf die St. und um die L. bis zur Blattspitze, w. und um den Elgf. im Rippenstich f. M. auf die letzte Reihe häkeln, zuletzt 1 f. M. auf die untere f. M. am Blattansatz, weitergehend in Rippenstich 7 f. M. auf die Anschlagreihe, dann 1 f. M. auf die M. am Blattansatz, 6 f. M. in Rippenstich auf die Anschlagreihe. Hierauf häkelt man um den Elgf. 12 f. M., w. und wdh. die Ausführung des ersten gegenüberstehenden dichten Blättchens. Nach vollendetem Blättchen folgen in Rippenstich f. M. auf die M. der Anschlagreihe, worauf man die Fadenenden unsichtbar in der Häkelarbeit vernäht.

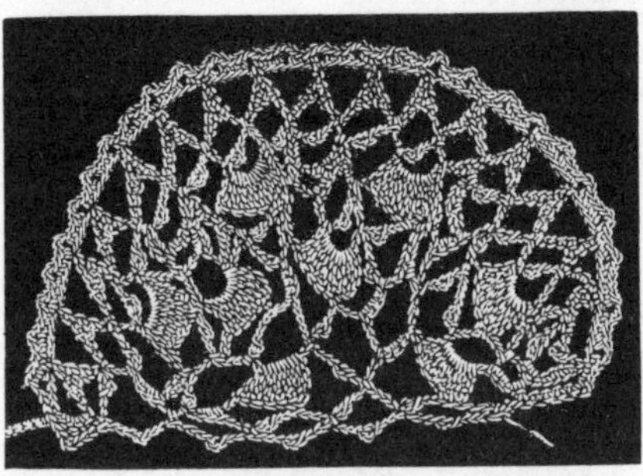

29a. Halbrosette (vergrößert). Häkelgipüre zum Babyjäckchen Abb. 29

29b. Bogenspitze zum Babyjäckchen Abb. 29

Abb. 29 u. 30. *Babyjäckchen und Häubchen in Häkelgipüre.* Arbeitsproben Abb. 29a bis c. Material: Weißes Häkelgarn DMC Nr. 70 u. 120. Man häkelt in der bekannten Weise nach der zugrunde liegenden Zeichnung, die man auf hellfarbigen Kattun oder Pausleinen überträgt. Die kleinen Rosetten, der großlöcherige

Gipüregrund, der Gipüregrund mit P.-Verzierung und die Randspitze werden mit stärkerem Faden gehäkelt. Der feine Faden bildet die im Grund eingeschobenen Halbrosetten, Sternrosetten und den feinen Gipüregrund. — Ausführung einer kleinen Musterrosette Abb. 29c. Man beginnt von der Mitte ausgehend. 6 L. durch 1 K. in die 1. L. zum Rg. schließen. — 1. Rundreihe: 12 f. M. um den L.-Rg., durch 1 K. in die 1. f. M. die Reihe schließen. — 2. Rundreihe: Am Anfang 4 L., 1 St. auf die nächste untere f. M., dann 11mal je 1 L., 1 St. auf die untere f. M., zuletzt 1 L., 1 K. in die 3. L. am Anfang. — 3. Rundreihe: Um die einzelnen L. je 1 f. M., 3 L., 1 f. M., zuletzt den Faden abschneiden. — Ausführung einer Halbrosette Abb. 29a. 88 L. Anschlag. 1. Reihe: 1 L., 1 P. (3 L., 1 K. in die 1. L. zurück), 3 L., 1 P., 1 L., 1 f. M. auf die 3. L. des Anschlages zurück (von der letzten Anschlagm. zählend), * 1 L., 1 P., 3. L., 1 P., 1 L., 1 P., 1 L., 1 f. M. ×× auf die 4. folgende L., 14 mal vom * bis ×× wdh. und die f. M. auf die 3. folgende L. häkeln, zweimal 1 P.-B. und je die f. M. auf die 4. folgende L. arbeiten, w. — 2. Reihe: 3 f. M. um die L. des P.-B., 3 L., 1 P., 2 L., 1 f. M. um die L. zwischen den P. des nächsten B., 16 mal je 2 L., 1 P., 2 L., 1 f. M. um die L. zwischen den P. der folgenden B., w. — 3. Reihe: 3 f. M. um die L. des ersten B., 2 L., 1 P., 1 L., 1 f. M. um die L. des 1. B., 2 L., 1 P., 1 L., 1 f. M. um die L. nach dem P. des nächsten Bogens, * 5 L., 1 f. M. nach dem P. des folgenden B., w., 6 f. M. um den L.-B. zurück, w., 4 L., 1 St. auf die 2. f. M., viermal je 1 L., 1 St. auf die nächste f. M., ×× weitergehend, 2 L., 1 P., 1 L., 1 f. M. um die L. nach dem P. des folgenden B., 2 L., 1 P., 3 L., 1 f. M. um die L. nach dem P. des nächsten B., w., 3 f. M. um die L. zurück, w., 5 L., 1 f. M. um die L. nach dem P. des nächsten B., zweimal vom * wdh., dann vom * bis ×× einmal die Musterfigur wdh., weitergehend 2 L., 1 P., 3 L., 1 f. M. um die L. nach dem P. des nächsten B., w. — 4. Reihe: 3 f. M. um die L. vor dem P., 2 L., 1 P., 1 L., 1 f. M. um die L. nach dem P., 3 L., 1 P., 2 L., 1 f. M. um die L. zwischen die 4. und 5. St., × 3 L., 1 f. M. um den nächsten L.-B., 5 L., 1 f. M. um die L. nach dem P., w., 3 f. M. um die L. zurück, 2 L., 1 P., 1 L., 1 f. M. um die L. nach dem P., 2 L., 1 P., 2 L., 1 f. M. um die L. zwischen die 4. und 5. St., zweimal vom × wdh., dann zweimal je 3 L., 1 f. M. nach dem P. des nächsten B., w. — 5. Reihe: 3 f. M. um die L. zurück, 5 L., 1 f. M. um die L. vor dem P. des nächsten B., w., × 6 f. M. um die L. zurück, w., 4 L., 1 St. auf die 2. f. M., viermal je 1 L., 1 St. auf die nächste f. M., ×× 3 L., 1 f. M. um die L. nach dem P. des nächsten B., 3 L., 1 f. M. um den folgenden L.-B., w., 3 f. M. um die L. zurück, 2 L., 1 P., 2 L., 1 f. M. um die L. nach dem P. des nächsten B., 5 L., 1 f. M. um die L. nach dem P. des folgenden B., w., vom × bis ×× einmal wdh., dann 3 L., 1 f. M. um den L.-B., 3 L., 1 P., 2 L., 1 f. M. um die L. nach dem P. des folgenden B., 3 L., 1 f. M. nach dem P. des nächsten B., 5 L., 1 f. M. um die L. des nächsten B., vom × bis ×× einmal wdh., 3 L., 1 f. M. nach dem P. des folgenden B., w. — 6. Reihe: 3 L., 1 P., 3 L., 1 f. M. um die L. zwischen die 4. und 5. St., 5 L., 1 f. M. um die L. nach dem P. des nächsten B., w., 3 f. M. um die L. zurück, w., 3 L., 1 P., 2 L., 1 f. M. um die L. zwischen die 4. und 5. St., 5 L., 1 f. M. um die L. nach dem P. des nächsten B., w., 3 f. M. um die L. zurück, w., 1 f. M. um den nächsten L.-B., w. — 7. Reihe: 3 f. M. um den L.-B. zurück, 3 L., 1 P., 3 L., 1 f. M. um die L. nach dem P. des nächsten B., 5 L., 1 f. M. um die L. nach dem P. des folgenden B., w., 6 f. M. um die L. zurück, w., 4 L., 1 St. auf die 2. f. M., viermal je 1 L., 1 St. auf die nächsten f. M., 5 L., 1 f. M. um die L. nach dem P. des nächsten B., w. — 8. Reihe: 3 f. M. um die L. zurück, 3 L., 1 P., 2 L., 1 f. M. um die L. zwischen die 4. und 5. St., 3 L., 1 P., 2 L., 1 f. M. um die L. nach dem P. des nächsten B., 3 L., 1 P., 3 L., 1 f. M. um die L. zwischen die 4. und 5. St., 5 L., 1 f. M. auf die letzte f. M. der unteren Reihe, dann die L. des Anschlages folgendermaßen behäkeln: × 3 f. M., 3 L., 3 f. M. auf die folgenden L. usf. vom × wdh., zuletzt häkelt man auf die Musterreihe L.-B. mit Pikotverzierung, gebildet aus je 2 L., 1 P., 2 L., 1 f. M. um die einzelnen L.-B. — Ausführung einer großen Sternrosette. Man beginnt von der Mitte ausgehend. 4 L. werden durch 1 K. in die 1. L. zum Rg. geschlossen. 1. Reihe: 7 L., 1 St.

in den Rg., dann zweimal je 4 L., 1 St. in den Rg., zuletzt 4 L., 1 K. in die 3. L. am Anfang. — 2. Reihe: am Anfang 4 L., × 5 St., 3 L., 5 St. um den L.-B., 1 L., dann dreimal vom × wdh., durch 1 K. in die 4. L. am Anfang die Reihe schließen. — 3. Reihe: 1 f. M. auf die 1. St., 5 L., * 1 f. M. um den L.-B. zwischen der Stäbchenmaschengruppe, 3 L., 1 f. M. um denselben L.-B., 5 L., 1 f. M. um die L. zwischen den St., 5 L., vom * zweimal wdh., dann 1 f. M. um den L.-B., 3 L., 1 f. M. um denselben L.-B., 5 L., 1 f. M. um die L. zwischen den St. — 4. Reihe: zweimal je 5 L., 1 f. M. um den nächsten L.-B., 3 L., 1 f. M. um denselben L.-B., × dreimal je 5 L., 1 f. M. um den nächsten L.-B., 3 L., 1 f. M. um denselben B., vom × zweimal wdh. — 5. Reihe: je 4 L.-B., getrennt durch 1 f. M. um die nächsten L.-B., 3 L., 1 f. M. um denselben B. — 6. Reihe: L.-B. (gebildet aus 5 L.), getrennt durch f. M. um die einzelnen L.-B. — 7. Reihe: gebildet aus abwechselnd 4 L.-B., getrennt durch f. M. um die L.-B., 3 L., 7 St. um den folgenden L.-B. — 8. Reihe: L.-B., gebildet aus 5 L., 1 f. M. um die L.-B. und 1 f. M. auf die mittlere St. der Stäbchenmaschengruppe. Die aufgehefteten Figuren werden durch dicht und lose gehäkelten Gipüregrund in den oben angegebenen verschiedenen Fadenstärken verbunden. Für den großlöcherigen Grund häkelt man Luftmaschenbogen, getrennt durch f. M. und St., dann umhäkelt man durch f. M. die L.- und Verbindungsstäbchen, siehe die Ausführung Abb. 28. Die Teile verbinden f. M. Um die Rundung des Häubchens zu erzielen, engt man den Rand ein. Eine Lochreihe und die Pikotspitze, Abb. 29b, bilden den Randabschluß.

Ausführung der Randspitze Abb. 29b. Man häkelt die Spitze mit starkem Garn. Eine Lochreihe bildet den Fuß der Spitze. Hierfür häkelt man auf einen L.-Anschlag St. auf jede drittfolgende L., je getrennt durch 2 L. Dann folgt eine Reihe f. M., wobei man je 3 f. M. um die L. häkelt. Nun häkelt man eine L.-Bogenreihe, gebildet aus je 5 L., 1 f. M. auf jede 6. folgende L. Um die L.-B. häkelt man wie folgt: * 3 f. M. um den 1. L.-B., 1 P., 3 f. M. um denselben L.-B., 3 f. M. um den nächsten L.-B., w., 5 L., 1 K. auf die 3. f. M. des fertigen Bogens zurück (d. i. die f. M. vor dem P.), w., um den L.-B. zweimal je 3 f. M., 1 P., dann 3 f. M., im Anschluß 1 P., 3 f. M. um den halben unteren L.-B. Dann um den nächsten L.-B. vom * wdh.

31. Babyschuhe in Häkelgipüre. Arbeitsprobe Abb. 31a. Material: Häkelgarn Nr. 120 und Elgf. Die Schuhe werden nach dem Schnitt und der Mustervorzeichnung in 2 Teilen gehäkelt: der Sohle und dem Schuhteil. Für die Sohle häkelt man in kurzen Querreihen Lochreihen, gebildet aus je 3 L., 1 St., wobei die St. die L. der letzten Reihe umfassen, je 7 L. führen von einer Reihe zur anderen. Im folgenden eine kurze Erklärung für die Ausführung der Musterfiguren des Schuhteiles. Ausführung des Blütenzweiges Abb. 31a. Dreiblattfigur: × 9 L. Anschlag. Auf diesen häkelt man zurückgehend und um einen Elgf. 4 St., 2 h. St., 2 f. M., 1 K., w., ×× im Anschluß von × bis ×× 2 mal wdh. Nach dem 3. Blättchen häkelt man um den Elgf. eine Reihe f. M. im Rippenstich auf die Randm. der Blättchen, wobei man in den Blattiefen die letzte f. M. auf die 1. gegenüberliegende Randm. des zuletzt gearbeiteten Blättchens häkelt. Im Anschluß folgt der verzweigte Stiel, den man um einen Elgf. in 2 Reihen f. M. im Rippenstich arbeitet. Ausführung eines sechsblätterigen Röschens: Man beginnt mit einer Ringmusche, siehe Abb. 23, 23a—b, die man auf 19 L. Anschlag und um einen dreifachen losen Fadenring häkelt. Nach dem Schließen der Msch. häkelt man um den Rand 6 mal je 5 L., 1 f. M. auf jede drittfolgende f. M. Dann arbeitet man um die einzelnen L.-B. 1 f. M., 1 St., 3 zf. St., 1 St., 1 f. M., Faden abschneiden und vernähen. Ausführung des großen mittleren Reliefröschens: 7 L. durch 1 K. in die 1. L. zum Rg. schließen. 1. Reihe: 9 mal je 3 L., 1 f. M. um den Rg., dann 1 K. auf die 1. f. M. des Rg. — 2. Reihe: 5 L., 1 St. hinter der nächsten f. M. um den L.-Rg., wobei man von hinten nach vorn zwischen der f. M. den L.-Rg. umfaßt, 7 mal je 3 L., 1 f. M. hinter der nächsten f. M. um den L.-Rg., zuletzt 3 L. und durch 1 K. in die 3. L. am Anfang die Reihe schließen. Bei den 5 folgenden Blattringen häkelt man für die L.-B. der 2. Reihe je 5 L., 1 f. M. auf St. hinter der fertigen Blattreihe. Dann umhäkelt man die L.-B. durch je 1 f. M., 2 St., 1 zf. St., 1 f. M. —

3. Reihe: Je 7 L., 1 f. M. auf die f. M. hinter der Blattreihe, um die L.-B. je 1 f. M., 1 h. St., 2 St., 1 zf. St., 2 St., 1 h. St., 1 f M. — 4. u. 5. Reihe: Je 7 L., 1 f. M. auf die f. M. hinter der Blattreihe, um die L.-B. der 4. Reihe: 1 f. M., 2 h. St., 2 St., 2 zf. St., 2 St., 2 h. St., 1 f. M. und um die L.-B. der 5. Reihe: 1 f. M., 2 h. St., 2 St., 3 zf. St., 2 St., 2 h. St., 1 f. M. — Ausführung der durchbrochenen Dreiblattfigur. 10 f. M. um einen Elgf., w., 3 L., 1 St. auf die 2. folgende f. M., dreimal je 1 L., 1 St. auf die 2. folgende St., dann 1 L., 1 K. auf die letzte f. M., w., zurückgehend je 2 f. M. um die L., zuletzt 3 f. M. um das letzte Loch, w., zurückgehend im Rippenstich f. M. auf die M., w. Im Anschluß häkelt man für das mittlere Blättchen um den Elgf. 12 f. M., w., zurückgehend im Rippenstich f. M. auf die M., w., zurückgehend f. M. auf die doppelten Maschenglieder, w., zurückgehend im Rippenstich f. M. auf die M., zuletzt 1 K. in die f. M. der Anschlagreihe, w. und das 3. Blättchen gleich dem 1. häkeln, wobei man die letzte Reihe f. M. um den Elgf. ausführt. Im Anschluß häkelt man den Blattstiel, gebildet aus 2 Reihen f. M. im Rippenstich. Die fertigen Figuren werden dem Kattunmuster aufgeheftet. Dann deckt man die Randlinie durch ein sicher aufgenähtes Luftmaschenschnürchen und führt den feinmaschigen Gipüregrund aus, siehe nachstehende Erklärung. Den oberen Rand und die kurzen Ränder des Schuhteiles begrenzt eine Reihe f. M., die man um einen doppelten Elgf. häkelt. Dann näht man die kurzen Ränder zusammen und behäkelt den oberen Schuhrand durch eine Pikotspitze wie folgt: * 11 f. M., w., 11 L., an die 6. f. M. zurück anschürzen, w., um den L.-B., 5 f. M., 3 L., 5 f. M., 3 L., 5 f. M., dann vom * wdh. Die Klappe zieren in der Mitte nur 5 Bogenzäckchen. Nach Vollendung der Zackenreihe behäkelt man den Rand der Sohle und den unteren Rand des Schuhteiles durch eine Lochreihe, gebildet aus 1 L., 1 St. um die L. der Randreihe, man häkelt etwa in jedes Randloch 2 St. Zuletzt näht man den Rand der Sohle mit dem Schuhrand durch unsichtbare überwendliche Stiche zusammen.

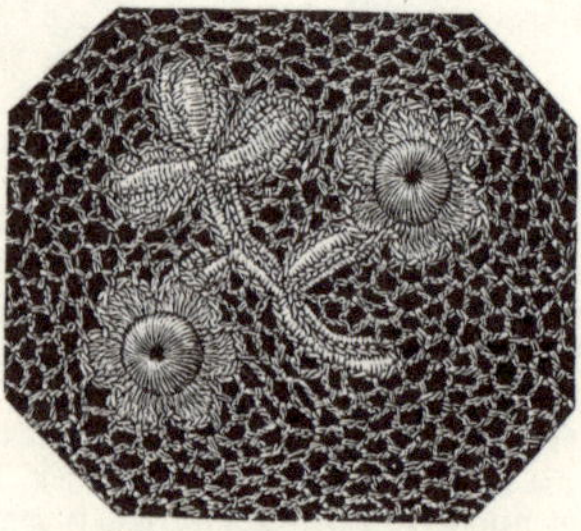

31a. Blütenzweig in Häkelgipüre (natürliche Größe) zu den Babyschuhen Abb. 31

Das Häkeln des Gipüregrundes

Durch einen richtig gewählten Gipüregrund erhält das Muster erst seinen künstlerischen Wert. Infolgedessen sind vor Beginn einer größeren Arbeit Musterproben auszuführen, wonach sich die Wirkung der fertigen Arbeit beurteilen läßt. Es empfiehlt sich für Anfänger, den gehäkelten Grund ebenso zu üben wie die Herstellung der Figuren. In der Regel arbeitet man den Grund mit feinerem Faden als die Figuren gehäkelt sind. Jedoch kann auch in besonderen Fällen, wenn es das Muster verlangt, stärkerer Faden verarbeitet werden. Reizvoll wirkt die Abwechslung von feinem und stärkerem Faden in einem Muster, wobei man partienweise bestimmte Flächen mit feinem Faden für feinmaschigen Grund und die anderen Flächen mit stärkerem Faden für weitmaschigen Grund häkelt; als bestes Beispiel gelten die beiden Vorlagen Abb. 1 u. 2. Nach Belieben häkelt man den Grund aus glatten oder mit Pikots verzierten L.-St., die St. oder f. M. trennen, oder man häkelt L.-St., die durch anschließende f. M. verdeckt werden, wodurch sich der Grund verstärkt. Es gibt keine Regeln für die Arbeitsart des Grundes. Nach eigenem Empfinden werden in willkürlicher Richtung die L.-St. aneinander gehäkelt, wobei man beachtet, daß die Konturen der Figuren sauber bleiben. Die angeschürzten Stäbchen dürfen nur die Randmaschen erfassen und nie tiefer in die Form eindringen. Vor dem Arbeiten des Grundes heftet man die fertigen Figuren auf die betreffenden Musterflächen des Kattunmusters, wie bei den Bändchen für die irische Spitzenarbeit. Es ist vorteilhaft, zum Aufheften der Figuren feines Nähgarn zu verwenden, statt Heftbaumwolle, weil sich

31. Babyschuhe in Häkelgipüre. Arbeitsprobe Abb. 31a. Modelle aus dem Verein zur Hebung der Spitzen-industrie in Österreich Wien. Aus der Zeitschrift „Die Dame". Musternummer 19949. Näheres Seite 15

diese viel schwerer beim Ablösen der Spitze entfernen läßt als die Garnfäden. Ebenso wird das Arbeiten des Gipüregrundes wesentlich erleichtert, wenn man vorher die Konturen der Musterfiguren durch eine glatte L.-Bogenreihe behäkelt und am Außenrand des Musters ein glattes Luftmaschenschnürchen oder ein Lochbörtchen aufnäht. Dadurch werden auch saubere Konturen erzielt. Um die Herstellung des Gipüregrundes in seinen verschiedenen Arten verständlich zu machen, zeigen wir an dem Musterteil Abb. 28 die Ausführung von dichtem feinen Gipüregrund mit L.-Stäbchen, eines weitmaschigen Grundes mit L.-Stäbchen und Pikotverzierung (P., gebildet aus 4 L., 1 K. in die 1. L. zurück) und eines großlöcherigen Grundes mit umhäkelten L.-Stäbchen durch f. M. Hierfür häkelt man verzweigte Stäbchen, getrennt durch L., nach einer bestimmten Regel. Man beginnt einen Stäbchengang als Hauptlinie, von der ausgehend die Verzweigungen gearbeitet werden. Für jede Verzweigung wird das L.-Stäbchen oder die St. sofort bis zur Hauptlinie zurückgehend durch f. M. umhäkelt. Dagegen hat man die Hauptlinie nach vollendeten Verzweigungen zu umhäkeln. Zuerst wird das Häkeln des Grundes sehr mühsam, jedoch finden sich bald praktische Vorteile, die das Arbeiten wesentlich erleichtern. Die fertige Arbeit wird von der Unterlage gelöst. Dann bügelt man die Spitze auf der Rückseite, siehe „Die Klöppelarbeit", Seite 219.

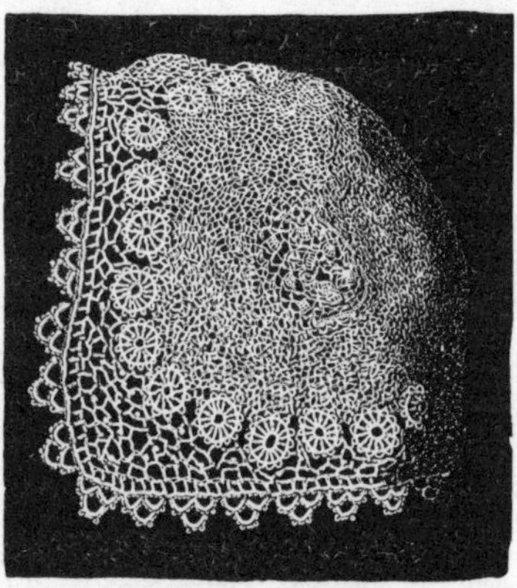

30. Babyhäubchen in Häkelgipüre
Passend zum Jäckchen Abb. 29. Aus der Zeitschrift „Das Blatt der Hausfrau". Musternummer 2507. Näheres Seite 15

Das Stricken

Im Elementarunterricht für Kinder wird das Stricken nach dem Häkeln gelehrt, weil das Bilden der Strickmasche und die Handhabung des Werkzeuges den Kindern größere Schwierigkeiten bereiten als das Erlernen des Häkelns. Beim Stricken entstehen Schlingen oder Maschen, die in der fortgesetzten Arbeit unmittelbar ineinandergreifen, wodurch eine dehnbare Arbeit entsteht, die sich jeder Form anschmiegt. Die Technik des Strickens ist uralt, und man nimmt an, daß sie sich aus der altägyptischen Flechtarbeit entwickelt hat. Durch die Einführung der Strickmaschine wurde die Handstrickerei allmählich zurückgedrängt, und es lohnen sich jetzt nicht mehr Zeit und Mühe bei der Herstellung von Strümpfen und anderen leichten Bekleidungsgegenstände in Handstrickerei. Jedoch ist es geboten, die nützliche Technik zu erlernen und zu üben, denn durch die Selbstherstellung von warmen Bekleidungsgegenständen für den Winter und das Anstricken von Strümpfen läßt sich viel ersparen. Dazu kommt noch der Vorzug, daß Handstrickerei dauerhafter ist als Maschinenstrickerei. Dabei vertreten wir den Standpunkt, daß in Strickarbeit nur solche Gegenstände ausgeführt werden sollen, die sich am besten für die Technik eignen und nicht den Schönheitssinn verletzen, z. B. wäre es geschmacklos, Bettdecken oder Kissenbezüge zu stricken, die in Näharbeit schneller, schöner und zweckmäßiger herzustellen sind.

Als Strickmaterial eignet sich am besten leicht gedrehter Faden aus Baumwolle, Zwirn, Seide und Wolle.

Das Werkzeug bilden Stricknadeln, die aus Stahl, Holz oder Knochen hergestellt sind. Die Stärke der Nadeln richtet sich nach dem Arbeitsfaden, und die Nadeln müssen etwa doppelt so stark sein wie der Strickfaden. Jedoch läßt sich eine bestimmte Regel nicht feststellen, weil noch die persönliche Arbeitsweise, fest oder lose, für die Stärke der Nadeln den Ausschlag gibt; z. B. braucht man beim festen Arbeiten stärkere Nadeln als beim losen Stricken. Immerhin kann unsere Angabe als Grundregel dienen. Später machen Erfahrung und Übung diese Regel überflüssig. Anfängerinnen sei noch gesagt, daß der Faden nicht zu fest als Knäuel zu wickeln ist; bei zu festem Wickeln dehnt sich der Faden in die Länge, verliert seine ursprüngliche Dreh- und Haltbarkeit. Von vornherein ist beim Stricken auf richtige gerade Körperhaltung zu achten. Die Hände dürfen nicht an den Körper angepreßt werden, sondern man strickt mit leicht abstehenden Armen. Dabei vermeidet man das unruhige Bewegen der Arme beim Arbeiten, weil sich dadurch rasch Ermüdung und Rückenschmerzen einstellen. Das Fadenknäuel soll nicht unter den Arm oder in die Kleidertasche gesteckt werden, da sich dadurch der Körper an eine schiefe Haltung gewöhnt, die bei Kindern sogar Verkrümmungen des Rückgrates herbeiführen kann. Am besten ist es, die Kinder das Knäuel in einer Arbeitstasche aufbewahren zu lassen, die um die Taille befestigt ist. Dadurch wird es möglich, beide Unterarme in symmetrischer Lage zu halten. Gleichzeitig achte man auf gleichmäßige gerade Haltung der Beine; die Füße müssen auf dem Boden stehen, da sich bei übergeschlagenen Beinen eine gerade Haltung nicht erzielen läßt. Auch auf Schonung der Augen muß Rücksicht genommen werden. Man läßt Kinder die ersten Übungsarbeiten mit gröberem Faden in gedämpften Farben, z. B. Blau, Grau oder Naturfarbe ausführen. Das blendende Weiß und das dunkle Schwarz eignen sich nicht für Anfangsarbeiten. Immer soll die Arbeit in dem für die Augen erforderlichen richtigen Abstand gehalten werden, und die Augen müssen gerade auf die Arbeit blicken. Das hat eine gerade natürliche Haltung des Kopfes zur Folge. Die Vorlagen müssen sich in bequemer Sehnähe befinden. Außer diesen Vorsichtsmaßregeln ist Reinlichkeit beim Arbeiten geboten, weil eine unsaubere Arbeit nicht nur den fertigen Gegenstand entwertet, sondern auch gesundheitsschädlich wirken kann. Schmutz und Staub nehmen leicht Bakterien auf, die übertragen werden können. Man unterscheidet zwei Arten der Strick-

Erklärung der Abkürzungen und Wiederholungszeichen für die gewöhnliche Strickarbeit

M. = Masche.
r. = rechts oder glatt gestrickte Masche.
l. = links, kraus oder verkehrt gestrickte M.
r. vschrkt. = rechts verschränkt gestrickte M.
l. vschrkt. = links verschränkt gestrickte M.
abn. = abnehmen, d. i. 2 M. r. zusammenstricken.
l. abn., d. i. 2 M. l. zusammenstricken.
3 M. abn. = 3 M. r. abnehmen, d. i. 3 M. r. zusammenstricken.
3 M. l. abn. = 3 M. l. zusammenstricken.
abh. = abheben.

Zu Beginn oder am Ende einer Reihe wird zur Bildung eines gleichmäßigen Maschenrandes eine M. abgehoben. Geschieht das Abh. am Anfang der Reihe, so schiebt man den Faden etwas hinter der Nadel zurück, sticht von vorn quer durch die M., vor dem Faden heraus, und hebt die M. von der Nadel. Hierbei legt sich der Faden von selbst nach hinten. Am Schluß einer Reihe muß der Arbeitsfaden vor die Nadel gelegt werden, worauf man die letzte M. quer von vorn durchsticht. Beim Beginn der neuen Reihe wird dann der quer hinter der M. liegende Faden aus der M. als Schlinge hervorgeholt.

2 M. durch Übz. abn. = 2 M. durch Überziehen abnehmen resp. zusammenstricken.

Man hebt eine M. ab, indem man diese quer von vorn durchsticht, strickt dann eine r. und zieht zuletzt die abgehobene M. über die abgestrickte M. Hierfür wird mit der Linksnadel die abgehobene M. von links nach rechts durchstechend aufgenommen und die Rechtsnadel mit der letzten M. durchgezogen.

3 M. durch Übz. abn. = man hebt eine M. ab, strickt 2 M. r. zusammen und zieht die abgehobene über die abgestrickte M., daß schließlich nur 1 M. übrigbleibt.
r. vschrkt. abn. = 2 M. r. verschränkt zusammenstricken.
l. vschrkt. abn. = 2 M. l. verschränkt zusammenstricken.
abk. = abketten.

Man hebt die Anfangsmasche wie gewöhnlich ab, strickt eine Rechtsmasche, und zieht dann die 1. M. über die 2. M.

aufn. = für aufnehmen, d. i. 2 M. aus 1 M. stricken, siehe die Erklärung zu Abb. 8 u. 8a Seite 78.
U. = Rechtsumschlag.
w. = Arbeit gewendet.
wdh. = wiederholen.

Wiederholungszeichen. Diese Zeichen kommen bei Grundmustern vor, von denen wir stets nur einen Mustersatz beschreiben. Da aber in den Anfangsmaschen häufig Abweichungen eintreten, so bestimmen die Zeichen *, ×, +, o u. dgl. die Stelle, wo die Fortsetzung des Musters wieder einsetzt, resp. schließt. Die Interpunktionen sind in der Strickarbeit genau zu beachten, weil jedes Trennungszeichen für die Ausführung des Musters wichtig ist.

arbeit: 1. die gewöhnliche Strickarbeit in glatter oder gemusterter dichter Herstellung und 2. die durchbrochene Strickarbeit oder die Strickspitze. Für die gewöhnliche Strickarbeit wählt man am besten leicht gedrehtes, schmiegsames Material, dagegen erfordert die durchbrochene Strickarbeit fester gedrehte Fadensorten, wodurch die Muster klarer wirken.

Da in den verschiedenen Ländern die Handstellung voneinander abweicht, schalten wir die Erklärung der Handstellung in unserem Lehrkursus aus und zeigen nur

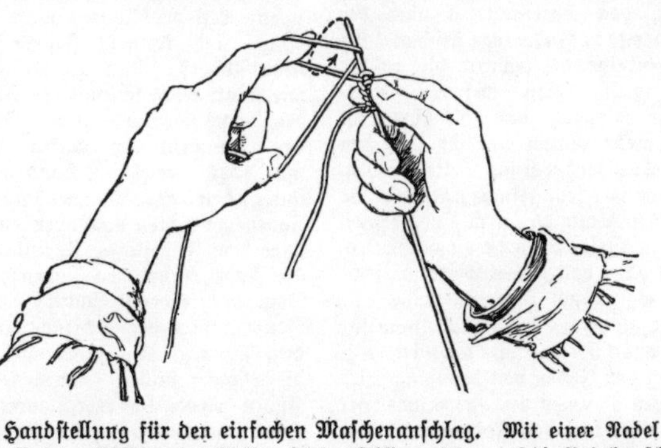

1. Die Handstellung für den einfachen Maschenanschlag. Mit einer Nadel hergestellt. Nach der Richtung des Pfeils wird der Schlingenfaden auf die Nadel geschürzt

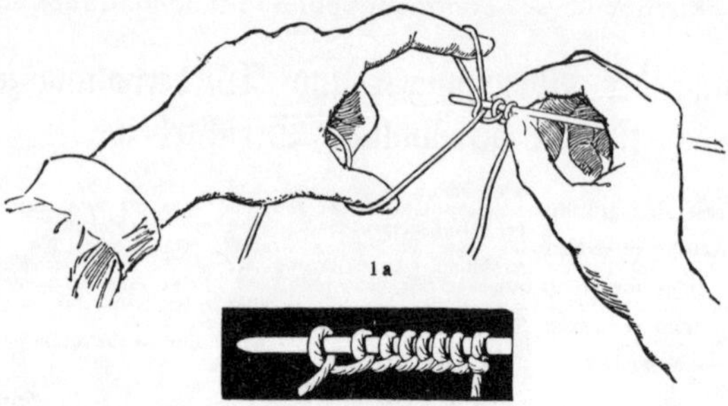

1a

1b

1a. Zweite Handstellung für den einfachen Maschenanschlag Abb. 1
1b. Nadel mit aufgeschlagenen Maschen

die in Deutschland, Österreich, Italien und Frankreich gebräuchliche Stellung der Hände für den Maschenanschlag, der für beide Stricharten in Betracht kommt. Von den vielen Arten des Maschenanschlages erklären wir drei, die am gebräuchlichsten und zweckmäßigsten sind. Den Anfang jeder Strickarbeit bildet das Anschlagen der für die Länge oder Weite der Arbeit erforderlichen Maschenanzahl. Durch den Anschlag entstehen Schlingen auf der in Verwendung kommenden Nadel, und jede dieser Schlingen ist die Grundlage für eine Masche. Die alte Methode, den Anschlag mit drei- und vierfachem Faden auszuführen, ist durchaus nicht so praktisch, wie man früher behauptete. Durch das Anschlagen mit mehreren Fäden sollte der Rand dauerhafter sein, das Gegenteil ist aber der Fall. Die dreifache Fadenlage beschwert die erste Maschenreihe, die dadurch viel rascher abgenutzt wird. Ein weiterer Nachteil entsteht dadurch, daß die dreifache Fadenlage mehr Raum braucht und den Rand ausdehnt, wodurch sich Falten bilden. Arbeitet man mit sehr feinem Material, so genügt es, den Anschlag durch einen feinen Hilfsfaden in gleicher Farbe zu verstärken, dieser muß aber von festem Material sein; am besten eignet sich Kordonnetseide.

Abb. 1 u. 1a zeigen die Handstellung für den einfachen Maschenanschlag. Man schlingt den Faden von vorn nach rückwärts um den Daumen und Zeigefinger der linken Hand so, daß das Fadenende hinter dem Zeigefinger nach vorn zwischen Zeige- und Mittelfinger herabfällt. Dann führt man mit der rechten Hand die Nadel, in der Richtung des Pfeils, Abb. 1, zwischen den Fäden hindurch, nimmt den Faden des Zeigefingers auf die Nadel, wodurch sich die Fäden verschränken und zieht den Faden von dem Zeigefinger ab, damit sich die erste Schlinge auf die Nadel legt, siehe Abb. 1a. Nun schürzt man wieder den Faden um den Zeigefinger und wiederholt nach Abb. 1.

Für den Kreuzanschlag Abb. 2 legt man den Faden in beträchtlicher Länge doppelt zusammen. Zum Bilden der ersten Anschlagmaschen legt man den Faden auf den Daumen und Zeigefinger der linken Hand, so daß der zum Schürzen der Masche bestimmte Faden über den Daumen herab nach der inneren Handfläche fällt, der zweite Teil des Fadens wird von Mittel-, Ring- und kleinem Finger festgehalten, siehe Abb. 2. Nun beginnt der Anschlag wie folgt: Man schlingt ein Fadenende um den Zeigefinger, das zweite Fadenende um den Daumen der linken Hand, führt mit der rechten Hand die Nadel unter den am Daumenballen liegenden Faden von unten nach oben durch, faßt den über dem Zeigefinger liegenden Faden auf die Nadel, führt den Faden durch die am Daumen liegende Schlinge, entfernt den Daumen aus der Schlinge und zieht mit dem Daumen den Faden an, wodurch sich die Masche bildet. Dann legt man den Faden wieder um den Daumen der linken Hand und wiederholt die Ausführung vom Anfang, siehe Abb. 2.

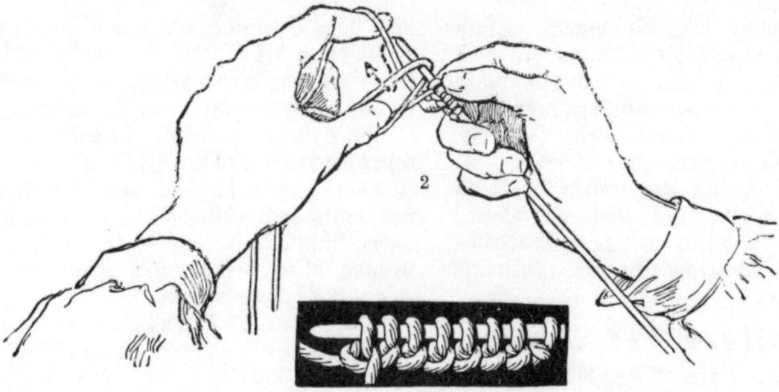

2a

2. Handstellung für den einfachen Maschenanschlag (Kreuzanschlag)
Mit einer Nadel hergestellt
2a. Nadel mit aufgeschlagenen Maschen in Kreuzanschlag

Das Aufstricken

Zu diesem Anschlag, Abb. 3 und 3a, braucht man 2 Nadeln. Man macht mit einer Nadel eine Luftmasche und läßt diese auf der Nadel. Nun nimmt man die 2. Nadel in die rechte Hand, und strickt, in die 1. Masche stechend, eine Masche, deren Schlinge man, ehe man sie zuschürzt, auf die Nadel der linken Hand hebt, siehe Abb. 3. Die Haltung der Finger bleibt bei allen Anschlagarten gleich, mit Ausnahme des Häkelanschlages, den Abb. 10 auf Seite 79 erklärt.

Für den Häkelanschlag braucht man je eine Strick- und eine Häkelnadel Man beginnt mit einer gehäkelten Luftmasche, läßt die Schlinge auf der Häkelnadel, nimmt die Stricknadel in die linke Hand, * legt den Faden von vorn nach rückwärts um die Stricknadel, führt die Häkelnadel hinter der Stricknadel zu dem Faden, schürzt diesen, von links nach rechts, von hinten nach vorn um die Häkelnadel und zieht den Faden durch die Schlinge. Dann legt man den Faden nach vorn um die Stricknadel und wiederholt diesen Vorgang fortgesetzt vom *.

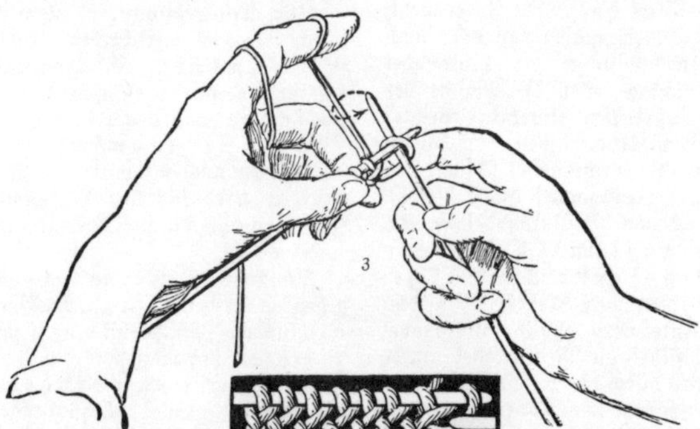

3a

3. Handstellung für den Maschenanschlag. Das Aufstricken. **Mit 2 Nadeln hergestellt**
3a. Nadel mit aufgestrickten Maschen

Vor Beginn der Maschenerklärungen verweisen wir auf die Abkürzungen und Zeichen, deren wir uns in den technischen Beschreibungen der gewöhnlichen ersten Art der Strickarbeit bedienen, siehe Seite 75. Für die zweite Art: „Die durchbrochene Strickarbeit", haben wir unsere besondere Typenschrift, nach der es jedem Laien möglich wird, die kompliziertesten Muster ohne Vorkenntnisse fast mechanisch nachzuarbeiten.

Das Bilden der Maschen

Streifen oder flache Gegenstände werden mit zwei oder drei Nadeln in hin- und zurückgehenden Reihen gestrickt, dagegen arbeitet man kreis- und zylinderförmige Gegenstände in der Runde mit vier, fünf oder mehreren Nadeln. Durch die verschiedenen Fadenverschlingungen entstehen die verschiedenen Maschenbildungen, von denen jede ihren besonderen Namen hat. Um von vornherein Irrtümern vorzubeugen, erklären wir, daß es uns nicht möglich ist, all die Namen der einzelnen Maschen aufzuführen, die in den verschiedenen Gegenden voneinander abweichen, wir beschränken uns vielmehr auf die fast allgemein bekannten Benennungen in Deutschland und Österreich. — Beim Abstricken der Maschen dürfen die Nadeln nicht zu lang und nicht zu kurz vorgeschoben werden, etwa 1 bis 1½ cm. Jede Masche wird mit zwei Nadeln gebildet.

Die Rechtsmasche oder glatt gestrickte Masche, Abb. 4, entsteht, indem man die Rechtsnadel von vorn nach rückwärts stechend unter der Linksnadel durch die Anschlag- oder die Masche der letzten Reihe führt, den hinter der Rechtsnadel liegenden Arbeitsfaden von hinten nach vorn um die Rechtsnadel schlägt, den Faden mit der Rechtsnadel durch die M. zieht und die M. von der Linksnadel abzieht.

Für die Linksmasche, kraus oder verkehrt gestrickte Masche, Abb. 5, legt man den Arbeitsfaden von rechts nach links vorn um die Linksnadel vor der M., führt die Rechtsnadel hinter dem Faden und durch die M. vor der Linksnadel durch, schlingt den Faden nach vorn um die Rechtsnadel, zieht den Faden mit der Rechtsnadel durch die M. und zieht die M. von der Linksnadel ab.

Die rechts verschränkt gestrickte oder englische Masche, Abb. 6, wird gebildet, indem man die Rechtsnadel durch die auf der Linksnadel befindliche M. hinter der Nadel einführt, dann den Faden gleich der Rechtsmasche abstrickt.

Für die links, kraus oder verkehrt, verschränkt gestrickte Masche, Abb. 7, legt man den Faden von vorn nach rückwärts um die Rechtsnadel, führt diese von hinten nach vorn stechend durch die M. und strickt die M. wie eine Linksmasche ab.

Abb. 8 u. 8a erklärt das Aufnehmen resp. Zunehmen einer Masche in der gebräuchlichen Art. Der Richtung des Pfeils folgend, hebt die Linksnadel den zwischen 2 M. liegenden losen Querfaden auf, und die Rechtsnadel strickt diese aufgehobene M. r. vschrkt. ab. Es gibt noch verschiedene Arten des Aufnehmens, die die gleiche Wirkung haben. Die einfachste Art ist, die M. der vorhergehenden Reihe aufzunehmen, r. abzustricken und dann erst die darüber liegende M. ebenfalls abzustricken. Bei einer anderen Art strickt man aus einer M. zwei, indem man die M. nach dem Abstricken nicht von der Nadel gleiten läßt, sondern aus dem hinteren Maschenglied noch eine verschränkte M. bildet.

Abb. 9 macht das Abnehmen durch 2 M. r. zusammenstricken verständlich, ebenso werden 2 M. l. zusammengestrickt.

Wie man im Laufe der Arbeit M. zuschlägt, erklärt Abb. 10. Die Anleitung für den Häkelanschlag ist auf Seite 77 gegeben.

Für Musterbildungen, namentlich zur durchbrochenen Strickarbeit, bedient man sich des Umschlages. Man unterscheidet den am meisten vorkommenden Rechtsumschlag und den Linksumschlag. Für den Rechtsumschlag legt man den Faden nach vorn um die Rechtsnadel, dagegen wird für den Linksumschlag der Faden von hinten nach vorn um die Rechtsnadel gelegt.

Um beim Stricken in hin- und zurückgehenden Reihen einen gleichmäßigen Randabschluß mit Maschenbildung, siehe Abb. 10, zu erzielen, hat man stets am Anfang jeder Reihe die erste M. abzuheben, siehe die Erklärung unter „Abkürzungen" — abheben, Seite 75. Strickt man alle M. gleichmäßig ab, so entsteht ein gezackter Randabschluß. Nach Vollendung der Arbeit werden die Maschen abgekettet, siehe die Erkl. unter „Abkürzungen" — abketten, Seite 75.

4. Rechtsmasche oder glatt gestrickte Masche (r.)

6. Rechts verschränkt gestrickte Masche od. engl. M. (r. vschrkt.)

8 u. 8 a. Aufnehmen einer Masche 8 r., 8 a r. vschrkt. abzustricken

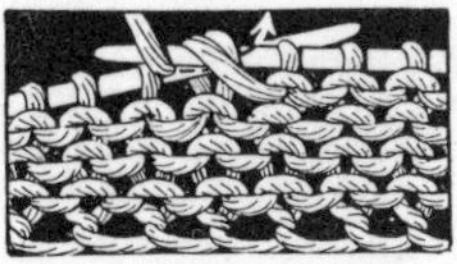

5. Linksmasche oder kraus gestrickte Masche (l.)

7. Links verschränkt gestrickte Masche (l. vschrkt.)

9. Zwei Maschen rechts zusammenstricken (r. zsmstr.)

10. Maschenanschlag mittels der Häkelnadel im Laufe der Arbeit. Gekettelter Randabschluß

11. Einfaches gleichseitiges Patentstricken für Schals, Wolljacken, Schlafdecken u. dgl.

12. Netz- oder Gitterpatentstrickerei (Rechtsseite). Siehe Rückseite Abb. 12a

14. Das Aufstricken der Maschen für die Vollendung des Randes mit Mäusezähnchen

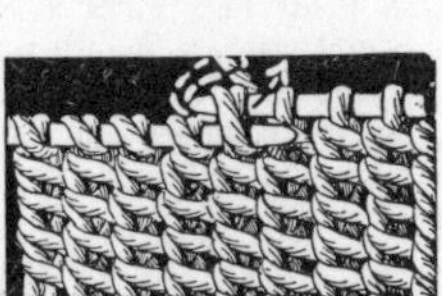

13. Der tunesische Strickstich mit schrägen Maschenreihen. Rechtsseite

12a. Rückseite des Netz- oder Gitterpatentstiches. Siehe Rechtsseite Abb. 12

14a. Das Lochstricken für den Rand mit Mäusezähnchen. Vollendung des Randes Abb. 14

Es ist eine Eigenart der Strickarbeit, daß die Rechtsmasche auf der Rückseite als Linksmasche und diese wieder als Rechtsmasche wirkt. Strickt man in hin- und zurückgehenden Reihen r., so entsteht eine gleichseitige Wirkung mit Linksmaschen, zwischen denen die Rechtsmaschen verschwinden. Das Stricken von Streifen in Rechtsmaschen, hin- und zurückgehend, hat den Vorteil, daß sich die Arbeit flach legt, dagegen hat das Stricken in einer Reihe r. und einer Reihe l. das Aufrollen der Arbeit zur Folge. Die Eintönigkeit der Arbeit wird aufgehoben, wenn man nach einer bestimmten Regel abwechselnd r. und l. strickt, wodurch sich die mannigfachsten Muster bilden, siehe Abb. 48—52, Seite 107. Will man eine weniger dehnbare Arbeit erzielen, so wählt man die r. verschränkte M. statt der Rechtsmasche.

Abb. 11 lehrt die Ausführung der gleichseitigen Patentstrickerei, die sowohl in Streifen in hin- und zurückgehenden Reihen als auch zylinderförmig in der Runde zu arbeiten ist. Man beginnt mit einem Maschenanschlag, der durch die Zahl 2 teilbar ist. Ausführung in Streifen. 1. Reihe: Die 1. M. abh., * den Faden als Rechtsumschlag vor die Rechtsnadel legen und die nächste M. abh., die folgende M. r. abstricken, vom * fortgesetzt wdh. — 2. Reihe und folgende Reihen: 1 M. abh., dann * die in der letzten Reihe abgestrickte M. mittels 1 U. abh., die nächste abgehobene M. und den U. r. zusammenstricken, vom * fortgesetzt wdh. — Ausführung in der Runde: Hierbei strickt man in einer Reihe die M. und den U., die zusammengestrickt werden sollen, r. und bei der nächsten Reihe l. zusammen.

Das Gitter- oder Netzpatentmuster, Abb. 12 u. 12 a, braucht wie das gleichseitige Patentmuster, Abb. 11, einen durch die Zahl 2 teilbaren Maschenanschlag und das Muster läßt sich am besten in Streifen arbeiten. Man beginnt stets die 1. Reihe auf der Arbeitsrückseite, wobei man die erste Reihe wie die 1. Reihe des gleichseitigen Patentmusters strickt. — 2. Reihe: * Die abgestrickte M. l. abstricken, den Faden vor die Rechtsnadel legen, den U abh., die M. l abstricken, vom * wdh. — 3. Reihe: * Die abgestrickte M. und den U. l. zusammenstricken (abn.), U., die nächste abgestrickte M. abh., vom * wdh. — 4. Reihe: * Den Faden vor die Rechtsnadel legen, den U. abh., die beiden nächsten M. l. abstricken, vom * wdh. — 5. Reihe: * 1 U., die abgestrickte M. abh., die nächste M. und den U. l. zusammenstricken (abn.), vom * wdh. — Nun von der 2. Reihe wdh.

Der tunesische Strickstich, Abb. 13, eignet sich zur Herstellung von Westen, Kragenschonern u. dgl. Durch die regelmäßige Einteilung in kleine Quadrate ergibt das Muster einen brauchbaren Stickgrund für Kreuzstich- und Flachstichstickerei. Die Anzahl der Anschlagmaschen muß durch 2 teilbar sein. 1. Reihe: * U., 1 M. abh., vom * wdh. — 2. Reihe: Je den U. und die M. r. vschrkt. abn. Dann von der 1. R. wdh.

Der tunesische Stich mit wagerechter Maschenstellung entsteht, wenn man in der 1. Reihe mit 1 M. abh. beginnt, dann 1 U., 1 M. abh. fortgesetzt wdh. — 2. Reihe: Je die M. und den U. r. vschrkt. abstricken. — 3. Reihe von der 1. Reihe wdh.

Die Hohlmasche wird gebildet, indem man den Faden als Rechtsumschlag vor die Rechtsnadel legt und die entstandene Schlingenmasche bei der nächsten Reihe als M. abstrickt. Für die Bildung der Hohlmasche gilt in den technischen Erklärungen die Bezeichnung „Umschlag", abgekürzt U. und man kann die Hohlmaschen nur in Verbindung mit den anderen Maschen arbeiten. Da durch die Hohlmasche ein Loch entsteht und sich auch die Anzahl der M. vermehrt, müssen beim Stricken von durchbrochenen Mustern, die als gerade Streifen wirken sollen, stets die zugenommenen M. durch Abnehmen der nächsten M. in der Maschenzahl ausgeglichen werden.

Abb. 14a zeigt eine Lochreihe, die sowohl zum Durchziehen von Band als auch zur Herstellung eines verstärkten Randes mit sog. Mäusezähnchen, siehe Abb. 14, dienen kann. Man strickt über einer Anschlagreihe in der Runde mehrere Reihen r., im Streifen abwechselnd eine Reihe r., eine Reihe l. und beginnt die Lochreihe auf der Rechtsseite. 1. Reihe der Lochreihe im Streifen gestrickt: * 1 U., 2 r. abn., vom * wdh. — 2. Reihe: Alle auf der Nadel befindlichen M. und U. l. abstricken. Dann die gleiche Anzahl der glatten Reihen stricken, worauf man für den Mäusezähnchenrand nach Abb. 14 die Anschlagmaschen mit den M. der letzten Reihe zusammenstrickt.

Das Strumpfstricken

Der Strumpf besteht, kurz zusammengefaßt, aus den folgenden Teilen: 1. dem Anschlag — das Rändchen oder die Borte werden nicht immer gearbeitet —. 2. dem 1. geraden Teil oder Schaft, 3. dem Abnehmen des Wadenteiles, 4. dem 2. geraden Teil (Knöchelteil), 5. der Ferse, 6. dem Zwickel oder Keil, 7. dem 3. geraden Teil (Spann- und Fußteil), 8. der Spitze. Siehe die Angaben, die in den Unterschriften Abb. 15—17 vermerkt sind. Nach unseren Schemas können Schnitte zur Strumpfstrickerei hergestellt werden. Man beginnt mit einem Anschlag in der erforderlichen Weite des Strumpfes und verteilt die Maschen gleichmäßig auf vier Nadeln. Bei der Berechnung der Anschlagmaschen muß stets auf die Dehnbarkeit der Strickerei Rücksicht genommen werden, da sonst der Strumpf zu weit ausfällt. Das Rändchen kann aus einer beliebigen Anzahl von Reihen bestehen, diese werden dann in den 1. geraden Teil eingerechnet. Der 1. gerade Teil der Beinlänge wird bei kurzen, nur bis an das Knie reichenden Strümpfen, die jetzt nur noch von alten Damen getragen werden, ebenso lang wie der Strumpf weit ist, gestrickt. Bei Kniestrümpfen beträgt die Länge des ersten geraden Strumpfteiles das Doppelte von der Weite. Sehr hohe, sogenannte Schenkelstrümpfe, müssen im ersten geraden Teil $2^1/_2$ mal so lang gestrickt werden, als die Weite des Strumpfes beträgt. Die Länge des Wadenabnehmeteiles wird von der Anzahl der abzunehmenden Maschen bestimmt, beträgt jedoch durchschnittlich $^3/_4$ des geraden Teils bei Kniestrümpfen. Das Abnehmen erfolgt am besten, wenn die erste Hälfte der abzunehmenden Maschen mit 7, die zweite Hälfte mit 3 Zwischenreihen angefertigt wird, z. B. es wären 60 M. abzunehmen, so vermindern sich diese zu beiden Seiten des Nähtchens oder bei den das Nähtchen vertretenden M. Abgenommen wird auf die Hälfte, mithin je 30 M. beiderseits des Nätchens. Man rechnet daher 15 mal abnehmen mit 7 Zwischenreihen und 15 mal abnehmen mit 3 Zwischenreihen. Der zweite gerade Teil beträgt zum mindesten 80 Reihen (20 Nähte), im Maximum jedoch bei sehr feinen Strümpfen 100 Reihen. Die Länge beträgt $^1/_4$ häufig etwas weniger als der Wadenabnehmeteil. Die Hälfte der Maschenanzahl des zweiten geraden Strumpfteiles wird zur Ausführung der Ferse verwendet. Bei einer Anzahl von 50 zur Ferse bestimmten Maschen beträgt der gerade Teil 48 Reihen (24 Fersennähte). Die zum Deckel oder Fersenschluß zu verwendende Maschenzahl stimmt in den meisten Fällen mit der Anzahl der Fersennähte überein. Im obigen Falle zählt der Fersendeckel 24 M. Dringend zu warnen ist vor der Herstellung einer zu kleinen Ferse, wie es meistens geschieht. Bei einer kleinen Ferse entstehen am Spann Falten, und der Strumpf zieht sich unverhältnismäßig stark nach rückwärts über die Ferse hinauf. Dieses

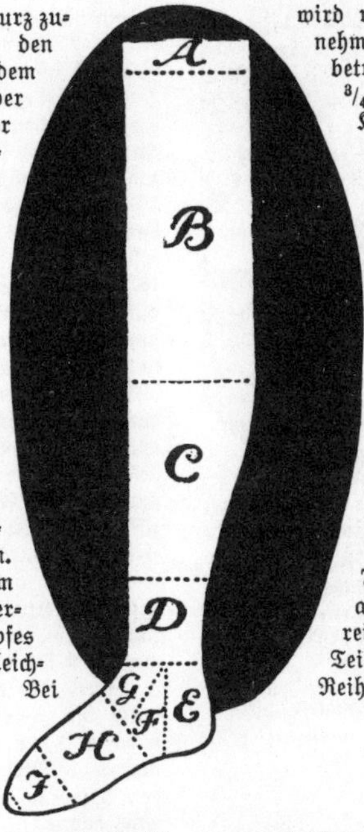

15. Schema für einen gestrickten Damenstrumpf (Normalgröße)
A. Rändchen. B. Schaft. C. Wadenteil. D. Knöchellänge. E. Ferse. F. Fersenzwickel (Fersenkeil). G. Spann. H. Fußteil. J. Spitze

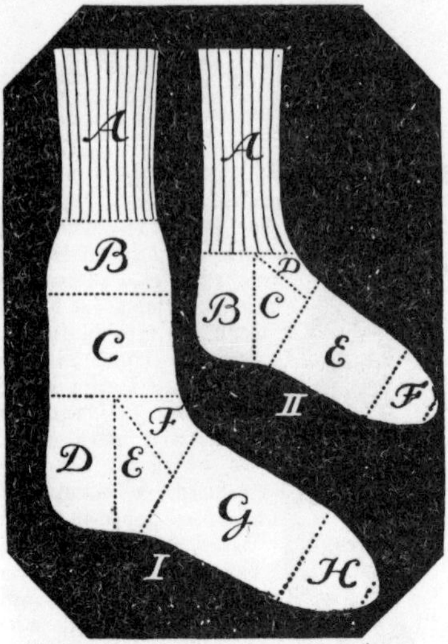

16 und 17. Zwei Schemas für die Herstellung eines Herren- und Kinderstrumpfes

16. Herrenstrumpf
- A. Rand
- B. Schaft
- C. Waden- und Knöchelteil
- D. Ferse
- E. Fersenzwickel (Keil)
- F. Spann
- G. Fußteil
- H. Spitze

17. Kinderstrumpf
- A. Schaft
- B. Ferse
- C. Fersenzwickel (Keil)
- D. Spann
- E. Fußteil
- F. Spitze

hat ein frühzeitiges Abnutzen der Ferse zur Folge. Ein Paar Strümpfe mit Fersen in Normalgröße halten dreimal so lange, als ein Paar mit kleiner Ferse. Eine Ferse in Normalgröße verlängert den Zwickel (Keil) und bedingt eine Kürzung des dritten geraden Strumpfteils. Ein langer Zwickel bildet auch stets einen gefälligen, gutsitzenden Strumpf. Das oft geübte Beilegen eines feinen Fadens bei Anfertigung der Ferse und Spitze ist nicht zu empfehlen. Der feine Faden nützt sich nach zweimaliger Wäsche ab, und es stehen dann die Fadenendchen pelzartig heraus. Ferse und Spitze sind dadurch nur versteift aber keineswegs haltbarer. — Es ist besser zum Stricken der Ferse und Spitze f e i n e r e Nadeln zu nehmen; — in diesem Falle muß jedoch die Maschenzahl bei der ersten Reihe vermehrt werden, und zwar sind pro Nadel 2 M. aufzunehmen, die nach der Vollendung der Ferse wieder abgenommen werden. Ehe man mit der Anfertigung des Zwickels beginnt, werden die Seitenmaschen des geraden Teiles der Ferse aufgefaßt und je mit der Hälfte der Maschen des Fersenschlusses auf eine Nadel vereint. Das Abnehmen der hierfür bestimmten Zwickelmaschen erfolgt gewöhnlich mit einer Zwischenreihe, sind jedoch eine geringe Anzahl von Maschen abzunehmen, so werden 2 Zwischenreihen gestrickt. Bisher erfolgte das Abnehmen des Zwickels am Ende der ersten und am Anfang der vierten Nadel. — Auf der ersten Nadel durch „Abnehmen", auf der vierten Nadel durch „Überziehen", nämlich an der Stelle des ersten Fersennähtchens. Nun wurde, u n d d i e s i s t s e h r z u e m p f e h l e n, das Abnehmen der Zwickelmaschen in die Mitte der Sohle verlegt, und zwar soll die Abnehmemasche des Zwickels die Fortsetzung der Abnehmemasche des Fersendeckels bilden. Bildet z. B. die 9. Masche (von der Mitte an gerechnet) das Abnehmen des Fersendeckels, so werden auf der ersten Nadel 8 M. gestrickt, dann folgt „Ü b e r z i e h e n", die übrigen M. r. Bei der vierten Nadel werden 2 M. r. zusammengestrickt und die 8 letzten M. nachgestrickt, siehe Beschreibung des Damenstrumpfes Abb. 15. Es wird stets an den gleichen Stellen abgenommen. Diese Art der Zwickelanlage hat den Vorteil, daß die abzunehmenden M. eine doppelte Fadenlage bilden, wodurch sich die Stelle nicht so rasch abnutzt. Außerdem ist es auch anatomisch richtiger — da der Fuß (Plattfüße ausgenommen) in der Mitte der Sohle sich nach innen wölbt. Diese Art Zwickel verleihen den Strümpfen eine besonders schöne und passende Form.

Schema Abb. 15. D a m e n - K n i e - s t r u m p f. Material: 120 g mercerisierte Wolle Nr. 14, Marke Libelle SCW, 5 Stricknadeln. 160 M. anschlagen, auf 4 Nadeln gleichmäßig verteilen und in der Runde das Rändchen in etwa 5 cm Höhe im Streifenmuster 2 r., 2 l. stricken. Es folgen nun 128 Rundreihen r., wobei man stets die letzten 2 M. am Schluß der 4. Nadel zur Herstellung des sogenannten Nähtchens benutzt. Man strickt in einer Reihe die beiden M. l. und in der nächsten Reihe r. usf. abwechselnd wdh. Nach der

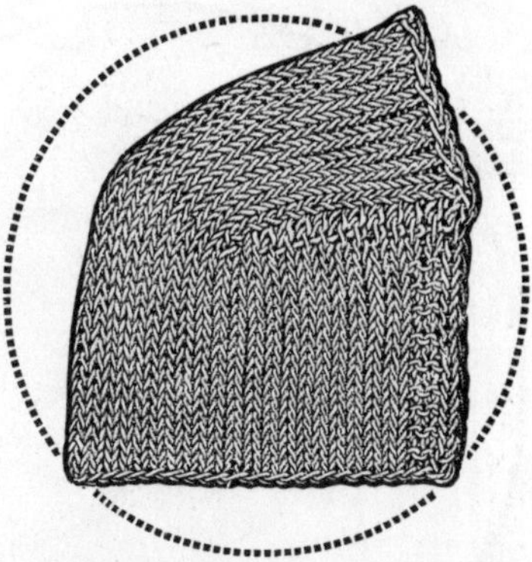

18. Gewöhnliche Ferse mit Nähtchen
Hin- und zurückgehend rechts gestrickt

128. Reihe beginnt das Abnehmen auf beiden Seiten des Nähtchens, indem man die 2 M. vor der 1. Rechtsm. vor und nach der 1. Rechtsm. nach dem Nähtchen r. zusammenstrickt. Das Abnehmen wiederholt sich 15 mal nach je 7 glatten Reihen. Dann nimmt man 15 mal nach je 3 glatten Zwischenreihen ab. Man zählt nun 100 M. in der Runde, die man gleichmäßig auf die 4 Nadeln verteilt (25 M. auf eine Nadel). Nun folgen 100 glatte Reihen mit dem Nähtchen ohne Abnehmen. Dann arbeitet man die Ferse. Abb. 18 zeigt die gewöhnliche Ferse, die am häufigsten gestrickt wird. Beiderseits des Nähtchens werden auf zwei Nadeln je 24 M. aufgefaßt. Dann strickt man auf beiden Nadeln hin- und zurückgehend 48 Reihen, je 1 Reihe r., 1 Reihe l. und arbeitet mit den beiden ersten Maschen der 1. Nadel und den beiden letzten Maschen der Linksnadel das Nähtchen. * Nun strickt man auf der rechten Seite die 1. Nadel r. ab und von der 2. Nadel nur den dritten Teil der Maschen (8 M.), die nächste M. wird abgehoben, 1 M. abstricken, die vorletzte abgehobene M. über die letzte abgestrickte M. überziehen, 2 M. r., w. Nun strickt man auf der Rückseite zurückgehend: 1 M. abh., die folgenden M. bis über die 8. M. der zweiten Nadel l., die 9. u. 10. M. l. abn., 2 M. l., w. Jetzt wiederholt sich die Arbeit vom * so lange, bis beiderseits alle M. aufgebraucht sind. Nun werden auf beiden Seiten die linken Randmaschen des glatten Fersenteils auf 2 Hilfsnadeln aufgemascht. Dann strickt man in der Runde r. weiter und strickt die aufgenommenen M. r. vschrkt. ab. Nach einer 2. glatten Rundreihe beginnt das Abnehmen für den Zwickel (Keil). Es empfiehlt sich den Zwickel in die Sohlenmitte zu stricken, und die M., durch die das Abnehmen erfolgt, sollen in einer Reihe mit dem Fersenabschluß laufen. Man strickt auf der 1. Nadel 8 M. r., 1 M. überziehen, dann 15 M. r. — 2. u. 3. Nadel ohne abnehmen. — 4. Nadel: 15 M. r., abn., 8 r. — Es wird 15 mal nach je einer glatten Zwischenreihe abgenommen. Man zählt sodann 23 M. auf einer Nadel (92 M. in der Runde). Für den Fußteil strickt man 92 Reihen r. Dann beendet man den Strumpf durch die Sternchen-Strumpfspitze Abb. 19. 1. Reihe: * 6 M. r., 2 l. abn., vom * wdh. Nach 8 glatten Reihen abwechselnd, 5 M. r., 2 l. abn. Nach 7 glatten Reihen abwechselnd 4 M. r., 2 l. abn. Nach 6 glatten Reihen abwechselnd 3 M. r., 2 l. abn. Nach 5 glatten Reihen abwechselnd 2 M. r., 2 l. abn. Nach vier glatten Reihen * abwechselnd 1 M. r., 2 l. abn. Dann nach 4 Reihen vom * wdh. Hierauf durch rasches Abnehmen die Spitze schließen. Man faßt die letzten 8 M. auf 2 Nadeln, schiebt die Nadeln mit den M. auf die Rückseite des Strumpfes, den man umstülpt und kettet die M. zusammen ab.

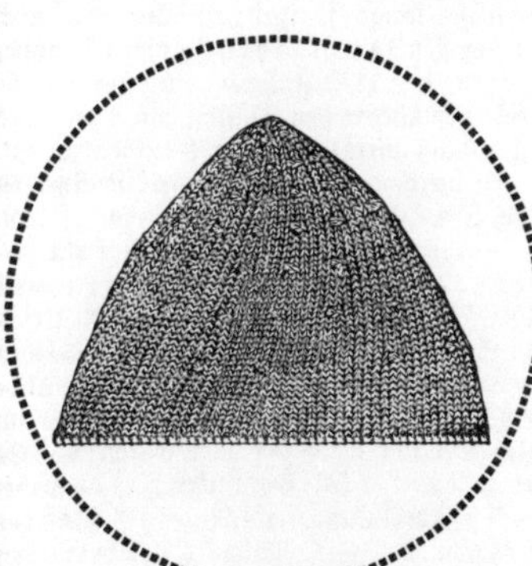

19. Sternchen-Strumpfspitze
Das Abnehmen durch links zusammenstricken

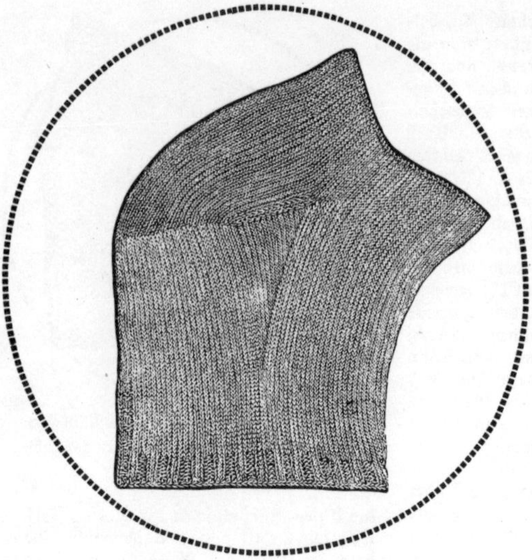

20. Die orthopädische Ferse
Siehe die Ausführung der Strumpfspitze Abb. 21

Zwischenreihen darüber gestrickt. Nun teilt man 5 M. vom Schluß der 4. und 5. M. am Anfang der 1. Nadel ab und faßt die M. zusammen auf eine Hilfsnadel auf. Diese Nadel zählt mithin 10 M. Man strickt in hin- und zurückgehenden Reihen wie folgt: 10 M. r., überziehen, 1 M. herüberholen, die Arbeit w., die herübergeholte M. abh., 11 l., l. abn., 1 M. herüberholen, die Arbeit w., die herübergeholte M. abh., 12 r., überziehen, 1 M. herüberholen. In dieser Weise wird in 16 Reihen fortgearbeitet, indem man bei jeder Reihe die herübergeholte M. der vorigen Reihe mit der nächstfolgenden M. zusammen abnimmt. — In den nächstfolgenden 16 Reihen wird ohne abzunehmen am Ende jeder Reihe eine M. herübergeholt. Man zählt nunmehr 42 M. auf dieser Nadel. Nun wird der Ferse geschlossen, indem man stets die letzte M. jeder Reihe mit der nächstfolgenden M. zusammenstrickt. Bei diesem Abnehmen wird nicht mehr (wie am Anfang) mit einer Masche weiter hinausgerückt. Dieses letzte Abnehmen bildet eine gerade Linie, und es wird so lange fortgestrickt, bis nur noch (in der Runde gezählt) so viel M. übrig bleiben, wie zum Fußteil nötig sind. Diese Ferse verlängert den Fußteil um 4 cm, und daher muß dieser Teil um 4 cm kürzer gestrickt werden. Für den Fußteil genügen 64 Reihen in der Runde, besonders — und dies ist unbedingt anzuraten — wenn die orthopädische Strumpfspitze, Abb. 21, den Abschluß bildet. Man strickt die Spitze nach der Form des Fußes, und zwar gilt unsere Erklärung für den rechten Fuß. Das Abnehmen für diese Spitze erfolgt nur am Ende der 1. und am Anfang der 2. Nadel. (Für den linken Fuß am Ende der 3. u. am Anfang der 4 Nadel.) 1. Nadel: 21 r., abn., 2 r. — 2. Nadel: 2 r., überziehen, 21 r. (3. und 4. Nadel ohne Abnehmen r. durch, dieses wird weiter nicht erwähnt.) An diesen Stellen wird 15 mal

Herstellung eines Herrenstrumpfes mit orthopädischer Ferse und Strumpfspitze, Abb. 20 u. 21. Material: 60 g Strickbaumwolle Nr. 14, Marke Aida. Fünf Nadeln. 112 M. anschlagen auf 4 Nadeln zu 28 M. verteilen, zur Runde schließen und einmal rechtsherum stricken. Es folgen 80 Reihen in beliebigem Muster. Am praktischsten strickt man das Streifenmuster in 10 Reihen 1 M. r. vschrkt., 1 M. l., dann in 10 Reihen die gleichartigen M. versetzt. Nun beginnt die orthopädische Ferse. Diese Art Ferse, die in ihrem ersten Teile in der Runde gestrickt wird, ist besonders jenen Personen zu empfehlen, die an geschwollenen Füßen leiden. Die Maschenzahl muß auf allen 4 Nadeln die gleiche sein. Der erste Teil dieser Ferse, der zugleich den Strumpfzwickel bildet, wird in der Runde gestrickt, indem man am Beginn der vierten und am Ende der ersten Nadel einer Reihe je eine Masche aufnimmt. Dies geschieht durch eine Hohlmasche, die man in der nächsten Reihe r. vschrkt. abstrickt, damit keine Lücke entsteht. Dieses Zunehmen geschieht 13 mal, und es werden stets 2 glatte mit je einer Zwischenreihe abgenommen. Sodann nimmt man in jeder Reihe an den gleichen Stellen ohne Zwischenreihe ab, bis nur noch 10 M. vorhanden sind. Diese M. werden auf der Innenseite des Strumpfes abgekettet, dann vernäht man den Faden.

Das Schließen der Strumpfspitze kann auf verschiedene Arten geschehen. 1. Durch Anmaschen mittels der Stricknaht, siehe Abb. 28 u. 28a, Seite 87 2. Durch Zusammenhäkeln der Schlußmaschen oder Zusammenabketten, siehe die Erklärung zu Abb. 15, am Schluß der Seite 83. Das Zusammenhäkeln ist mehr zu empfehlen, als das Zusammenabketten, weil dieser Schluß dehnbarer ist und sich die Spitze nicht so leicht abnutzen kann als beim Zusammenabketten. 3. Mittels Durchziehens des Arbeitsfadens durch die restlichen M. Hierfür leitet man mit einer Nähnadel den Arbeitsfaden 2—3 mal durch die M. und zieht die M. zusammen, damit sich die Spitze schließt, und vernäht den Faden. 4. Durch Abnehmen bis auf eine M. der Strumpfspitze.

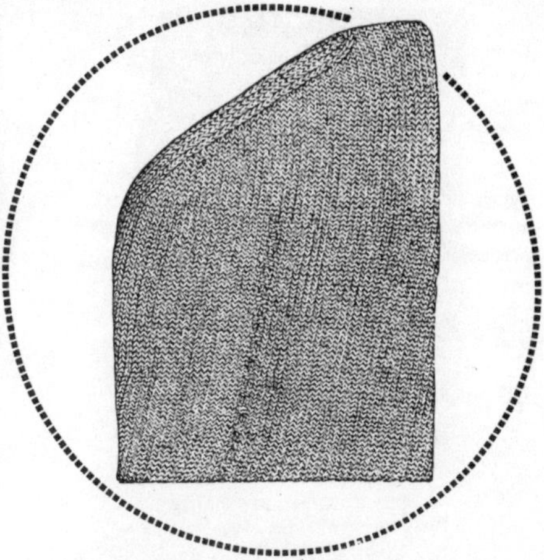

21. Die Spitze des orthopädischen Strumpfes Abb. 20. Spitze für den linken Strumpf

Abb. 22. Die Pariser Ferse wird mit je 60 M. auf einer Nadel gestrickt. Diese Ferse ist ihrer Dehnbarkeit wegen für empfindliche Füße besonders zu empfehlen. Bei Beginn der Ferse vereinigt man die 60 M. auf eine Nadel und beginnt auf der Rechtsseite des Strumpfes die 1. Reihe wie folgt: 1 M. abh., dann 59 r., w. — 2. Reihe: (Auf der Innenseite des Strumpfes.) 1. M. abh., 24 r., 10 l., 25 r., w. — 3. Reihe und die folgenden ungeraden Reihen wie die 1. Reihe stricken. 4. Reihe: 1. M. abh., 23 r., 12 l., 24 r., w. — 6. Reihe: 1. M. abh., 22 r., 14 l., 23 r. In dieser Weise wird in jeder geraden Reihe um je 1 M. zu beiden Seiten weniger r. gestrickt, dagegen hat man die Mittelmaschen, die l. gestrickt werden, um je 2 M. zu vermehren. Dieses wird so lange fortgesetzt, bis zu beiden Seiten nur noch je 1 M. r. zu stricken übrig bleibt. Die Anzahl der r. gestrickten M., die auf der Innenseite der Ferse gestrickt werden, bezeichnet stets die Zahl der gewünschten Fersennähtchen. Will man z. B. nur 18 Fersennähte stricken, so

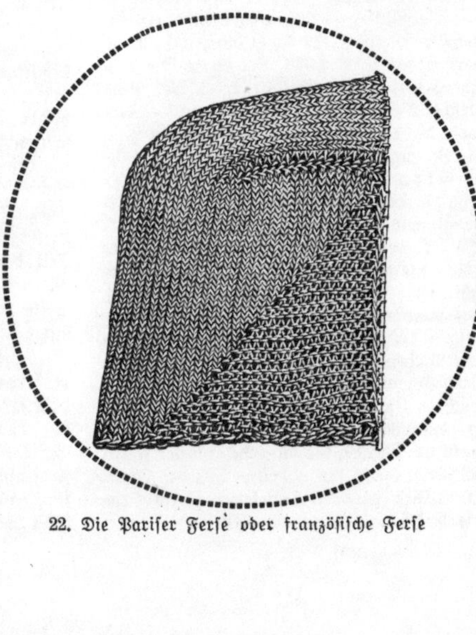

22. Die Pariser Ferse oder französische Ferse

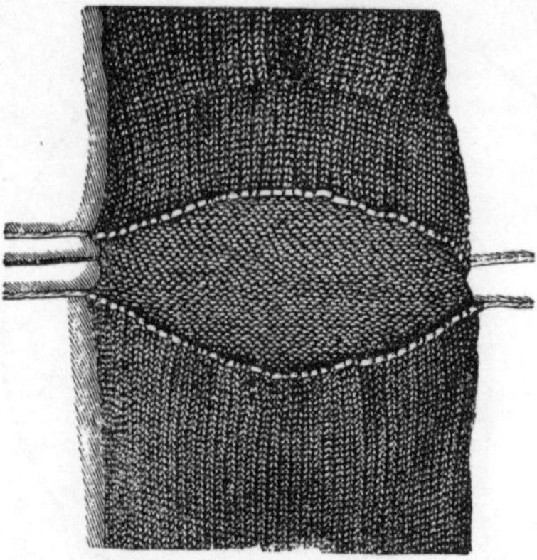

23. Das Klarlegen der Maschen für das Einstricken der Ferse Siehe Abb. 23a

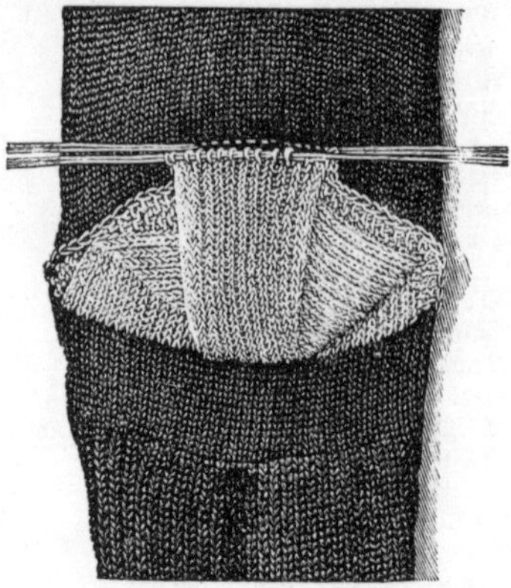

23a. Eingestrickte Ferse in einen alten Strumpf. Siehe das Klarlegen der Maschen Abb. 23

werden bei der 2. Nadel nur 18 M. r. gestrickt. Unsere Vorlage zählt 24 Rippen (48 Reihen). Dann beginnt auf der Rechtsseite das Abnehmen. 1. Reihe: 1. M. abh., 37 r., 1 M. überziehen, 2 r., 1 M. herüberholen. (Man legt den Faden vor die herüberzuholende M., faßt diese von der Links- auf die Rechtsnadel, legt den Faden um die M., w., und legt den Faden vor die M.) — 2. Reihe: Die herübergeholte M. abh., 19 l., l. abn., 2 l., 1 M. herüberholen, w. — 3. Reihe: Die herübergeholte M. abh., 19 r., 1 M. überziehen, 2 r., 1 M. herüberholen, w. — Nun wdh. die 2. und 3. Reihe so lange, bis man 19 M. auf jeder Seite zählt.

Strumpf für ein zehnjähriges Mädchen. Material: 100 g Seidenglanzwolle Nr. 14, Marke „Dreilaufer". Fünf Nadeln. 132 M. anschlagen, auf 4 Nadeln gleichmäßig verteilen, zur Runde schließen. Nach dem schmalen Rändchen, das man im Streifenmuster 2 r., 2 l. strickt, folgen 140 Reihen r. bis zum Abnehmen des Wadenteiles. Das Abnehmen wiederholt sich 13 mal nach je 7 und 13 mal nach je 3 glatten Zwischenreihen. Es bleiben nun 80 M. und man strickt 96 Reihen r. in der Runde, bis zum Beginn der Ferse. 40 Reihen für den geraden Teil der Ferse, 20 Reihen für den Deckel der Ferse, siehe die Erklärung Seite 83. Für den Zwickel ist auszunehmen mit je einer Zwischenreihe, bis 68 M in der Runde bleiben. Der Fußteil zählt vom Schluß der Ferse bis zum Beginn der Strumpfspitze 96 Reihen. Erklärung der Strumpfspitze Abb. 19, Seite 83.

Abb. 23 u. 23a. Das Einstricken neuer Fersen. Zunächst durchschneidet man die beiderseitigen Randm. des geraden Fersenteils. Sodann legt man M. für M. des Fersenbeginnes und Fersenschlusses bloß, indem man die Fäden der durchschnittenen M. behutsam auszupft, siehe Abb. 23. Man faßt die M., die den Schluß der Beinlänge bilden, auf 2 Nadeln und die M. zu beiden Seiten je auf 1 Nadel, diejenigen M., die für den Schluß der Ferse (Fersendeckel) bestimmt sind, durchzieht man mit einem Faden. Nun arbeitet man in hin- und zurückgehenden Reihen den ersten geraden Teil der Ferse und strickt stets die letzte M. des Fersenteils mit je einer M. der Seitenteile (vom Zwickel an gerechnet) zusammen, nämlich auf der Rechtsseite mittels „Ueberziehens", auf der Rückseite mittels „l. Abnehmen". Hat man die für die Fersenhöhe erforderliche Anzahl Reihen gestrickt, so schließt man die Ferse und vereinigt durch Stricknaht, siehe Abb. 28 u. 28a, die M. des Fersenschlusses mit den M., die man am Anfang mit einem Faden durchgezogen hat, diese M. liegen in der Mitte der Sohle.

Das Ausbessern von Strümpfen

24. Das Benähen der schadhaften Stelle. In senkrechten Reihen gearbeitet

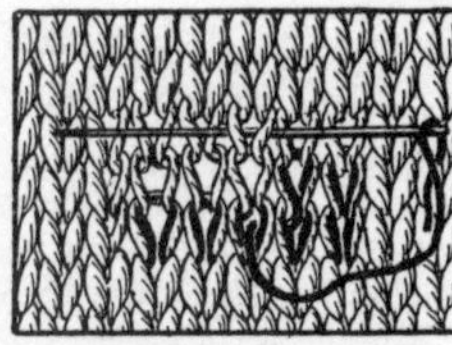

25. Das Benähen der schadhaften Stelle. In wagerechten Reihen gearbeitet

Schadhafte Stellen in Strümpfen müssen mit Nadel und Faden ausgebessert werden. Man wählt stets feineren Faden als die Strickarbeit zeigt. Am besten geeignet ist Twist (Stopfwolle) in der Farbe des Strumpfes. Dazu nimmt man eine sogenannte Stopfnadel, das ist eine doppelt lange Nähnadel mit tiefem Öhr. Hat sich die Strickerei abgenutzt und sind dünne Stellen entstanden, so verstärkt man diese mittels Übernähens der Strickmaschen, indem man nach Abb. 24 u. 25 in senk- oder wagerechten Reihen Masche für Masche durch einen parallellaufenden Stich verstärkt. *Löcher* werden entweder in gewöhnlichem Leinenstopfstich (Gitterstich) oder durch die Strickstopfe Abb. 26 u. 27 gefüllt. Für die Stopfe in jeglicher Art müssen die *Maschen klar gelegt* werden, d. h. man trennt in der schadhaften Stelle die Maschen heraus, indem man die Fäden durchschneidet und ein Viereck bloßlegt. Hierbei müssen in senkrechter Richtung die ganzen Maschen freiliegen. Die Fadenenden sind auf die Arbeitsrückseite zu schieben und später zu vernähen. Man

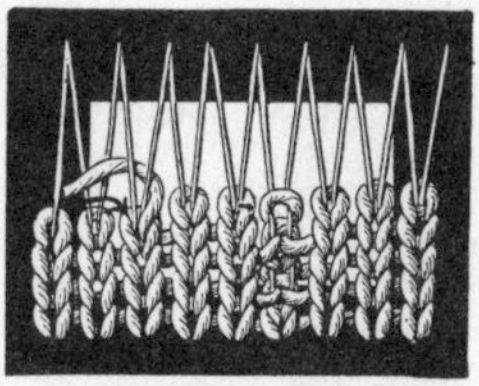

26. Die Strickstopfe. Ausführung der Rechtsmasche

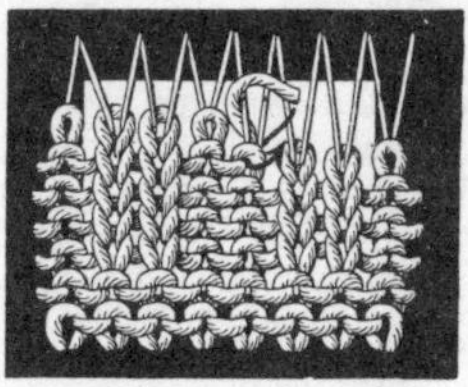

27. Die Strickstopfe. Ausführung der Linksmasche

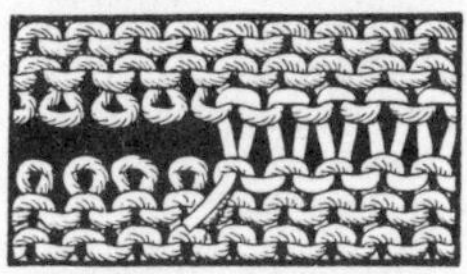

28. Die Stricknaht. Das Zusammenmaschen von 2 Teilen mittels genähter Linksmaschen

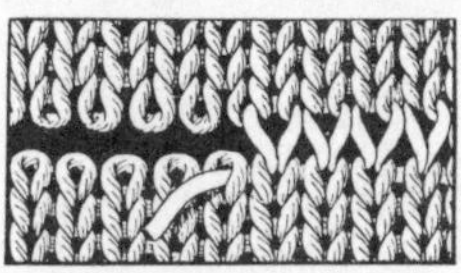

28 a. Die Stricknaht. Das Zusammenmaschen von 2 Teilen mittels genähter Rechtsmaschen

29. Das Auffassen der Maschen bei feinen gewirkten Strümpfen

führt die Stopfarbeit über einer festen Unterlage aus. Hierfür heftet man unter die Arbeit ein Stückchen dunkelfarbenes Kartonpapier oder Wachstuch. Die gewöhnliche Leinenstopfe wird über einem Stopfholz (Pilz) gearbeitet. Für die Strickstopfe werden nach Abb. 26 u. 27 mit feinem Faden im Zickzack die einzelnen Maschen aufgefaßt, siehe auch Abb. 28 u. 28 a. Dann führt man mit stärkerem Stopffaden die Strickstopfe um die Spannfäden aus. Für die Bildung von Rechtsmaschen werden nach Abb. 26, der Richtung des Pfeiles folgend, 2 zusammenlaufende schräge Spannfäden umnäht, indem man, von unten nach oben stechend, den Faden zwischen zwei Spannfäden emporführt, den Faden nach rechts leitet, unter den beiden Spannfäden nach links führt, emporsticht und dann zwischen den beiden Fäden zurücksticht. Nun leitet man den Faden auf der Rückseite um 2 Fäden weiter und wiederholt die Ausführung der gestopften Rechtsmasche. Die Bildung der *Linksmasche* läßt sich leicht nach Abb. 27 herstellen, wenn man den Fadenlauf genau verfolgt.

Das Anmaschen von 2 Strumpfteilen mittels der Stricknaht

machen Abb. 28 u. 28 a verständlich. Zunächst werden von beiden Teilen die Maschen klar gelegt, dann verbindet man mit feinem Faden die Maschen in der vorhin erklärten Strickstopfe. Abb. 28a zeigt die Rechtsseite und Abb. 28 die Rückseite der Arbeit. Der helle Faden läßt den Fadenlauf des Anmaschfadens verfolgen. Stets müssen die genau gegenüberliegenden M. in der übrigen Maschenlänge zusammengefaßt werden.

Auffassen der Maschen von feinen gewirkten Strümpfen

Abb. 29 zeigt eine praktische Art zum Auffassen von feinen Maschen mittels feinen Nähfadens und einer feinen Nähnadel. Man fädelt einen langen Faden in die Nadel ein, führt die Nadel, von rückwärts nach vorn stechend, durch die M., legt eine passende feine Stricknadel oberhalb der Maschenreihe an und führt den Faden unterhalb der Stricknadel über diese nach vorn und sticht mit der Nadel in dieselbe M. von vorn nach rückwärts. Nun führt man den Faden bis zur nächsten M. weiter, sticht von rückwärts nach vorn, legt den Faden wieder von unten über die Stricknadel nach vorn und sticht in dieselbe M. zurück usf. wiederholend. Man kann in dieser Reihe die Maschenzahl verringern, indem man jede 3. und 4. M. zusammenfaßt. Sind alle M. aufgefaßt, nimmt man die zum Anstricken bestimmte Wolle und strickt zunächst eine abnehmende Reihe.

Sparvorfüße zu stricken

Da bei Strümpfen Ferse und Fußteil zuerst schadhaft werden, ist es gut zu erfahren, wie sich der Vorfuß neu ergänzen läßt. Nach unserer Anleitung können Sparvorfüße für neue und gebrauchte Strümpfe hergestellt werden. Bei Strümpfen, die neu gestrickt werden, arbeitet man auf den beiden für den Oberteil des Vorfußes bestimmten Nadeln, d. s. die dritte und vierte Nadel. Man faßt die Maschen auf eine Nadel zusammen, strickt in hin- und zurückgehenden Reihen ohne Kettenmaschen ein so langes Stück, wie für den Vorfuß bis zur Strumpfspitze nötig ist. Dann schneidet man den Faden ab und vernäht ihn auf der Rückseite. Die Maschen durchzieht man mit einem Faden, oder man faßt sie auf Sicherheitsnadeln.

Nun strickt man die Ferse, faßt die Seitenmaschen auf und arbeitet in hin- und zurückgehenden Reihen den Zwickel. Dieser wird am besten oberhalb des Fersenschlusses gearbeitet, siehe Erklärung des Damenstrumpfes Seite 83 Man strickt ein gleich langes Stück wie für den Oberteil. Dann werden die Maschen vereinigt, auf 4 Nadeln verteilt, worauf man die Strumpfspitze beendet und die Ränder der Strumpfteile mittels überwendlicher Stiche verbindet.

Strumpfreparaturen

Bei Strumpfreparaturen trennt man die 1. Reihe des geraden Teiles der Ferse, die an den Beinling grenzt, auf und schneidet, unmittelbar nach dem Zwickel, die Maschenreihe an beiden Seiten der Sohle bis zur Strumpfspitze auf. Dann trennt man die Strumpfspitze vom Oberteil des Füßlings ab und säumt die Ränder des Oberteils nach innen um. Die klargelegten Maschen der Beinlinge werden auf eine Nadel gefaßt. Dann strickt man die Ferse und die übrigen Teile in der bekannten Weise fertig, s. a. die Erklärung zu Abb. 23 u. 23 a.

Praktische Art, Beinlinge für Kinderstrümpfe zu stricken

Man strickt die Beinlinge in zwei Teilen bis über jene Stelle, an der der Strumpf durch das Knie abgenutzt wird. Dann werden beide Teile zusammen in der Runde fertig gestrickt und die offenen Ränder mit überwendlichen Stichen verbunden. Diese Arbeitsart hat den Vorteil, daß die beschädigten Kniestücke leicht erneuert werden können. Bei streifenartig oder in anderer Weise gemusterten Strümpfen ist es gut, das Abnehmen an beiden Seiten der Beinlinge auszuführen. Dadurch wird es möglich, daß man beim späteren Anstricken des Vorfußes die vorderen und rückwärtigen Teile der Beinlinge beliebig vertauschen kann.

Arbeitserleichterungen bei Strickarbeiten

Zweckmäßige Verwendung von Sicherheits- und Häkelnadeln.

Da beim Stricken der Ferse die beiden nicht zur Verwendung kommenden Nadeln beim Arbeiten mit den Fersennadeln hinderlich sind, ersetzt man diese Nadeln durch lange „Sicherheitsnadeln", indem man die Maschen mit den Sicherheitsnadeln auffaßt und die Nadeln schließt.

Bei Arbeiten mit feinen Stahlnadeln, die eine größere Anzahl von Maschen brauchen, steckt man am Ende der Nadeln ein Korkstückchen auf, um das Herabgleiten der Maschen zu verhindern. Dieses Verfahren ist reiner und praktischer als wenn man Wachskügelchen anklebt, die sich leicht ablösen.

Es ist dringend zu empfehlen, stets eine passende Häkelnadel zur Hand zu haben, um Maschen, die von der Nadel über mehrere Reihen herabgeglitten sind, schön und schnell auffassen zu können; dabei müssen die Maschen gleichmäßig wirken.

Das Stricken von Bekleidungsgegenständen für den Winter

Abb. 30. Gestricktes Babyhöschen. Material: 60 Gramm weiße Schneestern- oder Zephirwolle, zwei lange und zwei kurze starke Stahlstricknadeln. Man beginnt am oberen Bundrand mit 100 M. Anschlag auf einer langen Stricknadel. Dann strickt man mit den langen Nadeln in hin- und zurückgehenden Reihen. 1. Reihe: r. — 2. Reihe (Lochreihe): 1. M. r., * 1 U., r. abn., fortgesetzt vom * wdh. — 3. Reihe: r., wobei man die U. als M. abstrickt. — 4. Reihe: am Anfang 1. M. r., * 2 l., 2 r., fortgesetzt vom * wdh. — 5.—16. Reihe: r. auf r. und l. auf l. — Dann strickt man 50 Reihen r. Nun werden am Anfang der nächsten Reihe 36 M. auf eine kurze Nadel genommen. Dann strickt man mit den kurzen Nadeln den losen Streifen für den Beinling in hin- und zurückgehenden Reihen. Man arbeitet das Streifenmuster und beginnt die 1. Reihe mit 1 r., dann folgen in gleichmäßigem Wechsel 2 l., 2 r. Man strickt bei 19 Reihen r. auf r. und l. auf l. — Dann folgen zwei Reihen r., eine Reihe l., eine Reihe r., worauf man die M. abkettet. In gleicher Weise strickt man auf den gegenüberliegenden 36 Randmaschen das Streifenmuster für den zweiten Beinling. Nun strickt man auf den mittleren 28 M. mit den kräftigen Stricknadeln 26 Reihen r. Dann folgen 16 abnehmende Reihen, wobei man am Anfang und Ende jeder Reihe die beiden ersten resp. letzten M. r. abnimmt, die letzten M. werden abgekettet. Hierauf verbindet man durch überwendliche Naht die Randm. der Beinlinge und beiderseits die Randm. des Zwickels mit den Randm. der Grundform, dann schließt man in gleicher Weise den oberen Randstreifen zur Runde. Zuletzt schmückt man den Rand der Beinlinge durch eine gehäkelte Zäckchenreihe. Man beginnt mit 1 festen M. auf eine Randm., * 3 Luftm., 1 feste M. auf die feste M. zurück, 1 feste M. auf die zweitfolgende Randm., vom * fortgesetzt wdh. Durch die Lochreihe am Bundrand leitet man für den Verschluß ein kräftiges gehäkeltes Luftmaschenschnürchen aus dreifachem Wollfaden oder ein feines Ziehbändchen.

Abb. 31. Gestrickte Kindergamasche. Hierzu die Arbeitsprobe Abb. 31a. Material: 150 Gramm weiße Vigognewolle, fünf mittelstarke Stahlstricknadeln. Die Gamasche wird wie ein Strumpf in Rundreihen gestrickt. Man schlägt zunächst auf 4 Nadeln je 20 M. auf (somit im ganzen 80 M.) und strickt dann 40 Reihen 2 r., 2 l. Nun folgen zweimal je 2 Reihen r., 2 Reihen l., 5 Reihen r. Nach der 5. Reihe r. beginnt das Grundmuster. Man strickt in stetem Wechsel × 1 r., 3 l., dann folgen wieder 5 Reihen r., worauf vom × die Musterreihe und die 5 Reihen r. sechsmal zu wiederholen sind. Hierauf strickt man wieder eine Musterreihe, dann die 5 Reihen r. wiederholen, indem man bei der 1. Reihe am Anfang und am Schluß der Reihe je beiderseits der einzelnen Rechtsmasche 2 M. r. abnimmt. Bei der nächsten Musterreihe sind über den abgenommenen M. 2 l. zu stricken. Nach zwei folgenden gleichartigen Musterreihen und dazwischen befindlichen 5 Reihen r. wiederholt man noch bei der 1. Reihe r. in der bekannten Weise das Abnehmen auf beiden Seiten der ersten einzelnen Rechtsm., worauf 4 Reihen r. zu stricken sind. Die nächste Musterreihe zeigt über den abgenommenen M. je 1 l. Man strickt wieder zwei gleichartige Mustersätze mit dazwischen befindlichen 5 Reihen r. Nach der folgenden Musterreihe strickt man bei der ersten Reihe r. die erste Linksm. mit der ansetzenden einzelnen Rechtsm. r. zusammen und in gleicher Weise die letzte 3. l. mit der folgenden einzelnen Rechtsm. r. zusammen. Nun folgen noch 4 Reihen r. und 3 Musterreihen mit dazwischen befindlichen Rechtsreihen. Bei den Musterreihen strickt man je über den abgenommenen M. 2 l. Nach der folgenden *Musterreihe* wiederholt man bei der nächsten Reihe r. das Abnehmen. Man strickt die einzelne Rechtsm. mit der nächsten Linksm. r. zusammen. Dadurch ist bei den nächsten drei Musterreihen je 1 l. zwischen den einzelnen r. zu stricken. Nun strickt man 5 *Reihen* r., 2 *Reihen* l., 2 *Reihen* r., 2 *Reihen* l., 2 *Reihen* r. Für den Füßling verteilt man die 72 M. gleichmäßig auf die Nadeln und strickt 20 *Reihen*, je 2 M. r., 2 M. l. Bei der 21. *Reihe* beginnt das Aufnehmen für den Zwickel, nämlich auf beiden Seiten nach 5 r. gestrickten Streifen von der abgenommenen Naht entfernt. Dadurch sind zwischen den Aufnehmestellen je 8 rechts gestrickte Streifen. Das Aufnehmen erfolgt stets nach der 2. r. des Streifens, hierfür nimmt man nach Abb. 31a den zwischen den 2 M. befindlichen Querfaden auf die Linksnadel und strickt ihn mit der Rechtsnadel als verschränkte Rechtsm. ab. Bei der nächsten Reihe ist die aufgenommene M. r. abzustricken, worauf sich bei der folgenden Reihe das Aufnehmen nach der 3. r. in der vorhin erklärten Art wiederholt. Nach weiteren 10 *Aufnehmereihen* resp. 20 Reihen folgen 3 Reihen des Streifenmusters, wobei man über den Zwickeln r. strickt. Dann arbeitet man für das obere lose Fußblatt beiderseits der Zwickel, von den Rechtsstreifen beginnend, in 11 hin- und zurückgehenden Reihen das Streifenmuster weiter. Für die in der Runde zu strickenden Abschlußreihen beiderseits des losen Teiles werden die aufgenommenen M. als verschränkte r. abgestrickt. Nun folgen 3 *Reihen*, bestehend aus je 1 M. rechts, 1 M. links. Nach diesen Reihen strickt man wieder 2 Reihen r., worauf man die M. abkettet und die Gamasche vollendet. Ein 2½ cm breites, entsprechend langes, weißes, leinenes Gurtband dient als Bügel.

30. Gestricktes Babyhöschen
Gehäkelte Wollschnur für den Verschluß

Abb. 32. *Gamaschenhöschen für Knaben von 3—6 Jahren.* Material: 110 g schwarze Perserwolle, zwei lange, starke, der Wollstärke angepaßte Stahlstricknadeln. Man strickt das Höschen in zwei Teilen, nach einem zugrunde liegenden Schnitt. 92 M. ergeben den Anschlag für den Bundrand. Auf diesen strickt man für den 5 cm breiten Bundstreifen ein Streifenmuster, gebildet aus 27 Reihen, je 2 r., 2 l., wobei die gleichartigen M. aufeinander treffen müssen. Dann strickt man für den Rumpfteil, nach dem Schnitt, hin- und zurückgehend r., bis zum Ansatz des Beinlings, worauf man r. weiterstrickt und für die Schweifung allmählich am Rande M. abnimmt. An dem Modell wurde in 20 Reihen abgenommen, bis auf 76 M. Dann beginnt das Würfelmuster. Hierfür strickt man bei drei hingehenden Reihen in gleichmäßiger Wiederholung je 4 l., 3 r. und bei den drei zurückgehenden Reihen l. — Bei der 6. *Reihe* ist das Muster in versetzter Anordnung zu stricken. Man beginnt mit 3 r. und strickt dann in bekannter Weise 4 l., 3 r. — Hierauf wiederholen die 2.—5. *Reihe*, dann wiederholen die 3. *Würfelform* von der 1. *Musterreihe* und die 4. *Würfelform* von der 6. *Musterreihe*. Nach der letzten Reihe l. der 4. Würfelform beginnt das Streifenmuster

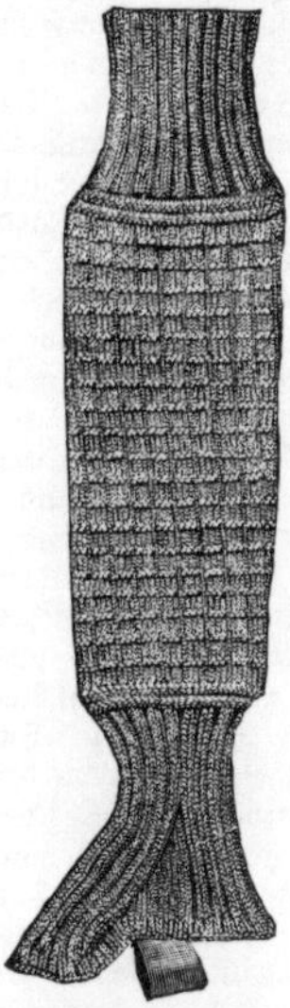

31. Gestrickte Kindergamasche. Strickprobe für die Ausführung des Zwickels (Keils) siehe Abb. 31a

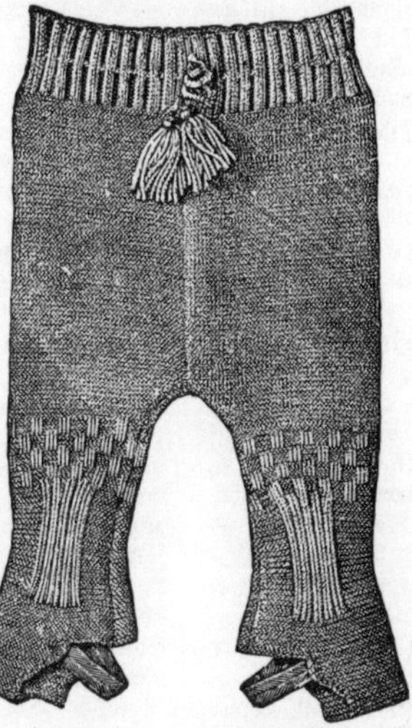

32. Gestricktes Gamaschenhöschen für Knaben von 3—6 Jahren
Aus der Zeitschrift „Die Modenwelt" Schnitt Nr. 7362. Näheres Seite 15

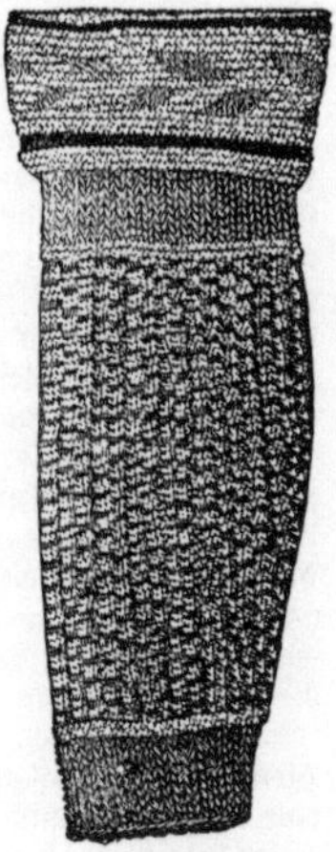

33. Wadenstutzen Für Jagd und Touristik
Zweifarb. Strickarbeit

für die Gamasche. Man beginnt mit ** 10 r., dreimal je 2 l., 2 r., zuletzt noch 2 l., × 20 r., worauf man vom × zurückgehend bis zum Anfang der Reihe wiederholt. Bei der 2. Reihe strickt man am Anfang 8 r., dann sind für das Streifenmuster r. u. l. aufeinander zu arbeiten, man strickt die mittleren 23 M. r. und arbeitet für das nächste Streifenmuster die gleichartigen M. aufeinander. Zuletzt bilden wieder 8 r. den Randstreifen. Nun strickt man, vom ** wiederholend, 38 gleichartige Reihen, dann folgen 14 Reihen r. und darauf kettet man am Anfang und Schluß der 15. Reihe je 14 M. ab. Dann folgen für das Fußblatt verkürzte Reihen r., die man durch allmähliches Abnehmen der Randmaschen erhält. Um eine gute Schweifung zu erzielen, legt man die Arbeit

31a. Strickarbeit (natürliche Größe) zur Kindergamasche Abb. 31

zur Kontrolle öfter auf den Schnitt. An dem Modell wurden 28 Reihen gestrickt. Die letzte Reihe bilden 35 M. Zuletzt werden die M. abgekettet. — In gleicher Weise ist der 2. Hosenteil zu arbeiten. Dann näht man durch überwendliche Naht die Rumpfteile und Beinlinge zusammen. Je am Ansatz des Fußblattes ist für den Bügel ein 2 cm breites etwa 7—8 cm langes schwarzes Gurtband anzunähen. Für den Verschluß wird eine aus doppeltem Wollfaden gehäkelte 65 cm lange Wollschnur mittels einer Tapisserienadel (Sticknadel) durch die mittlere Maschenreihe des Bundes geleitet. Aus gleichem Wollfaden gebildete kurze Quästchen zieren die Schnurenden.

Abb. 33. Wadenstutzen in zweifarbiger Strickarbeit. Material:

180 Gramm rehbraune Hasenwolle, ein geringes Quantum jägergrüne, kräftige Kordonnetseide; fünf kräftige Stahlstricknadeln. Man beginnt mit Hasenwolle am oberen Rand. 84 Maschen Anschlag werden gleichmäßig auf vier Stahlstricknadeln verteilt. Dann strickt man in Rundreihen. 1. u. 3. Reihe: r. — 2. u. 4. Reihe: l. Nun folgen mit grüner Kordonnetseide fünf Reihen l. Hierauf strickt man mit Wolle dreimal abwechselnd eine Reihe r., eine Reihe l. — Dann beginnt das Muster wie folgt: 1. Musterreihe: 6 l., 6 r. in gleichmäßiger Wiederholung. — 2.—7. Reihe, in schräger Anordnung je um eine M. auf der Musterfigur weitergehend 6 l., 6 r., wodurch sich schräge Musterstreifen bilden. — 8. Reihe: r. auf l. und l. auf r. — 9.—13. Reihe: in entgegengesetzter Richtung je um eine M. weitergehend 6 l., 6 r. Hierauf dreimal abwechselnd eine Reihe l., eine Reihe r. Dann strickt man mit grüner Seide viermal abwechselnd eine Reihe l., eine Reihe r. — Nun folgen mit Wolle drei Reihen l., eine Reihe r. — Dann beginnt das 3 cm breite Streifenmuster, gebildet aus je 1 l., 1 r. vschrkt. Man strickt bei acht Reihen die gleichartigen M. aufeinander. Hierauf arbeitet man eine Reihe r., drei Reihen l., eine Reihe r. — Dann strickt man in 6 cm Höhe das Streifenmuster, gebildet aus je 1 l., 1 r., wobei man in 27 Reihen die gleichartigen M. aufeinanderstrickt. Nun strickt man eine Reihe r. — Bei der folgenden Reihe beginnt das Grundmuster. 1. Reihe des Grundmusters: 2 l., 3 r. in gleichmäßiger Wiederholung. — 2. Reihe: l. auf l. und r. auf r. — 3. Reihe: am Anfang 2 r. auf die l., × 3 r., 2 l., vom × fortgesetzt wiederholen. Man strickt in etwa 28 cm Länge gerade fort und nimmt dann allmählich ab bis auf 64 M. Dieses geschieht abwechselnd nach dem Abstricken der 3. M. der linken Nadel und vor der 3. M. der rechten Nadel am Anfang und am Schluß der Reihe. Das Grundmuster begrenzt ein 5½ cm breiter Randstreifen. Hierfür strickt man in 15 Reihen das Streifenmuster, gebildet aus abwechselnd 1 M. l., 1 M. r. vschrkt. Zuletzt werden die M. abgekettet. Billiger wird die Herstellung, wenn man statt Hasenwolle kräftige Strickwolle, Sport- oder Islandwolle benutzt. Während des Arbeitens ist der gute Sitz der Wadenstutzen auszuprobieren.

Abb. 34. Hausschuh für Kinder. Strickarbeit mit Schlingenbildung auf der Innenseite. Arbeitsproben, Abb. 34a und b. Sohlenlänge: 17 cm. Material: etwa vier Lagen dunkelblaue vierfädige und 3 Lagen gleichstarke bronzefarbene Strickwolle, zwei der Fadenstärke angepaßte Stahlstricknadeln. Man strickt den Schuh in zwei Teilen mit blauer Wolle und arbeitet gleichzeitig mit bronzefarbener Wolle auf der Innenseite die Schlingen, die, gleich einem Pelz, den Schuh warm halten. Den Schaft bildet ein 7 cm breiter, 26 cm langer gerader Streifen, den man in kurzen Querreihen, hin- und zurückgehend, strickt. 22 M. bilden den Anschlag. Dann strickt man hin- und zurückgehend r., wobei man stets am Anfang der Reihe die 1. M. abhebt. Im Laufe der einzelnen Reihen werden auf der Rückseite mit bronzefarbener Wolle die Schlingen eingestrickt. Hierfür strickt man mit blauer Wolle wie folgt: am Anfang 3 r., × schlägt den bronzefarbenen Faden zweimal um den rechten Zeigefinger, schiebt die Umschläge auf die Linksnadel und strickt die nächste M. mit blauer Wolle r. ab, dann folgen wieder mit blauer 3 r., worauf man vom × fortgesetzt wiederholt. Auf der Arbeitsrückseite muß der bronzefarbene Faden in gleichmäßiger Länge von je 4 cm lose hängen, so daß sich 2 cm lange Schlingen bilden. * Die nächste Reihe strickt man r. Bei der folgenden Reihe wiederholt sich das Einstricken des bronzefarbenen Fadens für die Schlingenbildung, indem man die Schlingen in versetzter Anordnung zur letzten Musterreihe einstrickt. Dann wird fortgesetzt vom * wiederholt, bis die Länge des Schaftteiles erreicht ist, zuletzt kettet man die M. ab. In gleichem Muster ist der 7 cm im Geviert messende Teil des Fußblattes zu stricken. Dann näht man mit blauer Wolle die Teile, dem Schnitt gemäß, durch überwendliche Naht zum Schuh zusammen und deckt die Nahtlinien, sowie den oberen Rand durch eine unsichtbar aufgenähte, 1 cm breite, bronzefarbene gestrickte Borte. 3 M. bilden den Anschlag. Man strickt hin- und zurückgehend r. und hebt stets am Anfang der Reihe die 1. M. ab, zuletzt werden die M. abgekettet. Durch die obere bronzefarbene Randborte wird eine gleichfarbige, 60 cm lange, geknüpfte Wollschnur geleitet, deren Enden je eine 3½ cm lange angeknüpfte Wollquaste begrenzt. Die Fransen werden zur Hälfte aus bronzefarbenen, zur Hälfte aus blauen Wollfäden gebildet. Zuletzt läßt man vom Schuhmacher Filzsohlen und Absätze ansteppen. In gleicher Weise lassen sich Pantoffel, Babyschuhe und Badepantoffel herstellen. Diese strickt man in den Farben zum Bademantel stimmend. Die Filzsohlen sind durch untergesteppten Luffa (Schwamm) zu verstärken. Praktisch bewähren sich beim Gebrauch auch aus Bindfaden (Spagat) gestrickte Sohlen. Man strickt nach einem Schnitt in kurzen Reihen hin- und zurückgehend r. Die Sohlen werden dem Schuhrand angesteppt.

34. Gestrickter Kinderschuh. Innenseite mit losen Schlingen. Arbeitsproben Abb. 34a und 34b

34a. Schlingen-Strickarbeit zum Schuh Abb. 34, Rechtsseite

34b. Strickarbeit mit einfachen Schlingen zum Schuh Abb. 34, Rückseite

Abb. 35. Gestrickter Fausthandschuh für Kinder. Material: 100 g grüne Islandwolle und wenig weiße Gobelinwolle, fünf Stahlnadeln in mittlerer Stärke. Man beginnt die Handschuhe mit grüner Wolle auf einem Anschlag von 70 M., die auf vier Nadeln zu verteilen sind, und strickt 21 Rundreihen im Patentstich, siehe die Erklärung zu Abb. 11, Seite 80. Dann strickt man 12 Musterreihen mit der weißen Wolle und dann 22 Musterreihen mit grüner Wolle. Für den engeren Teil sind 18 Reihen 1 l. und 1 r. entweder sehr fest zu arbeiten oder mit feineren Nadeln auszuführen. Dann strickt man noch 18 Musterreihen im Patentstich bis zum Beginn des Daumens. Für den Daumen verteilt man die ersten 18 M. einer Reihe mit 4 neuen Anschlagm. auf 3 Nadeln und strickt in der Runde 18 Musterreihen hoch. In der 2. Musterreihe sind über den 4 neu aufgeschlagenen Maschen 2 M. abzunehmen. Der Daumen ist nach 18 Reihen allmählich durch Abn. zu schließen. Auf den übrigen M. des Handteils und auf den 4 neu aufgeschlagenen M. des Daumens strickt man noch 36 Musterreihen in der Runde. Von hier ab fährt man mit 1 r. und 1 l. fort und führt dabei das Abn. aus. Hierfür sind in jeder 2. Reihe 4 Abn. nach gleichmäßigen Zwischenräumen zu stricken. Nun führt man 4 Abn. in jeder Reihe aus, bis noch 8 M. übrig sind, die man mit dem Arbeitsfaden durchzieht, und zuletzt vernäht man den Faden gut. Die Handschuhe werden nach Vollendung auf der rechten Seite durch scharfes Bürsten gerauht. Hierfür befeuchtet man die Handschuhe mit reinem Wasser und bürstet mit einer scharfen Bürste so lange gegen den Strich, bis sich feine Wollhärchen über die M. legen.

35. Faust-Handschuh mit langer Manschette. Für Kinder. Zweifarbige Strickarbeit

Abb. 36. Gestrickter Winterhandschuh mit gehäkelter Stulpe für Babies. Arbeitsprobe Abb. 36a. Material: 60 Gr. weiße Zephir- oder Schneesternwolle, 4 Stahlstricknadeln, eine Knochenhäkelnadel. Man beginnt mit 34 M. Anschlag und verteilt die M. auf 3 Nadeln so, daß auf 2 Nadeln je 12 M. kommen und 1 Nadel 10 M. besitzt. Nun strickt man in der Runde das Streifenmuster, gebildet aus je 1 M. r. vschrkt., 1 l. In gleicher Weise strickt man noch 3 Reihen aufeinander. Am Anfang der folgenden Reihe, das ist die fünfte Rundreihe, beginnt das Aufnehmen für den Zwickel des Däumlings. Man strickt 1 r. auf die 1. r. vschrkt. gearbeitete M., dann wird 1 M. aufgenommen. Nun arbeitet man l. auf l. und r. vschrkt. auf r. vschrkt. 6. **Reihe**: Am Anfang 2 r. auf die ersten 2 M., dann l. auf l. und r. vschrkt. auf r. vschrkt. 7. **Reihe**: 1 M. aufn., 2 r. auf die beiden r., 1 M. aufn., hierauf l. auf l. und r. vschrkt. auf r. vschrkt. Die 8., 10., 12., 14., 16. und 18. **Reihe** ist gleich der 6. Reihe, wobei man auf die M. des Zwickels (Keils) r. und auf die übrigen M. l. auf l. und r. vschrkt. auf r. vschrkt. strickt. Die 9., 11., 13., 15. **und** 17. **Reihe** ist je eine aufnehmende Reihe, man nimmt stets beiderseits der Zwickelmaschen auf. Bei der 19. **und** 20. **Reihe** sind gleichartige M. aufeinander zu stricken. Dann verteilt man die M. des Zwickels auf 2 Nadeln und schlägt zuletzt auf 1 Nadel noch 9 M. zu. Nun strickt man auf diesen M. in Rundreihen, wobei man 3 mal stets am Anfang und Ende jeder Reihe die zugeschlagene M. abnimmt und auf den übrigen M. so lange weiterstrickt, bis die Länge des Däumlings erreicht ist. An unserem Modell wurden 17 glatte Reihen gestrickt. Dann beginnt das Abnehmen für die Daumenspitze. Man verteilt die M. gleichmäßig auf die Nadeln und nimmt stets die letzten M. an den einzelnen Nadeln ab, bis sich die Spitze schließt, zuletzt ist rasch abzunehmen, worauf man man die letzten 6 M. abkettet und den Arbeitsfaden sicher vernäht. Nach Fertigstellung des Däumling verteilt man die übrigen M. des Handschuhs gleichmäßig auf drei Nadeln, nimmt die 8 Randm. des Zwickels auf eine Nadel und strickt im Laufe der Arbeit die aufgenommenen Kettenmaschen r. vschrkt. ab. Außerdem werden bei jeder Rundreihe die Anfangs- und Endmaschen des Zwickels r. vschrkt. zusammengestrickt, worauf man das Streifenmuster in der Handlänge weiterstrickt. Dann schließt man den Handschuh gleich einer Strumpfspitze in der zum Däumling erklärten Art. Für das Abnehmen strickt man die Reihen r. bis zum Schluß. Jeden Hand-

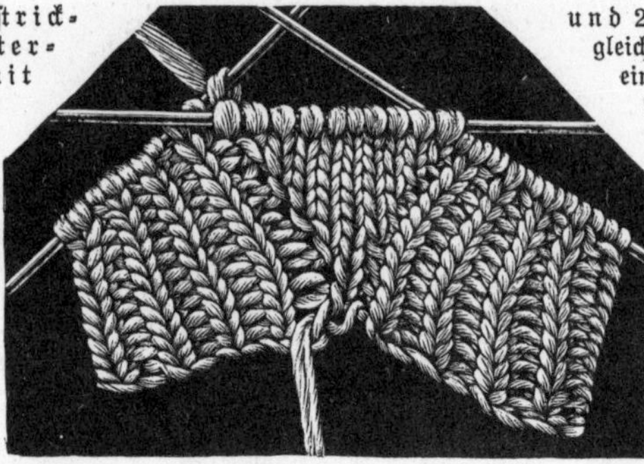

36a. Arbeitsprobe (natürliche Größe) für die Strickarbeit zum Winterhandschuh für Babies Abb. 36. Das Aufnehmen für den Zwickel des Däumlings

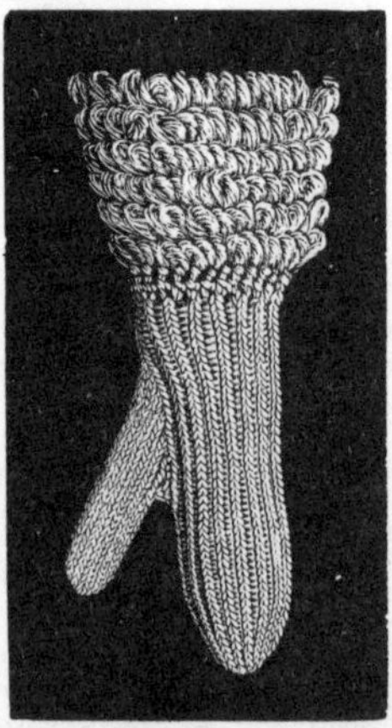

36. Gestrickter Winterhandschuh mit gehäkelter Stulpe für Babies. Hierzu die Arbeitsproben Abb. 36a und Abb. 59, Seite 51 „Die Wollhäkelei"

37. Gestrickte Winterhandschuhe für Damen und Herren. Arbeitsprobe Abb. 37a, Seite 98

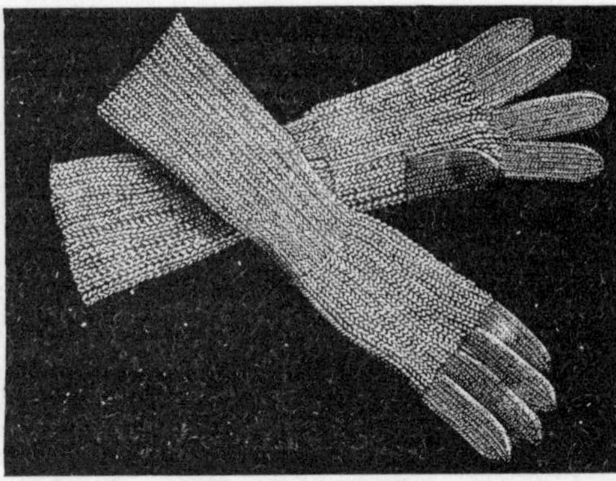

38. Lange Wollhandschuhe für Damen. Manschette und Handteil im Streifenmuster, Finger glatt gestrickt. In Baum-Schafwolle oder Seide herstellbar. Geeignet für den Wintersport

schuhrand begrenzt eine 5 cm hohe Stulpe in Pelzhäkelei. Man häkelt einen 15 cm langen Streifen, näht diesen zuletzt zur Runde zusammen und verbindet die Stulpe durch überwendliche Naht mit dem Handschuhrand. Man häkelt in Längsreihen, hin- und zurückgehend und benutzt einen 1 cm breiten und etwa 18 cm langen Streifen aus Kartonpapier oder Pappe für die Schlingenbildungen, siehe Abb. 59, Seite 51, unter „Die Wollhäkelei". An der Vorlage bilden 30 M. den Anschlag. Auf diesen häkelt man eine Reihe fester M. Hierauf folgt die Schlingenmaschenreihe. Man legt den Papierstreifen vorne (außen) auf die Arbeitsstelle an, *schlägt den Arbeitsfaden zweimal von unten nach oben um den Papierstreifen, sticht mit der Nadel durch die erste untere feste M. und die auf dem Papierstreifen befindlichen losen Schlingenmaschenfäden, holt mittels 1 U. den Arbeitsfaden durch die beiden Schlingenm. und die feste M. und zieht mittels 1 U. die beiden letzten auf der Nadel befindlichen M. ab. Nun wiederholt fortgesetzt vom * die Ausführung, wobei man stets die Schlingenm. dicht nebeneinander legt und die einzelnen Randm. durch feste M. behäkelt. Wenn die Reihe fertiggestellt ist, wird der Papierstreifen herausgezogen. Dann häkelt man zurückgehend 1 Reihe fester M. und wiederholt

39. Gestricktes Wolljäckchen für Kinder von 1—1½ Jahren

Aus der Zeitschrift „Die praktische Berlinerin". Schnitt Nr. 16281. Näheres Seite 15

nach dieser die Reihe Schlingenm. An der Vorlage bilden 6 Reihen Schlingenm. die Höhe der Stulpe. 1 Reihe fester M. ergibt den Randabschluß. Überwendliche Naht verbindet die kurzen Querränder. Die Anschlagreihe wird durch 1 Reihe fester M. oder überwendlicher Stiche mit dem Handschuhrand verbunden.

Abb. 37. Gestrickte Winterhandschuhe für Damen und Herren. Arbeitsprobe Abb. 37 a. Material für Damenhandschuhe: 50 g Bregenzer Handschuhwolle und fünf nicht zu starke Stahlnadeln. Für Herrenhandschuhe: 80 g Imperialwolle, fünf starke Stahlstricknadeln. Da Wollhandschuhe die Hand größer erscheinen lassen, so ist nur die kleinste Musterung zulässig. Herrenhandschuhe werden gern in linken Maschen gearbeitet; das hat den Vorteil, daß die Handschuhe beiderseitig getragen werden können, außerdem sind diese Handschuhe dauerhafter. 52 M. mittels Häkelanschlages aufschlagen, siehe Abb. 10 und die Erklärung Seite 77, 1 Reihe r. darüberstricken, die M. auf 3 Nadeln verteilen, auf die 1. u. 3. je 17 und auf die 2. Nadel 18 M. Es werden in 50 Reihen, die die Manschette bilden, stets 1 r. vschrkt, 1 l. gestrickt. Nun folgen 3 Reihen links, dann eine Reihe rechts, bei denen stets die 12. u. 13. M. zusammengestrickt werden. Man zählt daher am Schlusse der Reihe 48 M. Nun strickt man noch 3 Reihen r. und 3 Reihen l. Diese letzten 10 Reihen bilden den Schluß der Manschette am Handgelenk. Dann beginnt der obere Teil des Handschuhes. Eine Reihe r. 1. Reihe: Umschlagen, 22 r., * 1 l., 1 r., von * zwölfmal wdh. Der Umschlag bezeichnet den Beginn des Daumenzwickels, die 22 r. M. die innere Handfläche, und die übrigen Mustermaschen den Handrücken. 2. Reihe: Den Umschlag der vorigen Reihe r. vschrkt. abstricken, damit kein Loch entsteht, die übrigen Maschen werden wie die 1. Reihe gearbeitet. 3. Reihe: 24 r., * 1 l., 1 r., von * elfmal wdh., 1 l. 4. Reihe: U., 1 r., U., 23 r., * 1 l., 1 r., von * elfmal wdh., 1 l. Die zwischen * u. * befindlichen Angaben der oberen 4 Reihen bilden das Muster des Handschuhrückens; hierfür unterbleibt in der Folge die Erklärung. Die Maschen der inneren Handfläche des Handschuhes werden stets rechts gestrickt; wir geben hier nur die Erklärung des Daumenzwickels. Die Umschlagmaschen, durch die das Zunehmen der Maschen für den Daumenzwickel erfolgt, werden in der nächsten Reihe stets r. vschrkt. abgestrickt, es wird also auch dieser Vorgang in der Folge nicht erwähnt. 5.—6. Reihe: r. darüberstricken. 7. Reihe: U., 3 r., U. 9.—10. Reihe: r. 11. Reihe: U., 5 r., U. Nach jeder aufnehmenden Reihe werden stets 2 Reihen r. darübergestrickt und wir erklären nur die aufnehmenden Reihen. 14. Reihe: U., 7 r., U. 17. Reihe: U., 9 r., U. In dieser Weise wird in jeder 3. Reihe aufgenommen bis der Zwickel 21 M. zählt. Es werden nun 10 Reihen ohne aufzunehmen darübergestrickt. Dann durchzieht man die 21 M. des Daumenzwickels mit einem starken Faden, dessen Enden man verknüpft, um das Herabgleiten der Maschen zu verhindern. Mit einem starken weißen Baumwollfaden werden nun in Häkelanschlag, siehe Abb. 10, Seite 79, 7 M. auf die Nadel aufgeschlagen. An dieser Stelle der 21 M. wird der Baumwollfaden verknüpft, den man später entfernt, siehe die Arbeitsprobe Abb. 37a, Seite 98. Die Anzahl der Maschen beträgt nun 55, und jetzt strickt man die vorerwähnten 7 M. r. ab. Dann folgen vier Reihen r. — Die 7 M. bilden den kleinen Daumenzwickel und es werden die M. in den 4 Reihen abgenommen wie folgt: Überziehen, 3 r., abn., zweimal (immer in der Runde des Handschuhes) darübergestrickt. — Überziehen, 1 r., abn., zweimal darüberstricken, doppelt übz., bei der drittnächsten Reihe wird die restliche 1. M. des Zwickels mit der 1. M. der Handfläche r. zusammengestrickt. Man zählt nun 48 M. in der Runde und strickt bis zum Beginn der Finger 20 Reihen. Der Handschuhrücken zählt jetzt 19 Mustersätze, je 4 Reihen; das Muster wird also nicht mehr gestrickt. Daumen und Finger werden in r. M. gearbeitet. Man beginnt den Zeigefinger zu stricken. Nachdem man einmal rechts herum gestrickt hat, teilt man 16 M. ab (die übrigen 32 M. durchzieht man mit einem starken Baumwollfaden), 9 M. von den gemusterten M. des Handrückens und 7 von der in glatten M. gestrickten inneren Handfläche. Zu diesen 16 M. werden 5 M. mittels eines weißen Baumwollfadens in Häkelanschlag auf eine Nadel aufgeschlagen (wie bei dem Daumen), diese 21 M. werden auf 3 Nadeln verteilt. Man strickt in der Runde 40 Reihen r., verteilt die 21 M. auf 4 Nadeln (auf die 4. Nadel entfallen 6 M.) und beginnt das Abnehmen für die Spitze, indem man die 2 letzten M. jeder Nadel r. abn. Dann folgen 2 Zwischenreihen. Sodann zweimal abn. mit je einer Zwischenreihe. Die restlichen 9 M. ohne Zwischenreihe stricken, bis auf 1 M. abn., den Faden in 10 cm Entfernung abschneiden, durch die M. ziehen, und auf der Innenseite des Fingers vernähen. Für den Mittelfinger werden von den Maschen des Handrückens 6 und von den Maschen der Handfläche auch 6 M. aufgefaßt. Nun entfernt man die 5 Anschlagmaschen, die man für den Zeigefinger angeschlagen hatte, und faßt die M. auf die 3. Nadel, nimmt jedoch zu beiden Seiten dieser 5 M. den zwischenliegenden Faden gleich auf die Nadel. Dieser Faden wird, damit kein Loch entsteht, beim Darüberstricken r. vschrkt. abgestrickt. Für die 4. Nadel werden 6 M. mit Baumwolle angeschlagen (wie beim Daumenzwickel). Der Mittelfinger zählt daher 25 M. in der Runde. Die Länge des Fingerlings beträgt 44 Reihen. Der Mittelfinger wird mit 4 Nadeln gearbeitet. Der Arbeitsfaden wird an die erste der mit der Baumwolle angeschlagenen Maschen angeknüpft, und ein Fadenende läßt man in etwa 10 cm Länge hängen. Die Maschen des Mittelfingers werden auf 3 Nadeln, je 6 M. und auf die 4. Nadel mit 7 M. verteilt. Das Abnehmen erfolgt am Ende jeder Nadel wie beim Zeigefinger, einmal abn. mit 2 Zwischenreihen, dreimal mit je einer Zwischenreihe Die restlichen 9 M. wieder wie beim Zeigefinger abnehmen. Für den Ringfinger faßt man vom Handrücken und von der Handfläche 5 M. auf je eine Nadel auf. Von den sechs mit Baumwolle angeschlagenen Maschen des Mittelfingers entfernt man den Anschlagfaden. Es werden nun mit Baumwolle für die 4. Nadel des Ringfingers 4 M. angeschlagen. Da man auf beiden Seiten der 6 M. des Mittelfingers je einen Faden aufnimmt, so zählt der Ringfinger 22 M Der Ringfinger wird in gleicher Weise wie der Zeigefinger gestrickt, nur bleiben nach den Zwischenreihen des Abnehmens 10 M. übrig, die dann bis auf 1 M. abgenommen werden. Für den kleinen Finger werden die restlichen 10 M. aufgefaßt, die 4 Anschlagmaschen des Ringfingers entfernt und auf beiden Seiten je 2 Fäden mit aufgefaßt, so daß der kleine Finger 18 M. in der Runde zählt, die man auf 3 Nadeln verteilt. 20 Reihen werden bis zum Abnehmen gestrickt. Man verteilt nun die 18 M. auf 4 Nadeln so, daß auf die 1. und 3. je 5 M., auf die 2. und 4. je 4 M. kommen. Dann beginnt man mit dem Abnehmen, indem man auf der 1. und 3. Nadel je die beiden letzten M. r. zusammenstrickt. Nun folgt eine Zwischenreihe. Dann wird auf jeder Nadel ohne Zwischenreihe abgenommen, worauf man die Spitze schließt. Nun beginnt der Daumen. Die 7 mit Baumwolle angeschlagenen Maschen des kleinen Daumenzwickels werden entfernt. Dann faßt man die Maschen auf die Nadel, nimmt an beiden Seiten dieser Maschen je den querliegenden Faden auf und entfernt den Einziehfaden. Man zählt 30 M. in der Runde. Der Arbeitsfaden wird an die Anfangsm. des kleinen Zwickels angeknüpft Dann strickt man 2 Rundreihen. Nun wird der kleine Daumenzwickel geschlossen. Die 1. und 2. der 9 Zwickelmaschen übz., 5 r., abn. 2 Reihen r. in der Runde darüberstricken. Überziehen, 3 r., abn. Das Abnehmen ist beendet, der Daumen zählt 26 M. Die Maschen werden verteilt, so daß auf die 1. und 3. Nadel je 7 und auf die 2. und 4. Nadel je 6 M. kommen. Es folgen 28 Reihen bis zum Beginn des Abnehmens. Die beiden letzten Maschen der 1. und 3. Nadel sind r. zusammenzustricken, dann strickt man 2 Reihen r. Dann wird zweimal, mit je einer Zwischenreihe abgenommen (wie bei den Spitzen). Man zählt nun 16 M. in der Runde und diese Maschen werden ohne Zwischenreihen bis auf 1 M. abgenommen. Der rechte Handschuh ist beendet. Der linke Handschuh wird entgegengesetzt gearbeitet, indem man den Ansatz des Daumenzwickels, nach den 22. r. M. nach der inneren Handfläche zu strickt.

Abb. 38. Lange gestrickte Wollhandschuhe für Damen. Material: 50 g weiße Gobelinwolle, 6 der Fadenstärke angepaßte und 5 um zwei Nummern feinere Stahlstricknadeln. Die Handschuhe sind mit Ausnahme der Finger im Streifenmuster, d. i. 1 r. und 1 l. gestrickt. Auf 56 M., die man auf 4 kräftige Nadeln verteilt, werden 45 Reihen ausgeführt, dann schiebt man feinere Nadeln ein, um den Teil für das Handgelenk festsitzend zu erhalten. Mit diesen Nadeln sind 20 Reihen abwechselnd 1 r. vschrkt. und 1 l. zu arbeiten. Dann strickt man mit den stärkeren Nadeln zwei gleichartige Reihen. Nun beginnt das Aufn. für den Daumenkeil (Zwickel). Das 1. Aufn. führt man nach der 1. Nadel aus, indem man aus den nächsten M. 1 r. und 1 l. vschrkt. abstrickt. Die folgenden Aufn. werden nach 3 Reihen Zwischenraum vor und nach diesen beiden M., die das 1. Aufn. bilden, ebenso gearbeitet; nach dem 7. bis zum 11. Aufn. werden je 4 Reihen gestrickt. Gleichzeitig mit diesen Aufn. sind auf der Rückenfläche des Handteils viermal 2 Aufn., und zwar in der 18., 27., 36. und 45. Reihe zu stricken. Das erste dieser Aufn. wird bei der 9. und 12. M. vor dem Daumenzwickel ausgeführt. Nach dem 11. Aufn. zum Daumen sind noch vier Reihen zu stricken, dann die 24 M. aus den Aufn. auf 2 neue Nadeln zu bringen, noch 10 M. neu aufzuschlagen und auf diesen M. der Daumen 30 Reihen hoch zu stricken. In der 1., 3., 5. und 7. dieser Reihen führt man mit der 1. und letzten der neu aufgeschlagenen M. je 1 Abn. aus. Nach der 30. Reihe wird der Daumen zugespitzt, worauf man die letzten 8 M. mit dem Arbeitsfaden durchzieht und das Fadenende auf der Innenseite sicher vernäht. Auf den übrigen M. des Handteils und auf den 10 M., die man aus den aufgeschlagenen M. für den Daumen aufnimmt, strickt man 20 Reihen, wobei man in den ersten Reihen in gleicher Weise das Abn. wie am Daumen auszuführen hat. Für den 2. Finger des rechten Handschuhes nimmt man von der 4. Nadel, also von der oberen Seite, 10 M., von der nächsten Nadel 9 M. auf 2 neue Nadeln, schlägt noch 11 M. auf und strickt den Finger bis zur Spitze 34 Reihen hoch. Der Zwickel ist durch je 2 Abn. der neu aufgeschlagenen M. in den 4 ersten Reihen herzustellen. Der 3. Finger wird auf 7 M. des unteren Handteils, 9 neu aufgeschlagenen M., 10 M. des oberen Handteils und auf den neu aufgeschlagenen 11 M. für den 2. Finger 44 Reihen hoch gestrickt und für den Zwickel das Abn. auf den neu aufgeschlagenen M. ausgeführt. 6 M. des unteren Handteils, 9 neu aufgeschlagene M., 9 M. des oberen Handteils und die 9 neu aufgeschlagenen M. für den 3. Finger ergeben die Grundmaschen für den 4. Finger. Die übrigen 14 M. und die neu aufgeschlagenen M. des 4. Fingers verwendet man für den kleinen Finger, dazu nimmt man noch je 1 M. vor und nach dem Zwickel zum 4. Finger auf, strickt ihn 31 Reihen hoch und vollendet ihn wie die übrigen Finger, nur sind hierbei für den Zwickel zweimal 2 Abn. auszuführen.

37a. Das Stricken der Fingerlinge zu den Winterhandschuhen Abb. 37

Abb. 39. Gestricktes Jäckchen für Kinder von 1 bis 1½ Jahren. Material: 170 Gramm weiße Schneesternwolle, zwei kräftige lange Stahl- oder Knochenstricknadeln. An der Vorlage wurden Vorderteile, Rücken, Ärmel und Stehkragen extra nach dem Schnitt gestrickt. Man arbeitet in Querreihen, hin- und zurückgehend. Um einen guten Sitz zu erzielen, legt man im Laufe der Arbeit den fertigen Teil zur Kontrolle auf den Schnitt und reguliert danach die Maschenzahl durch Ab- resp. Zunehmen. Man strickt zunächst die Vorderteile, am unteren Rande beginnend. Die Breite beträgt 18 cm und das Modell wurde mit 42 Anschlagmaschen begonnen. Man strickt zunächst für den 1½ cm breiten Randstreifen 6 Reihen r. Dann folgt ein 3½ cm breiter Bordürenstreifen. Man strickt am vorderen Rand stets gerade fort, dagegen hat man an der Seitennaht, dem Schnitt entsprechend, allmählich abzunehmen. Hierfür strickt man stets am Schlusse der Nadel die zwei vorletzten Maschen dem Muster entsprechend r. oder l. zusammen. Ausführung des Musters, am vorderen Rand beginnend. und nach dem Schnitt an der Seitennaht allmählich M. abnehmen, bis auf 15 cm Breite, das sind an dem Modell 36 M. am Ansatz des Ärmelloches. Für dieses werden an der Seitennaht in 2 cm Breite (etwa 6 M.) Maschen abgekettet. Dann nimmt man am Ärmelrand allmählich bis auf 12 cm Brustbreite ab. Die Breite bilden an dem Modell 28 M. Nun wird beiderseits bis zum Halsausschnitt gerade fortgestrickt. Dann kettet man am vorderen Rand in 4 cm Breite etwa 12 M. ab und nimmt vorn allmählich M. ab bis zur Schulternaht auf etwa 4½ cm Breite. Dann werden die

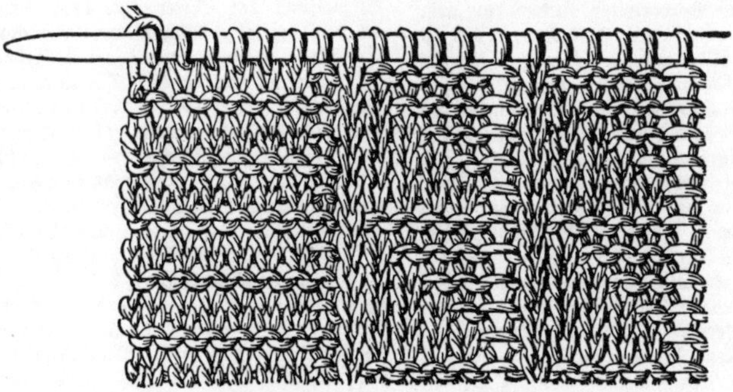

40b. Strickmuster (natürl. Größe) zur Herstellung der Jacke und Mütze Abb. 40 und 41, Seite 101

1. Reihe: fortgesetzt 7 l., 3 r., zuletzt 2 l. — 2. Reihe (Rückseite): l. auf l. und r. auf r. — 3. Reihe: l. auf l. und r. auf r. — 4. Reihe (Rückseite): l. — 5. Reihe: Am Anfang 2 l., dann fortgesetzt 3 r., 7 l., zuletzt die vorletzten M. l. abn. — 6., 7., 8. Reihe wie die 2.—4. Reihe. — 9. bis 12. Reihe wie die 1.—4. Reihe. — Dann wiederholt man den 1½ cm breiten Streifen, gebildet durch sechs Reihen r., wobei man am Schlusse der 4. Reihe abnimmt. Nach der 6. Reihe fängt das Grundmuster an. Man beginnt am vorderen Rand. 1. Reihe: 1 l., dann in gleichmäßigem Wechsel 2 r., 3 l. — 2. Reihe (Rückseite): l. auf l. und r. auf r. — 3. Reihe: 3 l., 2 r. in gleichmäßigem Wechsel. — 4. Reihe: gleich der 2. Reihe. Dann von der 1. Reihe fortgesetzt wdh. M. abgekettet. Der Rückenteil ist gleich den Vorderteilen am unteren Rande beginnend zu stricken. 55 M. bilden den Anschlag (24 cm). Man strickt die Querbordüre und das Grundmuster, nimmt in der bekannten Weise auf beiden Seiten der Seitennaht, dem Schnitt entsprechend, ab, bis auf 19 cm Rückenbreite, diese beträgt etwa 40 M. Nun nimmt man für das Ärmelloch bis zum Ansatz der Schulternaht bis auf 17 cm Breite, d. i. etwa 38 M., ab. Dann folgt beiderseits für die Schulternaht ein rasches Abnehmen bis auf 9 cm Breite (etwa 18 M.), worauf man die M. abkettet. — Die Ärmelteile werden von der Stulpe beginnend gestrickt. 28 M. bilden den Anschlag für die 14 cm weite Stulpe. Man strickt in 5 cm Höhe Querreihen r., d. i. etwa 18 Reihen. Dann folgt das Grundmuster, wobei man nach

dem Schnitt allmählich auf beiden Seiten am Rande aufnimmt. Hierfür strickt man am Schlusse der Nadel den zwischen den letzten M. liegenden unteren Querfaden als M. ab. Für die Ärmelkugel sind beiderseits M. abzunehmen. Zuletzt werden die M. abgekettet. Den Stehkragen bildet ein 9 cm breiter 22 cm langer gerader Streifen, der in kurzen Querreihen, hin- und zurückgehend r. zu stricken ist. 18 M. bilden den Anschlag. Zuletzt werden die M. abgekettet. Überwendliche Naht, mit Wolle ausgeführt, verbindet die einzelnen Teile zur Jacke. Der Stehkragen wird nach den abgeketteten Randmaschen des Überschlages resp. Untertrittes der Vorderteile aufgesetzt. Am Rand des rechten Vorderteiles sind 4 cm vom unteren Rand entfernt drei Knopflöcher in je 8 cm Entfernung zu schürzen. Um in der elastischen Strickarbeit die gute Form der Knopflöcher zu erzielen, durchsteppt man mit weißem Nähgarn die betreffenden Stellen auf der Maschine durch drei bis vier anschließende Steppreihen, macht mit der Schere in der Mitte den Einschnitt und umschürzt mit Wolle durch Knopflochstich den Rand. Den Knopflöchern gegenübergestellt sind auf dem Untertritt des linken Vorderteiles, etwa 5½ cm vom Rande entfernt, flache runde Perlmutterknöpfe, deren Durchmesser 2 cm beträgt, anzunähen. In gleichem Abstand werden auch auf dem rechten Vorderteil drei Knöpfe in Gegenüberstellung befestigt. Am Ansatz des Stehkragens sind für den Verschluß ein rostfreier Haken und eine Öse anzunähen. Den Untertritt verbindet ein rostfreier Druckknopf mit dem übertretenden Vorderteil. Man befestigt eine Hälfte des Druckknopfes an der Ecke des Untertrittes und die andere Hälfte, 7 cm vom Rand des übertretenden Vorderteiles entfernt. Auf der Innenseite decken unsichtbar angesäumte schmale Streifen aus weißer Seide oder gleichfarbigem Batist die Schulternähte.

Abb. 40 u. 41. Jacke und Mütze in zweifarbiger Wollstrickerei. Rückansicht Abb. 40a, Seite 101. Arbeitsprobe Abb. 40b. Material für die Jacke: je 320 Gramm weiße und kirschrote Tauben- oder Mooswolle, für die Mütze: je 20 Gramm weiße und kirschrote gleichartige Wolle. Lange dicke Knochen- oder Holznadeln. An beiden Modellen bildet weiße Strickarbeit die Außenseite und kirschrote elastische Strickarbeit die Bekleidung der Innenseite. Die Jacke wird mit 4 und die Mütze mit 2 Nadeln hin- und zurückgehend gestrickt. Man strickt den unteren Teil der Jacke (Vorderteil und Rücken) im Zusammenhang nach dem zugrunde liegenden Schnitt, der vor Beginn der Arbeit zusammenzunähen ist. Zunächst wird die Außenseite mit weißer Wolle gestrickt. Man beginnt mit dem M.-Anschlag am unteren Rand (etwa 278 M. für 108 cm Weite). Die M. werden auf drei Nadeln so verteilt, daß je 97 M. auf die Seitennadeln und 84 M. auf die mittlere Nadel kommen. Auf der mittleren Nadel (d. i. die Nadel des Rückenteils) wird stets das Muster glatt fortgestrickt, dagegen nimmt man an den Seitennadeln für die Schweifung der Seitennaht, dem Schnitt entsprechend, allmählich M. ab. Am vorderen Rand werden stets 7 M. r. gestrickt. Dann beginnt das Muster. Ausführung des Musters. 1. Reihe: 1. r., 5 l., in gleichmäßigem Wechsel. — 2. Reihe: 4 r., 2 l. in gleichmäßigem Wechsel. — 3. Reihe: abwechselnd 3 r., 3 l. — 4. Reihe: 2 r., 4 l. in gleichmäßigem Wechsel. — 5. Reihe: abwechselnd 5 r., 1 l. — 6. Reihe: 5 r., 1 l., in gleichmäßigem Wechsel. — 7. Reihe: abwechselnd 2 r., 4 l. — 8. Reihe: 3 r., 3 l. — 9. Reihe: 4 r., 2 l. — 10. Reihe: 1 r., 5 l. Nun von der 1. Musterreihe wdh. Dem Schnitt gemäß werden in 10 cm Höhe vom unteren Rand gemessen an den Seitennadeln die drittvorletzte und vorletzte M. resp. die 2. und 3. M. dem Muster entsprechend r. oder l. zusammengestrickt. Das Abnehmen geschieht allmählich bis auf 44 cm Oberweite. Für das Ärmelloch werden M. abgekettet, bis auf 30 cm Rückenbreite und je 21 cm Breite der Vorderteile. Dann strickt man Vorderteile und Rückenteile extra, nimmt am Ärmelrand allmählich M. ab und wiederholt auch das Abn. am Halsausschnitt bis auf 9 cm Schulterbreite. Für den geschweiften Halsrand des Rückenteils wird in der Mitte die erforderliche Anzahl M. abgekettet, worauf man auf beiden Seiten verkürzte abnehmende Reihen bis zur Schulternaht strickt. Dann werden die M. abgekettet. Die Ärmel bilden nach dem Schnitt im Muster gestrickte Teile. Man beginnt am unteren Ärmelrand in 20 cm Breite und strickt allmählich aufnehmende Reihen, bis die Weite der Ärmelkugel erreicht ist, worauf man durch allmähliches beiderseitiges Abnehmen die Rundung der

Ärmelkugel erzielt. Nach dem gleichen Schnitt sind die Grundform und Ärmelteile für die Bekleidung der Innenseite mit kirschroter Wolle zu stricken. Man strickt in hin- und zurückgehenden Reihen r. Den gleichartig gestrickten roten Schalkragen bildet ein 68 cm langer nach dem Schnitt in 12 cm Breite abgeschrägter Streifen. Für die 8 cm hohen, 20 cm weiten Manschetten werden

40 a

40 u. 41. Jacke und Mütze in zweifarbiger Wollstrickerei (Sportanzug)
Rückansicht Abb. 40 a. Arbeitsprobe Abb. 40 b, Seite 99. Aus der Zeitschrift „Die Modenwelt". Schnitt Nr. 16428. Näheres Seite 15

mit kirschroter Wolle die Maschen an den durch eine Naht geschlossenen Ärmelrand angemascht. Dann strickt man in Rundreihen, eine Reihe r., 1 Reihe l. und kettet zuletzt die M. ab. Mit weißer Wolle werden die gestrickten Teile der Außenseite zusammengenäht, rote Wolle fügt die roten Teile zusammen und befestigt durch eine Saumnaht den Kragenaufschlag mit der Jacke. Unsichtbare weiße Saumstiche verbinden die Jackenränder. Für den Knopfverschluß braucht man drei flache Holzknöpfe von je 3 cm Kreisdurchmesser, die man mit weißer Sport- oder Zephirwolle durch feste Maschen umhäkelt. Um das Verzerren der Strickarbeit durch das Zuknöpfen zu verhindern, befestigt man unter den Knöpfen je einen kleinen, mit Garn umsponnenen Hemdenknopf. Den Knöpfen gegenübergestellt werden dem rechten Vorderteil Ösen angehäkelt. Man behäkelt den Rand des Vorderteils durch feste M. und arbeitet an der betreffenden Stelle eine etwa 3½ cm lange Luftmaschenkette, worauf man in 1½ cm Entfernung die Randmaschen übergeht und weitergehend den Rand durch feste M. behäkelt. Am unteren Rand der übertretenden Vorderteile sind in Gegenüberstellung Druckknöpfe für den Verschluß zu befestigen.

Die doppelseitige Mütze wird außen mit weißer, innen mit roter Wolle gestrickt. Man strickt zwei gerade Streifen in der Größe von je 30 zu 58 cm. An dem Modell bilden 91 M. den Anschlag für 58 cm Kopfweite. Man strickt in hin- und zurückgehenden Reihen. Zunächst werden mit weißer Wolle in 8 cm Höhe 26 Reihen r. gestrickt. Dann folgt in 21 cm Höhe das Muster der Jacke. Dann strickt man für die Kuppel drei abnehmende Reihen, indem man auf der Rechtsseite r. und auf der linken Seite l. strickt. Man strickt stets die 5. und 6. M. r. oder l. zusammen. Dann werden die M. abgekettet. In gleicher Form ist der rote Streifen für die Innenseite in hin- und zurückgehenden Reihen r. zu stricken. Dann näht man die kurzen Ränder zur Mütze zusammen, zieht mit rotem Faden die Kuppelränder fest ein und deckt die eingereihte Kuppelspitze durch einen aufgenähten, mit weißer Sportwolle umhäkelten flachen Holzknopf. Hierfür häkelt man um einen Einlagefaden aus Wolle 5 feste M., schließt die Reihe durch 1 Kettenm. in die 1. feste M., häkelt eine aufnehmende Reihe, gebildet durch 2 feste M. auf 1 feste M., ×

je 1 feste M. auf die 2 nächsten festen M., dann 2 feste M. auf die folgende feste M., nun vom × fortgesetzt wdh. Bei den zwei nächsten Reihen wdh. sich das Aufnehmen nach jeder 3. festen M. Dann folgt eine glatte Reihe fester M. und zwei abnehmende Reihen, indem man stets die 4. feste M. übergeht. Vor dem Schließen der Hülle ist der Holzknopf einzustecken. Die unteren Mützenränder werden mit weißer Wolle durch überwendliche Stiche zusammengenäht.

Abb 42. Gestricktes Wollhemd (Sweater) für Knaben von 8 bis 12 Jahren. Material: 250 Gramm weiße Mooswolle, kräftige und feinere Stahlstricknadeln. Man strickt für die Grundform zwei Teile in gleicher Größe und fügt die Teile zuletzt zusammen. Es ist ratsam nach dem Schnitt zu arbeiten und nach diesem die M. zu regulieren. Unsere Vorlage wurde fest gestrickt. Zunächst folgt die Erklärung für einen Teil der Grundform. 118 M. geben den Anschlag. Dann strickt man mit zwei langen kräftigen Nadeln in hin- und zurückgehenden Reihen abwechselnd eine Reihe r., eine Reihe l., wobei am Anfang jeder Reihe die 1. M. abzuheben ist. Nach 6 cm Höhe werden für den verstärkten Rand die Anschlagm. auf eine Stahlstricknadel aufgenommen, worauf man je 1 Anschlagm. mit einer M. der letzten Reihe r. zusammenstrickt. Nun folgen in 32 cm Höhe weitergehend je eine Reihe r. und eine Reihe l., dann kettet man beiderseits am Rande für die Schulternaht 34 M. ab. Auf die mittleren 50 M. strickt man für den Kragenteil mit feinen Nadeln, in hin- und zurückgehenden Reihen, abwechselnd 1 r. vschrkt. und 1 l., indem man bei jeder Reihe die gleichartigen M. übereinanderstrickt, worauf man die M. abk. Die vollendeten Teile näht man auf der Linksseite nach dem Schnitt durch überwendliche Naht zusammen und läßt auf beiden Seiten für das Ärmelloch einen Schlitz offen. Ebensogut können auch die Ränder der Schulter- und Kragenteile offen bleiben und für Knopfverschluß eingerichtet werden. Die Ärmel werden mit 5 feinen Nadeln in der Runde gestrickt. Man beginnt an der Stulpe mit 82 M. Anschlag, verteilt auf die 1. Nadel 22 M. und auf die nächsten 3 Nadeln 20 M. Dann strickt man in der Runde mit feinen Stricknadeln in 7½ cm Höhe, wie beim Stehkragen, abwechselnd 1 r. vschrkt. und 1 l. Im Anschluß folgen für den Ärmel einfache Reihen rechts. Um die Weite des Ärmels zu erzielen, hat man stets nach den drei ersten M. am Anfang und vor den drei letzten M. am Schlusse der Reihe allmählich M. aufzunehmen, rämlich 11 mal nach vier glatten Reihen. Nun strickt man in 9 cm Höhe r. und wiederholt in gleicher Weise 11 mal, wie vorhin beschrieben, das Aufn. je über derselben Stelle. Nach dem letzten Aufn. sind noch 6 Reihen r. zu stricken, worauf man die M. abk. und den Ärmelrand dem Ärmelausschnitt der Grundform durch überwendliche Naht einfügt. Hierbei muß die aufgenommene Ärmelnaht in die untere Mitte des Ärmelausschnittes treffen. Man kann den Sweater auch für Mädchen arbeiten mit dem Unterschied, daß man die Schulternähte offen läßt und den Kragen in zwei Teilen strickt, siehe den Damensweater, Abb. 43 und die hierfür gegebene Erklärung. Für den Knopfschluß verstärkt man die Ränder durch untergesteppte weiße Satinstreifen oder gewaschene Baumwollborte. Der Rand der vorderen Schulter- und Kragenteile wird mit Knopflöchern versehen, auf den rückwärtigen Teilen sind gegenüber den Knopflöchern kleine flache Knöpfe anzubringen. Angenehm beim Tragen sind Sweaters aus weicher waschechter Strickseide (Jackenseide) gestrickt. Für Seidenstrickerei hat man beim Anschlag mehr Maschen zu berechnen als für Wollstrickerei, weil die Seide weniger elastisch ist als Wolle.

Abb. 43. Gestricktes Wollhemd (Sweater) für Damen. Material: 610 Gramm weiße, 4drähtige Strickwolle. Unser Modell wurde in zwei Teilen von gleicher Größe mit zwei langen Knochen- oder Holzstricknadeln gestrickt. Man beginnt am unteren Rande mit 120 M. Anschlag. Dann strickt man hin- und zurückgehend 27 Reihen r. Hierauf beginnt das Muster. 1. Musterreihe: 8 l. 4 r., fortgesetzt wdh. — 2. Reihe (Linksseite): l. auf l. und r. auf r. — 3. Reihe (Musterreihe): Am Anfang 3 r. auf die ersten 3 l., × 8 l., 4 r., dann vom × fortgesetzt wdh. Die 4. Reihe (Linksseite) ist der 2. Reihe gleich. — Die 5. Reihe (Musterreihe) wdh. von der 1. Reihe usf. wdh. Dem Schnitt entsprechend hat man auf beiden Seiten am Rande allmählich abzunehmen, bis auf etwa 96 M. Am Anfang und Ende der Reihe sind 2 M., dem Muster entsprechend, entweder l. oder r. zusammenzustricken. An der Vorlage wurde in der Höhe von 17 Mustersätzen abgenommen. Nach neun glatten Mustersätzen nimmt man wieder allmählich am Rande bis auf 120 M. auf. Dann werden beiderseits am Rande für den Ärmelausschnitt, dem Schnitt entsprechend, bis vor der Schulternaht 5 M. abgenommen. Nun kettet man in der Mitte für den Halsausschnitt die erforderlichen M. ab und strickt beiderseits mit 32 M. zwei Mustersätze, wobei man am Halsrand für die Schweifung 2 mal 2 M. abnimmt, somit wird mit 28 M. das Achselstück abgekettet. Die Ärmel sind ebenfalls nach dem Schnitt in hin- und zurückgehenden Querreihen, an den Stulpen beginnend, zu stricken. 68 M. geben den Anschlag. Dann strickt man mit feineren Stahlstricknadeln 40 Reihen 2 r., 2 l. Nun beginnt wieder die Ausführung des Musters mit den Knochenstricknadeln, wobei man am Rande nach dem Schnitt aufnimmt. An dem Modell bilden 96 M. die obere Ärmelweite. Für die Ärmelpassen strickt man nach dem Schnitt verkürzte abn. Musterreihen und kettet zuletzt die M. ab. Nach Fertigstellung der beiden Teile für die Grundform strickt man für den aus zwei Teilen von gleicher Größe bestehenden umzuklappenden Halskragen einen geraden Streifen. Man beginnt mit 64 M. Anschlag und strickt danach eine Reihe r., worauf 12 Reihen 2 r., 2 l. und 12 Reihen r. folgen. Dann hat man die M. abzuketten und die Randkette durch überwendliche Naht mit dem Halsrand zu verbinden. In gleicher Weise sind auch die fertigen Teile zur Jacke zusammenzunähen. Dann versieht man die vorn an der Schulter offen gelassenen Teile mit Knopflöchern und die rückwärtigen, mit einer Untertrittleiste versehenen Ränder mit Perlmutterknöpfen.

42. Gestricktes Wollhemd (Sweater) für Knaben von 8—12 Jahren

Aus der Zeitschrift „Die praktische Berlinerin"
Schnittnummer 3550. Näheres Seite 15

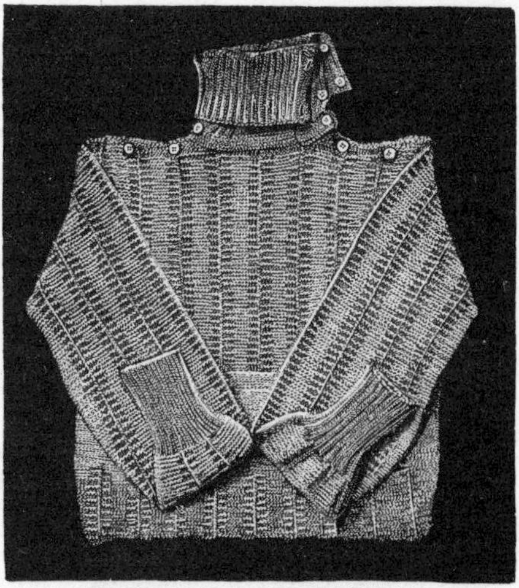

43. Gestricktes Wollhemd (Sweater) für Damen. Aus der Zeitschrift „Dies Blatt gehört der Hausfrau"
Schnittnummer 3512. Näheres Seite 15

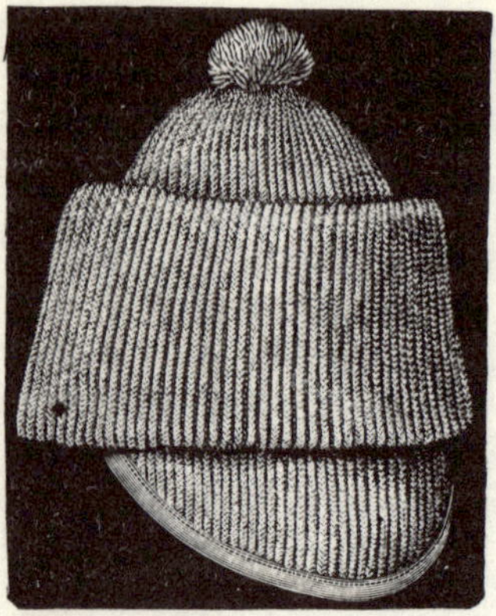

44. Gestrickte Wintersportmütze mit Schirm für Herren und Knaben
Schnittnummer 5525. Näheres Seite 15

Abb. 44. Gestrickte Wintersportmütze mit Schirm. Kopfweite: 62 cm. Material: 70 Gramm weiße Kaninchenwolle oder Mooswolle, fünf Stahlstricknadeln in mittlerer Stärke. Unsere Vorlage war ein gewebtes Modell. Nachstehend geben wir die Erklärung für Handstrickerei. Man strickt die Mütze in Rundreihen wie einen Strumpf. 224 M. bilden den Anschlag für den Rand, dann werden die M. auf vier Nadeln gleichmäßig verteilt, wodurch 56 M. auf eine Nadel kommen. 1. Reihe: am Anfang 1 r., 2 l., dann in stetem Wechsel, je 1 r., 1 l., am Schluß der Reihe die letzten M. 2 l. Man strickt

45. Gestrickte Wintersportmütze für Mädchen und Knaben im Alter von 6—10 Jahren

50 gleichartige Rundreihen in 13 cm Höhe, worauf die Strickarbeit für den Gesichtsausschnitt beginnt. Hierfür hat man an einer Seite in der Mitte 56 M. abzuketten, so daß je beiderseits der Nahtmaschen auf einer Seite 77 und auf der anderen Seite 76 M. (ohne die 5 Nahtm. gerechnet) übrigbleiben. Dann strickt man wie bei einer Strumpfferse in hin- und zurückgehenden Reihen gleichartige Maschen übereinander und nimmt nach dem Schnitt je am Rande des Gesichtsausschnitts ab. An dem Modell bilden 54 M. des Grundmusters die kürzeste Reihe. Danach folgen, dem Schnittmuster entsprechend, etwa fünf gleichartige kurze Reihen. Hierauf hat man für den Mützenschirm 32 M. anzuschlagen. Man strickt auf den Anschlag in Querreihen, hin- und zurückgehend, das Streifenmuster und nimmt nach dem Schnitt beiderseits am Rande resp. vor der Randm. je eine M. auf (hierfür wird der zwischen den M. befindliche Querfaden auf die Nadel genommen und als verschränkte r. oder l. abgestrickt). Das Aufn. wiederholt sich so lange, bis 97 M. auf der Nadel liegen. Dann strickt man in der Runde, auf den M. der Grundform weitergehend, das Streifenmuster, etwa in 50 Reihen Höhe, worauf das Abn. wie bei einer Strumpfspitze beginnt. Man strickt von nun ab nur r. und strickt bei den abnehmenden Reihen am Anfang jeder Nadel 2 M. zusammen. Das Abn. geschieht in kurzen Abständen, damit sich die Mütze rasch schließt und die Kuppelform entsteht. Zuletzt werden auf der Arbeitsrückseite etwa 30 M. zusammen abgemascht. Dann zieht man durch Befestigungsstiche die Spitze fest zusammen und deckt außen die Spitze durch einen aufgesetzten Pompon. Weißes Leinen bekleidet die Innenseite des Schirmteiles. Ein gleichfarbiges Leinenband dient zum Einfassen des Schirmrandes und des Gesichtsausschnitts.

Abb. 45. Gestrickte Wintermütze für Mädchen und Knaben. Kopfweite: 54 cm. Material: 80 Gramm weiße Zephirwolle, zwei kräftige Stahlstricknadeln. Man strickt die Mütze als geraden Streifen in hin- und zurückgehenden langen Querreihen und schließt zuletzt den Streifen durch Naht. Nach der Kopfweite richtet sich die Anzahl der Maschen für den Anschlag. 172 M. bilden den Anschlag. Auf diesen strickt man 16 Reihen r. —

17. Reihe (Musterreihe): × 5 r., 5 l., 1 r., 5 l., dann vom × fortgesetzt wdh. — 18. u. 19. Reihe: r. auf r. und l. auf l. — 20. Reihe: l. — 21. Reihe (versetzte Musterreihe). Am Anfang 2 l., 1 r., 5 l., dann vom × der 17. Reihe fortgesetzt wdh. — 22., 23. u. 24. Reihe gleich der 18., 19. u. 20. Reihe. — Die 25. Reihe wdh. von der 17. Reihe, dann folgen noch vier gleichartige versetzte Mustersätze. Nach der letzten Reihe l. strickt man 12 Reihen r. — Hierauf strickt man 1 Reihe l., 32 Reihen r. — Bei der nächsten Reihe beginnt die Ausführung des Bordürenmusters. Man wdh. von der 17. Reihe und strickt die gleiche Anzahl der Mustersätze. Gleichzeitig sei bemerkt, daß sich bei dieser Ausführung die Rechtsseite des Musters auf der Arbeitsrückseite befinden muß. Diese Seite gilt nach der vollendeten Arbeit für die Rechtsseite der Mütze. Nach der letzten Reihe l. strickt man in etwa 8 cm Höhe 34 Reihen, gebildet aus 1 M. r., 1 M. l. Man arbeitet bei den einzelnen Reihen die gleichartigen M. übereinander, wodurch sich das Streifenmuster bildet. Nach der letzten Reihe werden die M. abgekettet. Dann näht man die Längsränder durch überwendliche Naht aus Zephirwolle zusammen, krauft den oberen Rand durch einige Stichreihen fest zusammen und setzt auf die Schlußstelle einen Wollpompon. Dann wird die Krempe hochgeschlagen, wodurch die Rechtsseite des Bordürenstreifens nach außen liegt.

Abb. 46. Joppe für Herren. Strickarbeit im Streifenmuster. Material: 480 Gramm hellkastanienbraune und graugrüne melierte Schottland- oder Gobelinwolle, fünf lange Stahlstricknadeln in mittlerer Stärke. Man strickt die einzelnen Teile nach dem zugrunde liegenden Schnitt. Der Rücken, die Aermel und die Besatzstreifen sind einfarbig braun, die Vorderteile braun und grün meliert gestrickt. 176 M. in brauner Wolle bilden den Anschlag für den Vorderteil. 1. Reihe: *1 r., 1 l., vom * fortgesetzt wdh. Dann folgen 21 Reihen in gleicher Weise. Hierauf strickt man mit der melierten Wolle in gleichem Muster etwa 60 Reihen. Dann kettet man in der nächsten Reihe für den Taschenschlitz etwa 94 M. ab und nimmt in der darauf folgenden Reihe die Maschenzahl wieder zu. Nun strickt man glatt weiter bis zur zweiten Tasche. Für die untere Taschenwand strickt man aus brauner Wolle ein etwa 11 cm hohes Stück 1 r., 1 l. Dieses

46. Joppe für Herren
Strickarbeit im Streifenmuster. Schnittnummer 2894. Näheres Seite 15

47. Weste mit Ärmeln. Strickarbeit im Streifenmuster. Hierzu die Arbeitsprobe Abb. 47a Schnittnummer 2893. Näheres Seite 15

Stück wird der Joppe angesäumt. Der Rückenteil wird auch am unteren Querrand angefangen. 236 M. werden mit brauner Wolle angeschlagen. Man strickt 20 Musterreihen im Patentmuster, siehe die Erklärung zu Abb. 11, Seite 80, dann wieder 1 r., 1 l. wie am Vorderteil. An den Seiten wird dem Schnitt entsprechend zu- resp. abgenommen. Der Ärmel beginnt am unteren Rand mit 92 M. Anschlag. Zunächst werden 56 Reihen 1 r., 1 l. gestrickt, dann arbeitet man in der Runde glatt r. und ziemlich lose. Es werden 12 doppelte Aufn. gearbeitet, nämlich 1 Aufn. vor der letzten und 1 Aufn. nach der 1. M. einer Reihe. Das Aufn. wdh. sich in jeder 4. Reihe resp. in der 6. bei den drei letzten Aufn., dann folgen nach 50 glatten, Reihen 14 Aufn., nämlich in der 7. Reihe. Nach weiteren 7 Reihen werden die M. abgekettet. Der die Vorderteile und den Halsrand begrenzende Streifen ist auf 26 M. Anschlag 1 r., 1 l. zu stricken, die Besatzstreifen für die Taschen auf 18 M. Anschlag. Den Besatzteilen an den Vorderteilen ist ein Stoffstreifen gegenzusetzen. 7 Knöpfe und Knopflöcher bilden den Verschluß.

Abb. 47. Weste mit Ärmeln. Strickarbeit im Streifenmuster. Arbeitsprobe Abb. 47a. Material: 150 Gramm weiße und 300 Gramm braune feine Merinowolle, fünf lange Stahlstricknadeln in mittlerer Stärke. Etwa 1,50 m brauner Taft, 50 cm breit. Man strickt die einzelnen Teile nach einem zugrunde liegenden Schnitt. Am einfachsten und schnellsten wird das Nacharbeiten, wenn man die Vorderteile je mit einem geraden unteren Querrand beginnt, ohne Berücksichtigung der Schweifung. Man schlägt mit braunem Faden die M. an und verteilt sie gleichmäßig auf zwei oder drei Stricknadeln. Dann strickt man in Querreihen, hin- und zurückgehend. 1. Reihe: r. — 2. Reihe (Musterreihe): Man beginnt mit braunem

47a. Ausführung des gestrickten Streifenmusters (natürl. Größe) zur Weste Abb. 47

Faden und strickt 2 M. r., dann läßt man den braunen Faden auf der Arbeitsrückseite lose hängen, legt das weiße Fadenende auf der Arbeitsrückseite an, * strickt mit dem weißen Faden die zwei nächsten M. r. ab, worauf man den Faden nach rückwärts legt und mit dem braunen Faden die folgenden zwei M. r. abstrickt, vom * fortgesetzt wiederholend. — 3. Reihe: Hierfür strickt man in den gleichen Farbentönen sämtliche M. l. ab und legt stets die losen Fäden nach vorn (d. h. man läßt die Fäden auf der Arbeitsseite hängen). — Die 4. Reihe wiederholt von der 2. Reihe usf. — Man strickt gerade weiter bis zum Ansatz des Ärmelausschnittes und nimmt dann an der Schweifungslinie allmählich M. ab. Dann wird auch am vorderen Rand abgenommen für den Halsausschnitt. Für den Schulterteil nimmt man am Rand des Ärmelausschnittes allmählich M. auf und strickt bis zur Schulterlinie, worauf man die M. abkettet. Der Rückenteil wird auch am unteren Querrand angefangen. Man strickt zunächst einen Zierrand auf 236 M. Anschlag. — 1. Reihe: * Die 1. M. wird rechts verschränkt abgestrickt, die 2. M. wird l. gestrickt. Vom * fortgesetzt wiederholen. Bei der 2. Reihe wird die r. verschränkte M. auf die linke M. gestrickt und die linke M. auf die rechts verschränkte M. Die folgenden Reihen werden gleich der 2. Reihe gearbeitet. Von diesem Muster werden 26 Reihen in brauner Wolle gestrickt. In derselben Farbe arbeitet man den Rücken im Patentstich weiter, siehe die Erklärung zu Abb. 11, Seite 80. Man strickt fest, nimmt an den Seiten bis zum Ansatz des Ärmelausschnittes, dem Schnitt entsprechend, zu und nimmt dann an der Schweifungslinie allmählich M. ab. Das Zunehmen geschieht in der an Abb. 8, Seite 79, gezeigten Art. An der Schulter kettet man die übrigen M. ab. Der 3½ cm breite Besatzstreifen, der den Vorderteil und Halsausschnitt der Weste schmückt, ist in brauner

48. Streifenmuster
Gebildet aus 2 r., 2 l. Gleichmäßig übereinander gestrickt

49. Schachbrettmuster
Gebildet aus drei Reihen, 4 M. r., 4 M. l., dann versetzt

50. Pikeemuster
Gebildet aus 2 Reihen, 1 M. r., 1 M. l., dann versetzt

51. Pyramidenmuster
Siehe die Erklärung. Muster geeignet für Jacken, Hauben, Unterröcke u. dgl.

52. Knötchenmuster
Siehe die Erklärung. Muster geeignet für Bordüren an Jacken und Mützen

Wolle auf 38 M. Anschlag 1 r., 1 l. gestrickt. Der den Taschen aufgesteppte Streifen ist 3 cm breit. Er wird auf 20 M. Anschlag glatt r. gestrickt. Zuletzt werden die Vorderteile am unteren Querrand nach der Schnittform zurechtgeschnitten, worauf man den Schnittrand durch einige anschließende Steppstichreihen sichert, damit die M. nicht ausfasern können. Dann näht man die einzelnen Teile zusammen und deckt innen die Naht durch ein 1¼ cm breites, schwarzes Wollbörtchen. Dem vorderen Rand ist außerdem noch ein 4 cm breiter Stoffstreifen gegengesetzt. Für die Taschen werden an den Vorderteilen Einschnitte gemacht, worauf man den braunen Besatzstreifen aufsteppt und die Taschen mit schwarzem Stoff bekleidet. Knopfverschluß.

Abb. 48—50. D r e i S t r i c k m u s t e r, siehe die Erklärungen in den Unterschriften.

Abb. 51. P y r a m i d e n m u s t e r. Ein Mustersatz besteht aus 5 M., und 6 Reihen strickt man für seine Vollendung. 1. R e i h e (Rechtsseite): 5 l., 1 r. in regelmäßigem Wechsel. — 2. R e i h e (Rückseite): l. auf l. und r. auf r. — 3. R e i h e (Rechtsseite): 1 r., * 3 l., 3 r., vom * wdh. — 4. R e i h e (Rückseite): gleich der 2. Reihe. — 5. R e i h e (Rechtsseite): 2 r., * 1 l., 5 r., vom * wdh. — 6. R e i h e (Rückseite): gleich der 2. und 4. Reihe. Bei den nächsten Mustersätzen werden die M. versetzt gearbeitet.

Abb. 52. M u s t e r m i t K n ö t c h e n. Das Muster kann auf eine beliebige Anzahl Grundmaschen gestrickt werden. — 1. R e i h e: In regelmäßiger Wiederholung 1 r., 3 U. — 2. R e i h e: * Die M. r. abstricken, 1. U. r., 2. U. l., 3. U. r. abstricken, dann die 2. Umschlagm. über die 3. ziehen, ebenso die 1. über die 2. und zuletzt die abgestrickte M. über die 1. M., so daß 1 M. auf der Nadel bleibt, wodurch sich ein Knötchen bildet, vom * wdh. — 3. R e i h e: gleich der 1. Reihe u. s. f. wdh.

Das Stricken von Quadraten und Sternen

53. Quadrat Von der Mitte ausgehend gearbeitet

Arbeitsprobe Abb. 53a. Das Aufnehmen für die Ecke

Quadrat Abb. 53. Von der Mitte ausgehend mit 4 Nadeln zu stricken. Arbeitsprobe Abb. 53a. 4 M. anschlagen, auf 4 Nadeln verteilen und zur Runde schließen. Die Beschreibung gilt stets für eine Nadel, und die Angaben jeder Reihe sind dreimal zu wiederholen. 1. Reihe: U., 1 l. — 2. Reihe: 1 l. vschrkt., 1 l. — 3. Reihe: U., 1 l., U., 1 l., — 4. Reihe: 1 l. vschrkt., 1 r. vschrkt., 1 l. — 5. Reihe: U., 1 l., 1 U., 3 r. Der 2. U. wird in allen folgenden Reihen von rückwärts nach vorn über die Nadel gelegt, siehe Arbeitsprobe Abb. 53a. Der 1. U., mit dem jede 2. Reihe beginnt, wird, wie bekannt, von vorn nach rückwärts über die Nadel gelegt. 6. Reihe: 1 r. vschrkt., 1 l., den 2. U. der 5. Reihe r. abstricken, wodurch sich die M. verschränkt, 3 r. — 7. Reihe: Die 1. M. der 1. Nadel auf die 4. Nadel hinüber r. abstricken, U., 1 l., U., 2 r., 1 l., 2 r. Es wird bei jeder ungeraden Reihe die 1. M. der folgenden Nadel auf die vorige Nadel herüber gestrickt, nämlich von der 1. auf die 4., von der 2. auf die 1., von der 3. auf die 2., von der 4. auf die 3. Nadel. — 8. Reihe: 1 r. vschrkt., 1 l., 3 r., 2 r., 1 l., 2 r. — 9. Reihe: U., 1 l., U., 2 r., 3 l., 2 r. — 10. Reihe: 1 r. vschrkt., 1 l., 3 r., 3 l., 2 r. — 11. Reihe: U., 1 l., U., 2 r., 2 l., 1 r., 2 l., 2 r. — 12. Reihe: 1. r. vschrkt., 1 l., 3 r., 2 l., 1 r., 2 l., 2 r. — 13. Reihe: U., 1 l., U., 2 r., 2 l., 3 r., 2 l., 2 r. — 14. Reihe: 1 r. vschrkt., 1 l., 3 r., 2 l., 3 r., 2 l., 2 r. — Da in der Folge jede gerade Reihe mit 1 r. vschrkt., 1 l., 1 r. beginnt, werden nur die ungeraden Reihen er-

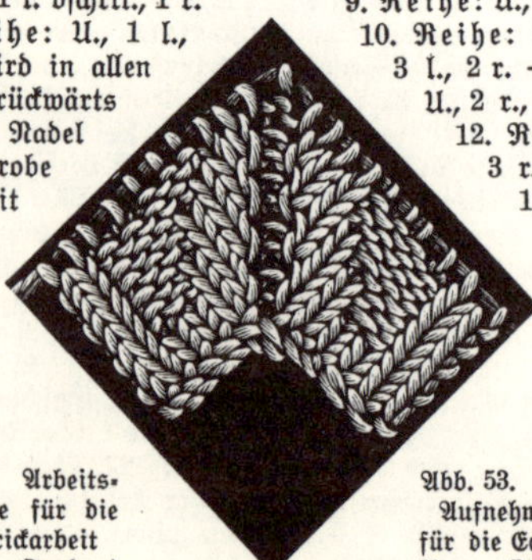

53a. Arbeitsprobe für die Strickarbeit zum Quadrat

Abb. 53. Das Aufnehmen für die Ecke ist klar ersichtlich

erklärt. — 15. Reihe: U., 1 l., U., 4 r., 2 l., 1 r., 2 l., 4 r. — 17. Reihe: U., 1 l., U., 2 r., 1 l., 3 r., 3 l., 3 r., 1 l., 2 r. — 19. Reihe: U., 1 l., U., 2 r., 3 l., 3 r., 1 l., 3 r., 3 l., 2 r. — 21. Reihe: U., 1 l., U., 2 r., 2 l., 1 r., 2 l., 5 r., 2 l., 1 r., 2 l., 2 r. — 23. Reihe: U., 1 l., U., 2 r., dreimal je 2 l., 3 r., dann 2 l. Da fortgesetzt jede ungerade Reihe mit U., 1 l., U. beginnt, so wird in der Folge statt dieser Erklärung ein * gesetzt. — 25. Reihe: * 4 r., 2 l., 1 r., 2 l., 5 r., 2 l., 1 r., 2 l., 4 r. — 27. Reihe: * 2 r., + 1 l., 3 r., 3 l., 3 r., von + einmal wdh., 1 l., 2 r. — 29. Reihe: * 2 r., + 3 l., 3 r., 1 l., 3 r., von + einmal wdh., 3 l., 2 r. — 31. Reihe: * 2 r., + 2 l., 1 r., 2 l., 5 r., von + einmal wdh., 2 l., 1 r., 2 l., 2 r. — 33. Reihe: * 2 r., + 2 l., 3 r., von + viermal wdh., 2 l., 2 r. — 34. Reihe: 1 r. vschrkt., 1 l., 1 r., + 2 l., 3 r., vom + viermal wdh., 2 l., 2 r. — Dann strickt man 4 Reihen l. In der 1. und 3. Reihe wird an den Ecken der 2. U. r. abgestrickt. Zuletzt kettet man die M. lose ab.

Abb. 54. Durchbrochenes Quadrat. 4 M. anschlagen, auf 4 Nadeln verteilen und zur Runde schließen. 1. Reihe: * U., 1 r., vom * dreimal wdh. — 2. Reihe: * U., 1 r., vom * siebenmal wdh. — 3. Reihe: * U., 3 r., U., 1 r. vrschrkt., vom * dreimal

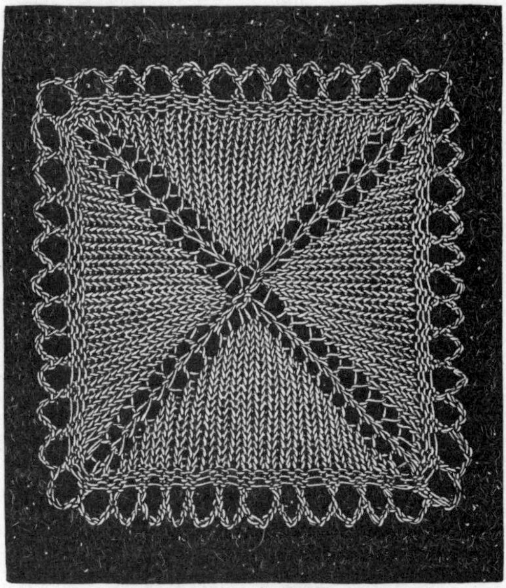

54. Quadrat in durchbrochener Strickarbeit
Von der Mitte ausgehend gearbeitet

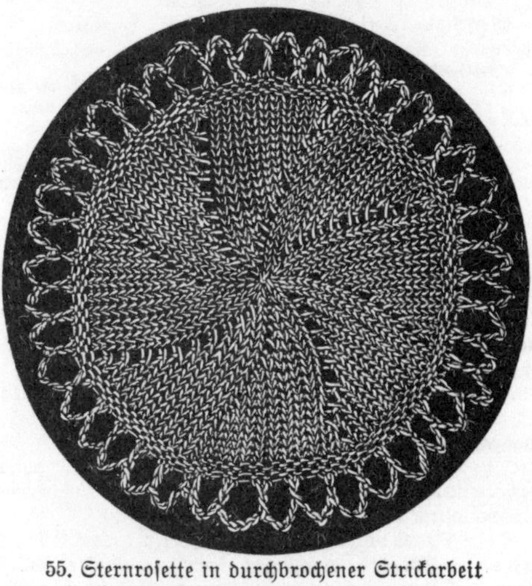

55. Sternrosette in durchbrochener Strickarbeit
Von der Mitte ausgehend zu arbeiten

56. Typenmuster für einen breiten Einsatz in durchbrochener Strickarbeit

■ Rechtsumschlag. ☑ □ Rechtsmasche. Linksmasche. ☒ Zwei Maschen rechts zusammenstricken. Zwei Maschen rechts verschränkt zusammenstricken. Zwei Maschen links zusammenstricken. Eine Masche abheben, die beiden nächsten Maschen rechts zusammenstricken, die abgehobene Masche überziehen. ⊟ Eine Masche abheben. Eine Masche rechts verschränkt.

37 Maschen Anschlag. Material: Leinenzwirn Nr. 35

Achtung! Beim Abstricken des Musters geben die Musterreihen die Arbeitsrückseite. Die glatten Reihen, durch Rechtsmaschen gebildet, gelten für die rechte Seite. Man beginnt von unten, strickt die Musterreihen von links nach rechts lesend und die glatten Zwischenreihen gleich der 2. unteren Reihe von rechts nach links lesend ab. Jeder Umschlag gilt beim Abstricken als Masche. Der leichteren Kontrolle wegen bezeichnen leere Typen in dieser Reihe die Rechtsmaschen. Nach der letzten oberen Reihe wiederholt die Ausführung von der unteren Reihe.

wdh. — 4. u. folgende gerade Reihen: r. — 5. Reihe: * U., 5 r., U., 1 r., vschrkt., vom * dreimal wdh. — 7. Reihe: * U., 7 r., U., 1 r. vschrkt., vom * dreimal wdh. — Die Angaben zwischen * u. * werden stets dreimal wiederholt und jetzt nicht mehr erwähnt. — 9. Reihe: * U., 9 r., U., 1 r. vschrkt., *. — 11. Reihe: * U., 11 r., U., 1 r. vschrkt., *. — In dieser Weise hat man in jeder folgenden ungeraden Reihe um 2 M. r. mehr zu stricken, bis das Quadrat die gewünschte Größe hat. Dann wird der Rand durch 3 bis 4 Reihen l. gebildet, worauf man lose abkettet. Den Rand begrenzt eine gehäkelte Reihe Luftmaschenbogen, getrennt durch f. M.

Abb. 55. Stern mit durchbrochener Gliederung. 4 Maschen anschlagen und zur Runde schließen. Wenn die Umschlagmaschen in der darauffolgenden Reihe rechts abgestrickt werden, so entstehen acht, durch je eine Lochreihe abgegrenzte Teile. Werden die Umschlagmaschen jedoch rechts vschrkt. abgestrickt, so entstehen acht fest anschließende Teile, siehe das Quadrat Abb. 53. 1. Reihe: * U., 1 r., vom * dreimal wdh. — 2. Reihe: * U., 1 r. vschrkt., vom * siebenmal wdh. — 3. Reihe: * 1 r. vschrkt., 1 r., vom * siebenmal wdh. Da alle Angaben siebenmal wiederholt werden, erübrigt sich dieser Hinweis. — 4. Reihe: * U., 2 r., *. — 5. Reihe: * 1 r. vschrkt., 2 r. *. — 6. Reihe: * U., 3 r. *. — 7. Reihe: * 1 r. vschrkt., 3 r. *. — In dieser Weise wird weiter gearbeitet, indem man in jeder zweiten Reihe nach der Umschlagmasche 1 Masche mehr rechts strickt, bis der Stern die gewünschte Größe hat. Dann strickt man 2 bis 4 Reihen l. und kettet lose ab. Nun verziert man den Rand durch eine angehäkelte Reihe Luftmaschenbogen, je getrennt durch feste Maschen.

Abb. 56. Typenmuster für einen breiten Einsatz in durchbrochener Strickarbeit. Da unsere Vorlage das klare Bild des Musters wiedergibt, verzichten wir auf die Darstellung der Strickarbeit. Man beginnt mit einem Kreuzanschlag und strickt auf diesen Anschlag eine Reihe r. Nach jeder Musterreihe ist die 2. Reihe zu wiederholen.

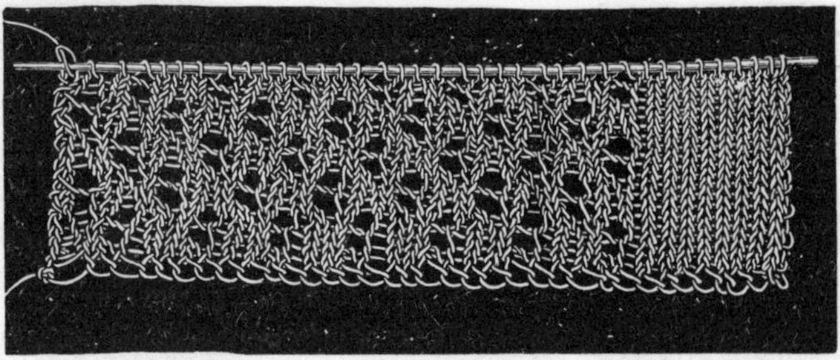

57. Spitzenmuster (Grundmuster) zur Herstellung von Schals, Jacken u. dgl. Typenmuster Abb. 57a

Die Strick-Spitze

Abb. 57. **Grundmuster in durchbrochener Strickarbeit.** Das Muster ist geeignet zur Verzierung von Seidenschals. Typenmuster Abb. 57a. Besonders einfach wird die Strickarbeit nach dem Typenmuster Abb. 57a. An diesem sind die Maschen der Rechtsreihen durch besondere Zeichen erklärt, bei den Linksreihen werden die M. und U. links gestrickt. Diese Reihen sind an dem Typenmuster nicht bezeichnet. Für einen Schal in der Größe von 45 cm Breite und 1,60 m Länge braucht man 150 Gramm feinste zweifädige Strickseide oder mercerisierte Baumwolle und drei Nadeln in mittlerer Stärke. Unsere Erklärung gilt für die Herstellung eines Schals. — 315 M. ergeben den Anschlag. Auf diesen strickt man in hin- und zurückgehenden Reihen zunächst 1 Reihe r., 1 Reihe l. Dann beginnt die Ausführung der Musterreihe nach dem Typenmuster Abb. 57a. Man strickt zunächst für den Randstreifen 9 r. und für die 1. Musterfigur: 1 R.-U., 2 r. abn., 2 r., worauf man nach Abb. 57a die Musterfigur wiederholt. Dann sind die Musterfiguren nach der Zahlenangabe des Typenmusters zu wiederholen, indem man, vom Anfang an, zweimal die 9 r. für die glatten Streifen und die Musterfiguren des Grundmusters für die durchbrochenen Blockfelder wiederholt und zuletzt 9 r. für den Randstreifen strickt. Man arbeitet nach dem Typenmuster in der angegebenen Höhe die versetzten Musterfiguren für die Blockfelder des unteren Streifens, dann folgt ein glatter Querstreifen aus vier Rechtsreihen mit dazwischen liegenden Linksreihen, worauf

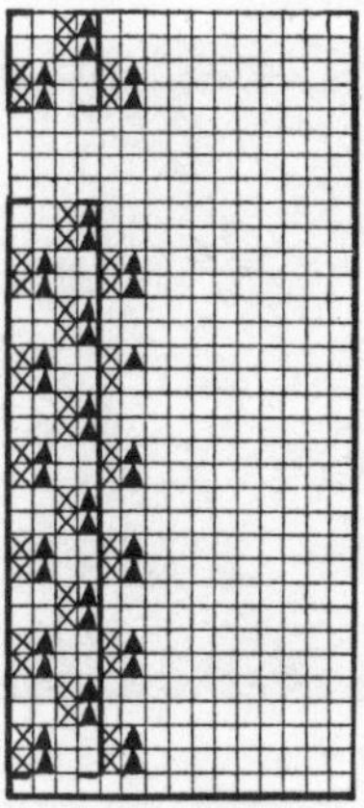

57a. Typenmuster für die Herstellung des Spitzenmusters Abb. 57

□ Rechtsmasche
▲ Rechtsumschlag
╳ 2 Maschen rechts zusammenstricken

Die durch Klammern eingeschlossenen Musterfiguren sind für einen Schal fünfzehnmal zu wiederholen, dann wiederholt sich die Ausführung des glatten Randstreifens

man die durchbrochene Strickarbeit wiederholt. 25 Musterreihen geben die Länge des Schals. Eine 8 cm hohe geknüpfte Franse begrenzt die Querränder.

Abb. 58 und 59. **Strickspitze und Einsatz.** Material: weiße Strickbaumwolle Nr. 20, Marke Cartier Bresson a la croix. Typenmuster mit Maschenerklärung Abb. 58a und 59a. An den Typenmustern gelten die Zeichen für die einzelnen Maschenbildungen der Rechtsreihen, die Linksreihen bleiben unberücksichtigt. Hierbei strickt man die Maschen und Umschläge einfach l. ab. Spitze und Einsatz werden in kurzen Querreihen, hin- und zurückgehend gestrickt. Am Anfang jeder einzelnen Reihe ist die 1. M. abzuheben. Die Klammern an den Typenmustern gelten für die Wiederholung der Mustersätze. Man strickt die Muster von rechts nach links lesend ab.

Typenerklärung

- Rechtsmasche
- Linksmasche
- Rechtsumschlag
- Abheben
- Abketten
- 2 Maschen rechts abnehmen
- Zwei Maschen rechts verschränkt zusammenstricken
- Eine Masche aufnehmen
- Klammer
- Klammer
- Das Muster von dem unteren Endstrich der Klammer wiederholen

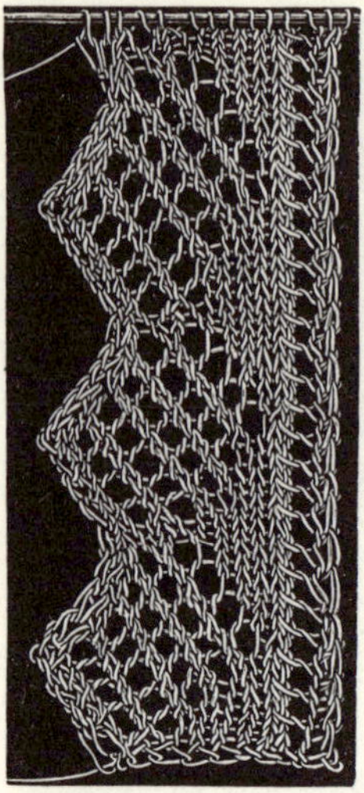

58. Strickspitze. Hierzu der passende Einsatz Abb. 59 Typenmuster Abb. 58a

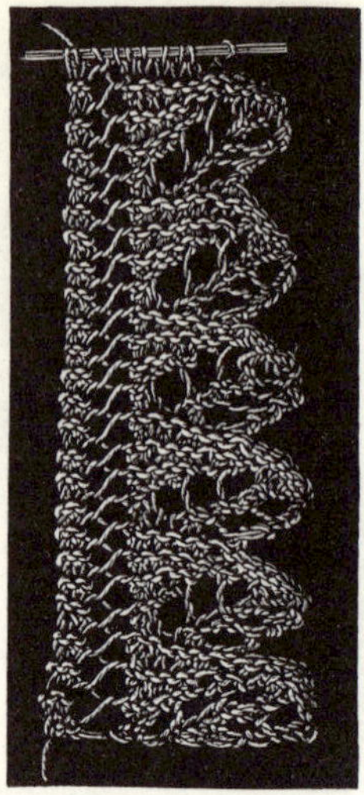

60. Strickspitze in feiner Ausführung. Hierzu das Typenmuster Abb. 60a

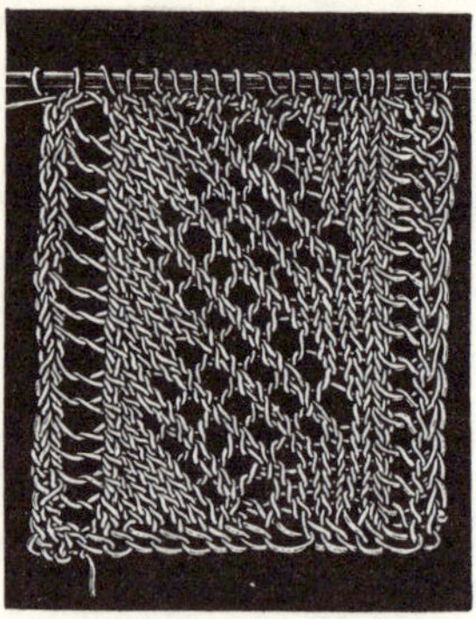

59. Einsatz in durchbrochener Strickarbeit Hierzu die passende Spitze Abb. 58. Typenmuster Abb. 59a

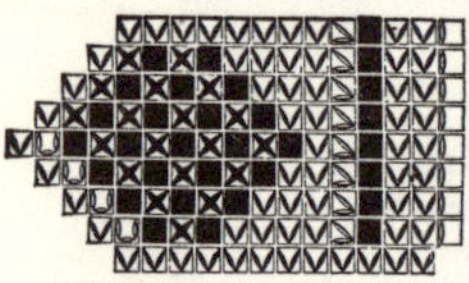

58a. Typenmuster zur Herstellung der Strickspitze Abb. 59. Siehe Text

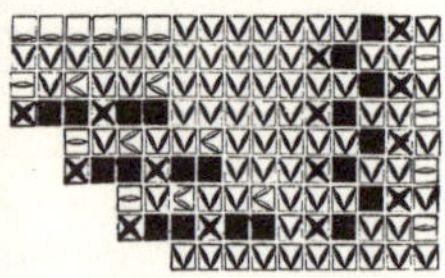

60a. Typenmuster für die Herstellung der Strickspitze Abb. 60. Siehe Text

59a. Typenmuster für die Herstellung des Einsatzes Abb. 59. Siehe Text

61. Stern in durchbrochener Strickarbeit. Von der Mitte ausgehend zu arbeiten. Hierzu das Typenmuster Abb. 61a. Modell von Aurelie Obermayer-Wallner, Wien

Abb. 60. **Strickspitze.** Geeignet zur Verzierung von Taschentüchern, Untertaillen, Hemden, Kinderwäsche u. dgl. Material: DMC-Spitzenzwirn Nr. 150, feine Stricknadeln, sog. Handschuhnadeln. Typenmuster Abb. 60a und Typenerklärung. 10 M. Anschlag. Man beginnt mit dem Abstricken der ersten Musterreihe, von rechts nach links lesend, die nächste Reihe ist von links nach rechts lesend abzustricken, dann abwechselnd, von rechts nach links und umgekehrt lesend. Nach der letzten Reihe wiederholt sich das Muster von der 2. Reihe.

Abb. 61. **Stern in durchbrochener Strickarbeit.** Material: DMC-Spitzenzwirn Nr. 100, fünf feine Stricknadeln. Typenmuster mit Maschenerklärung Abb. 61a. Man beginnt in der Mitte mit 8 M. Anschlag, verteilt die Maschen gleichmäßig auf 4 Nadeln und schließt zur Runde. Das Typenmuster beginnt mit der halben Maschenzahl. Man strickt von unten nach oben in der Runde und wiederholt die Mustersätze der auf den Nadeln befindlichen Maschenzahl entsprechend. Bei der 19. Reihe ist zu bemerken, daß die letzte M. mit den 2 1. M. der 1. Nadel zusammen abzunehmen ist. Zuletzt werden die M. lose abgekettet.

Abb. 62—64. **Drei Grundmuster in durchbrochener Strickarbeit.**

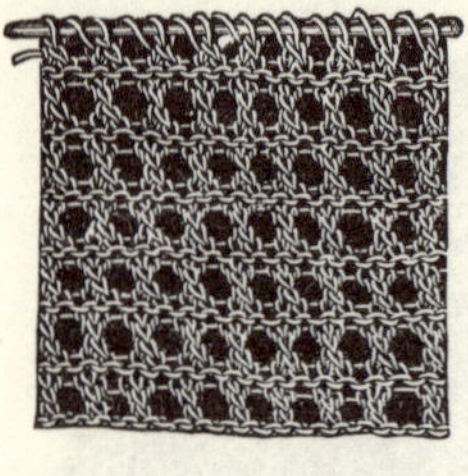

62. Grundmuster mit Löchern u.wagerechtenStreifen. Hierzu das Typenmuster Abb. 62a

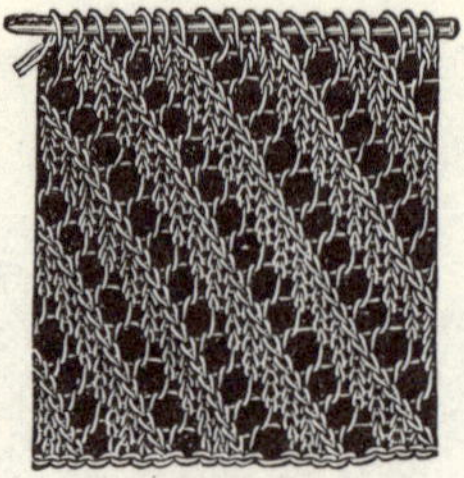

63. Grundmuster mit Löchern und Schrägstreifen. Hierzu das Typenmuster Abb. 63a

64. Grundmuster mit Löchern, senkrechten u. Zickzackstreifen. Hierzu das Typenmust. Abb.64a

Typenmuster, Abb. 62a, 63a und 64a. Für das Muster, Abb. 62, braucht man einen Anschlag, der durch die Zahl 2 teilbar ist, für die Muster, Abb. 63 u. 64 je einen Anschlag, der durch 4 teilbar ist Man beginnt die untere Musterreihe von rechts nach links, die nächste Reihe von links nach rechts lesend usf. in gleichmäßigem Wechsel.

Das Waschen von Strickspitzen

gleicht dem von Klöppel- und Nähspitzen

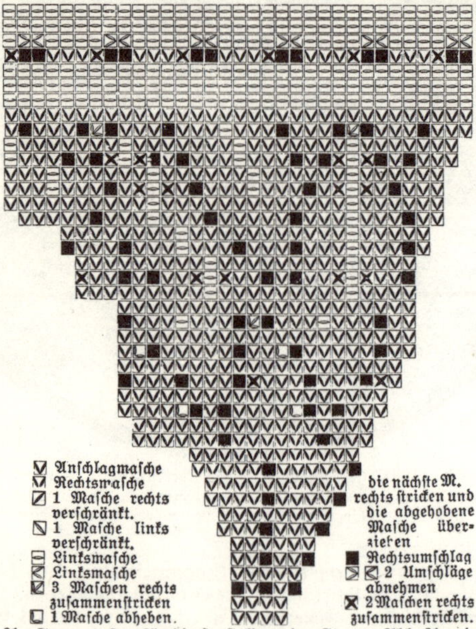

61a. Typenmuster für die Herstellung des Sternes Abb. 61 und Typenerklärung zu allen auf dieser Seite abgebildeten Mustern

Strickspitzen erhalten ein neues Ansehen, wenn man sie leicht stärkt und nadelt. Man benutzt nicht zu dick gekochte Reisstärke, taucht in diese die Spitzen, läßt sie trocknen, zieht dann die Spitzen durch Blauwasser, legt die Spitzenteile zwischen ein weißes zusammengelegtes Tuch, klopft die Nässe durch und nadelt die Spitzen über einem Bügelbrett aus. Nach dem Trocknen werden die Spitzen gelöst, und man soll sie **nicht** bügeln.

62a. Typenmuster zu Abb. 62
Typenerklärung siehe Abb. 61a

63a. Typenmuster zu Abb. 63
Typenerklärung siehe Abb. 61a

64a. Typenmuster zu Abb. 64
Typenerklärung siehe Abb. 61a

I. Knüpfkissen mit Schraubenvorrichtung

Die Knüpfarbeit

Die Knüpfarbeit zählt zu den ältesten Handarbeitstechniken. Wenn es auch nicht erwiesen ist, so nimmt man doch an, daß der Knüpfknoten die erste Errungenschaft der Menschenhand auf dem Gebiet der kunsttechnischen Handarbeiten gewesen ist. Beweise für diese Annahme geben uns die spärlichen schriftlichen Überlieferungen und die organischen Ueberreste aus den ältesten Zeiten. Wir wissen, daß alle Urvölker aus Tierfellen und Pflanzenfasern gewonnene Streifen zu Gewirken verknüpft haben, z. B. für Schurzgürtel, Kopfputz, Jagdtaschen, Fischernetze u. dgl. m. In den späteren Kulturepochen wurde die Arbeit künstlerisch veredelt, und die Technik diente zum Schmuck der Gewänder und zur Verzierung von kulturellen und Gebrauchsgegenständen. Fein künstlerische Knüpfarbeiten sind aus der Renaissance- und Rokokozeit erhalten. Diese Arbeiten wurden meistenteils in der von den Orientalen gepflegten Technik des „Rippenknotens" hergestellt. Somit erklärt sich auch der arabische Name „Makramee", der Franse, Tuch oder Serviette bedeuten soll. Auch in unserer Zeit findet die Knüpfarbeit lebhaftes Interesse, und von kunstfertigen Händen werden fortwährend neue Muster und Knotenbildungen geschaffen. Um es Anfängern zu ermöglichen, die Knüpfarbeit in ihrer einfachen und komplizierten Ausführung gründlich zu erlernen, haben wir die bildlichen Darstellungen in zwei Gruppen geteilt. Die erste Gruppe erklärt die Knüpfarbeit der einfachen Knotenbildungen, die fast durchweg flach wirken, und diese Gruppe bezeichnen wir mit dem Namen „Knüpf-Flechtarbeit“. In der zweiten Gruppe wird die kompliziertere Knüpfarbeit mit Rippenknoten, die „Makrameeknüpfarbeit in Verbindung mit Posamentenknüpfarbeiten behandelt.

Das Werkzeug für die Knüpfarbeit bilden: ein schweres Kissen, das einen sicheren Halt für die Arbeit gewährt, eine gewöhnliche Häkelnadel, Schere, Metermaß und kräftige Stahlstecknadeln mit kleinen und größeren Köpfen. Als Knüpfkissen empfiehlt sich eine schmale, etwa 12 bis 15 cm breite, beliebig lange Kissenform. Die Grundlage kann ein Brett bilden, in das eine Bleiplatte eingelassen wird. Ueber dem Brett baut sich das fest gepolsterte Kissen mit glatter (grüner oder brauner) Tuchbekleidung auf. Auf beiden Seiten am Ansatz des Aufbaues sind an den Enden, wie an Abb. I ersichtlich ist, starke Kopfnadeln eingeschoben, die zur Befestigung der quer zu spannenden Anfangs- und Abteilungsfäden dienen. Abb. I zeigt ein gebräuchliches Knüpfkissen zum Anschrauben an eine Tischplatte. Neben dieser einfachen Konstruktion werden Knüpfkissen in verschiedenen Formen und Konstruktionen im Handel vertrieben.

Als Material eignet sich: glatt und fest gedrehter Faden jeder Gattung von Faden und Schnurgespinsten. Man kann mit Bindfaden (Spagat), dicker Kordelschnur, sowie mit feinstem Seiden-, Garn-, Metallfaden und Schnürchen knüpfen. Am leichtesten knüpft es sich mit Leinenfäden, Kordonnet-Knopflochseide, Seiden-, Baumwoll- und Metallschnur. Neuerdings wird Perlgarn in allen Stärken als Ersatz für Seide benutzt. Man knüpft Fransen und Borten häufig aus anderem Material als dem des Gegenstandes, der verziert werden soll. Jedoch werden Decken, Servietten, Handtücher und dergleichen mehr mit einer Franse abgeschlossen, die man gleich aus den Stoffäden knüpft. Um das mühsame Ausziehen der Gewebefäden zu sparen, benutzt man käuflichen Fransenstoff, d. i. ein Gewebe mit schmalem festen Stoffrande und losen Fransenfäden. Dadurch kann man leicht auch mit mehreren Stofflagen eine zum Knüpfen geeignete verstärkte Fadenmasse herstellen. Abb. 1 zeigt einen gewebten Abschlußstreifen, dessen lose Fäden gleich zu einer dünnen Franse verknüpft werden können, während man den Kopf beliebig mit Stickerei verziert oder, glatt gelassen, dem Gegenstand aufsetzt und als Saum unter den Rand des Gegenstandes befestigt. Auf Bestellung wird Fransenstoff in beliebiger Breite und Fadenlänge hergestellt. Es wird auch Fransenstoff mit festem Mittelstreifen gewebt, den man, um eine doppelte Fadenlage zu erzielen, in seiner Mitte einfach zusammenbricht, siehe Abb. 2. Soll eine dritte Fadenlage hinzukommen, so muß der Stoffrand eine Webekante haben oder am Rande leicht umnäht werden, damit sich die Fäden beim Knüpfen nicht ausziehen können. Auf jeden Fall sind die Stofflagen durch feine, dichte, nicht zu kurze Langettenstiche, wie es Abb. 2 zeigt, fest miteinander zu verbinden. Auf diese Weise fügt sich leicht eine doppelte Fadenlage unter den Rand einer Leinendecke, sodaß man die Franse gleich anarbeiten kann. Aehnlich wird eine einzeln geknüpfte Franse zwischen zwei Saumteilen eingeschoben. — Vom Material wird das Maß der Fadenlänge bedingt. Starkes und hartes Material verbraucht für den gleichen Knoten ungleich mehr, als der Knoten in weichem feinen Faden verlangt. Es ist daher ratsam, vor Beginn einer Arbeit eine Knüpfprobe vorzunehmen und nach dieser die Fadenlänge zu bemessen. Aus der Praxis nimmt man an, daß zum Einknüpfen ⅘ Fadenlänge und dazu noch ⅕ zugegeben werden müssen. Auch betreffs der Dicke der Fransensträhne und der Zahl ihrer Fäden kann erst die Probe entscheiden, wonach man die Länge der Anlage für die Strähne bestimmt.

Das Knüpfen

Um eine gute Knüpfarbeit zu erzielen, ist es Hauptbedingung, daß die Fäden gleichmäßig beim Arbeiten angezogen werden. Beide Hände sind in Tätigkeit, jedoch haben Anfängerinnen darauf zu achten, daß sie bei Knotenbildungen, die um einen gespannten Faden gemacht werden, den Faden mit der betreffenden Hand so lange gespannt halten, bis die andere Hand die Verschlingung ausgeführt hat. Wir verzichten auf die Abbildungen der verschiedenen Handstellungen, zeigen aber deutlich die einzelnen Verschlingungen, an denen

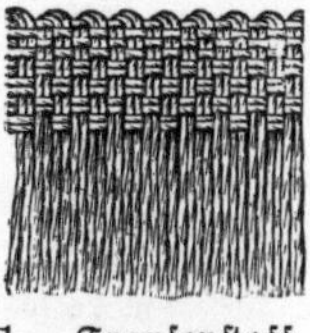

1. Fransenstoff (Javagewebe) Einfache Stofflage

7. Franse mit offenem Anschlag (Schlingenanschlag). Flachdoppelknoten oder Jagdtaschenknoten

2. Fransenstoff (Leinengewebe) Dreifache Stofflage

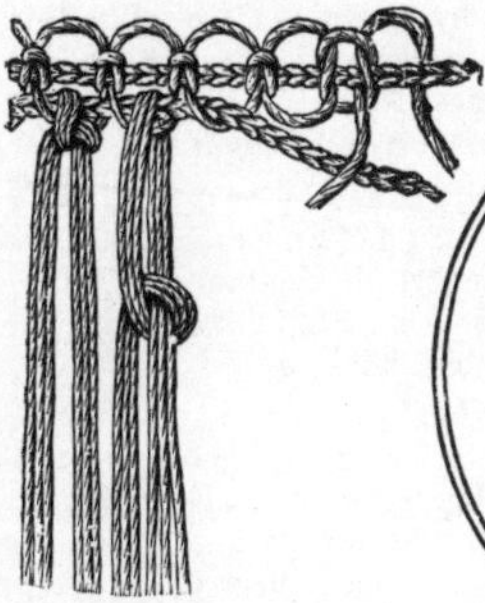

5. Anschlag an einem durchbrochenen Börtchen Einfacher Knoten

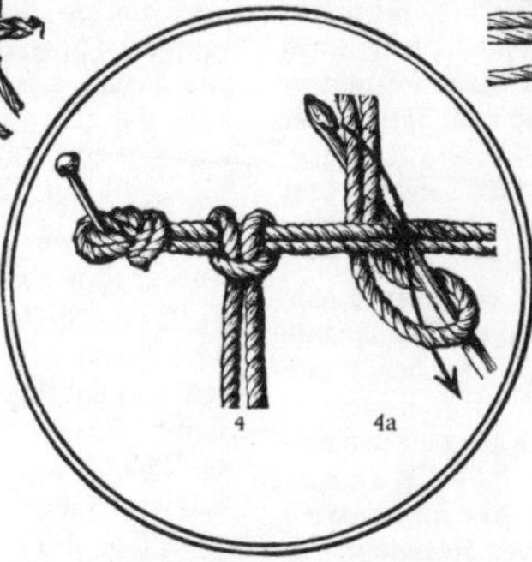

4. Fadenanschlag um einen Doppelfaden. Vollendeter Anschlagknoten, siehe die Ausführung Abb. 4a
4a. Fadenanschlag mittels der Häkelnadel um einen Doppelfaden Beim Durchziehen der Fäden achtet man auf gleichmäßige Fadenlänge

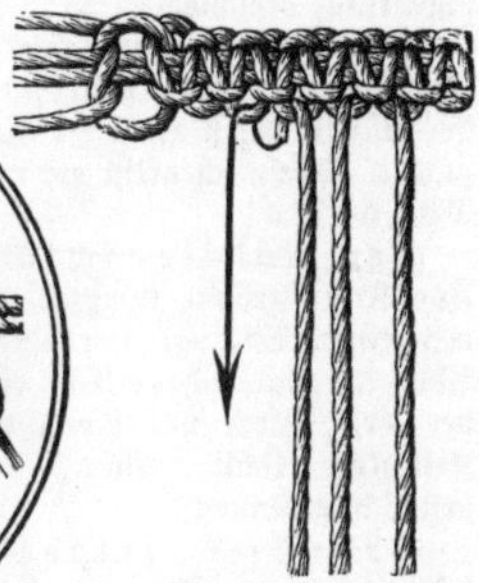

6. Anschlag an ein geknüpftes Börtchen Durchziehen der Fäden

3. Einfacher Fadenanschlag mittels der Häkelnadel um den Stoffrand Das Durchziehen der Fadenenden. Vollendung des Anschlagknotens Abb. 3a

3a. Vollendung des Anschlagknotens Abb. 3 Beim Anziehen der Fäden durch die Schlinge achtet man auf gleichmäßige Fadenlänge

8. Franse mit Anschlag um zwei quer gespannte Einlagefäden. Einfacher Rundknoten

zu ersehen ist, welche Fäden straff zu ziehen sind und welche lose bleiben müssen. Dadurch wird es der Knüpferin leicht, die für sie bequemste Handstellung selbst herauszufinden. Die eigentlichen Knotenverschlingungen werden fast immer über Einlagefäden gearbeitet, die im Wechsel der Arbeit wieder als Knüpffäden dienen, während die Knotenfäden die Einlage bilden. Um diesen Wechsel der Fadenlage leichter verfolgen zu können, zeigen wir die ersten Anleitungen der Knotenbildungen mit dunklen und hellen gedruckten Knüpffäden. Man beachte von Anfang an unsere praktischen Regeln.

Anlage oder Anschlag

Hierzu Abb. 3—7

Knüpft man nicht mit den Gewebefäden des mit einer Franse zu verzierenden Gegenstandes oder mit den losen Fäden des Fransenstoffes, so hat man die Knüpffäden anzulegen. Dieses geschieht auf verschiedene Art. Jedoch ist vorher stets jede Knüpfsträhne in doppelter Länge herzurichten, weil jede Strähne, in der Mitte befestigt, zwei Knüpfsträhnen ergibt. Technisch heißt es, man knüpft mit Doppelfäden.

Der Nadelanschlag. Man legt jede Knüpfsträhne (Doppelfaden) lose oder mit einer Schlinge um eine Nadel, siehe Abb. 7. Dadurch entsteht ein loser Rand, der erst durch das Annähen der Franse Festigkeit erhält. Abb. 7 läßt den Rand deutlich erkennen.

Abb. 3—6 zeigen die verschiedenen Arten des Fadenanschlags und die Anlage von Einlagefäden. Für den Fadenanschlag spannt man quer über das Kissen einen Faden oder einen Doppelfaden, siehe Abb. 4 u. 4a. Um die Schlinge eines Doppelfadens wird ein gewöhnlicher Knoten geschürzt, den man mittels einer Nadel auf dem Kissen befestigt. Das andere Ende ist straff in gerader Gegenüberstellung mittels einer Nadel festzustecken. Um diesen Einlagefaden werden nach Abb. 4 u. 4a die Fransensträhnen mit einer Häkelnadel geschürzt. In gleicher Weise läßt sich der Anschlagknoten mit der rechten Hand um den mit der linken Hand gespannt gehaltenen Einlagefaden ausführen. Hierfür steckt man den Einlagedoppelfaden nur an der Schlinge auf dem Knüpfkissen fest und hält das andere Fadenende gespannt.

Abb. 3 u. 3a erklären den Anschlag am Stoffrand. Man zieht mit der Häkelnadel die Schlinge der Fadensträhne durch den Stoff und zieht die Fadenenden gleichmäßig an.

Der Anschlag an ein durchbrochenes Börtchen Abb. 5 wird erst verständlich, wenn der Knüpfknoten bekannt ist. Die Fransensträhnen sind, wie es Abb. 5 zeigt, mit einem gewöhnlichen Knoten zu befestigen.

Abb. 6 zeigt den Anschlag an festem Knüpfrand. Dieser Anschlag ist erst nach einiger Übung im Knüpfen ausführbar, nachdem die Hand schon die Sicherheit in der gleichmäßigen Knotenbildung erreicht hat. Zunächst knüpft man das Börtchen mit Flachdoppelknoten, dann werden die Knüpffäden an einem Knüpfrand mittels Durchziehens befestigt.

I. Die Knüpf-Flechtarbeit

(Geflochtene Franse)

Wir beginnen mit der Ausführung der einfachen Knotenbildung, dem gewöhnlichen Flachknoten, auch halber Flachdoppelknoten genannt, Abb. 9. Wie ersichtlich, werden von vier Fäden die beiden äußeren über die beiden inneren Fäden, die als Einlage dienen, verflochten. Bei der Verschlingung werden die mittleren Fäden gespannt gehalten. Bildet man mit den gleichen Fäden die Verschlingung, entgegengesetzt wiederholend, so entsteht der flache Doppelknoten, Abb. 10, 10a u. b, auch bekannt unter den Namen Jagdtaschenknoten und Umfassungsknoten. Diesen Namen erhält er, wenn der flache Doppelknoten eine größere Anzahl von Fäden im Muster zusammenfaßt oder beim Abschluß mehrere Büschel vereinigt. — Den Zopfknoten Abb. 11 bilden untereinander

9. Flachknoten
Auch genannt halber Flachdoppelknoten
Verschlingung der Fäden

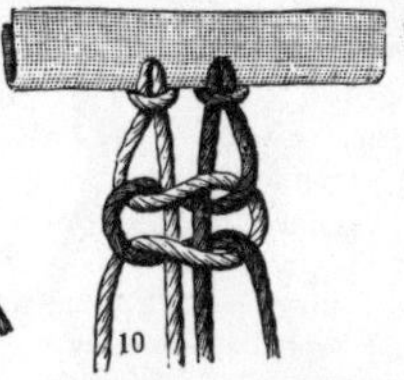

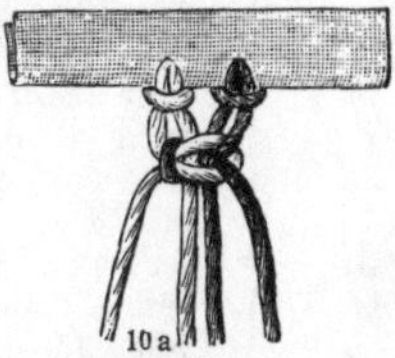

10. Flachdoppelknoten od. Jagdtaschenknoten
Gebildet durch zwei Fadenverschlingungen
Erste Verschlingung siehe Abb. 9
10a. Flachdoppelknoten oder Jagdtaschenknoten. Festgezogen

10b. Flachdoppelknoten oder Jagdtaschenknoten
Reihenweise versetzt geknüpft

geknüpfte Flachknoten Abb. 9. Bei einer größeren Zahl gleichartiger Knoten untereinander, dreht man die Knotensträhne einigemal und erreicht die mit Abb. 11a gezeigte Windung, nach der der Zopfknoten auch den Namen *Wellenknoten* erhielt. — Der *einfache Kreuzknoten*, Abb. 13 u. 13a, wird aus zwei untereinander geknüpften Flachknoten gebildet, dann hat man die Arbeitsfäden nach Abb. 13 u. 13a zu drehen und festzuziehen. — Der doppelte *Kreuzknoten*, Abb. 14 u. 14a, braucht zur Herstellung drei untereinander geknüpfte Flachknoten, worauf man ebenfalls die Arbeit dreht, so daß die Fäden ihre Lage ändern, wie es die Zahlen angeben. —

Für den *Kettenknoten* oder den *Schlingknoten* (*Langettenknoten*), Abb. 12 u. 12a, knüpft man abwechselnd mit der rechten und linken Hand einen Schlingknoten (Langettenknoten) so, daß stets der Arbeitsfaden des vorhergehenden Knotens dem nächsten Knoten als Einlage dient. Abb. 12 zeigt den Knoten mit einfachem Faden geschürzt,

11 11a

11. Zopfknoten
Hergestellt aus untereinander geknüpften Flachknoten
11a. Zopfknoten od. Wellenknoten. Wellenförmig gedreht

12 12a

12. Schlingknoten
Langetten- oder Kettenknoten
12a. Schlingknoten
Langetten- oder Kettenknoten
Doppelte Kette

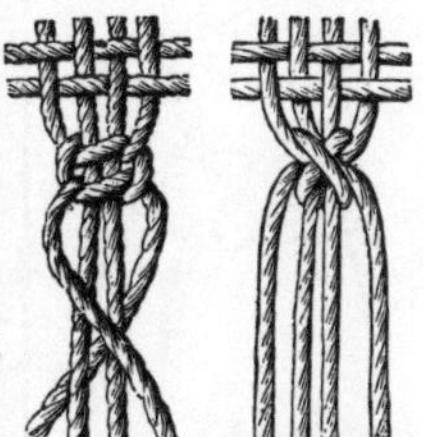

13 13a

13 und 13a. Einfacher Kreuzknoten
13. Verschlingung
13a. Festgezogenes Kreuz

14 14a

14 und 14a. Doppelter Kreuzknoten
14a. Verschlingung
14. Vollendeter Knoten

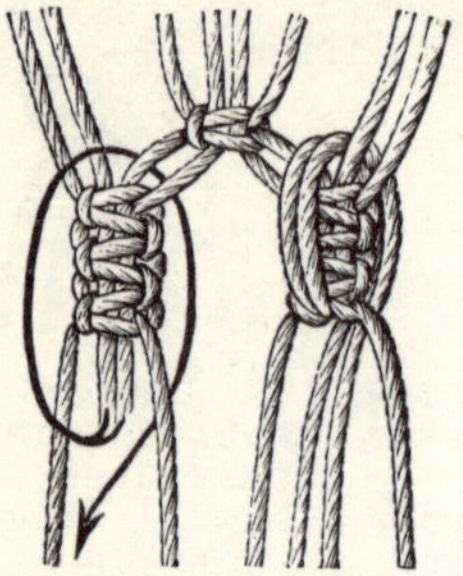

15 u. 15a. Ausführung des Erbsknotens (Knotenmusche)
15. Erstes Stadium. Man schlingt die mittleren Fäden um die Knoten, der Pfeilrichtung folgend
15a. Zweites Stadium. Sichtbare Fadenlage

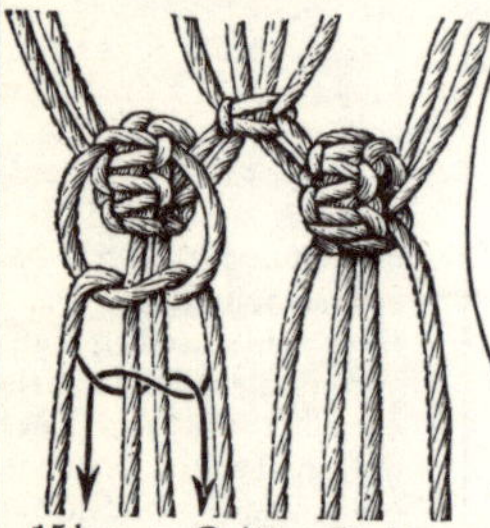

15b u. c. Drittes Stadium für die Ausführung des Erbsknotens (Knotenmusche)
15b. Befestigen der Fäden mittels Flachdoppelknotens
15c. Vollendeter Erbsknoten (Knotenmusche)

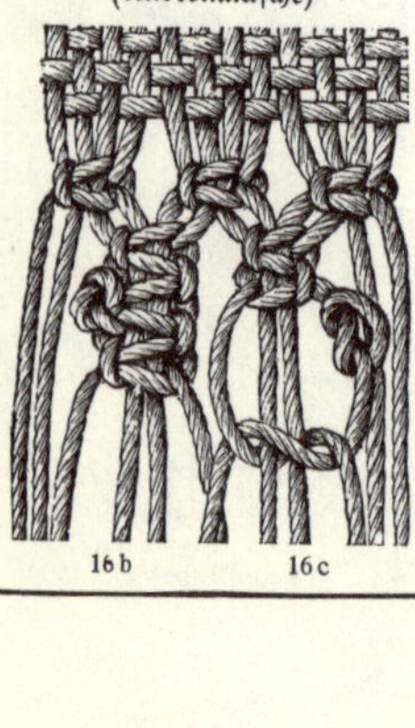

16b 16c

Abb. 12a gibt die Wirkung des mit je zwei Fäden gearbeiteten Knotens. — Die Knotenmusche, auch Erbsknoten genannt, wird nach Abb. 15—15c aus untereinander geschürzten Flachdoppelknoten gebildet. Die Herstellung dieser Musche erfordert aber schon eine sichere Hand, die die

16 16a

16 u. 16a. Ausführung des Schlingenpikots. 16. Bildung des Pikots, indem man zwischen zwei Doppelknoten einen größeren Raum läßt. 16a. Vollendetes Schlingenpikot. Gebildet durch Zusammenschieben der Doppelknoten

16b u. 16c. Ausführung des Knotenpikots
16b. Festgezogenes fertiges Pikot
16c. Lose Fadenverschlingung für die Bildung des Pikots

17

17, 17a u. b. Ausführung des Josephinen- oder Isabellaknotens
17. Erstes Stadium. Der linke Faden wird zur Schlinge gelegt, die den rechten Faden deckt. Fortsetzung der Fadenverschlingung des Josephinenknotens siehe Abb. 17a

17a

17a. Zweites Stadium des Josephinenknotens
Der rechte Faden wird nach der Richtung des Pfeils zum Knoten verflochten

17b. Vollendeter Josephinen- oder Isabellaknoten
Oberer Knoten festgezogen, unterer Knoten mit loser Verflechtung

17b

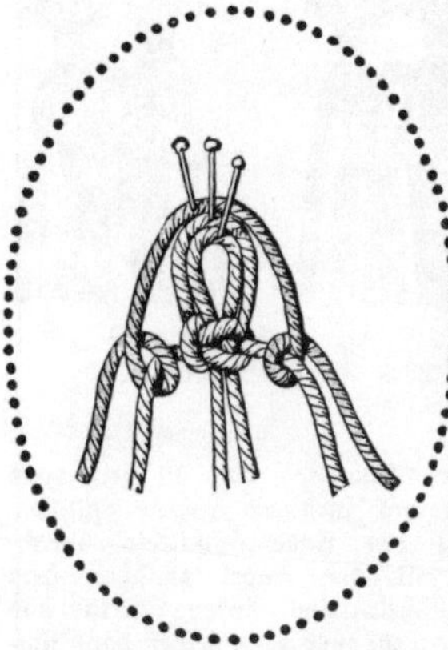

18a. Erster Arbeitsgang für die Knüpfarbeit des Börtchens Abb. 18 Zwei helle Doppelfäden werden durch Flachdoppelknoten vereinigt. Ein dunkler Faden wird beiderseits der Knüpffäden durch Schlingknoten angeschürzt

18. Börtchen in zweifarbig. Knüpfarbeit. Ausführungen Abb. 18a—c

18b. Zweiter Arbeitsgang für die Knüpfarbeit zum Börtchen Abb. 18 Man knüpft mit den dunklen und den hellen Außenfäden drei versetzte Schlingknoten (Langetten- oder Kettenknoten)

18c. Dritter Arbeitsgang für die Knüpfarbeit zum Börtchen Abb. 18 Man knüpft mit den äußeren hellen Fäden einen Flachdoppelknoten (Jagdtaschenknoten) unter den ersten Flachdoppelknoten. Vollendetes Muster

19. Abbinden der Quaste mittels Fadenumwicklung. Sicherung des Fadens mittels einer Nähnadel

20. Fadenanlage für eine verstärkte Quaste

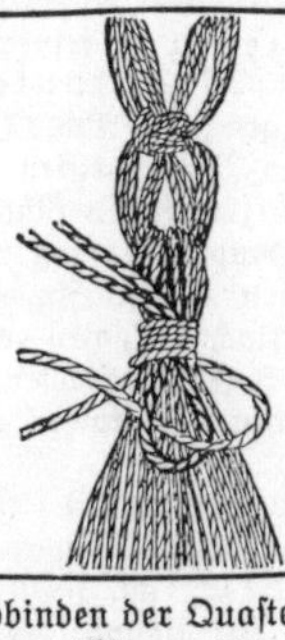

21. Abbinden der Quaste mittels Fadenumwicklung. Sicherung des Fadens mittels einer Fadenschlinge

22

22a

22b

22, 22a u. b. Verstärkte Quaste

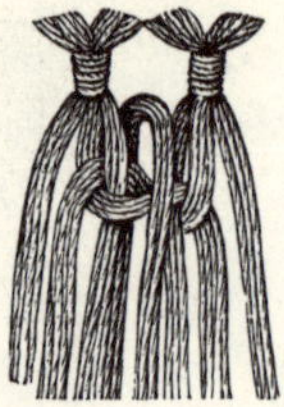

23

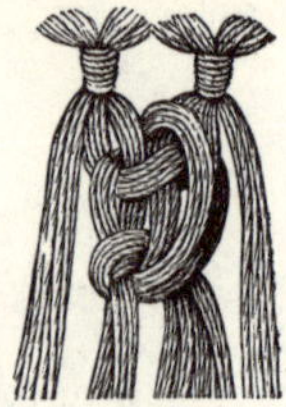

23a

23 u. 23a. Verstärkte Quaste

Knüpfarbeit beherrscht. Nach Abb. 15 sind die beiden mittleren Fäden, der Richtung des Pfeils folgend, nach hinten zu schlagen und wieder nach vorn einzuschieben. Diese Fäden werden gleichmäßig vorsichtig angezogen, siehe Abb. 15a, damit sich die Musche nach Abb. 15b gleichmäßig rundet. Dann wird mit den äußeren Fäden ein Flachdoppelknoten ausgeführt, der die Musche abschließt. Je nach der gewünschten Größe der Musche variiert die Zahl der Flachdoppelknoten.

Reizvoll wirken Knüpfarbeiten mit Pikots verziert. Abb. 16 u. 16a zeigt die Herstellung des Schlingenpikots. Dieses wird dadurch gebildet, daß man zwischen zwei Doppelknoten einen größeren Raum läßt und dann beide Knoten zusammenschiebt.

Das Knotenpikot, Abb. 16b und 16c, entsteht, wenn man zwischen der ersten und zweiten Verschlingung eines Doppelknotens einen einfachen Knoten mit dem äußeren Faden schürzt und den Knoten am Rande zwischen den beiden Verschlingungen des Doppelknotens einschiebt.

Schwierig in seiner Herstellung ist der Josephinenknoten, auch Schleifenknoten genannt, Abb. 17, 17a—b. Nach der in den Unterschriften vermerkten Erklärung dürfte die Ausführung leicht gelingen. Hauptbedingung ist das gleichmäßige nicht zu feste Anziehen der Fäden, um einen flachen Knoten zu erzielen. Man kann den Josephinenknoten auch mit mehreren Fäden, Soutache, Schnur u. dgl. flechten.

Im Anschluß an die Erklärung der verschiedenen Knotenbildungen reihen wir das „Abbinden" an. Dieses dient nicht nur zur Befestigung der Fransenbüschel nach vollendeter Knüpfarbeit, sondern auch als Musterfigur zwischen Knoten und als Ersatz von Knoten. Abb. 19 zeigt das Abbinden mit farbigem Faden und die Sicherung des Fadens mittels Durchstechens mit der Nadel zwischen dem Fransenbüschel. Am Anfang wird das erste Fadenende nach oben gelegt, dann umwickelt man den Büschel, von unten nach oben, und befestigt das zweite Fadenende, wie an Abb. 19 ersichtlich ist. Einfacher wird das Abbinden durch Sicherung des zweiten Fadenendes mittels einer angelegten Fadenschlinge, siehe Abb. 21. Man legt eine Schlinge aus kräftigem Knüpffaden oder gewachstem Faden gleichzeitig mit dem Abbindefaden so an, daß die Schlinge und das erste Fadenende des Abbindefadens unten liegen. Dann umwickelt man den Büschel von oben nach unten, schiebt zuletzt das zweite Fadenende durch die Schlinge und zieht mittels der Endfäden der Schlinge das Fadenende nach oben. Nach dieser Sicherung werden die losen Fadenenden abgeschnitten.

Abb. 20 zeigt die Fadenanlage für eine verstärkte Quaste. Zwischen zwei einfachen Knoten wird die Fadensträhne eingeschoben und durch Festziehen des unteren Knotens in der Lage gesichert.

Abb. 22, 22a—b erklären die Herstellung einer verstärkten Quaste durch lose eingehängte Knotensträhnchen. Abb. 22 zeigt die Anlage der Quaste Abb. 22a, diese wird in der zu Abb. 21 erklärten Art abgebunden. Dann befestigt man die losen Fransensträhnchen um die abgebundenen Fäden der Quaste, siehe Abb. 22b.

Abb. 23 u. 23a zeigen das Einschlingen der Strähne für eine verstärkte Fransenquaste. Die deutliche Darstellung macht eine eingehende Erklärung überflüssig, es sei nur noch darauf hingewiesen, daß dieses Einlegen für besonders starke Fransen dient.

Das Knüpfen von Mustern

24a. Geschlossener Fadenanschlag zur Herstellung der Ringfigur zur Quaste Abb. 24. Ausführung des Anschlagknotens

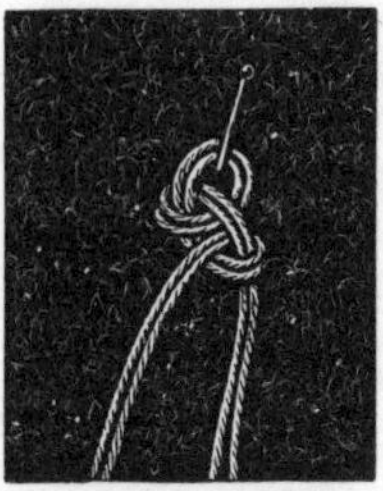

24b. Pikotanschlag
Gebildet durch versetzte Schlingknoten (Langettenknoten) oder Kettenknoten. Zur Herstellung der Quaste Abb. 24

24c. Das Befestigen der geknüpften Ringfigur um den Pikotanschlag mittels Flachdoppelknotens (Jagdtaschenknoten)

24d. Ausführung des Erbsknotens (Knotenmusche) zur Herstellung der Quaste Abb. 24
Siehe auch Abb. 15, 15a—c Seite 120

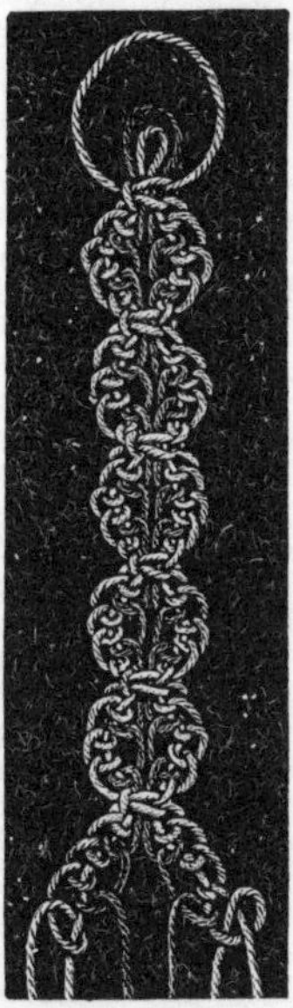

25. Börtchen in zweifarbiger Knüpfarbeit
Hergestellt aus Schlingknoten und Flachdoppelknoten

24. Geknüpfte Quaste mit Ringansatz
Hierzu die Arbeitsproben in den einzelnen Stadien Abb. 24a—d

26. Börtchen in zweifarbiger Knüpfarbeit
Hergestellt aus einfachen Knoten und Rippenknoten

I. Anwendung der Knüpfknoten zur Herstellung von Mustern

Erklärung der Abkürzungen:

Flchkn. = Flachknoten,
Flchdpkn. = Flachdoppelknoten,
Schlgkn. = Schlingknoten (Ketten- oder Langettenknoten),
Rdkn. = Rundknoten,
P. = Pikot,
Erbskn. = Erbsknoten,
Msch. = Musche oder Muschenknoten,
Anschlgkn. = Anschlagknoten,
Elgf. = Einlagefaden,
Dpf. = Doppelfaden und -fäden,
Bschl. = Büschel,
*, † = Wiederholungszeichen

Bei den technischen Erklärungen von Mustern bedienen wir uns der oben angegebenen Abkürzungen. Des leichteren Verständnisses wegen, sind in den Unterschriften die Arten der Knoten extra vermerkt, aus denen die betreffende Vorlage geknüpft ist. —

Abb. 18. Börtchen mit Fadenanschlag. Das Modell ist mit feinem dunkelgrünen und dunkel-cremefarbenem Seidenschnürchen geknüpft. Man braucht zwei cremefarbene Schnurdpf. und einen grünen Dpf., deren Länge nach der auf Seite 116 gegebenen Erklärung zu bemessen ist. Dann legt man die einzelnen Fäden je als Dpf. zusammen und befestigt die Schlingen der cremefarbenen Fäden nach den Abb. 18a—c auf dem Knüpfkissen. * Man beginnt mit den einzelnen äußeren cremefarbenen Fäden und schürzt mit diesen einen Flchdpkn. um die mittleren Fäden. Dann wird der grüne Faden angelegt und nach Abb. 18 a—c auf dem Knüpfkissen festgesteckt. Nun knüpft man beiderseits um die äußeren losen Fäden des Flchdpkns. je einen Schlgkn., nach diesen, der Abb 18 c entsprechend, beiderseits je einen cremefarbenen Schlgkn. um den grünen Faden, dann beiderseits je einen grünen Schlgkn., worauf sich die Ausführung des Flchdpkns. vom * wiederholt. Das Börtchen eignet sich für Besätze. Statt Schnur kann auch Kordonnetseide oder Perlgarn als Knüpffaden dienen.

Abb. 24. Geknüpfte Quaste. Man schneidet zunächst vier je 40 cm lange Fäden zurecht, befestigt einen Faden an einem Ende als Elgf. auf dem Knüpfkissen und schürzt mit einem neuen Faden 16 bis 17 Anschlgkn. um den Elgf. Am Anfang muß in 15 cm Länge das Fadenende frei bleiben. Die Ausführung des Anschlgkn. erklärt Abb. 24a. Dann werden die übrigen Fäden als Dpf. gelegt und nach Abb. 24b auf dem Knüpfkissen durch eine Stecknadel in der Mitte befestigt. Man knüpft mit den rechts liegenden zwei Fadenenden einen Schlgkn. um die links befindlichen Dpf. und wiederholt nach Abb. 24b den Schlgkn. mit den links liegenden Dpf. um die rechten Dpf. Nun steckt man die um den Elgf. geschürzte Knotenreihe nach Abb. 24c über dem Pikotanschlag fest und bildet mit den nach innen liegenden Enden des Elgf. einen Flchdpkn. um die Fäden des Pikotanschlags. Dann teilt man die Fäden in zwei gleiche Bschl. und schürzt nach Abb. 24d mit den rechts liegenden Dpf. des ersten Bschl. einen Schlgkn. um die äußeren Dpf. In entgegengesetzter Anordnung wiederholt man die Ausführung des gleichen Knotens mit den äußeren Fäden des linken Bschl. Nun schürzt man mit den mittleren vier Fäden fünf Flchdpkn. untereinander, nämlich je mit den äußeren Fäden die Flchdpkn. bildend. Für den Erbskn. werden nach Abb. 24d die losen mittleren Fadenenden nach oben geschlagen und durch das mittlere Loch am Ansatz der Knotenreihe von oben nach unten durchgezogen, siehe auch Abb. 15, 15a—c, Seite 120. Dann schürzt man mit den äußeren losen Fäden unmittelbar unter der Msch. einen Flachdpkn., um die Msch. in ihrer Lage zu sichern. Nun teilt man den mittleren Bschl. in zwei gleiche Teile und schürzt mit den linken Dpf. einen Schlgkn. um den linken äußeren Bschl. und in entgegengesetzter Anordnung mit den rechten Dpf. einen Schlgkn. um den rechts liegenden äußeren Bschl. Nun bildet man je mit den zwei äußeren Fäden vier gleichmäßig versetzte Schlgkn. untereinander. Mit den mittleren vier losen Fäden werden drei Flchdpkn. untereinander geknüpft, wobei die äußeren Fäden die Knotenschlingen bilden. Zuletzt bündelt ein Flchdpkn. (mit den äußeren Bschl. um die mittleren Fäden geschürzt) die Fäden zusammen. Um den Flchdpkn. sind für die verstärkte Quaste sechs etwa 4 cm lange Dpf. einzuhängen, worauf man mit gleichem Arbeitsfaden die Quaste abbindet.

Abb. 25 u. 26. Zwei Börtchen in zweifarbiger Ausführung. Material: Beliebig hell- und dunkelfarbenes Perlgarn Nr. 5, Kordonnet-, Knopflochseide oder Seidenschnürchen in gleicher Stärke. Zur Herstellung der Vorlage Abb. 25 braucht man zwei hellfarbene Dpf. und einen dunklen Dpf. Nach der Länge des Börtchens ist die Fadenlänge zu bemessen, siehe Seite 116. In dem oben angegebenen Material mißt ein Dpf. die sechsfache Länge des fertigen Börtchens. Für den Fadenanschlag steckt man die Dpf. nach Abb. 25 auf dem Knüpfkissen fest. Nun knüpft man mit den äußeren hellen Knüpffäden einen Flchdpkn. um die vier losen mittleren Fäden. Dann benutzt man die zwei hellen mittleren Fäden je als Elgf. für die Bildung einer Medaillonfigur. Man schürzt zunächst um den linken hellen Elgf. mit dem linken äußeren hellen Faden einen Schlgkn., bildet nach Abb. 25 mit dem dunklen Faden einen Schlgkn. in entgegengesetzter Richtung, worauf man wieder mit dem hellen Faden zwei Schlgkn. schürzt und zuletzt einmal mit dem dunklen und hellen Faden je einen Knoten arbeitet. Dann wiederholt man die Ausführung der Schlgkn. in entgegengesetzter Knotenlage um den rechten, hellen Elgf. Darauf vom Anfang wiederholen.

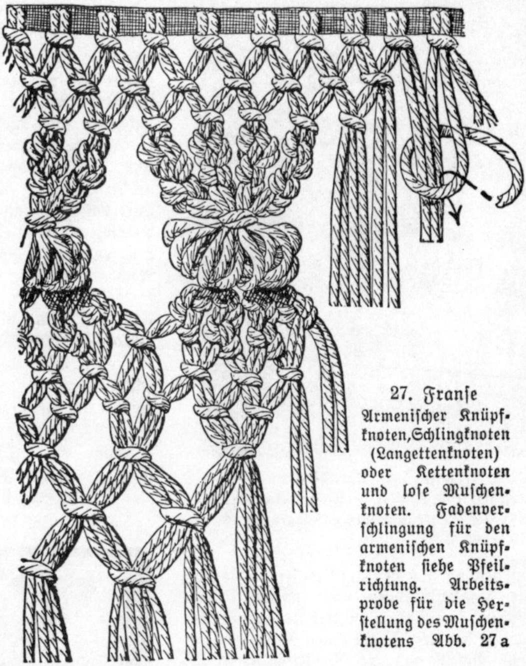

27. Franse
Armenischer Knüpfknoten, Schlingknoten (Langettenknoten) oder Kettenknoten und lose Muschenknoten. Fadenverschlingung für den armenischen Knüpfknoten siehe Pfeilrichtung. Arbeitsprobe für die Herstellung des Muschenknotens Abb. 27 a

27a. Ausführung des losen Muschenknotens zur armenischen Franse Abb. 27
Der 2. Knoten wird dicht unter dem oberen Knoten festgezogen

Für das Börtchen Abb. 26 braucht man einen dunklen und hellen Dpf., die man übereinander auf dem Knüpfkissen befestigt. * Man schürzt auf beiden Seiten mit dem hellen Faden einen doppelten An-

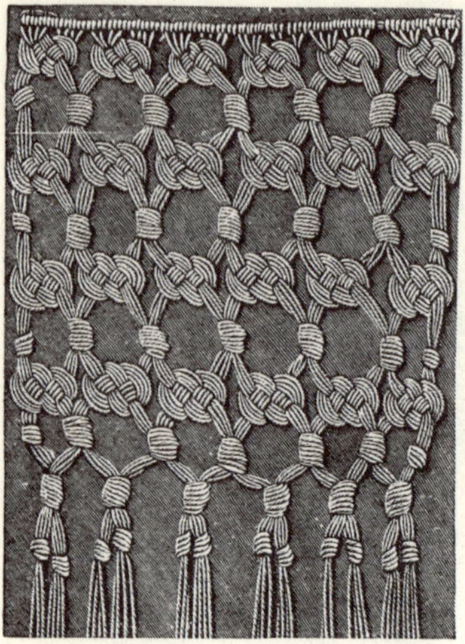

28. Franse mit Rundknoten und Josephinenknoten (Isabellaknoten)
Material: ekrüfarbenes Häkelgarn Nr. 20

schlagknoten um den dunklen Faden, so daß die Knotenschlingen nach außen liegen. * Nun + knüpft man mit dem links liegenden dunklen Faden einen Rippenknoten, siehe Abb. 39—41 und Erklärung, Seite 132 um den rechts liegenden dunklen Faden und wiederholt beiderseits mit den hellen Fäden die Anschlgkn. vom * bis *. Dann werden beiderseits die hellen Fäden nach Abb. 26 einfach verknotet, worauf man die Ausführung vom + fortgesetzt wiederholt.

Abb. 27. Franse mit armenischem oder türkischem Knüpfknoten. Aus den Balkanländern und dem Orient stammende Knüpfarbeiten sind häufig in der einfachen, soliden Knotenbildung, dem sogenannten „armenischen Knüpfknoten", hergestellt. Man schürzt diesen Knoten wie folgt: Der rechts liegende äußere Faden des Knüpfbüschels wird mit der rechten Hand nach links über den Bschl. gelegt, dann unter den Bschl. zurückgeschoben, worauf man das Fadenende (siehe Pfeilrichtung) von oben nach unten durch die Fadenschlinge leitet und den Faden unter dem Bschl. festzieht. Unsere Vorlage ist in armenischem Knüpfknoten, Schlgkn. in Verbindung mit losem Muschenknoten ausgeführt. Den Mschkn. bilden zwei armenische Knoten, die man nach Abb. 27 a mit den zwei äußeren rechts liegenden Fäden des Bschl. knüpft. Der zweite Knoten wird nach etwa 2 cm Entfernung ausgeführt, dem ersten Knoten angeschoben, und dieser zweite Knoten dient zur Sicherung der Msch. Die Abb. 27 und 27 a erübrigen eine eingehende technische Erklärung der Franse, wir bemerken nur, daß vor und nach der Msch. je vier Strähnen mit vier versetzten Schlgkn. zu knüpfen sind. Nach Willkür können die Reihen mit feiner Gittermusterung beliebig fortgesetzt werden, wodurch sich ein dichter Fransenabschluß bildet. Die Franse eignet sich als Abschluß von Schärpenenden, Schals, Stores u. dgl. m. Nach der Verwendung wählt man das Knüpfmaterial. Hierfür eignen sich: kräftige Kordonnetseide, feines Seidenschnürchen, Perlgarn, Litze u. dgl.

Abb. 28. Franse mit Rundknoten und Josephinenknoten. Das Muster zeigt in reihenweise abwechseln-

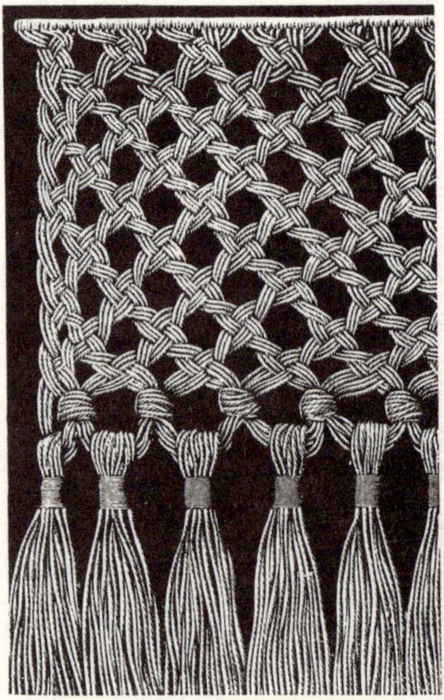

29. Franse in Flechtarbeit
Material: ekrüfarbenes Häkelgarn Nr. 20

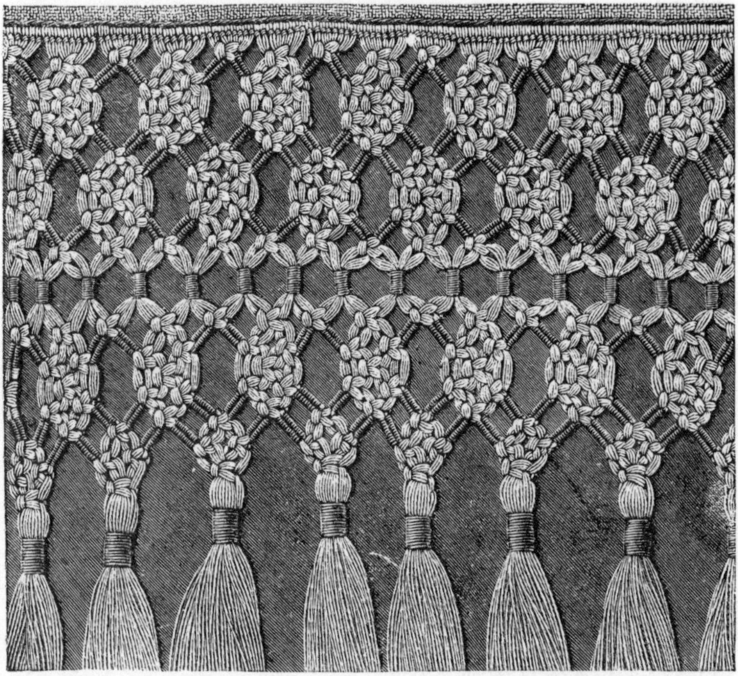

30. Franse mit Flachdoppelknoten, durchstopften u. abgebundenen Büscheln
Material: ekrüfarbener Leinenzwirn Nr. 20 und rote, feine Kordonnetseide

der Anordnung Josephinen- und Rundknoten, die je mit 16 Fäden auszuführen sind.

Abb. 29. Franse in Flechtarbeit. Für die Franse werden die Fäden kreuz und quer in diagonaler Richtung verflochten. Je eine Musterfigur braucht für ihre Vollendung 4 Bschl. mit je 4 Fäden. Für eine Figur legt man zunächst den ersten linken Bschl. über den zweiten und den dritten Bschl. über den vierten Bschl. Dann werden die mittleren Bschl. gekreuzt und die Bschl. in der oben erklärten Art übereinander gelegt, worauf man die Bschl. in entgegengesetzter Richtung kreuzt. Man knüpft am besten in Schrägreihen. Eine Reihe Rdkn. schließt die Franse ab. Dann folgt eine Reihe Flchdpkn., um die man die Ergänzungsfäden für die farbig abgebundenen Quasten schürzt.

Abb. 30. Franse mit Flachdoppelknoten und abgebundenen Büscheln. Knüpfmaterial: siehe die Angabe in der Unterschrift, Abb. 30. Der Leinenzwirn dient für die Knüpfarbeit, dagegen hat man mit dem Seidenfaden die Bschl. abzubinden oder zu durchstopfen. Auf einem Anschlagfaden werden etwa 80 cm lange Dpf. mittels Anschlgkn., siehe Abb. 4 u. 4a, befestigt. Dann schürzt man in der ersten Reihe je 16 Fäden mittels Flchdpkn. (Umfassungsknoten) zusammen, wobei je die vier äußeren Fäden den Knoten ausführen. Nun werden unter jedem zweitfolgenden Flchdpkn. die sechseckigen Musterfiguren geknüpft. Man teilt je den Bschl. zur Hälfte, nimmt beiderseits die Fäden des geteilten nächsten Bschl. hinzu und knüpft mit den vier äußeren Fäden des Bschl. einen Flchdpkn. um die mittleren acht Fäden des Bschl. Nun teilt man wieder die Bschl. der zwei Knoten, knüpft mit den Fäden des mittleren Bschl. einen Flchdpkn., teilt den Bschl., knüpft mit den geteilten Bschl.-Fäden und je dem äußeren losen Bschl. zwei Flchdpkn. und schließt die Figur durch einen versetzten Flchdpkn., für den man wieder die Bschl. teilt. In der gleichen Knotenlinie sind die losen Bschl. zwischen den Figuren durch Flchdpkn. zu vereinigen. Nun teilt man die Bschl. gleichmäßig und führt statt des versetzten Flchkn. das Abbinden mit Seidenfaden um die Bschl. aus. Dann wiederholt sich die Ausführung der Musterfiguren. In der zweiten Musterreihe werden die Figuren nur bis zur Hälfte geknüpft. Man schürzt unter jedem mittleren Flchdpkn. einen Flchkn. und hängt über diesen die Fadenmasse für die verstärkte Quaste, die mit Seidenfaden abgebunden wird. Zuletzt durchstopft man mit dem Seidenfaden die losen Fäden im Grund zwischen den Verbindungsfiguren und vernäht die Fadenenden umsichtbar zwischen der Arbeit.

Abb. 31 u. 31 a. **Franse mit Ecke. Knüpf-Flechtarbeit.** Fast jedes Muster von Fransen und Borten läßt sich zur Ecke bilden, wenn man mit Geschick, die für die Ecke am besten geeignete Figur herausfindet. Beim Arbeiten von Fransen oder Borten mit Ecken hat man von vornherein bei der Anlage die erforderliche Anzahl Fäden für die sich regelmäßig wiederholenden Musterfiguren um den Anschlagfaden reichlich zu bemessen, damit sich die Franse an den Ecken nicht einzieht resp. spannt. Der leichteren Ausführung wegen zeigen wir mit Abb. 31 die Herstellung einer Ecke mit einfachem Muster aus Flachdoppelknoten. Jedes Knüpfbüschel besteht aus 8 Fäden. Abb. 31 a zeigt das gleiche Muster je mit vier Fäden geknüpft und die Anlage für die Ecke. Es sei von vornherein darauf hingewiesen, daß bei der Herstellung der Franse Abb. 31 die Zahl der Hilfsfäden für die Ecke um das doppelte zu vermehren ist. Unsere Erklärung gilt für die Fadenzahl an Abb. 31 a. Bei der Anlage wird für die Ecke nach Abb. 31 a ein langer Dpf zwischen zwei Bschl. eingeschoben. Dann knüpft man zwei Reihen mit versetzten Flchdpkn. An der Ecke werden die Fäden des Hilfsbüschels durch einen Umfassungsknoten (Flchdpkn., siehe Seite 118) vereinigt. Im Laufe der dritten Knüpfreihe hat man nach Abb. 31 a zwei lange Dpf. zwischen den losen Hilfsfäden an der Ecke einzuschieben, indem man den Bschl. durch einen Flchdpkn. sichert. Um das Einhängen der neuen Fäden und den Fadenlauf beim Weiterarbeiten des Musters leichter verfolgen zu können, werden die neuen Fäden an Abb. 31 a dunkel gezeigt. Das Anlegen von neuen Fäden wiederholt sich regelmäßig in jeder zweiten Reihe. Als Abschluß werden die Flchdpkn. der letzten Reihe durch lose eingehängte Fadenbüschel gedeckt, die man mit andersfarbigem Faden je zur Quaste abbindet.

Ausführung einer StoffFranse mit Eckbildung. Tischtücher und Servietten werden häufig mit einem Fransenabschluß verziert, wobei man die Franse mit den Gewebefäden herstellt. Hierfür entfernt man am Rand die langen Gewebefäden in der erforderlichen Breite mit Berechnung für den Verbrauch der Fadenlänge beim Einknüpfen, siehe die Erklärung Seite 116. Durch das Ausziehen der Gewebefäden entstehen an den Ecken Löcher, die durch neu eingefügte Knüpffäden gefüllt werden müssen. Man benutzt die ausgezogenen Gewebefäden und knüpft nach dem Muster die erforderliche Anzahl Fäden ein. Dann knüpft man das Muster und beachtet die zu Abb. 31 u. 31a gegebenen Regeln, damit eine gute rechtwinklige Eckbildung entsteht. Praktischer bewährt sich für Tischwäsche die Knüpfflechtarbeit als die Makrameeknüpfarbeit, da sich die Fäden der Rippenknoten leicht in der Wäsche abreiben und da Makrameeknüpfarbeiten sich schwerer reinigen lassen als flach geknüpfte Fransen. Man vermeide möglichst lange lose Fransensträhnen als Abschluß, weil sich die losen Fäden leicht in der Wäsche verfilzen und die Fäden schwer zu lockern sind. Nach dem Waschen und Auswringen hat man den Gegenstand tüchtig auszuschlagen, wodurch sich die Fransenfäden lockern. Am wenigsten Schaden leidet die gewaschene Franse, wenn man die Strähnen mit den Fingern lockert und glättet. Auch vermeide man das scharfe Bügeln der Franse. Zum Lockern wird häufig ein Holzkamm benutzt, mit dem man die Franse auskämmt. Dieses Verfahren ist jedoch nur geübten Händen zu empfehlen.

31. Franse mit Ecke
Ausgeführt in Flachdoppelknoten (Jagdtaschenknoten)
Arbeitsprobe für die Eckbildung und das Anlegen neuer Knüpffäden Abb. 31a

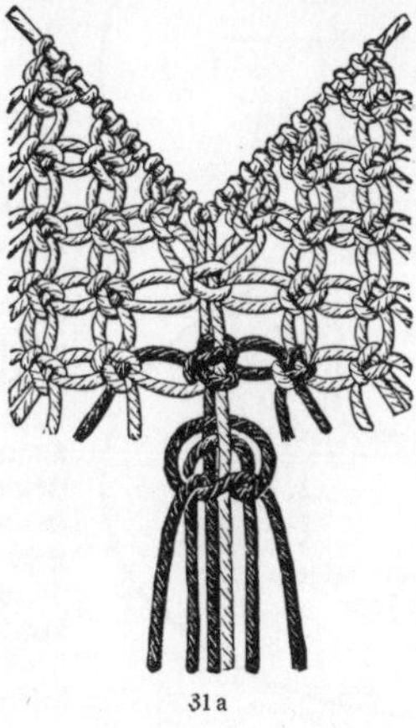

31a

31a. Anlegen der ineinandergreifenden Ergänzungsfäden um die eingeschürzten Eckfäden.
Die dunklen Fäden gelten für die neuen Fäden

II. Die Makrameeknüpfarbeit

oder das Knüpfen mit Rippenknoten

32. Pikotanschlag (Schlingenpikot) an gespanntem Querfaden. Anlage der Querrippe Ausführung d. Rippenknotens

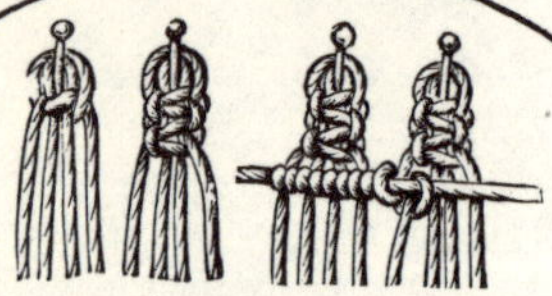

33, 33a u. 34. Anschlag mit Flachdoppelknoten. Pikots über eingesteckte Nadeln 33 u. 33a Anschlag

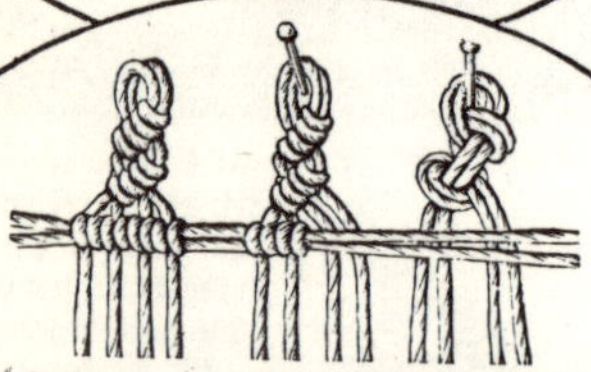

35. Anschlag mit Rippenknotenpikots (Makrameeknoten)

36. Anschlag mit Fäden zu beiden Seiten der Anschlagrippe

Mit dem Makramee- oder Rippenknoten lassen sich reichere Musterwirkungen erzielen als mit den vorhin erklärten Knotenarten. Durch die vielseitige Verwendbarkeit des Rippenknotens in Verbindung mit anderen Knotenarten können stets neue Muster und Figuren entstehen, die zum künstlerischen Schaffen anregen. Infolgedessen wird die Makrameeknüpfarbeit besonders gern gepflegt. Die Bildung des Rippenknotens ist sehr einfach, jedoch will die Handbewegung geübt sein, damit die Glieder des Knotens gleichmäßig wirken. Als Regel gilt: Der Einlagefaden muß mit einer Hand **straff** gehalten werden, während die andere die Verschlingung des Knüpffadens ausführt. Zum Erlernen der Technik eignet sich kräftiges, anspruchsloses Material, sogenanntes Knüpfgarn. Zum Unterschied von den bekannten Arten der Knüpfknoten werden in der Makrameeknüpfarbeit die Knoten fast ausnahmslos nur mit zwei Fäden gearbeitet. Ein Knüpffaden umschürzt den anderen, aber häufig dient der gleiche Einlagefaden für eine ganze Reihe verschiedener Knüpffäden. In den nachstehenden Erklärungen sind alle bereits bekannten Knotenarten ausgeschaltet und nur neue Knotenbildungen werden eingehend behandelt. Auch auf eingehende Beschreibungen einzelner Muster können wir verzichten, da die bildlichen Darstellungen und erläuternden Unterschriften etwaige Schwierigkeiten überwinden helfen. Durch dieses System wollen wir den Lernenden zur rascheren Selbständigkeit verhelfen und wir hoffen, daß Geduld und Ausdauer sie bei der Erlernung der mühevollen Arbeit unterstützen werden. Der Erfolg macht sich nach einiger Übung bemerkbar.

Anlage oder Anschlag mit Verzierung

An Stelle des bekannten festen glatten Anschlages um den Einlagefaden, lassen sich reizvolle Pikot- oder Bogen-Abschlüsse bringen. Die gleichen Verzierungen können auch als unterer Abschluß und als Seitenverzierung dienen. Abb. 32—35 zeigen den Anschlag mit Pikots. Man unterscheidet vier Arten von Pikots.

1. Das Schlingenpikot. Dieses kann eine einfache Verschlingung bilden, größere Pikots entstehen durch abwechselnd einen Rechts- und einen Linksknoten, siehe Abb. 32.

2. Das Knotenpikot, siehe Abb. 33—33a. Hierzu sind zwei Flchdpkn. um zwei Einlagefäden zu schürzen.

3. Das Rippenpikot, Abb. 35, wird durch untereinander geknüpfte Knotenrippen gebildet, die dem Anschlagfaden angearbeitet werden, und kann in mannigfacher Veränderung ausgeführt werden. Erklärung siehe zu Abb. 39 39a—c, Seite 132.

4. Das Schlingen- oder Schleifenpikot, Abb. 37, 38 und 69. Die losen Schlingen bilden sich durch Anstecken des Doppelfadens in geringer Entfernung von der Anschlagreihe, siehe auch die Erklärung zu Abb. 16 u. 16a, Seite 122. Nach Belieben kann man auch die Fäden verkreuzen.

Der Anschlag mit Fäden zu beiden Seiten der Rippe

Die Anschlagfäden werden in ihrer Mitte nach Abb. 36 durch entgegengesetzte Verschlingung des Rippenknotens um den quer gespannten Anlagefaden geschürzt. Ausführung siehe Abb. 39 bis 41, Seite 133.

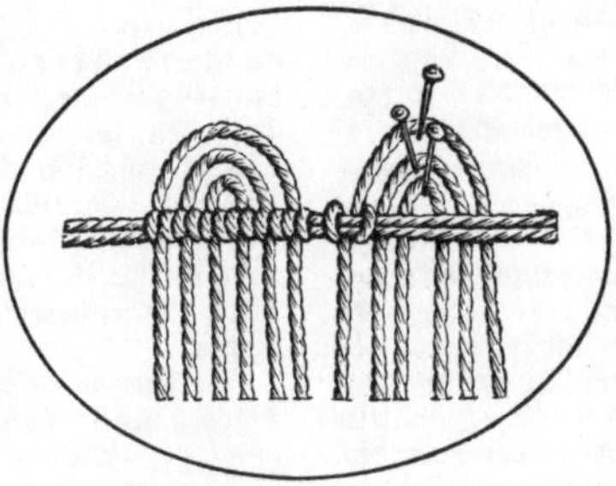

37. Anschlag mit losen Fadenbogen

Der Anschlag mit Bogen

Man unterscheidet verschiedene Arten des Bogenanschlages, von denen wir die gebräuchlichsten Arten erklären. Abb. 37 zeigt den Bogenanschlag mit lose übereinander liegenden Fadenbogen, die mit beliebiger Fadenzahl auszuführen sind. — Einzeln nebeneinander liegende geknüpfte Langettenbogen werden um einen Einlagefaden hergestellt. Man schürzt stets die gleiche Verschlingung und erhält dadurch die Langettensträhne, die man, dem Muster entsprechend, als Bogen der Querrippe des Anschlages anfügt. Frivolitätenbogen entstehen, wenn die Strähne nach Abb. 55 abwechselnd mit Rechts- und Linksknoten umschürzt wird.

Kettenbogen werden durch gleichmäßig versetzte Knoten gebildet, wobei der Knüpffaden des letzten Knotens den Einlagefaden des neuen Knotens ergibt, siehe Abb. 12 u. 12a, Ketten- oder Schlingknoten.

38. Anschlagverbindung Schlingknoten (Langettenknoten) oder Kettenknoten

Abb. 38. Anschlagverbindung. Um eine entgegengesetzte Knotenrichtung zu erzielen, die Abwechslung in die Knüpfarbeit bringen soll, bedient man sich der Anschlagverbindung. Nach Abb. 38 wird die Ausführung leicht verständlich und es bildet sich durch das Ineinanderschürzen der Pikots ein reizvolles Zwischenbörtchen.

Abb. 42. Anschlag für gerundete oder geschrägte Formen. An dem Muster Abb. 42 ist ersichtlich, wie man die Einzelfäden des Anschlags um den losen Einlagedoppelfaden knüpft, um eine gleichmäßige Rundung und Abschrägung zu erzielen.

Das Knüpfen mit Rippenknoten (Makrameeknoten) machen die einzelnen Darstellungen Abb. 39, 39 a—c (von rechts nach links zu lesen) und Abb. 40 u. 41 leicht verständlich. Den Rippenknoten bilden stets zwei Verschlingungen, die man um den straff gespannt gehaltenen Einlagefaden ausführt, der eine ganze Reihe von Knoten aufnehmen kann. Je nachdem es das Muster erfordert, knüpft man zwei, drei und mehr Fäden um den gleichen Einlagefaden. Man kann der Rippe unmittelbar die nächste anschließen oder nach dem Muster Zwischenräume eintreten lassen, sowie die Richtung ändern. In der Regel werden Muster fast immer mit Schrägrippen gearbeitet, selten mit senk- oder wagerechten Rippen. Für Schrägrippen wird der Einlagefaden straff gespannt in der gewünschten Länge gehalten. Bei der Bildung des Rippenknotens sind zwei Richtungen zu beobachten, die abwechselnd die rechte und die linke Hand für die Verschlingung in Anspruch nehmen. Stets wird der Knüpffaden von unten über den Einlagefaden so geschürzt, daß die Kreuzung der Schlinge unten liegt und der Ring der Schlinge oben ein Glied der runden Rippe bildet. Das Knüpfen des Rippenknotens in geraden Reihen und das Arbeiten von links nach rechts wird anfangs schwer; leichter erlernt sich das Knüpfen in Schrägreihen von rechts nach links. Abb. 40 u. 41 zeigen den Rippenknoten von der Rechts- und Linksseite. An Abb. 39, 39 a—c wird das Knüpfen von Schrägrippen erläutert, in der Richtung von rechts nach links arbeitend. Die Benennung der Fäden durch Zahlen macht es ersichtlich, wie sich im Laufe der Arbeit die Fäden verschieben und wie bei der zweiten Knüpfreihe (Knotenrippe) Abb. 39 c Faden 2 den Einlagefaden bildet. Der Buchstabe L bezeichnet den mit der linken Hand in der Knüpfrichtung gespannt gehaltenen Einlagefaden; die rechte Hand führt die Verschlingungen aus. Abb. 39 läßt die erste Fadenverschlingung deutlich erkennen. Man zieht den Faden straff an. Dann wird nach Abb. 39a die zweite gleichartige Verschlingung ausgeführt, wodurch sich der Doppelknoten (Rippenknoten) bildet. Abb. 39b zeigt das dichte Anschieben der fertigen Knoten und die Bildung des letzten Rippenknotens einer aus vier Fäden zu bildenden Schrägrippe. Abb. 39 c erklärt die Ausführung der anschließenden zweiten Schrägreihe. — Die Verbindung entgegengesetzter Rippenknoten-Gruppen vermittelt ein einfaches Verknoten der Einlagefäden, wie es an Abb. 54 ersichtlich ist. Es ist leicht, nach bildlichen Darstellungen Makrameeknüpfmuster nachzuarbeiten, das Auge übt sich bald im Ablesen der Fäden, wonach die Hände fast mechanisch die Verknüpfung ausführen.

An Abb. 45 ist ersichtlich, wie man mit 2 Fäden ein festes Rippenbörtchen knüpfen kann.

Abb. 46 erklärt die Ausführung eines Pikotbörtchens mit Schlingenpikots und Mittelrippe in Rippenknoten um einen straff gespannten Einlagefaden geknüpft.

Abb. 44 u. 47 läßt die Herstellung eines einfachen Ringelbörtchens mit glattem Randabschluß und Schlingenpikots erkennen. Durch Kreuzen und Verknüpfen der Einlagefäden entstehen die Ringel.

Abb. 49, 49 a u. 51 zeigen gemusterte Ringelbörtchen. An Abb. 51 liegen die losen Fäden zwischen den Rippen.

Die Zackenrippe Abb. 48 entsteht, wenn man auf dem gleichen Einlagefaden Rechts- und Linksrippen knüpft. Man kann in dieser Art mehrere Reihen nebeneinander knüpfen, siehe Abb. 43 u. 67.

Das Langettenbörtchen Abb. 50 ist mit vier Fäden herzustellen. Man knüpft um zwei Einlagefäden im Schlangenlauf abwechselnd mit dem äußeren links und rechts liegenden Faden Langettenknoten (Schlingknoten), siehe Abb. 12 u. 12a, Seite 119.

Abb. 56—62 Verschiedene Knotenmuschen. Da in der Makrameeknüpftechnik Muschenknoten in Verbindung mit Rippenknoten häufig vorkommen, erklären wir verschiedene Muschenknoten, die in freier Wahl bei der Herstellung von neuen Mustern Anwendung finden können.

Abb. 56 u. 56a. Die Rosenmusche ist nichts anderes als die Langettenmusche Abb. 58, mit dreifachem Faden geknüpft und oben und unten durch Flchdpkn. abgeschlossen.

Abb. 57, 57 a—c. Die Kugelmusche bildet ein einfacher Rundknoten, den vor und nach der Verschlingung ein flacher Knüpfknoten abschließt.

43. Zackenbörtchen mit Doppelrippe in Rippenknoten (Makrameeknoten) Mit vier Fäden geknüpft

39, 39a—39c. Ausführung von Knotenrippen (Makrameeknoten) von rechts nach links mit der rechten Hand zu knüpfen 39. Erste Verschlingung. 39a. Zweite Verschlingung. 39b. Vollendung einer Knotenrippe. 39c. Anfang der folgenden Knotenrippe. Die Zahlen bestimmen die Fäden in ihrer ursprünglichen Lage. L bezeichnet die linke Hand, die den Faden 1 gespannt hält

44. Ringelbörtchen mit einfacher Rippe und glattem Rand Mit vier Fäden geknüpft

40. Ausführung von Knotenrippen (Makrameeknoten) von links nach rechts
41. Arbeitsrückseite der Knotenrippen (Makrameeknoten)

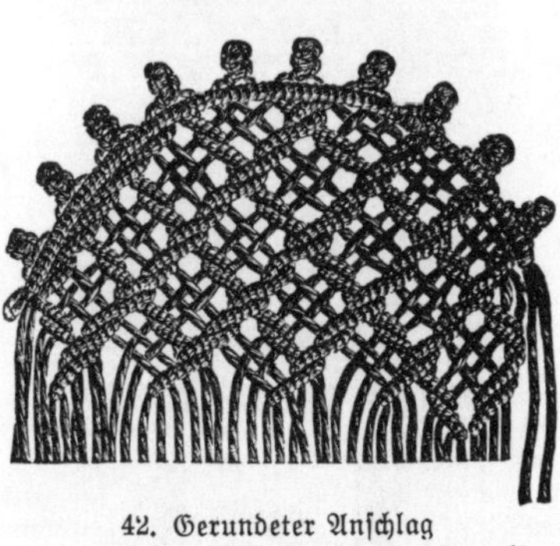

42. Gerundeter Anschlag Knotenpikots. Kariertes Grundmuster mit loser Fadenverschlingung (Gitter)

Abb. 58 u. 58a. Die Langettenmusche. Für diese knüpft man stets nach einer Seite gerichtete Schlingknoten (Langettenknoten), ohne daß zum Anfang die Fäden erst zusammengefaßt werden. Den Abschluß bildet ein festgezogener Flchdpkn.

Abb. 59 u. 59a. Die Kettenmusche wird aus gleichmäßig versetzten Kettenknoten (Schlingknoten, siehe Abb. 12 u. 12a, Seite 119) geknüpft. Zum Abschluß bildet man einen Flchdpkn., ebenso kann auch ein Flchdpkn. vor Beginn der Musche den Büschel vereinigen.

Abb. 60 u. 60a. Die Rippenmusche bildet sich, wenn man mit zwei Fäden Rippenknoten knüpft, gleich dem Rippenbörtchen Abb. 45, und dann einfach im Muster weiter knüpft.

Abb. 61 u. 61a. machen die Herstellung der doppelseitigen Erbsmusche verständlich.

Abb. 62 u. 62a. Die Ringmusche gleicht in der Wirkung der Erbsmusche, Abb. 15b u. c, Seite 120. Wie Abb. 62 zeigt, wird zunächst der Fadenbüschel mit den beiden äußeren Fäden durch einen Flchkn. vereinigt. Dann bleiben die Umfassungsfäden hängen, und man knüpft mit den beiden äußeren Fäden des Büschels eine Strähne aus Flchkn.,

45

46

45. Festes Rippenbörtchen Zwei Farben. Mit 2 Fäden geknüpft

46. Pikotbörtchen Einfarbig. Mit 2 Fäd. geknüpft

47. Ringelbörtchen mit Pikots Mit 4 Fäden geknüpft. 48. Zackenbörtchen. Zwei Farben. Mit 5 Fäden geknüpft. Der lose Endfaden wird zuletzt vernäht. Siehe schmales Zackenbörtchen Abb. 43

49

49a

49. Ringelbörtchen mit Doppelrippen. Zwei Farben. Mit 4 Fäden geknüpft

49a. Ringelbörtchen mit Doppelrippen. Zwei Farben Mit 4 Fäden geknüpft

54. Fadenanlage zur Ergänzung eines Knüpffadens an der Kreuzungsstelle

53. Ausführung von kleinen Querrippen an gleichmäßig weitergeführten Rippen

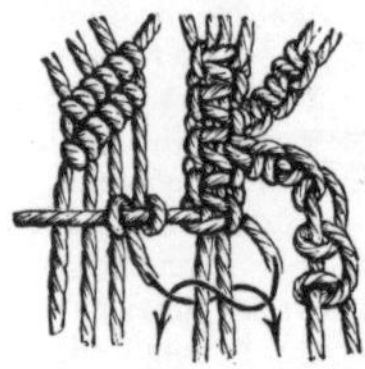

55. Ausführung eines Frivolitätenbogens u. Anlage der Querrippe

50

50. Bogenbörtchen (Langettenbörtchen). Mit 4 Fäden geknüpft Siehe die Ausführung des Schlingknotens Abb. 12 u. 12a, Seite 119

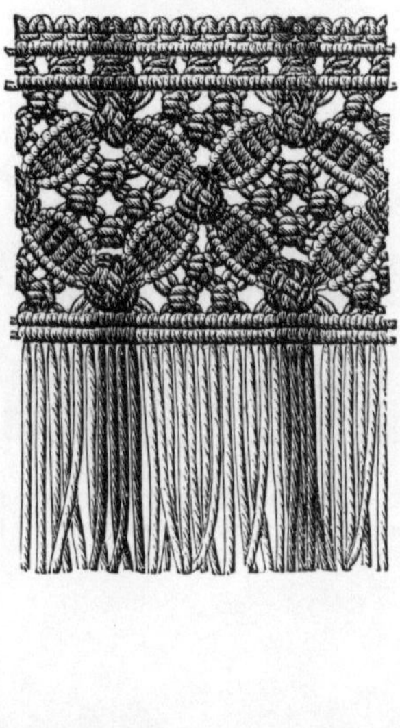

52. Franse mit Muster aus Rippenknoten (Makrameeknoten), Schlingknoten (Langettenknoten) oder Kettenknoten und Kettenmuschen, s. die Ab. 12, Seite 119 u. 59a, Seite 135 In zwei Farben geknüpft

51

51. Gemustertes Ringelbörtchen. Zwei Farben. Mit 6 Fäden geknüpft. Siehe Ringelbörtchen Abb. 44, 49 und 49a

56. Rosenmusche. Anlage. Festgezogene Musche Abb. 56 a

56 a. Rosenmusche, festgezogen. Anlage Abb. 56

58. Langettenmusche Anlage. Festgezogene Musche Abb. 58 a

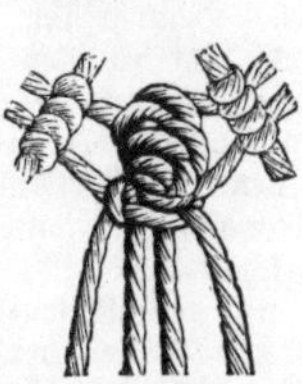

58 a. Langettenmusche. Festgezogen. Anlage Abb. 58

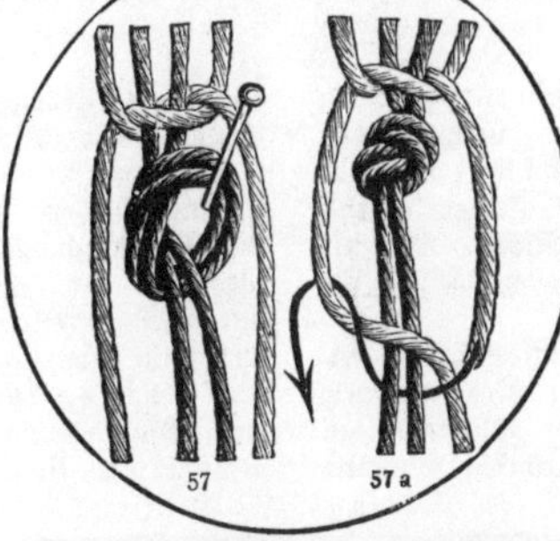

57 u. 57 a. Kugelmusche. 57. Anlage 57 a. Knoten festgezogen und Ausführung des ersten Schlußknotens, siehe auch Abb. 57 b u. 57 c

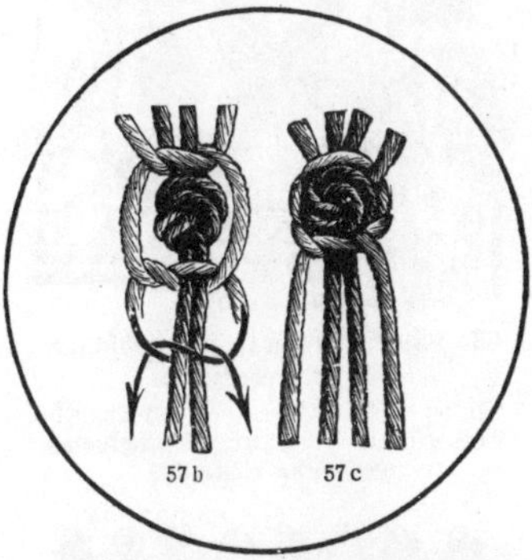

57 b u. 57 c. Kugelmusche, siehe auch Abb. 57 u. 57 a. 57 b. Zweiter Schlußknoten. 57 c. Festgezogene Musche

die dann, wie an Abb. 62 ersichtlich ist, mit den beiden herunterhängenden Umfassungsfäden durch einen Umfassungsknoten (Flchdpkn.) zur Ringmusche geform werden. Des leichteren Verständnisses wegen zeigt Abb. 62a die Musche leicht gewölbt, wodurch sich die Knotenbildungen verfolgen lassen. In der richtigen Ausführung hat man den Flchdpkn., wie es die schwarzen Pfeillinien zeigen, hochzuziehen, so daß ein geknüpfter Ring die Musche bildet.

59. Kettenmusche Anlage. Siehe auch Abb. 59 a

59 a. Kettenmusche. Festgezogen. Anlage Abb. 59

60. Rippenmusche Ausführung der Knotenreihe. Siehe auch Abb. 60 a

60 a. Rippenmusche Befestigung. Siehe auch Abb. 60

Das Knüpfen von Mustern

Auch in der Knüpfarbeit mit Rippenknoten bedienen wir uns bei den nachstehenden Erklärungen folgender *Abkürzungen:* Rpkn. für Rippenknoten (Makrameeknoten), R. für Reihe, Rp. für Rippe, Bl. für Blättchen, abd. für abbinden, Msch. für Musche.

Knüpfarbeiten lassen sich nicht reihenweise erklären, sondern in Einzelgruppen, aus denen sich das Muster zusammensetzt. In den Erklärungen beschränken wir uns nur auf das Hervorholen der charakteristischen Knotenbildungen, die sich nach den bildlichen Darstellungen nicht so leicht nachknüpfen lassen. Muster, die sich nach den Abbildungen und erläuternden Unterschriften nachknüpfen lassen, bleiben unerwähnt.

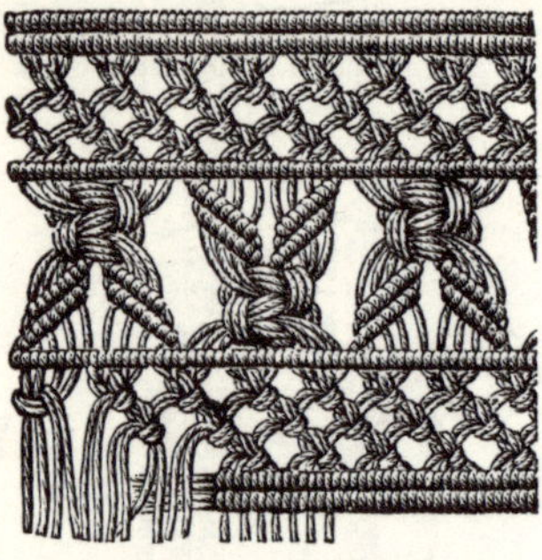

63. Längsborte mit Randabschluß aus Rippenknoten
Muster aus Rippen-, Flach-Doppelknoten und versetzten Schlingknoten
Erklärung Seite 139

Abb. 52. *Franse mit Muster aus Rippenblättchen, Langetten- und Kettenmuschen.* In zwei Farben geknüpft. Nach Abb. 52 läßt sich das Muster leicht nacharbeiten. Es sei nur erwähnt, daß die Langetten- und Ketten-Msch. oben offen und unten geschlossen geknüpft werden, siehe Abb. 58 u. 59. Die Ausführung der mit vier Fäden zu knüpfenden Bl. erklärt Abb. 53. Zwei Rpkn.-Querreihen bilden den unteren Abschluß.

64. Längsbordüre. Randabschluß mit Pikots je aus einem Knoten gebildet
Muster aus Rippen- und Schlingknoten
Erklärung Seite 139

Abb. 65. *Franse mit Schuppenmuster.* Die Franse kann mit feinem und starkem Knüpffaden gearbeitet werden. In kräftiger Ausführung gibt das Muster eine hübsche Verzierung von Stores, Behängen u. dgl. Am besten geeignet ist DMC.-Knüpfgarn Nr. 10. Je eine Fransensträhne bilden zwei Dpf., die man mittels Anschlagknotens um zwei Anlagefäden schürzt. Dann knüpft man mit den einzelnen Fäden eine Rpkn.-Querreihe um zwei Elgf. — *Ausführung einer Musterfigur.* Für je eine Figur braucht man acht Fäden. Man beginnt von links nach rechts. × Der äußere linke lose Faden gilt als Elgf. Man hält ihn mit der linken Hand straff gespannt in schräger Richtung nach rechts und umschürzt ihn mit den drei folgenden Fäden durch Rpkn. Dann wird der viertfolgende lose Faden als Elgf. benutzt und entgegengesetzt zur ersten Rp., also nach links gehalten. Um den Elgf. werden mit den drei losen Fäden Rpkn. geschürzt, worauf man mittels eines Rpkn. den ersten Elgf. dem zweiten Elgf. anschürzt. Nun wiederholt man die Ausführung dreimal vom ×, indem man die Rp. dicht anschließend knüpft. Man arbeitet zunächst die obere Musterreihe. Die folgenden Reihen werden mit versetzten Musterfiguren ausgeführt. Abb. 65 läßt die Ausführung deutlich erkennen. Zuletzt werden für den verstärkten Fransenabschluß aus lose geschnittenen Hilfsfäden in den Zackentiefen und -spitzen der letzten Musterreihe Quasten eingeknüpft. Für je eine Quaste in

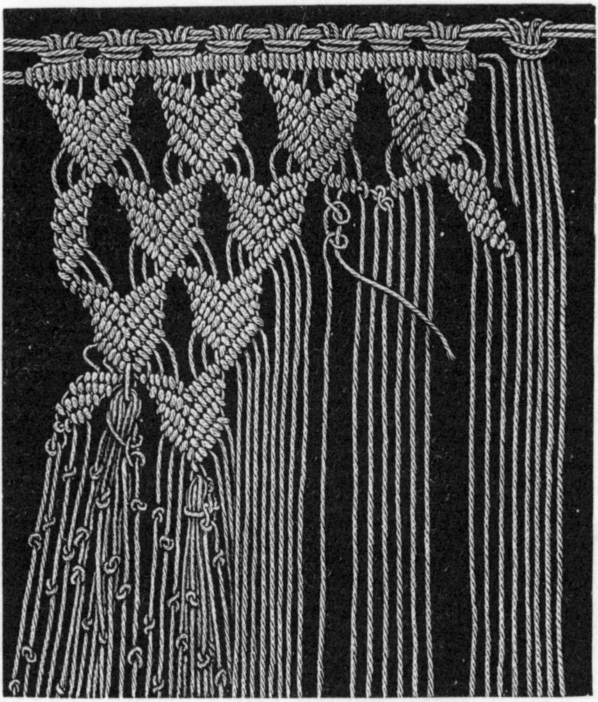

65. Fransè in Rippenknoten (Makrameeknüpfarbeit)
Versetztes Schuppenmuster. Mit starkem und feinem Material herstellbar

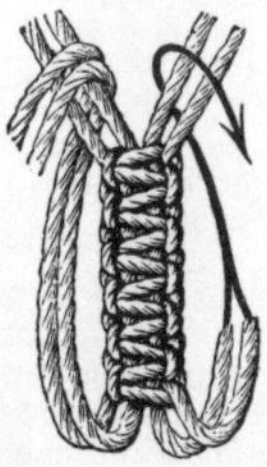

61. Doppelseitige Erbsmusche Knüpfsträhne in die Höhe genommen. Siehe auch Abb. 61a

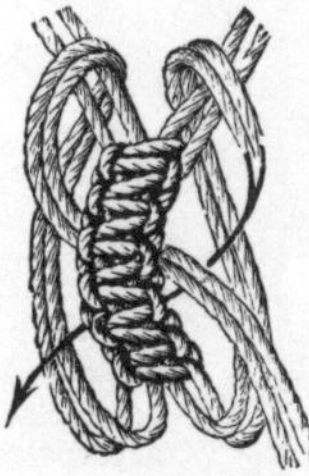

61a.

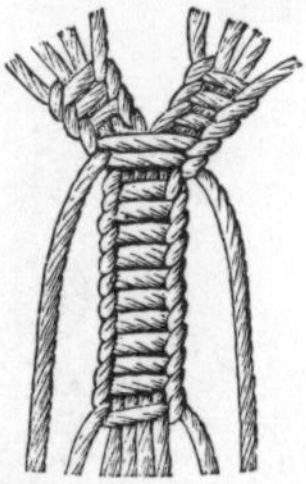

62.

61a. Doppelseitige Erbsmusche. Das Verschlingen der Knüpfsträhnen zur Vollendung der Musche Abb. 61. Die Strähnen werden fest angezogen, wodurch sich die Masche ringförmig rundet
62. Ringmusche. Knotenreihe. Siehe auch Abb. 62a

62a. Ringmusche Verschlingung der Seitenfäden. Siehe auch Abb. 62. Der Flachdoppelknoten wird hochgezogen

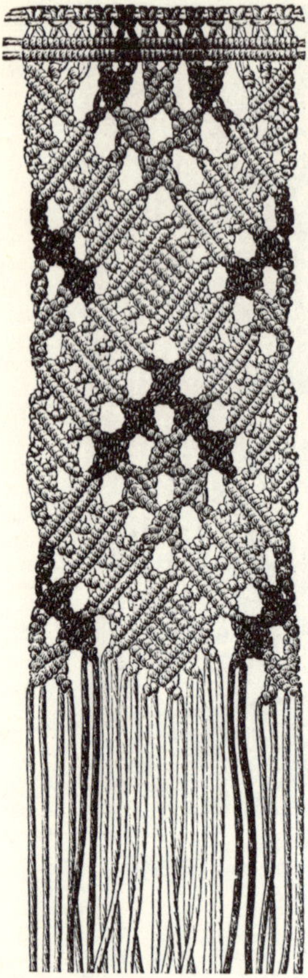

66. Borte in Rippenknoten im Grundmuster geknüpft Drei Farben: Schwarz, Rot und Orange. Mit 24 Fäden geknüpft

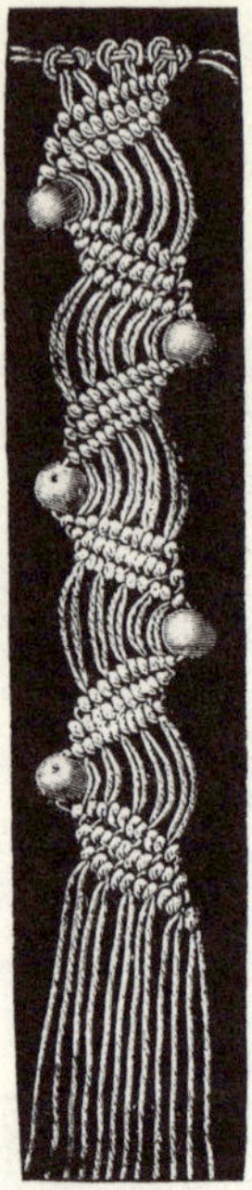

67. Zackenborte mit eingeknüpften Holzperlen. Mit 6 Doppelfäden geknüpft. Aus der Zeitschrift „Die praktische Berlinerin". Modell von Helene Becker, Berlin

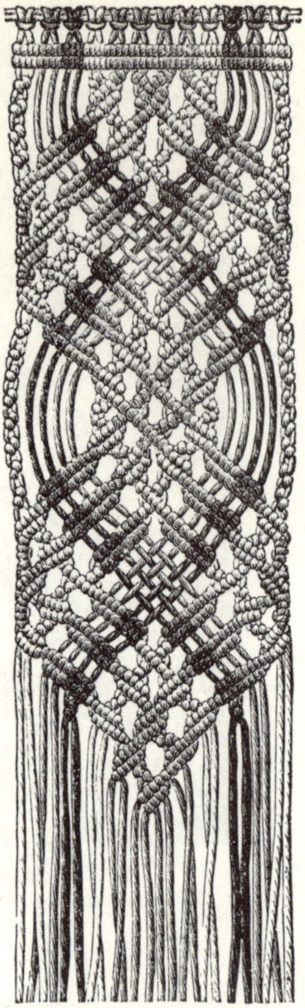

68. Borte in Rippenknoten im Grundmuster geknüpft. Drei Farben: Schwarz, Smaragdgrün und Violett. Mit 24 Fäden geknüpft

69. Bogenbörtchen Mit 10 Fäden geknüpft

den Zackentiefen braucht man fünf Dpf. Ein Dpf. bildet den Elgf., um den die losen Fäden geschürzt werden. Für die Quasten an den Zackenspitzen sind vier Dpf. erforderlich. Man beginnt mit dem Einhängen des Hilfsfadens an der ersten Zackentiefe. Hierfür leitet man das Fadenende durch eine Tapisserienadel (Sticknadel) mit Spitze und zieht den Faden durch die untere Knüpfreihe an der Spitze der ersten Musterfigur der vorletzten Musterreihe; dann werden die Fadenenden gleichmäßig angezogen, worauf man die Fäden in geringer Entfernung zweimal verknotet und durch die Schlinge die vier Dpf zieht. Nun bindet man mit den

Fadenenden des Elgf. durch zwei Schlgkn. die Quaste ab. An den Zackenspitzen der unteren Musterreihe bilden je die zwei mittleren Fäden der Musterfigur den Elgf. Das Einhängen der Hilfsfäden für die Quaste geschieht in der vorhin erklärten Art. Zuletzt werden alle losen Fäden in unregelmäßigen Entfernungen geknotet. Die Anschlagreihe der Franse wird auf der Rückseite eines Stoffsaumes so angesäumt, daß die erste Rippenknoten-Querreihe den Saum begrenzt.

Abb. 63 u. 64. Zwei Längsborten. Beide Vorlagen lassen sich leicht nachknüpfen. Jedoch sei bemerkt, daß an der Vorlage, Abb. 63 die Zwischenräume der Anschlag-Querrippe durch Umnähen des Einlagefadens zu füllen sind. Die losen unteren Fäden werden auf der Arbeitsrückseite der vorletzten Querrippe unsichtbar vernäht. In gleicher Weise sind auch die Fadenenden der Knotenpikots an Abb. 64 zu sichern.

Abb. 66—69. Vier Borten. Die Muster Abb. 66 u. 68 lassen sich durch Wiederholung der Musterfiguren leicht zur Franse erweitern. Ein für Knüpfarbeit geschultes Auge kann leicht nach den Darstellungen, Abb. 66 bis 68 die Fadenverschlingungen verfolgen und mit den Händen mechanisch nachknüpfen. Die Zadenborte Abb. 67 ist in stahlgrauer Kordonnetseide in Verbindung mit runden, violett eingefärbten, polierten Holzperlen geknüpft. Nach jeder dreiteiligen Rippenfigur wird eine Perle dem doppelten Einlagefaden der letzten Rippe aufgereiht.

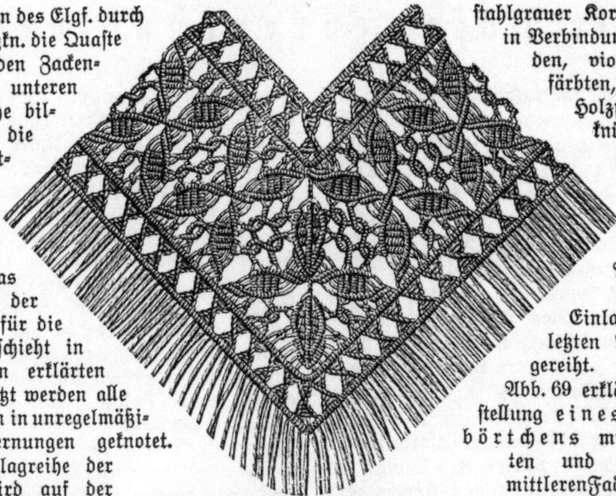

70. Ecke mit sich gleichmäßig wiederholendem Muster. Rippenknoten (Makrameeknoten) Siehe die Ausführung Abb. 70a

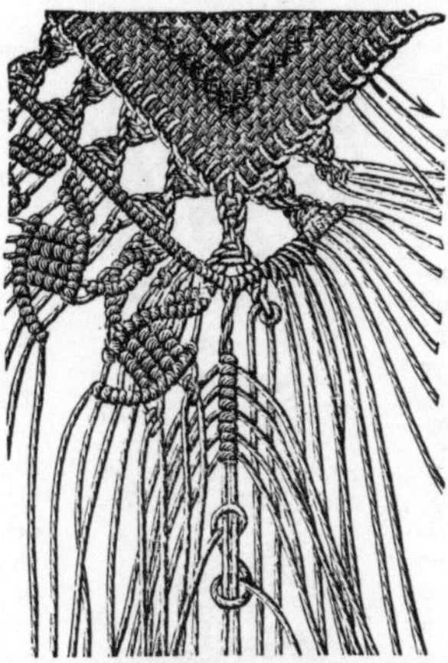

70a. Anlegen der Ergänzungsfäden und das Umknüpfen der Mittelrippe zur Ecke, Abb. 70

Abb. 69 erklärt die Herstellung eines Bogenbörtchens mit gekreuzten und verknoteten mittleren Fadenbüscheln. Der Mittelknoten läßt sich in verschiedenen Knotenarten ausführen.

70. Franse mit Ecke. Abb. 70 zeigt eine Fransenecke mit sich regelmäßig wiederholenden Musterfiguren. Die Anschlagreihe begrenzt ein schmales Börtchen mit Wellenknoten, siehe Abb. 11 u. 11a, Seite 119. Je vier Fäden bilden einen Knüpfbüschel. Abb. 70a läßt die Ausführung an einer vorgeschrittenen Arbeit erkennen. Für die Fadenverstärkung an der Ecke ist eine Knüpfsträhne in die Ecke geschoben. Um den Einlagefaden der abschließenden Querrippe werden auf beiden Seiten der Ecksträhne drei Doppelfäden und zwischen den mittleren Fäden der Ecksträhne ein Doppelfaden eingeschoben. Der mittlere Einlagefaden nimmt die Ergänzungsfäden auf, die man mittels beiderseitigen Rippenanschlags befestigt, siehe auch Abb. 36. Die für die Verstärkung erforderliche Fadenzahl wird um den Elgf. der Querrippe geknüpft.

III. Die Posamentenknüpfarbeit

Die Posamentenknüpfarbeit stellt ein Spezialgebiet in der Knüpfkunst dar. Wenn es uns auch nicht möglich ist, dieses Gebiet eingehend zu erörtern, so wollen wir doch verschiedene charakteristische Knotenarten erklären, wonach es auch Laien möglich sein dürfte, sich selbständig neue Muster herzustellen. Für geknüpfte Posamenten, z. B. Besatzartikel, Quasten, Schnüre u. dgl. benutzt man vorwiegend sprödes, scharf gedrehtes Material wie: Schnur, Kordel u. dgl. Jedoch wird auch schmiegsames und weiches Material, z. B. Chenille, Kordonnet-, Knüpfseide, Wolle u. dgl. verarbeitet. In der Posamentenknüpfarbeit werden alle bekannten Knotenarten benutzt, die mit anderen charakteristischen Knoten und Fadenverschlingungen die Herstellung der mannigfachsten Muster ermöglichen.

Abb. 71. Knopf. Unser Modell ist aus schwarzem, kräftigem, seidenem Passementerieschnürchen und Goldschnürchen in gleicher Stärke geflochten. Man braucht zur Herstellung ein schwarzes Schnürchen und zwei Enden Goldschnürchen von je 20 cm Länge. Zunächst legt man die Schnüre so zusammen, daß das Seidenschnürchen auf beiden Seiten von den Goldschnürchen begrenzt wird. Man achte beim Verflechten darauf, daß die Schnüre flach nebeneinander liegen. Zuletzt werden die Schnurenden auf der Arbeitsrückseite fest abgebunden und unsichtbar vernäht. Die Knotenmusche wird über einem mit schwarzer Seide umsponnenen flachen Holzknopf befestigt.

Die Herstellung von Quasten

Verschiedene Quasten in Posamentenknüpfarbeit. Um Fransen, Borten und sonstigen Gegenständen einen reichen Abschluß zu geben, versieht man sie mit Quasten, die in Material und Ausführung mit dem betreffenden Gegenstand übereinstimmen müssen. Einfache Quasten werden in der bekannten Art, siehe Abb. 19—21, Seite 121, hergestellt. Schwere Quasten erfordern Einlagen aus Holzformen, die das Knüpfmaterial verdeckt. Für eine einfache schwere Quaste bildet eine durchlochte Holzkugel den Quastenkopf. Diese Kugel kann auf verschiedene Arten mit dem Material gedeckt werden. Im folgenden erklären wir die gebräuchliche Art, die sich für Anfänger eignet. Man schneidet in der erforderlichen Quastenlänge mit Zugabe für den Quastenkopf Doppelfäden aus dem Material zurecht,

71. Knopf in Posamentenknüpfarbeit mit Seidenschnürchen In zwei Farben ausgeführt. Siehe die Arbeitsprobe Abb. 71a

71 a. Verschlingung für d. Flechtknoten in Posamentenknüpfarbeit zum Knopf Abb. 71

legt die Fäden zu gleichen Büscheln zusammen und vereinigt die Büschel in der Mitte durch Häkelarbeit, indem man um jeden Büschel eine feste Masche arbeitet und zuletzt durch eine Kettenmasche in die erste feste Masche die Büschel zur Runde schließt. Hierbei achtet man darauf, daß das Loch die Größe des Kugelloches hat. Nun legt man die Fadenmasse um den Kugelkopf, so, daß die Fäden, dicht anschließend, gleichmäßig nebeneinander herabhängen. Dann bindet man die Fäden in der bekannten Art, siehe Abb. 20 u. 21 und die Erklärung Seite 122 mit gleichartigem oder andersartigem Faden unterhalb der Kugel ab. Durch das Loch der Kugel wird eine geknüpfte oder gehäkelte Schnur geleitet; ein Knoten sichert das Schnurende. Nach Belieben können derartig hergestellte Quasten reicher verziert werden, indem man den

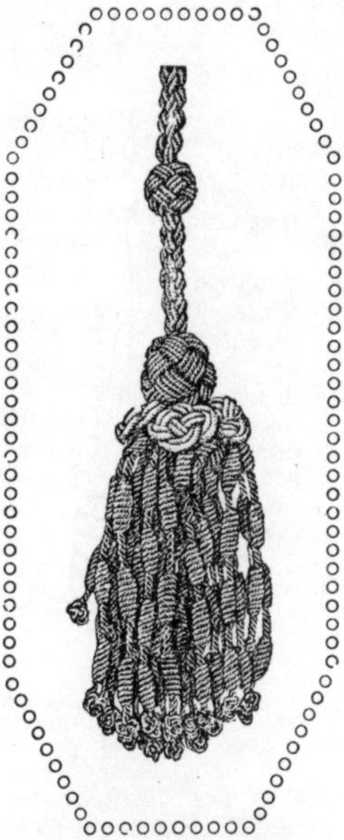

72. Posamentenquaste mit Seidenschnürchen, in zwei Farben geknüpft. Gehänge mit Wickelknoten. Arbeitsproben Abb. 76, 77, 79, 81 u. 82
Modell von Irene Blahy, Wien

74. Posamentenquaste aus Chenille mit Quastenkopf aus Goldkordel und Seidenschnürchen. Arbeitsproben Abb. 78, 78 a, 82 u. 82 a. Modell von Irene Blahy, Wien

73. Posamentenquaste mit Seidenschnürchen, in zwei Farben geknüpft. Gehänge mit Flechtknoten. Arbeitsproben Abb. 76, 79, 79a, 80, 82 u. 82a
Modell von Irene Blahy, Wien

Kopf umhäkelt, netzartig umnäht oder umflicht.

Gute Beispiele für reicher ausgestattete Quasten in formvollendeter künstlerischer Ausführung bieten die Vorlagen Abb. 72—75.

Für die im Original 13 cm lange **Quaste** Abb. 72 braucht man 24 m schwarzes und 1 1/2 m grünes Seidenschnürchen. Die Quaste bilden der Quastenkopf, das Gehänge und die Zierfigur. Eine geflochtene Schnur, siehe Abb. 76, dient zur Befestigung. Die Zierfigur ist grün, alle übrigen Teile wirken schwarz. Für den **Quastenkopf** braucht man vier Schnurbüschel, jeder Büschel wird aus fünf Fäden, etwa in der Länge von 50 cm gebildet. Die Flechtarbeit wird am besten über einem Flaschenkorken ausgeführt. Man beginnt von der Mitte ausgehend, indem man nach Abb. 82 die Büschel

75

75. Posamentenquaste aus Seidenschnürchen. In zwei Farben geknüpft. Arbeitsproben Abb. 76, 78, 78 a, 79, 79 a, 82 u. 82 a. Aus der Zeitschrift „Das Blatt der Hausfrau". Modell v. Irene Blahy, Wien

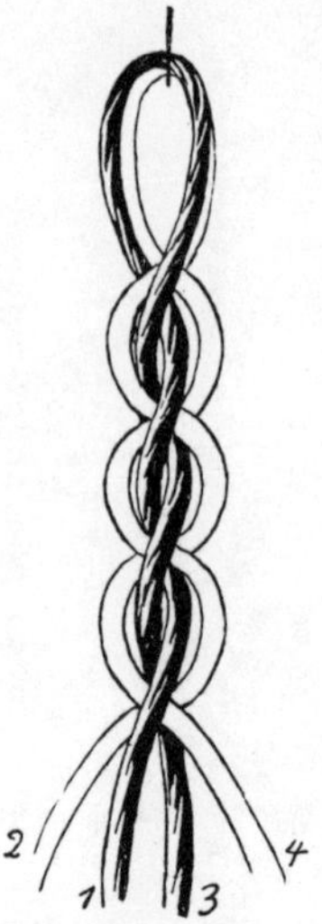

76. Ausführung der zweifarbigen Hängeschnur zur Quaste Abb. 72, 73 und 75

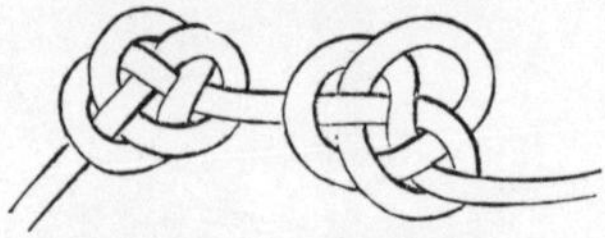

77. Ausführung der Flechtknotenreihe für die Herstellung der Zierfigur unter dem Quastenkopf zu Abb. 72
Die Figur bilden 5 Flechtknoten, die man durch Zusammennähen zum Ring schließt

78. Ausführung eines geflochtenen Blattes für die Zierfigur des Quastenkopfes zu Abbildung 74 und 75
Weitere Verflechtung s. Abb. 78a

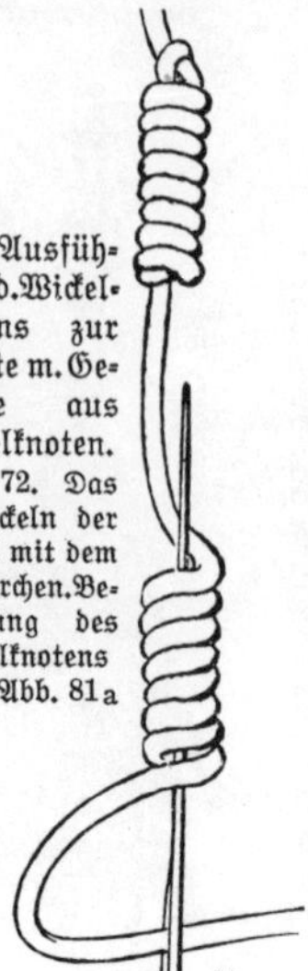

81

81. Ausführung d. Wickelknotens zur Quaste m. Gehänge aus Wickelknoten. Abb. 72. Das Umwickeln der Nadel mit dem Schnürchen. Befestigung des Wickelknotens siehe Abb. 81a

81a. Das Befestigen des Wickelknotens Abb. 81. Durch Zurückführen d. Nadel zwischen d. Wickelreihen, hinter der vorletzten Reihe beginnend, i. d. untere Schlinge gespannt z. halten

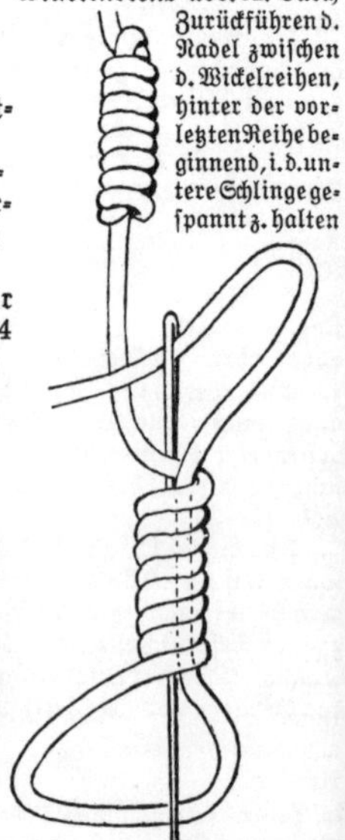

81a

78a

78a. Fortgesetzte Flechtarbeit z. Herstellung einer Blattfigur zu Abb. 74 und 75

79 a

79a. Das Zurückleiten des Schnurendes durch die Flechtfigur des letzten Knotens

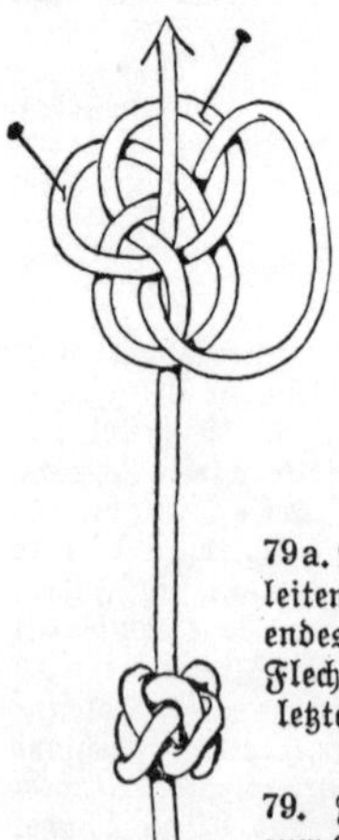

79

79. Flechtknoten zum Gehänge der Quasten Abb. 72, 73 u. 75. Die Fadenschlingen werden auf dem Knüpfkissen aufgesteckt. Nach vollendeter Figur leitet man das Schnurende durch die Flechtarbeit

80. Ausführung einer Zierfigur m. Wickelknoten zu Abb. 73

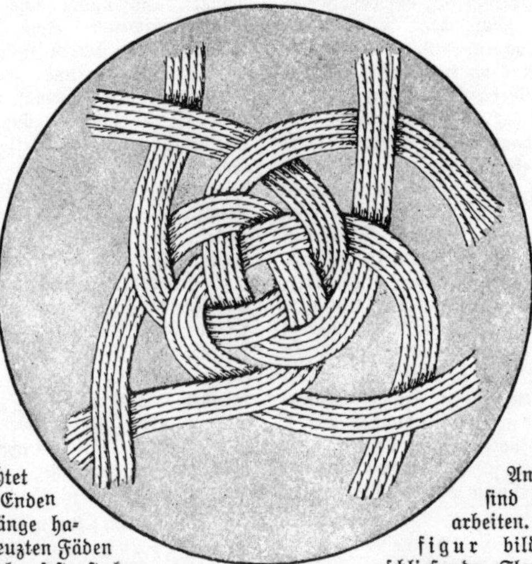

82. Ausführung der Flechtarbeit zu dem Quastenkopf Abb. 72 bis 75. Die Flechtarbeit ist mit vier fünffädigen Büscheln, von der oberen Mitte des Knotens beginnend, um einen Korken auszuführen. Siehe die Flechtarbeit Abb. 82a

kreuzt, und achtet darauf, daß die Enden gleichmäßige Länge haben. Die gekreuzten Fäden sind an dem Korken festzustecken. Dann umflicht man den Korken nach Abb. 82a durch dreimaliges Kreuzen der Büschel, löst die Arbeit von dem Korken, schiebt in den Hohlraum eine gedrechselte, in der Mitte durchlochte Holzkugel ein, zieht die Schnurenden fest zusammen, steckt die Enden nach innen und vernäht sie unsichtbar. — Das Gehänge besteht aus 24 Strähnen, die etwa je 60 cm lange Schnurenden bilden, die man nach den Arbeitsproben Abb. 81 und 81a zu Wickelknoten verflicht. Zunächst wird der Verschlußknoten gearbeitet, dessen Ausführung Abb. 79 und 79a erklären. Nach dem Durchleiten des langen Schnurfadens zieht man diesen an, wodurch sich die Knotenmusche bildet. Das kurze Schnurende ist nach Abb. 79a nach innen zu schieben und abzuschneiden. — Die Ausführung eines Wickelknotens zeigen die Arbeitsproben Abb. 81 u. 81a.

An jeder Strähne sind vier Knoten zu arbeiten. — Die Zierfigur bilden fünf anschließende Flechtknoten, siehe die Arbeitsprobe Abb. 77. — Für die Hängeschnur sind vier entsprechend lange Schnurenden nötig. Man legt die Enden zur Hälfte zusammen und steckt sie auf dem Kissen fest. Nun kreuzt man nach Abb. 76 abwechselnd die Enden 1 und 3, legt 2 und 4 über die Kreuzung und dann übereinander, ebenso wieder 1 und 3, zuletzt umwickelt man die Enden mit schwarzem Faden. Die Hängeschnur ist in gleichmäßigen weitläufigen Abständen durch Knoten zu verzieren, die man in der Art des Quastenkopfes ausführt, jedoch ohne Einfügen einer Holzkugel.

Abb. 73. Quaste mit Gehänge aus Flechtknoten. Material: 11 m grünes und 1,30 m schwarzes oder beliebig andersfarbiges mittelstarkes Seidenschnürchen. Für die Schnur sind ein entsprechend langes grünes und schwarzes Ende erforderlich. Beide Enden werden

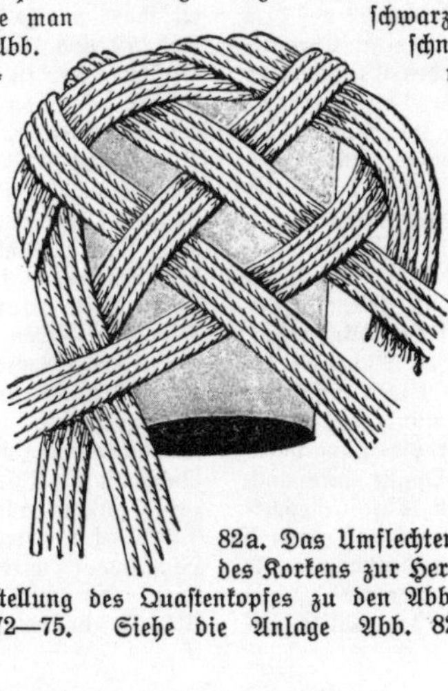

82a. Das Umflechten des Korkens zur Herstellung des Quastenkopfes zu den Abb. 72—75. Siehe die Anlage Abb. 82

zur Hälfte zusammengelegt, auf dem Kissen befestigt und nach der Arbeitsprobe Abb. 76 verflochten. Der Quastenkopf ist nach der Erklärung zur Quaste Abb. 72 zu arbeiten. Für das Gehänge braucht man 12 etwa 65 cm lange Schnürchen. Für das untere, etwas größere Knötchen legt man ein Ende etwa 15 cm doppelt. Das Knötchen wird nach der Arbeitsprobe Abb. 79 und 79a ausgeführt, die anderen 5 Knötchen sind mit einfachem Schnürchen nach etwa 1 cm Zwischenraum zu knüpfen. Die oberen, etwa 3 cm langen Enden werden zusammengebunden und nach Einfügen der Zierfigur in den Quastenkopf geschoben. Die Zierfigur besteht aus 6 ringförmigen Windungen der grünen Schnur. Man braucht einen etwa 26 cm langen Schnurfaden. Um vier grüne Windungen sind 6 schwarze Wickelknoten zu arbeiten, siehe Abb. 80. Nach jedem Knoten schlingt man den Arbeitsfaden um die Windungen.

Abb. 74. **Quaste, hergestellt aus Chenille, Goldkordel, Seiden- und Goldschnürchen.** Material: 1 m starke Goldkordel, 1,50 m zweifädige Goldschnur, 3 m feines, schwarzes Seidenschnürchen und etwa 10 m schwarze, ziemlich starke Seidenchenille. Länge der Quaste: 24 cm. Für die Hängeschnur resp. die geknüpfte Borte braucht man eine mittelfeine Goldschnur als Einlagefaden und zwei schwarze Chenillefäden für die Verflechtung. Man legt die Goldschnur in der Mitte zusammen, befestigt sie auf dem Knüpfkissen, steckt beiderseits einen Chenillefaden an und führt mit den Chenillefäden die Verschlingung um die Goldfäden nach Abb. 78 und 78a aus, indem man die Chenillereihen dicht aneinanderschiebt. Zuletzt umwickelt man die Enden mit Goldschnur. Der die Schnur begrenzende **Quastenkopf** ist aus Goldschnur gearbeitet. Man flicht mit drei Büscheln (je ein Büschel besteht aus 3 Fäden) einen dreiteiligen Zopf mit fünf Verschlingungen, schiebt die Fadenenden zur Rundung zusammen und vernäht die Enden unsichtbar auf der Innenseite der Rundung. Durch die Öffnung leitet man die Hängeborte, die die Fadenmasse der Quaste aufnimmt. Hierfür braucht man 16 Chenilledoppelfäden. Für die Zierfigur knüpft man 7 Blättchen aus feiner Seidenschnur. Zu jedem Blättchen legt man einen 10 cm langen Schnurfaden in der Mitte zusammen und bildet eine Schlinge, durch die ein zweiter, etwa 30 cm langer Schnurfaden zu führen ist, siehe die Arbeitsproben Abb. 78 und 78a. Man zieht die Schnurenden gleichmäßig an, dann führt man mit den längeren äußeren Fäden die Verflechtung um die mittleren Fäden aus und gibt durch Anziehen oder loses Arbeiten dem Blatt die Form. Nach neun Flechtreihen werden die Enden durch Umwickeln mit schwarzem Seidenfaden vereinigt. Die Blättchen sind seitlich unsichtbar aneinander zu nähen, worauf man den Blätterring dem Gehänge unter dem Quastenkopf aufnäht. Für die Zierfigur mit Goldkordel legt man vier je 25 cm lange Goldkordelenden in der Mitte zusammen und verflicht sie zu einem vierteiligen Zopf. Zuletzt werden die Enden mit gelbem Seidenfaden abgebunden. Dann näht man den Zopf über dem Blattring fest und vernäht die Enden unsichtbar.

Abb. 75. **Quaste mit zweifarbigem Gehänge aus Flechtknoten.** Material: 11 m weißes, 12 m schwarzes Seidenschnürchen und 5 m weißes, loses Baumwollschnürchen. Länge der Quaste: 16 cm. Den Quastenkopf bildet das weiße Baumwollschnürchen. Man legt es in Büscheln von je 3 Enden und verflicht diese nach Abb. 82 und 82a miteinander. Die Enden sind zuletzt nach innen zu schieben und festzunähen. Das Gehänge besteht aus 11 weißen und ebenso vielen schwarzen Strähnen mit je 15 Flechtknoten, die nach Abb. 79 und 79a hergestellt werden. Die Strähnen werden an den oberen Enden zusammengefaßt, in den Quastenkopf geschoben und befestigt. Für die Zierfigur sind 4 Blätter aus je 3 etwa 30 cm langen Enden des Baumwollschnürchens zu arbeiten. Abb. 78 und 78a zeigen die Fadenverschlingung für ein Blatt. Die Enden sind nach dem Verflechten festzuziehen und auf der linken Seite zu vernähen. Die kleinen Knöpfchen bilden kleine Flechtknoten aus schwarzem Schnürchen, siehe die Ausführung Abb. 79 und 79a. Man schneidet die Enden kurz ab und befestigt je vier Knöpfchen an einem Blatte und an dem Quastenkopf. Zuletzt näht man die Blätter zur Zierfigur zusammen und vernäht die Enden sicher unter dem Quastenkopf. Die Hängeschnur wird aus zwei weißen und zwei schwarzen Seidenschnürchen nach Abb. 76 in beliebiger Länge geflochten.

Herstellung von Bällchen

(Pompons)

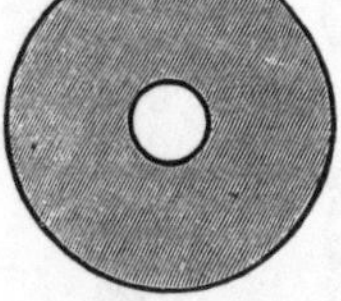

83a. Scheibe mit mittl. Kreisloch. Grundfig. zur Herstellung von Bällchen

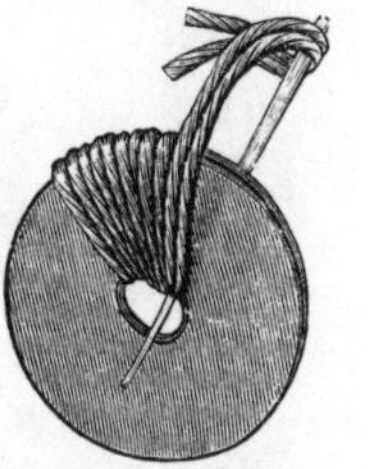

83b. Das Umnähen der Doppelscheiben durch dicht aneinander gereihte Stiche

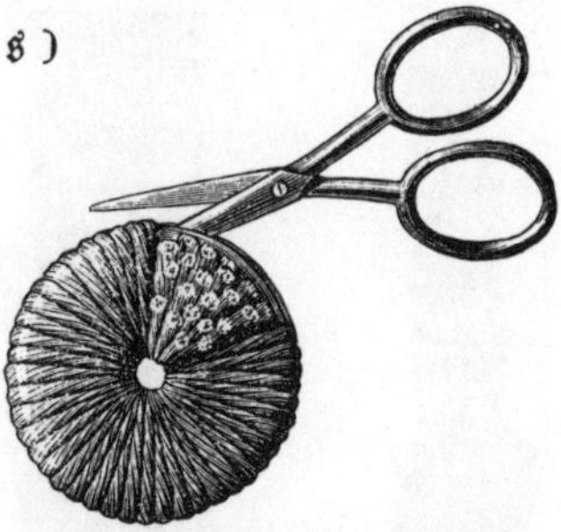

83c. Das Aufschneiden des Umwicklungsfadens am Rande. Zwischen den Scheiben die Schere führend

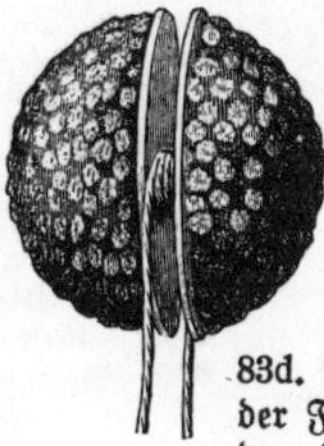

83d. Das Abbinden der Fäden zwischen den Doppelscheiben

83e. Das Einschneiden der Doppelscheiben vom Rande bis zur Mitte, wodurch sich das Bällchen leicht ablöst

Die Herstellung von Bällchen (Pompons) erfordert eine kleine Vorarbeit. Man schneidet aus Kartonpapier eine doppelte Anzahl Scheiben aus, die man in der Mitte mit einem Kreisloch versieht, siehe Abb. 83a. Die Kreise werden mit dem Zirkel gezogen. Nach dem Ausschneiden legt man die Scheiben aufeinander und umwickelt sie nach Abb. 83b durch dichte Stiche mit einem Faden so lange, bis das Mittelloch fast gefüllt ist. Dann schneidet man mit einer scharfen Schere am Rand die Fäden auf, s. Abb. 83c, und bindet die in der Mitte zwischen den beiden Scheiben zusammenlaufenden Fäden mit einem langen Doppelfaden fest ab, wobei man die losen Fadenenden gleichzeitig als Hängeschnur benutzt. Nun werden, wie Abb. 83e zeigt, beide Scheiben an einer Hälfte, vom Rande bis zur Mitte eingeschnitten, worauf man die Scheiben von dem Bällchen löst und durch Abschneiden von unregelmäßigen Fadenlängen das Bällchen rundet. Man wählt weich. Material.

83. Bällchen (Pompon) mit Hängeschnur. Siehe die Herstellung Abb. 83a—e

Herstellung von geknüpften Schnüren

84. Schnur aus versetzten Schlingknoten (Langettenknoten) geknüpft. Zweifäd. Material: Smyrnawolle, hell- u. dunkelfarbig

85

87

86

85. Geflochtene Zopfschnur. Achtfädig. Material: Smyrnawolle in vier Farben. 86. Geflochtene Zopfschnur. Siebenfädig. Die Tonabstufungen lassen das Wechseln der Fadenlage verfolgen. Material: Nordische Wolle. 87. Rundschnur aus Wellenknoten. Zwölffädig. Material: Kräftige Seidenschnur

88. Rundschnur. Mit den Fingern geknüpft Zweifädig. Material: Mittelfeine Schnur. Arbeitsproben für die einzelnen Stadien Abb. 88a—c

Die Herstellung von geknüpften Schnüren. Zuletzt zeigen wir noch verschiedene Arten von geknüpften Schnüren, die sich zur Ausstattung von Gegenständen verwenden lassen. Einfach ist die Herstellung der Schnur, Abb. 84, die mit zweifarbiger Smyrnawolle in gleichmäßig versetzten Langettenknoten (Schlingknoten) siehe Abb. 12 u. 12a, Seite 119, geknüpft ist. Aus gleichem Faden ist auch die achtfädige Zopfschnur, Abb. 85, geflochten. Die Fadenlage der Darstellung erklärt die Flechtarbeit. Man legt stets die äußeren Fäden zur Mitte und verkreuzt sie dort. Abb. 86 macht es verständlich, wie man eine siebenfädige Zopfschnur flicht. Die Tonabstufungen zeigen das Wechseln der Fadenlage.

Die Rundschnur, Abb. 87, bilden Wellenknoten, siehe die Ausführung Abb. 11 u. 11a, Seite 119. Man knüpft mit doppeltem Schnurfaden um einen kräftigen, mittleren Fadenbüschel. An unserer Vorlage bilden 10 Fäden den mittleren Büschel. Abb. 88 zeigt eine Rundschnur, die in

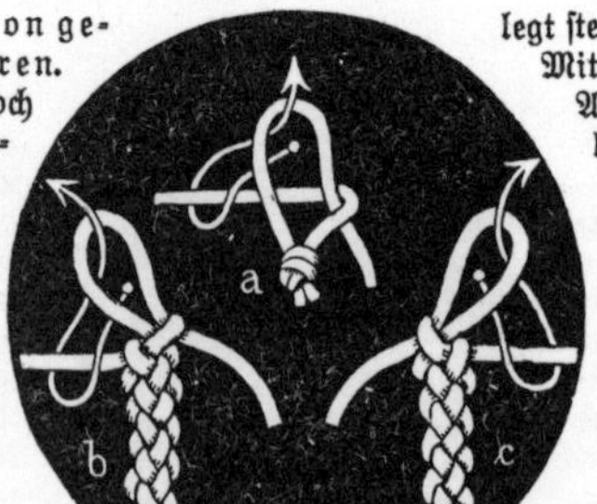

88a—c. Die Herstellung der Rundschnur Abb. 88. Abb. 88a. Anlage der Fäden zur Bildung der Schlinge. 88b. Erste Schlinge festgezogen, die zweite Schlinge in entgegengesetzter Richtung, siehe 88c

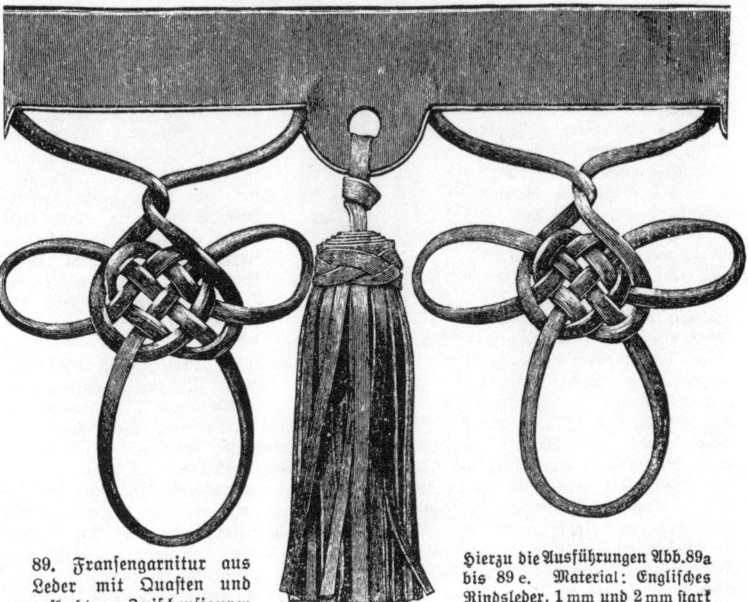

89. Fransengarnitur aus Leder mit Quasten und geflochtenen Zwischenfiguren

Hierzu die Ausführungen Abb. 89a bis 89 e. Material: Englisches Rindsleder, 1 mm und 2 mm stark

verschiedenen Fadenstärken mit den Zeigefingern von beiden Händen zu knüpfen ist, wobei die Finger, wie die Häkelnadel, verschränkte Schlingenmaschen bilden. Zwei Fäden in gleicher Länge werden am Anfang verknotet. Dann legt man den linken Faden von vorn nach rückwärts um den Zeigefinger der linken Hand, schlingt den rechten Faden, in der Pfeilrichtung, von rechts nach links hinter den linken Schlingenfaden und zieht mit dem rechten Zeigefinger den Faden als Schlinge empor, während die linke Hand die Fadenschlinge festzieht. Nun holt die linke Hand, der Abb. 88c entsprechend, den linken Faden durch die Schlinge,

89a. Herstellung der Quaste aus eingeschnittenen Lederstreifen s. Abb. 89b

worauf die rechte Hand den unteren rechten Faden festzieht Dann wiederholt sich die Ausführung in gleichmäßigem Fadenwechsel.

Abb. 89, 89a—d. Fransengarnitur aus Leder mit Quasten und geflochtenen Zwischenfiguren. Hierzu die Ausführungen Abb. 89a—e.

Im Anschluß an die Knüpfarbeit bringen wir eine Vorlage für eine Fransengarnitur aus Leder, die auch aus Tuch herzustellen ist. Von englischem Rindsleder dienen 1 mm starke Teile für die Quasten, 2 mm beträgt die Stärke des Leders für den Fransenkopf und die Zwischenfiguren. Tuch ist für diesen Zweck zu

„kaschieren", d. h. der Rückseite des glatten Wolltuches wird Seidenstoff aufgeklebt in der gleichen Weise wie man Auflagen für die Aufnäharbeit und die Zwischenfiguren für die Goldstickerei vorbereitet, siehe den Lehrkursus „Die Goldstickerei". Durch die Wahl von andersfarbener Seide, jedoch zur Lederfarbe stimmend, wird eine hübsche eigenartige Wirkung erzielt. Den Fransenkopf bildet ein ausgebogter Streifen des kräftigen Leders. Den Rand zieren ringsum feine Schnittlinien. Mit dem Locheisen ausgeschlagene Löcher dienen zum Einhängen der Quasten. Abb. 89a u. 89b erklären die Herstellung einer Quaste. Für die Einlage (Quastenkern), die zugleich den Stiel der Quaste bildet, schneidet man aus feinem Leder einen schmalen Lederstreifen zurecht, den man an einem Ende mit einem Rundknoten versieht. Um diesen Kern wird der fransenartig eingeschnittene Teil, der etwa 8 cm Breite zu 20 cm Länge mißt, aufgerollt, am oberen Ende durchlocht und mit starkem Seidenfaden fest zugebunden, siehe Abb. 89a. Knapp neben diesem Bund ist der übriggebliebene Lederstreifen abzuschneiden. Für den zopfartig geflochtenen Bund legt man einen schmalen Lederstreifen einmal glatt um den Quastenkopf, sodann wellenförmig über den ersten Streifen, siehe Abb. 89b. Dann flechtet man beim drittenmal den Streifen in die beiden ersten Lagen ein. Der aus der Mitte hervorragende Lederstreifen des Quastenkerns dient zur Befestigung der Quaste um den durchlochten Lederrand. Für die geflochtene Zwischenfigur, Abb. 89c, legt man zuerst die große Mittelschlinge, dann die etwas kleineren Seitenschlingen. Zuletzt flechtet man die beiden Streifenenden je einmal um die drei Schlingen. Abb. 89c zeigt die drei vollendeten Schlingen, die schwarze bezeichnet den weiteren Verlauf des Verschlingens. Um das Verziehen oder Auflösen der Verschlingung zu verhindern, leitet man die Lederstreifen durch Einschnitte, die man an den Kreuzungsstellen ausführt. Abb. 89d zeigt den eingeschnittenen Lederstreifen, Abb. 89e erklärt das Durchziehen eines Streifens durch den eingeschnittenen Streifen. Die fertigen Zwischenfiguren werden dem gespaltenen Rand des Fransenkopfes eingeleimt. Hierfür macht man auf der Rückseite des Kopfstreifens je einen Querschnitt, spaltet das Leder und leimt den Streifen ein. Die gefällige Fransengarnitur eignet sich zur Verzierung von Lederstühlen, Behängen u. dgl. Die Farbe des Leders ist mit der Farbe des zu verzierenden Gegenstandes in Einklang zu bringen. Man läßt hierfür das Leder färben oder beizen. Zum Selbstfärben benutzt man Lederbeizen.

89b. Das Umflechten des Quastenkopfes zu Abb. 89

89d. Lederstreifen mit Einschnitt

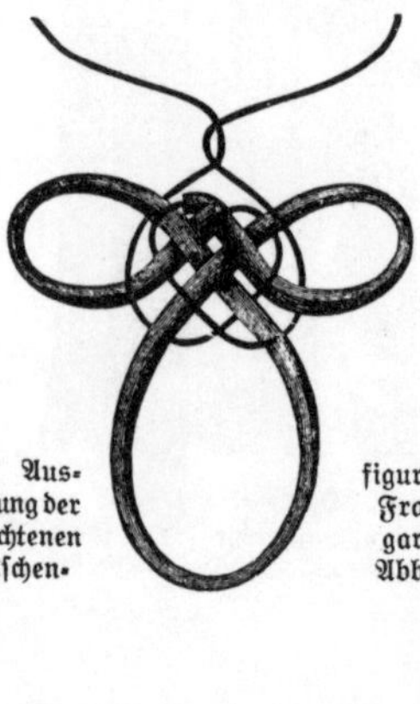

89c. Ausführung der geflochtenen Zwischenfiguren zur Fransengarnitur Abb. 89

89e. Durchziehen zweier Lederstreifen

Die Filet- oder Netzarbeit

Werkzeug: 1. Filetnadel, Netznadel oder Schütze

2. Filetstab, Netzstab oder Walze

3. Filetnadel, Netznadel oder Schütze mit aufgespultem Faden

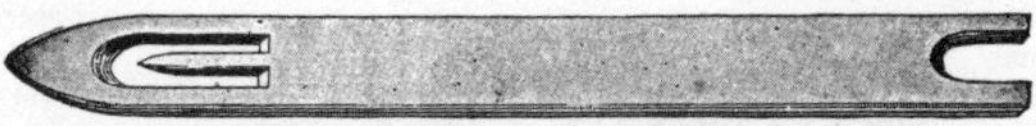

4. Filetnadel, Netznadel oder Schütze aus Holz
Zur Herstellung von Fischnetzen, Hängematten u. dergl.

Der Ursprung der Filetarbeit ist nicht nachweisbar. Man nimmt an, daß die Herstellung des Fischernetzes zur Bildung des ersten Filetknotens geführt hat. Die Technik ist in allen Ländern bekannt, die Knotenbildung unterliegt jedoch mannigfacher Veränderung, z. B. schürzen die Neger und Indianer andere Knoten als die Chinesen und Europäer, aber immer entsteht das gleiche Netz. Mit dem Fortschritt der Kultur und der Höherentwicklung der künstlerischen Handarbeiten hat sich auch das Filetnetz in mannigfachster Weise verändert, und das Netz wurde

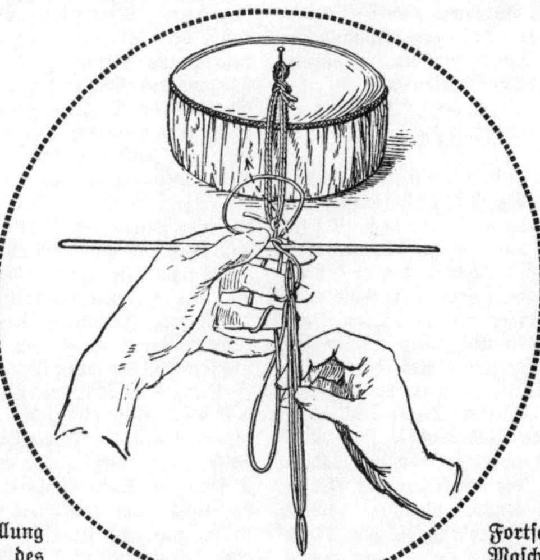

5. Erste Handstellung beim Schürzen des Maschenknotens

Fortsetzungen der Maschenbildung siehe Abb. 8, 8a, 9 u. 9a

für die weitestgehende Verwendung nutzbar gemacht. Man nimmt an, daß in alten Zeiten das Filetstricken, wie man früher die Filetarbeit nannte, als erste Vorstufe der elementaren Handarbeitstechniken von Kinderhänden geübt worden ist, bevor noch die Schule den Handarbeitsunterricht einführte. Durch das Ausschalten der Technik aus dem elementaren Schulunterricht hat die Filetarbeit ihre Popularität verloren, und jetzt ist ein großer Teil der jüngeren Damenwelt darauf angewiesen, nach längst absolvierter Schulzeit die Kunstfertigkeit des Filierens sich wieder zu erwerben. Neuerdings wird die Technik wieder gerne gepflegt, und daher ist es unsere Aufgabe, in diesem Kursus die Herstellung von Grund auf zu erklären, wobei die bildlichen Darstellungen den Anschauungsunterricht ersetzen und das Wort ergänzen sollen. Die verschiedenen Mustervorlagen zeigen die mannigfachste Verwendbarkeit der Technik, und die Vorlagen dienen als Anregung zum Nacharbeiten, vorzugsweise jedoch zum selbständigen Schaffen von neuen Mustern, Maschen- oder neuen Stichkombinationen.

7. Ausführung des Knotens Abb. 6

6. Knoten zum Anknüpfen des Fadens
Festgezogen. Ausführung siehe Abb. 7

Das Werkzeug

besteht aus der Filetnadel (Schütze), Abb. 1, 3 und 4, dem Filetstab (Walze), Abb. 2, und einem schweren Nähkissen. In der Regel benutzt man eine Filetnadel aus Metall, die in der an Abb. 1 ersichtlichen Form in verschiedenen Stärken und Längen im Handel erhältlich ist. Die elastischen Endgabeln müssen sich dicht zusammenschließen. Unter einer Gabel ist in geringer Entfernung ein kleines Loch in den Stab eingebohrt. Dieses Loch dient zur Sicherung des Fadenendes. Zum Aufwickeln des Fadens zieht man ein Fadenende durch das Loch der Filetnadel, schürzt entweder einen Knoten oder eine kleine Schlinge um die Endgabel, zieht den Faden an und umwickelt die Nadel bis zur gegenüberliegenden Endgabel. Hier leitet man den Faden zwischen die Gabel, führt den Faden zwischen der gegenüberliegenden Gabel ein, wobei man den Faden spannt und die Nadel mit der rechten Hand leicht dreht, wodurch sich der mit der linken Hand festgehaltene Faden gleichmäßig um die Nadel aufspult und die mit dem Faden aufgespulte Nadel das Ansehen einer Spule gewinnt. Nach dem Aufspulen müssen die Gabelspitzen dicht aneinander gedrückt werden, damit das Arbeiten leichter vonstatten geht. Nach der gewünschten Größe der Filetlöcher berechnet man den Umfang des aufgespulten Materials. Es muß stets so viel Material aufgespult werden, wie für die Größe der Löcher erforderlich ist, damit sich die Nadel leicht zwischen den Maschen einführen läßt. Für ganz feines Filet, dessen Löcher für die Nadelspulen unpassierbar sind, kommen lange Stopfnadeln mit stumpfer Spitze in Anwendung. Dagegen benutzt man für starkes Material — Bindfaden (Spagat) und Schnur — **besondere Nadeln** aus Holz oder Bein, siehe Abb. 4. Der Stab, Abb. 2, besteht aus Elfenbein, Holz oder Metall. Für die kleinsten Löcherarten nimmt man Stricknadeln. Da stets zwei Maschenreihen ein Filetloch ergeben, so darf der Stab auch nur zur Hälfte so stark gewählt werden. Beim Nacharbeiten von Vorlagen läßt sich die Stärke sicher bemessen. Man mißt eine der vier Seiten des Filetloches, verdoppelt das Maß und gibt noch ein wenig für den Knoten zu. Um ganz sicher zu sein, führt man vor Beginn einer größeren Arbeit eine Probe aus. Für kleine Maschen wählt man einen runden Stab, dagegen braucht man für größere Maschen einen flach gewölbten Stab.

Das Nähkissen oder der Nähstein müssen so schwer sein, daß es möglich ist, die angesteckte Arbeit straff gespannt zu halten, ohne daß sich dabei die Lage des Kissens resp. Steines ändert. Man kann sich das Kissen resp. den Stein selbst herstellen, indem man das Einschiebekissen mit Kleie oder Eisenspänen füllt und die Bodenfläche mit einer Holz- oder Eisenplatte unterlegt.

Das Material

für den Filetgrund und dessen spätere Verzierung durch Stopf- oder Stickarbeit ist von der Bestimmung der betreffenden Arbeit abhängig. Man kann mit Leinenzwirn, Baumwolle, Seide, Wolle, Metallfäden, Schnur und Bindfaden (Spagat) arbeiten. Jedoch wählt man zum Filieren stets gutes Material, das fest, glatt und knotenlos ist.

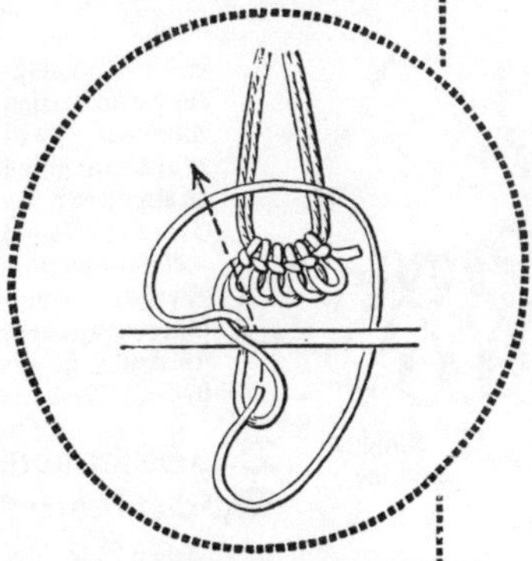

8a. Anfang einer neuen Maschenreihe. Bildung des ersten Maschenknotens um die Masche

Der Anschlag und die Ausführung des Maschennetzes

Der Anschlag der Filetmaschen geschieht auf verschiedene Art. Am einfachsten ist der Fadenanschlag Abb. 12. Ein kräftiger Faden, den man einfach oder als Doppelfaden, als lange Schlinge zusammenknüpft, bildet den Halt für die Befestigung der ersten Knotenreihe. Entfernt man nach vollendeter Arbeit den Anschlagfaden, so lösen sich die Knoten von selbst. Es bildet sich jedoch eine größere Löcherreihe als in den übrigen Reihen, und diese Reihe wird durch einen lose eingezogenen Faden oder

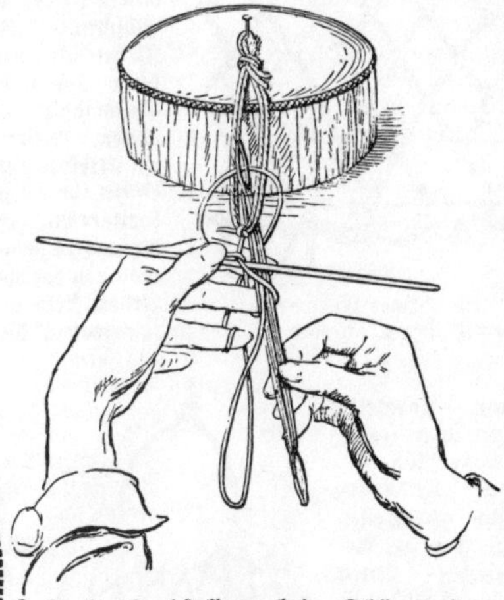

8. Zweite Handstellung beim Schürzen des Maschenknotens
Siehe erste Handstellung Abb. 5

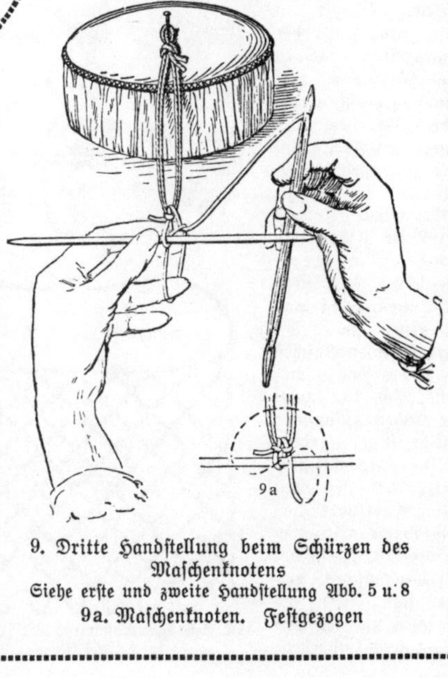

9. Dritte Handstellung beim Schürzen des Maschenknotens
Siehe erste und zweite Handstellung Abb. 5 u. 8
9a. Maschenknoten. Festgezogen

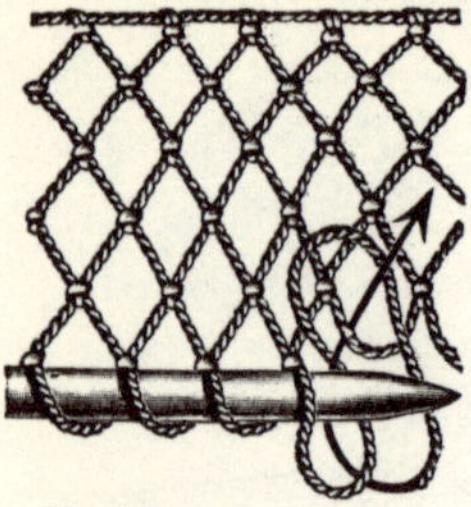

10. Eckiger Netzgrund
Gewöhnliches, schräges Filet

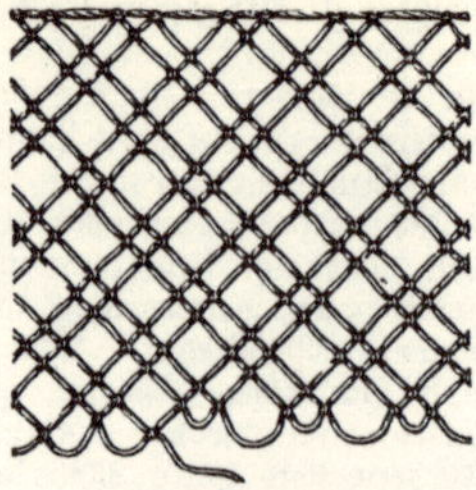

11. Karo-Filet
Grundmuster. Eckiger Netzgrund

eine gehäkelte Luftmaschenreihe abgeschlossen. Diese Reihe ergibt gleichzeitig den Fuß der Arbeit. — Einen festeren Abschluß ergibt der Maschenanschlag Abb. 13. Für diesen schürzt man zunächst in der erforderlichen Länge des Anschlags eine schmale Maschenkette, Abb. 13a, die aus einer einzelnen hin- und zurückgehend geschürzten Masche gebildet wird. Um an der Kette gleichmäßig den Maschenanschlag ausführen zu können, reiht man an einer Seite der Kette die losen Maschen an einem Faden auf, siehe Abb. 13, knotet die Enden zusammen und befestigt die Fadenschlinge auf dem Kissen. Diese Art des Anschlages erspart das unbequeme Arbeiten in die erste Reihe der Anschlagmaschen, wobei sich leicht die Maschen um den Anschlagfaden drehen; ebenso ist auch die volle Nadel schwer durch die Maschen einzuführen. In den Maschenanschlag kann man unbehindert gleichmäßig weiterarbeiten. Geübte Filetarbeiterinnen empfehlen es ein für allemal, eine breitere Maschenkette als Anfang zu benutzen, den man von der vollendeten Arbeit stets wieder abschneidet und die Knotenfäden auslöst. Man nennt diesen Anschlag, den Maschenanschlag an eine Perücke. Es empfiehlt sich Maschenketten (Perücken) in verschiedenen Fadenstärken herzustellen.

12. Fadenanschlag

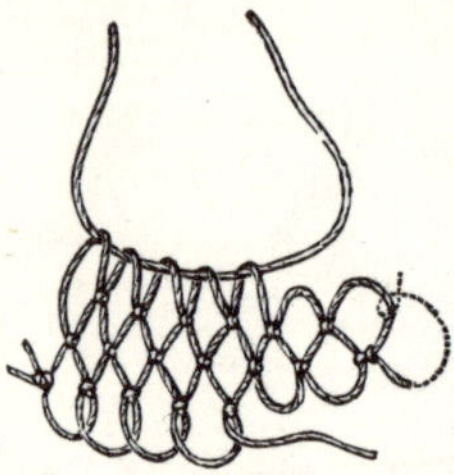

13. Maschenanschlag

13a. Ausführung der Maschenkette (Perücke)

Das Arbeiten an einer Maschenkette oder Perücke Siehe Abb. 13

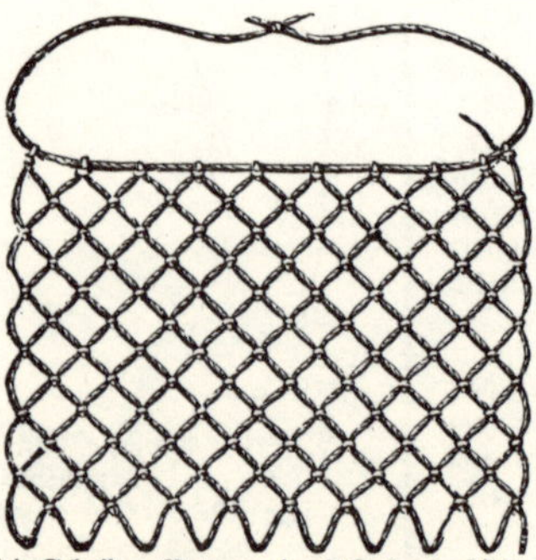

14. Schräger Netzgrund mit Fadenanschlag
Siehe die Ausführung Abb. 10

Das Schürzen des Maschenknotens

Wir geben die Erklärung für den einfachsten Anschlag an die Fadenschlinge. Zunächst wird die Schlinge auf dem Kissen festgesteckt. Dann knüpft man den Arbeitsfaden an der Schlinge fest, nimmt die aufgespulte Filetnadel in die rechte und den Stab in die linke Hand. Der Stab wird nach Abb. 5 wagerecht unter der Schlinge angelegt und mit dem Daumen und Zeigefinger der linken Hand gehalten. Nach Abb. 5 legt man den Arbeitsfaden über den Stab nach abwärts um den Mittelfinger der linken Hand, dann zwischen den Stab und Zeigefinger ein wenig nach links, wo der linke Daumen den Faden erfaßt und die um den Stab und die Finger gelegte Schlinge festhält. Wie an Abb. 5 ersichtlich ist, wird hierauf die Nadel wieder nach rechts geführt. Man legt den Faden hinter dem Stab und der linken Hand in weitem Bogen nach vorn um den vierten Finger der linken Hand und sticht, der Richtung des Pfeiles folgend, die Nadel von unten nach oben zwischen dem Mittelfinger und dem Stab durch die Faden- und Anschlagschlinge, wobei die linke Hand unbeweglich bleibt. Die rechte Hand zieht den Faden vollends durch den Anschlag, dann erst wird mit Hilfe der linken Hand der Knoten fest geschürzt, und dadurch die Masche vollendet. Dieses geschieht, indem man gleich beim Festziehen der Nadel mit der rechten Hand den dritten Finger der linken Hand aus der Schlinge entfernt und nun mit der rechten Hand die Schlinge auf die Höhe des Stabes leitet — wo sämtliche Knoten gleichmäßig nebeneinander liegen müssen — und die Schlinge fest und schnell anzieht. Der linke vierte Finger, über dem, wie an Abb. 9 ersichtlich ist, der angezogene Faden liegt, hat die Aufgabe, durch langsames Nachgeben die regelmäßige Bildung der Schlinge zu erleichtern, worauf man den Finger löst. Die Maschen müssen stets gleiche Größe haben, wenn ein schöner, gleichmäßiger Netzgrund entstehen soll. Auf diese Weise werden Masche für Masche geschürzt, bis die gewünschte Zahl von Anschlagmaschen um den Faden gearbeitet ist. Man hat somit die erste Maschenreihe vollendet, schiebt den Stab vorsichtig aus den Maschen heraus, wendet die Arbeit um und beginnt die zweite Reihe, indem man den Stab in der oben erklärten Art neu anlegt, siehe Abb. 8a. Dann hat man in der zweiten Reihe, wie in den folgenden Reihen des gewöhnlichen schrägen Filetnetzes für jeden Maschenknoten die Nadel durch die nächste Masche der vorhergehenden Nadel zu schieben. Zum Ergänzen des verbrauchten Fadens bedient man sich der Knotenbildung, Abb. 6 und 7. Dieser Knoten erübrigt jede Erklärung, und er ist haltbarer als der sonst gebräuchliche Netz- oder Weberknoten, der sich leicht löst und schwer gelingt.

Der eckige oder schräge Filetgrund oder Netzgrund entsteht nach der vorhin gegebenen Erklärung.

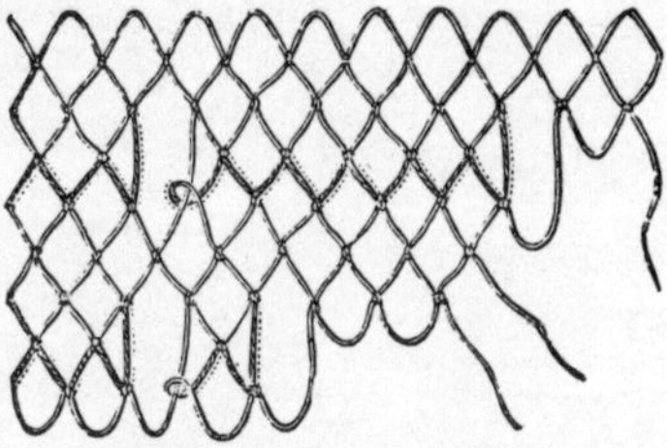
15. Löcher-Filet. Ausführung
Besticktes Muster Abb. 15a

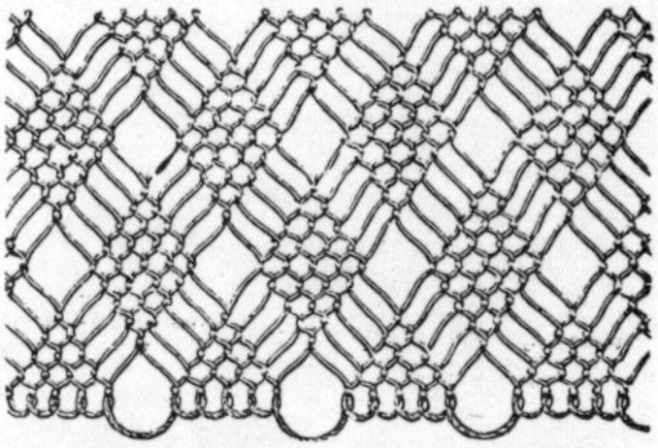
16. Karo-Filet. (Tüllgrund)
Großes Grundmuster. Rundmaschiger Netzgrund. Ausführung Abb. 17

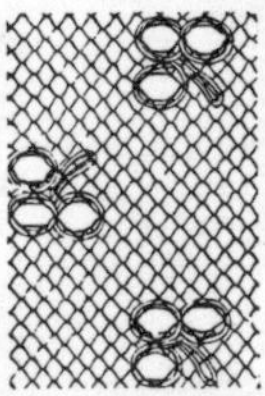
15a. Besticktes Muster in Löcher-Filet zu Abb. 15

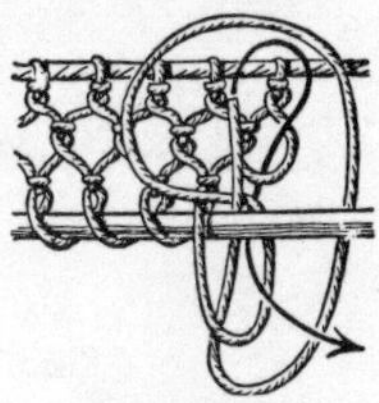
17. Ausführung des Tüll-Filets, siehe Anwendung Abb. 16

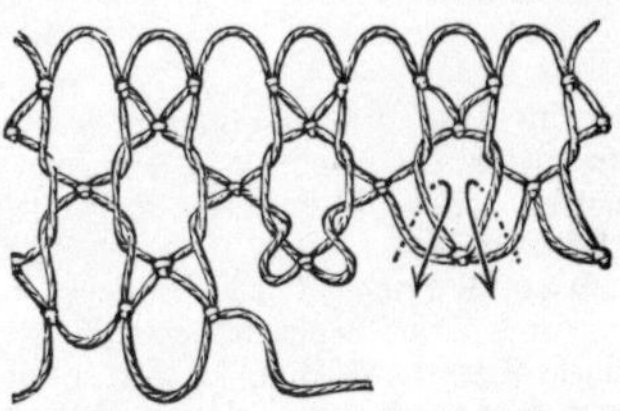
18. Stern-Filet. Ausführung

Typenmuster — heraldischer Löwe — für Filetarbeit in Leinenstopfstich (point de toile) oder Gitterstich. Filet antique

Abb. 10 zeigt die Arbeitsprobe mit eingeschobenem Stab und die Ausführung des Knotens. Abb. 14 gibt die Probe eines fertigen Stückes.

Das Karo-Filet entsteht durch große und kleine Maschen. Das Muster in eckigem Filetgrund Abb. 11 wird gebildet, wenn man nach jeder glatten Reihe eine zweite, mit abwechselnd 1 langen und 1 kurzen Masche so arbeitet, daß unter jeder kurzen Masche eine lange Masche gebildet wird. Für die kurze Masche wird der Faden in der bekannten Weise einmal um den Stab geschürzt, dagegen hat man für die lange Masche den Faden zweimal um den Stab zu schlingen. Abb. 16 zeigt die Ausführung eines Karo-Filets, durch rundmaschigen Netzgrund

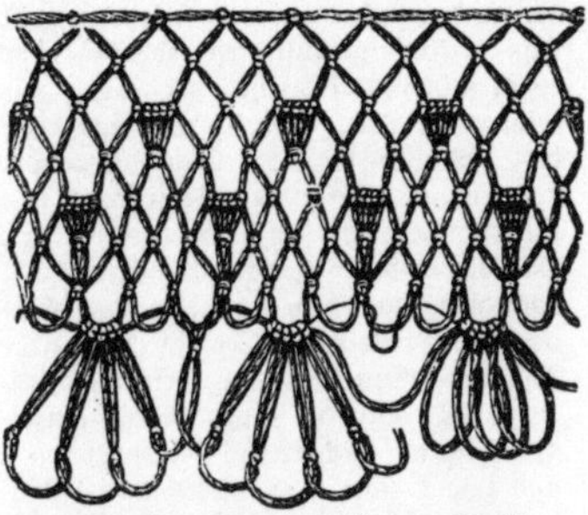

19. Filet mit dichten Schlingen-Muschen
Abschluß mit Fächerbogen

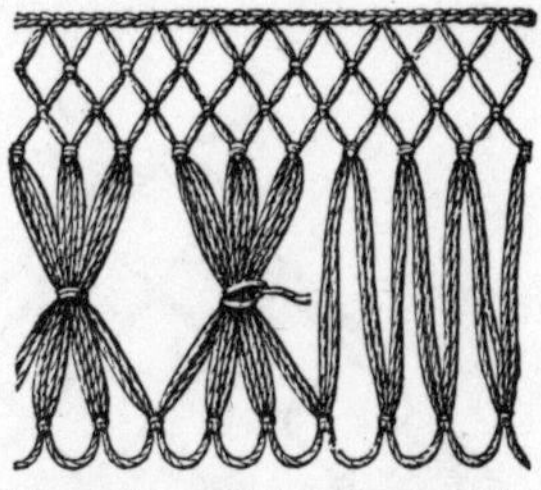

23. Fächer-Filet (Garben-Filet)
mit genähten Doppelfächern
Gehäkelter gerader oberer Abschluß
Ausführung. Muster in Zwirn, Garn
und Seide herstellbar

(Tüllgrund) hergestellt. Für den rundmaschigen Netzgrund oder das Tüllfilet führt man zunächst die Filetnadel nur durch die um die Hand gelegte Schlinge hinter dem Stab durch, ohne die Lage der Finger oder der Schlinge zu verändern, schiebt die Nadel durch, sticht sie von oben nach unten durch die Masche der letzten Reihe, wobei der lose, rückwärts liegende Faden unter der Nadel liegen bleibt. Dann sticht man hinter der Nadel, von rückwärts in die über dem Mittelfinger der linken Hand liegende Schlinge und zieht den

20. Spitze. Filet mit
losen Schlingen-Muschen
Abschluß mit Fächerbogen
Geeignet zur Garnierung
von Toiletten u. dergleichen

Knoten in bekannter Weise fest. Durch diese Arbeitsart dreht und rundet sich die Masche der vorigen Reihe. Um das Muster Abb. 16 leicht nacharbeiten und zugleich die Einteilung jedes beliebigen Karomusters von vornherein bestimmen zu können, erklären wir eingehend die Ausführung des Musters. 1. Reihe: Man schürzt in gleichmäßigem Wechsel 4 kurze Maschen und 1 lange Masche. 2. Reihe: drei kurze Maschen unter den vier kurzen Maschen ×, eine lange Masche, in der Mitte der folgenden langen Masche anschür-

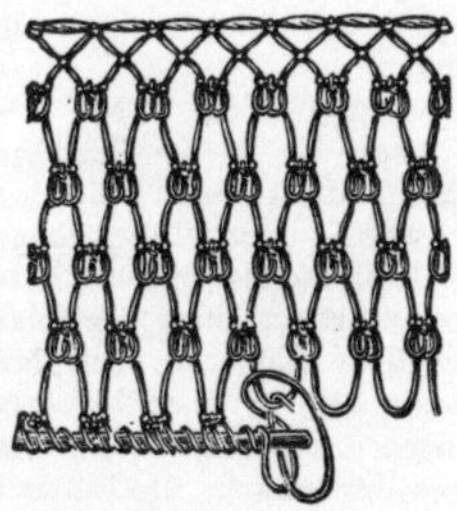

22. Filet mit kleinen, losen
Schlingen. Ausführung

21. Filet mit losen Schlingen-Muschen.
Ausführung. Siehe die Anwendung Abb. 20

24. Anfang des geraden Filets

zen, wieder 1 lange Masche, diese der nächsten kurzen Masche anschürzen, 3 kurze Maschen in die folgenden Maschen, dann vom × fortgesetzt wiederholen. 3. Reihe: In dieser setzt zwischen beiden langen Maschen mit 1 kurzen Masche ein neues Karo ein. Vor und nach dieser Masche ist, wie es Abb. 16 zeigt, eine lange Masche auszuführen. In gleicher Weise, wie die Maschen einer Karofigur abnehmen, nehmen die Maschen eines neuen eingeschobenen Karos wieder zu. Von dem regelmäßigen Schürzen der kurzen Seitenmaschen der einzelnen Karo, wobei die Knoten nicht genau in die Mitte der langen Maschen treffen dürfen, hängt die Form eines Karos ab. Das Löcher-Filet. Durch Absetzen und Umranden inmitten einer Reihe erhält man einen gemusterten Grund, der durch späteres Umziehen der Löcher mit Glanzgarn oder Seidenfaden eine reizvolle Wirkung erzielt. Man verwendet den Grund häufig zur Verzierung von Handschuhen, Spitzen, Bordüren u. dgl. Das an Abb. 15 gezeigte Muster macht nach dem Umziehen der Löcher den Eindruck von kleinen Kleeblättchen, siehe Abb. 15a. Des leichteren Erlernens wegen haben wir bei Abb. 15 die einzelnen Figuren dichter zusammengeschoben und zeigen statt 11 Maschen nur 5 Maschen Zwischenraum. Die Ausführung des Grundes ist wie folgt: Man arbeitet einen entsprechend langen Maschenanschlag an eine Perücke, siehe Seite 152. Nach dem Anschlag wendet man die Arbeit um und schürzt zurückgehend in jede Masche einen Knoten, bis zur letzten Masche, wendet wieder, * schürzt 5 Maschen in die oberen Maschen, weitergehend schlingt man eine lange Masche und schürzt sie an die nächste Masche der oberen glatten Reihe an. Dann wiederholt man die Ausführung vom *. Hierbei ist zu beachten, daß am Schluß der 2. kurzen Reihe der Faden lose um die große letzte Masche geschlungen wird. Unsere Abb. 15 zeigt die zurückgehende Reihe in verstärkter und punktierter Linie, wodurch sich der Arbeitsgang leicht verfolgen läßt. Nach dem Muster arbeitet man eine glatte Längsreihe. Dann folgt die Musterreihe für die Bildung des zweiten und dritten Blattloches. Ueber das Blättchen führen noch 3—4 glatte Reihen hinweg. Dann wiederholt sich das Grundmuster in versetzter Anordnung. Abb. 15a zeigt das Umziehen der Löcher für die Musterwirkung.

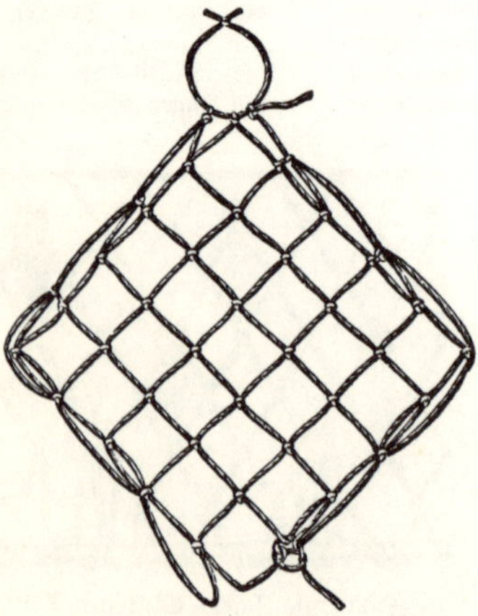

25. Quadrat in geradem Filet

Das Stern-Filet. Man beginnt mit einer Reihe gewöhnlicher Maschen. Dann schürzt man für die 1. Musterreihe abwechselnd 1 lange und 1 gewöhnliche Masche. In der zweiten Musterreihe arbeitet man die Maschen in versetzter Folge so, daß die langen Maschen stets zwischen die beiden verschlungenen Maschen treffen, wie es Abb. 18 deutlich erklärt. Ähnlich wie das Stern-Filet ist das Kreuz-Filet herzustellen. Hierfür gleicht die erste Musterreihe in der Ausführung der

1. Musterreihe des Stern-Filets. Die 2. Reihe besteht nur aus kurzen Maschen, die sich von selbst etwas ungleichmäßig ziehen. Die 3. Reihe, in der je zwei kurze Maschen durch die darüber befindliche lange Masche geschlungen werden, wechselt wieder in der Anordnung der Maschen mit der 1. Reihe ab.

Das Schlingen-Filet, Abb. 22. Hierfür hat man in jeder Reihe stets drei Maschen in eine Masche der vorigen Reihe zu schürzen, nämlich zuerst eine lange Masche, für die der Arbeitsfaden zweimal um den Stab gelegt wird, und noch zwei kurze, gewöhnliche Maschen mit einmaligem Umschlingen des Stabes. Jede lange Masche hat, wie an Abb. 22 ersichtlich ist, in der Folge drei Maschenknoten aufzunehmen. Die kurzen Maschen bleiben als lose Schlingen hängen.

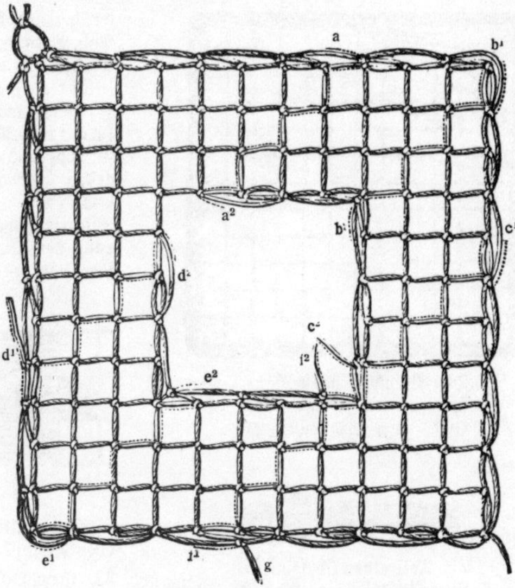

27. Karorand in geradem Filet

Das Muschen-Filet. Diese Musterbildung eignet sich zur Herstellung von Grundmustern, Bordüren, Karos und Zackenreihen. Abb. 19 zeigt die Ausführung an einem Grundmuster mit versetzten Muschen. Für die kleinen dicht anschließenden Muschen schürzt man beliebig voneinander entfernt je fünf Maschenknoten in eine Masche der vorhergehenden Reihe. Während der folgenden Reihe werden die je vier in einer Masche befindlichen Schlingen mit einem Knoten zusammengeschürzt, bevor eine neue Musterreihe in der ersichtlichen Folge eintritt. Um vor Beginn der Bogenspitze die Maschenzahl entsprechend einzuschränken, sind unterhalb der Schlingenmuschen zweimal je zwei Maschen mit

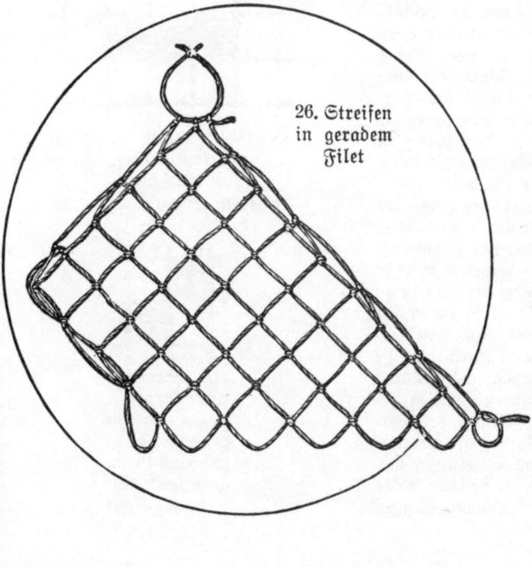

26. Streifen in geradem Filet

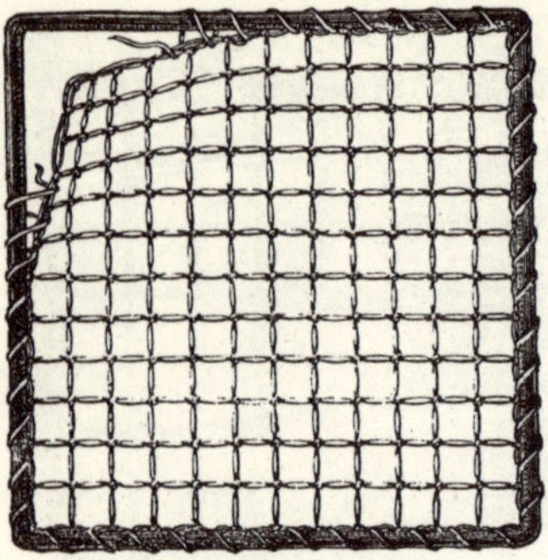

28. Rahmen nebst Einspannen des Filetgrundes
Siehe auch Abbildung 29

29. Teil eines überzogenen Metallrahmens zu Abb. 28
Natürliche Größe

einem Knoten zusammenzuschürzen. Man übergeht drei Maschen und schürzt in die vierte Masche immer 5 Knoten und zwar über einen breiteren Stab. Die Schlußreihe wird wieder über einen feineren Stab gearbeitet. Man schürzt in jede Masche einen Knoten. Um die Bogentiefen herzustellen, zieht man die lange Zwischenmasche stets von unten nach oben durch die Mittelmasche der drei in der vorletzten Reihe übergangenen Maschen, siehe Abb. 19.

Das Filet mit losen Schlingen-Muschen, Abb. 21, läßt sich nach der bildlichen Darstellung leicht nacharbeiten. Man legt den Arbeitsfaden wie gewöhnlich über den Stab, führt die Nadel dicht über dem nächsten Maschenknoten der vorletzten gewöhnlichen Maschenreihe von unten in die Höhe, umschlingt den Stab noch einmal, läßt die Nadel wieder durch dieselbe Masche von unten herauf gleiten und führt dann, wie gewöhnlich, eine Filet-Masche in die nächste Masche der vorhergehenden Reihe aus, so daß der Arbeitsfaden dreimal den Stab umschlungen hat, wie es Abb. 21 zeigt. In der nächsten Reihe werden diese drei losen Maschenschlingen durch einen Knoten vereinigt. Die Spitze Abb. 20 kann ohne Erklärung nachgearbeitet werden.

Das Fächer-Filet (Garben-Filet) mit genähten Doppelfächern, Abb. 23. Diese für Spitzen-, Grund- und Streifenmuster beliebte Filetarbeit wird abwechselnd durch Filieren und, mit Hilfe der Nähnadel, durch Zusammenschürzen hergestellt. Die Ausführung der gewöhnlichen Filetarbeit erübrigt jede nähere Erklärung. Für die Doppel-

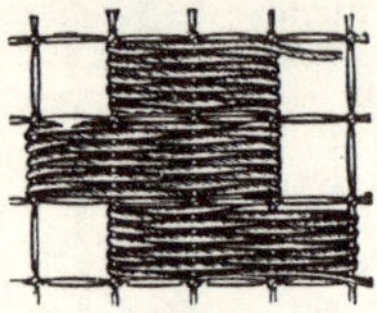

32

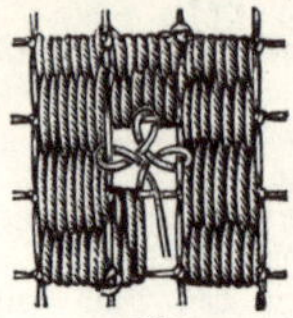

33

32. Gewöhnlicher Stopfstich (point de reprise) oder Filetdurchzug. In reihenweiser Fortsetzung

33. Gewöhnlicher Stopfstich (point de reprise) oder Filetdurchzug
Als Karo mit einem einzelnen Spitzenstich (point d'esprit) ausgeführt. Siehe Abb. 35—40

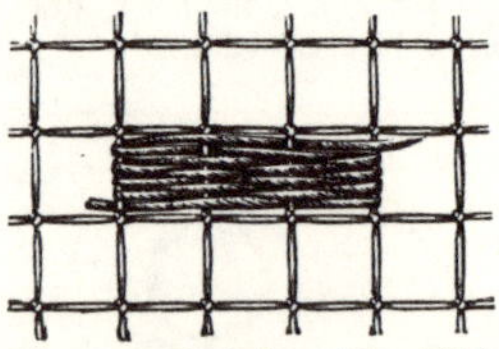

30. Gewöhnlicher Stopfstich (point de reprise) oder Filetdurchzug
In einer Lochreihe ausgeführt

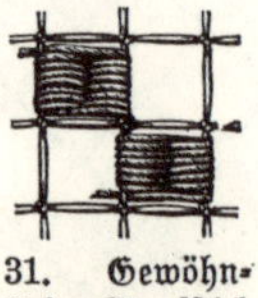

31. Gewöhnlicher Stopfstich (point de reprise) od. Filetdurchzug in abgestuften Stichen ausgeführt

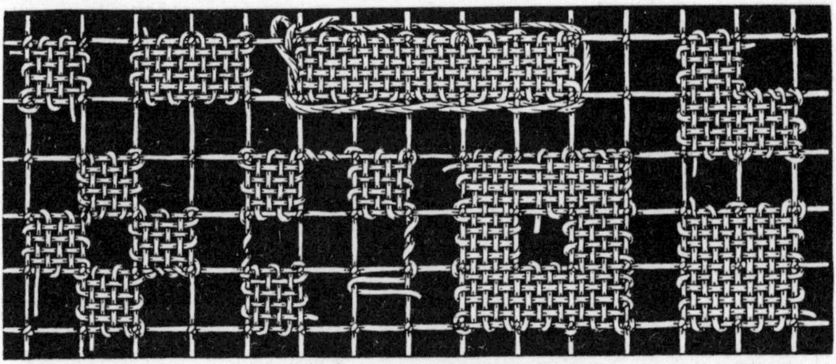

34. Leinenstopfstich (point de toile) oder Gitterstich. In verschiedener Ausführung

fächer oder Garben wird die mit doppelt genommenem Faden über einen breiten Stab filierte Reihe in der ersichtlichen Abteilung mit der Nähnadel und einem festen Faden mit mehreren Langettenstichen (Schlingstichen) fest zusammengeschürzt. Den geraden Fuß der Spitze zeigt die zum Ansetzen empfehlenswerte Sicherung mit gleichem Material durch gehäkelte Luftmaschenbogen, getrennt durch Kettenmaschen, die stets die filierten Maschen umfassen.

Die Herstellung des geraden Filetgrundes

Für die Verwendung des Filetgrundes zum Einstopfen von Mustern wählt man mit Vorliebe den Filetgrund mit gerade stehenden Löchern, das sogenannte g e r a d e o d e r K a r o - F i l e t.

Ausführung des geraden Filets

Wie beim schrägen Filet braucht man für den Maschenanschlag eine Fadenschlinge, die man an dem Kissen befestigt. Man beginnt stets an einer Ecke mit zwei Maschen Anschlag und arbeitet dann gleichmäßig in hin- und zurückgehenden Reihen. Am S c h l u ß j e d e r R e i h e nimmt man eine Masche zu, indem man in die letzte Masche zwei Maschen resp. zwei Knoten über den Stab schürzt, bis die erforder-

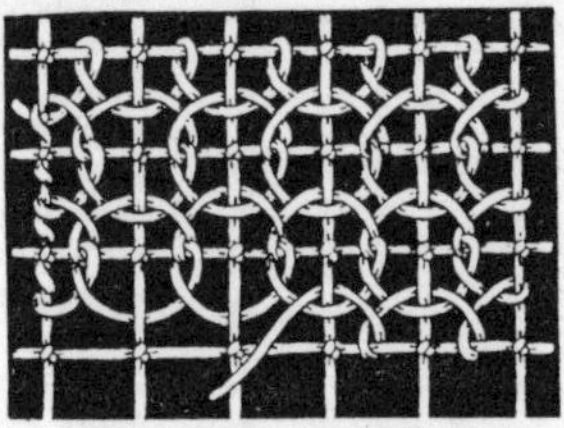

35. Festonstich (point d'esprit)
Reihenweise gearbeitet

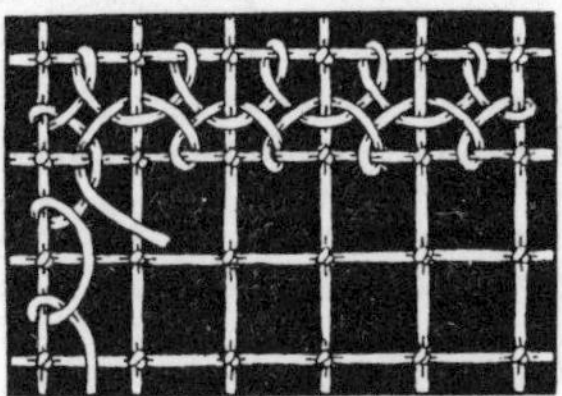

36. Festonstich (point d'esprit)
Nach verschiedener Richtung gearbeitet

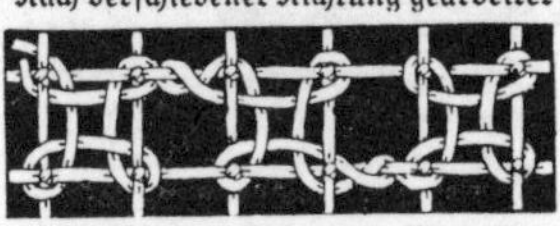

37. Festonstich (point d'esprit)
Vereinzelte Stiche

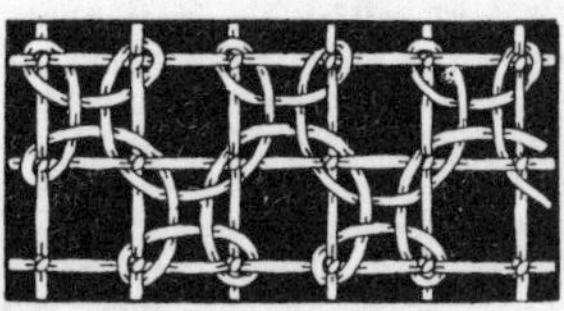

38. Festonstich (point d'esprit)
In kleinem Zackenlauf gearbeitet

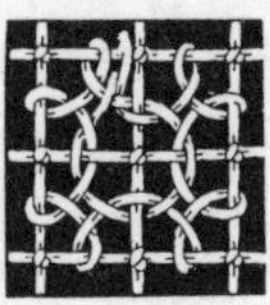

39. Festonstich
Karo aus 4 Stichen

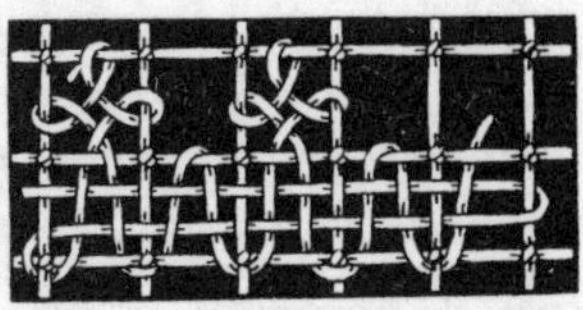

40. Festonstich (point d'esprit). Mit Leinenstopfstich (point de toile) gearbeitet

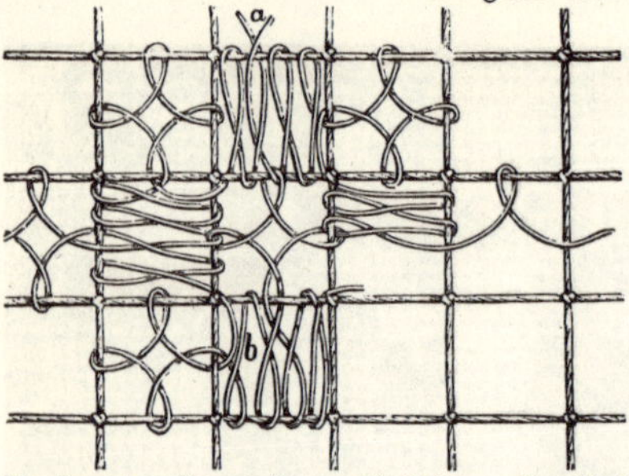

41. Grundmuster mit gewöhnlichem Stopfstich (point de reprise) und Festonstich (point d'esprit) Ausführung. Siehe auch Abb. 30—33 und 35—40

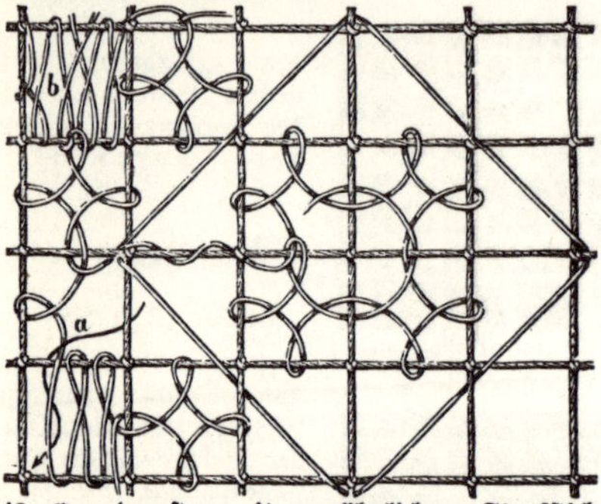

42. Grundmuster mit gewöhnlichem Stopfstich (point de reprise) und Festonstich (point d'esprit) Siehe auch Abb. 30—33 und 35—40

43

44

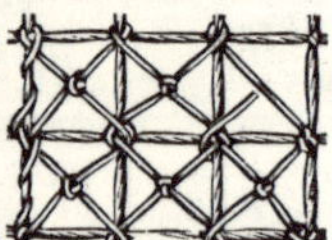
45

43. Kreuzstich (point croisé). Einfaches Fadenkreuz
44. Kreuzstich (point croisé). Doppeltes Fadenkreuz
45. Kreuzstich (point croisé). Einfaches Fadenkreuz in Reihen fortgesetzt

46

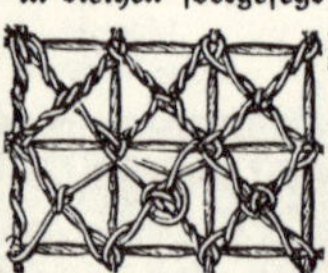
47

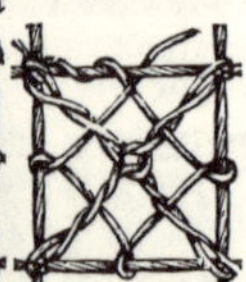
48

46. Kreuzstich (point croisé). Halbe Stiche in gleichmäßiger schräger Stichlage. 47. Doppeltes Fadenkreuz als Grundmuster in Reihen gearbeitet. 48. Durchflochtenes Fadenkreuz

liche Maschenzahl für die größte Breite des in Arbeit genommenen Stückes erreicht ist. Abb. 24 zeigt den Anfang der Ecke. Man arbeitet das gerade Filet entweder in Quadraten, länglichen Vierecken, in Streifen oder als eckigen Rand.

Zu einem Quadrat, das die gleiche Anzahl Löcher in der Länge und Breite aufweist, hat man so lange am Ende jeder Reihe zuzunehmen, bis man eine Masche mehr zählt, als das vollendete Quadrat in einer Reihe erhalten soll. Für die fünf Löcher des mit Abb. 25 gezeigten Quadrates würde die Maschenzahl bis auf sechs zu erhöhen sein. Dann arbeitet man noch eine Reihe in gleicher Maschenzahl glatt darüber und nimmt dann in dem gleichen Verhältnis wieder ab, indem man in jeder Reihe die beiden letzten Maschen mit einem Knoten zusammenfaßt. Hat man fast alle Maschen bis auf zwei abgenommen, so faßt man die letzten Maschen in ihrer Mitte durch einen Knoten zusammen, bildet dabei jedoch keine Masche, sondern leitet den Faden straff bis an den Verbindungsknoten.

Für ein längliches Viereck oder einen Streifen, siehe die Ausführung Abb. 26, ist das Zunehmen für die Ecke so lange fortzusetzen, bis die Zahl der Maschen um zwei mehr, als die gewünschte Löcherbreite beträgt. Ohne Unterbrechung führt man an einer Seite das Zunehmen fort, nimmt dagegen an der gegenüberliegenden Seite stets ab, so daß die Zahl der Maschen immer unverändert die gleiche bleibt. Ist die gewünschte Länge erreicht, so wird zuletzt die fehlende Ecke durch regelmäßiges Abnehmen an beiden Seiten wie beim Quadrat ergänzt.

Abb. 27 erklärt die Ausführung eines Randes mit Eckbildungen. Des leichteren Nacharbeitens wegen legt man die Vorlage so vor sich hin, daß die an der Anschlagsschlinge kenntliche Anfangsecke die obere Spitze des Karos bildet. Man beginnt auch mit einer Ecke und nimmt so lange

49. Kissen mit Filetkaros (filet antique), Madeirastickerei (Lochstickerei) u. Klöppelarbeit Altdeutsches Muster. Aus d. Zeitschrift „Die Praktische Berlinerin". Muster Nr. 18065. Näheres Seite 15

zu, bis die Zahl der Maschen das Doppelte der gewünschten Breite des Randes beträgt und noch um zwei Maschen übersteigt. Zu dem drei Maschen breiten Rande unserer Vorlage Abb. 27 sind somit acht Maschen erforderlich. Dann wird die mit punktierter Linie gezeigte Maschenreihe a 1 bis a 2 mit vier Maschen bis zur Hälfte der Ecke geschürzt, worauf man, umwendend, mit diesen Maschen den Streifen fortsetzt, indem man regelmäßig an der äußeren Seite zu-, an der inneren abnimmt. Für die nächste Ecke wird am inneren Rande, wo man bisher abgenommen hat, der mit b 1 und b 2 bezeichneten Reihe folgend, nach dem Abnehmen noch eine Masche in die äußerste Randmasche geschürzt. Damit beginnt das Zunehmen für die zweite

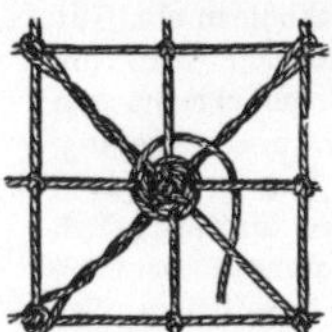

50

Spinne. Radgeflecht

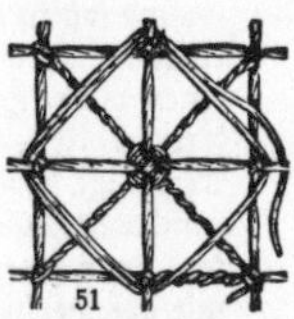

51

Spinne mit losem Fadenkranz

52

Halbe Spinne (Bogenspinne) oder Fächerstich

53

Bogenspinne oder Eck-Fächerstich

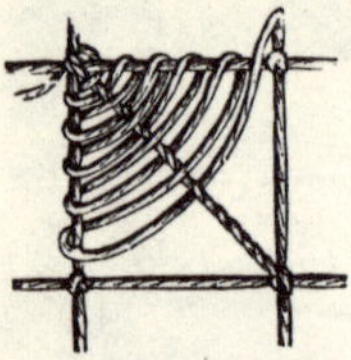

54. Einfacher Pilzstich
Gewöhnlicher Stopfstich

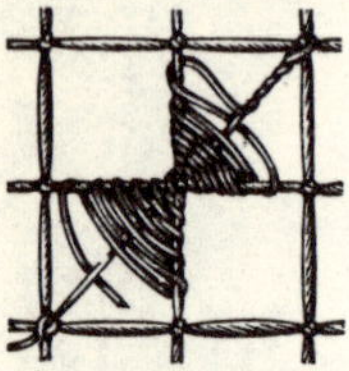

55. Doppelter Pilzstich
Gewöhnlicher Stopfstich

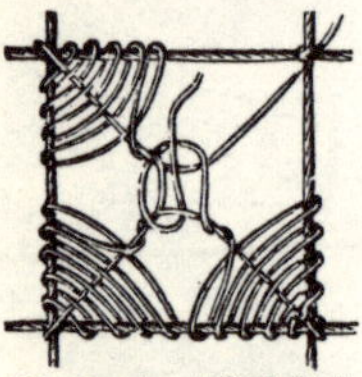

56. Quadrat-Pilzstich
Gewöhnlicher Stopfstich

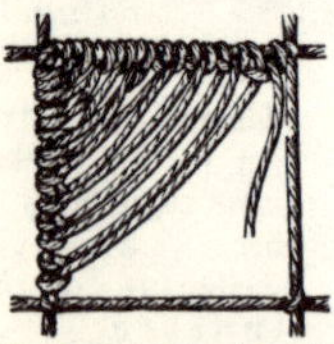

57. Lose langettierte (geschlungene) Eckzacke

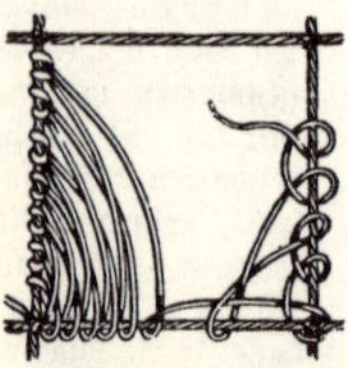

58. Lose langettierte (geschlungene), gestopfte Sternzacke

Seite des inneren Randes. Am äußeren Rande hat man demgemäß abzunehmen. In dieser Weise arbeitet man regelmäßig weiter bis zur dritten Ecke (die dem Anschlag des Randes gegenüberliegt). Dann schneidet man den Faden an der letzten Reihe am inneren Rande ab, siehe c 1 bis c 2. Nach Maßgabe des Knotens 1 ist der Faden an der oberen Ecke wieder anzulegen, worauf man nach der punktierten Linie der ersten Reihe des Seitenrandes bis d 2 arbeitet. Die Fortsetzung der Arbeit erfolgt (siehe e 1 bis e 2 und f 1 bis f 2) wie in der ersten Hälfte des Randes bis zur unteren Ecke. Dort angelangt, schneidet man den Faden wieder an dem inneren Rande ab. Mit dem Knoten g legt man schließlich den Faden von neuem an, faßt in der nächsten Reihe nach Abb. 27 die beiden inneren Maschen, an denen die Fadenenden hängen, durch einen Knoten zusammen, wodurch die Ecke entsteht. Dann ergänzt man, wie bei beim Quadrat, durch regelmäßiges Abnehmen am Ende jeder Reihe die letzte Ecke des Randes.

Das Einspannen des Filetgrundes

Soll der Filetgrund mit Stickerei verziert werden, so spannt man den Grund fest in einen Rahmen ein. Für kleinere Arbeiten bedient man sich eines viereckigen Metallrahmens aus starkem Eisendraht oder Messing. Derartige Rahmen sind in größeren Handarbeitsgeschäften käuflich, jedoch kann man jeden Klempner (Spengler) mit der Herstellung beauftragen. Der Rahmen wird mit Band oder Stoffstreifen gleichmäßig umwickelt resp. bezogen, siehe Abb. 29. Die Größe des Rahmens muß dem Filetgrund derartig entsprechen, daß man den Grund straff einspannen kann. Durch das Einspannen des Filetgrundes wird das Einstopfen des Musters sehr erleichtert, es läßt sich der Faden gleichmäßig anziehen, wodurch eine gute Wirkung der fertigen Arbeit verbürgt wird. Das Einspannen geschieht nach Abb. 28 mittels

59. Langettierte (geschlungene) Pikots

60. Eingestopfte S-Form

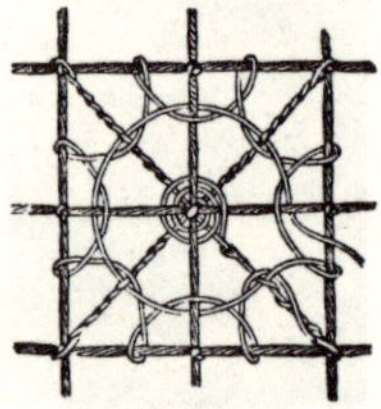

61. Spinne mit Schlingenkranz

62. Bogenspinne od. Eck-Fächerstich, als Figuren-Abschluß

63. Bogenspinne oder gewundener Eck-Fächerstich, als Figuren-Abschluß

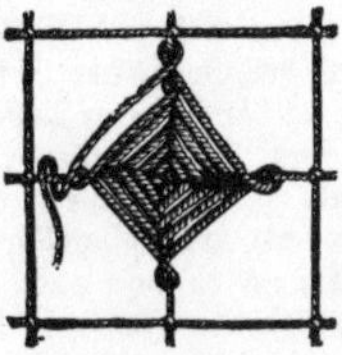

64. Dichtes Karo. Gebildet durch reihenweise umzogenen Faden

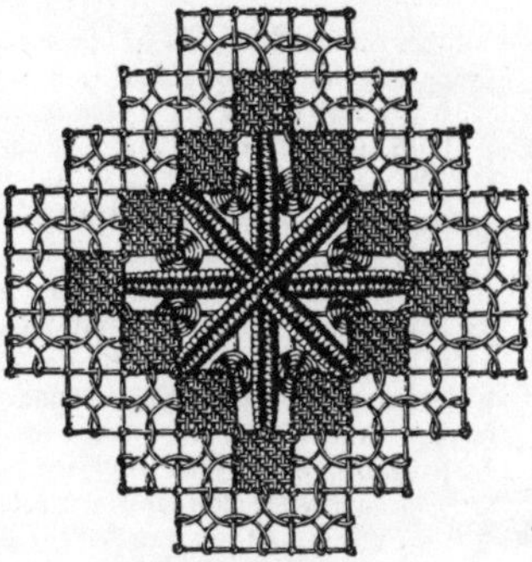

68. Kleines Karo. Festonstich (point d'esprit), Leinenstopfstich (point de toile), Eck-Fächerstich u. Reliefblättchen

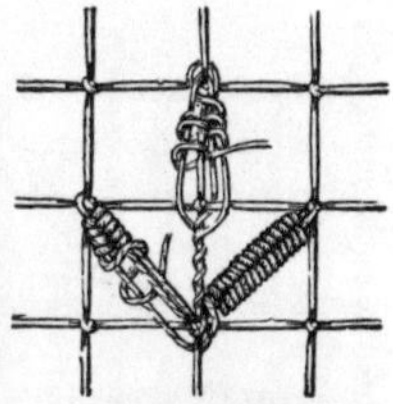

77. Reliefblättchen. Ausgeführt mit und ohne Mittelrippe

65. Karo mit flachem Fächerstich

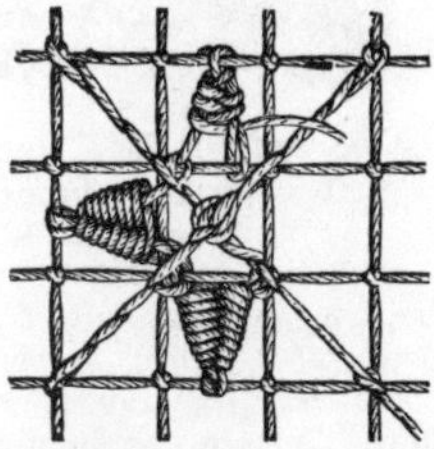

69. Ausführung des zweiteiligen Pyramidenstiches

70. Ausführung einer Pyramidenzacke in Leinenstopfstich (point de toile) oder Gitterstich

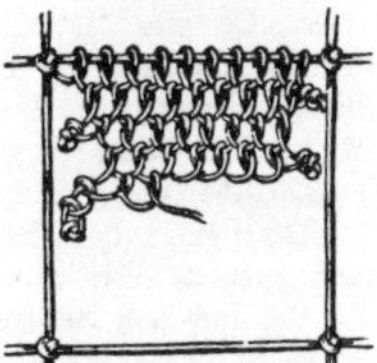

72. Ausführung einer langettierten (geschlungenen) Pyramidenzacke mit Langettenpikots

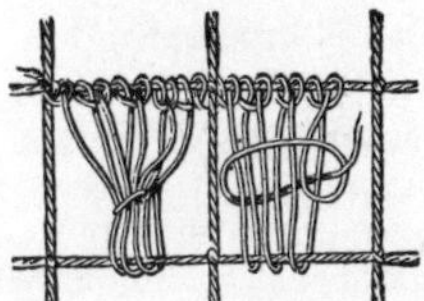

73. Büschel-Langette. Ausführung. Die losen Fäden werden durch einen Knoten vereinigt

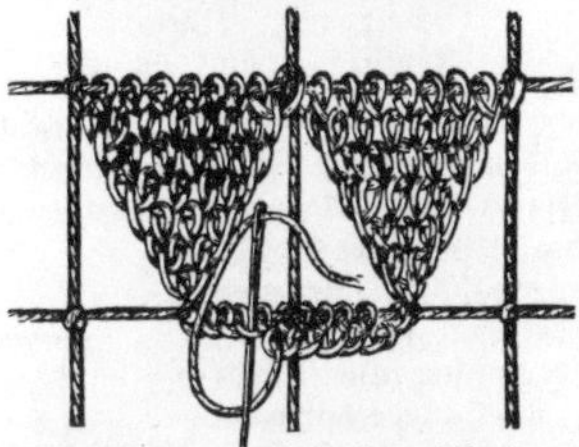

71. Ausführung einer langettierten (geschlungenen) Pyramidenzacke

66. Wickelpikots. Ausführung

75. Rosette mit Langettenpikots

74. Ausführung des losen Fadenkranzes als Umrandung

67. Langettenrand mit einfachen Schlingenpikots

76. Langettierter (geschlungener) Zackenrand

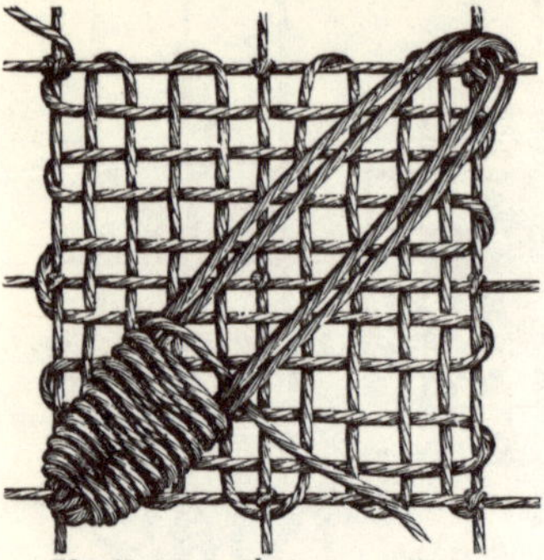

78. Unterer Teil eines Kreuzbalkens (Spange) in Reliefarbeit, siehe Abb. 79

Umfassungsstichen mit kräftigem Garn oder Zwirn, wobei der Rand des Filetgrundes mit dem Rahmen verbunden wird. Man achte auf gleichmäßige gerade Fadenlage.

Das Durchstopfen des Filetgrundes in den verschiedenen Sticharten

Die Kunst der sogenannten Filetstickerei ist sehr alt. Man nimmt an, daß sich die Technik des Einstopfens von Mustern zur Zeit der Kreuzzüge aus dem Orient nach Europa verpflanzt hat. Namentlich in Persien wurde die Filetstickerei sehr gepflegt, und an alten europäischen Arbeiten ist der orientalische Einfluß nachweisbar, z. B. finden wir häufig Streumuster und Randbordüren mit gleichmäßig sich wiederholenden Musterfiguren, die auf orientalischen, besonders persischen Ursprung hindeuten. In Italien wurde die Filetstickerei die Nachläuferin der Leinenspitze. Wir finden an alten Arbeiten Muster in punto-tagliato-, punto-tirato- und Reticella-Spitzentechnik für Filetarbeiten benutzt, wobei häufig der Grundfaden vollständig überstickt ist. Auch an alten französischen Arbeiten ist der Einfluß der Nähspitze bemerkbar. Jetzt werden wieder mit Vorliebe die alten Muster kopiert und in edlem Weiß ausgeführt. Zur Anregung veröffentlichen wir stilvolle Vorlagen, die in den mannigfachsten Techniken ausgeführt sind. Die meisten Muster sind dem Handarbeitsteil von Ullsteins Frauenblättern entnommen.

Das Arbeitsmaterial für die Stopfarbeit richtet sich nach der Art und Fadenstärke des Grundes, nach der Größe der Löcher und nach der Bestimmung der fertigen Arbeit. Stets ist die Stärke des Arbeitsfadens in dem richtigen Verhältnis zu den Löchern des Grundes zu wählen, damit das eingestopfte Gewebe weder zu dicht noch zu lose ausfällt. Meistens nimmt man Garn oder Zwirn in der Art und Stärke des Grundfadens, z. B. für die beliebte Ausführung in Leinenstopfstich (point de toile) oder in gewöhnlichem Stopfstich (point de reprise). Zuweilen bedingt jedoch das Muster einen bedeutend stärkeren oder sehr viel feineren Faden. Man kann mit weißem oder farbigem Material, mit Leinenzwirn, Baumwollgarn, Seide, Metallfaden, Chenille u. dgl. m. Muster einstopfen. Jedoch gibt man fast immer dem klassischen Weiß den Vorzug, es hebt das Muster scharf und klar von dem durchbrochenen Grunde ab, und diese Ausführung erzielt feine Licht- und Schattenwirkungen. Dazu kommt noch der Vorteil, daß weißes Material dauerhafter ist als farbiges und sich am besten in der Wäsche bewährt. Das Werkzeug können eine gewöhnliche Näh-, Stopf- oder Tapisserienadel (Sticknadel) bilden. Die Stärke richtet sich nach dem Arbeitsfaden; es ist zu beachten, daß beim Einfädeln der Faden leicht durch das Öhr gleitet. Sehr empfehlenswert, besonders für

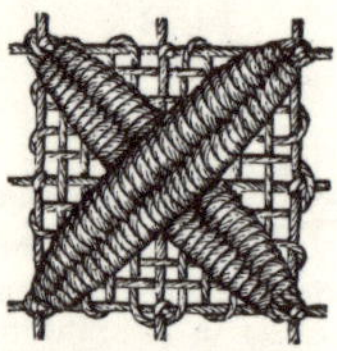

79. Kreuz in Reliefarbeit auf Leinenstopfstich (point de toile) ausgeführt

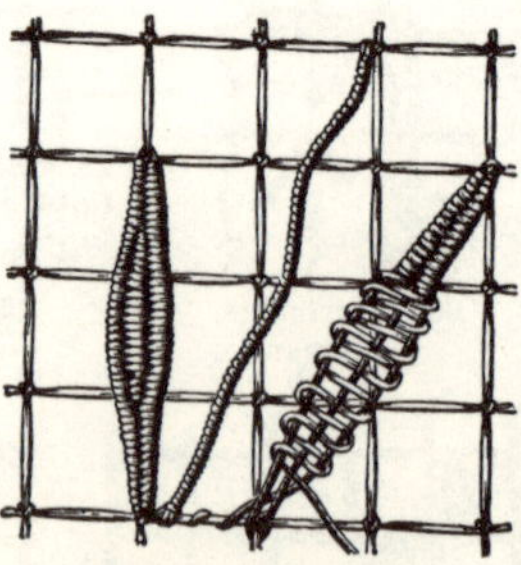

80. Reliefblättchen
Ausführung von größeren Formblättchen mit Mittelrippe. Ranke in Fadenumwindung (Wickelstäbchen)

Gipürearbeiten, sind Nähnadeln mit abgeschliffener Spitze. Bei allen Sticharten ist größte Sorgfalt beim Arbeiten und Regelmäßigkeit geboten. Der Faden muß so geführt werden, daß er einmal über, einmal unter den vorhandenen Fäden liegt, ohne Unterschied, ob diese Fäden dem Filetgrund oder der Stickerei angehören. Eine wichtige Regel ist es auch, daß die Arbeit ununterbrochen im Zusammenhang bleiben muß. Der durchstopfende Faden ist stets durch Anknüpfen mit einem festen Knoten, siehe Abb. 6 und 7, zu ergänzen. Wenn man nicht unmittelbar von einem ausgefüllten Teile zu dem nächsten Loch des Filetgrundes übergehen kann, muß man durch leichtes Umwickeln der zunächst liegenden Filetfäden in möglichst wenig sichtbarer Weise zur neuen Arbeitsstelle gelangen. Nachstehend geben wir die Erklärung für die gebräuchlichsten, stets wiederkehrenden Stiche. —

Abb. 30—33. Der gewöhnliche Stopfstich (point de reprise). Dieser Stich wird in einer Richtung ausgeführt, indem man reihenweise, hin- und zurückgehend, die ganze Zahl der nach dem Muster zu füllenden Löcher des Filetgrundes durchstopft. Die Löcher werden dicht ausgefüllt, man nimmt stets einen Faden des Filetgrundes auf die Nadel und läßt den nächsten Faden darunter liegen. Abb. 30—33 zeigen die Ausführung des Stiches, wonach sich eine weitere Erklärung erübrigt.

Abb. 34. Der Leinenstopfstich (point de toile) oder Gitterstich. Dieser an sich sehr einfache Stich, der jedes Filetloch je nach Vorschrift einzeln oder mehrere im Zusammenhange, erst nach einer Richtung und dann nach der entgegengesetzten hin, durchzieht oder vielmehr gitterartig durchstopft, erfordert große Aufmerksamkeit, damit die Fäden stets regelrecht sich kreuzen. Besonders aber sind auch neben einer schon geübteren Hand noch immer Nachdenken und Berechnung erforderlich, um diesen Stich in verschiedenen Figuren aneinander zu fügen, wie sie das Muster eben vorschreibt. Die Zahl der ein Filetloch füllenden Fäden richtet sich nach der Vorlage und nach der Größe der zu füllenden Löcher, sowie nach der Stärke des Materials,

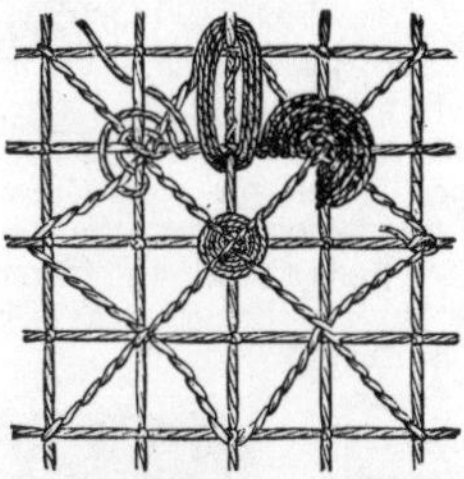

81. Ausführung einer Sternfigur aus Spinnen, Durchzugstich und Muscher

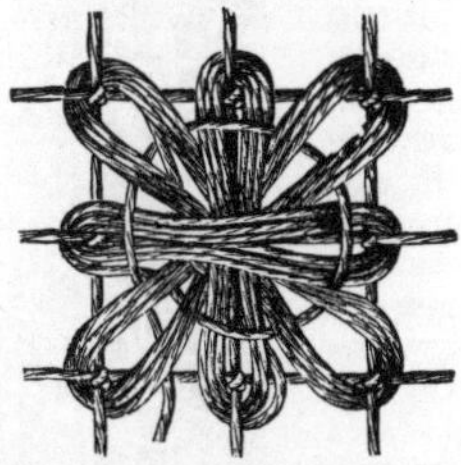

82. Ausführung eines kleinen Strahlensternes

83. Ausführung eines großen Strahlensternes

84. Loses Doppelkreuz

Gespannte und durchflochtene Fäden

doch muß, der Regelmäßigkeit wegen, nicht nur die Zahl der Längs- und Querfäden die gleiche sein, sondern die Fäden müssen auch stets in gerader Zahl, zwei, vier, sechs usw. vorhanden sein, weil durch einen überzähligen Faden die regelmäßige Abwechslung des Gitters sofort gestört werden würde. Die Proben, Abb. 34, führen die Leserinnen stufenweise zu verschiedenen, häufig vorkommenden Figuren des Leinenstopfstiches. Mit einiger Aufmerksamkeit läßt sich der durchstopfende Faden in seinem ganzen Laufe genau verfolgen. An den einzelnen Abbildungen ist auch ersichtlich, wo man für die eine oder andere Figur am zweckmäßigsten beginnt, und wo der Arbeitsfaden zum Weitergehen einen Fadenstab des Filetgrundes umwinden mußte.

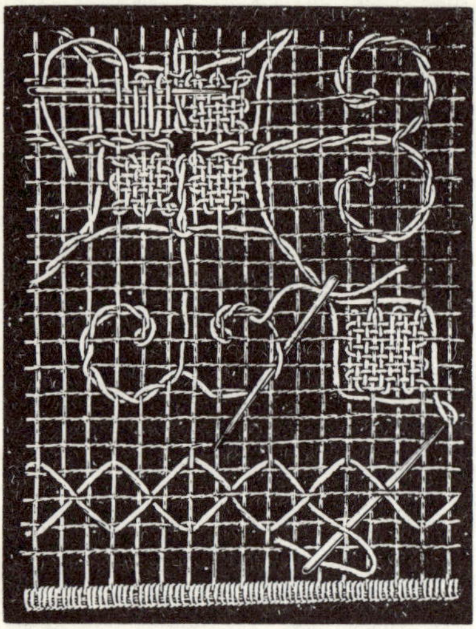

85. Filetarbeit (filet richelieu) zur Schutzglocke für Obst oder Kuchen Abb. 88

Abb. 35—42. *Der Festonstich* (point d'esprit). Man arbeitet auch diesen Stich in hin- und zurückgehenden Stichen, jedoch wird der Festonstich häufig als Einzelstich zum Füllen von einzelnen Löchern benutzt, siehe Abb. 33. Bei diesem Stich läßt sich die regelmäßige Abwechslung von einem oben-, und einem untenliegenden Faden nicht genau durchführen; wer aber die einzelnen Vorlagen Abb. 35—40, der Reihe nach mit Aufmerksamkeit nacharbeitet, wird bald auch hierin die, wenn auch von den übrigen Stichen abweichende Regelmäßigkeit entdecken. — Abb. 40 zeigt eine häufig vorkommende Verbindung des Festonstiches mit dem Leinenstopfstich. In gleicher Weise wird auch der Festonstich mit dem gewöhnlichen Stopfstich angewendet, siehe Abb. 41 u. 42.

Abb. 43—48. *Der Kreuzstich* (point croisé). Dieser Stich kommt als ganzer oder halber Stich für einzelne Löcher oder ganze Flächen vor, nämlich mit einfach gespannten Fäden, wie auch mit Doppelfäden, wobei der zweite Faden den ersten Faden umwindet. Abb. 43 zeigt die Ausführung eines einzelnen Fadenkreuzes, der zweite Faden wird an der Kreuzungsstelle mittels eines einfachen Schürzknotens an dem ersten gespannten Faden befestigt. Für die Ausführung des *Kreuzes mit Doppelfäden* oder des doppelten Fadenkreuzes hat man nach Abb. 44 den ersten losen Faden schräg durch das Loch für zwei Stäbe des Kreuzes zu spannen, dann nur bis zur Mitte zurückgehend, den letzten zu umwinden und von hier aus stets hin- und zurückgehend auch den dritten und vierten Stab zu bilden. Dann werden in der ersichtlichen Weise durch einen Stich alle vier Stäbe vereinigt, und dann ist der erste, nur mit einem Faden gespannte Stab durch Umwinden zu vollenden. Nach dem Zusammenschürzen der vier Fäden ist es leicht, die Kreuzungsstelle durch Umziehen mit einem Faden mit einer Spinne oder Musche zu versehen. Abb. 46 zeigt, wie man in fortgesetzten Reihen halbe Kreuzstiche arbeitet. Abb. 45, 47, 48, 50, 51 erklären die verschiedenen Arten der Herstellung des Fadenkreuzes in Verbindung mit Knotenmuschen, Spinnen, *gestopftem* Festonstich (point d'esprit) und Fächerstich.

Abb. 54—56. *Der Pilzstich* ist in der Art des gewöhnlichen Stopfstiches (point de reprise) auszuführen. Für die Anlage spannt man zunächst einen Doppelfaden in diagonaler Richtung, von Ecke zu Ecke treffend, wobei man den Faden zuerst

86. Bordüre in Filetarbeit (filet antique) Altdeutsches Muster. Ausgeführt in Leinenstopfstichstickerei (point de toile) Geeignet als Randspitze für Decken Typenmuster Nummer 4399. Näheres Seite 15

einfach spannt und dann zurückgehend nach Abb. 54 umwickelt. Nun beginnt, von einer Ecke ausgehend, das Einstopfen des Fadens in gewöhnlichem Stopfstich (point de reprise). Man stopft um die Netzfäden und den diagonalen Anlagefaden in hin- und zurückgehenden Reihen. Zuletzt wird der Faden zwischen der Stopffigur zur Spitze zurückgeleitet und abgeschnitten. Abb. 55. Der Doppel-Pilzstich. Man spannt den Anlagefaden über zwei Löcher in diagonaler Richtung, umwickelt, zurückgehend, den einfachen Faden bis zur Mitte des letzten Loches, führt nach Abb. 55 die Stopfarbeit bis zur Ecke aus und stopft im Anschluß die zweite Figur in dem nächsten Loch. Dann wird, wie am Anfang, der einfache Faden der Anlage bis zur Ecke umwickelt und unsichtbar vernäht. Für den Quadrat-Pilzstich Abb. 56 führt man zunächst die Fadenanlage aus. Nachdem das Fadenende mittels Schürzknotens an einem Netzknoten gesichert ist, legt man den Faden als losen Bogen

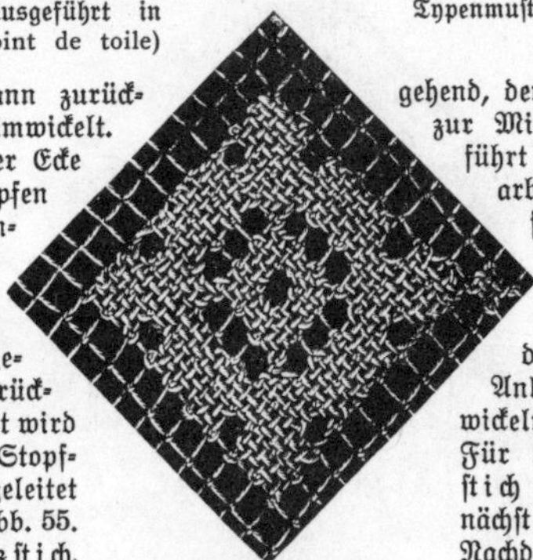

87. Karo mit Leinenstopfstich (point de toile) oder Gitterstich

88. Schutzglocke für Obst und Kuchen Filetarbeit (filet richelieu) Italienische Hausindustrie Arbeitsprobe Abb. 85. Aus der Zeitschrift „Die Praktische Berlinerin". Muster Nr. 4661. Näheres Seite 15

zur gegenüberliegenden Ecke in gerader Linie, schlingt den Faden so an, daß der Fadenbogen fast die Höhe des halben Bogens einnimmt. Nun bildet man die Stopffigur in der an Abb. 56 ersichtlichen Weise, schlingt nach dem letzten Stopfstich den Faden um den Anlagefaden, führt den Faden zur nächsten Ecke, schürzt den Faden an und wiederholt die Stopfarbeit in bekannter Art, siehe Abb. 56. Auf diese Weise werden auch die übrigen Figuren ausgeführt. Nach der dritten Figur vereinigt man nach Abb. 56 in der Mitte die Anlagefäden durch eine einfache Knotenbildung und vollendet die letzte Figur, von der Mitte zur Spitze arbeitend. Das Fadenende ist zwischen der Arbeit unsichtbar zu vernähen.

Abb. 57 und 58. Ausführung von lose eingestopften Zacken. Nach Abb. 57 befestigt man das Fadenende an einer Ecke des Loches um den Netzknoten und bildet um den Filetfaden einen Langettenstich (Schlingstich). Dann arbeitet man im Zickzack, hin- und zurückgehend, lose Spannstiche, wobei man den Faden stets je mittels eines Langettenstiches an dem betreffenden Filetfaden befestigt, siehe Abb. 57. Die Ausführung einer an die Netzfäden angeschlungenen losen Sternzacke ist an Abb. 58 wiedergegeben.

89. Karo in Filetgipüre
Florentiner Gipüre. Leinenstopfstich (point de toile), Festonstich (point d'esprit), Reliefblättchen und Strahlenstich

90. Karo in Filetgipüre
Muster aus S-Figuren, dichten Karos, langettierten (geschlungenen) Pyramidenzacken und Festonstich (point d'esprit)

91. Karo in Filetgipüre
Muster aus Büschel-Langetten, dichten Karos, Festonstich und Sternzacken (point d'esprit)

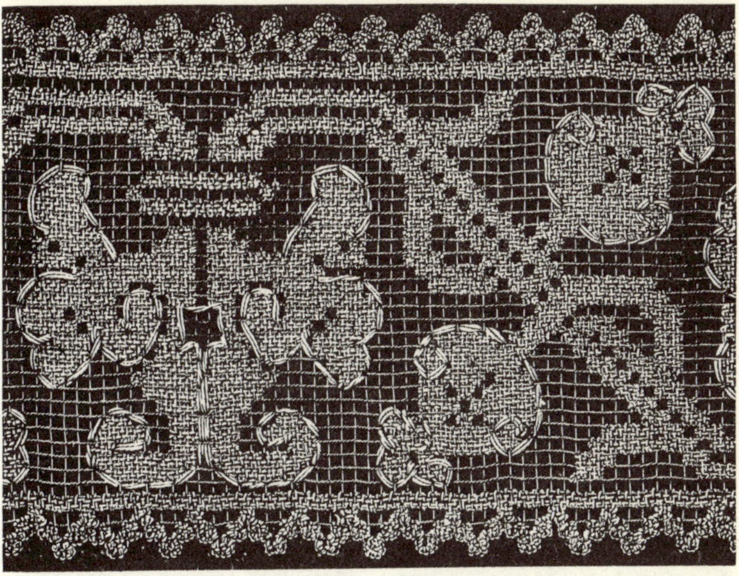

92. Bordüre in Filetarbeit (filet richelieu)
Leinenstopfstich (point de toile) und loser Fadendurchzug. Muster geeignet zur Verzierung von Zuggardinen, Stores, Kissen, Decken u. dgl. Aus der Zeitschrift „Die Modenwelt"

Ausführung von Zierfiguren. Abb. 50—53, 60—64 erklären deren Herstellung und machen eine nähere Erklärung überflüssig. Ausführung von Pikots. Abb. 59 zeigt die Ausführung des Langettenpikots. Das Wickelpikot Abb. 66 entsteht, wenn man den Faden vielfach um die Nadel wickelt und dann den Faden durch die Fadenwindungen durchzieht. Das Schlingenpikot Abb. 67 wird gebildet, wenn man zwischen zwei Langettenstichen (Schlingstichen) den Faden lose läßt und die Langettenstiche dicht anschiebt.

93. Spitze in Filetgipüre. Altfranzösisches Muster. Gewöhnlicher Stopfstich (point de reprise), Leinenstopfstich (point de toile), Festonstich (point d'esprit), Pilzstich und Spinnen

Ausführung der Pyramidenzacken und Reliefblättchen. Wie in der Nähspitze werden auch für Filet-Spitzenmuster die für die Technik am besten geeigneten Spitzenstiche benutzt. Mit Vorliebe wählt man aus der Spitzentechnik die gestopfte und langettierte Pyramidenzacke.

Abb. 69 zeigt die Ausführung des zweiteiligen Pyramidenstiches in gewöhnlichem Stopfstich (point de reprise). Für die Anlage spannt man den Faden von einer Ecke bis zur Mitte des gegenüber liegenden Filetfadens, umschürzt diesen, führt den Faden zum gleichen unteren Filetfaden zurück, nämlich zur zweiten Ecke, schlingt den Faden um den Filetfaden, sticht wieder nach oben durch die Befestigungsschlinge und beginnt, von der Spitze ausgehend, das Einstopfen. Man achtet auf eine regelmäßige Bildung des Zäckchens, indem man an der Spitze den Faden fester anzieht und nach unten für die Verbreiterung lose arbeitet.

Abb. 70 erklärt eine Pyramidenzacke in Leinenstopfstich (point de toile) über fünf einfache Anlagefäden ausgeführt. Wie vorhin erklärt, wird der Arbeitsfaden strahlenförmig von zwei Ecken zur oberen Mitte, in spitzem Winkel zusammentreffend, gespannt, wobei man durch Umwickeln des unteren Filetfadens das Weiterführen des Arbeitsfadens zur Bildung des nächsten Spannstiches (Fadenanlage) vermittelt. Das Einstopfen erfolgt wieder von der Spitze beginnend. Dagegen wird die langettierte (geschlungene) Pyramidenzacke an der breiten Basis begonnen, siehe Abb. 71. Man arbeitet reihenweise, hin- und zurückgehend, ineinandergreifende Langettenstiche (Schlingstiche), wobei sich allmählich die Stichzahl verringert, bis ein Stich die Spitze bildet. — Eine Abart der Pyramidenzacke ist die Büschel-Langette Abb. 73. Man spannt, wie an Abb. 73 ersichtlich ist, von Filet- zu Filetfaden treffend, mehrere lose Fäden und vereinigt den Fadenbüschel in der Mitte durch einen gewöhnlichen Schürzknoten (punto tirato-Knoten). Dann leitet man den Faden wieder zur Basis und arbeitet im Anschluß den zweiten Stich.

Um eine reichere Musterwirkung zu erzielen, wählt man mit Vorliebe als Ausdrucksmittel die lose auf- resp. eingearbeiteten Reliefblättchen oder Gipüreblättchen, deren Ausführung Abb. 77—80 erklären. Abb. 77 zeigt an einem dreiteiligen Blattzweig die Herstellung von kleinen Blättern mit und ohne Mittelrippe. In vergrößertem Maßstabe gibt Abb. 80 die Ausführung eines Blattes mit zweiteilig gestopften Spitzen und Mittelrippe, wodurch sich das Blatt in der Mitte entsprechend verbreitert. Hierfür bleibt am Anfang und Schluß der mittlere Anlagefaden unberücksichtigt und wird nicht aufgenommen, sondern gleich dem äußeren Faden umstopft. — Für Kreuzbalken werden die Blättchen in der an Abb. 79 ersichtlichen Art angelegt und durchstopft.

Zum Schluß zeigen wir mit Abb. 74 noch das Umranden mittels eines losen Fadenkranzes einer in Leinenstopfstich gearbeiteten Musterfigur. Man umzieht einfach in Durchzugstichmanier die Figur so, daß die Kontur durch lose Fäden gedeckt wird.

Abb. 34, Seite 159, zeigt das Umziehen einer Figur im Stielstich. Die Ausführung des Stielstiches im Filetgrund erklärt Abb. 85.

Zur Randsicherung von Einsätzen, Spitzen u. dgl. dient der Langettenstich (Schlingstich), den man nach Abb. 76 um die vorgezogenen resp. umwickelten Filetfäden ausführt. Zuletzt schneidet man, knapp den Langetten (Schlingen) folgend, den überflüssigen Filetgrund fort.

Abb. 81—84 zeigen noch verschiedene einfache Zierfiguren in leichter Ausführung, für die sich eine Erklärung erübrigt.

Abb. 94 läßt die Verwendung der Filetarbeit an einem praktischen Gegenstand erkennen. Auf handfiliertem Grund ist das Muster in gewöhnlichem Stopfstich (point de reprise), Festonstich (point d'esprit) und Leinenstopfstich (point de toile) ausgeführt.

Anwendung der verschiedenen Sticharten zur Herstellung von Mustern.

Die Filetstickerei wird nach Typenmustern gearbeitet. In der Regel bezeichnet eine Type ein Filetloch, das nach der Typenerklärung mit Stichen gefüllt werden muß oder frei bleibt. — Je nach der Ausführung der Muster in den verschiedenen Sticharten verändert sich die technische Bezeichnung, z. B. versteht man unter Filet antique in Leinenstopfstich (point de toile) und in gewöhnlichem Stopfstich (point de reprise) gearbeitete Muster ohne Umrandung, siehe Abb. 49, 86, 87. Der

94. Lampenschirm mit Filetspitze (filet richelieu) und Fransenverzierung
Größenangaben: 31 cm Höhe zu 160 cm Umfang. Filetgrund mit 4 mm großen Löchern.
Arbeitsmaterial: Weißer Leinenzwirn Nr. 30, 40, 50 DMC. Fransenlänge 7 cm.
Musternummer 96. Näheres Seite 15

Name „Filet Richelieu" gilt für Muster, die gleich dem Filet antique hergestellt sind, jedoch gestickte Konturlinien haben, siehe Abb. 88, 92 u. 94.

Unter Filetgipüre versteht man in der Regel Muster, die in den verschiedenen Spitzensticharten gearbeitet sind und vorwiegend Reliefblättchen und Pyramidenzacken aufweisen, siehe Abb. 89—91 und 93. Eigentlich galt ursprünglich der Name Filetgipüre für die Technik des Filetstickens, ohne Unterschied der einzelnen Sticharten, bis sich später, durch die allmähliche Erweiterung der Technik, die verschiedenen charakteristischen Bezeichnungen gebildet haben. Die Erklärung des Namens Filetgipüre soll auf das Wort couper (schneiden) zurückzuführen sein. Dann hätte es allerdings nur für Leinendurchbrucharbeiten Berechtigung.

Zuletzt sei noch darauf hingewiesen, daß jetzt Filetgrund in verschiedenen Stärken und Lochgrößen gewebt wird und unter dem Namen Filettüll im Handel erhältlich ist. (Siehe Abb. 23, Seite 221.) Durch die Benutzung des käuflichen Grundes wird die mühevolle Herstellung erspart. Es kommt dann nur die Stickarbeit in Betracht, die sich in käuflichem Grund ebenso gut ausführen läßt. Jedoch wird man bei besonders feinen künstlerischen Arbeiten stets handfiliertem Grund den Vorzug geben.

Die Frivolitätenarbeit

(Occhi-Technik)

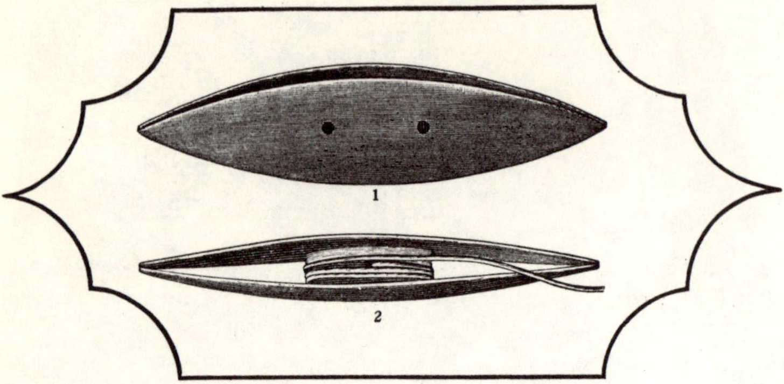

1. Schiffchen für die Herstellung der Frivolitätenspitze
2. Schiffchen (Seitenansicht) mit aufgewickeltem Faden

Unter den verschiedenen Handarbeits-Techniken ist die Ausführung der Frivolitätenspitze (auch Occhi genannt) wohl eine der graziösesten. Die Technik dürfte sich aus den Knüpfarbeiten entwickelt haben, und der Name „Occhi", d. h. Auge, deutet auf den italienischen Ursprung hin. Schon unsere Groß- und Urgroßmütter ließen die schlanken Schiffchen, die oft aus Silber oder eingelegtem Elfenbein gearbeitet waren, geschäftig durch die Hände gleiten und liebten es, feine kleine Toilettengegenstände mit den zierlichen Spitzen zu besetzen. Die Technik eignet sich ausschließlich nur für fein gegliederte Muster, während es nicht möglich ist, großzügige Muster in Frivolitätenarbeit herzustellen. Alle Spitzen sind nur aus zusammenhängenden Ringen und Bogen gebildet, die aus dicht nebeneinander gearbeiteten Schürzknoten bestehen, und um einen Einlagefaden geknüpft werden. Hat man diesen Doppelknoten erlernt, so kann man jedes Muster leicht nacharbeiten, doch empfiehlt es sich, erst einfache Spitzen zu probieren, bis alle Knoten recht gleichmäßig werden. Die Technik bedingt, daß man mit einem Schiffchen nur geschlossene Ringe arbeiten kann, weil der Faden der Schlinge zugleich der Einlage- und Arbeitsfaden ist. Hat man einen Ring geschlossen und man arbeitet nur mit einem Schiffchen, so bleibt der Faden bis zum nächsten Ring un-

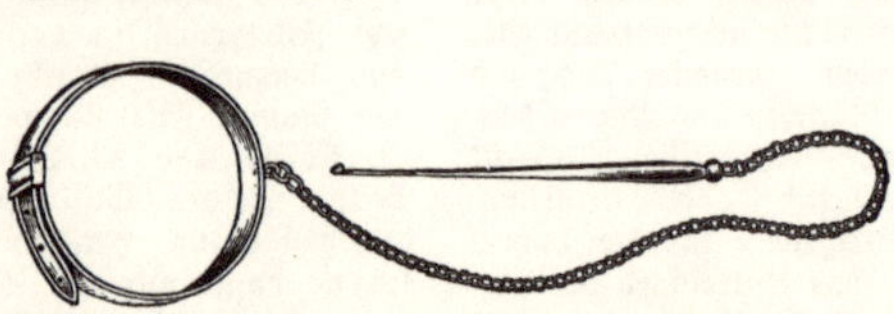

3. Häkelnadel mit Kette und Ring zur Befestigung an der Hand
Die Häkelnadel dient zum Aneinanderschürzen der Musterfiguren

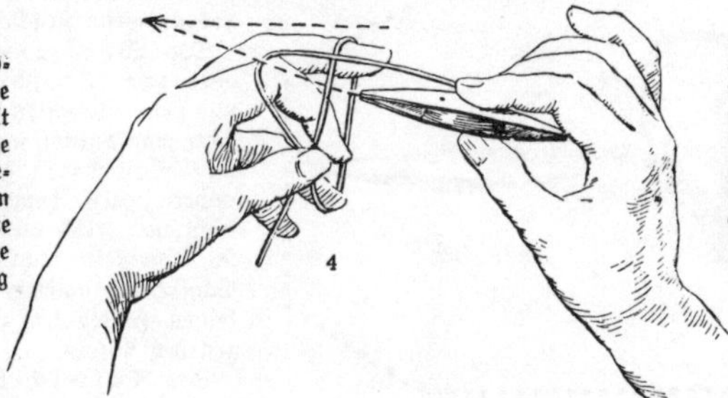

4

4. Erste Handstellung. Die linke Hand hält den zur Schlinge gelegten gekreuzten Faden fest, die rechte Hand zeigt die richtige Haltung des Schiffchens, und es bezeichnet die in einer Pfeilspitze endigende Strichlinie die spätere Führung des Schiffchens

geknotet; soll jedoch der Faden bis zum nächsten Ring ebenfalls umschürzt, also im Bogen gearbeitet werden, so braucht man dazu ein **zweites** Schiffchen, das zum Schürzen der Knoten dient, während der Faden des ersten Schiffchens als Einlagefaden bis zum nächsten Ring geführt wird. Für den nun folgenden Ring wird je nach dem Muster das eine oder andere Schiffchen genommen, wie es die Lage des Ringes im Muster bestimmt, während das andere Schiffchen einfach hängen bleibt. **Der Faden des Schiffchens, das die rechte Hand führt, heißt stets der Arbeitsfaden.**

Als **Material** verwendet man je nach der Feinheit der Spitze DMC-Häkelgarn Nr. 20

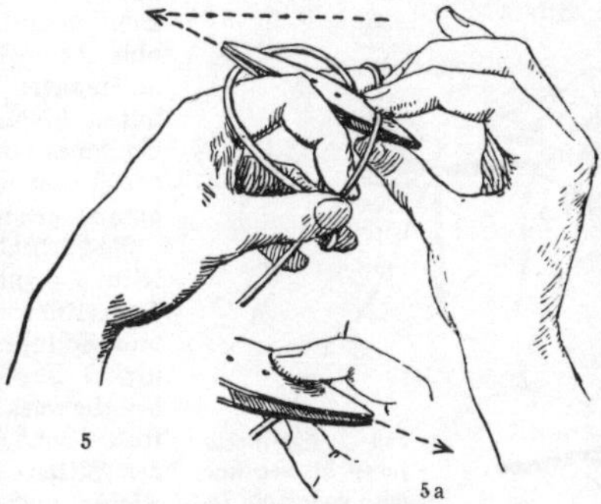

5 5a

5. Zweite Handstellung. Die rechte Hand führt das Schiffchen unter dem Schlingenfaden der Richtung des Pfeils folgend durch. 5a zeigt das Zurückgleiten des Schiffchens über die Fadenschlinge hinweg. siehe die Richtung des Pfeils

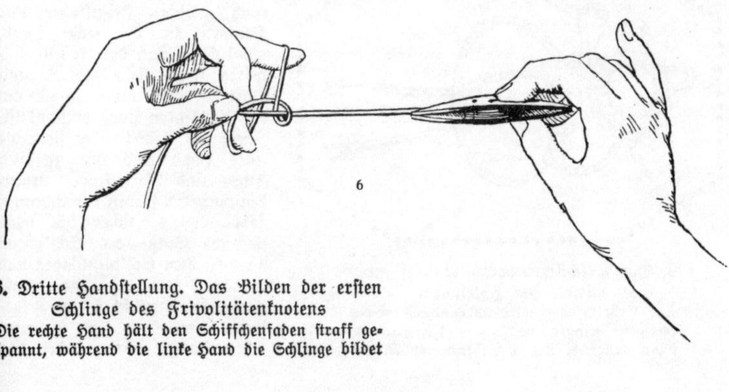

6

6. Dritte Handstellung. Das Bilden der ersten Schlinge des Frivolitätenknotens
Die rechte Hand hält den Schiffchenfaden straff gespannt, während die linke Hand die Schlinge bildet

bis 80 oder Kordonnetseide, diese vorzugsweise für schwarze Spitzen.

Das **Werkzeug** bilden ein oder zwei Schiffchen aus Bein und beim Einkaufen der Schiffchen achte man darauf, daß die Spitzen an beiden Enden genau aufeinander liegen, damit der Faden nicht von selbst durchgleiten und sich abwickeln kann. Außer den Schiffchen braucht man noch einen feinen Häkelhaken zum Anschürzen der Pikots.

Das **Aufwickeln des Arbeitsfadens** geschieht, indem man das Ende des Fadens durch das Loch in der Mitte des Schiffchens leitet, verknotet und nun den Faden zwischen den aufeinander liegenden Schiffchenspitzen hindurch führt, bis das Schiffchen voll ist, jedoch darf der Faden nicht über den Rand hinaus gewickelt werden.

Nachstehend geben wir die Anleitung zum Schürzen des Doppelknotens, der aus Anschlag- und Schlußknoten besteht. Man nimmt das Fadenende zwischen den Daumen und Zeigefinger der linken Hand, legt den Faden über den Mittel- und Ringfinger und wieder nach vorn zwischen den Daumen und Zeigefinger so, daß sich die Fäden kreuzen und eine Schlinge bilden, die man während der Arbeit beliebig mit dem Ringfinger erweitern kann. Nun nimmt man das Schiffchen flach zwischen Zeigefinger und Daumen in die rechte Hand, nämlich so, daß der Faden rückwärts liegt, siehe Abb. 8, und glatt gespannt etwa 15—20 cm von der linken Hand entfernt ist, * legt den Arbeitsfaden über die linke Hand und den zwischen Zeige- und Mittelfinger liegenden vorderen Faden der Schlinge, siehe Abb. 4, führt die vorn liegende Spitze des Schiffchens **unter** dem Schlingenfaden und in der Richtung der punktierten Linie zwischen dem Zeigefinger und über dem Arbeitsfaden durch, ohne dabei das

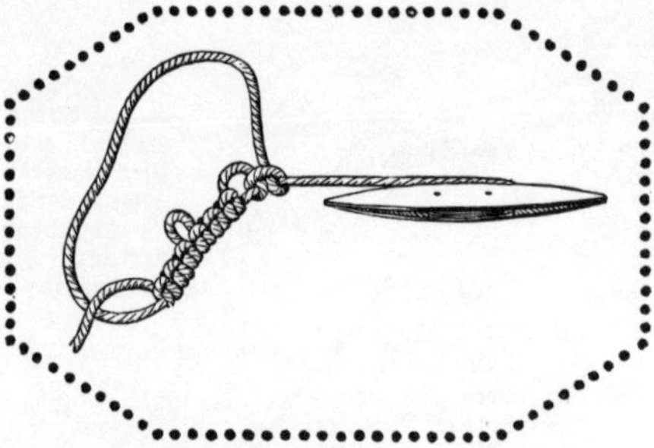

8. Lose Fadenschlinge mit vollendetem Frivolitätenknoten und eingearbeiteten Pikots

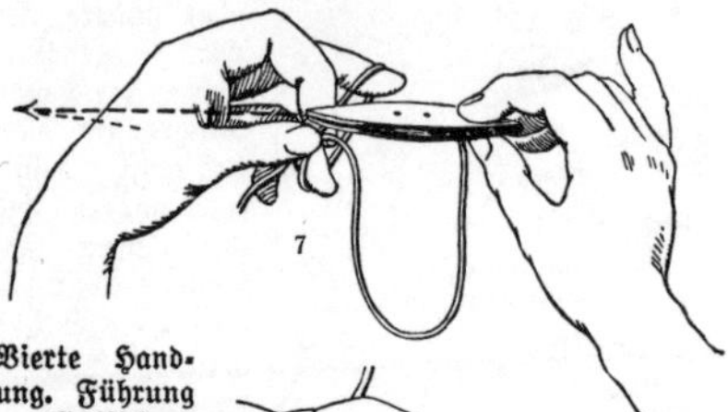

7

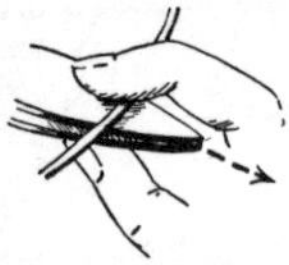

7a

7. Vierte Handstellung. Führung des Schiffchens zur Bildung der 2. Schlinge des Frivolitätenknotens. Das Schiffchen gleitet über den Schlingenfaden hinweg und wird nach Abb. 7a unter den Faden zurückgezogen

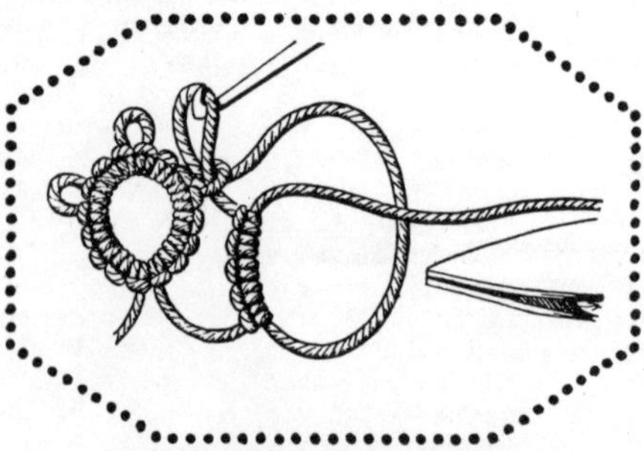

9. Das Anschürzen von 2 Musterfiguren mittels der Häkelnadel

Der Arbeitsfaden wird durch das Pikot des fertigen Ringes nach vorn durchgezogen, dann vollendet das Schiffchen den Knoten

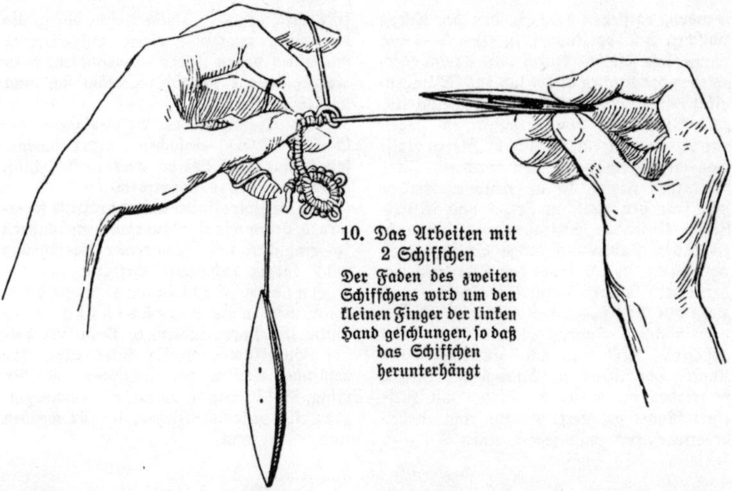

10. Das Arbeiten mit 2 Schiffchen

Der Faden des zweiten Schiffchens wird um den kleinen Finger der linken Hand geschlungen, so daß das Schiffchen herunterhängt

Schiffchen loszulassen oder dessen Lage zu verändern, wodurch der Faden nach Abb. 5 über die rückwärts liegende Spitze des Schiffchens hinabgleitet. In gleicher Lage zieht man nun das Schiffchen zurück, wobei der Schlingenfaden zwischen Daumen und Schiffchen hindurchgleiten muß, siehe Abb. 5a. Beim Anziehen achte man darauf, daß der Schlingenfaden den Knoten bildet und nicht der Arbeitsfaden. Hat man das Schiffchen mit dem Arbeitsfaden um den Schlingenfaden hin- und zurückgeführt, so senkt man sofort den Mittelfinger der linken Hand, wodurch die Schlinge locker liegt, zieht dann mit der rechten Hand den Arbeitsfaden straff, siehe Abb. 6, und hebt den Mittelfinger wieder, wodurch sich der Schlingenfaden zur Schlinge legt. Der Arbeitsfaden muß dabei straff gespannt sein. Damit ist der Anschlagknoten geschürzt. Dieser Vorgang wird jedem Anfänger schwer, und daher ist es unbedingt notwendig, sich von vornherein in dem richtigen Anziehen des Fadens zu üben. Wenn nämlich der Arbeitsfaden den Knoten bildet statt des Schlingenfadens, so verknoten sich beide Fäden so fest, daß die Bewegungsfreiheit der Schlinge unmöglich wird und sich der Ring nicht zuziehen läßt. Der Frivolitätenknoten muß über den Einlagefaden geschürzt werden und sich verschieben lassen. Bei dem Schlußknoten, der zu jedem Doppelknoten gehört, läßt man den Arbeitsfaden lose herabhängen, legt das Schiffchen auf den Schlingenfaden zwischen Zeige- und Mittelfinger der linken Hand, läßt den Faden hingehend zwischen Daumen und Schiffchen Abb. 7, und zurückgehend zwischen Zeigefinger und Schiffchen Abb. 7a hindurchgleiten, jedoch immer das Schffch. in gleicher Lage festhaltend, senkt wieder den Mittelfinger der linken Hand, worauf die rechte Hand den Arbeitsfaden straff spannt. Dann wird durch Heben des linken Mittelfingers die zweite Schlinge neben die erste gelegt, siehe Abb. 8. Nun wird vom * wiederholt. Nach einer Anzahl von Doppelknoten wird der Ring geschlossen, indem man Mittel- und Ringfinger aus der Schlinge nimmt und mit der rechten Hand den Arbeitsfaden fest anzieht, bis der erste und letzte Doppelknoten sich berühren.

Sollen Ringe durch geschürzte Bogen verbunden werden, so verknotet man am Anfang der Arbeit die Fadenenden der zwei Schiffchen, legt einen Faden über den Mittel- und Ringfinger der linken Hand, schlingt den Faden einmal um den kleinen Finger, siehe Abb. 10 und läßt das Schiffchen hängen. Dieser Faden muß anstatt der Schlinge den Knoten bilden; mit dem zweiten Schiffchen arbeitet man in der oben erklärten Weise.

Die Pikots, die bei allen Spitzen vorkommen, entstehen dadurch, daß der Faden zwischen 2 Doppelknoten, in etwa 3—4 mm Länge lose bleibt. Durch das Aneinanderschieben der Knoten bildet sich das Schlingenpikot Abb. 8. Das Pikot dient gleichzeitig zum Anschürzen von verschiedenen Bogen und Ringen einzelner Figuren. Hierzu greift man mit einem Häkelhaken durch ein Pikot derjenigen Figur, die angeschlossen werden soll, holt den zwischen Zeige- und Mittelfinger liegenden Schlingenfaden hindurch, zieht den Faden als lange Schlinge nach vorn, siehe Abb. 9, leitet das Schiffchen mit dem Arbeitsfaden durch die Schlinge und zieht den Schlingenfaden wieder straff. Mit dem nächsten Doppelknoten ist das Pikot gesichert. Irrt man sich beim Zählen der Knoten oder beim Anschließen der Pikots, so werden die einzelnen Knoten mit Hilfe einer Nadel gelockert, worauf man zurückarbeitet. Hat man jedoch einen Ring zu früh geschlossen, so bleibt nichts übrig, als den Ring durchzuschneiden, aufzutrennen und einen neuen Faden anzuknüpfen, denn die geschlossene Ringschlinge läßt sich nicht wieder aufziehen.

Das Ergänzen des Arbeitsfadens geschieht mittels einfachen Schürzknotens, jedoch nur vor Beginn oder nach Schluß einer Ring- oder Bogenform.

Um die Frivolitätenarbeit praktisch zu erlernen, geben wir eine Auswahl von Mustern in einfacher und schwieriger Ausführung nebst kurzen technischen Erklärungen.

In den Erklärungen bedienen wir uns der Abkürzungen: Dpkn. für Doppelknoten, h. Dpkn. für halber Doppelknoten, P. für Pikot, Schlg. für Schlinge, Schffch. für Schiffchen, R. für Ring, B. für Bogen, anschz. für anschürzen, zsmz. für zusammenziehen, w. für wenden und × für mal.

Ausführung der Muster

Abb. 11 u. 12. Bogen und Ringe mit 2 Schffch. im Zusammenhang gearbeitet. Man beginnt mit einem Schffch.: * 13 Dpkn., zsmz., w., dann den R. nach unten legen, den 2. Faden als Schlingenfaden über die linke Hand legen, mit dem Arbeitsschffch. 8 Dpkn., w., und vom * wiederholen.

Abb. 13. Aneinandergearbeitete Frivolitätenknoten. Mit 2 Schffch. hergestellt. Der dunkle Einlagefaden ist der Arbeitsfaden, der helle Faden (Schlingfäden) liegt über der linken Hand und bildet die Dpkn.

Abb. 14. Festgezogener Ring. Mit einem Schffch. ausgeführt. Der aus 12 Dpkn. gebildete R. ist durch Anziehen des Arbeitsfadens geschlossen.

Abb. 15. Versetzte Ringe mit zwischengearbeiteten Verbindungsbogen. Mit einem Schffch. (heller Faden) * 12 Dpkn., zsmz., w., R. nach unten legen, den zweiten (dunklen) Faden über die linke Hand schürzen, 3 Dpkn., das Arbeitsschffch. hängen lassen, mit dem Schlingen-Schffch. (dunkel) 12 Dpkn., zsmz., denselben (dunklen) Faden über die linke Hand schürzen, mit dem (hellen) Arbeitsschffch. 3 Dpkn., w., und vom * wiederholen.

Abb. 16. Muschen- oder Josephinenknoten. Mit einem Schffch. ausgeführt. Man arbeitet 4 h. Dpkn., zieht zsm. und wiederholt in geringer Entfernung.

Abb. 17. Schmale Spitze aus Ringen und Bogen. Mit 2 Schffch. in zwei Arbeitsgängen hergestellt. Der 1. Gang, aus R. bestehend, wird mit einem Schffch. ausgeführt: * 3 Dpkn., 1 P., 2 × je 4 Dpkn., 1 P., 3 Dpkn., nicht ganz fest zsmz., in geringer Entfernung 3 Dpkn., anschz. an das 3. P. des vorhergehenden R., 2 × je 4 Dpkn., 1 P., 3 Dpkn., zsmz. und vom * wiederholen. Der zweite Arbeitsgang ist mit 2 Schffch. zu arbeiten. Die Fäden um das Mittelp. des 1. R. schürzen ** 8 Dpkn., den Arbeitsfaden anschz. an das Mittelp. des folgenden R. und vom ** wiederholen.

Abb. 18. Spitze mit versetzten Ringen. Mit einem Schffch. gearbeitet. * 12 Dpkn., zsmz., w., R. nach unten legen und mit dem Daumen und Zeigefinger der linken Hand festhalten. Nach etwa ½ cm Entfernung vom * wiederholen.

Abb. 19. Spitze mit aneinandergeschürzten Ringen und Pikots. Mit einem Schffch. gearbeitet. * 3 Dpkn., 1 P., 4 × je 2 Dpkn., 1 P., dann 3 Dpkn., zsmz. Nach etwa 1 cm Entfernung vom * wiederholen und, wie an Abb. 19 ersichtlich ist, statt dem ersten P. den Faden an das letzte P. des fertigen R. anschz. Nach Fertigstellung des R. wiederholt sich die Ausführung in der an Abb. 19 ersichtlichen Art.

Abb. 20. Rosette (unvollendete Arbeit). Mit einem Schffch. hergestellt. Man beginnt mit dem mittleren R., schürzt 1 Dpkn., 1 P., 7 × je 2 Dpkn., 1 P. und zuletzt 1 Dpkn., zieht zusammen, schneidet den Faden ab und vernäht die Fadenenden zwischen den Dpkn. Um den R. werden 8 aneinandergeschürzte Ringfiguren gearbeitet, die man nach Abb. 8 je mit dem P. des R. verbindet. Man beginnt mit dem Anschürzen des Fadens an einen P. Etwa ½ cm von dem Knoten entfernt, beginnt die Ausführung des R. * 4 Dpkn., 1 P., 4 × je 2 Dpkn., 1 P., dann 4 Dpkn., zsmz., ½ cm von dem R. entfernt, den Faden an das nächste P. anschz. und nach ½ cm Entfernung den nächsten R. beginnen. Hierfür wiederholt man vom *, jedoch hat man statt des ersten P. den Faden an das letzte P. des fertigen R. anzuschürzen. In gleicher Weise werden die übrigen R. gearbeitet, beim letzten R. ist auch statt des letzten P. der Faden an das erste P. des ersten R. zu befestigen. Dann verknotet man die Fäden unsichtbar an dem P. des Mittelringes.

Abb. 21. Einsatz mit großen und kleinen versetzten Ringen und Pikots. Mit einem Schffch. gearbeitet. Man beginnt mit * 4 Dpkn., 1 P., 7 Dpkn., 1 P., 4 Dpkn., zsmz., w., R. nach unten legen, mit dem Daumen und Zeigefinger der linken Hand festhalten. Nach geringer Entfernung schürzt man für den großen R. 4 Dpkn., 1 P., 9 Dpkn., 1 P., 4 Dpkn., zsmz., w., R. nach unten legen, mit dem Daumen und Zeigefinger der linken Hand festhalten, und in gleicher Entfernung wie nach dem ersten R. vom * wiederholen, mit dem Unterschied, daß der Faden statt dem ersten P. dem letzten P. des fertigen R. angeschürzt wird. Wie bei dem kleinen R. schürzt man auch die großen R. an der Pikotstelle zusammen.

Abb. 22. Spitze mit Ringen, Bogen und Pikots. Mit 2 Schffch. gearbeitet. Die Spitze wird in der Länge in 2 Arbeitsgängen ausgeführt. Im ersten Gange werden die R. mit einem Schffch. gearbeitet: * 12 Dpkn., 1 P., 12 Dpkn., zsmz., 12 Dpkn., 1 P., 12 Dpkn., zsmz. und in etwa 1 cm Entfernung vom * fortgesetzt bis zur gewünschten Länge wiederholen. Beim zweiten Bogengang werden die Fäden der beiden Schffch. um das P. des ersten R. geschürzt und man arbeitet: ** 5 × 3 Dpkn., 1 P., 3 Dpkn., den Arbeitsfaden anschz. an die P. der beiden folgenden R. und vom ** fortgesetzt wiederholen.

Abb. 23. Rosette mit Doppelringen und Pikots. Mit 2 Schffch. gearbeitet. Material: weißes DMC-Häkelgarn Nr. 80. * Man beginnt mit dem mittleren R. einer Zierfigur und schürzt mit einem Schffch. 17 Dpkn., 1 P., 17 Dpkn., zsmz., w., R. nach unten legen, mit dem Daumen und Zeigefinger der linken Hand festhalten. Nun das 2. Schffch. über die linke Hand schürzen und mit dem Arbeits-Schffch. + 2 × je 3 Dpkn., 1 P., 3 Dpkn., Arbeits-Schffch. fallen lassen und mit dem 2. Schffch. 7 Dpkn., 1 P., 7 Dpkn., zsmz., ++ das 2. Schffch. über die linke Hand schürzen und mit dem ersten Schffch. vom + bis ++ 1 × wiederholen, Arbeitsfaden an das P. des großen R. anschz. und mit beiden Schffch. weiterarbeiten: 2 × 3 Dpkn., 1 P., 3 Dpkn., und vom ++ bis + zurückarbeitend wiederholen. Dann den Faden des Arbeits-Schffch. der großen Ringfigur neben dem ersten B. anschz., w., mit 2 Schffch. 2 × je 6 Dpkn., 1 P., dann 6 Dpkn., w., ** den B. nach unten legen, nun 5 × vom * am Anfang bis ** wiederholen und stets die in Gegenüberstellung gearbeiteten kleinen P. der kleinen R. nach Abb. 23 anschz. Nach dem letzten B. werden die Fadenenden unsichtbar zwischen der Arbeit vernäht. Den mittleren Ausschnitt füllt ein langettierter R. Man arbeitet mit Häkelgarn Nr. 80. Zunächst werden die P. durch langettierte (geschlungene) Stäbchen mit zweimaliger Fadendrehung angeschürzt, dann durchzieht man die Fadenschlinge mittels lose übergreifenden Stichen, wodurch sich die Reihe rundet. Nun überstickt man die zur Runde gearbeiteten Schlingen durch anschließenden Langettenstich (Schlingstich).

Abb. 24. Einsatz mit Pikotringen und Bogen. Mit 2 Schffch. gearbeitet. Material: Weißes Häkelgarn Nr. 80 Der breite Einsatz, der am Anfang und Ende einen festen Abschluß zeigt, eignet sich zur Verzierung von Blusen, Schürzen u. dgl. und läßt sich auch als Zwischensatz für gestickte Zierdeckchen anstatt Klöppelspitze verwenden; hierfür kann stärkeres Garn genommen werden. Der Einsatz wird in zwei Arbeitsgängen ausgeführt. Man schürzt zu-

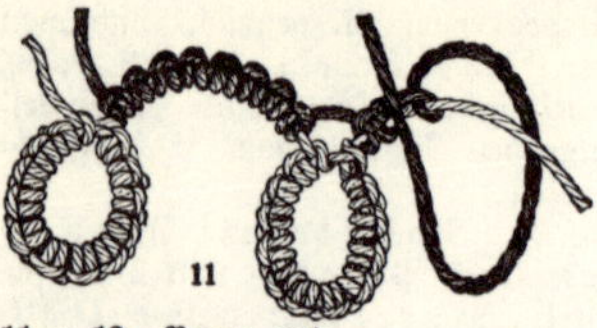

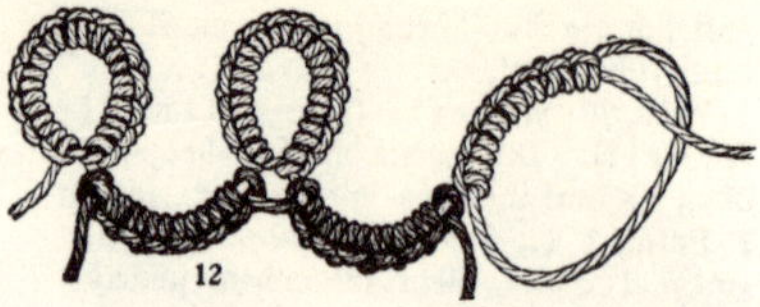

11 u. 12. Bogen und Ringe. Mit 2 Schiffchen im Zusammenhang gearbeitet. Die hellen Fäden gelten für den Arbeitsfaden des ersten Schiffchens, die dunklen Fäden bezeichnen die Knotenbildung mit dem zweiten Schiffchen
11. Bogen in der Ausführung
12. Ring in der Ausführung

13. Aneinander gearbeitete Frivolitätenknoten mit 2 Schiffchen gearbeitet

nächst beim ersten Arbeitsgang eine Hälfte des Musters und führt beim zweiten Arbeitsgang die zweite Hälfte aus, indem man die mittleren Dreiblattfiguren zusammenschürzt. **Ausführung des ersten Arbeitsganges.** Man beginnt mit einem eingeschobenen Schrägr. mit 9 P. und arbeitet mit dem 1. Schffch. 9 × je 2 Dpkn., 1 P., zuletzt zsmz., w., R. nach unten legen und mit dem Daumen und Zeigefinger der linken Hand festhalten, das 2. Schffch. über die linke Hand schürzen und mit dem 1. Schffch. 7 Dpkn., 1 P., 2 Dpkn., 1 P., 7 Dpkn., w., B. nach unten legen. Nun mit dem 1. Schffch.: 7 Dpkn., den Faden an das 3. P. des P.-R. anschz., 7 Dpkn., zsmz., w., R. nach unten legen, das 2. Schffch. über die linke Hand schürzen und mit dem 1. Schffch. 2 × je 7 Dpkn., 1 P., zuletzt 7 Dpkn., w., B. nach unten legen. Dann mit dem 1. Schffch. allein: 7 Dpkn., den Arbeitsfaden an das nächste P. des Schrägr. anschz., das ist das

14. Festgezogener Ring Mit einem Schiffchen ausgeführt

P. das neben dem zuletzt angeschürzten P. liegt, 7 Dpkn., zsmz., w., R. nach unten legen und mit zwei Schffch. arbeiten: 7 Dpkn., 1 P., 2 Dpkn., 1 P., 7 Dpkn., Faden des Arbeits-Schffch. an das drittfolgende P. des P.-R. anschz., im Anschluß mit zwei Schffch. weiterarbeiten, 10 Dpkn., w., B. nach unten legen. Nun mit dem Arbeits-Schffch. 6 × je 2 Dpkn., 1 P., dann 2 Dpkn., zsmz., mit demselben Schffch. noch 2 gleiche R. und stets statt dem 1. P. den Faden an das gegenüberliegende untere P. des fertigen R. anschz. Nach dem letzten P.-R. w., R. nach unten legen, den Faden des 2. Schffch. über die linke Hand schürzen und mit dem 1. Schffch. 10 Dpkn. Dann wiederholt die Ausführung vom Anfang. Statt den 2 P. an dem ersten Bogen schürzt man den Faden den P. des gegenüberliegenden Bogens der fertigen Figur an. Man wiederholt die Musterfiguren so lange, bis die gewünschte Länge er-

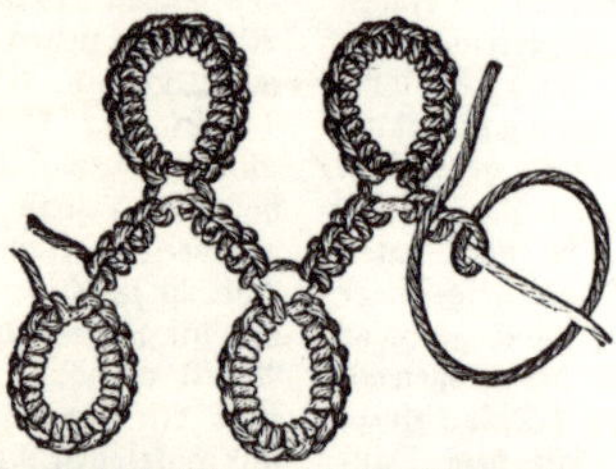

15. Versetzte Ringe mit Verbindungsbogen Die Ringe werden mit einem Schiffchen und die Bogen mit zwei Schiffchen gearbeitet, siehe die hellen und dunklen Fäden

16. Muschenknoten oder Josephinenknoten, gebildet durch halbe Frivolitätenknoten Mit einem Schiffchen ausgeführt

17. Schmale Spitze aus Ringen und Bogen Mit zwei Schiffchen gearbeitet

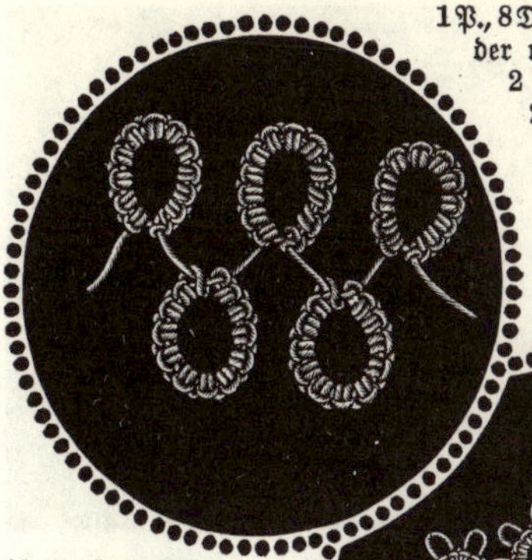

18. Versetzte Ringe mit einem Schiffchen gearbeitet

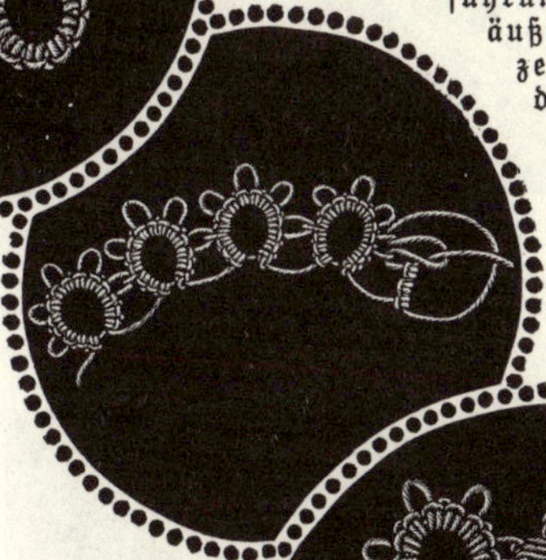

19. Das Aneinanderschürzen der Ringe zur Bildung von Kreisen, siehe Abb. 9

reicht ist. In dieser Vollendung eignet sich das Muster als Randspitze. Für den Fuß der Spitze verbindet man die kleinen Dreiblattfiguren durch Luftmaschen. Für die Bordüre ist die zweite Hälfte in gleicher Weise zu schürzen, wobei man den R. statt dem mittleren P. der mittleren Dreiblattfigur an das mittlere P. des gegenüberliegenden mittleren R. der Dreiblattfigur anschürzt. Zuletzt begrenzt man beiderseits die kurzen Ränder durch Verbindungsbogen, die man an die P. der R.-figuren anschürzt. Man arbeitet mit 2 Schffch. und beginnt mit dem Anschürzen des Fadens am Ansatz des ersten Schrägringes. Dann arbeitet man 8 Dpkn., 1 P., 8 Dpkn., B. an das 4. P. des äußeren R. der nächsten Dreiblattfigur anschz., mit 2 Schffch. 10 Dpkn., B. an das 2. P. des nächsten Außenringes der Dreiblattfigur anschz., mit 2 Schffch. 8 Dpkn., 1 P., 8 Dpkn., B. an das 3. P. des Schrägringes anschz., beide Fadenenden unsichtbar zwischen einer Knüpffigur vernähen. Ausführung der äußeren kurzen Verbindungsreihe. Man

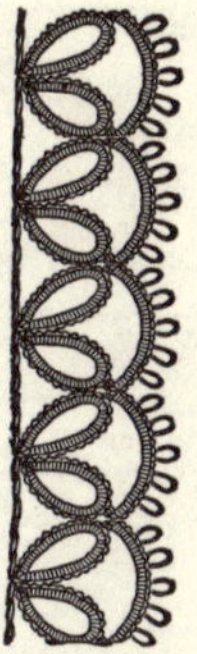

22. Schmale Spitze mit Ringen und Pikot-Bogen. Mit 2 Schiffchen gearbeitet

20. Ausführung einer Rosette, gebildet durch aneinandergeschürzte Ringe

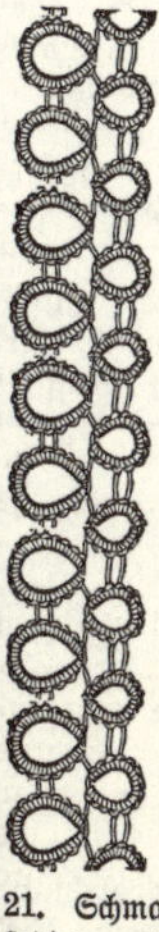

21. Schmaler Einsatz mit versetzten großen und kleinen Ringen. Mit 1 Schiffchen gearbeitet

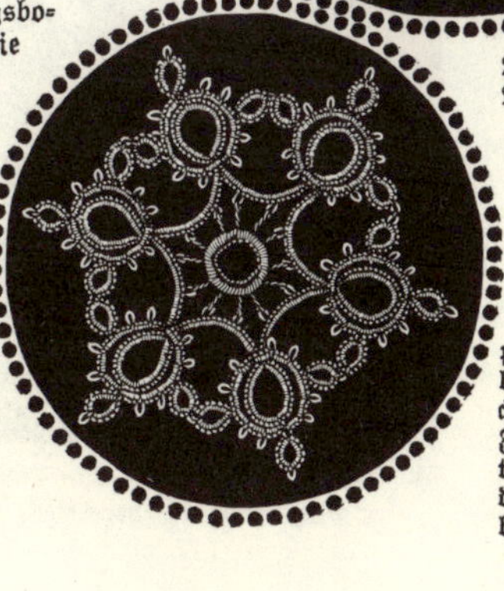

23. Rosette mit Doppelringen und Pikotbogen. Mit 2 Schiffchen gearbeitet. Aus der Zeitschrift „Die Praktische Berlinerin". Modell von Tina Frauberger in Düsseldorf

24. Einsatz mit Pikotringen und Bogen

Mit 2 Schiffchen gearbeitet. Aus der Zeitschrift „Dies Blatt gehört der Hausfrau". Modell von Tina Frauberger, Vorsteherin der Kunststickereischule in Düsseldorf

schürzt mit zwei Schffch. und befestigt den Faden an das 1. P. des großen Bogens, 8 Dpkn., 1 P., 10 Dpkn., B. an das P. des unteren Verbindungsbogens anschürzen, weitergehend mit 2 Schffch.: 7 Dpkn., w., B. nach unten legen mit dem Schürzschiffchen eine Dreiblattfigur arbeiten, mit 2 Schffch. 7 Dpkn., B. an das P. des zweitnächsten unteren Verbindungsbogens anschz., m. 2 Schffch.: 10 Dpkn., 1 P., 8 Dpkn., B. an das P. des großen Bogens der Musterfigur anschürzen. Dann die Fadenenden unsichtbar zwischen der Arbeit vernähen.

Abb. 25. Einsatz mit Pikotringen und Pikotbogen. Mit zwei Schiffchen gearbeitet. Man beginnt mit einem kleinen R. und schürzt mit einem Schffch., das als erstes Schffch. bezeichnet wird, 5 Dpkn., 1 P., 2 × je 2 Dpkn., 1 P., dann 5 Dpkn., zsmz., w., den R. zwischen Daumen und Zeigefinger halten, das zweite Schffch. über die linke Hand schürzen und mit dem 1. Schffch. 3 Dpkn., 1 P., 1 Dpkn., 1 P., 3 Dpkn., w.; den Bogen nach unten legen und mit dem ersten Schffch. den großen R.: 7 Dpkn., 1 P., 2 × je 5 Dpkn., 1 P., 7 Dpkn., zsmz., w., das 2. Schffch. über die linke Hand schürzen und mit dem ersten Schffch. 5 Dpkn., 1 P., 4 × je 1 Dpkn., 1 P., dann 5 Dpkn., w. und mit dem ersten Schffch. die Ausführung des großen R. wieder-

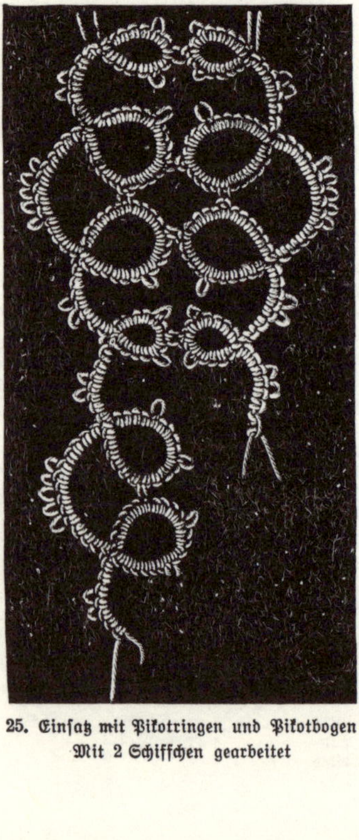

25. Einsatz mit Pikotringen und Pikotbogen
Mit 2 Schiffchen gearbeitet

26. Frivolitätenspitze mit Eckbildung
Muster aus Ringen und Bogen. Mit zwei Schiffchen gearbeitet. Modell von Tina Frauberger, Düsseldorf

holen, wobei man nach Abb. 25 den Schlingenfaden an der ersten Pikotstelle an das gegenüberliegende P. des fertigen großen R. anschürzt, siehe das Anschz. Abb. 9. Nun wiederholt man mit 2 Schffch. die Ausführung des kleinen Verbindungsbogens, dann wird vom Anfang wiederholt, bis die gewünschte Länge erreicht ist. In derselben Weise ist die zweite Hälfte des Einsatzes zu arbeiten, wobei man im Laufe der Arbeit die mittleren P. der kleinen und großen Ringe an die gleichen P. der ersten Hälfte des Einsatzes anschürzt. Nach Belieben kann man eine Hälfte des Einsatzes als Spitze benutzen. Um einen geraden Abschluß resp. den Fuß der Spitze zu bekommen, verbindet man die mittleren P. der Ringfiguren durch eine gehäkelte Luftmaschenkette. Soll der Einsatz zwischen Stoff eingefügt werden, so heftet man die Spitze auf den Stoff und begrenzt die Kontur mit kleinen Vorstichen, wobei man im Laufe der Arbeit die Pikots durch einige Stiche mit dem Stoff verbindet. Hierauf wird die Vorstich-Reihe durch Langettenstiche überstickt. Dann schneidet man den Stoff, knapp den Langetten folgend, fort. Statt des Langettierens kann man auch durch Kordonnierstich die Spitze mit dem Stoff verbinden.

27. Stern in Frivolitäten-Arbeit
Muster aus Ringen und Bogen. Mit 2 Schiffchen gearbeitet. Modell von Tina Frauberger, Düsseldorf

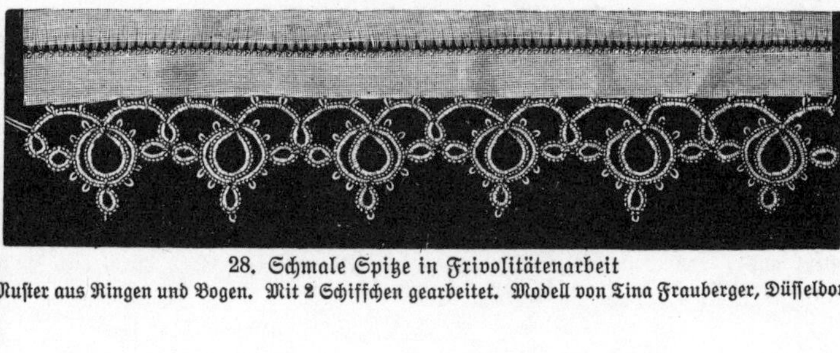

28. Schmale Spitze in Frivolitätenarbeit
Muster aus Ringen und Bogen. Mit 2 Schiffchen gearbeitet. Modell von Tina Frauberger, Düsseldorf

Abb. 26. Frivolitätenspitze mit Eckbildung. Muster aus Ringen und Bogen. Mit 2 Schiffchen gearbeitet. Material: DMC-Häkelgarn Nr. 80. Man knüpft die Fäden der beiden Schffch. zusammen und arbeitet mit einem Schffch. den 1. der drei R. am Fuß der Spitze: 10 Dpkn., 1 P., 5 Dpkn., 1 P., 10 Dpkn., zsmz., R. nach unten legen und mit 2 Schffch.: 5 Dpkn., 1 P., 10 Dpkn., 1 P., 5 Dpkn., w., mit dem Arbeits-Schffch. allein: 10 Dpkn., anschz. an das letzte P. des ersten R., 5 Dpkn., 1 P., 10 Dpkn., zsmz., w. Mit 2 Schffch.: 5 Dpkn., 1 P., 10 Dpkn., 1 P., 5 Dpkn., w. Mit dem Arbeits-Schffch. allein: 10 Dpkn. anschz. an das P. des vorhergehenden R., 5 Dpkn., 1 P., 10 Dpkn., zsmz., w. Mit 2 Schffch.: 15 Dpkn., w., mit dem Arbeits-Schffch. allein: 16 Dpkn., 1 P., 16 Dpkn., zsmz., w., mit 2 Schffch.: ○ 5 Dpkn., mit dem Schlingen-Schffch. allein: 6 Dpkn., anschz. an das P. des vorhergehenden R., 6 Dpkn., zsmz. und vom ○ 2 × wiederholen; hierbei ist der nächste kleine R. dem zuerst gearbeiteten R. anzuschürzen; 2 Dpkn., * das Arbeits-Schffch. anschz. an das P. des Mittelringes. Mit dem Schlingen-Schffch. allein: 8 Dpkn., 1 P., 8 Dpkn., zsmz., dann zurückarbeiten vom * bis zum ○, anschz. an die Mitte, 15 Dpkn., anschz. und vom Anfang fortgesetzt wiederholen. Die Eckbildung arbeitet man im Anschluß an den vollendeten Doppelstiel nach den 15 Dpkn. wie folgt: w., 2 Dpkn., w., 12 Dpkn., w., mit dem Arbeits-Schffch.: 16 Dpkn., 1 P., 16 Dpkn., zsmz., w., mit 2 Schffch.: + 5 Dpkn., mit dem Schlingen-Schffch. 6 Dpkn., 1 P., 6 Dpkn., zsmz. und vom + 3× wiederholen. Der zweite kleine R. ist hierbei dem letzten kleinen R. der vorhergehenden Rosettenfigur anzuschürzen. Mit 2 Schffch.: 3 Dpkn., ++ den Arbeitsfaden anschz. an das P. des inneren R., mit dem Schlingen-Schffch.: 8 Dpkn., 1 P., 8 Dpkn., zsmz. und zurückgehend vom ++ bis + arbeiten, anschz. an die Mitte, 12 Dpkn., anschz. an die Drehung der Fäden, w., 2 Dpkn., w., und mit dem Stiel für die nächste Rosette beginnen. In der Mitte der Längsseite, wo die Rosetten zueinanderstehen, sind am Fuß der Spitze statt 3 R., 5 R. auszuführen. Zwischen den 2. und 3. R. und dem 3. und 4. R. sind je 10 Dpkn. zu arbeiten; der 3. R. besteht aus 7 Dpkn., anschz. an den vorhergehenden R., 5 Dpkn., anschz. an den zweiten kleinen R. der Rosette, 2×5 Dpkn., 1 P., 7 Dpkn., zsmz. Der zweite kleine R. der nächsten Rosette wird dem mittleren R. und der dritte kleine R. dem dritten R. der gegenüberstehenden Rosette angeschürzt, wodurch die Mitte gebildet ist.

Abb. 27. Karo. Mit 2 Schiffchen gearbeitet. Material: DMC-Häkelgarn Nr. 80. Man knüpft zunächst die Fäden der beiden Schiffchen zusammen und beginnt mit einem Schffch. die Ausführung des mittleren R. an einem dreiteiligen R.: 12 Dpkn., 1 P., 12 Dpkn., zsmz., w., R. nach unten legen, mit 2 Schffch.: 16 Dpkn., anschz. an das P. des R., 1 P., 16 Dpkn., anschz. an den R., w., * mit 2 Schffch.: 7 Dpkn., Arbeits-Schffch. hängen lassen, mit einem Schffch: 3 × je 4 Dpkn., 1 P., 4 Dpkn., zsmz., und vom * einmal wiederholen, mit 2 Schffch.: 6 Dpkn., mit einem Schffch.: 3 × je 5 Dpkn., 1 P., 5 Dpkn., zsmz., mit 2 Schffch. 2 Dpkn., ○ den Arbeitsfaden anschz. an das P. des vorhergehenden großen B. und zurückgehend von ○ bis * arbeiten, wobei der dritte R. dem vierten R. angeschürzt wird; zuletzt den Faden der fertigen Rosette anschz., w. und die Figur nach unten legen. Mit 2 Schffch.: ** 7 Dpkn., 1 P., 7 Dpkn., mit dem Schlingen-Schffch.: 6 Dpkn., 1 P., 6 Dpkn., zsmz., w. Mit dem Arbeits-Schffch. ist ein gleicher R. auszuführen: Man schürzt 6 Dpkn., schlingt den Faden an das seitliche P. des letzten Rosettenringes an, schürzt 6 Dpkn. und zieht den R. zusammen, wendet und wiederholt einmal vom **. Nun mit 2 Schffch.: 7 Dpkn., *** Arbeitsfaden hängen lassen und mit dem Schlingen-Schffch. 3 × je 5 Dpkn., 1 P., 5 Dpkn., zsmz., w., mit 2 Schffch.: 14 Dpkn., mit dem Schlingen-Schffch.: 6 Dpkn., anschz. an das mittlere P. des letzten kleinen Rosettenringes, 6 Dpkn., zsmz., noch einen gleichen R. schürzen, bestehend aus 6 Dpkn., 1 P., 6 Dpkn., zsmz., mit 2 Schffch.: 14 Dpkn., anschz., w. und zurückgehend vom *** bis ** wiederholen; dann vom * am Anfang wiederholen und nun den vollständigen Mustersatz 3 × wiederholen. Hierbei sind die mittleren P. der ersten kleinen Rosettenringe dem gegenüberliegenden P. der vorhergehenden Figur anzuschürzen. Zum Inkrustieren des Karos behäkelt man den Rand durch eine Luftmaschenkette.

29. Rosette in Frivolitätenarbeit. Muster aus Ringen und Bogen. Mit 2 Schiffchen gearbeitet

30. Einsatz. Frivolitätenarbeit in Verbindung mit Spitzenstichen. Modell von Tina Frauberger, Düsseldorf

Abb. 28. Schmale Spitze. Mit 2 Schiffchen herstellbar. Material: Weißes Häkelgarn Nr. 70. Man beginnt mit einem kleinen R., den man mit einem Schffch. schürzt. * 6 Dpkn., 1 P., 6 Dpkn., zsmz., R., nach unten legen, Faden über die linke Hand schürzen, dann mit 2 Schffch. arbeiten und das 2. Schffch. als Arbeitsschffch. benutzen. ** 6 Dpkn., 1 P., 7 Dpkn., 1 P., 6 Dpkn., *** w., B. nach unten legen, dann mit dem Arbeits-Schffch., allein: 17 Dpkn., 1 P., 17 Dpkn., zsmz., w., R. nach unten legen. Mit 2 Schffch. schürzen und das erste Schffch. als Arbeitsschffch. benutzen. Man schürzt rechts vom R. + 2 × je 4 Dpkn., 1 P., dann 4 Dpkn., ++ Arbeitsschffch. hängen lassen und mit dem Schlingen-Schffch. arbeiten. 7 Dpkn., anschz. an den 1. R., 7 Dpkn., zsmz. Im Anschluß mit 2 Schffch. vom + bis ++ wiederholen. Dann den Arbeitsfaden dem P. des großen R. anschz. und mit dem Schlingen-Schffch.: 7 Dpkn., 1 P., 7 Dpkn., zsmz. Im Anschluß mit zwei Schffch. zweimal je 4 Dpkn., 1 P., dann 4 Dpkn., hierauf mit dem Schlingen-Schffch. 7 Dpkn., 1 P., 7 Dpkn., zsmz. Nun mit zwei Schffch. vom + bis ++ wiederholen, zuletzt w., den Schürzfaden dem losen Faden des ersten Knotens am Ansatz des mittleren R. anschz. Dann mit zwei Schffch. den P.-B. von ** bis *** einmal wiederholen, w., B. nach unten legen und vom * am Anfang fortgesetzt wiederholen, wobei man nach Abb. 28 den kleinen mittleren R. zwischen den großen B. und den linksseitlichen kleinen R. an der Pikotstelle an das P. des rechts liegenden kleinen R. anschürzt. An der Vorlage ist die fertige Spitze unsichtbar an den Rand eines Hohlsaumes befestigt. Man benutzt die Pikots zum Annähen.

Abb. 29. Rosette. Mit 2 Schffch. ausgeführt. Material: Weißes Häkelgarn Nr. 70. Man beginnt mit der mittleren sechsteiligen Rosette und arbeitet mit einem Schffch. * 8 Dpkn., 1 P., 3 Dpkn., 1 P., 2 × je 2 Dpkn., 1 P., 3 Dpkn., 1 P., 8 Dpkn., zsmz., 5 × vom * wiederholen und den Faden stets statt dem 1. P. an das letzte P. des fertigen R. anschz., bei dem letzten R. auch statt dem letzten P. den Faden an das 1. P. des 1. R. anschürzen. Nach vollendeter Rosette die Fadenenden unsichtbar zwischen den Knoten vernähen. Die Begrenzungsreihe wird mit zwei Schffch. geschürzt. Man beginnt mit einem Schffch. die Dreiblattfigur. 6 Dpkn., 1 P., 3 Dpkn., 1 P., 3 Dpkn., zsmz. — Dann für den mittleren R.: 3 Dpkn., Faden an das 2. P. des kl. R. anschz., 6 Dpkn., Faden an ein seitliches P. einer R.-Figur der fertigen Rosette anschz., 6 Dpkn., 1 P., 3 Dpkn., zsmz. — 3 Dpkn., Faden an das letzte P. des letzten R. anschz., 3 Dpkn., 1 P., 6 Dpkn., zsmz., w. Nun mit zwei Schffch. den Verbindungsb.: 3 Dpkn., 1 P., 6 × je 2 Dpkn., 1 P., zuletzt 3 Dpkn., w. Nun wiederholen elf Dreiblattfiguren, getrennt durch elf Verbindungsbogen. Man schürzt im Laufe der Arbeit die R.-Figuren nach Abb. 29 mit den P. der seitlichen Figuren zusammen und vernäht die Fadenenden unsichtbar zwischen den Verbindungsbogen.

Abb. 30. Einsatz. Material: Weißes DMC-Häkelgarn Nr. 80. Zwei Schiffchen. Das ausdrucksvolle Muster wird in zwei Längsreihen ausgeführt. Im Laufe der zweiten Längsreihe hat man die Teile an den P. miteinander zu verbinden. Man beginnt mit 1 Schffch. und schürzt den mittleren R. einer dreiteiligen R.-Figur. * 12 Dpkn., 1 P., 12 Dpkn., zsmz., w., R. nach unten legen, mit 2 Schffch. rechts vom R. 16 Dpkn., den Faden an das P. des fertigen R. anschz., 1 P., 16 Dpkn. an die Mitte anschz., w. Nun rechts vom Doppelring mit ** 2 Schffch., 2 × 4 Dpkn., 1 P., dann 4 Dpkn. Im Anschluß mit dem Schlingen-Schffch. 7 Dpkn., 1 P., 7 Dpkn., zsmz., weitergehend mit 2 Schffch. 2 × je 4 Dpkn., 1 P., dann 4 Dpkn., *** den Arbeitsfaden anschz. an das P. des R., mit 1 Schffch. 7 Dpkn., 1 P., 7 Dpkn., zsmz., weitergehend mit 2 Schffch. vom * bis *** wiederholen, zuletzt den Faden am Ansatz des R. anschz., w. Mit 2 Schffch. 2 × je 7 Dpkn., 1 P., dann 7 Dpkn., w., mit 1 Schffch. 7 Dpkn., an das P. des kleinen R. der letzten Figur anschz., 7 Dpkn., zsmz., w. und den R. nach unten legen. Nun den B. zurück arbeiten bis zur dreiteiligen Figur, w., und vom * wiederholen. Beim Arbeiten des äußeren B. der dreiteiligen R.-Figur schließt man den 3. kleinen freistehenden R. an dasselbe P. an, das die beiden vorhergehenden kleinen R. zusammenhält, wodurch die kleine Kleeblattfigur gebildet wird. In gleicher Weise arbeitet man die andere Seite des Einsatzes und schürzt die Teile nach Abb. 30 zusammen. Zuletzt werden die Spinnen mit feinem Garn eingenäht.

Abb. 31. Spitze. Mit 2 Schffch. ausgeführt. Material: Häkelgarn Nr. 90. Man beginnt mit der mittleren R.-Figur, die man mit einem Schffch. schürzt. 15 Dpkn., 1 P., 15 Dpkn., zsmz., den fertigen R. mit dem P. nach unten legen, mit dem Daumen und Zeigefinger der linken Hand festhalten, den Faden um die linke Hand schürzen und mit dem zweiten Schffch. * 8 Dpkn., 1 P., 6 Dpkn., 1 P., 10 Dpkn. ** den Faden des Arbeits-Schffch. an das P. des R. anschz., dann mit dem Schlingen-Schffch. 7 Dpkn., 1 P., 7 Dpkn., zsmz., weitergehend mit beiden Schffch. vom ** bis * zurückgehend wiederholen. Nun dreht man die Arbeit so, daß der kleine lose R. unten liegt, schürzt den B. dem Ansatzfaden des ersten B. an und arbeitet im Anschluß mit zwei Schffch. 2 × je 9 Dpkn., 1 P., dann 5 Dpkn., 1 P., 5 Dpkn., w., + mit dem Schffch. des Einlagefadens viermal je 2 Dpkn., 1 P., dann 2 Dpkn., die Fadenschlinge mit 1 P. des B. der fertigen Figur anschz., 2 × je 2 Dpkn., 1 P., dann 2 Dpkn., zsmz., w., R. nach unten legen, weitergeh. mit 2 Schffch. 5 Dpkn., 1 P., 5 Dpkn., w., mit 1 Schffch. 2 × je 2 Dpkn., 1 P., dann 2 Dpkn., an das lose P. des B. der fertigen Figur anschz., 4 × je 2 Dpkn., 1 P., dann 2 Dpkn., zsmz., w., R. nach unten legen, mit 2 Schffch. 5 Dpkn., O w., mit 1 Schffch. 7 × je 2 Dpkn., 1 P., dann 2 Dpkn., zsmz., w., R. nach unten legen und vom O bis + zurückgehend die gleichen Figuren schürzen, mit dem Unterschied, daß man die R. mit 7 P. frei arbeitet und den Faden statt dem mittleren P. des großen mittleren B. an das P. des fertigen B. anschürzt. Nach dem letzten P.-R. folgen mit zwei Schffch. 5 Dpkn., die man an das 1. P. des großen B. anschürzt, dann 5 Dpkn., 1 P., 9 Dpkn., 1 P., 9 Dpkn., worauf man vom Anfang fortgesetzt wiederholt. Die fertige Spitze ist mit den P. unsichtbar dem Rande eines Hohlsaumes anzunähen.

Abb. 32. Breitere Frivolitätenspitze. Mit 2 Schffch. gearbeitet. Material: DMC-Häkelgarn Nr. 60. Man beginnt am Fuße der Spitze mit einem B., knüpft die Fäden der beiden Schffch. zusammen und arbeitet: 3 × 8 Dpkn., 1 P., 8 Dpkn., w., den Arbeitsfaden, nun als Schlingenfaden, über die linke Hand schürzen, 4 Dpkn., 1 P., 4 Dpkn., den Arbeitsfaden hängen lassen, mit einem Schffch. einen kleinen R., 3 Dpkn., anschz. an den Anfang des ersten Bogens, 2 × 3 Dpkn., 1 P., 3 Dpkn., zsmz., mit 2 Schffch.: 4 Dpkn., 1 P., 4 Dpkn., mit einem Schffch. den Mittelring arbeiten, bestehend aus: 9 Dpkn., 1 P., 9 Dpkn., zsmz., w., und mit 2 Schffch. den Pikotbogen um den Mittelring schürzen; hierbei bleibt der Arbeitsfaden der gleiche wie beim R., 2 × Dpkn., 1 P., 2 Dpkn. anschz. an die Drehung der zuerst gearbeiteten B., 2 × 2 Dpkn., 1 P., 2 Dpkn., den Arbeitsfaden anschz. an das P. des Mittelringes, 1 P., 5 × 2 Dpkn., 1 P.,

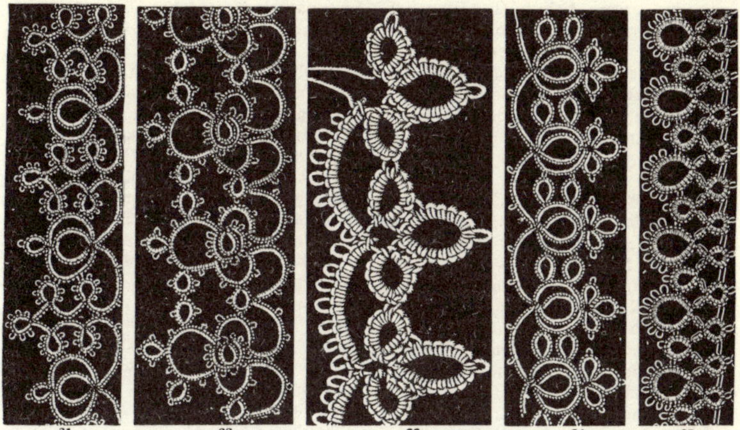

31 32 33 34 35

31, 32 u. 34. Drei feine Frivolitätenspitzen. Mit 2 Schiffchen gearbeitet. Aus der Zeitschrift „Dies Blatt gehört der Hausfrau". Modelle von Tina Frauberger, Düsseldorf

33. Frivolitätenspitze. Mit gröberem Faden und 2 Schiffchen. Muster aus Ringen und Bogen

35. Frivolitätenspitze. Muster mit versetzten kleinen und großen Ringen in Verbindung mit Muschenknoten (Josephinenknoten). Siehe die Ausführung des Josephinenknotens Abb. 16 Modell von Tina Frauberger, Düsseldorf

2 Dpkn., anschz. an die Mitte, w. Nun arbeitet man den großen Mittelbogen mit 2 Schffch. * 4 Dpkn., 1 P., 4 Dpkn., mit 1 Schffch. 3 × 3 Dpkn., 1 P., 3 Dpkn., zsmz., und vom * 2 × wiederholen. Zum Schluß 4 Dpkn., 1 P., 4 Dpkn., Arbeits-Schffch. anschz. an das 4. P., des Mittelr., 4 Dpkn., 1 P., 4 Dpkn., mit einem Schffch., 1 kleinen R. (bestehend aus dreimal 3 Dpkn., 1 P., 3 Dpkn., zsmz.), mit zwei Schffch. 4 Dpkn., 1 P., 4 Dpkn. anschz. an das dritte folgende P. des Mittelringes, w., 8 Dpkn., anschz. an das gegenüberliegende P. des 1. Bg., 2 × 8 Dpkn., 1 P, 8 Dpkn., anschz. an das untere P. des letzten kleinen R., und vom Anfang wiederholen, mit dem Unterschied, daß

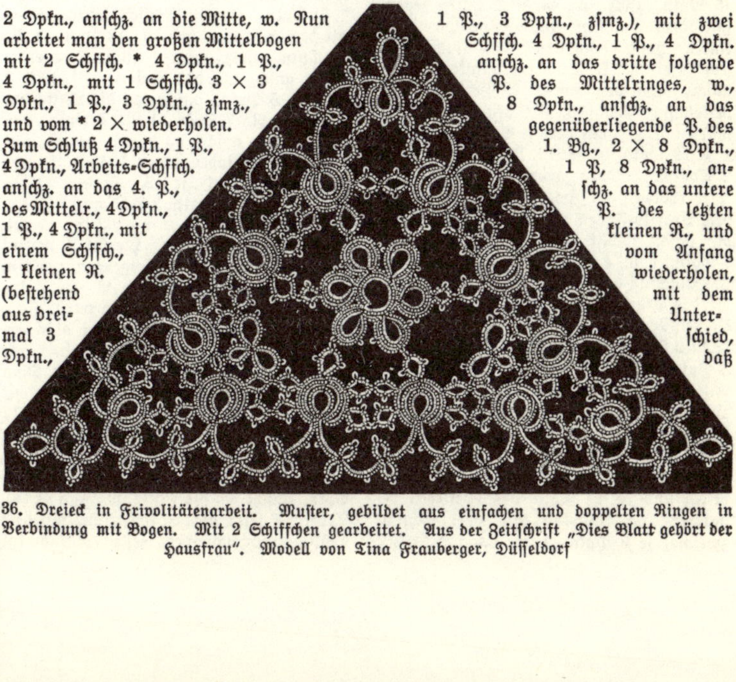

36. Dreieck in Frivolitätenarbeit. Muster, gebildet aus einfachen und doppelten Ringen in Verbindung mit Bogen. Mit 2 Schiffchen gearbeitet. Aus der Zeitschrift „Dies Blatt gehört der Hausfrau". Modell von Tina Frauberger, Düsseldorf

man am ersten kleinen B. keinen R. arbeitet, sondern den B. direkt an den kleinen R. der vorhergehenden fertigen Figur anschzt. Außerdem wird der erste R. des großen Mittelbogens dem gegenüberliegenden kleinen R. der vorhergehenden Figur angeschürzt.

Abb. 33. Spitze. Mit 2 Schffch. gearbeitet. Material: Weißes Häkelgarn Nr. 70. Man beginnt mit der Dreiblattfigur und einem Schffch.: * 6 Dpkn., 1 P., 3 Dpkn., 1 P., 3 Dpkn., zsmz. — Dann für den mittleren R.: 3 Dpkn., Faden an das 2. P. des kleinen R. anschz.; 2×6 Dpkn., 1 P., 3 Dpkn., zsmz. — 3 Dpkn., Faden an das letzte P. des letzten R. anschz., 3 Dpkn., 1 P., 6 Dpkn., zsmz., w. Nun schürzt man mit 2 Schffch. den Verbindungsbogen wie folgt: siebenmal je 2 Dpkn., 1 P., zuletzt 2 Dpkn., w., und vom * wiederholen, wobei im Laufe der Arbeit die kleinen R. zusammen geschürzt werden.

Abb. 34. Breitere Frivolitätenspitze. Mit zwei Schiffchen herstellbar. Material: Weißes Häkelgarn Nr. 70. Man beginnt mit einem Schffch. und schürzt den eingeschobenen Mittelr.: 15 Dpkn., 1 P., 15 Dpkn., zsmz., w., R. nach unten legen, mit dem Daumen und Zeigefinger der linken Hand festhalten, den Faden an den kleinen Finger der linken Hand anschz. und das zweite Schffch. als Arbeitsschffch. benutzen, 6 Dpkn., 2. Schffch. fallen lassen. * mit dem 1. Schffch. 9 Dpkn., 1 P., 9 Dpkn., zsmz. ** Im Anschluß mit 2 Schffch. 8 Dpkn., vom * bis ** einmal wiederholen, mit zwei Schffch. 7 Dpkn., den Arbeits-Faden an das P. des großen R. anschz. Mit dem Schlingen-Schffch. 7 Dpkn., 1 P., 4 Dpkn., 1 P., 3 Dpkn., zsmz. Im Anschluß mit demselben Schffch. 3 Dpkn. an das gegenüberliegende P. des fertigen kleinen R. anschz., zweimal je 6 Dpkn., 1 P., dann 3 Dpkn., zsmz. Mit demselben Schffch. 3 Dpkn., an das gegenüberliegende P. des mittleren R. anschz., 4 Dpkn., 1 P., 7 Dpkn., zsmz., Faden um den kleinen Finger der linken Hand schürzen und mit zwei Schffch. 7 Dpkn., 1 P., 8 Dpkn., 1 P., 6 Dpkn., zuletzt den äußeren Faden zwischen dem ersten und letzten Dpkn. des mittleren R. anschz. Im Anschluß mit zwei Schffch. zweimal je 9 Dpkn., 1 P., dann 9 Dpkn., w. und vom Anfang das Muster fortgesetzt wiederholen.

Abb. 35. Frivolitäten-Spitze. Muster mit versetzten kleinen und großen Ringen in Verbindung mit Muschenknoten (Josefinenknoten). Mit einem Schiffchen gearbeitet. Material: DMC-Häkelgarn Nr. 50. Man beginnt mit einem kleinen R. wie folgt: * 4 Dpkn., 1 P., zweimal 2 Dpkn., 1 P., 4 Dpkn., zsmz., 4 h. Dpkn., zsmz., + 5 Dpkn., 1 P., zweimal 3 Dpkn., 1 P., 5 Dpkn., zsmz., w., R. nach unten legen, 4 h. Dpkn., zsmz., vom * bis + wiederholen, wobei der untere R. mit dem ersten P. an das dritte P. des vorhergehenden R. angeschürzt wird. Dann arbeitet man einen großen R. aus: 5 Dpkn., anschz. an das letzte P. des vorhergehenden R., 3 Dpkn., 1 P., sechsmal 2 Dpkn., 1 P., 3 Dpkn., 1 P., 5 Dpkn., zsmz., noch einmal 4 h. Dpkn., zsmz. und vom * wiederholen.

Abb. 36. Dreieck. Mit 2 Schiffchen gearbeitet. Material: DMC-Häkelgarn Nr. 80. Das aus zierlichen Ranken und Rosetten zusammengesetzte Muster wird in 4 Gängen gearbeitet. Man knüpft die Fäden der beiden Schffch. zusammen und beginnt mit 2 Schffch. die mittlere Rosette: * 6 Dpkn., Arbeits-Schffch fallen lassen, mit dem Schlingen-Schffch.: 12 Dpkn., 1 P., 12 Dpkn., zsmz., vom * fünfmal wiederholen, anschz. an den Anfang. ** Mit 2 Schffch.: 5 Dpkn., anschz. an die Mitte des folgenden R., 7 Dpkn., 1 P., 7 Dpkn., den Arbeitsfaden anschz. an das P. des R., mit dem Schlingenfaden einen kleinen Außenring von 3 × je 3 Dpkn., 1 P., 3 Dpkn., zsmz., mit 2 Schffch.: 7 Dpkn., 1 P., 7 Dpkn., anschz. an die Mitte und von ** fünfmal wiederholen. Hierbei ist darauf zu achten, daß bei dem folgenden zweiten, dritten, fünften und sechsten R. der kleine Außenring durch ein P. ersetzt wird. Zum Schluß die Fäden verknüpfen und abschneiden. Der nächste Arbeitsgang beginnt mit einer der 10 dreiteiligen Stielrosetten. Man knüpft 2 Fäden zusammen und arbeitet mit einem Schffch. den inneren R. von 12 Dpkn., 1 P., 12 Dpkn., zsmz., w., R. nach unten legen, mit 2 Schffch.: 17 Dpkn., Arbeitsfaden an das P. des R. anschließen, 1 P., 17 Dpkn., anschz. an die Mitte, w., + 8 Dpkn., Arbeits-Schffch. hängen lassen und mit dem Schlingen-Schffch. den ersten R.: drei×

4 Dpkn., 1 P., 4 Dpkn., zsmz., mit 2 Schffch.: 7 Dpkn., mit einem Schffch.: den zweiten R., mit 2 Schffch.: 8 Dpkn., den Arbeitsfaden anschz. an das P. des vorhergehenden B. + + und mit dem Schlg.-Schffch. den dritten R. schürzen, der je nach dem Muster größer oder kleiner zu arbeiten ist oder auch nur durch ein P. ersetzt wird. Die größeren R., die an die doppelte Mittelblüte anschließen, arbeitet man aus 6 Dpkn., 1 P., 5 Dpkn., anschz. an einen doppelten R. der Mitte, 5 Dpkn., 1 P., 6 Dpkn., zsmz. Für die kleinen R. an den beiden spitzen Ecken schürzt man: 5 Dpkn., 1 P., 2 Dpkn., 1 P., 3 Dpkn. zsm. Nun vom + + bis + zurückarbeiten, w. Das Aneinanderschürzen der kleinen Rosettenringe untereinander und an den Ecken ist an der Darstellung, Abb. 36, ersichtlich. Die zierlichen Außenranken, die die Rosetten verbinden, sind alle in gleicher Art auszuführen. Man beginnt wie folgt: Die fertigen Rosetten nach unten legen, und mit 2 Schffch. weiter arbeiten *** 8 Dpkn., 1 P., 8 Dpkn., mit dem Schlingen-Schffch.: einen R. von 6 Dpkn., 1 P., 6 Dpkn., zsmz., w., mit dem Arbeits-Schffch.: einen gleichen R., w., und von *** einmal wiederholen. Zum Schluß mit 2 Schffch.: 8 Dpkn., 1 P., 8 Dpkn., w., und eine neue Rosette beginnen.

Die kleinere Rosette je an den Ecken arbeitet man wie folgt: ○ mit einem Schffch. 12 Dpkn., 1 P., 12 Dpkn., zsmz., w., mit 2 Schffch.: 12 Dpkn., mit einem Schffch.: dreimal 4 Dpkn., 1 P., 4 Dpkn., zsmz., mit 2 Schffch.: 5 Dpkn., ○○ anschz. an das P. des R., 1 P. und vom ○○ zurückgehend bis ○ arbeiten. — Nach vollendetem Arbeitsgang Faden verknüpfen und abschneiden.

An den beiden spitzen Ecken nach der Mitte zu werden je 3 kleine R. eingearbeitet und den Rosetten angeschürzt. Man arbeitet mit einem Schffch.: 10 Dpkn., 1 P., 4 Dpkn., anschz. an 2 kleine Rosettenringe, 10 Dpkn., zsmz., 4 Dpkn., 1 P., 4 Dpkn., anschz. an den kleinen Rosettenring, 4 Dpkn., 1 P., 4 Dpkn., zsmz., 10 Dpkn., anschz. an 2 R., 4 Dpkn., 1 P., 10 Dpkn., zsmz., Fäden verknüpfen und abschneiden. An der stumpfen Ecke wird gleich im Anschluß an die kleinere Rosette ein R. gearbeitet: 2 × 6 Dpkn., 1 P., 2 × 3 Dpkn., 1 P., 6 Dpkn., 1 P., 6 Dpkn., zsmz. Um die beiden spitzen Ecken ausführen zu können, muß man jedesmal extra die Fäden anlegen. Man knüpft die Fäden von beiden Schffch. an das letzte P. vor der Rosette an und arbeitet mit 2 Schffch.: *** 8 Dpkn., mit jedem Schffch. je einen kleinen R. von 6 Dpkn., 1 P., 6 Dpkn., zsmz., mit 2 Schffch.: 10 Dpkn., ** mit dem Schlingen-Schffch. den größeren R.: 3× je 6 Dpkn., 1 P., 6 Dpkn., zsmz. und zurückgehend vom ** bis *** arbeiten.

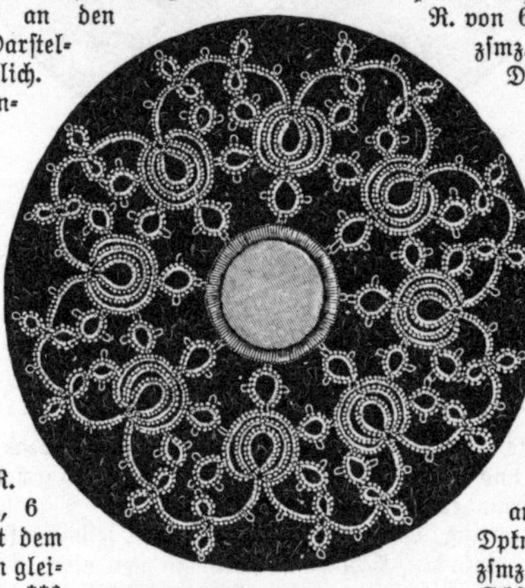

37. Kranzfigur in Frivolitätenarbeit. Mit 2 Schiffchen gearbeitet. Muster geeignet zur Inkrustation in Stoff. Modell v. Tina Frauberger, Düsseldorf

37. Kranzfigur. Mit 2 Schffch. gearbeitet. Material: DMC-Häkelgarn Nr. 80. Man beginnt mit 1 Schffch. an einem 3teil. R.: 12 Dpkn., 1 P., 12 Dpkn., zsmz., w., und mit 2 Schffch.: 17 Dpkn., anschz. an das P. des 1. R., 1 P., 17 Dpkn., anschz. an die Mitte, w., 7 Dpkn., mit 1 Schffch. ** 3 × 4 Dpkn., 1 P., 4 Dpkn., zsmz., mit 2 Schffch.: 8 Dpkn., und vom ** 1 × wiederh., dann 8 Dpkn., den Arb.-Faden anschz. an das P. des R., mit dem Schlg.-Schffch. 3 × 5 Dpkn., 1 P, 5 Dpkn., zsmz., mit 2 Schffch.: 8 Dpkn., 1 P., 7 Dpkn.; mit dem Schlg.-Schffch. 3 × 4 Dpkn., 1 P., 4 Dpkn., zsmz.; mit 2 Schffch., 8 Dpkn., anschz. an die Mitte, w., R. nach unten legen und mit 2 Schffch.: + 7 Dpkn., 1 P., 7 Dpkn.; mit jedem der 2 Schffch.: 6 Dpkn., 1 P., 6 Dpkn., zsmz., und vom + 1 × wiederholen, dann 7 Dpkn., 1 P., 7 Dpkn. und vom Anfang 7 × wiederholen.

Die Klöppelarbeit

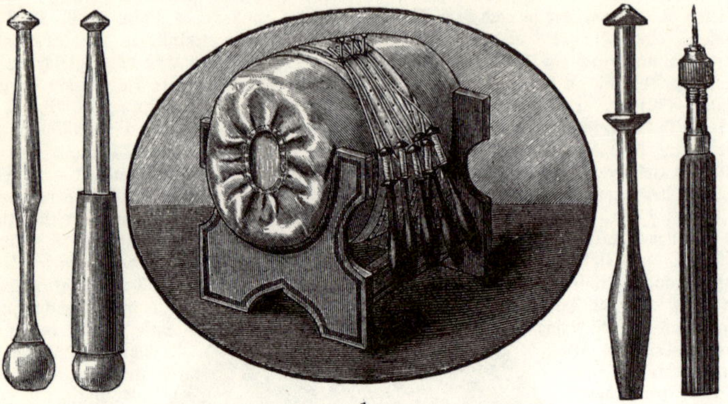

1—5. Geräte für die Klöppelarbeit

1. Längliches Klöppelkissen im Untersatz. 2. Klöppel ohne Hülse (unten zu bewickeln) Siehe den Klöppel mit Hülse Abb. 3. 4. Klöppel (oben zu bewickeln). 5. Stecher (Pikiernadel)

Die Klöppelspitze, die Italien ihre Heimat nennt, und die dort schon im 14. und 15. Jahrhundert geübt wurde, erfordert in der Erlernung der Technik, Geduld. Da man mit einfachen Schlägen, wie man das Drehen der Klöppel nennt, beginnt, so ist die Technik am Anfang nicht zu mühsam. Die vollendete Form, wie man jetzt die Spitze kennt, gab es allerdings im Anfange nicht; sie bestand hauptsächlich aus geflochtenen Paaren, und aus jener Zeit sind fast nur Flechtspitzen überliefert. Im Laufe der Zeit wanderte diese Spitzenkunst über Frankreich, Belgien und Holland auch nach Deutschland, und es soll Barbara Uttmann die Technik dort eingeführt haben. Es gibt sehr viele Arten von Klöppelspitzen, meist nach den Gegenden benannt, in denen sie angefertigt werden. Um diese nun alle in ihrer besonderen Art und Schönheit begreifen zu können, ist es notwendig, die Herstellung kennen zu lernen.

Als Arbeitsgeräte braucht man ein Kissen Abb. 1 und Klöppel Abb. 2. Es gibt verschiedene Arten Kissen und Klöppel. Im allgemeinen ist das längliche Kissen üblich. Man kann sich das Klöppelkissen leicht selbst herstellen. Für den Bezug braucht man einen 50 cm breiten, 60 cm langen Streifen graues Leinen; 1¼ kg trockene Kleie dient als Füllung, dazu kommen noch zwei, etwa 18—20 cm im Durchmesser betragende, kreisrunde Pappeplatten, die an den Enden vor dem Schließen des Bezugs eingeschoben werden, um das Durchsickern der Kleie zu verhüten. Für den Bezug versieht man die kurzen Schnittränder mit einem etwa 1½ cm breiten Zugsaum. Dann werden die Längsränder, von Saum zu Saum treffend, durch verstürzte Naht geschlossen. Nun leitet man durch einen Zugsaum eine mittelstarke Schnur (Hanf- oder Baumwollschnur), zieht diese fest zusammen und verknotet die Enden, wodurch sich der Bezug schließt. Den Sack stellt man, mit der geschlossenen Seite nach unten, auf eine Tischplatte, legt eine Pappscheibe auf die geschlossene Innen-

Die Spitzenklöpplerin
Nach einem Gemälde von van der Meer

seite und füllt den Sack mit Kleie. Diese muß während des Füllens fest eingestampft werden. Zuletzt legt man wieder eine Pappscheibe auf, leitet wieder eine Zugschnur durch den Saum und schließt den Bezug in der angegebenen Weise. — Beim Arbeiten liegt das Kissen auf einem *Untersatz*, siehe Abb. 1. Die Klöppel sind aus Holz, und zwar gibt es solche mit und ohne Hülsen. Der Klöppel ohne Hülse wird oben bewickelt, also an der Stelle, die man beim Arbeiten nicht in der Hand hat. Der Klöppel mit Hülse wird dort bewickelt, wo die Hülse zum Schutze für den Faden sitzt, sagen wir „unten". Beim Bewickeln nimmt man den Teil, der frei bleibt, in die linke Hand, legt den Faden unten an und wickelt ihn von links nach rechts auf. Um das Abrollen des Fadens beim Klöppeln zu verhindern, muß man eine Schlinge machen. Nach Abb. 7 nimmt man den Klöppel in die rechte Hand, faßt das Ende des Fadens mit dem Daumen und Zeigefinger der rechten Hand und legt in die dadurch entstandene Schlinge die drei Mittelfinger der linken Hand, macht mit dieser eine Drehung nach rechts, schiebt den Kopf des Klöppels durch die Schlinge und zieht diese fest. Um das Aufwickeln zu erleichtern, bedient man sich einer *Wickelmaschine*, Abb. 6. Bei dem Klöppel mit Hülse wird nach dem Aufspulen des Fadens zum Schluß die Hülse übergeschoben. — Um eine Spitze arbeiten zu können, muß man einen *Klöppelbrief* haben; diesen bildet ein Streifen steifes Papier, der in der Länge dem Kissen und in der Breite dem Spitzenmuster entspricht. Kleine, mit dem Stecher, Abb. 5, gemachte Löcher bezeichnen die Stellen, wohin die Stecknadeln kommen, die der Klöppelspitze den Halt und die Form geben. Um Anfängern das Erlernen der Technik zu erleichtern, versehen wir die Klöppelbriefe mit Zahlen, die die Reihenfolge der Schläge bezeichnen, die für einen Mustersatz erforderlich sind. Als Arbeitsmaterial verwendet man Leinenzwirn, Seide oder Metallgespinst, je nach dem Zwecke, dem die Spitze dienen soll. Die Fadenstärke richtet sich nach dem Muster und dem Klöppelbriefe; man arbeitet z. B. ein feines Muster nicht mit grobem Material und umgekehrt. Das Verschlingen, Drehen und Kreuzen der Klöppelpaare untereinander nennt man „*Schlag*", infolgedessen entstanden die einzelnen technischen Benennungen, wie Leinenschlag, Halbschlag usw. Drehen und Kreuzen geschieht meistens mit beiden Händen gleichzeitig. —

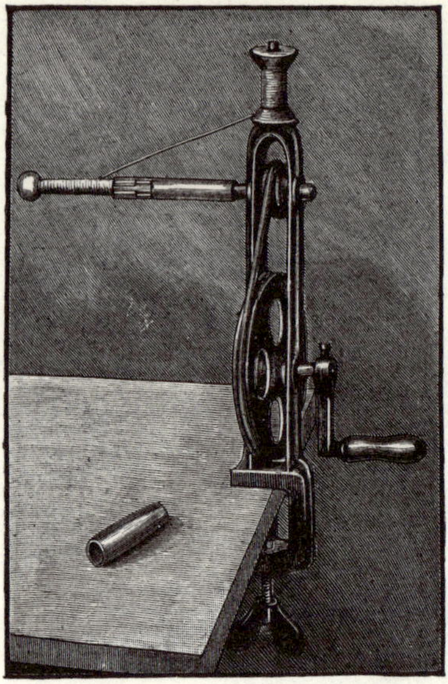

6. Wickelmaschine zum Aufspulen des Fadens auf den Klöppel

Lernen wir zuerst den

einfachen Löcherschlag

Hier verweisen wir auf die am Beginn der Seite 191 vermerkten Abkürzungen. Außerdem sei noch bemerkt, daß Klöppelpaare von links nach rechts zu zählen sind. Nachdem der *Klöppelbrief* Abb. 8 hergestellt und auf dem Kissen befestigt ist, so, daß das Muster passend aneinander schließt, knotet man 2×4 Kl. zusammen und steckt auf Pt. 2 und 3 je eine N. mit 4 Kl. Man achtet, daß die Nadeln etwas schräg, von hinten nach vorn gesteckt werden, weil dadurch die Arbeit mehr Halt bekommt. Auch stecke man die N. nicht bis an den Kopf hinein, etwa nur den 3. Teil. An N. 2 und 3 befinden sich je 2 P. Kl.; man nimmt von N. 2 das

Erklärung der Abkürzungen im Kapitel „Das Spitzenklöppeln"

Kl. = Klöppel; P. = Paar; Pt. = Punkt; N. = Nadel; Fl. = Flechte; Pkt. = Pikot; dr. = drehen; kr. = kreuzen; r. = rechts; l. = links; L. = Leinenschlag; H. = Halbschlag; Dsch. = Doppelschlag od. Schlußschlag; Arbp. = Arbeitspaar; Rdfl. = Randflechte; Bl. = Blättchen

linke P. in die rechte Hand und von N. 3 das rechte P. in die linke Hand. Die Kl. bleiben in jeder Hand und man dreht, siehe Abb. 10a, indem man in jeder Hand den r. Kl. über den l. Kl. legt. Nun kr. man, s. Abb. 10b, d. h. den r. Kl. der l. Hand über den l. Kl. der r. Hand legen. Hierauf steckt man eine N. in P. 1, so, daß die Fäden hinter der N. liegen, dr. wieder, kr. noch einmal und legt das P. der r. Hand nach r. fort. Man nimmt das P. der l. Hand in die r. Hand und das letzte P. von l., also von P. 3 in die l. Hand, dr. und kr., steckt N. in P. 3, dr. und kr. wieder. Man legt beide P. nach l. fort. Nun nimmt man das vorhin nach r. abgelegte P. in die l. Hand, und das P. von Pt. 2, dr., kr. und steckt N. in P. 2, dr. und kr. wieder. Man darf bei dem Löcherschlag keine N. offen stehen lassen; es müssen also nach Beendigung des Schlages rings um die Nadel Fäden liegen.

Nun klöppelt man in schräger Linie, von r. nach l. weiter. Das l. P. von Pt. 2 und das r. P. von Pt. 3 nehmen, dr., kr., N. in Pt. 1, dann wieder dr. und kr. Hierauf das l. P. von Pt. 1 und das r. von Pt. 3, dr., kr., N. in Pt. 3, dr. und kr.. Man beginnt dann wieder bei Pt. 2 und 1 usw., siehe Abb. 8.

Der Netzschlag

Abb. 9, wird an unserer Probe auch mit 4 Klöppelpaaren ausgeführt. Auf Pt. 2, 3, 4 u. 5 je eine N. mit 1 P. stecken. Das 5. u. 4. P. 1 × dr. und kr.; das 4. u. 3. P. 1 × dr. u. kr.; das 3. und 2. P. 1 × dr. u. kr., dann Nadel in Pt. 2, / nun mit denselben Paaren um die N. herum Sch., d. h. dr. u. kr., und zurückgehend je 2 P. dr. u. kr. bis zum Rande, N. in Pt. 1 / u. Sch. Man arbeitet von einer Seite zur andern durch, also nur am Rande jedesmal eine Nadel stecken.

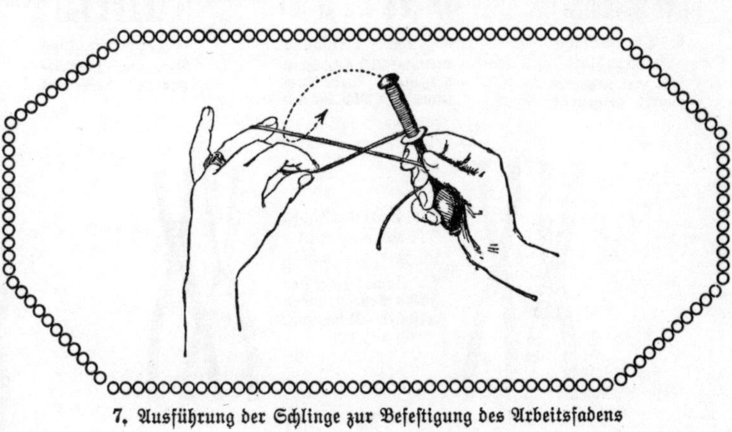

7. Ausführung der Schlinge zur Befestigung des Arbeitsfadens

8. Der einfache Löcherschlag
Mit vier Klöppelpaaren hergestellt

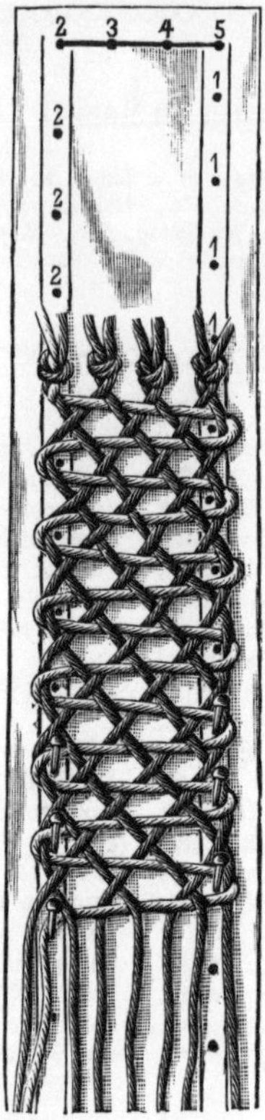

9. Der Netzschlag
Mit vier Klöppelpaaren hergestellt. Siehe Ausführungen Abb. 10a u. b

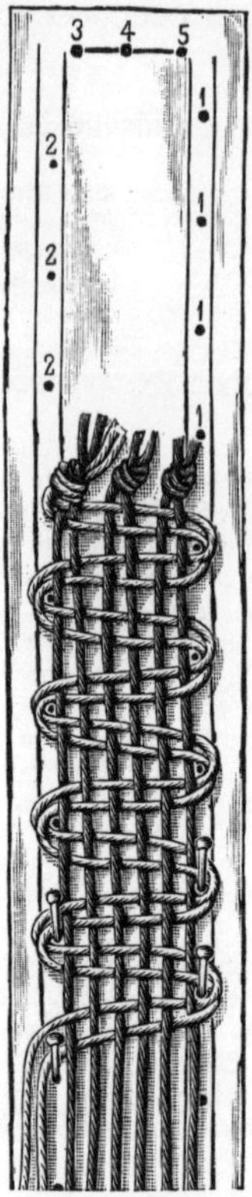

10. Der Leinenschlag
Mit vier Klöppelpaaren hergestellt

10a

10a. Gedrehte Fäden
(Abkürzung: dr.)
10b. Gekreuzte Fäden
Die einmal gedrehten Fäden Abb. 10a innen gekreuzt. (Abkürzung: dr., kr.)

10b

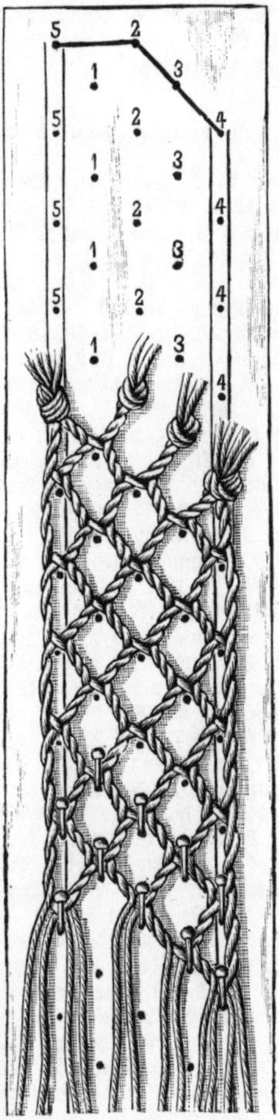

11

Der gewöhnliche Tüllgrund
Mit 6 Klöppelpaaren hergestellt

Der Leinenschlag

Abb. 10 ist auch mit 4 P. zu arbeiten. Auf Pt. 5 und 4 je 1 P. und auf Pt. 3 sind 2 Kl. zu stecken. Bei Pt. 3 beginnen, beide P. kr., dr. und nochmals kr.; das r. P. von N. 3 und das P. von N. 4 kr., dr. und kr.; das r. P. von N. 4 und das P. von N. 5 kr., dr. und kr., in Pt. 1 / N. stecken; das r. P. 1 × dr., dann wieder beide P. kr., dr. und kr., zurück nach links das 2. und 3. P. kr., dr. und kr.; das 3. und 4. P. kr., dr. und kr., N. in Pt. 2; / das l. P. 1 × dr., dann wieder beide P. kr., dr. und kr. usw. Also auch wie beim Netzschlag, nur am Rande Nadeln stecken.

Der Tüllgrund

Abb. 11 ist mit 6 Paaren zu klöppeln. Auf Pt. 5 und 4 je 2 P., auf Pt. 3 und 2 nur 1 P. stecken. 2. P. von Pt. 5 und P. von Pt. 2 werden 3 × gedr. und 1 × gekr., N. in Pt. 1; / diese Nadel wird nicht geschlossen. Von Pt. 5 und 1 beide P. 3 × dr. und kr., N. in Pt. 5; / P. von Pt. 1 und 3 je 3 × dr., kr., N. in Pt. 2; / P. von Pt. 5 und 2 je 3 × dr., kr., N. in Pt. 1; / P. von Pt. 5 und 1 je 3 × dr. und kr., N. in Pt. 5; / P. von Pt. 2 und 4 je 3 × dr. und kr., N. in Pt. 3; / * P. von Pt. 1 und 3 je 3 × dr. und kr., N. in Pt. 2; / P. von Pt. 5 und 2 je 3 × dr. und kr., N. in Pt. 1; / P. von Pt. 5 und 1 je 3 × dr. und kr., N. in Pt. 5 / P. von Pt. 3 u. 4 je 3 × dr., kr., N. in Pt. 4, vom * wdh.

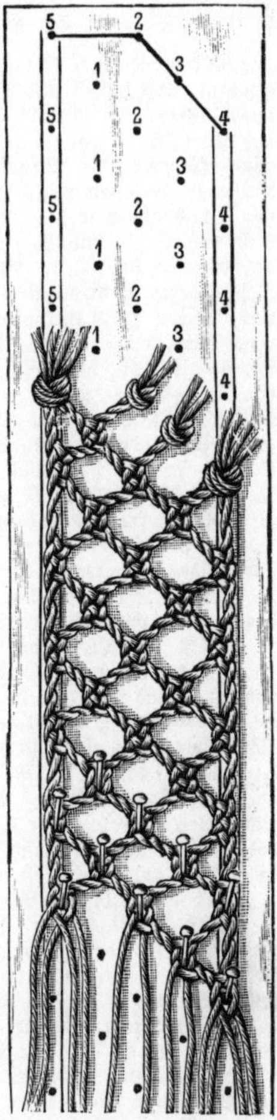

12

Der Brüsseler Tüllgrund
Mit 6 Klöppelpaaren hergestellt

Der Brüsseler Grund

Abb. 12, wird nach dem Muster unserer Vorlage mit 6 P. ausgeführt. Die Kl. werden genau so verteilt wie bei dem vorhergehenden Muster. Dann 2. P. von Pt. 5 und je 2 × dr., kr., dr. und kr., N. in Pt. 1; / dann noch 1 × dr., kr., dr. und kr.; P. von Pt. 5 und 1, 2 × dr., kr., dr. und kr., N. in Pt. 5, / wieder 1 × dr., kr., dr. und kr.; P. von Pt. 1 und 3 je 2 × dr., kr., dr. und kr., N. in Pt. 2, / dann 1 × dr., kr., dr. und kr. Nun je 1 P. von Pt. 2 und 4 je 2 × dr., kr., dr. und kr., N. in Pt. 3, / dann wieder 1 × dr., kr. usw.

Fond à la vierge

im Volksmund auch Jungfernschlag genannt, Abb. 13, ist mit 8 Klöppelpaaren auszuführen. Auf Pt. 14 und 13 je 2 P., auf Pt. 6, 8, 10 und 12 je 1 P. anstecken. Man klöppelt die Einzelfiguren dieses Mustergrundes stets mit 4 Paaren. * Paar von Pt. 6 und 8 je 1 × dr., kr. und dr., 2 P. von Pt. 14 und P. von Pt. 6 je 1 × dr., kr. und dr., N. in Pt. 1, / kr., dr., l. P. ablegen, r. P. in die linke Hand nehmen, P. von Pt. 8 in die rechte Hand nehmen, dann beide P. dr., kr., dr., N. in Pt. 3, / kr., dr., beide P. ablegen. 1 P. von Pt. 14 und P. von Pt. 1 je 1 × dr., kr., dr., N. in Pt. 2, / kr., dr. Die beiden mittleren Paare dr., kr., dr., N. in Pt. 4, / kr., dr., P. von Pt. 2 und 4 dr., kr., dr., N. in Pt. 14, / kr., dr.; P. von Pt. 3 und 4 je 1 × dr., kr., dr., beide Paare ablegen, P. von Pt. 10 und 12 je 1 × dr., kr., dr. Die beiden mittleren Paare dr., kr., dr., N. in Pt. 5, / kr., dr. Das l. P. ablegen, das r. P. in die linke Hand nehmen, dieses P. und P. von Pt. 12 dr., kr., dr., N. in Pt. 7, / kr., dr., beide Paare ablegen. P. von Pt. 4 und 5 je 1 × dr., kr., dr., N. in Pt. 6, / kr., dr.; l. P. ablegen. Die beiden Paare von Pt. 6 und 7 (das sind die mittleren Paare) dr., kr., dr., N. in Pt. 8, / kr., dr., beide Paare ablegen. Nun die beiden Paare von Pt. 6 und 8 je 1 × dr., kr., dr., ablegen. P. von Pt. 6 und 2. P. von Pt. 14 je 1 × dr., kr., dr., N. in Pt. 1, / kr., dr., P. von Pt. 14 und Pt. 1 je 1 × dr., kr., dr., N. in Pt. 2, / kr., dr., P. von Pt. 1 und 8 je 1 × dr., kr., dr., N. in Pt. 3, / kr., dr. Die beiden mittleren P. von Pt. 2 und 3 dr., kr., dr., N. in Pt. 4, / kr., dr.; P. von Pt. 2 und 4 dr., kr. und dr., N. in Pt. 14, / kr., dr. P. von Pt. 7 und 8 je 1 × dr., kr., dr.; linkes Paar ablegen, P. von Pt. 13 und 7 dr., kr., dr., N. in Pt. 9, / kr., dr., P. von Pt. 9 und 13, je 1 × dr., kr., dr., N. in Pt. 11, / kr., dr., beide P. ablegen. P von Pt. 9 und 8 dr., kr., dr., N. in Pt. 10, / kr., dr., die beiden mittleren P. dr., kr., dr., N. in Pt. 12, / kr., dr., P. von Pt. 10 und 1 P. von Pt. 12 dr., kr., dr., ablegen. P. von Pt. 3 und 4 dr., kr., dr. Die beiden mittleren Paare von Pt. 3 und 10 dr., kr., dr., N. in Pt. 5, / kr., dr. P. von Pt. 4 und 5 dr., kr., dr., N. in Pt. 6, / kr., dr., P. von Pt. 5 und 12 dr., kr., dr., N. in Pt. 7, / kr., dr., die mittleren P. von Pt. 6 und 7 dr., kr., dr., N. in Pt. 8, / kr., dr. Nun vom * fortlaufend wiederholen.

Der Rosengrund

Abb. 14 wird mit 10 P. gearbeitet. Man befestigt auf Pt. 12 u. Pt. 10 je 1 P., auf Pt. 13, 5, 8, 11 je 2 P. Das 3. und 4. P. von l. 2 × dr. und kr., N. in Pt. 1, / 2 × dr. und kr., das 2. und 3. P. 2 × dr. und kr., N. in Pt. 2, / 2 × dr. und kr.; das 1. und 2. P. 2 × dr. und kr., N. in Pt. 12, / 2 × dr. und kr.; das 2. und 3. P. 2 × dr., kr., N. in Pt. 13, / 2 × dr. und kr.; 4. und 5. P. 2 × dr., kr., N. in Pt. 3, / 2 × dr. und kr.; 5. und 6. P. 2 × dr., kr., N. in Pt. 4, / 2 × dr. und kr.; 4. und 5. P. 2 × dr., kr., N. in Pt. 5, / 2 × dr. und kr.; 3. und 4. P. 2 × dr., kr., N. in Pt. 1, / 2 × dr. und kr.; 2. und 3. P. 2 × dr., kr., N. in Pt. 2, / 2 × dr. und kr.; 1. und 2. P. 2 × dr., kr., N. in Pt. 12, / 2 × dr. und kr.; 2. und 3. P. 2 × dr., kr., N. in Pt. 13, / 2 × dr. und kr.; 4. und 5. P. 2 × dr., kr., N. in Pt. 3, / 2 × dr. und kr.; 6. und 7. P. 2 × dr., kr., N. in Pt. 6, / 2 × dr. und kr.; 7. und 8. P. 2 × dr., kr., N. in Pt. 7, / 2 × dr. und kr.; 6. und 7. P. 2 × dr., kr., N. in Pt. 8, / 2 × dr. und kr.; 5. und 6. P. 2 × dr., kr., N. in Pt. 4, / 2 × dr. und kr.; 4. und 5. P. 2 × dr., kr., N. in Pt. 5, 2 × dr. und kr.; 3. und 4. P. 2 × dr., kr., N. in Pt. 1, / 2 × dr. und kr.; 2. und 3. P. 2 × dr., kr., N. in Pt. 2, / 2 × dr. und kr.; 1. und 2. P. 2 × dr., kr., N. in Pt. 12, / 2 × dr. und kr.; 2. und 3. P. 2 × dr., kr., N. in Pt. 13, / 2 × dr. und kr.; 4. und 5. P. 2 × dr., kr., N. in Pt. 3, / 2 × dr. und kr.; 6. und 7. P. 2 × dr., kr., N. in Pt. 6, / 2 × dr. und kr.; 8. und 9. P. 2 × dr., kr., N. in Pt. 9, / 2 × dr. und kr.; 9. und 10. P. 2 × dr., kr., N. in Pt. 10, / 2 × dr. und kr.; 8. und 9. P. 2 × dr., kr., N. in Pt. 11, / 2 × dr. und kr. usw.

Die Eternellespitze

Abb. 15 ist mit 3 Klöppelpaaren auszuführen. Auf Pt. 1 steckt man 1 P. und auf Pt. 2 befestigt man 2 P. Klöppel. Mit P. von Pt. 1 und 2 1 × dr., kr. und dr., N. in Pt. 1, / 1 × kr. und dr., r. P. von Pt. 1 und das P. von Pt. 2, 1 × dr., kr. dr. und kr., N. in Pt. 2. Das r. P. 2 ×

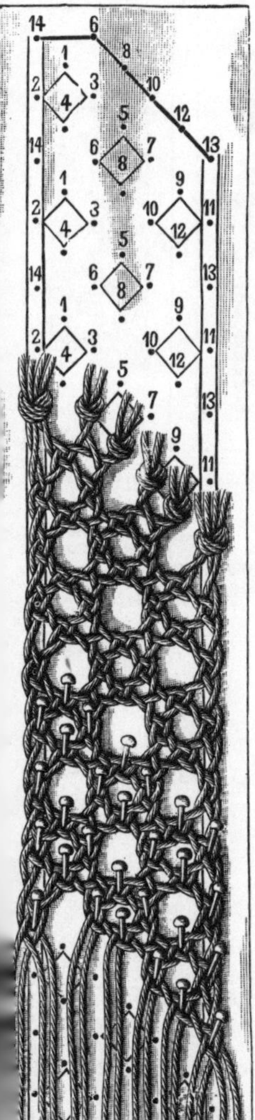

13. Fond à la vierge
(Jungfernschlag)
Mit acht Klöppelpaaren
hergestellt

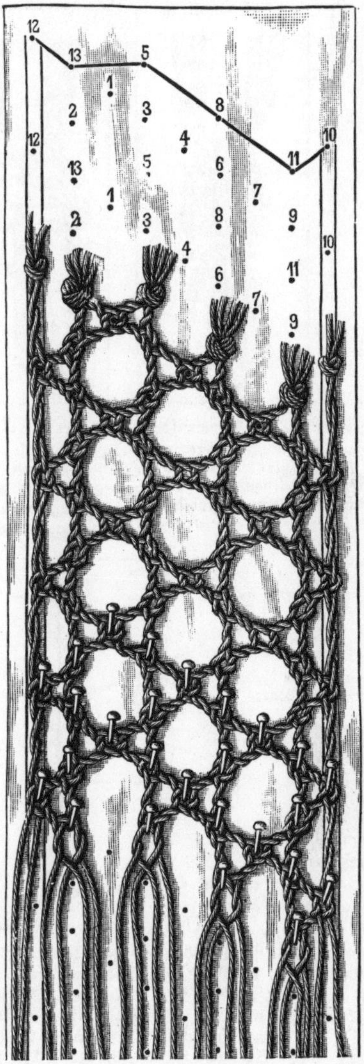

14. Der Rosengrund
Mit 10 Klöppelpaaren hergestellt

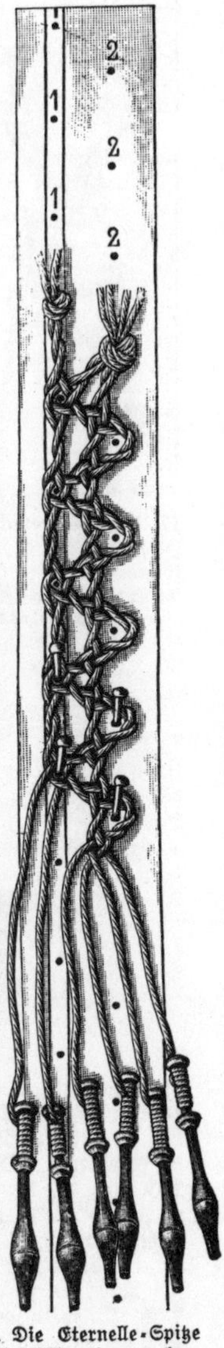

15. Die Eternelle-Spitze
Mit 3 Klöppelpaaren hergestellt. Hierzu breite
Spitze Abb. 20

17. Der Formenschlag
Oben und unten zugespitztes Blättchen in der Ausführung. Mit 2 Klöppelpaaren hergestellt

18. Der Formenschlag
Oben und unten zugespitztes Blättchen in der Vollendung. Mit 2 Klöppelpaaren hergestellt

19. Der eckige Formenschlag
Gerades Blättchen (Musche) in der Ausführung. Mit 2 Klöppelpaaren hergestellt

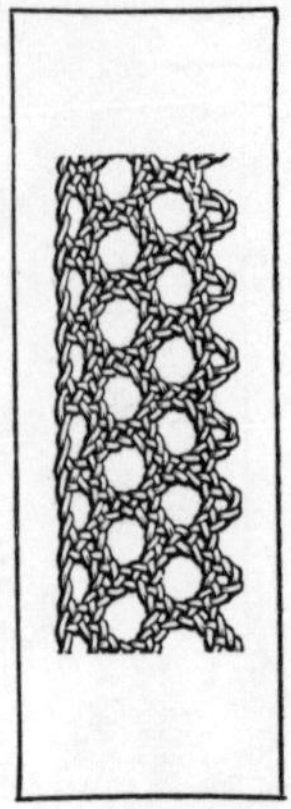

20. Eternelle-Spitze
Mit 7 Klöppelpaaren hergestellt
Hierzu die schmale Spitze Abb. 15

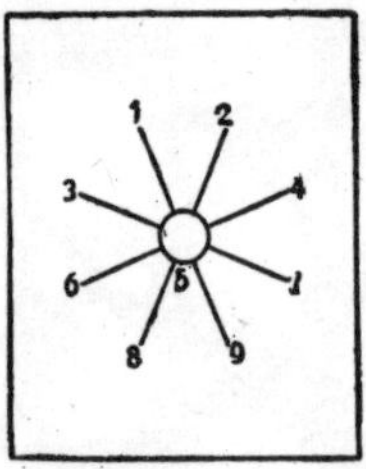

16. Klöppelbrief (Grundriß) für die Herstellung einer Spinne. Die Spinne ist mit 4 Klöppelpaaren zu arbeiten

dr., das l. P. 1 × dr., kr., dr. und kr.; rechts ablegen. P. von Pt. 1 und 2, 1 × dr., kr. und dr., N. in Pt. 1, / kr. und dr. L. P. ablegen. Dann P. von Pt. 1 und 2, 1 × dr., kr., dr. und kr., N. in Pt. 2, / r. P. 2 ×, l. P. 1 × dr., kr., dr. und kr., rechts ablegen, P. von Pt. 1 und 2, 1 × dr., kr., dr., N. in Pt. 1, / kr. und dr. usw. — Abb. 20 zeigt die Spitze mit 7 P. Klöppeln ausgeführt, und zu jedem Loch hat man, daß das Eternelle breiter sein soll, 2. P. Kl. mehr zu nehmen. Auf diese Weise läßt sich die Eternellespitze in jeder unbeliebigen Breite ausführen.

Die Torchonspitze

Die Kennzeichen dieser Spitzenart sind geometrisch angelegte Figuren mit Netz- und Leinenschlag, Spinnen, Blättchen und Muschen. Die sog. erzgebirgischen Spitzen sind fast alle Torchonspitzen. Lernen wir zuerst die Spinne Abb. 16 und Blättchen klöppeln. Abb. 16 zeigt den Grundriß der Spinne, auf Pt. 1 und 2 steckt man je ein P. Kl., beide P. 2 × dr. und Leinenschlag klöppeln, d. h. kr., dr. und kr., dann nimmt man das l. P. des Leinenschlags ungedreht, das Paar von Pt. 3, 2 × gedreht

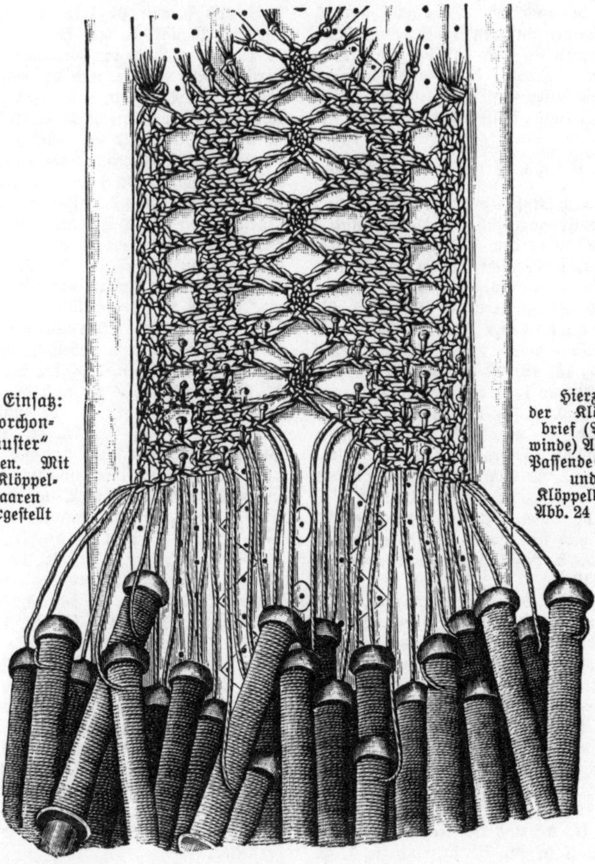

21. Einsatz: „Torchonmuster“ Sachsen. Mit 16 Klöppelpaaren hergestellt

Hierzu der Klöppelbrief (Aufwinde) Abb. 22 Passende Spitze und Klöppelbrief Abb. 24 u. 25

hinzu, klöppelt wieder Leinenschlag und legt beide Paare ab. Darauf nimmt man das rechte Paar des Leinenschlags und das Paar von Pt. 4, dreht dieses 2 × und klöppelt mit beiden Paaren im Leinenschlag. Nun nimmt man die beiden mittleren Paare, klöppelt Leinenschlag, steckt N. in Pt. 5 / und schließt die Nadel durch kr., dr. und kr., nimmt die beiden Paare von links, kr., dr. und kr., legt die Klöppel ab, nimmt die beiden Paare von rechts, kr., dr. und kr., dann zum Schlusse die beiden mittleren Paare kr., dr. und kr. Die einzelnen Paare der Spinne, die nun in die anderen Schläge übergehen, werden vorher 2 × gedreht.

Abb. 17 zeigt ein Blättchen in der Arbeit und Abb. 18 ein solches vollendet. Ein Blättchen wird mit 2 Paar Klöppeln ausgeführt. 3 Fäden liegen senkrecht und der 4. Faden webt gleich einem Webeschiffchen hin und her. Man achte darauf, daß die beiden äußeren Fäden etwas fester gehalten werden, und daß der Webefaden leicht hin und her geht; sobald man den Webefaden fester anzieht, wird das Blättchen spitzer und schließt; vergl. Abb. 18.

Der eckige Formenschlag

Abb. 19, auch Musche genannt, wird in derselben Weise ausgeführt, mit dem Unterschied, daß man den Webefaden von Anfang bis zu Ende nicht anzieht, damit nicht die ovale Form entsteht. Man beginnt breit und schließt breit. — Versuchen wir die Torchonspitze Abb. 26. Man steckt einen Klöppelbrief nach Abb. 23. Auf Punkt 17, 16, 15, 23 u. 21 je 2 P. und auf Pt. 22 nur 1 P. befestigen. 2. P. von Pt. 16 (4 P. v. l.) und das 1. P. von Pt. 15, dr., kr., dr., l. P. ablegen. Das 2. P. von Pt. 15 dazu, dr., kr., dr., l. ablegen; das 1. P. von Pt. 23 2 × gedreht dazu nehmen, kr., dr., N. in Pt. 1. / 1 × kr. und dr. Von P. 1 und 15 jedes P. 1 × kr. und dr.; das r. P. ablegen, das l. P. in die r. Hand nehmen und ein Paar von Pt. 16, 1 × dr., kr. und dr., N. in Pt. 2, / kr., dr.; beide Paare ablegen. Das 2. P. von Pt. 16 und 1. P. von Pt. 17, je 1 × dr., kr., dr. und kr., das r. P. ablegen, das l. P. und das letzte P. von Pt. 17, 1 × dr., kr., dr. und kr., das l. P. links ablegen. Nadel zwischen das 2. und 3. P. in Pt. 17, / dann beide P. 1 × dr., kr., dr. und kr. Das 3. P. von links und 1 P. von Pt. 2 sind 2 × zu dr. und kr., N. in Pt. 3, / dr. und kr. und dr.; beide P. ablegen. Das 2. und 3. P. von links 1 × dr., kr., dr. und kr., rechts ablegen, 1. und 2. P. 1 × dr., kr., dr. und kr., 1. P. ablegen, zwischen 2. und 3. P. N. in Pt. 4, / beide P. kr., dr., kr., dr. und ablegen. 1 P. von Pt. 23, 2 × dr. 1 P. von Pt. 21, 1 × dr., kr., dr., N. in Pt. 5, / dann kr., dr., links 1 P. ablegen, von Pt. 21 ein P. zunehmen und beide P. 1 × dr., kr., dr., l. P. ablegen das P. von Pt. 22 zunehmen und beide P. 1 × dr., kr., dr., N. in Pt. 6, / kr. und dr., ablegen. Nun nach links durchklöppeln, d. h. das 2. und 3. P. von rechts 1 × kr., dr., das r. P. ablegen, das 3. P. in die rechte Hand nehmen und das P. von Pt. 5 zunehmen, kr. und dr.; P. von Pt. 1 hinzunehmen, kr. und dr., N. in Pt. 7, / kr. und dr. Rechtes P. ablegen, l. P. und P. von Pt. 1 kr., dr., r. P. ablegen, l. P. und P. von Pt. 2 kr., dr., N. in Pt. 8, / kr. und dr. — Nun nach rechts durchklöppeln mit kr. und dr. ohne Nadel bis Pt. 9. N. in Pt. 9, / kr., dr. Zurückklöppeln bis zum 4. und 5. P., kr., dr., N. in Pt. 10, / kr. und dr. Mit dem 5. P., von Pt. 10 beginnend, nach links durcharbeiten und von Pt. 3 ein P. zunehmen, N. in Pt. 11, / kr. und dr. Zurück nach rechts arbeiten und N. in Pt. 12, / kr. und dr. Dann nach links zurück, das 3. P. vom Rande hinzu und N. in Pt. 13, / kr. und dr. Nach rechts zurück bis Pt. 15. An Pt. 12, ein P. liegen lassen, N. in Pt. 15, / kr. und dr. Das P. von Pt. 12 bleibt liegen. Das 2. und 3. P. von links, die den Rand bilden, 1 × kr., dr. und kr., dr., N. in Pt. 14, / kr. und dr. Das 2. und 1. P. 1 × dr., kr., dr. und kr.; 2. und 3. P. 1 × kr., dr., kr., dr. Nun von Pt. 15 nach links mittels dr. und kr. klöppeln, 3. P. von links zunehmen und N. in Pt. 16, / kr. und dr., 2. und 3. P. nach links 1 × dr., kr., dr. und kr., N. in Pt. 17, / 1. und 2. P. 1 × dr., kr., dr. und kr.; 2. u. 3. P. 1 × dr., kr., dr. und kr., ablegen. Nun bei Pt. 10 beginnend nach rechts durchklöppeln bis Pt. 18, N. in Pt. 18, / kr. und dr., zurück bis Pt. 19, N. in Pt. 19, / kr., dr. und 1 P. links ablegen, dann durchklöppeln bis Pt. 20, N. in Pt. 20, / kr. und dr., zurückklöppeln bis Pt. 21, N. in Pt. 21, / kr. und dr., zurückklöppeln bis Pt. 22. N. in Pt. 22, / kr. und dr., ablegen. Das P. von Pt. 12 und 19 2 × dr., kr., dr. und kr., N. in Pt. 23, / kr., dr. Nun vom Anfang wiederholen. Nach dieser Erklärung lassen sich der Einsatz Abb. 21 und die Spitze Abb. 25 sehr leicht herstellen.

Abb. 27. Schmaler Einsatz, Klöppelbrief Abb. 28. Auf Pt. a, b und c je 2 P. stecken. 1. u. 2. P. 2 × dr., kr., dr. u. kr.; N. in Pt. 1, / dr., kr., dr. u. kr., 2. P. 1 ×, 3. P. 2 × dr., kr. N. in Pt. 2, / dr. u. kr., 1. u. 2. P. dr., kr., dr. u. kr. N. in P. 3, / 5. u. 6. P. 2 × dr., kr., dr. u. kr. N. in Pt. 4, / dr., kr., dr. u. kr.; 4. P. 2 ×, 5. P. 1 × dr., kr. N. in Pt. 5, / dr., kr.; 5. u. 6. P. dr., kr., dr., kr.; N. in Pt. 6, / dr., kr., dr., kr.; * 3. u. 4. P. viereckiger Formenschlag. 2. u. 3. P. dr., kr., N. in Pt. 7, / dr. u. kr.; 1. u.

27. Schmaler Einsatz mit 6 Klöppelpaaren hergestellt

2. P. dr., kr., dr. u. kr., N. in Pt. 8, / dr., kr., dr. u. kr.; 4. u. 5. P. dr. u. kr., N. in Pt. 9, / dr. kr.; 5. u. 6. P. dr., kr., dr. u. kr., N. in Pt. 10, / dr., kr., dr. u. kr.; 3. u. 4. P. 2 × dr., kr., dr. u. kr.; 2. (2 ×) u. 3 P. kr., dr. u. kr.; 4. (2 ×) u. 5. P. kr., dr. u. kr.; 3. u. 4. P. kr., dr. u. kr., N. in Pt. 11, / kr., dr. u. kr.; 2. u. 3. P. kr., dr. u. kr.; 4. u. 5. P. kr., dr. u. kr.; 1. u. 2. (2 ×) P. dr., kr., dr. u. kr., N. in Pt. 12, / dr., kr., dr. u. kr., 5. (2 ×) u. 6. P. dr., kr., dr. u. kr., N. in Pt. 13, / dr., kr., dr. u. kr.; 2. u. 3. (2 ×) P. dr., kr., N. in Pt. 14, / dr. u. kr.; 4. (2 ×) u. 5. P. dr., kr., N. in Pt. 15, / dr. u. kr. Nun vom * wiederholen. Derselbe Einsatz sieht auch verbreitert und mit dementsprechend gröberem Faden ausgeführt sehr gut aus. Wir verweisen auf das Verändern des Klöppelbriefes, siehe Abb. 60, Seite 217.

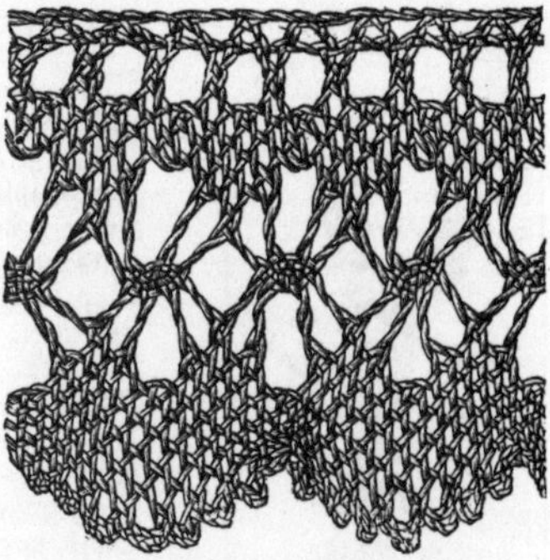

25. Torchonspitze Sachsen. Mit 16 Klöppelpaaren hergestellt. Hierzu der Klöppelbrief (Aufwinde) Abb. 24. Passender Einsatz Abb. 21

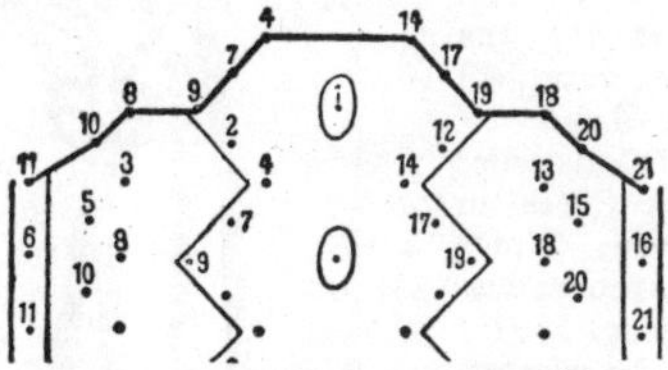

22. Klöppelbrief (Aufwinde) zum Einsatz Abb. 21

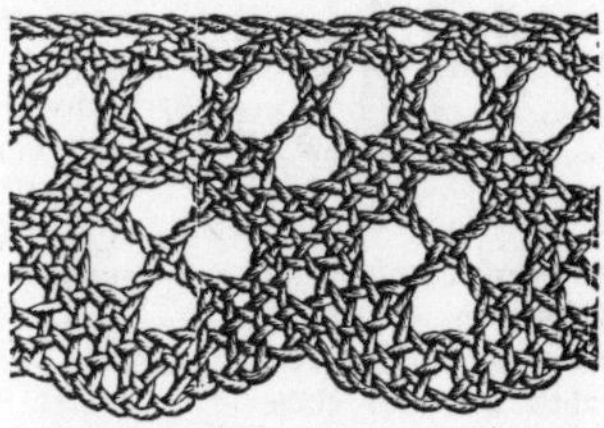

26. Torchonspitze. Sachsen. Mit 11 Klöppelpaaren hergestellt. Hierzu der Klöppelbrief (Aufwinde) Abb. 23

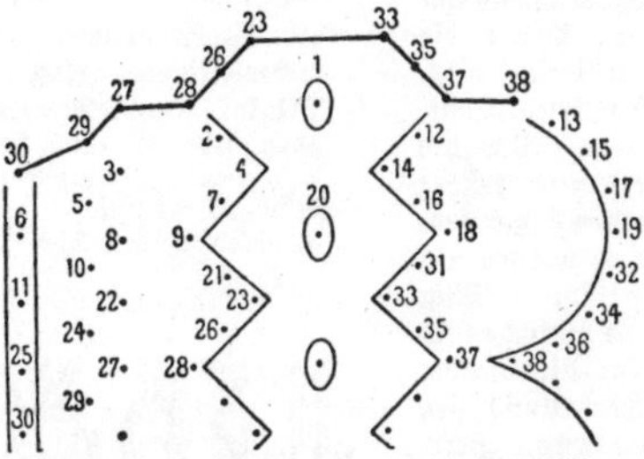

24. Klöppelbrief zur Spitze Abb. 25

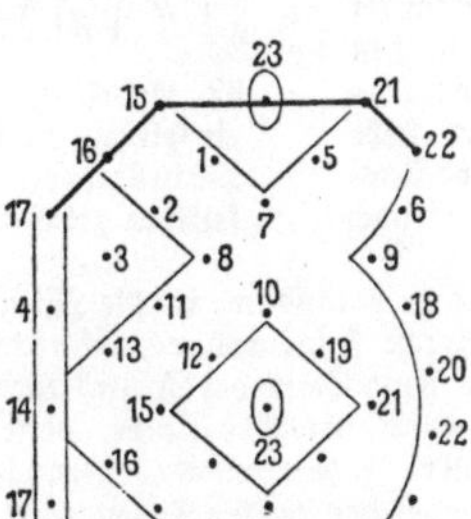

23. Klöppelbrief (Aufwinde) zur Spitze Abb. 26

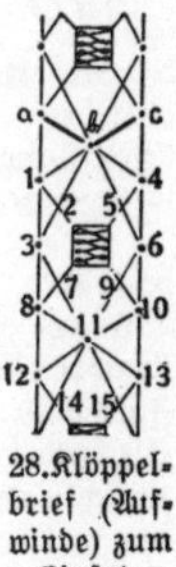

28. Klöppelbrief (Aufwinde) zum Einsatz Abb. 27

Die Flechtspitze

29. Flechtbörtchen mit rechtsseitigem einfachen Pikot. Man schlingt den Faden um eine eingesteckte Stecknadel und klöppelt die Flechte weiter

Die Flechtspitzen zählen zu den ältesten Klöppelspitzen. Fast in jedem Spitzenkodex wird diese Arbeitsart als der Ursprung der Klöppelspitze bezeichnet. Man vermutet, daß sich die Technik aus der geflochtenen Franse entwickelte. Beweise geben uns die aus dem 15. und 16. Jahrhundert erhaltenen Genueser Flechtspitzen, die direkt dem Stoff angearbeitet und aus losen Gewebefäden hergestellt sind. Nach dem Namen erklärt sich die Arbeitsweise; man verflicht die Fäden zu Musterungen. Eine Flechte wird mit 2 Klöppelpaaren ausgeführt, und zwar kr., dr., kr., dr. und so fort, bis die erforderliche Länge einer Flechte erreicht ist. Nach jedem Kreuzen müssen die Klöppel etwas angezogen werden, damit die Flechte nicht zu locker wird. Eine lockere Arbeitsweise entwertet die Spitze. Um die Flechte zu verzieren, versieht man sie mit kleinen Schlingen, sog. Pikots. Diese werden auf zweierlei Art geklöppelt. Man unterscheidet das einfache und das durchgezogene Pikot. Abb. 29 zeigt die Herstellung des einfachen Pikots. Hierfür schlingt man einen Faden um die eingesteckte Stecknadel und arbeitet mit dem Faden die Flechte weiter. Das durchgezogene Pikot, siehe Abb. 30 ist in der Ausführung mühsamer, jedoch haltbarer. Man arbeitet das Pikot mit 2 Fäden wie folgt: die linke Hand hält stramm das Klöppelpaar in senkrechter Fadenlage. Dann wird nach Abb. 31 die Stecknadel von rechts nach links wagerecht zwischen die Fäden geschoben, so, daß sich der rechte Klöppelfaden über, der linke Faden unter der N. befindet; hierauf hebt man die N., ohne die Lage der Kl. in der l. Hand zu verändern, in die Höhe, so, daß sie senkrecht steht, wodurch der rechte Faden an die linke Seite der N. zu liegen kommt, führt dann die Nadelspitze, ohne die N. aus der Fadenklammer herauszuziehen, unten über den rechten Faden, oben zwischen den beiden Fäden heraus und steckt die N. mit der daran haftenden Schlinge in das betreffende Loch des Klöppelbriefes. Bei

30. Flechtbörtchen mit rechtsseitigem gefaßten Pikot. Hierzu der Arbeitsgang Abb. 32 und der Arbeitsgang für die Herstellung eines linksseitigen gefaßten Pikots Abb. 31

31. Arbeitsgang in den einzelnen Stadien zur Herstellung eines linksseitigen gefaßten Pikots

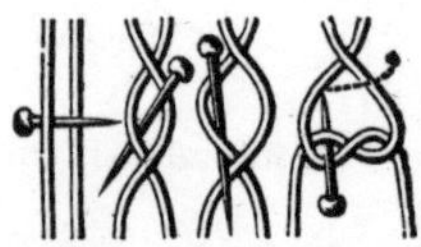

32. Arbeitsgang in den einzelnen Stadien zur Herstellung eines rechtsseitigen gefaßten Pikots

rechts liegenden Pikots wird entgegengesetzt gearbeitet. Die Klöppel bleiben auch in der l. Hand, nur die N. arbeitet in umgekehrter Weise. Man vergleiche Abb. 30—32.

Abb. 33 zeigt eine kleine Flechtspitze, die mit 4 Klöppelpaaren ausgeführt wird. Auf Pt. 4 steckt man die 4 P. zusammen an eine N., macht mit den beiden l. P. eine Fl. bis Pt. 4, ohne N. stecken. Mit den beiden r. P. klöppelt man eine Fl., führt ein Pkt. aus und steckt N. in Pt. 1, / dann wieder ein kl. Stück Fl., Pkt. und N. in Pt. 2, / ein kl. Stück Fl., Pkt. und N. in Pt. 3; / dann Fl. bis zu Pt. 4, wo die linke Fl. mit dieser vereinigt werden muß; indem man von der l. Fl. das r. P. und von der r. Fl. das l. P. nimmt, kr., dr. und kr., N. in Pt. 4, / kr., dr. und kr. Vom Anfang fortgesetzt wiederholen.

33. Schmale Flechtspitze mit einfachen Pikots
Mit 4 Klöppelpaaren hergestellt

Breitere Flechtspitze

Abb. 34, mit 13 P. Kl. Klöppelbrief, Abb. 35. Man steckt auf Pt. a 2 P., Pt. b und c je 1 P., auf Pt. d 3 P., auf e, f und g je 2 P. Kl. Von Pt. e beginnend, 1 Fl. bis Pt. 1 ohne N. stecken, von Pt. d 1 Fl. bis Pt. 1, dann mit diesen beiden Fl. einen Leinenschlag, d. h. kr., dr., N. in Pt. 1, / kr. und dr. * Von Pt. 1 die beiden rechten P. flechten bis Pt. 2 ohne N. stecken, von Pt. g die beiden P. flechten bis Pt. 2 ohne N. stecken. Von Pt. f eine Fl. bis Pt. 2. Nun hat man 3 Fl., die zusammen verarbeitet werden sollen. Von der r. Fl. legt man das r. P. und von der l. Fl. das l. P. zurück. Von den 4 mittleren P. nimmt man die beiden r. P., kr., dr. und kr.; beide P. ablegen. Die beiden l. P. kr., dr. und kr. und l. ablegen. Die beiden mittleren P. kr., dr., kr., N. in Pt. 2 / und kr., dr. und kr. und l. ablegen. Nun die beiden r. P. kr., dr., kr. und beide ablegen. Die beiden l. P. kr., dr., kr. und ablegen. Die beiden mittleren P. kr., dr. und kr. — Man verteilt die Fl. wieder und klöppelt mit den beiden r. P. eine Fl. bis Pt. 4, bildet in der Hälfte der Fl. 1 Pkt., bei Pt. 4 wieder 1 Pkt. und die Fl. mit Pkt. bis Pt. 5 klöppeln ohne N. stecken. Von Pt. 1 eine Fl. mit 2 Pkt. bis Pt. 3, hier mit Fl. von Pt. 2 vereinigen, N. stecken und zuklöppeln. Die beiden l. P. flechten, bis Pt. 6 ohne N. stecken. 1 P. von Pt. a 1 × dr., mit kr. und dr. durch die beiden P. b und c wieder 1 × dr. und mit P. von Pt. d verbinden, N. in Pt. d, / dann das l. P. 1 × dr., durch das 2. und 3. P. mit Leinenschlag hindurch, dann dieses P. und das Randpaar 1 × dr., kr., N. in Pt. 7, / dr. und kr. Mit dem 2. P. 1 × dr., durch das 3. und 4. P. mit Leinenschlag, 1 × dr., das 5. P. 1 × dr., dann beide P. kr., N. in Pt. 8, / dr. und kr. — Das Paar, das hin und her geht, nennt man „Arbeitspaar." Mit diesem Arbeitspaar zurückgehen durch das 2. und 3. P. mit Leinenschlag, das Arbeitspaar sowie das Randpaar 1 × dr., kr., N. in Pt. 9, / dr. und kr. Mit dem Arbeitspaar zurück durch das 2. und 3. P., dann 1 × dr., ebenso das 5. P. 1 × dr., dann beide P. kr. und N. in Pt. 10, / dann dr. und kr. Wieder zurück bis Pt. 11, in diesen N. stecken, wie vorher, zurückklöppeln bis Pt. 6, dort nimmt man das l. P. der Fl. von Pt. 3, verklöppelt dieses P. mit dem Arbeitspaar durch 1× dr., kr., N. in Pt. 6, dr. und kr. Nun den äußeren Rand, so wie vorher hin und her gehend bis Pt. 17. Die Fl. von Pt. 6 flechten bis Pt. 18 ohne N.; die Fl. von Pt. 3 bis Pt. 18 klöppeln, dann diese beiden Fl. mit L. und N. in Pt. 18. / — Die l. Fl. mit 2 Pkt. bis 19 flechten ohne N.; die r. Fl. von Pt. 18 bis Pt. 5 klöppeln, eine Fl. von P. 2 bis P. 5, dort so arbeiten, wie bei Pt. 2 und N. in Pt. 5; / die l. Fl. bis Pt. 19, mit der Fl. von Pt. 18 durch L. verbinden und N. in Pt. 19. / Die l. Fl. durchführen

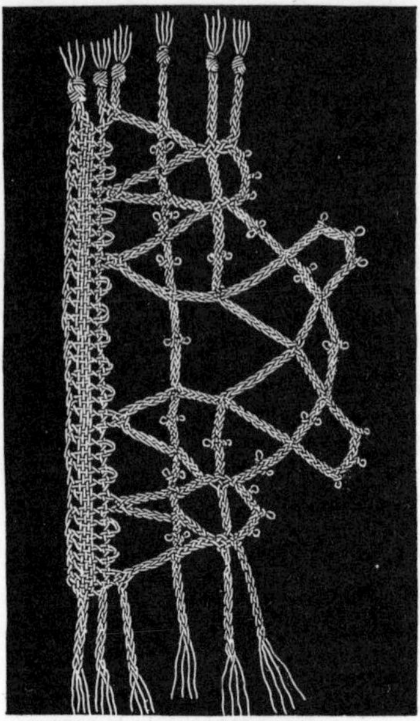

Abb. 34. Flechtspitze. Genueser Spitze mit gefaßten Pikots
Mit 13 Klöppelpaaren hergestellt. Hierzu Klöppelbrief (Aufwinde) Abb. 35

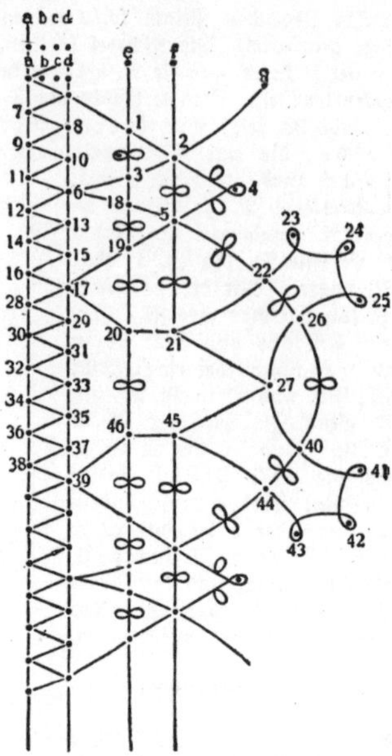

Abb. 35. Klöppelbrief (Aufwinde) zur Herstellung der Genueser Flechtspitze mit gefaßten Pikots Abb. 34

bis Pt. 17, dort verbinden wie bei Pt. 6 und in Pt. 17. / — Fl. von Pt. 19 mit 2 Pkt. durchführen bis Pt. 20 ohne N., Fl. von Pt. 5 mit 2 Pkt. bis Pt. 21 ohne N., Fl. von Pt. 17 und 19 auf 20 vereinigen, N. in Pt. 20 / und schließen. Fl. von Pt. 5 und 20 auf Pt. 21 vereinigen, N. in Pt. 21, und zuklöppeln. Die r. Fl. von Pt. 21 verbinden mit Fl. von Pt. 5, auf Pt. 22 / N. stecken und zuklöppeln. Dann die r. Fl. durchführen bis Pt. 26, jedoch auf Pt. 23, 24 und 25 je 1 Pkt. bilden. Fl. von Pt. 22 mit 2 Pkt. mit der Fl. von Pt. 26 verbinden, N. in Pt. 26 / und zuklöppeln. Fl. von Pt. 21 bis Pt. 27 mit der Fl. von Pt. 26 verbinden, N. in Pt. 27 / und zuklöppeln. Bei Pt. 17 beginnend den Rand durcharbeiten bis Pt. 39. Fl. von Pt. 26 mit Pkt. bis Pt. 40. Fl. von Pt. 27 und Pt. 26 auf Pt. 40 vereinigen, N. in Pt. 40 / und zuklöppeln. R. Fl. von Pt. 40 durchführen bis Pt. 44, jedoch auf Pt. 41, 42 und 43 je 1 Pkt. bilden. L. Fl. von Pt. 40 mit Fl. 44 vereinigen und N. in Pt. 44 / und zuklöppeln. R. Fl. von Pt. 44 und l. Fl. von Pt. 27 auf Pt. 45 vereinigen, N. in Pt. 45 / und zuklöppeln. Fl. von Pt. 20 mit 2 Pkt. und l. Fl. von Pt. 45 auf Pt. 46 vereinigen, N. in Pt. 46 / und zuklöppeln. L. Fl. von Pt. 46 und P. von Pt. 39 vereinigen, N. in Pt. 39 / und zuklöppeln. Vom * wiederholen. Zu dieser Spitze läßt sich der passende Einsatz sehr leicht selbst herstellen. Man zieht an dem Klöppelbrief Pt. g, 22, 27 u. 44 entlang eine gerade Linie, zeichnet den links neben dem Strich liegenden Klöppelbrief auf Pauspapier durch und schaltet die rechts liegenden Punkte und Linien aus. Dann fügt man die Zeichnung dem vorhandenen Klöppelbrief entgegengesetzt an und hat somit die Zeichnung zum Einsatz gewonnen.

Die Bandspitze

(Russische oder irische Spitze)

Diese Spitzenart weicht in der Herstellung von den bis jetzt gelernten Techniken ab, sie ist jedoch in der Ausführung sehr einfach. Die Bezeichnung Bandspitze erklärt sich von selbst, weil diese Spitze in Bandform zu klöppeln ist, und weil nur Bandmuster benutzt werden können. Es gibt Muster, die nur aus einem Bandstreifen, und wieder solche, die aus mehreren Bandstreifen gebildet sind; die Streifen bewegen sich teils in geraden, teils in gewundenen Linien und werden an bestimmten Stellen durch einen besonderen Klöppelschlag, „H e f t e n" genannt, untereinander verbunden. Die Ausführung der Spitze bilden zwei verschiedene Manipulationen, e r s t e n s „das Klöppeln der Bandstreifen", z w e i t e n s „das Verbinden der Streifen" durch Heften. Die Bändchen sind in ihrer Ausführung sehr verschieden. An den alten Spitzen, sog. Leinenrißspitzen, begegnen wir nur in dichtem Leinenschlag geklöppelten Bändchen, dagegen finden wir an den neuen Bandspitzen Leinenschlag-Bändchen mit ein- oder mehrfarbig gehaltenem Pikotrand, eingeklöppeltem Konturfaden, und durchbrochene Bändchen. Diese Art der Ausstattung ist eine Eigenart der russischen Klöppelspitzen, während glatte Bändchen, mit bunten Fäden ausgeführt, den mährischen oder böhmischen Ursprung kennzeichnen. Dieses geklöppelte Bändchen ist meistens mit 6 oder 7 Klöppelpaaren ausgeführt und wird an den Stellen, wo die Bänder sich berühren, mit Hilfe einer Häkelnadel verbunden. Das Anschlingen, „Heften", geschieht, indem man von dem Arbp. 1 Faden mit der Häkelnadel durch die fertige Schlinge des anderen Bändchens zieht und den 2. Kl. des Arbp. durch die Schlinge des 1. Kl. schiebt. Das Bändchen wird wie folgt ausgeführt: Klöppelbrief nach Abb. 36 anfertigen und mit 6 P. Kl. arbeiten. Auf Pt. 2 hängt man 2 P. auf Pt. 3, 4, 5 und 6 je 1 P. Kl. Das 2. P. von Pt. 2 wird 1 × gedr. mit den P. von Pt. 3, 4 und 5 in L. durchgearbeitet, dann das Arbp. u. P. von Pt. 6, 1 × dr., kr., dr. u. kr., N. in Pt. 1, / beide P. 1 × dr., kr., dr. u. kr.; das Arbp. 1 × dr. mit L. durch die 3 folgenden P., das Arbp. und das l. Randpaar 1 × dr., kr., dr. u. kr., N. in Pt. 2, / dr., kr., dr. u. kr. In dieser Reihenfolge geht man hin und her. — Sehr hübsch wirkt in der Bandspitze ein dicker Faden, der in der Mitte dem Bande aufliegt, Abb. 37. Der Faden wird bei jedesmaligem Zurückgehen des Arbp von r. nach l. mit hineingearbeitet, siehe Abb. 37. Abb 40 zeigt das Vereinigen, „Heften" von 2 Bandstreifen, wie vorhin erklärt. Man achtet darauf, daß die Fäden gut angezogen werden, natürlich nicht zu viel, denn durch richtiges Anziehen gewinnt die Arbeit sehr an Ansehen. So wie man einen dicken Faden bei dieser Spitze in der Mitte auflegen kann, so kann man auch 1 Faden an der rechten und linken Seite des Bandes mit einarbeiten, wie es Abb. 39 zeigt. Hierzu gibt Abb. 41 den Klöppelbrief. Da die Ausführung des Bändchens stets die gleiche ist, erübrigt sich die eingehende Beschreibung des Musters. Abb. 40 zeigt Blättchen als Verbindung; diese werden nicht sogleich miteingearbeitet, son-

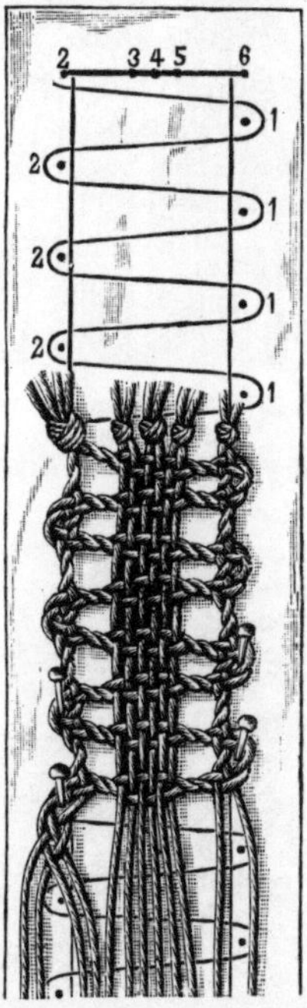

36. Glattes Leinenschlag-Bändchen. Mit sechs Klöppelpaaren hergestellt

dern erst nach der Fertigstellung eines Musterteils zwischen den Bändern eingefügt.

Abb. 43. Rosette in Bandklöppelei. Abb. 43 zeigt eine Rosette in Bandklöppelei, die mit 6 Klöppelpaaren hergestellt wird. Als Material verwendet man Klöppelzwirn Nr. 30. Außerdem ist die Rosette in jeder Farbe zu arbeiten und läßt sich als Kleiderbesatz sehr gut benutzen; außerordentlich hübsch wirkt sie, wenn man bei Benutzung von schwarzer Seide, einen Klöppel, resp. auch beide des außen herumgehenden Paares mit Waschgold bewickelt. — Man bewickelt sechs Klöppel mit dem Arbeitsfaden; dann mißt man von jedem Klöppel ein Meter ab und wickelt dies auf einen leeren Klöppel, so daß zwei Klöppel ohne Knoten zusammen hängen. Hat man so alle sechs Paare bewickelt, steckt man auf Pt. 1 eine N., hängt 2 P. darüber und arbeitet Fl. mit Pkt. bis Pt. 2. — Bei a, b, c steckt man drei Nadeln, hängt über jede Nadel 1 P., sodann 1 P. über eine N. in Pt. 3. / — Zwischen die Flechtenpaare steckt man 1 N. in Pt. 2 / und schließt die N. mit L., * klöppelt das r. P. in L. durch die P. von Pt. a, b, c, dreht das Durchgangspaar (d. h. das Paar, das hin- und her arbeitet), arbeitet mit diesem P. und dem P. von Pt. 3 L., zieht die N. aus Pt. 3 und steckt sie zwischen den zuletzt benutzten P. wieder in Pt. 3 / u. schließt die N. mit L. — Durchgangspaar (d. h. D.-P.) 1 × dr., mit L. durch 4., 3. u. 2. P.; 1. P. u. D.-P. dr., kr., dr., kr., N. in Pt. 4. / dr., kr., dr., kr.; D.-P. dr., L. durch 2., 3. u. 4. P.; 5. u. 6. P. dr., kr., dr., kr., N. in Pt. 5, / dr., kr., dr. kr. D.-P. dr., mit L. durch 4., 3. u. 2. P., N. in Pt. 6 / D.-P. mit L. zurück durch 2., 3. u. 4. P., D.-P. u. 6. P. dr., kr., dr., kr. N. in Pt. 7 / dr., kr., dr., kr. D.-P. dr. mit L. durch 4., 3. u. 2. P.; 1. u. 2. P. dr., kr., dr., kr., N. rechts neben die beiden Paare in Pt. 8. / 2. P. dr., mit L. durch die drei folgenden P.; D.-P. u. 6. P. dr., kr., dr., kr. N. in Pt. 9 / dr., kr., dr., kr.; D.-P. dr., mit L. durch 4., 3. u. 2. P. N. in Pt. 10, / D.-P. mit L. durch 2. bis 4. P.; D.-P. u. 6. P. dr., kr., dr., kr., N. in Pt. 11, / dr., kr., dr., kr. D.-P. dr. mit L. durch 4. bis 2. P.; 1. u. D.-P. dr., kr., dr., kr., N. in Pt. 12, / dr., kr., dr., kr. — D.-P. dr., mit L. durch 2. bis 4. P., D.-P. dr.; D.-P. u. 6. P. dr., kr., dr., kr. N. in Pt. 13, / dr., kr., dr., kr.; D.-P. dr., mit L. durch 4. bis 2. P., D.-P. u. 1. P. dr., kr., dr., kr., N. in Pt. 14. / Mit beiden P. Fl. mit Pkt. bis Pt. 15 u. N. in Pt. 15, / Fl. mit Pkt. zurück bis Pt. 14. Nun nimmt man eine Häkelnadel, zieht die N. aus Pt. 14, steckt an derselben Stelle die Häkelnadel hindurch, zieht den nächstliegenden Faden der Fl. hindurch, so daß eine Schlinge entsteht, durch diese steckt man den andern Klöppel der Fl., zieht das P. an u. steckt die Nadel wieder in Pt. 14. / Nun wiederholt sich die Arbeit vom *. Bei der letzten Fl., die zur Mitte der Rosette führt, macht man je 1 Fl.

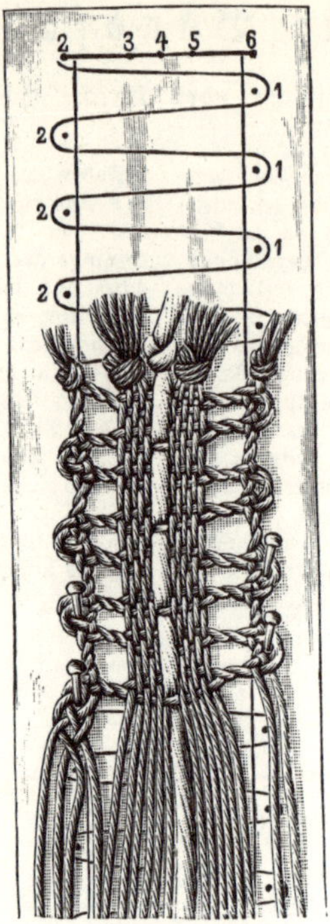

37. Leinenschlagbändchen mit Einlagefaden
Mit 9 Klöppelpaaren hergestellt

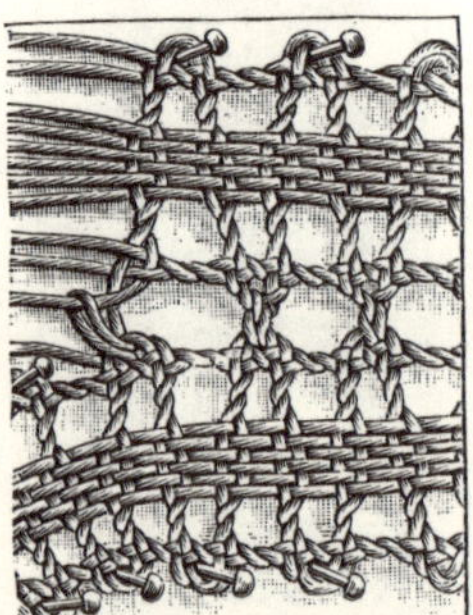
38. Das Vereinigen („Heften") von zwei Bandstreifen

39. Bandspitze mit farbigen Konturfäden und Verbindungsfiguren aus gedrehten Fäden, die an der Kreuzungsstelle durch „Heften" vereinigt sind, siehe das „Heften" Abb. 40 Mähren, „modern". Zwei Bändchen mit je sechs Klöppelpaaren und zwei Konturfäden hergestellt Klöppelbrief (Aufwinde) Abb. 41

Schlag u. schlingt mit der Häkelnadel je durch 1 Fl. Schlinge; dann führt man die Fl. bis Pt. 2 u. verknotet die Fäden. Die Fäden der Bandlinie u. des äußeren Randpaares zieht man je durch die vorliegenden Schlingen des Anfanges, verknotet die Fäden oder zieht die Fäden mit der Nähnadel in der Bandlinie durch.

Die Gipürespitze

Gipürespitzen nennt man die Spitzenart, bei der die verschiedenen Schläge untereinander verbunden sind und vorwiegend Blättchen vorkommen. Die Blättchen bilden, in Gruppen zusammengestellt, kleine Sterne oder die einzelnen Verbindungen. Dekorativ wirken die Blättchen, wenn sie in Netz- oder Leinenschlaggrund aufgelegt sind. Abb. 46 zeigt eine Spitze mit Blättchenverbindung an Stelle der Flechten; man arbeitet mit 22 Klöppelpaaren und vereinigt Leinen- und Netzschlag, Flechten, Blättchen und Pikots. Hierzu der Klöppelbrief, Abb. 45. — Sehr wirkungsvoll ist der Einsatz, Abb. 48, der nach einer altitalienischen Vorlage angefertigt ist. Die aufliegenden Blättchen entstehen, indem man aus dem L. 4 Kl. nimmt, mit diesen eine Musche klöppelt, also ein kl. Viereck, und dieses wieder mit in den L. hineinarbeitet. Abb. 49 zeigt die Ausführung stark vergrößert. Um das kleine Viereck schön erhaben machen zu können, legt man ein

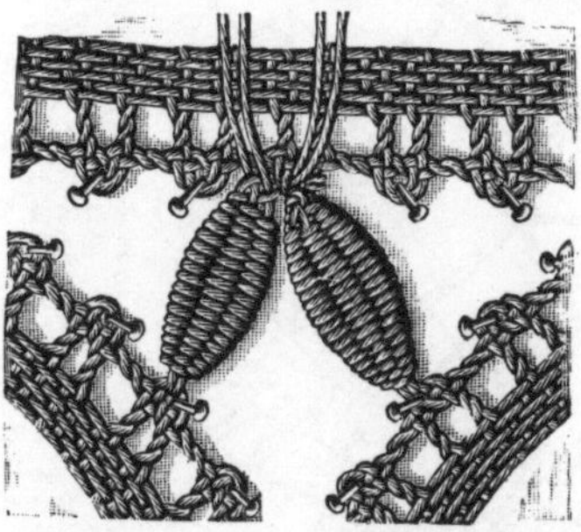

40. Einzeln auszuführende Formenschlag-Blättchen, als Verbindungsfiguren geeignet. Je ein Bändchen mit zwei geschlossenen Hilfsklöppelpaaren hergestellt. Links ist das vollendete Blättchen bereits an einem gegenüberliegenden Pikot des Bändchens angeknüpft. Rechts wird das Durchziehen der Fadenenden durch das Pikot gezeigt. Dann sind die Fadenenden zu verknoten

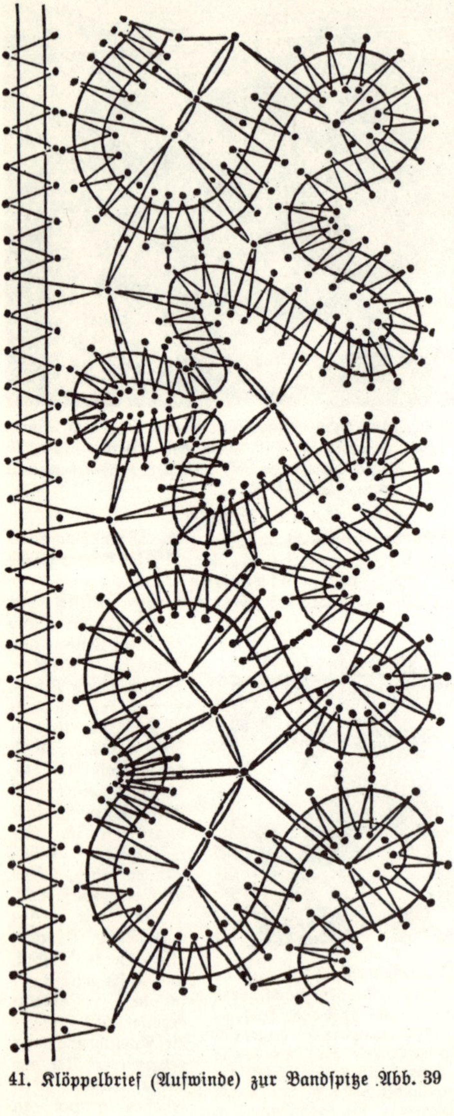

41. Klöppelbrief (Aufwinde) zur Bandspitze Abb. 39

feines Stäbchen unter die Musche und entfernt das Stäbchen nach vollendetem L. Abb. 49 zeigt das erste Viereck mit vollendeter, eingearbeiteter Musche; die linksseitige Musche ist vollendet, liegt aber noch frei, während das rechtsseitige Viereck den Beginn der Musche zeigt. Abb. 47 gibt den Klöppelbrief zum Einsatz.

Mit Abb. 50 zeigen wir eine Gipürespitze mit Eckbildung. Man braucht zur Herstellung DMC-Leinengarn Nr. 50 und 14 Paar Klöppel. Nadel a, b und c gehören nicht zum Klöppelbrief, sondern dienen nur zum Anhängen der Klöppel.

Man hängt auf N. a 3 P. Kl., auf N. 1 kommen 4 P., auf N. 2 und N. b je 2 P., auf N. c 1 P., und auf N. 3 befestigt man 2 P. Kl.

Mit dem 1. P. (l. Arbp.) L. durch 6 P., 3 × dr., L. durch die 2 P. auf N. 2, 3 × dr. und hängen lassen.

Mit dem P. von N. c (r. Arbp.) L. durch die 2 P. von N. b, die als passive Längspaare ohne Unterbrechung um die ganze Spitze laufen; r. und l. Arbp. kr., N. in Pt. 4, / zuklöppeln, l. Arbp. 3 × dr., L. durch 8. und 7. P., 3 × dr., L. durch 6., 5., 4., 3., 2. und 1. P., N. in Pt. 5, / L. durch 4 P., N. in Pt. 6, / L. durch 4 P., N. in Pt. 7, / L. durch dieselben P., N. in Pt. 8, / L. durch 4 P., N. in Pt. 9, / L. durch 2 P., N. in Pt. 10, / L. durch 2 P., N. in Pt. 11, / L. durch 2 P., Arbp. hängen lassen.

Bl. arb.: Mit den 2 P. an N. 2, Bl. a, mit den 2 P. an N. 1, Bl. b, mit den 2 P. an N. 8, Bl. c.

Mit den 2 P. auf N. 3 Fl. mit Pkt., die die Randbogen bildet. Mit dem r. Arbp. an N. 4 L. durch die 2 passiven Längsp., N. in Pt. 12, / L. durch dieselben P. zurück, N. in Pt. 13, / L. durch dieselben P. nach Pt. 14, Rdfl. arb., Arbp. mit dieser kr., N. in Pt. 14, / zuklöppeln, L. bis durch Bl. a, N. in Pt. 15, / L. durch

4 P., N. in Pt. 16, / L. bis durch Bl. b, N. in Pt. 17, / L. durch 6 P. nach Pt. 18, Rdfl. arb., Arbp. mit dieser kr., N. in Pt. 18, / zuklöppeln, L. bis durch Bl. c, N. in Pt. 19, / L. durch 8 P. nach Pt. 20, Rdfl. arb., Arbp. mit dieser kr., N. in Pt. 20, / zuklöppeln, L. durch 8 P., einmal dr., mit dem l. Arbp. kr., N. in Pt. 21, / zuklöppeln, sämtliche Längsp. einmal dr., r. Arbp. einmal dr., L. durch 8 P. nach Pt. 22, Rdfl. arb., Arbp. mit dieser kr., N. in Pt. 22, / zuklöppeln, L. durch 8 P., N. in Pt. 23, / L. durch 8 P. nach Pt. 24, Rdfl. arb., Arbp. mit dieser kr., N. in Pt. 24, / zuklöppeln, L. durch 6 P., N. in Pt. 25, / L. durch 6 P., N. in Pt. 26, L. durch 4 P., N. in Pt. 27, / L. durch 4 P., Rdfl. arb., Arbp. mit dieser kr., N. in Pt. 28, / zuklöppeln, L. durch 4 P., N. in Pt. 29. / Über dieselbe N. hängt man 2 P. für Bl. 3 ein. L. durch 4 P., Rdfl. arb., Arbp. mit dieser kr., N. in Pt. 30, / zuklöppeln, L. durch 4 P., N. in Pt. 31, / L. durch 4 P., N. in Pt. 32, / L. durch 4 P. nach Pt. 33, Arbp. hängen lassen.

Mit den je 2 P. an N. 23, 25 und 29 die Bl. 1, 2 und 3 arbeiten.

Mit dem l. Arbp. an N. 21 L. durch 2 P., N. in Pt. 34, / L. durch 2 P., N. in Pt. 35, / L. durch 2 P., N. in Pt. 36, / L. bis durch Bl. 1, N. in Pt. 37, / L. durch 4 P., N. in Pt. 38, / L. durch dieselben P., 3× dr., L. durch Bl. 2, N. in Pt. 50 / (wenn das Arbp. Bl. kr., steckt man die N. stets unter das Arbp. in die Mitte der 2 P. des Bl.), 3× dr., L. durch Bl. 3, N. in Pt. 51, / 3× dr. und mit dem r. Arbp. kr., N. in Pt. 33, / zuklöppeln, l. Arbp. hängen lassen. Mit dem r. Arbp. L. durch 4 P. nach Pt. 39, Rdfl. arb., Arbp. mit dieser kr., N. in Pt. 39, / zuklöppeln, L. durch 4 P., N. in Pt. 40, / L. durch 4 P., Rdfl. arb., Arbp. mit dieser kr., N. in Pt. 41, / zuklöppeln, L. durch 3 P., N. in Pt. 42, / L. durch 3 P., Rdfl. arb., Arbp. mit dieser kr., N. in Pt. 43, / zuklöppeln, L. durch 3 P., N. in Pt. 44, / L. durch 3 P. nach Pt. 45, Rdfl. arb., Arbp. mit dieser kr., N. in Pt. 45, / zuklöppeln, L. durch 4 P., N. in Pt. 46, / L. durch 4 P. nach Pt. 47, Rdfl. arb., Arbp. mit dieser kr., N. in Pt. 47, / zuklöppeln, L. durch 4 P., mit dem l. Arbp., das an N. 33 hängt, kr., N. in Pt. 48, / zuklöppeln, r. Arbp. hängen lassen; Arbp. 3× dr., L. durch die 2 P. von Bl. 3, 3× dr., L. durch die nächsten 2 P., 3× dr., L. durch die folgenden 4 P., N. in Pt. 49, / L. durch 4 P., N. in Pt. 52, / L. durch 4 P., N. in Pt. 53, / L. durch 2 P., N. in Pt. 54, L. durch 2 P., N. in Pt. 55, L. durch 2 P., Arbp. hän-

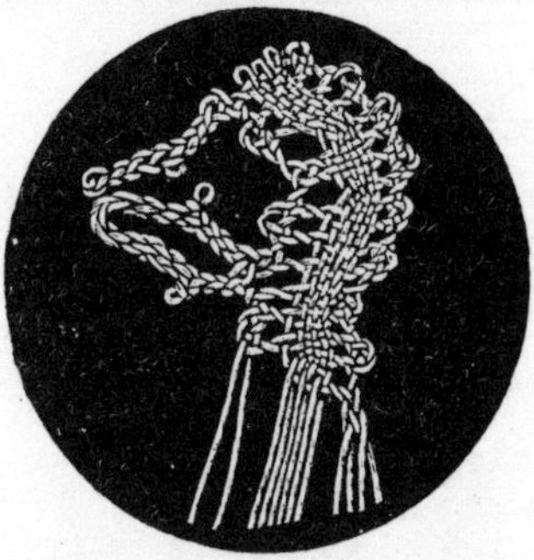

42. Arbeitsprobe zur Rosette Abb. 43

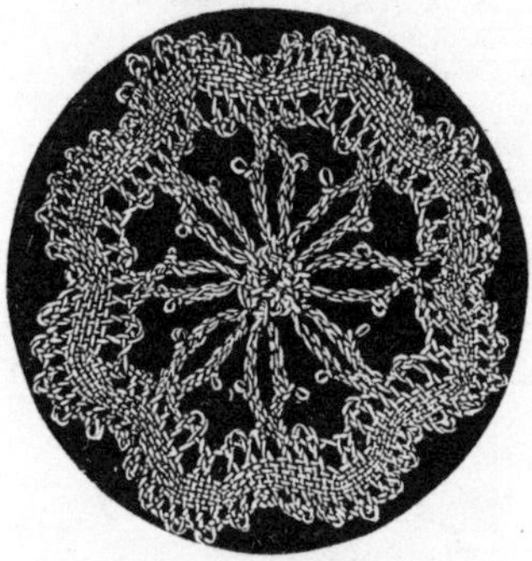

43. Rosette, mit 6 Klöppelpaaren zu arbeiten. Arbeitsprobe Abb. 42. Klöppelbrief Abb. 44

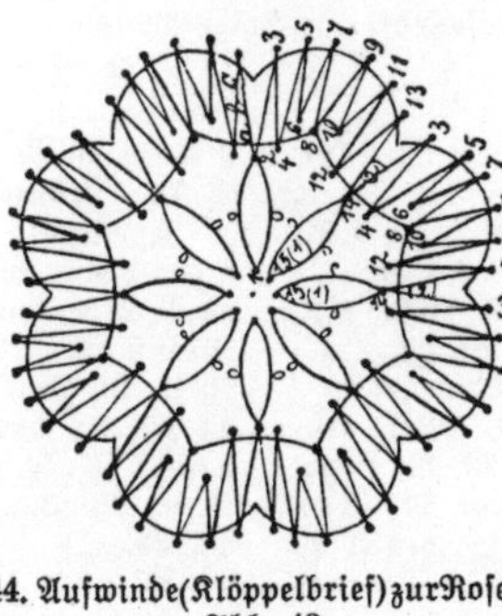

44. Aufwinde (Klöppelbrief) zur Rosette Abb. 43

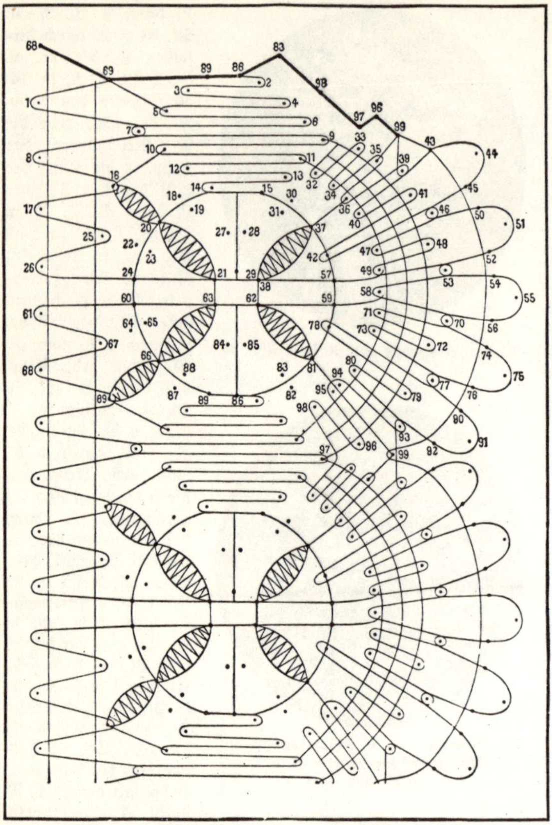

45. Klöppelbrief (Aufwinde) zur Spitze Abb. 46

gen lassen. Mit den je 2 P., die an N. 37, 50 und 51 hängen, Bl. 4, 5 und 6 arb. Mit dem r. Arbp. an N. 48 L. durch 4 P., N. in Pt. 56, / L. durch 4 P., N. in Pt. 57, / L. durch 4 P. nacht Pt. 58, Rdfl. arb., Arbp. mit dieser kr., N. in Pt. 58, / zuklöppeln, L. bis durch Bl. 6, N. in Pt. 59, / L. durch 6 P. nach Pt. 60, Rdfl. arb., Arbp. mit dieser kr., N. in Pt. 60, / zuklöppeln, L. durch 4 P., N. in Pt. 61. / Die jetzt noch an N. 59 hängenden 2 P. abschneiden und sorgfältig vernähen. L. durch 4 P., N. in Pt. 62, / L. bis durch Bl. 5, N. in Pt. 63, / L. durch 6 P. nach Pt. 64, Rdfl. arb., Arbp. mit dieser kr., N. in Pt. 64, / zuklöppeln, L. bis durch Bl. 4, N. in Pt. 65, / L. durch 8 P. nach Pt. 66, Rdfl. arb., Arbp. mit dieser kr., N. in Pt. 66, / zuklöppeln, L. durch 8 P. nach Pt. 67, 1 × dr., mit dem l. Arbp. kr., N. in Pt. 67*, / zuklöppeln. Sämtliche Längsp. 1 × dr., r. Arbp. 1 × dr., L. durch 8 P. nach Pt. 68, Rdfl. arb., Arbp. mit dieser kr., N. in Pt. 68, / zuklöppeln, L. durch 8 P., N. in Pt. 69, / L. durch 8 P. nach Pt. 70, Rdfl. arb., Arbp. mit dieser kr., N. in Pt. 70, / zuklöppeln, L. durch 6 P., N. in Pt. 71, / L. durch 6 P., N. in Pt. 72, / L. durch 4 P., N. in Pt. 73, / L. durch 4 P. nach Pt. 74, Rdfl. arb., Arbp. mit dieser kr., N. in Pt. 74, / zuklöppeln, L. durch 2 P., N. in Pt. 75, / L. durch 2 P., N. in Pt. 76, / L. durch 2 P., Arbp. hängen lassen.

Je mit den P. an N. 69, 71 und 73 arbeitet man Bl. d, e, f. Mit dem l. Arbp. an N. 67 L. durch 2 P., N. in Pt. 77, / L. durch 2 P., N. in Pt. 78, / L. durch 2 P., N. in Pt. 79, / L. bis durch Bl. d, N. in Pt. 80, / L. durch 4 P., N. in Pt. 81, / L. durch 4 P., N. in Pt. 82, / L. durch 4 P., N. in Pt. 83, / L. bis durch Bl. e, N. in Pt. 84, / 3 × dr., L. durch Bl. f, N. in Pt. 85, / 3 × dr., mit dem r. Arbp. kr., N. in Pt. 86, / zuklöppeln, r. Arbp. hängen lassen, l. Arbp. 3 × dr., L. zurück durch Bl. f, 3 × dr., L. durch 6 P., N. in Pt. 87, / L. durch 4 P., N. in Pt. 88, / L. durch 4 P., N. in Pt. 89, / L. durch 4 P., N. in Pt. 90, / L. durch 4 P., N. in Pt. 91, / L. durch 2 P., N. in Pt. 92, / L. durch 2 P., N. in Pt. 93, / L. durch 2 P., Arbp. hängen lassen.

Mit den je 2 P. an N. 85, 84 und 90 Bl. a, b, c arbeiten.

Mit dem r. Arbp. an N. 86 L. durch 2 P., N. in Pt. 94, / L. durch 2 P., N. in Pt. 95, / L. durch 2 P. nach Pt. 96, Rdfl. arb., Arbp. mit dieser kr., N. in Pt. 96, / L. bis durch Bl. a, N. in Pt. 97, / L. durch 4 P., N. in Pt. 98, / L. bis durch Bl. b, N. in Pt. 99, / L. durch 6 P. nach Pt. 100, Rdfl. arb., Arbp. mit dieser kr., N. in Pt. 100, / zuklöppeln, L. bis durch Bl. c, N. in Pt. 101, / L. durch 8 P. nach Pt. 102, Rdfl. arb., Arbp. mit dieser kr., N. in Pt. 102, / zuklöppeln, L. durch 8 P., 1 × dr., mit dem l. Arbp. kr., N. in Pt. 103. / Vom * wiederholen.

Abb. 53. Aufwinde (Klöppelbrief) zur geklöppelten Randspitze (Abb. 52). Material: Leinenzwirn Nr. 30. 13 Klöppelpaare. Auf Pt. a 3 P., Pt. b 4 P., Pt. c 2 P., Pt. d 4 P. Klöppel anhängen. Die Paare werden von links nach rechts gezählt. Von * zu * wiederholt sich das Muster. — 2. u. 3. P. Dsch., * (4. P. 2 × dr.), 3. u. 4. P. H., N. in Pt. 1, / 3. u. 4 P. H., (5. P. 2 × dr.), 4. u. 5. P. H.; N. in Pt. 2, / 4. u. 5. P. L. (7. P. 2 × dr.), 7. u 8. P. L.; N. in Pt. 3, / 7. u. 8. P. L., 8. u. 9. P. L. (10. P. 2 × dr.), 9. u. 10. P. L.; N. in Pt. 4, / 9. u. 10. P. L., 8. u. 9. P. L., 7. u. 8. P. L. (6. P. 2 × dr.), 6. u 7. P. L.; N. in Pt. 5, / 6. u. 7. P. L., 7. u. 8. P. L., 8. u. 9. P. L., 9. u. 10. P. L., (11. P. 2 × dr.), 10. u. 11. P. L.; N. in Pt. 6, / 10. u. 11. P. L., 9. u. 10. P. L., 8. u. 9. P. L., 7. u. 8. P. L.; N. in Pt. 7, / 7. u. 8. P. L., 8. u. 9. P. L., 9. u. 10. P. L.; N. in Pt. 8, / 9. u. 10. P. L., 8. u. 9. P. L.; N. in Pt. 9, / 8. u. 9. P. L., — 12. u 13. P. 3 × Fl., N. in Pt. 10, / 12. u. 13. P. 2 × Fl.; N. in Pt. 11, / 12. u. 13. P. 2 × Fl.; N. in Pt. 12, / 12. u.

46. Spitze mit Vierecken in Netzschlag, durchbrochenen Bogen mit Zacken und Verbindungsfiguren in Flechten- und Formenschlag
Nach Art der Maltesersspitzen. Modern. Mit 22 Klöppelpaaren hergestellt. Klöppelbrief Abb. 45

47. Klöppelbrief (Aufwinde) zu Abb. 48
Arbeitsprobe Abb. 49

13. P. 3× Fl. — (11. P. 2× dr.), 11. u. 12. P. L. (10. P. 2× dr.), 10. u. 11. P. L.; N. in Pt. 13, / 10. u. 11. P. L., 11. u. 12. P. L. — 2. u. 3. P. Dsch. (1. P. 2× dr.), 1. u. 2. P. Dsch.; N. in Pt. 14, / neben das 1. u. 2. P. (der übliche Randschlag), 2. u. 3. P. Dsch., 3. u. 4. P. H.; N. in Pt. 15, / 3. u. 4. P. H. — Die von Pt. 15, 2, 5 u. 7 kommenden Paare je 2× dr. und bei Pt. 16 / zu einer Spinne vereinigen. — 2. u. 3. P. Dsch. (1. P. 2× dr.), 1. u. 2. P. Dsch.; N. in Pt. 17 / neben das 1. u. 2. P., 2. u. 3. P. Dsch. — * (4. P. 2 × dr.), 3. u. 4. P. H.; N. in Pt. 18, / 3. u. 4. P. H. (5. P. 2× dr.). 4. u. 5. P. H.; N. in Pt. 19, / 4. u. 5. P. L. — (7. P. 2× dr.), 7. u. 8. P. L.; N. in Pt. 20, / 7. u. 8. P. L., 8. u. 9. P. L. (10. P. 2× dr.), 9. u. 10. P. L.; N. in Pt. 21, / 9. u. 10. P. L., 8. u. 9. P. L., 7. u. 8. P. L. (6. P. 2 × dr.), 6. u. 7. P. L.; N. in Pt. 22, / 6. u. 7. P. L., 7. u. 8. P. L., 8. u. 9. P. L., 9. u. 10. P. L. (11. P. 2× dr.), 10. u. 11. P. L.; N. in Pt. 23, / 10. u. 11. P. L., 9. u. 10. P. L., 8. u. 9. P. L., 7. u. 8. P. L.; N. in Pt. 24, / 7. u. 8. P. L., 8. u. 9. P. L., 9. u. 10. P. L.; N. in Pt. 25, / 9. u. 10. P. L., 8. u. 9. P. L.; N. in Pt. 26, / 8. u. 9. P. L. — 12. u. 13. P. 3 × Fl.; N. in Pt. 27, / 12. u. 13. P. 2 × Fl.; N. in Pt. 28, / 12. u. 13. P. 2 × Fl.; N. in Pt. 29, / 12. u. 13. P. 3× Fl. — (11. P. 2× dr.), 11. u. 12. P. L. (10. P. 2× dr.), 10. u. 11. P. L.; N. in Pt. 30, / 10. u. 11. P. L., 11. u. 12. P. L. — 2. u. 3. P. Dsch. (1. P. 2× dr.), 1. u. 2. P. Dsch.; N. in Pt. 31 / neben das 1. u. 2. P., 2. u. 3. P. Dsch., 3. u. 4. P. H.; N. in Pt. 32, / 3. u. 4. P. H. — Die von Pt. 32, 19, 22 u. 24 kommenden Paare je 2× dr. und bei Pt. 33 / zu einer Spinne vereinigen. — (7. P. 2× dr., 7. u. 8. P. L.; N. in Pt. 34, / 7. u. 8. P. L., 8. u. 9. P. L. (10. P. 2× dr.), 9. u. 10. P. L.; N. in Pt. 35, / 9. u. 10. P. L., 8. u. 9. P. L., 7. u. 8. P. L. (6. P. 2 × dr.), 6. u. 7. P. L.; N. in Pt. 36, / 6. u. 7. P. L., 7. u. 8. P. L., 8. u. 9. P. L., 9. u. 10. P. L. (11. P. 2× dr.), 10. u. 11. P. L.; N. in Pt. 37, /

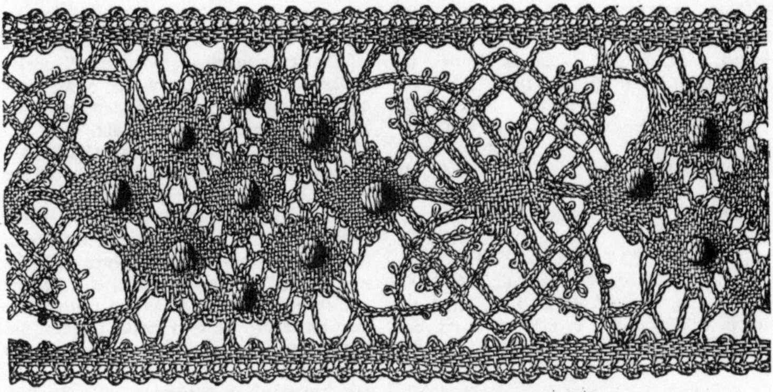

48. Einsatz aus Leinenschlag-Figuren mit Formenschlag-Muschen und Rosetten in Flechtenschlag mit Pikots
Kopie einer italienischen Arbeit aus dem 17. Jahrhundert. Mit 30 Klöppelpaaren hergestellt
Arbeitsprobe Abb. 49. Klöppelbrief (Aufwinde) Abb. 47

10, u. 11. P. L., 9. u. 10. P. L., 8. u. 9. P. L., 7. u. 8. P. L.; N. in Pt. 38, / 7. u. 8. P. L., 8. u. 9. P. L., 9. u. 10. P. L.; N. in Pt. 39, / 9. u. 10. P. L., 8. u. 9. P. L.; N. in Pt. 40, / 8. u. 9. P. L. — 12. u. 13. P. 3 × Fl.; N. Pt. 41, / 12. u. 13. P. 2 × Fl.; N. in Pt. 42, / 12. u. 13. P. 2 × Fl.; N. in Pt. 43, / 12. u. 13. P. 3 × Fl., 10. u. 11. P. 3 × Fl.; N. in Pt. 44 / u. 45, / 10. u. 11. P. 3 × Fl., 10. u. 11. P. u. 12. u. 13. P. L.; N. in Pt. 46, / 12. u. 13. P. 3 × Fl.; N. Pt. 47, / 12. u. 13. P. 2 × Fl.; Fl.; N. in Pt. 47, / 12. u. 13. P. 2 × Fl.; N. in Pt. 48, / 12. u. 13. P. 2 × Fl.; N. in Pt. 49, / 12. u. 13. P. 2 × Fl.; N. in Pt. 50, / 12. u. 13. P. 3 × Fl. — 10. u. 11. P.

49. Ausführung der erhabenen Formenschlag-Muschen in Leinenschlag-Grund z. Einsatz Abb. 48

3 × Fl.; N in Pt. 51 / u. 52, / 10. u. 11. P. P. L.; N. in Pt. 53, / 9. P. u. 10. u. 11. P. L., 10. u. 11. P. 3 × Fl.; N. in Pt. 54 / u. 55, / 10. u. 11 P. 3 × Fl., 10. u. 11. P. u. 12. u. 13. P L.; N. in Pt. 56, / 10. u. 11. P. 3 × Fl.; N. in Pt. 57 / u. 58, / 10. u. 11. P. 3 × Fl. — (8. P. 1 × dr., 9. P. 1 × dr.), 8. u. 9. P. L.; N. in Pt. 59, / 8. u. 9. P. L (7. P. 1 × dr.), 7. u. 8. P. L.; N. in Pt. 60, / 7. u. 8. P. L., 8. u. 9. P. L. (10. P. 1 × dr.), 9. u. 10. P L.; N. in Pt. 61, / 9. u. 10. P. L., 8. u. 9. P. L., 7. u. 8. P. L. (6. P. 1 × dr.), 6. u. 7. P. L.; N. in Pt. 62, / 6. u. 7. P. L., 7. u. 8. P. L., 8. u. 9. P. L., 9. u. 10. P. L. (11. P. 1 × dr.), 10. u. 11. P. L.; N. in Pt. 63, / 10. u. 11. P. L., 9. u. 10. P. L., 8. u. 9. P. L., 7. u. 8. P. L.; N. in Pt. 64, / 7. u. 8. P. L., 8. u. 9. P. L., 9. u. 10. P. L.; N. in Pt. 65, / 9. u. 10. P. L., 8. u. 9. P. L.; N. in Pt. 66, / 8. u. 9. P. L. — Die von Pt. 33, 62 u. 64 kommenden 4 Paare je 2 × dr. und bei Pt. 67 / zu einer Spinne vereinigen. — (4. P. 2 × dr.) 3. u. 4. P. H.; N. in Pt. 68, / 3. u. 4. P. H., 2. u. 3. P. Dsch. (1. P. 2 × dr.), 1. u. 2. P. Dsch.; N. in Pt 69, / neben das 1. u. 2. P., 2. u. 3. P. Dsch. (5. P. 2 × dr.), 4. u. 5. P. H.; N. in Pt. 70, / 4. u. 5. P. H., 3. u. 4. P. H.; N. in Pt. 71, / 3. u. 4. P. H., 2. u. 3. P. Dsch. (1 in P. 2 × dr.), 1. u. 2. P. Dsch.; N. in Pt. 72 / neben das 1. u. 2. P., 2. u. 3. P. Dsch. — 12. u. 13. P. 3 × Fl.; N. in Pt. 73, / 12. u. 13. P. 2 × Fl.; N. in Pt. 74, / 12. u. 13. P. 2 × Fl.; N. in Pt. 75, / 12. u. 13. P. 3 × Fl. — (11. P. 2 × dr.) 11. u. 12. P. L. (10. P. 2 × dr.), 10. u. 11. P. L.; N. in Pt. 76, / 10. u. 11. P. L., 11. u. 12. P. L. — (7. P. 2 × dr.) 7. u. 8. P. L.; N. Pt. 77, / 7. u. 8. P. L., 8. u. 9. P. L. (9. P. 2 × dr.), 9. u. 10. P. L.; N. in Pt. 78, / 9. u. 10. P. L., 8. u. 9. P. L., 7. u. 8. P. L. (6. P. 2 × dr.), 6. u. 7. P. L.; N. in Pt. 79, / 6. u. 7. P. L., 7. u. 8. P. L., 8. u. 9. P. L., 9. u. 10. P. L. (11. P. 2 × dr.), 10. u. 11. P. L.; N. in Pt. 80, / 10. u. 11. P. L., 9. u. 10. P. L., 8. u. 9. P. L., 7. u. 8. P. L.; N. in Pt. 81, / 7. u. 8. P. L., 8. u. 9. P. L., 9. u. 10. P. L.; N. in Pt. 82, / 9. u. 10. P. L., 8. u. 9. P. L.; N. in Pt. 83, / 8. u. 9. P. L. — Die von Pt. 71, 70, 79 u. 81 kommenden 4 Paare werden je 2 × gedr. und bei Pt. 84 / zu einer Spinne vereinigt —, 12. u. 13. P. 3 × Fl.; N. in Pt. 85, / 12. u. 13. P. 2 × Fl.; N. in Pt. 86, / 12. u. 13. P. 2 × Fl.; N. in Pt. 87, / 12. u. 13. P. 3 × Fl. — (11. P. 2 × dr.) 11. u. 12. P. L. (10. P. 2 × dr.), 10. u. 11. P. L.; N. in Pt. 88 / 10. u. 11. P. L., 11. u. 12. P. L., * (4. P. 2 × dr.) 3. u. 4. P. H. usw.

Die rahmenartig zusammengeklöppelte Spitze wird am inneren Rande durch Langettenstich aus weißer Stickbaumwolle mit dem Batistfond zusammengenäht.

Abb. 54 u. 55. Aufwinde (Klöppelbrief) und Arbeitsprobe zur Randspitze Abb. 54. Arbeitsmaterial: DMC-Leinengarn Nr. 50 oder 60, 31 Paar Klöppel. Größe des Durchmessers: 18 cm. Für Klöppelarbeiten, bei denen Anfang und Ende zusammengearbeitet werden müssen, ist es nötig, darauf zu achten, daß man die Arbeit an der Stelle beginnt, wo das Zusammennähen am einfachsten ist und möglichst wenig sichtbar wird. Hier wird mit den Flechten begonnen. Die Kl. sind stets von l. nach r. zu zählen. Mit den 2 P. auf N. b einen Flechtschlag. Fl. von Pt. 2 nach Pt. 12, von Pt. 3 nach Pt. 13, von Pt. 4 nach Pt. 14, von Pt. 5 nach Pt. 15, von Pt. 6 nach Pt. 16, von Pt. 7 nach Pt. 17, von Pt. 8 nach Pt. 18, von Pt. 9 nach Pt. 19, von Pt. 10 nach Pt. 20. Von den 5 P. auf N. 11 bilden das 4. und 5. P. den Randbogen (Fl. mit je 3 Pkt.), 2. und 3. P. laufen als passive Längsp. um die ganze Spitze, das 1. P. ist das r. Arbp.) Mit dem r. Arbp. L. durch die 2 passiven P., N. in Pt. 21, L. bis durch die 9. Fl. (von l. nach r. gezählt) N. in Pt. 20, L. nach Pt. 22, Randbogen arb. und Arbp. mit diesem kr., N. in Pt. 22, L. bis durch die 8. Fl., N. in Pt. 19, L. nach Pt. 23, N. in Pt. 23, L. bis durch die 7. Fl., N. in Pt. 18, L. nach Pt. 24, den nächsten Randbogen arb., Arbp. mit diesem kr., N. in Pt. 24, L. bis durch die 6. Fl., N. in Pt. 17, L. nach Pt. 25, N. in Pt. 25, L. bis durch die 5. Fl., N. in Pt. 16. (Kreuzt man mit dem Arbp. Fl. oder Bl., steckt man die N. stets unter das Arbp. in die Mitte der Fl. oder des Bl.) Arbp. 3 × dr., L. durch die 4. Fl., N. in Pt. 15, 3 × dr., L. durch die 3. Fl., N. in Pt. 14, 3 × dr., L. durch die 2. Fl., N. in Pt. 13, 3 × dr., durch die 1. Fl., N. in Pt. 12, 3 × dr., durch die nächsten beiden P., 4 × dr. und hängen lassen. P. 1 ist Randp. Mit P. 2 L. durch 3., 4. u. 5. P., mit dem r. Arbp. kr. * N. in Pt. 26, zuklöppeln, L. zurück, Arbp. u. Randp. je 1 × dr., kr., N. r. neben beide P. in Pt. 27. Nun werden das Randp. Arbp., und das Arbp. Randp. Arbp. 1 × dr., L. durch 3 P. nach Pt. 28, N. in Pt. 28, L. zurück, Arbp. und

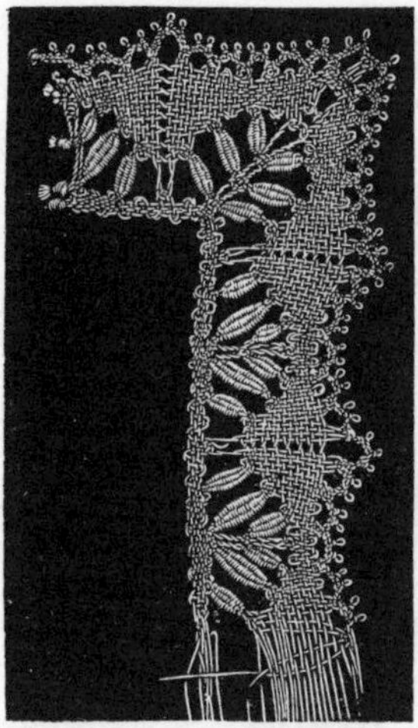

50. Gipürespitze mit Eckbildung
Modern
Mit 14 Klöppelpaaren hergestellt
Klöppelbrief (Aufwinde) Abb. 51
Modell von Gertrud Zschorsch, Nauen

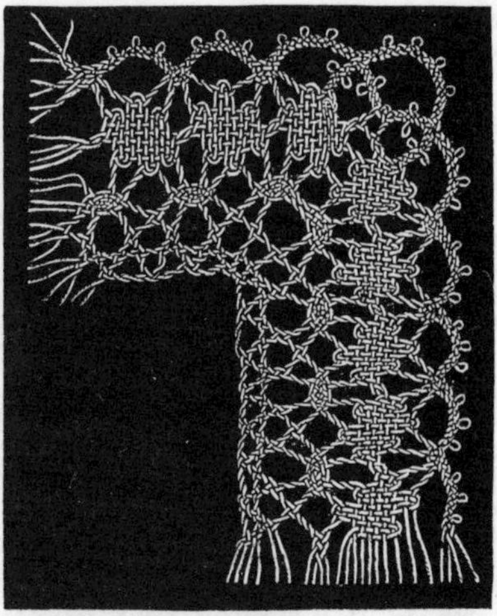

52. Geklöppelte Randspitze mit Eckbildung
Mit 13 Klöppelpaaren hergestellt. Klöppelbrief (Aufwinde) Abb. 53. Aus der Zeitschrift „Dies Blatt gehört der Hausfrau". Modell von S. Kittler, Magdeburg

Randp. je 1× dr., kr., N. in Pt. 29, r. neben beide P., L. nach Pt. 30, N. in Pt. 30, L. nach Pt. 31, Arbp. u. Randp. je 1× dr., N. in Pt. 31, Arbp. 1× dr., L. nach Pt. 32, hängen lassen. Das r. Arbp. an Pt. 26 4× dr., L. durch die nächsten 2 P., 3× dr., L. durch die 1. Fl., 3× dr., L. durch die 2. Fl., 3× dr., L. durch die 3. Fl., 3× dr., L. durch die 4. Fl., 3× dr., L. durch die nächsten 12 P. N. in Pt. 33, L. durch 10 P. nach Pt. 34, N. in Pt. 34, L.

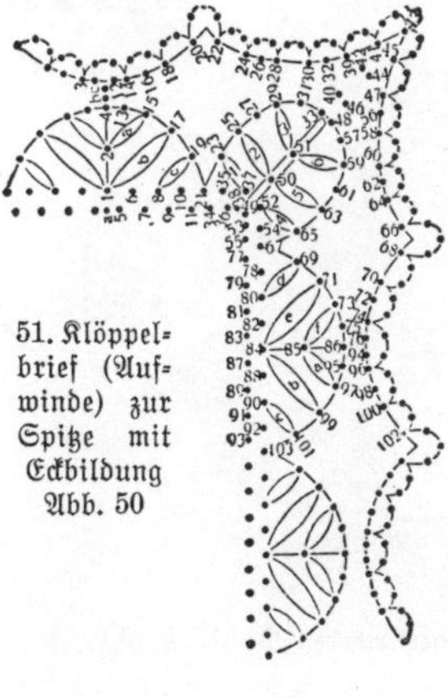

51. Klöppelbrief (Aufwinde) zur Spitze mit Eckbildung Abb. 50

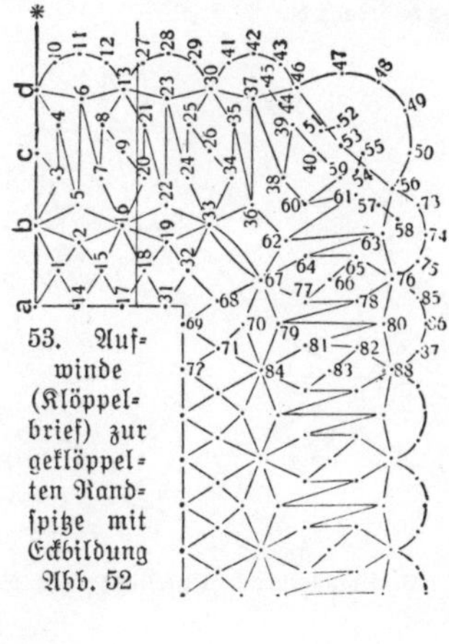

53. Aufwinde (Klöppelbrief) zur geklöppelten Randspitze mit Eckbildung Abb. 52

nach Pt. 35, Randbogen arb. und Arbp. mit diesem kr., R. in Pt. 35, L. durch 8 P. nach Pt. 36, R. in Pt. 36, L. nach Pt. 37, R. in Pt. 37, L. durch 6 P. nach Pt. 38, R. in Pt. 38, L. nach Pt. 39, Randbogen arb. u. Arbp. mit diesem kr., R. in Pt. 39, L. durch 4 P. nach Pt. 40, R. in Pt. 40, L. nach Pt. 41, R. in Pt. 41, L. durch die zwei passiven Längsp., r. Arbp. hängen lassen. Flechten arb. von Pt. 12, 13, 14, 15, 16, 34, 36, 38 u. 40 nach Pt. 42—50, R. in Pt. 42—50 in die Mitte der Fl. Mit dem P., das von R. b kommt, einen Flechtschlag arb. Das P. an Pt. 26 (mittleres Arbp.) 4 × dr., L. durch 8 P. nach Pt. 44, R. herausziehen und unter das Arbp. hinter die Fl. stecken, L. durch 8 P. nach Pt. 51, R. in Pt. 51, L. durch 14 P. nach Pt. 47, R. wie am P. 44, L. durch 12 P. (2 P. bleiben für Bl. a hängen) nach Pt. 52, R. in Pt. 52, L. durch 16 P. nach Pt. 49, R. wie an Pt. 44, L. durch 12 P. (4 P. bleiben für Bl. b u. c hängen) R. in Pt. 54, L. durch 14 P. nach Pt. 50, R. wie an Pt. 44, L. durch 12 P. (2 P. bleiben für Bl. d hängen) R. in Pt. 55, L. durch 13 P. (inkl. r. Arbp.) mittleres Arbp. hängen lassen. Randbogen arb., mit dem l. P. L. durch die 2 passiven Längsp., mit dem hängenden mittleren Arbtsp. kr., R. in Pt. 56, zuklöppeln und das P. durch

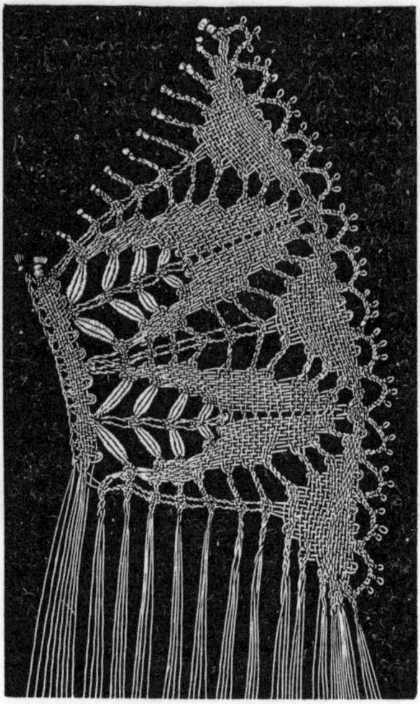

54. Arbeitsprobe (naturgroß) für die Klöppelarbeit zur Randspitze eines runden Deckchens. Klöppelbrief Abb. 55

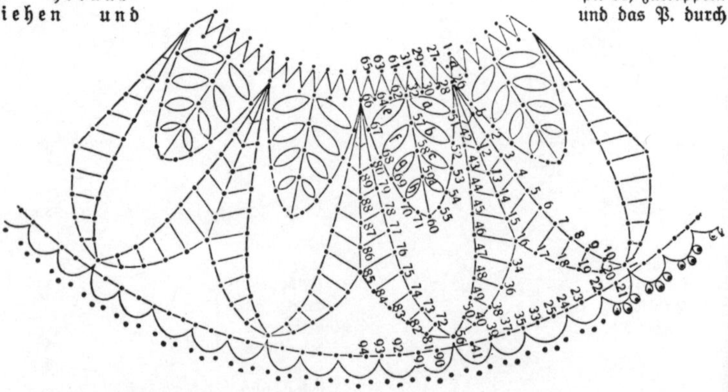

55. Klöppelbrief (Aufwinde) zur Randspitze des runden Deckchens Abb. 54

56. Karo in Formenklöppelei. Muster geeignet zur Verzierung von Decken, Kissen u. dgl. Modell aus dem Verein zur Hebung der Spitzenindustrie in Österreich, Wien Ausgeführt im k. k. Spitzenkurs, Wien

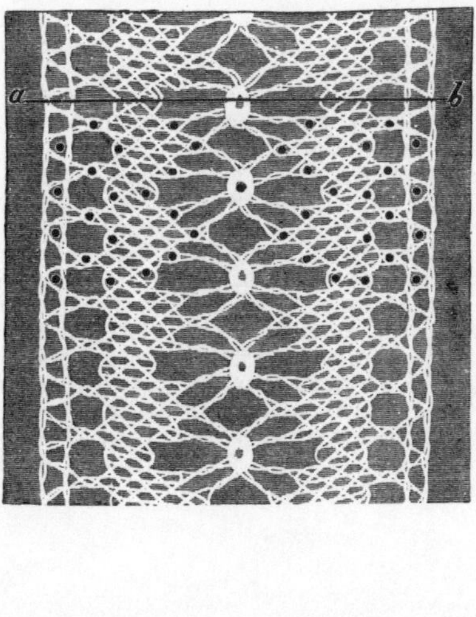

57. Lichtpause mit Richtlinie und Stecknadelpunkten versehen zum Einsatz Abb. 21

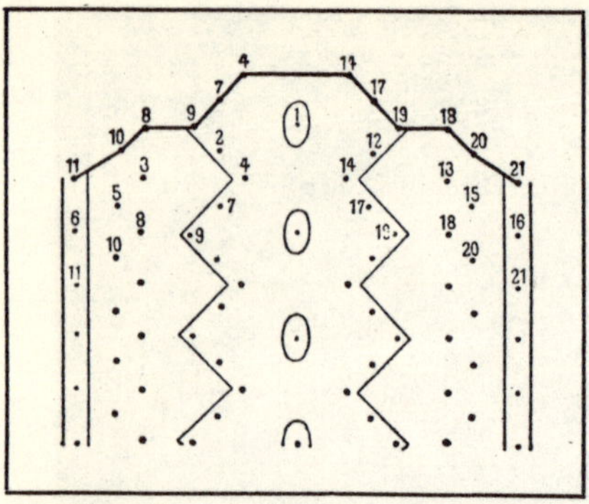

58. Klöppelbrief (Aufwinde) in Originalgröße
Hierzu die Herstellung Abb. 59, das Vergrößern Abb. 60, das Verkleinern Abb. 61

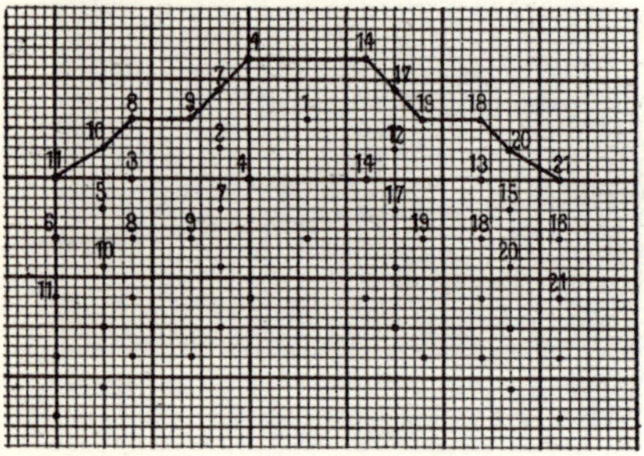

59. Auf Millimeterpapier übertragene Stecknadelpunkte des Klöppelbriefes Abb. 58

die 2 passiven Längsp. zum Randbogen zurückführen. Das r. u. mittlere Arbp. kr. u. hängen lassen. Bl. a, b, c u. d arb. Mit dem l. Arbp. L. durch Bl. a, N. in Pt. 32, 3 × dr., L. durch Bl. b, N. in Pt. 57, 3 × dr., L. durch Bl. c, N. in Pt. 58, 3 × dr., L. durch Bl. d, N. in Pt. 59, 3 × dr., mit dem 1. Längsp. kr., N. in Pt. 60, zuklöppeln, 3 × dr., L. durch Bl. d, 3 × dr., L. durch Bl. c, 3 × dr., L. durch Bl. b, 3 × dr., L. durch Bl. a und die nächsten 3 P., Arbp. u. Randp. je 1 × dr., kr., N. in Pt. 61, r. neben beide P.—2 P. 1 × dr., L. durch 3 P., N. in Pt. 62, L. zurück, Arbp. u. Randp. je 1 × dr., N. in Pt. 63, r. neben beide P.—2 P. 1 × dr., L. durch 3 P., N. in Pt. 64, L. zurück, Arbp. u. Randp. je 1 × dr., N. in Pt. 65, r. neben beide P., 2 P., 1 × dr., L. durch 3 P., hängen lassen. Blättchen arb.: Bl. e, N. in Pt. 67, Bl. f, N. in Pt. 68, Bl. g, N. in Pt. 69, Bl. h, N. in Pt. 70. (N. stets zwischen beide P.) Mit dem mittleren Arbp., das an Pt. 56 hängt, L. durch 12 P., die zuvor je 1 × gedreht werden, N. in Pt. 71, L. durch dieselben P., N. in Pt. 72, L. bis durch Bl. h, N. an Pt. 70 herausziehen und unter das Arbp. stecken, L. durch 12 P., N. in Pt. 73, L. bis durch Bl. g u. f, N. an Pt. 68 wie an Pt. 70, L. durch 12 P., N. in Pt. 75, L. bis durch Bl. e, N. an Pt. 67 wird an Pt. 70, L. durch 8 P., N. in Pt. 78, L. durch 8 P., Arbp. 4 × dr., mit dem l. Arbp. kr. u. hängen lassen. Mit dem 7. u. 8. P. 1 Flechtschlag. In Pt. 80, 79, 77, 76 u. 74 N. stecken zwischen je 2 P. — Fl. arb. von Pt. 72—80 nach Pt. bis 89. Mit dem l. Arbp. am Pt. 56 L. durch die zwei passiven Längsp., N. in Pt. 90, L. bis durch die letzte Fl. N. in Pt. 81, L. nach Pt. 91, Randbogen arb. u. Arbp. mit diesem kr., N. in Pt. 91, L. bis durch die nächste F., N. in Pt. 82, L. nach Pt. 92, N. in Pt. 92, L. bis durch die nächste Fl., N. in Pt. 83, L. nach Pt. 93, Randbogen arb., Arbp. mit diesem kr., N. in Pt. 93, L. bis durch die nächste Fl., N. in Pt. 84, L. nach Pt. 94, N. in Pt. 94, L. bis durch die 5. Fl., N. in Pt. 85, 3 × dr., L. durch die 4. Fl., N. in Pt. 86, 3 × dr., L. durch die 3. Fl., N. in Pt. 87, 3 × dr., L. durch die 2. Fl., N. in Pt. 88, 3 × dr., L. durch die 1. Fl., N. in Pt. 89, 3 × dr., L. durch die nächsten beiden P., 4 × dr. und mit dem l. Arbp. kr. Nun wdh. man vom * bis man das Muster 16 × gearbeitet hat und genau an den Anfangspunkten angelangt ist. Hier werden die Fäden zum Teil verknotet, zum Teil sorgfältig vernäht. Die geschlossene Spitze wird einer kreisrunden Leinen- oder Batistplatte angesäumt.

Abb. 56. Karo in Formenklöppelei. Vorgeschrittene Klöpplerinnen versuchen gern schwierigere Muster. Das Karo Abb. 56 zeichnet man in den Hauptlinien auf Pauspapier durch und zieht dann die Linien mit schwarzer, chinesischer Tusche nach. Dann befestigt man das Pauspapier über stärkerem Klöppelpapier auf dem Klöppelkissen. Die Figuren des Musters werden einzeln gearbeitet. Man bewickelt die Klöppel so, wie bei der Rosette Abb. 43 beginnt mit einem Formenschlag je die beiden Schnabelspitzen, geht dann zum Kopf in L. über und arbeitet im Anschluß mit Netzschlag den Hals. Es schließt sich der L. für den Brustteil an. Der L. erhält, s. Abb. 56, hin und wieder 1 mal gedrehte Längspaare. Nach Vollendung des L. verknotet man die Fäden und schneidet sie ab. Der Vogelkörper ist teils in Leinen-, teils in Netzschag gearbeitet. Dort, wo das Arbeitspaar an fertige Formen kommt, schlingt man jedesmal mit einer Häkelnadel das Arbeitspaar an. Die Füße sind wieder breiter Formenschlag, mit 6 Klöppeln gearbeitet. Ist das Tier fertig, so klöppelt man die äußere viereckige Begrenzungslinie. Zum Schluß klöppelt man den Grund in Fechtschlag oder in einem Tüllgrund und schlingt die Klöppelpaare, mit denen der Grund gearbeitet wird, da, wo der Grund mit der Figur oder dem Begrenzungsrande zusammentrifft, an.

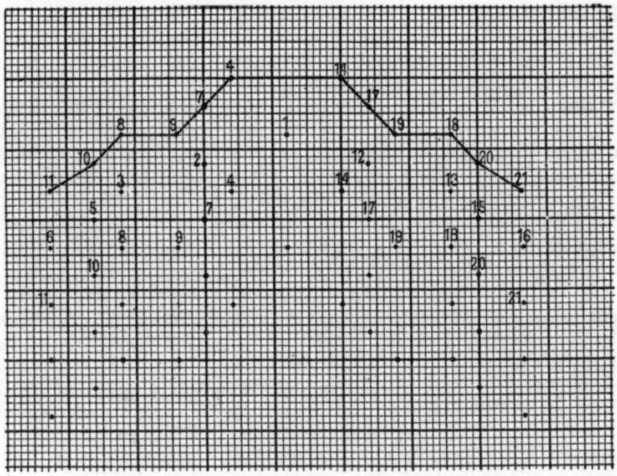

60

60. Für die Vergrößerung des Klöppelbriefes Abbildung 58 um ein Drittel weiter voneinander entfernte, auf Millimeterpapier übertragene Stecknadelpunkte

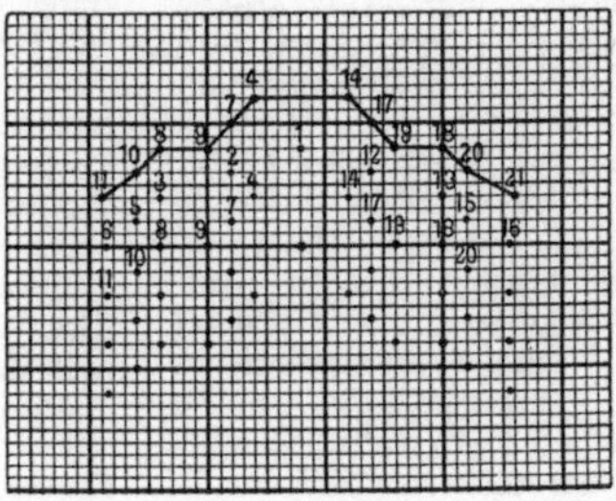

61

61. Für die Verkleinerung des Klöppelbriefes Abbildung 58 um ein Drittel näher gerückte, auf Millimeterpapier übertragene Stecknadelpunkte

Das Herstellen von Klöppelbriefen, Vergrößern und Verkleinern

Es wird nun, nachdem man das Klöppeln erlernt hat, von Interesse sein, zu erfahren, wie man Klöppelbriefe vergrößern oder verkleinern kann, je nachdem man eine Spitze verwenden will. Abb. 58 zeigt den Klöppelbrief in Originalgröße eines Einsatzes. Zunächst durchsticht man mit der Pikiernadel (Stecher), siehe Abb. 5, alle Stecknadelpunkte. Will man nun den Klöppelbrief um ⅓ verkleinern, so sind die Punkte untereinander entsprechend näher zu rücken, nämlich auf einem Stück Millimeterpapier. Soll das Muster um ⅓ vergrößert werden, so sind die Punkte um ⅓ mehr voneinander zu entfernen. Auf Grundlage der Quadrate des Millimeterpapieres verursacht das Verschieben der Stecknadelpunkte keinerlei Schwierigkeiten und läßt sich auch ganz gut ausführen. Abb. 59 zeigt das Muster Abb. 57 auf Millimeterpapier in Originalgröße aufgezeichnet. An Abb. 60 ist das Muster um ⅓ vergrößert, dagegen gibt Abb. 61 das gleiche Muster um ⅓ verkleinert. Nach dieser Umarbeitung legt man das Papiermuster über ein Stück Klöppelpapier und sticht den Klöppelbrief. Man kann auch einen Klöppelbrief nach einer fertigen Spitze selbst herstellen. Zu diesem Zwecke wird das betreffende Muster möglichst korrekt geglättet; man legt es auf ein Stück Lichtpauspapier, beschwert dieses in Ermangelung eines Kopierrahmens mit einer Glasplatte und setzt das Muster etwa ¼ Stunde dem Lichte aus. Dann entfernt man die Spitze und legt das Papier in klares, kaltes Wasser, bis sich das Muster deutlich in weißen Linien vom getönten Grunde abhebt, spült die Pause in frischem Wasser nach und läßt die Pause trocknen. Diese Lichtpause dient nun zur Herstellung des Klöppelbriefes. Zu diesem Zwecke wird zuerst das Lichtbild der Spitze mit einer Richtlinie versehen, siehe Abb. 57. Man spannt nun auf das Klöppelkissen Millimeterpapier, das etwas größer sein muß, als das Papier der Lichtpause. Über dem Millimeterpapier befestigt man die Lichtpause, achtet jedoch darauf, daß die Richtlinie genau mit einer Millimeterlinie zusammenfällt, d. h. daß die Punkte a und b genau auf dieselbe Linie kommen. Nun beginnt man mit der Pikiernadel die Punkte für die Stecknadeln anzugeben. Eine geübte Klöpplerin weiß genau, wohin die Nadeln kommen, und erhält nachher das Muster Abb. 59. Im Anschluß hieran sei bemerkt, daß das im Handel erhältliche Lichtpauspapier auch außer Gebrauch sehr lichtempfindlich ist, man vermeide daher, das Papier unnötig offen liegen zu lassen, da es durch vorherige Belichtung leicht unbrauchbar wird. — Außerdem machen wir noch aufmerksam, daß für vergrößerte Muster stärkeres Arbeitsmaterial und für verkleinerte Muster entsprechend feineres Material zu verarbeiten ist.

Erneuern des Klöppelfadens

Nachdem der Faden eines Klöppels bis auf etwa 4—5 cm Länge verarbeitet ist, läßt man das Fadenende lose hängen und versieht den Klöppel mit neuem Faden. Fast unmerklich wird das Neueinfügen des Fadens in der Arbeit, wenn man das neue Fadenende in etwa 4 cm Länge korrekt über der Arbeitsstelle mittels einer Schlinge durch eine Stecknadel auf der fertigen Arbeit befestigt. Das alte Fadenende bleibt unberücksichtigt lose hängen, und man klöppelt mit dem neuen Faden weiter. Später werden im Laufe der Arbeit die losen Fadenenden unsichtbar im Muster der Spitze vernäht. Am gebräuchlichsten, jedoch nicht so solide, ist das Ergänzen des Fadens durch Netzknoten, siehe dessen Ausführung Abb. 6 und 7, Seite 150, Kapitel „Die Netzarbeit".

Das Ausbessern von Klöppelspitzen

Alte, zerstörte oder durch Zufall schadhaft gewordene neue Spitzen lassen sich in der folgenden Weise ausbessern. Man heftet die schadhafte Stelle, je nach der Farbe der Spitze, auf helles oder dunkles Wachstuch und bringt beim Aufheften das Muster in seine ursprüngliche Form; dann werden die einzelnen Schläge mit Nähnadeln und gleichartigem Arbeitsfaden der Spitze im Muster eingestopft. Soll z. B. der Flechtenschlag ergänzt werden, so spannt man zunächst die erforderliche Anzahl Fäden der Flechte im Muster, genau Faden auf Faden treffend und durchstopft die gesamten Fäden im Fadengang der Klöppelei. Pikots bildet man durch Einstecken einer Stecknadel, schlingt um diese den Faden und sichert diesen durch einen einfachen Schlingknoten (Langettenknoten).

Über das Waschen von Spitzen

Alle Spitzenarten müssen in der Wäsche sorgsam behandelt werden, um das gute Ansehen dauernd zu erhalten. Selbstverständlich können nur solche Spitzen gewaschen werden, die mit waschbarem Material hergestellt sind. Alte Spitzen mit sprödem, leicht brüchigem Faden legt man vorher in Olivenöl und läßt sie mehrere Stunden oder einen Tag darinnen liegen, damit der Faden wieder elastisch wird und das Waschen verträgt. Zum Waschen braucht man am besten weiches Wasser, dem man geschabte sodafreie Seife zusetzt, Venezianer- oder Marseiller Seife. Man löst die Seife in einem emaillierten oder Porzellantopf, legt die Spitze hinein und läßt sie mit dem Wasser aufkochen, wobei man darauf achtet, daß die Spitze nicht anbrennt. Um dieses zu verhüten, hebt man die Spitze mit einem reinen, stumpfen Holzstäbchen ab und zu in die Höhe. Sobald sich Schmutzschaum bildet, muß das Wasser abgegossen und durch frisches Seifenwasser ersetzt werden. Das Ab- und Zugießen ist so lange zu wiederholen, bis das Wasser vollständig klar ist. Dann hat man die Spitze in reinem Wasser nachzuspülen. Hierauf legt man die Spitze sorgsam flach zwischen ein sauberes, weißes Tuch, das die Flüssigkeit aufsaugt, und entfernt die Spitze nach einigen Stunden. Einfache Spitzen können auf der linken Seite über weicher Unterlage gebügelt werden. Feine Spitzen sind zu nadeln. Beim Waschen der Häkelgipürespitzen seift man die Spitzen mit gewöhnlicher Waschseife ein und setzt dem Waschwasser etwas Borax zu. Dann werden die zu reinigenden Stücke in das kalte Wasser gelegt und dieses zum Kochen gebracht, wobei man das Wasser öfters wechselt und jedesmal Borax zusetzt. Dies wiederholt man so lange, bis die Spitzen sauber wirken, worauf man einige Male in klarem Wasser spült. Nach der bereits gegebenen Erklärung läßt man die Spitzen leicht trocknen, bestreicht die Rückseite mit einer leichten Lösung Stärkewasser oder Gummiarabikum und bügelt auf der Rückseite über einer weichen Unterlage. Zuletzt müssen die Pikots aufgezogen werden, was am besten mit einer Häkelnadel geschieht.

Das Bügeln der Spitzen

Zunächst führt man das Bügeleisen unter leichtem Druck gleichmäßig über die Rückseite der Spitze. Dann wird die Kontur sorgsam nachgebügelt.

Das Nadeln der Spitzen

Alle feinen Spitzen werden nicht gebügelt, sondern genadelt. Dieses geschieht wie folgt: Man nadelt die Spitzen stets aus dem feuchten Tuch heraus, damit sie nicht vorher trocknen. Über einer weichen Unterlage, die mit einem weißen Tuch belegt ist, steckt man mit feinen, rostfreien Stecknadeln in kurzen Abständen zunächst den Fuß der Spitze resp. die geraden Ränder eines Einsatzes oder Karos gerade auf. Zacken und Pikots müssen sorgsam herausgezogen und festgesteckt werden; dann läßt man die Spitze trocknen und löst sie ab.

Stoffproben

für die verschiedenen Techniken der Stickerei

In diesem Abschnitt stellen wir uns die Aufgabe die verschiedenen Arten der am meisten in Betracht kommenden sogenannten „Stickerei-Grundstoffe" mit den im Handel üblichen Namen vorzuführen und auf den Gebrauchszweck hinzuweisen. Bei der Wahl des Grundstoffes für die verschiedenen Sticktechniken hat man drei wichtige Punkte zu beachten. 1. Die Zweckmäßigkeit für den Gegenstand. — 2. Die Wahl des Musters. — 3. Die für das Muster geeignete Technik. — In der Regel diktiert fast immer die Technik die Art des Stoffes, z. B. fordern die verschiedenen Techniken, wobei man die Gewebefäden abzuzählen hat, wie: Kreuzstich-, Flachstichstickerei, Durchbrucharbeiten u. dgl. Grundstoffe mit leicht abzählbaren Gewebefäden, dagegen braucht man für die verschiedenen Arten der Plattstichstickerei, Weißstickerei usw. glatte dichte Stoffe und für Goldstickerei schwere Gewebe.

Unsere Abbildungen 1—23 gelten ausschließlich Geweben mit sichtbarer Fadenbindung.

Wir beginnen mit dem Kanevas Abb. 1, der in verschiedenen Stärken erhältlich ist und für Kreuzstich-, Flachstich- und Perlstickerei in Betracht kommt.

Abb. 2 zeigt den sogenannten Teppichkanevas für die verschiedenen Arten des Smyrnaknüpfstiches, der Kelimstickerei u. dgl.

Abb. 3. Der Ritterkanevas ist ein loses Hanfgewebe, das in regelmäßigen Abständen Kettelreihen zusammenhalten. Dieser Stoff dient zur Nachbildung der Gobelinweberei, Ajour-Webearbeit u. dgl. Das Gewebe ist in verschiedenen Breiten in größeren Handarbeitsgeschäften erhältlich.

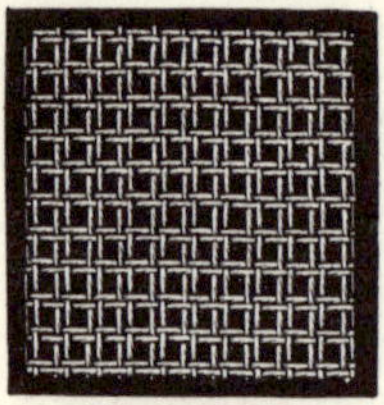

1. Kanevas

2. Smyrnakanevas

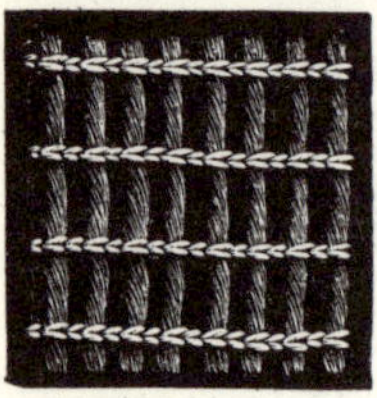

3. Ritterkanevas

4. Kongreßstoff

5. Smyrna-Kongreßstoff

Abb. 4 zeigt Kongreßstoff in mittlerer Stärke. Dieser Baumwollstoff mit loser, leinwandähnlicher Fadenbindung kommt in verschiedenen Stärken in den Handel. Auf Kongreßstoff werden mit Vorliebe Kreuzstich-, Flach-, Perlstickereien und Durchbrucharbeiten ausgeführt.

Abb. 5. Der Smyrna-Kongreßstoff wird für die verschiedenen Arten der Teppichknüpfstiche und für derbe Flachstichstickereien benutzt.

Abb. 6. Das sogenannte Bauernleinen mit ungleichmäßig gezwirnten Fäden ist ein beliebter Stickgrund für Kreuzstich-, Flach-, Plattstichstickerei und Durchbrucharbeiten.

Abb. 7. Der aus Schafwolle fabrizierte Wollkanevas kommt hauptsächlich für nordische Flachstich-, Gobelin- und Kelimstickerei in Betracht.

Abb. 8—10. Rupfenleinen, Seidenrupfen, Kochelleinen oder Gobelinleinen werden in verschiedenen Farben als Stickgrund für die mannigfachsten Techniken gewählt.

Abb. 11. Batist ist das feinste Gewebe mit gleichmäßiger Leinenbindung. Dieser Stoff wird in Leinen- und Baumwolle gewebt und zur Herstellung von Weißstickereien und feinen Durchbrucharbeiten benutzt.

Abb. 12 u. 13. Altdeutsches oder antikes Leinen, Abb. 12, und Siebmacherleinen, Abb. 13, eignen sich, ihrer sichtbaren regelmäßigen Fadenbindung wegen, für Kreuzstich-, Flach-, Strichstichstickerei (Holbeintechnik) und Durchbrucharbeiten, dazu kommt noch das kräftigere sogenannte russische Leinen.

Abb. 14. Unregelmäßig in der Fadenstärke und Bindung wirkt das bulgarische Leinen und das feiner gewebte gleichartige rumänische Leinen. Diese Stoffe benutzen die Bäuerinnen in den Balkanstaaten, in Ungarn und in den slawischen Donauländern zur Herstellung ihrer Nationalgewänder. Durch die Wiederbelebung der Volkskunst werden diese Stoffe für moderne Stickereien gewählt.

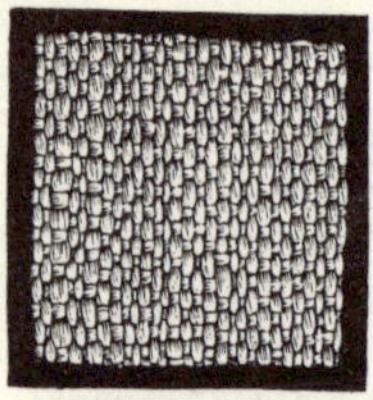

6. Bauernleinen

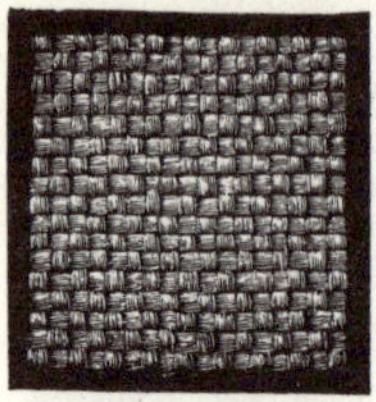

7. Nordischer Wollkanevas

8. Rupfenleinen

9. Seidenrupfen

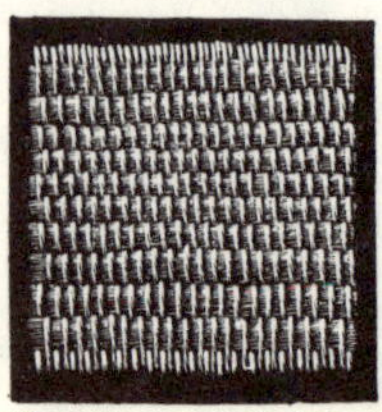

10. Kochel- od. Gobelinleinen

11. Batist

12. Altdeutsches, antikes oder Holbein-Leinen

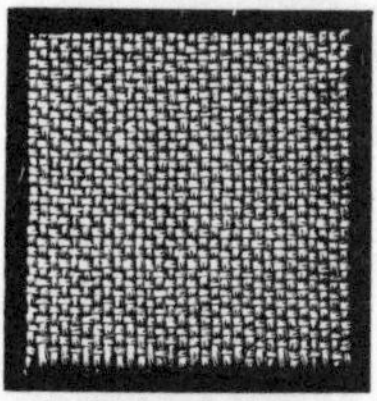
13. Siebmacherleinen, stärker russisches Leinen

14. Bulgarisches Leinen, feiner rumänisches Leinen

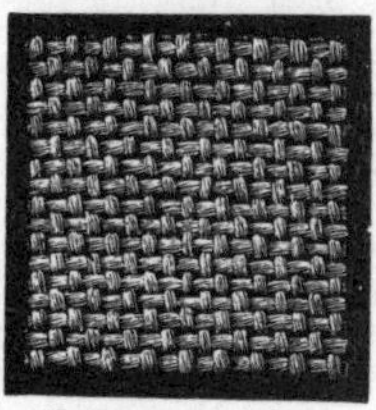
15. Kongreß-Leinen

Abb. 15. Das Kongreßleinen hat die Vorzüge des Kongreßstoffes Abb. 4 und eignet sich für die bereits dort vermerkten Techniken.

Abb. 16 zeigt den sogenannten Hardanger-Stoff oder nordisches Leinen mit javastoffähnlicher doppelter Fadenbindung. Man verwendet dieses Gewebe für die beliebten Hardanger Durchbrucharbeiten, Kreuzstich-, Flach- und Strichstickereien.

Abb. 17 u. 18. Aïda- oder Javastoff sind durchbrochene Baumwoll- oder Leinengewebe mit gemusterter kräftiger Fadenbindung. Diese Stoffarten kommen für die unter Kongreßstoff Abb. 4 vermerkten Techniken in Betracht, mit Ausnahme von Durchbrucharbeiten.

Abb. 19. Ähnlich dem Aidastoff ist der Bastkanevas gewebt. Man verwendet den Grundstoff für Stickereien, die mit farbigem Raffiabast (Blumenbast) ausgeführt werden.

Abb. 20—22 zeigen gewebten Tüll in verschiedenen Stärken mit runden und eckigen Löchern. Der feinste Tüll mit eckigen und runden Löchern wird mit dem Namen Brüsseler Tüll bezeichnet, stärker gewebter Tüll gilt im Handel unter dem Namen „Waschtüll" und grobkörniger Tüll in der mit Abb. 22 gezeigten Probe wird „Erbstüll" genannt. Diese Stoffe kommen für Tülldurchzug, Tüllstickerei und verschiedene kombinierte Techniken in Betracht.

Abb. 23. Der gewebte Filettüll ist in verschiedenen Lochgrößen in Weiß, Creme und Schwarz erhältlich. Man braucht den Stoff als Ersatz für handfilierten (genetzten) Grund, für die verschiedenen Arten der Filetstickerei und kombinierten Techniken.

Außer den hier bildlich dargestellten Stickereistoffen gibt es noch eine Menge anderer Stoffe, deren Namen aufzuzählen uns unmöglich ist. Wir wollen nur noch kurz bemerken, daß man beim Einkauf stets gute Qualität bevorzugen sollte, weil minderwertige Stoffe all die Vorzüge entbehren, die man für eine Handstickerei fordert, wie Dauerhaftigkeit und Farbechtheit.

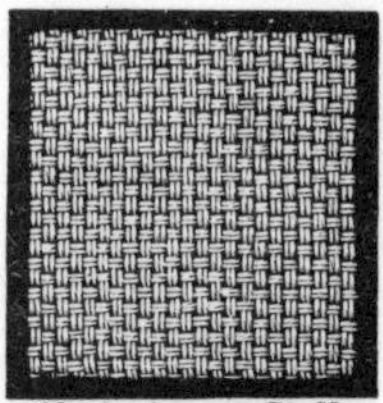
16. Hardanger-Stoff

17 u. 18. Aida- u. Javastoff Baumwollgewebe

19. Bastkanevas für Baststickereien

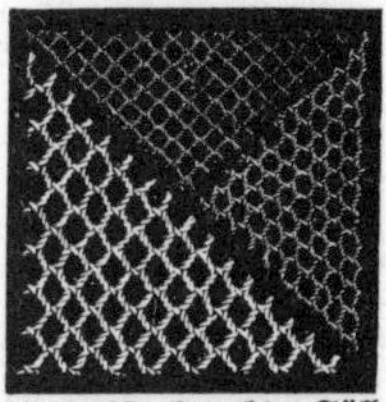
20 bis 22. Gewebter Tüll
20. Feinster Brüsseler Tüll
21. Waschtüll. 22. Erbstüll

23. Filettüll

Die gebräuchlichsten Fadensorten für die Handarbeitstechniken

Der leichteren Übersichtlichkeit wegen bringen wir in tabellarischer Zusammenstellung die verschiedenen Arten der Arbeitsfäden mit den Hinweisen für ihre zweckmäßige Verwendbarkeit. Die verschiedenen Fadensorten werden aus Baumwolle, Leinen, Hanf, Wolle und Seide hergestellt; dazu kommen noch die verschiedenen Arten der Kunstseide. Beim Vertrieb der Garne und der besonderen Seidensorten, z. B. Stickbaumwolle, Perlgarn, Knüpfgarn, Kordonnetseide bedient sich die Fabrikation besonderer Marken und Stärkenummern, die untereinander verschieden sind, weil jede Firma ihre eigenen Merkzeichen und Nummern führt. Die bekanntesten Garnmarken sind: DMC, Hohefichte, CB (Kreuzmarke), Bela usw. Um die Gegenstände in den einzelnen Lehrkursen unseres Werkes in dem geeigneten Arbeitsmaterial herstellen zu können, haben wir stets die Marken und Nummern in den technischen Erklärungen vermerkt.

Am häufigsten wird Baumwollfaden verarbeitet.

Abb. 24 zeigt Stickbaumwolle in verschiedenen Stärken. Dieses Material wird in verschiedenen Farben fabriziert und findet für die mannigfachsten Techniken Verwendung. Mit Hochglanz hergestellte Baumwollfäden werden „mercerisiert" bezeichnet nach dem Namen Mercer, des Erfinders des chemischen Verfahrens.

Abb. 25. Bela-Füllgarn. Dieses vierfädig fabrizierte Material eignet sich seiner Weichheit und Glanzwirkung wegen zur Füllung von größeren Musterflächen in Flach- und Plattstichstickerei.

Abb. 26 u. 27. Twist oder Stopfwolle. Abb. 26 ist leicht drelliertes Baumwollmaterial, das als Büschelfaden in vierfacher Fadenteilung erhältlich ist. Mit Twist werden außer Stopfarbeiten auch einfache Plattstich-, Kreuzstichstickereien, Filetstopfarbeiten und Tülldurchzug hergestellt. Das gleiche gilt für das sechsfädige merzerisierte Moulinégarn, Abb. 27.

Abb. 28. Mit Flachsgarn ausgeführte Plattstich- oder Flachstichstickereien zeichnen sich durch ihre Dauerhaftigkeit und seidenartige Glanzwirkung aus.

Abb. 29. Leinenzwirn dient hauptsächlich für Durchbrucharbeiten, Spitzenarbeiten und flache Weißstickereien.

Abb. 30 u. 31 zeigen verschiedene Fadenstärken des Perlgarns, das jetzt als Ersatz von Seidenfäden dient und für die verschiedensten Techniken Verwendung findet.

Abb. 33 gibt Proben von Knüpfgarnen verschiedener Marken. Dieses Material ist vorwiegend in Weiß, Creme, Sandfarben und Grau erhältlich.

Man unterscheidet drei verschiedene Arten des Seidenmaterials: 1. edle Seide, 2. unedle Seide und 3. Kunstseide. Zu den edlen Fadensorten zählen die mit Abb. 32, 35 und 37 gezeigten Gespinste, dazu kommt noch die offene Stickseide, die als feiner Faden unter den Namen Mal- oder Tramaseide bekannt ist und die man als Büschelfaden unter dem Namen spanische Seide erhält.

Die Herkulesseide, Abb. 32, ist das stärkste Fadengespinst, das man für Stickereien verwendet.

Die gleiche Drehung zeigt die Kordonnetseide, Abb. 37, die in verschiedenen Stärken in den Handel kommt und als feinster Faden unter dem Namen Spitzenseide bekannt ist.

Die Filoflosseseide, Abb. 35, ist ein sechsteiliger Büschelfaden, der sich beim Verarbeiten beliebig zerteilen läßt. Jeder Einzelfaden ist zweidrähtig. Dieses Material zeichnet sich durch Weichheit und schöne Glanzwirkung aus.

Zu den unedlen Seidenarten zählen die Filoselleseide, Abb. 36, und die Stichchenille; beide werden aus Chappeseide fabriziert. Die Filoselleseide wird gleich der Filoflosseseide als Büschelfaden hergestellt, jedoch läßt sich der Einzelfaden nicht gut teilen, weil die Seide zu schwach und minderwertig ist

Beim Verarbeiten der Chenille, Abb. 34, achtet man beim Einfädeln auf den richtigen Strich des Chenillefadens, d. h. die Härchen müssen sich nach unten zu glätten lassen, wodurch sich beim Sticken der Faden glatt und flach legt. In entgegengesetzter Strichlage rauht sich der Chenillefaden beim Arbeiten auf, und es entsteht eine unansehnliche verfilzte Stickerei.

Die Kunstseide wird auf chemischem Wege fabriziert. Der Vorzug dieser Seide liegt in dem Hochglanz, aber dieses Material

Die gebräuchlichsten Stickfäden

24. Stickbaumwolle Nr. 40, 30, 8. Marke DMC

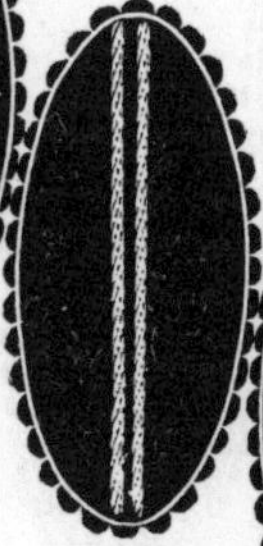
25. Bela Füllgarn

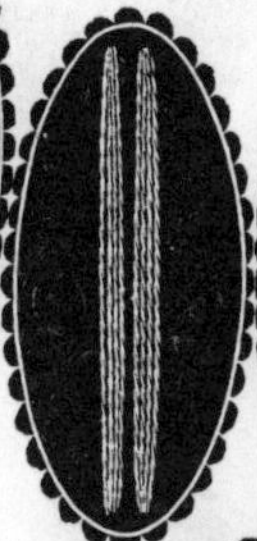
26. Twist (Stopfwolle)

27. Moulinégarn DMC

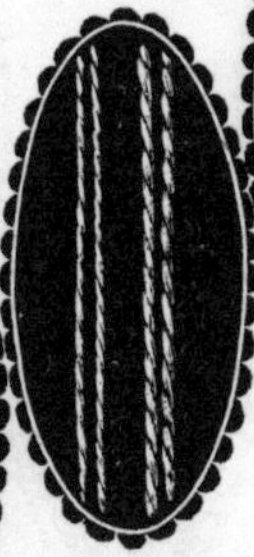
28. Flachsgarn DMC

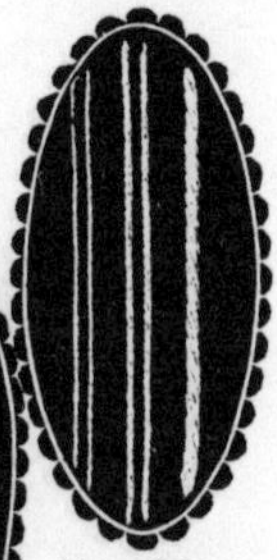
29. Leinenzwirn Nr. 45, 16, 6. CB Kreuzmarke

30. Perlgarn Nr. 3 und 1 Marke DMC

31. Perlgarn Nr. 8 DMC, 5 u. 3 Bela

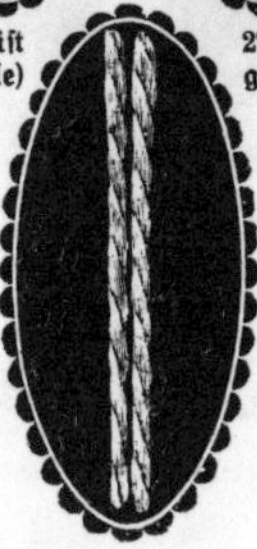
32. Herkulesseide

33. Knüpfgarn a) Marke DMC, b) CB (Kreuzmarke), c) Marke Bela

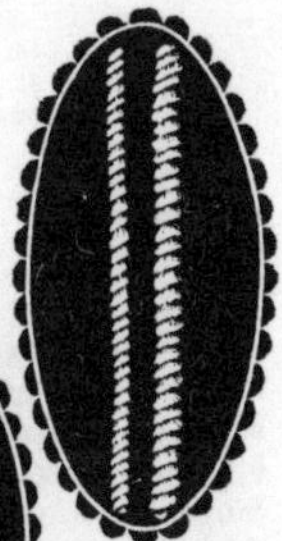
34. Seidenstickchenille in zwei Stärken

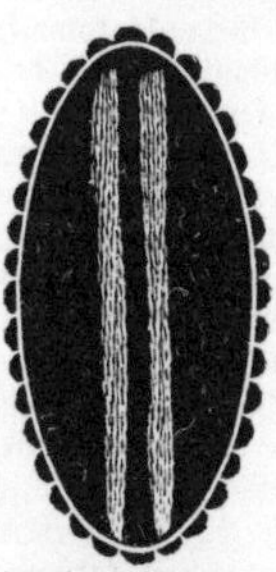
35. Filoflosseseide (Büschelseide)

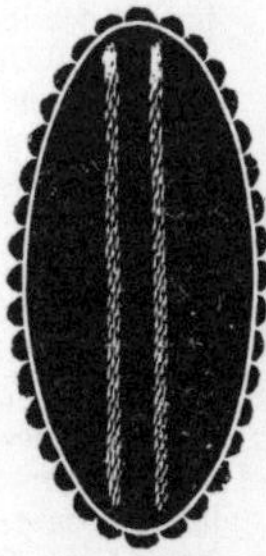
36. Filoselleseide (Büschelseide)

37. Kordonnetseide in zwei Stärken

38. Offene Kunstseide

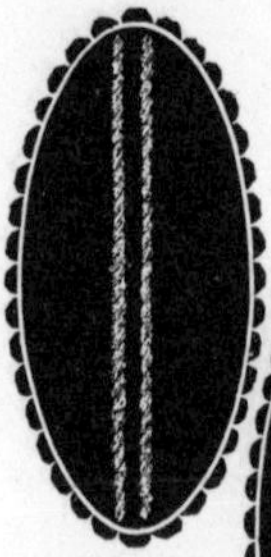

39. Mooswolle

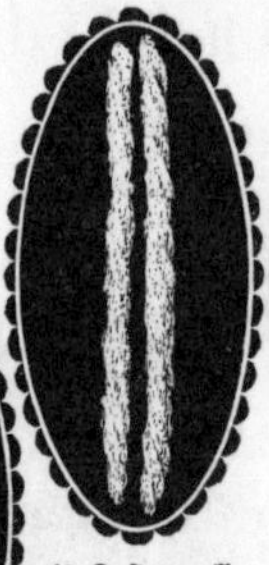

40. Kastorwolle

41. Zephirwolle

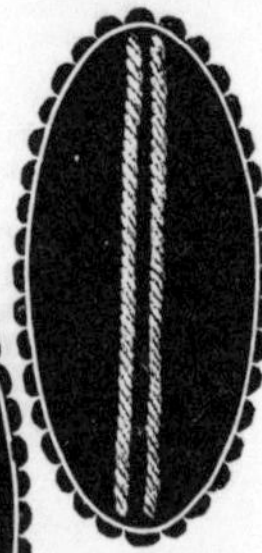

42. Gobelinwolle

43. Nordische Wolle
44. Orient-, feine persische Wolle

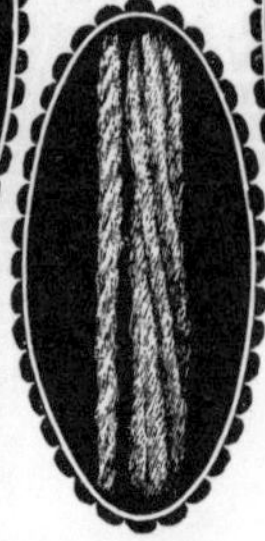

45. Sudanwolle in zwei Stärken (Teppichwolle)

46. Smyrnawolle

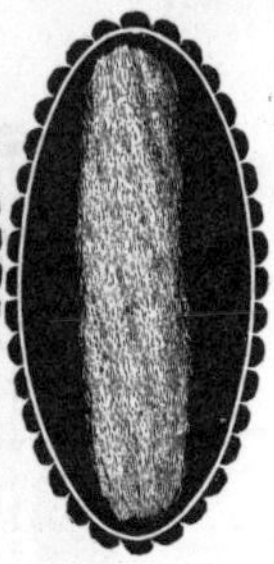

47. Dochtwolle

ist weniger dauerhaft als echte Seide. Abb. 38 zeigt offene Kunstseide als Büschelfaden, es gibt auch drellierte Kunstseide die stets spröde und stärker ist als die edle Kordonnetseide.

Wollfäden werden ihrer warmen, satten Farbenwirkung, Elastizität und Weichheit wegen gern verarbeitet. Unsere Abb. 39 bis 47 zeigen die am meisten in Betracht kommenden Fadensorten.

Abb. 39. Die Mooswolle ist ein zweidrähtiger feiner Wollfaden mit leichter Drehung. Abb. 40 u. 41. Kastor- und Zephirwolle sind vierdrähtig. Die Kastorwolle hat festere Drehung als die Zephirwolle. Diese wird in mannigfachsten Farbentönen fabriziert. Dagegen ist bei der Moos- und Kastorwolle die Farbenskala beschränkt.

Abb. 42. Die Gobelinwolle ist vierfädig scharf gedreht und in den mannigfachsten Farbentönen käuflich.

Abb. 43 u. 44. Nordische und Orientwolle sind vierdrähtige Fadengespinste mit scharfer Drehung. Der Unterschied der beiden Fadensorten liegt in der Stärke, die nordische Wolle ist feiner als die Orientwolle.

Abb. 45. Die Sudanwolle ist vierdrähtig lose gedreht und in verschiedenen Stärken erhältlich. Dieses Material zeichnet sich durch besondere Schmiegsamkeit und Weichheit aus. Die Sudanwolle wird vorzugsweise in matten Farben fabriziert und dieses Material dient zur Herstellung von Teppichstickereien.

Abb. 46. Die Smyrnawolle ist ein kräftiger zweidrähtiger Wollfaden, der für den Smyrnaknüpfstich Verwendung findet.

Abb. 47. Unter Dochtwolle bezeichnet man einen kräftigen losen Wollfaden, der für Stickereien weniger in Betracht kommt, als für Wollhäkelei und Wollstrickerei.

Wie schon über die Stickerei-Grundstoffe erwähnt ist, gibt man auch bei der Wahl des Stickmaterials nur guten Qualitäten den Vorzug. Minderwertiges Material ist weniger dauerhaft, besitzt nicht den schönen Glanz und ist auch nicht in feinen Farbentönen und in so reicher Farbenwahl erhältlich als Primaqualität. Dauernd farbechtes Material ist nicht fabrizierbar, weil jede Farbe im Laufe der Zeit verblaßt, jedoch ist die Färbekunst so weit vorgeschritten, daß sich eine reiche Anzahl von Farben für lange Zeit farbecht hält, z. B. Rot, Gelb, Schwarz, Indigo.

Die Kreuzstichstickerei

Die Kreuzstichstickerei ist die einfachste Sticktechnik, die schon im Elementarunterricht jüngeren Kindern gelehrt wird. Zur Ausführung der Technik in gebräuchlicher Art mit wertloser Rückseite kommt es weniger auf die Geschicklichkeit der Stickerin, als auf Genauigkeit und Geduld an, die das Abzählen der Gewebefäden und wieder das Abzählen der Stiche nach dem zugrunde liegenden Muster beansprucht.

In der Regel werden Kreuzstichstickereien nach eigens für die Technik hergestellten Mustern, sogenannten Typenmustern (Tupf) ausgeführt. Da der Kreuzstich eine viereckige Grundfläche für seine Ausführung beansprucht, werden auch die Muster auf kariertem Papier entworfen, wonach sich leicht, fast mechanisch, arbeiten läßt. Nach diesem Prinzip sind auch die meisten von dem Verlag Ullstein veröffentlichten Druckmuster hergestellt. Ein Karo des Musters gilt für einen Kreuzstich, der über eine bestimmte Anzahl Gewebefäden auszuführen ist. Durch die Gebundenheit der Technik an die Gewebefäden und die quadratische Einteilung der Stickfläche muß das Muster mit Rücksicht auf die Technik komponiert werden. Am besten eignen sich geometrische Formen, an denen das Treppenförmige der Stichkonturen nicht so auffällig wirkt, wie an freien Figuren mit gerundeten Konturen. Es ist nicht möglich, glatte runde Linien in Kreuzstich zum Ausdruck zu bringen, runde Formen werden stets gebrochen, infolgedessen erfordert die Technik ihren eigenen Stil, der gewahrt bleiben muß, wenn die Muster künstlerischen Wert haben sollen. Dieser Voraussetzung muß der Künstler gerecht werden, weil sich sonst Zeit und Mühe der Herstellung nicht lohnen, stilwidrige, minderwertige Muster in Stickerei nachzubilden. Werden Muster mit naturalistischen Formen oder figürlichen Darstellungen komponiert, so ist der Künstler gezwungen, sich der Starrheit der Technik anzupassen und die Formen so zu stilisieren, daß sie in der Ausführung nicht als Zerrbilder wirken. Es ist unkünstlerisch, Bildwerke in Kreuzstichstickerei zu kopieren, da das feine Ineinanderverschmelzen der Farbentöne in Kreuzstichstickerei unmöglich wird. Indem, wie oben bemerkt, nur treppenförmige Konturen die Figuren begrenzen, muß unsere Behauptung jedem künstlerisch fein Empfindenden klar werden. Modeströmungen, wie z. B. kubistische und futuristische Malarten können hier nicht ins Treffen geführt werden. Gleichzeitig sei noch darauf hingewisen, daß bei der Wahl der Muster der Gebrauchszweck stets zu berücksichtigen ist. Es eignet sich nicht ein und dasselbe Muster zur Verzierung von verschiedenen Gegenständen, z. B. wäre es geschmacklos, ein Teppichmuster für einen Tischläufer oder eine Kleidergarnitur zu benutzen, oder ein kreisrundes Kranzmuster für einen ovalen Gegenstand zu wählen. Ähnliche Beispiele ließen sich noch viele anführen. Es ist somit geboten, stets mit Verstand das Richtige zu wählen. Auch bei der Wahl von Stoffen und Material hat man mit Überlegung vorzugehen, um stets das am besten Geeignete für den Gegenstand zu finden.

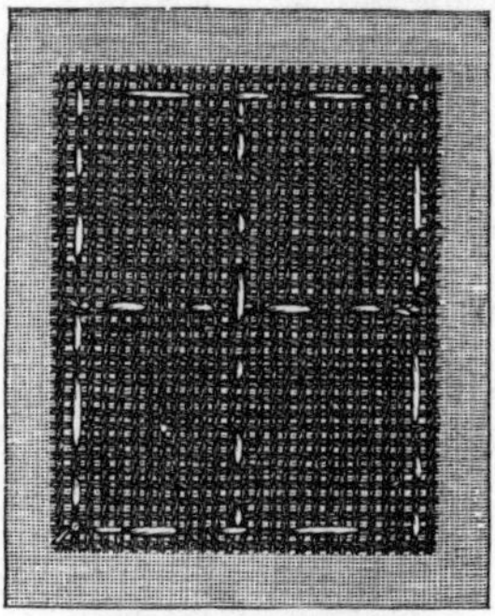

I. Das Aufheften der Kanevas = Überlage
Erklärung Seite 226

Für Gegenstände, die der nassen Reinigung unterliegen, wählt man waschechtes Material, am besten geeignet ist Baumwolle und Leinen, siehe „Fadensorten", Seite 222—224.

Als **Grundstoff** für die Kreuzstichstickerei eignen sich Gewebe mit leicht abzählbaren Gewebefäden: Leinen, Javastoff, Kanevas, Kongreßstoff u. dgl., siehe die Stofftabellen, Seite 220—221.

Das **Material** ist von dem Grundstoff, dem Muster und der Bestimmung des Gegenstandes abhängig. Zur Verzierung von Tisch-, Haus-, Leibwäsche oder sonstigen waschbaren Gegenständen benutzt man waschechtes Material: Stickbaumwolle, Leinen-, Baumwoll-, Flachsgarn und waschechte Stickseide. Da nicht alle Farbentöne und Materialarten die gleichwertige Farbechtheit haben, ist es empfehlenswert, das Stickmaterial vor dem Verarbeiten auf seine Wasch- und Farbechtheit zu prüfen. Man steckt das Material in kochendes Wasser und läßt es dann frei unter Zutritt von Luft und Licht trocknen. Die haltbarsten Farben sind: Rot (Purpurrot für Seide), Gelb und Schwarz, Blau, Grün und Violett sind schon empfindlicher, jedoch wird Blau, seiner weichen Tonwirkung wegen, gern gewählt. Für nicht waschbare Arbeiten können außer den oben angeführten Materialarten: Zephir-, Mooswolle, Teppichwolle, Kordonnet-, Filoflosse-, Filoselle, sowie offene und gedrehte Kunstseide u. dgl. dienen.

Man schneidet den zu verarbeitenden Stickfaden am besten in glatte Strähnen. Wie es beim Stickgarn überhaupt als Regel gilt, soll die Stärke des Arbeitsfadens zur Stärke des Grundstoffes passen, es sei denn, daß man durch Anordnung von verschieden starken Fäden eine wirkungsvolle Schattierung beabsichtigt.

Das **Werkzeug** für die Kreuzstichstickerei bildet eine **Nadel**, deren Stärke und Länge sich nach der Art des Stickfadens und Grundstoffes richtet. Für dichten Stoff braucht man eine Nadel mit Spitze, dagegen arbeitet man auf losem Gewebe leichter mit stumpfer Nadel, der bekannten Sticknadel, sogenannten Tapisserienadel.

Bevor wir die Technik des einfachen, gewöhnlichen Kreuzstiches erklären, verweisen wir noch auf ein **Hilfsmittel**, wodurch das Arbeiten auf feinem Stoff mit schwer zählbaren Gewebefäden und auf anderem glatten Stoff leicht wird. Dieses Hilfsmittel ist **das Aufheften von Kanevas oder Kongreßstoff** über dem Grundstoff. Zunächst hat man die Stärke des Auflagestoffes nach der gewünschten Stichgröße zu wählen. Abb. I zeigt die gebräuchliche Stärke des Kanevas zur Ausführung von Merkzeichen in Wäschegegenständen. Es empfiehlt sich, Wäschezeichen stets in feinen Stichen auszuführen, große Stiche wirken nicht nur in Buchstaben schlecht, sondern sie sind auch weniger haltbar als feine Stiche. Das Aufheften des Stoffes muß sehr sorgsam geschehen, bei gerader Fadenlage möglichst Faden auf Faden, bei schräger Fadenlage mit dem Auflagefaden auf den genauen Diagonalbruch des Grundstoffes treffend. Der Auflagestoff ist, wie Abb. I zeigt, mit Heftgarn ringsum am Rand gleichmäßig aufzuheften und in nicht zu großen Entfernungen wiederholt mit Vorstichen zu durchnähen, um jedes Verschieben unmöglich zu machen. Um nach vollendeter Stickerei die Fäden des Auflagestoffes leicht ausziehen zu können, hat man den Stoff nicht zu knapp zu bemessen. Auf ein anderes praktisch bewährtes Hilfsmittel, daß für feine Gewebe in Betracht kommt, ist in dem Lehrkursus „Die gleichseitige Strichstichstickerei", Seite 231, hingewiesen.

Beim Arbeiten von größeren Mustern ist es eine Arbeitserleichterung, wenn man den Stoff vorher durch **Stichreihen einteilt**. Mit einem feinen Faden in abstechender Farbe durchnäht man zunächst die Mitte, kreuz und quer, dann arbeitet man nach einem bestimmten System, indem man nach der Stichgröße die Gewebefäden abzählt und in Abständen von 10 zu 10 oder 20 Stichentfernungen den Stoff entweder in einer Richtung oder kreuz und quer durchnäht. Für Eckmuster ist es empfehlenswert, je im Diagonalbruch eine Stichreihe zu nähen. Nach dem gleichen Prinzip hat man auch größere Muster durch feine Bleistiftlinien zu gliedern. Infolgedessen lassen sich beim Nachsticken etwaige Fehler leicht finden und auch das Arbeiten von Mustern in entgegengesetzter Richtung wird erleichtert, wenn das zugrunde liegende Muster nur in einem Musterteil gegeben ist. Ebenso leicht gelingt das Bilden von Eckfiguren, indem man bis zur diagonalen Stichreihe arbeitet und dann das Muster in entgegengesetzter Richtung wiederholt. Um sich die Bildwirkung der Eckfigur zu verschaffen, bedient man sich des Hilfsmittels mittels Variationsspiegels, siehe Abb. 4, Seite 275, und die Erklärung Seite 276.

Der Kreuzstich und seine verschiedenen Arten

Man unterscheidet verschiedene Arten des Kreuzstiches: 1. den gewöhnlichen Kreuzstich mit wertloser Rückseite, 2. den gleichseitigen (doppelseitigen) Kreuzstich ohne und mit Umrandung. Diese Art der Ausführung zählt zu den künstlerischen Techniken, weil zur Herstellung Nachdenken und künstlerische Handfertigkeit notwendig sind.

1. Das Einnähen des Fadens für die Kreuzstichstickerei

I. Gewöhnlicher Kreuzstich

Wie bei allen Sticktechniken darf das Fadenende nicht durch einen Knoten auf der Arbeitsrückseite gesichert werden, sondern man vernäht den Faden an der Anfangstelle der Stichreihe entweder durch einen halben Schrägstich in der Richtung des ersten halben Kreuzstiches oder durch mehrere Vorstiche in der Mitte der Gewebereihe, die später zu übersticken ist. Der Deutlichkeit wegen zeigen wir die Ausführung in kräftigem Kanevas. Je ein Kreuzstich beansprucht 2 Gewebefäden in der Höhe und Breite. Man arbeitet in regelmäßigen Reihen von links nach rechts hingehend die ersten Schrägstiche, dann von rechts nach links zurück, die zweiten Schrägstiche in entgegengesetzter Richtung zu den ersten Schrägstichen, wodurch sich die Kreuze bilden. Bei dieser Stichweise bilden sich auf der Rückseite stets 2 anschließende gerade Stiche, die zwischen den einzelnen Kreuzstichen liegen. Bei abgestuften Reihen entstehen an den Seiten kürzere oder längere unregelmäßige Stiche. Abb. 3 zeigt die Rückseite der Arbeit, und zur Erleichterung des Verständnisses sind die fertigen, sowie die sich bildenden Kreuze nebst Faden und Nadel durch feine punktierte Linien zwischen den geraden Stichen angedeutet, so daß sich der Gang des Fadens leicht verfolgen läßt. Beim Arbeiten ist darauf zu achten, daß der Faden gleichmäßig angezogen wird und daß die Kreuzstiche dicht anschließen; es dürfen keine Stoffäden zwischen den einzelnen Stichen liegen. Das gilt hauptsächlich für das Sticken über Auflagestoff. Beim Arbeiten direkt in den Stoff ist das Anschließen der Stiche selbstverständlich. Das Ende des verbrauchten Fadens wird auf der Arbeitsrückseite zwischen den Stichen unsichtbar vernäht. — Zur Kreuzstichstickerei mit wertloser Rück-

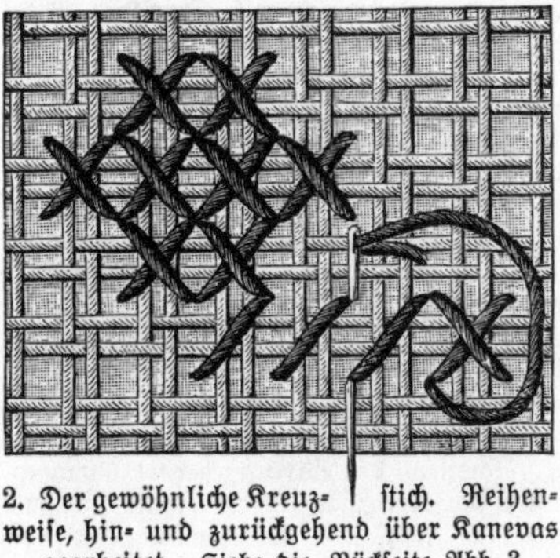

2. Der gewöhnliche Kreuzstich. Reihenweise, hin- und zurückgehend über Kanevas gearbeitet. Siehe die Rückseite Abb. 3

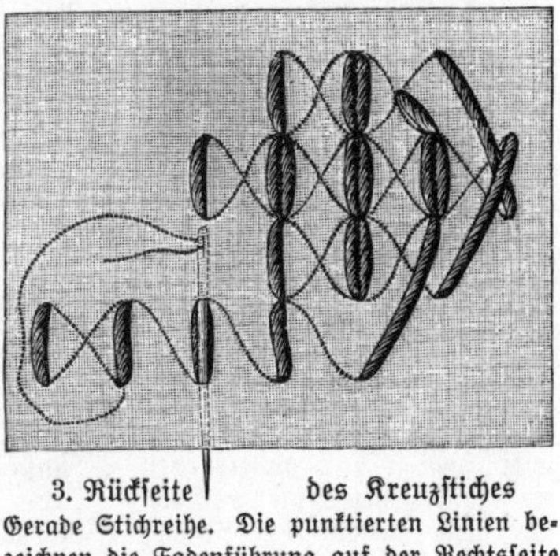

3. Rückseite des Kreuzstiches Gerade Stichreihe. Die punktierten Linien bezeichnen die Fadenführung auf der Rechtsseite

4. Anlage des gewöhnlichen Sternstiches (Smyrnastich). Erster Schrägstich und zweiter Schrägstich

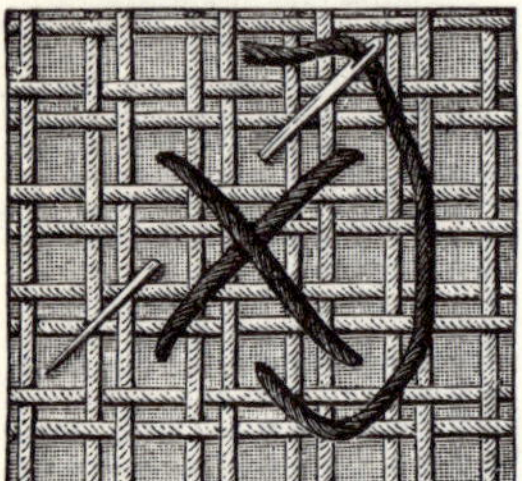

5. Dritter (erster gerader) Stich und Führung der Nadel für den zweiten geraden Stich des gewöhnlichen Sternstiches

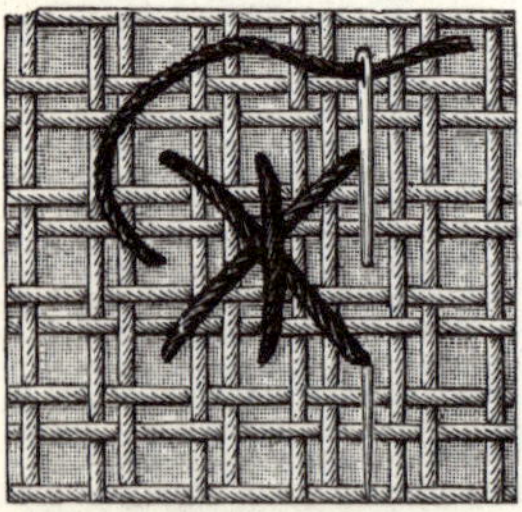

6. Vierter (zweiter gerader) Stich Vollendung des Sternstiches. Führung der Nadel zur Anfangsstelle des nächsten Sternstiches

seite gehören noch andere verwandte Sticharten, die ebenfalls nach dem Prinzip des Abzählens der Gewebefäden und der Musterzeichen (Typen) auszuführen sind. Diese Sticharten sind: der **Sternstich oder Smyrnastich** und die verschiedenen Arten des **Zopfstiches**, auch genannt **Flechtenstich** oder **griechischer Kreuzstich**. Am leichtesten arbeitet sich der **Sternstich** über 4 Gewebefäden in der Höhe und Breite. Abb. 4 zeigt nach dem Anfang und dem ersten gewöhnlichen halben Kreuzstich wie für den zweiten Stich, der das Kreuz ergänzt, die Nadel einzuführen ist, um nach Abb. 5 den geraden dritten Stich des Sternes arbeiten zu können. An Abb. 6 ist der dritte Stich vollendet, und es wird sogleich gezeigt, wie der vierte gerade, letzte Stich des Sternes befestigt und der Faden zur Bildung des nächsten Sternstiches weitergeführt wird. Nach vollendetem zweiten Sternstich befindet sich der Faden wieder an der gleichen Stelle, wodurch sich die Stiche in gleichmäßigen Reihen sticken lassen. Wie beim Kreuzstich müssen die Stiche in den gleichen Stichlöchern zusammentreffen.

Der **Zopf- oder Flechtenstich** findet sich sowohl an alten Arbeiten, die von den griechischen Inseln stammen, als auch an slawischen, italienischen und persischen Stickereien. Die Eigenart des Stiches liegt in der unregelmäßigen Verkreuzung der Fäden, die gleichsam durchflochten wirken und dicht die Oberfläche des Stoffes decken, während die untere Seite nur kurze gerade Stiche zeigt, wie der gewöhnliche Kreuzstich. Die Ausführung des Zopfstiches nimmt nicht mehr Zeit in Anspruch, als der gewöhnliche Kreuzstich, und der Zopfstich zählt, wenn einmal erlernt, zu den leichtesten und bequemsten Arbeiten. Trotzdem die Stickerei reicher als die Kreuzstichstickerei wirkt, ist der Verbrauch des Materials geringer, als bei dem bedeutend dünner wirkenden Kreuzstich. Durch das reihenweise Arbeiten in wechselnder Stichrichtung zeigen die oben liegenden Stiche nicht sämtlich die gleiche Stichlage, wie es beim gewöhnlichen Kreuzstich mit Sternstich Regel ist, sondern die Stichlage wechselt in den einzelnen Reihen ab. Infolgedessen prägt sich beim Zopfstich der Wechsel der Richtung nicht nur horizontal, sondern auch vertikal, selbst schräg, in der Diagonale scharf und wirkungsvoll aus, wodurch die Arbeit einen besonderen Reiz erhält. Durch den Wechsel der Stichrichtung wird es auch möglich, runde Musterfiguren zu arbeiten, die sonst nur in der Plattstichstickerei herzustellen sind. Dieser Vorzug bietet vor allen anderen Stichen der Stickerin die lohnende Aufgabe, nicht allein durch Sauberkeit, Fleiß und Geduld die Arbeit wertvoll zu machen, sondern es wird ihr auch ermöglicht, bei enger Anlehnung an die Stichzahl des Musters selbstschaffend die Wirkung hervorzubringen. Jedes Muster für Kreuzstichstickerei eignet sich zum Nacharbeiten im Zopfstich. Wir wollen nur noch hinzufügen, daß die Richtung, meist den Längslinien des Musters nach, in möglichst langen Stichreihen den

7. Vollendeter Anfangsstich und Ausführung des „Kurzstiches“ zur Ausführung des gewöhnlichen Zopfstiches

8. „Langstich“ zur Fortsetzung für eine längere Stichreihe in Zopfstichstickerei. Von links nach rechts gearbeitet

9. Ergänzung für einen Einzelstich. Übergang zum nächsten Stich in abgestufter Reihenfolge

besten Ausdruck findet. Bei Blumen und Blättern schließen sich die Stichreihen wieder einzeln den Hauptlinien des Musters an. Einzelstiche sind in Kreuzstich zu arbeiten. An alten Arbeiten beginnt jede Stichreihe des Zopfstiches mit einem gewöhnlichen Kreuzstich. Der langgespannte Faden „Langstich“, siehe Abb. 8, der über den Raum von zwei Stichen hinweggeht, ist es, der die kräftige Wirkung einer Flechte hervorbringt. Ein kurzer Stich bildet zurückgehend die Kreuzung und reguliert die Stichreihe wie beim Kreuzstich. Der regelmäßige Wechsel des Lang- und Kurzstiches ergibt die Zopfstichreihe. Abb. 7 zeigt den Anfangsstich, der vorn kürzer über 2 Fäden beginnend, das halbe Kreuz über 3 Fäden abschließt. An einem Einzelstich mit Übergang zu einem nächsten

10. Vollendeter Einzelstich Beginn des nächsten Stiches in abgestufter Reihenfolge

Stich in abgestufter Reihenfolge erklären die Abb. 9 und 10 die Ergänzung der unregelmäßigen Kreuzung, die bei den einzelnen Stichen und ebenso am Ende mehrerer Stiche durch den letzten Stich ausgeglichen wird. Abb. 8 zeigt, wie für eine längere Stichreihe der Stickfaden über die doppelte Anzahl der auf die Nadel genommenen Gewebefäden als „Langstich“ weiterzuführen ist. Zurückgehend wiederholt sich der schon an Abb. 7 gelehrte „Kurzstich“, der sich an Abb. 11 in einer längeren Stichreihe wiederholt. Um das Arbeiten von links nach rechts und umgekehrt klar verständlich zu machen, geben wir die bildlichen Darstellungen für beide Stichrichtungen, so daß jeder Zweifel beim Anfang und Schluß der Reihe ausgeschlossen ist. Die Reihen sind dicht anschließend auszuführen.

11. Rechtsreihe vollendeter Zopfstiche mit Wiederholung des „Kurzstiches“. Siehe Abb. 7

12. Linksreihe vollendeter Zopfstiche mit Wiederholung des „Kurzstiches“. Siehe Abb. 13

13. Vollendeter Anfangsstich und Ausführung des „Kurzstiches". Von rechts nach links gearbeitet

14. „Langstich" zur Fortsetzung für eine längere Stichreihe, von rechts nach links gearbeitet

15. Bäumchenfigur mit Zopfstichreihen in verschiedener Richtung. Siehe Abb. 16

Für Schräglinien arbeitet man die Stiche in gleicher Folge wie bei geraden Reihen in die schräg genommene Stofffläche, jedoch will auch diese Stichlage vorher geübt sein bis sie geläufig wird. Abb. 15 und 16 machen das Arbeiten in schräger Stichlage verständlich.

Abb. 9 u. 10 erklären das Weiterführen des Stickfadens zur Ausführung von abgestuften Stichreihen. Abb. 17 zeigt die Rückseite der Arbeit mit Doppelstichen in gleichmäßigen senkrechten Reihen. An Abb. 17a ist die Wirkung der Zopfstichstickerei an einer größeren Fläche ersichtlich. Das Ineinandersticken von verschiedenen Farbentönen ist bei der Zopfstichstickerei nicht angängig. Am besten wirkt einfarbige Stickerei.

Abb. 18 erklärt die Ausführung des slawischen Lockenstiches. Diesen Stich findet man häufig an slawischen Bauernstickereien. Bei der sehr einfachen Herstellung hat man zuerst in der ganzen Länge der zu arbeitenden Stichreihe einen langen Stich auszuführen und darüber zurückarbeitend möglichst lose halbe Kreuzstiche zu sticken. Dadurch bilden sich locker aufliegende Schlingen oder Lockenwindungen, die mit starker Baumwolle gearbeitet, getreu den Charakter der alten slawischen Arbeiten wiedergeben. Eine andere Arbeitsart ist an Abb. 18 ersichtlich. Man arbeitet ebenfalls in hin- und zurückgehenden Reihen. Von links nach rechts wird zunächst ein einziger langer Stich über die zu stickende Anzahl von Kanevaskreuzungen gespannt, worauf man über eine der Stärke des Arbeitsfadens entsprechende Stricknadel und dem glatt unter der Nadel liegenden Faden in halbem Kreuzstich die Reihe zurückarbeitet. Der Faden muß über der Stricknadel fest angezogen werden. Bei der zweiten Reihe legt man eine neue Stricknadel unter und entfernt die erste nicht früher, als bis die dritte Reihe begonnen ist, so daß beide Nadeln beständig wechseln. Hierdurch werden die Stiche gleichmäßiger als bei der zuerst erwähnten Stickweise. Einzelne Stiche sind in Kreuzstich auszuführen.

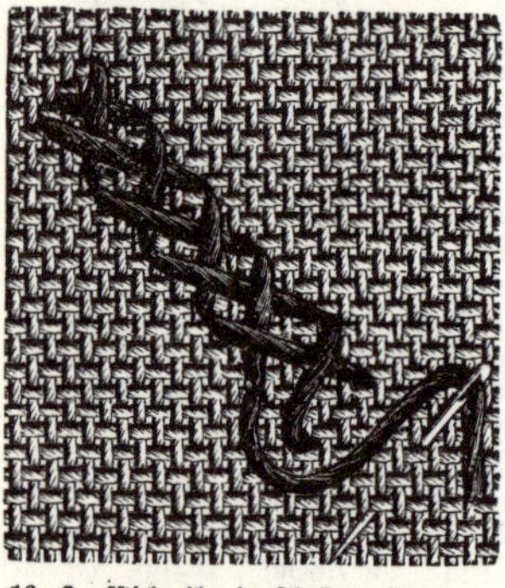

16. Zopfstichreihe in schräger Richtung Siehe Abb. 15

17. Untere Stichseite (wertlose Rückseite) des Zopfstiches, siehe Abb. 17a

18. Ausführung des slawischen Lockenstiches mit Hilfe von Stricknadeln gearbeitet

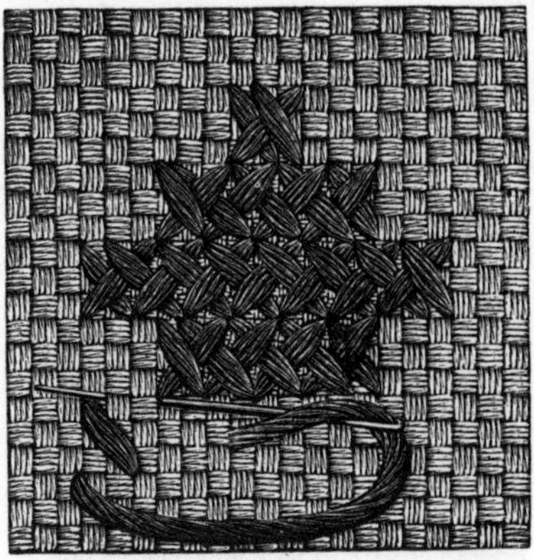

17a. Unvollendete Figur in Zopfstichstickerei. Rückseite der Arbeit siehe Abb. 17

Die gleichseitige Strichstichstickerei

(Holbeintechnik)

Diese zierliche Arbeit zählt zu den alten Techniken der bunten Leinenstickerei, deren ursprüngliche Herstellungsweise mit dem Namen in Vergessenheit geriet, und die erst in neuerer Zeit von Frau Emile Bach, der Begründerin der k. k. Kunststickereischule in Wien, wieder eingeführt worden ist. An Gemälden von Hans Holbein dem Jüngeren studierte sie die Technik und gab ihr auch den Namen des Malers. Die Eigenart der Technik liegt in der vollkommen gleichseitigen Wirkung der Stickerei auf beiden Seiten. An alten Gemälden und Originalarbeiten finden wir nur fein gebrochene Linienmuster in dieser Technik ausgeführt. Die Verbindung mit doppelseitigem Kreuzstich zeigt sich erst an späteren Arbeiten. Die vollkommen flach wirkende Technik eignet sich besonders zur Verzierung von Haus- und Leibwäsche, sowie für kirchliche Gegenstände, die oft gewaschen werden. Am besten eignet sich als Grundstoff feines Leinen, sogenanntes Holbein-, Siebmacher- oder altdeutsches Leinen, deren Fäden sich leicht abzählen lassen. Bei Stoffen mit sehr schwer abzählbaren Gewebefäden arbeitet man über aufgehefteten Kanevas oder Kongreßstoff, siehe die Erklärung Seite 226 zu Abb. I, oder man nimmt einen Streifen Typenpapier (Tupfpapier), durchlöchert das Papier an den Linienkreuzungen mittels einer feinen Nadel, legt das Papier über den gespannten Grundstoff so auf, daß sich die fadengerade Richtung der Gewebefäden mit den Linien des Papiermusters deckt. Dann durchsticht man die Löcher mit einem fein gespitzten Bleistift, so daß auf dem Stoff Punkte entstehen, die die Stichlöcher markieren, durch die man, der Zeichnung entsprechend, die Figuren auszuführen hat. Als **Stickmaterial** eignet sich am besten weicher, glatter, gedrehter Faden: Stickbaumwolle, Baumwollgarn, Kordonnet- und Filoflosseseide; diese wird in der Regel zweifädig verarbeitet. Für lose Gewebe benutzt man eine stumpfe Nadel (Stopfnadel oder Tapisseriesticknadel), dagegen erfordern feine Stoffe das Arbeiten mit einer spitzen, halblangen Nadel. Die Stärke der Nadel richtet sich nach der Stärke des Arbeitsfadens, dieser wieder nach der Stärke des Grundstoffes.

In unserem kleinen Lehrkursus zeigen wir die Ausführung in Javastoff, um die Stiche klar voneinander unterscheiden zu können. Die punktierten Linien lassen den Gang des Arbeitsfadens auf der Rückseite verfolgen. Als Prinzip für die Technik gilt: Alle Linien sind in zwei Arbeitsgängen auszuführen.

Das Einnähen des Arbeitsfadens geschieht mittels kleiner verlorener Stiche zwischen den Gewebefäden, über die der erste Stich gearbeitet werden soll, dann führt man den Faden an dem Punkt heraus, der für den Anfang des Musters bestimmt ist. In gleicher Weise verfährt man beim Vernähen des Fadens nach vollendeter Stickerei mit dem Unterschied, daß man unter dem letzten Stich hin- und zurückstichт und dann den Faden abschneidet.

Das Erneuern des verbrauchten Fadens kann auch durch Anknüpfen mittels des bekannten „Weberknotens“, oder des „Netzknotens“, siehe Abb. 6 u. 7, Seite 150, „Die Filetarbeit“, geschehen. Beim Anknüpfen hat man vorher zu berechnen, daß der Knoten auf jeden Fall zwischen den Gewebefäden zu liegen kommt und auf keiner Seite der Arbeit sichtbar wird.

Abb. I und Ia erklären die Ausführung einer geraden Linie. Um eine gerade Linie zu arbeiten, überstickt man in wage-, senkrechter oder diagonaler Richtung die für die Stichgröße bestimmte Anzahl Gewebefäden, nimmt auf der Rückseite die gleiche Anzahl Gewebefäden auf die Nadel, führt den Faden empor und wiederholt in gleichmäßigem Wechsel, bis die gewünschte Länge erreicht ist. Durch das gleichmäßige Aufnehmen und Übersticken der Gewebefäden entsteht auf beiden Seiten eine gleichmäßig unterbrochene Stichlinie, die beim zweiten Arbeitsgang, der zurückgehend auszuführen ist, durch gleichartige Stiche ausgeglichen wird. Man stickt nach Abb. Ia wechselseitige Stiche, stets unterhalb des Stiches auf der Rückseite über die Gewebefäden hinweg und oberhalb des oberen Stiches empor, wodurch die Stiche, wie beim Stielstich, ineinander greifen.

Nach Abb. II und IIa wird die Ausführung der Zahnschnitt-Linie verständlich. Man beginnt mit einem wagerechten Stich auf der rechten Seite, sticht nach unten und führt den Faden in senkrechter Richtung nach unten über die gleiche Anzahl Gewebefäden, sticht empor, überstickt in wagerechter Richtung die Gewebefäden, führt den Faden unten in senkrechter Richtung nach oben empor und wiederholt vom Anfang, so daß sich die Stiche stets innerhalb eines Stoffquadrates fortbewegen. Die wagerechten Stiche liegen auf der Rechts- und die senkrechten auf der Rückseite des Stoffes. Beim zweiten zurückgehenden Arbeitsgang, siehe Abb. IIa, werden wechselseitige Stiche gearbeitet, wodurch sich die Linie schließt. Abb. III u. IIIa zeigt die Ausführung der verzweigten Linie. Beim Arbeiten von verzweigten Linien gilt die Regel: Die Hauptlinie dient stets als Hilfslinie, die verzweigten Linien sind gleich fertigzustellen und der Hauptlinie anzusticken. Die Hauptlinie wird durch die zweite zurückgehende Stichreihe geschlossen. Wie an Abb. III u. IIIa ersichtlich ist, gilt die mittlere durchgehende Linie als Hauptlinie, und an diese arbeitet man die Verzweigungen mittels eines hin- und zurückgehenden gleichseitigen Stiches.

Abb. IV u. IVa erklären an einer verzweigten Linie gleichzeitig das Arbeiten der Zickzacklinie, die als Hauptlinie gilt. Statt in gerader Richtung werden in diagonaler Richtung die Gewebekreuzungen stets entgegengesetzt zum vorhergehenden Stich, in der Richtung nach auf- und abwärtsstechend, überstickt. Im Anschluß sind die gleichseitigen Verzweigungen fertigzustellen.

Abb. V u. Va zeigen das Arbeiten von sogenannten Bäumchenfiguren an einer Hauptlinie, siehe Abb. III u. IIIa.

Nachstehend geben wir noch die Erklärung für die oft vorkommende Treppenlinie und den Kästchenstich Abb. 24 bis 27 Die Treppenlinie Abb. 26 ist eine gebrochene Linie, die in diagonaler Richtung über senk- und wagerechte Gewebefäden in 2 Arbeitsgängen ausgeführt wird. Umschließt man durch eine gleichartige anschließende Stichlinie quadratische Stoff-

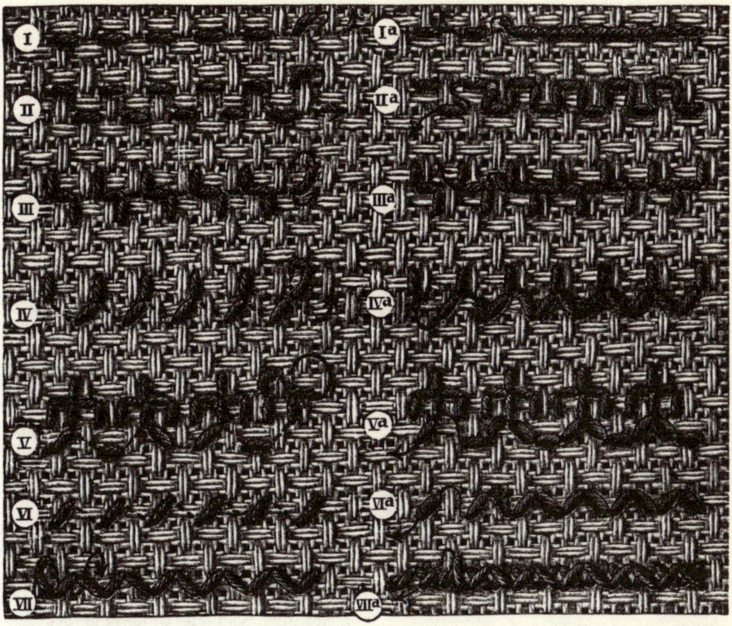

I u. Ia. Ausführung einer geraden Stichreihe
I. Hingehende Stichreihe. I a. Zurückgehende Stichreihe (geschlossene Linie)

II u. IIa. Ausführung einer Zahnschnittlinie
II. Hingehende Stichreihe. II a. Zurückgehende Stichreihe (geschlossene Linie)

III u. III a. Ausführung einer verzweigten Linie
III. Hingehende Stichreihe. III a. Zurückgehende Stichreihe (geschlossene Linie)

IV u. IVa. Verzweigte Zickzacklinie
IV. Hingehende Stichreihe. IVa. Zurückgehende Stichreihe (geschlossene Linie)

V u. Va. Verzweigte Linie mit Bäumchenfiguren
V. Hingehende Stichreihe. Va. Zurückgehende Stichreihe. Vollendetes Börtchen

VI u. VIa, VII u. VIIa. Ausführung des Wiener Kreuzstiches
VI. Erste hingehende Stichreihe (Zickzacklinie). VIa. Zweite zurückgehende Stichreihe (geschlossene Zickzacklinie). VII. Dritte hingehende Stichreihe (Zickzacklinie). VII a. Vierte zurückgehende Stichreihe (geschlossene Linie). Vollendeter Kreuzstich

19. Schmale Bordüre in gleichseitiger Strichstichstickerei (Holbeintechnik)

20. Schmale Bordüre in gleichseitiger Strichstichstickerei (Holbeintechnik)

21. Bordüre in gleichseitiger Strichstichstickerei (Holbeintechnik). Nach dem Prinzip der verzweigten Linie zu arbeiten

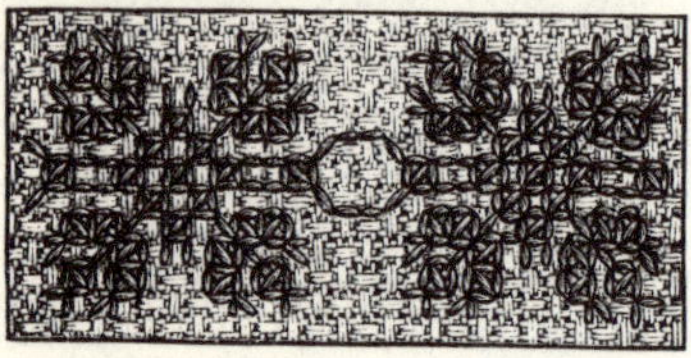

22. Sternbordüre. Gleichseitiger Wiener Kreuzstich mit Umrandung in Verbindung mit Strichstichstickerei (Holbeintechnik)

23. Schmale Bordüre. Gleichseitiger Wiener Kreuzstich mit Umrandung in Verbindung mit Strichstichstickerei (Holbeintechnik)

flächen, so bildet sich der Kästchenstich, siehe Abb. 26a u. b. Für die Ausführung des Kästchenstiches, Abb. 24, 25 u. 27, gilt das Prinzip der Holbeintechnik, Abb. I bis Va.

Zur Holbeintechnik zählt noch der sogenannte Wiener Kreuzstich, der auch von Frau Emilie Bach eingeführt worden ist. Wie an Abb. VIIa ersichtlich ist, bilden zwei sich überschneidende Zickzacklinien eine fertige Stichreihe. Man arbeitet den Stich in 4 Arbeitsgängen, die nach Abb. VI, VIa, VII und VIIa zwei geschlossene Zickzackstichreihen bilden. Nach dem Prinzip der verzweigten Linie werden diese Nebenfiguren im Laufe der Hauptmusterfiguren ausgeführt und fertig gearbeitet. Zum Weiterführen des Arbeitsfadens bedient man sich eines Hilfsstiches, des sogenannten halben Kreuzstiches, das ist ein schräger Stich in halber Stichlänge, siehe Abb. VII, den man beim zurückgehenden Arbeitsgang überstickt. Durch diesen Hilfsstich wird es möglich, das Muster in entgegengesetzter Richtung fortzusetzen. In gleicher Weise bedient man sich dieses Hilfsstiches nach vollendetem zweiten Arbeitsgang, um die Stichlage zu wechseln. Muster, die nicht im Zusammenhang komponiert sind, sowie solche, die nicht in Haupt- und Nebenlinien eingeteilt werden können und viel einzelne Kreuzstiche aufweisen, sind für den vorhin erklärten Wiener Kreuzstich nicht geeignet.

Für diese Muster wählt man die Technik des Wiener Kreuzstiches mit Umrandung, siehe die Bordüren, Abb. 22 u. 23, und die Ausführung, Abb. 28—33. Die Umrandungsstiche dienen als Hilfsstiche zur reihenweisen Ausführung des Wiener Kreuzstiches, wodurch die halben Kreuzstiche entbehrlich werden und die Umrandungsstiche das Wechseln der Stichlage ermöglichen. Sind die Kreuzchen vollendet, so bleibt nur noch die Ergänzung der Umrandungslinie übrig. Um eine gute Musterwirkung zu erzielen, umschließt man durch eine Umrandungslinie die einzelnen Musterfiguren, trotzdem die Stiche nicht als Hilfsstiche zum Weiterarbeiten der Kreuzstiche gebraucht werden.

Wie aus den einzelnen Erklärungen hervorgeht, beruht die Kunst der Holbeintechnik in der richtigen Berechnung, wo man zu beginnen, wo man zurückzugehen, wo man eine Figur vollständig und wo man wieder Verzweigungen zu arbeiten hat. Durch Übung und Ausdauer machen sich die Erfolge für das raschere und leichtere Arbeiten bald bemerkbar und wir hoffen, daß es den Leserinnen gelingen wird, nach den mit Abb. I—VII gegebenen Vorübungen die einfachen Muster Abb. 20—23 in Holbeintechnik nachzuarbeiten.

Wie bei jeder Stickerei achtet man auf gleichmäßiges Anziehen des Arbeitsfadens. Man stickt mit leichter Hand, d. h. der Faden ist weder zu fest noch zu lose anzuziehen. Die Stiche müssen flach auf der Stoffläche liegen und dürfen den Stoff nicht einziehen.

24 25 26 26a 26b 27

24 u. 25. Ausführung des gleichseitigen Kästchenstiches
24. Erste Stichreihe, hergestellt nach dem Prinzip der verzweigten Linie. 25. Zweite Stichreihe. Das Zurückführen des Arbeitsfadens zur Vollendung der offenen Stichreihe

26. Ausführung der Treppenlinie
Erste Stichreihe u. zweite Stichreihe. Siehe die Vollendung der Linie, den losen Faden verfolgend

26a. Treppenlinie an eine vollendete Treppenlinie angestickt. Bildung einer schrägen Kästchenstichreihe
Erste Stichreihe. Siehe Abb. 26b

26b. Zurückgehende Stichreihe
Vollendung der angestickten Treppenlinie und Bildung einer schrägen Kästchenstichreihe

27. Musterfigur in Kästchenstich
Vollendung der Abschlußlinie
In Schrägreihen gestickt

28. Anlage u. erste Zickzackstichreihe für den Wiener Kreuzstich mit Umrandung

29. Vollendete Kreuzstichreihe und Anlage für die zweite Reihe

30. Vollendete zweite Kreuzstichreihe. Siehe den Pfeil mit Doppelspitzen

31. Ausführung der Umrandungsstiche
Erste Stichreihe

32. Das Schließen der Umrandungsstichlinie
Zurückgehend arbeitend

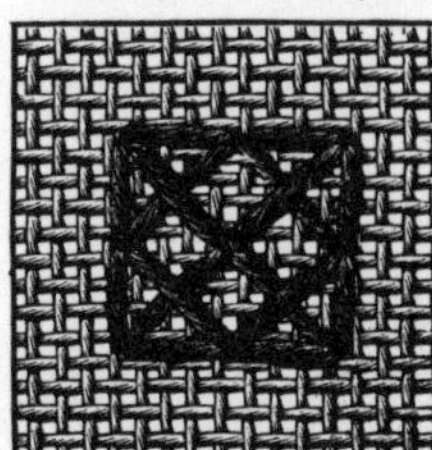

33. Vollendete Figur in gleichseitigem Wiener Kreuzstich mit Umrandung

II. Der gleichseitige (doppelseitige) Kreuzstich

(Italienischer vierseitig-gleichseitiger Kreuzstich)

34

35

36

37

38

39

40

41

34—41. Ausführung des vierseitig umrandeten gleichseitigen Kreuzstiches (italienischer Kreuzstich) 34—40. Ausführung der Einzelstiche mit Umrandungslinie. Die Pfeile bestimmen die Richtung für die Fortsetzung des Stiches. 41. Vollendete Figur

Dieser Stich erzielt eine reichere Wirkung, als die vorhin erklärten Sticharten, jedoch wird die Ausführung bedeutend mühsamer und zeitraubender, da jedes Kreuzchen von einer Holbeinstichlinie zu umgeben ist. Auch ist beim Arbeiten darauf zu achten, daß die oben liegenden Schrägstiche der Stichreihe nach einer Richtung liegen. Man arbeitet reihenweise, Kreuzchen für Kreuzchen stets fertig. × Abb. 34 zeigt den Beginn des Kreuzstiches durch den doppelseitigen Schrägstich, dann folgt ein wagerechter Stich und nach diesem, den Abb. 35 und 36 entsprechend, ein doppelseitiger Schrägstich in entgegengesetzter Stichlage zum ersten Schrägstich. Nun arbeitet man, wie Abb. 36 u. 37 zeigen, einen senkrechten doppelseitigen Stich, der die Teilung zwischen zwei Kreuzchen bildet, worauf man vom × wiederholt, bis die Reihe vollendet ist. Nun ergänzt man bei einem zurückgehenden Arbeitsgang die wagerechte Stichlinie und geht dann zur nächsten Stichreihe über. Das Weiterführen des Arbeitsfadens zur nächsten Stichreihe geschieht mittels eines Holbeinstiches. Nach dem Fertigsticken des Musters werden die offen gebliebenen Stiche an den Konturen in der bekannten Art geschlossen, wie beim umrandeten Wiener Kreuzstich. In dieser Stichart kann jedes dichte Kreuzstichmuster gearbeitet werden. Durch das feste Anziehen des Arbeitsfadens bei der Ausführung der Umrandungsstiche entsteht eine durchbrochene Stichwirkung, ähnlich der Vorlage, Abb. 54, Seite 239. Dieser Stich eignet sich für Gegenstände, die gegen das Licht gehängt werden.

Der doppelseitige Rosettenstich

42. Ausführung des gleichseitigen Rosettenstiches, in 2 Arbeitsgängen hergestellt

ist als Zier- und Musterstich für größere Flächen geeignet. Des leichteren Nacharbeitens wegen zeigen wir die Ausführung in starker Vergrößerung auf Kanevas, jeden Stich über sechs Gewebefäden greifend. Durch diese Darstellung läßt sich der Fadenlauf leicht verfolgen. Man beginnt jeden Rosettenstich von der Mitte ausgehend und arbeitet in einer Stichreihe in 2 hin- und zurückgehenden Arbeitsgängen. In einem hingehenden Arbeitsgang wird eine Rosettenstichhälfte gestickt, wobei man den mittleren, wagerechten Stich als Verbindungsstich zur Ausführung des nächsten Stiches benutzt und diesen Stich beim zweiten zurückgehenden Arbeitsgang, der gleichartig zu sticken ist, vollendet. Einzelne Sternstiche sind in einem Arbeitsgang zu sticken.

Der durchbrochene, italienische Doppelstich (Durchbruchstich)

Dieser Stich ist auf beiden Seiten nicht vollkommen gleichseitig, jedoch ist die untere Seite der oberen Stichseite vollkommen gleichwertig. Während sich auf der oberen Seite ein regelrechter Kreuzstich bildet, entsteht unten eine dem Zopfstich ähnliche Verkreuzung der Stickfäden. Kreuzstich und Zopfstich werden regelmäßig von einem

43

45

47

44

46

48

43—48. Ausführung des durchbrochenen italienischen Doppelstiches

43. Vorbereitender Stich und erste Kreuzhälfte. 44. Vollendung des Kreuzstiches. 45. Vollendung des ersten Umrandungsstiches. 46. Vollendung des zweiten Umrandungsstiches. 47. Vollendung des dritten Umrandungsstiches. 48. Vollendung des vierten Umrandungsstiches und Übergang zum nächsten Stich in gleicher Reihe

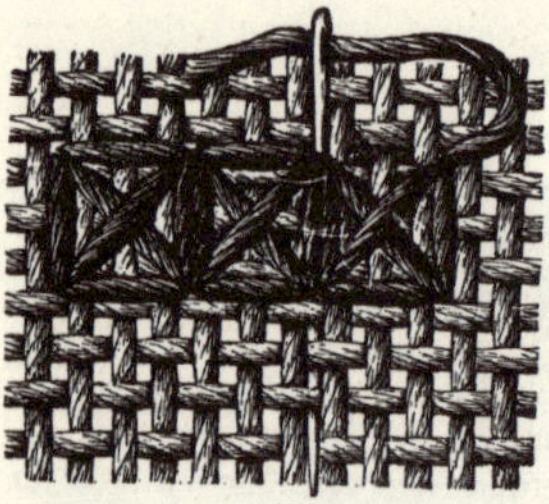

49

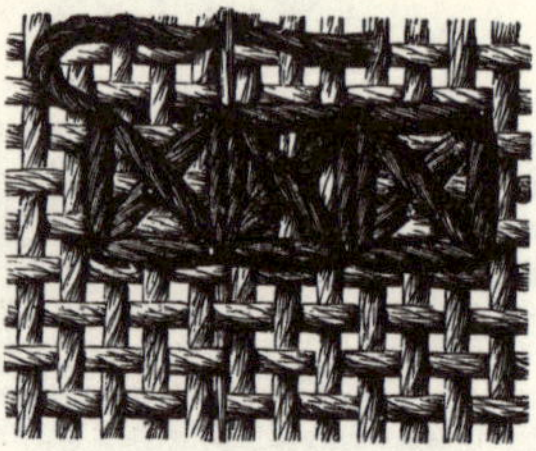

50

51

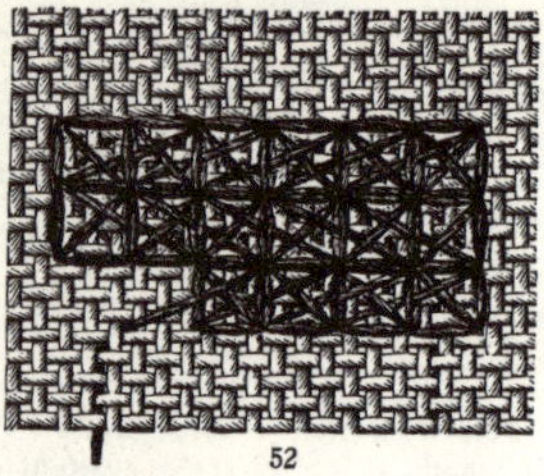

52

49. Rechtsreihe vollendeter Stiche. Übergang zum ersten Stich der zurückgehenden Linksreihe. Siehe Abb. 50

50. Linksreihe vollendeter Stiche. Übergang zum ersten Stich der hingehenden Rechtsreihe. Siehe Abb. 49

51. Mehrere hin- und zurückgehende Stichreihen in italienischem Doppelstich. Obere Stickseite

53

52. Mehrere hin- und zurückgehende Stichreihen in italienischem Doppelstich. Untere Stickseite

53. Wirkung der durchbrochenen Fläche des italienischen Doppelstiches. Mehrere hin- u. zurückgehende Stichreihen mit Übergangsstich von der Links- zur Rechtsreihe. Obere Stickseite

Stichquadrat begrenzt, so daß bei mehreren Reihen stets zwei Konturstiche aneinander treffen. Diese vollständige Begrenzung jedes einzelnen Stiches erzielt, bei selbst nur leichtem Anziehen des Fadens, eine Konzentrierung des einzelnen Quadrates, wodurch dicht gestickte Flächen leicht durchbrochen werden. Je nach der Verwendung für die der Stich dienen soll, verstärkt man durch festeres Anziehen des Fadens die durchbrochene Wirkung. Derartige Stickereien eignen sich besonders gut für Gegenstände, durch die das Licht durchscheinen kann, z. B. für Fenstervorhänge, Lampenschirme u. dgl. An altitalienischen Stickereien bildet die Stickerei den Mustergrund, und das Muster wirkt in glattem ausgesparten Stoff. Zusammenstellungen mit Abschlußborte und Bäumchen erzielen eine reizvolle Wirkung. Es ist recht gut möglich, den Stich in der freien Hand zu arbeiten, wie es an unseren Darstellungen mit eingeschobener Nadel gezeigt wird, jedoch empfiehlt es sich, größere Arbeiten im Rahmen auszuführen, da durch das Arbeiten im Rahmen die tadellos schöne Wirkung verbürgt wird. Wie beim Zopfstich, Abb. 7—17a, bereits als Eigenart des Stiches erwähnt ist, wechselt in den Reihen, die hin- und zurückgehend zu arbeiten sind, die Lage der oberen Stiche. Auffallend wirkt es, daß die von rechts nach links gearbeitete Reihe die Wirkung des gewöhnlichen Kreuzstiches erzielt, bei dem der von rechts kommende Stich oben liegt, während man, in gewohnter Weise von links beginnend, die entgegengesetzte Stichlage erhält. Wir beginnen die Erklärung in der üblichen Arbeitsart von links nach rechts arbeitend und lehren mit Abb. 43—48 einen vollständigen Stich, der sich, in gleicher Weise ausgeführt, für eine Reihe entsprechend oft wiederholt, indem man beim rechten Stich nach Abb. 48 stets zugleich die Begrenzungsstiche vervollständigt und an der für den Beginn des nächsten Stiches geeigneten Stelle die Nadel wieder herauszieht; am Ende der Reihe hat man statt dessen gerade herunterzustechen, wie es Abb. 49 u. 50 zeigen. Von rechts nach links zurückgehend arbeitet man die Stichreihe nach der an Abb. 49 ersichtlichen Stichlage. Durch das Durchstechen auf der Rückseite für das Weiterarbeiten des nächsten Stiches entsteht die an Abb. 52 ersichtliche Abweichung, die wie eine Kreuznaht wirkt. In der Fläche liegen die Stiche dicht, dagegen sind die Endstiche, infolge des fehlenden eingreifenden Stiches, etwas freier. An Abb. 52 ist auch die Ausführung der Reihe von rechts nach links ersichtlich, um den Lernenden Gelegenheit zu bieten, sich mit beiden Stichreihen einzeln zu beschäftigen. Der Ausgang, der sich an beiden Einzelreihen für die Reihe in entgegengesetzter Richtung zeigt, fällt bei reihenweisen Stichübungen naturgemäß fort, und der Stich gelangt zur Ausführung, wenn man hin- und zurückgehend arbeitet. Außer der beiderseitigen Wirkung der Stichreihen zeigen wir an Abb. 53 die durchbrochene Wirkung der vollendeten Stickfläche. Abb. 54 gibt ein stilvolles altitalienisches Muster zum Nacharbeiten.

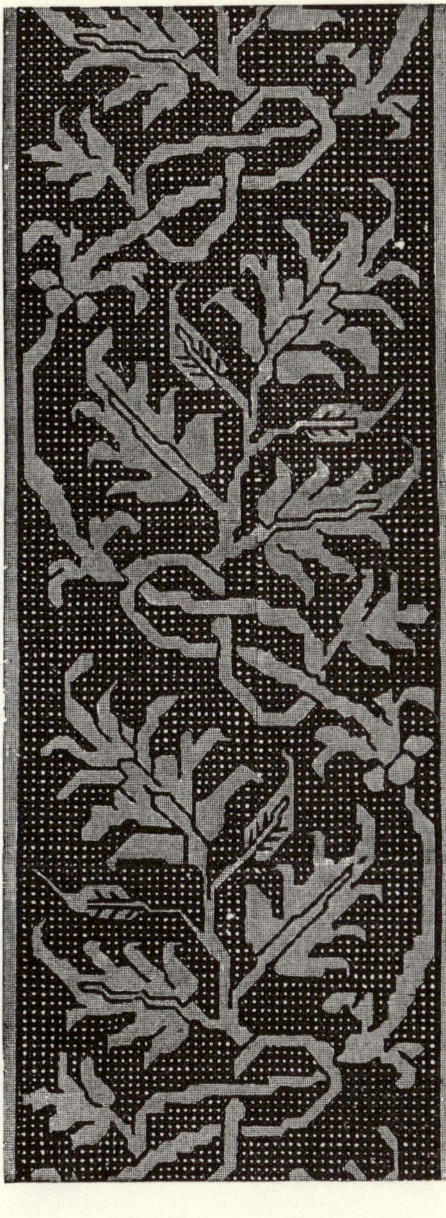

54. Bordüre in durchbrochenem, italienischem Doppelstich (Altitalienisches Muster)

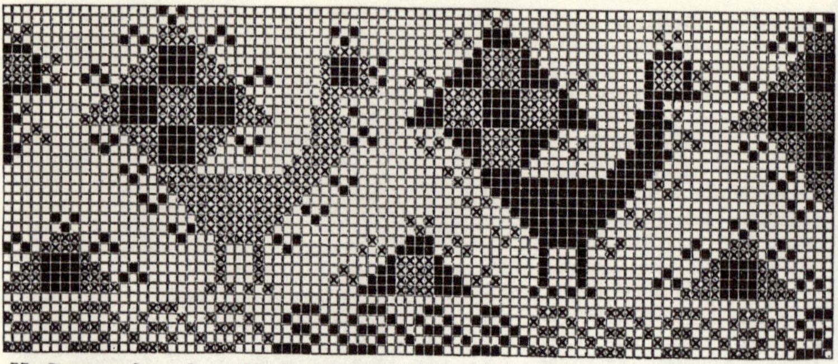

55. Typenmuster. Kroatische Bordüre mit Pfauen. Zweifarbig. Die Vögel sind in gleichmäßigem Farbenwechsel nach einer Richtung laufend zu sticken. ■ Blau. ⊠ Rot. □ Grund

Das Sticken nach Typenmustern

Um den Wechsel der Stilrichtung in den verschiedenen Kunstperioden und die Eigenart des Stilempfindens in den verschiedenen Ländern klar zum Ausdruck zu bringen, veröffentlichen wir eine reiche Auswahl stilvoller Kreuzstichmuster aus alter und neuer Zeit. Wir hoffen, damit unsere Aufgabe zu erfüllen, die darin besteht, den Lernenden neben der Beherrschung der Technik auch künstlerisches Verständnis für die Bewertung von Mustern beizubringen. Einen großen Teil der altdeutschen und altitalienischen Muster haben wir den schönen Sammelwerken „Musterbücher altdeutscher und altitalienischer Leinenstickereien", herausgegeben von Julius Lessing und Frieda Lipperheide, entnommen. Da die Werke im Buchhandel nicht mehr zu haben sind, werden unsere Vorlagen besonders wertvoll. Die übrigen Vorlagen stammen aus Publikationen im Handarbeitsteil von Ullsteins Frauenblättern; vielen Abonnentinnen dürften daher die Muster bekannt sein.

Wie am Anfang des Kursus vermerkt wurde, wiederholen wir den Hinweis, daß bei der Wahl der Muster der Gebrauchszweck stets zu berücksichtigen ist; nach diesem hat man auch mit richtigem Verständnis den Stoff und das Material zu wählen. Altdeutsche, altitalienische Muster und Muster für Strichstichstickereien (Holbeintechnik) wirken am besten in feiner Ausführung auf feinem körnigen Leinen und in einem Farbenton oder in wenigen zusammenstimmenden Farben gestickt. Selbstverständlich können ausnahmsweise besonders kräftige Muster auch auf grobem Stoff mit starkem Material ausgeführt werden, ohne daß der Charakter des Musters leidet. An alten Arbeiten finden wir fast nie Eckbildungen, es sind stets gerade Bordürenstreifen über die Fläche gestickt. Daß es bei dem damaligen hohen Stand der Kunst an mangelndem Können gelegen haben sollte, Ecken für Stickereien zu komponieren, ist ausgeschlossen, jedoch dürfte es auf die damalige Geschmacksrichtung zurückzuführen sein. (Wie man sich auf einfache Weise selbständig aus einer geraden Bordüre eine Ecke gestalten kann, finden die Leserinnen auf Seite 226 erklärt.) — Wie bei den Stickereien slawischer Volkskunst wählt man für moderne Muster lebhafte Farbentöne und kräftiges Material, vorzugsweise Wolle: Zephir-, Orient- und Mooswolle. Dazu kommen noch die verschiedenen Arten der neu fabrizierten Baumwollgarne und Stickseide, siehe die „gebräuchlichen Stickfäden", Seite 223 u. 224. Da auch Wolle als Stickfaden für Stickereien auf waschechtem Grundstoff Verwendung findet, empfiehlt es sich, möglichst farbechtes Material zu wählen, das dem Reinigen durch Waschen Widerstand leistet. Um ganz sicher zu sein, raten wir, das Material vor dem Verarbeiten zu brühen, siehe die Anleitung am Anfang des Lehrkursus, Seite 226. Beim Sticken mit Wollfaden arbeitet man entweder von lose gewickelten Knäueln oder durchschnittenen Strähnen; zu fest gewickelter Wollfaden verliert seine ursprüngliche Drehung und wird dünner. Ebenso hat man beim Sticken den Faden nicht zu fest anzuziehen, man stickt immer mit leichter Hand. Zu fest ausgeführte Wollstickereien wirken unansehnlich. Außer dem klassischen weißen Leinen bringt die Industrie die mannigfachsten leinewandähnlichen Stoffe in den Handel, auf denen Kreuzstichstickereien auszuführen sind. Beliebte Grundstoffe sind: Naturfarbenes oder eingefärbtes russisches, englisches oder Hausmacherleinen, Rupfenleinen, Seidenrupfen, nordischer Kanevas, Panamastoff und viele andere Stoffarten. — Außer den Typenmustern für die Verzierung der mannigfachsten Gegenstände veröffentlichen wir noch zwei Alphabete in einfacher und reicher alter Schriftart und moderne Monogramme. Ineinander verschlungene Buchstaben wirken in Kreuzstichstickerei nicht gut, es empfiehlt sich, die Buchstaben entweder nebeneinander gestellt oder, wie an Abb. 81 bis 86 ersichtlich ist, ornamental ineinander geschoben zu sticken. Immer ist die feine Ausführung einer kräftigen vorzuziehen, weil in feiner Ausführung die Stiche als gleichmäßige Fläche wirken. Dagegen erzielen große Stiche eine unruhige Wirkung. Außerdem sind gestickte Merkzeichen für Wäsche, in großen Stichen ausgeführt, weniger haltbar als kleine Stiche.

Wie am Anfang des Kursus bemerkt ist, gilt je eine Type des Musters für einen Kreuzstich-, Strich- oder Zopfstich. Im Anschluß geben wir noch kurze Erklärungen für die veröffentlichten Gegenstände.

Abb. 88. Nachthemd in der Schnittform eines rumänisch-siebenbürgischen Bauernhemdes. Auf weißem rumänischen Leinen ist die Kreuzstichstickerei mit rotem Twist (Stopfwolle) ausgeführt. Den Stehkragen, die Nahtlinie des Kragenansatzes, je den Rand des vorderen Einschnittes, die Achselnähte, Ärmelränder und den unteren Rand des Hemdes ziert Kreuzstichstickerei. Abb. 88b gibt das Typenmuster mit Eckbildung für die breite Bordüre Abb. 88c gilt für die Verzierung des Stehkragens und die Nahtlinie des Kragenansatzes. Das Zickzackmuster Abb. 88d soll den 1½ cm breiten Hohlsaum der Ärmelränder und des unteren Saumes schmücken. Man stickt mit ungeteiltem Twistfaden. Je eine Type gilt für einen Kreuzstich, der fünf Gewebefäden in der Höhe und Breite umfaßt. Ein schmaler Hohlsaum sichert die kurzen Querränder des Stehkragens und den Schnittrand des vorderen Schlitzes. In weitläufigen Abständen gruppenweise gestickte Langettenstiche (Schlingstiche) umschließen den Bruchrand des Saumes, siehe Abb. 88a. Nach dem Zusammennähen der einzelnen Teile verziert man die Nähte durch aufgestickten Zickzackstich. Rotes Baumwollschnürchen mit gleichfarbenem Pomponabschluß dient für den Schleifenverschluß am Ansatz des Stehkragens.

Abb. 94—96. Drei Typenmuster für Kreuzstich-, Strich-, Gobelin- und Flachstickerei. Unsere Vorlagen zeigen neue künstlerische Kompositionen, die in der farbigen Ausführung erst zur vollen Geltung kommen. Alle Muster eignen sich, in beliebiger Länge fortgesetzt, zur Verzierung von Wandfriesen für Kinderzimmer. — Das Muster Abb. 94, „Schwimmende wilde Ente", kann außer in Kreuzstich in Gobelin- und nordischer Flachstichstickerei ausgeführt werden, siehe die Erklärungen dieser Sticharten unter „Flachstichstickerei". Die beste Wirkung wird erreicht, wenn man auch die glatten Grundflächen bestickt. Als Grundstoff eignen sich: gewöhnlicher Kanevas, nordischer Wollkanevas, Kongreß- und Javastoff. Das Stickmaterial können bilden: Zephir-, Orient-, Mooswolle, Perl- und Moulinégarn. Je eine Type gilt für einen Kreuzstich, schrägen Gobelinstich oder für eine bestimmte Anzahl Flachstiche. Um die Größe des Musters von vornherein bestimmen zu können, hat man Stichproben auszuführen. Nachstehend geben wir die Farbenerklärung. Schnabel: grün, Auge: gelb, unterer Schwanzteil: grünlichbraun, helle Wellenlinie: kobaltblau, dunkle Wellenlinie: dunkelblau, Horizont: grau. — Drollig wirkt das Elefantenmuster in bunter Wolle gestickt auf hellfarbenem Bauernleinen oder Seidenrupfen. Man arbeitet den Elefanten in Kreuzstich und den Reiter in Platt- und Strichstichstickerei. Die Farbenverteilung ist wie folgt: Elefant: grau, Stoßzähne: weiß mit schwarzen Strichstichkonturen, Augapfel in Flachstich: weiß, Pupille schwarz mit aufgesticktem weißem Glanzlicht, Lid in Strichstich:

56—61. Typenmuster. Bordüren und Karos
Ausführbar in Kreuzstich- und Strichstichstickerei. Abb. 56, 58—61 einfarbig, Abb. 57 zweifarbig auszuführen. Altdeutsche Muster

62. Typenmuster. Karo für Kreuzstich- und Strichstichstickerei

schwarz. Reiter: schwarzer Hut, gleichfarbener Rock und Stiefel in Platt- und Strichstich, Beinkleider: weißer Plattstich, Gesicht: fleischfarbener Plattstich. Man arbeitet den Reiter mit feinerem Stickfaden als den Elefanten. — Weißes russisches Leinen oder Wollkanevas können den Stickgrund bilden. Zephirwolle und Perlgarn eignen sich als Stickmaterial. Man stickt im Kreuzstich die kräftigen Figuren und führt die feinen Linien in Strichstich aus. An Abb. 96 ist die Farbenstimmung wie folgt: H u n d und

(Fortsetzung Seite 251)

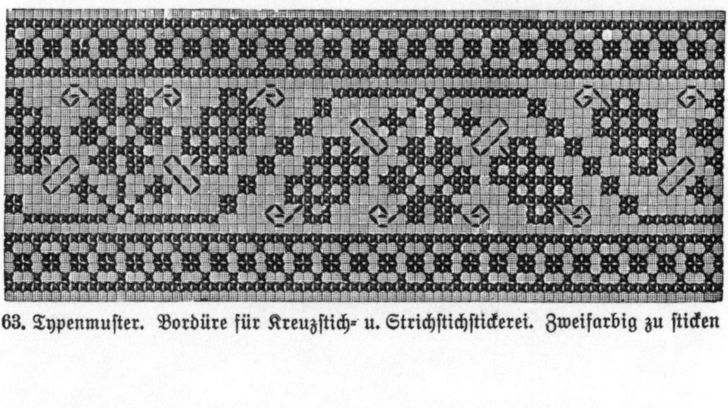

63. Typenmuster. Bordüre für Kreuzstich- u. Strichstichstickerei. Zweifarbig zu sticken

64. Typenmuster. Eckmuster für Kreuzstich- und Strichstichstickerei. Slawisches Muster

65. Typenmuster. Eckfigur für Kreuzstich- und Strichstichstickerei. Slawisches Muster

66 67 u. 68 69 72

66—72. Typenmuster. Bordüren mit Eckbildungen und Bordürenstreifen für Kreuzstich- und Strichstichstickerei in ein- und zweifarbiger Ausführung. Altdeutsche Muster

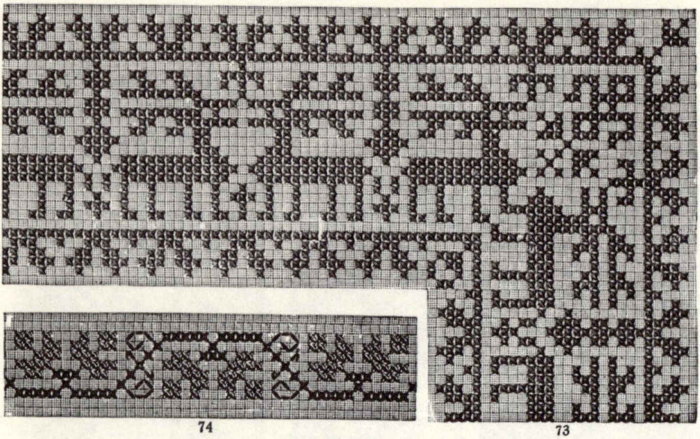

74

73

75

73—75. Bordüren und Karo für Kreuzstichstickerei. Altdeutsche Muster

76. Typenmuster. Bordüre für Kreuzstich-, Gobelin-, Flachstich-, Zopfstichstickerei und Filetarbeit. Altdeutsches Muster

77. Typenmuster. Bordüre für Kreuzstich-, Gobelin-, Flachstich-, Zopfstichstickerei und Filetarbeit. Altdeutsches Muster

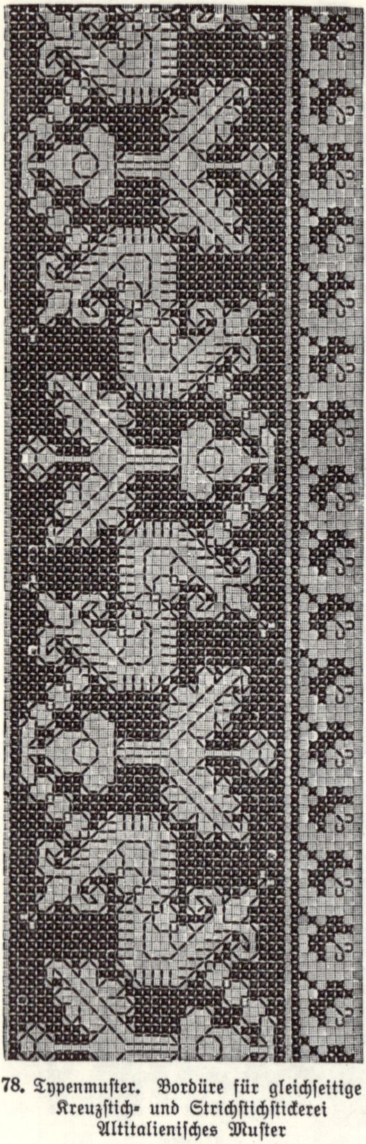

78. Typenmuster. Bordüre für gleichseitige Kreuzstich- und Strichstichstickerei Altitalienisches Muster

79. Bordüre. Doppelseitiger italienischer Kreuzstich und Strichstichstickerei Altitalienisches Muster

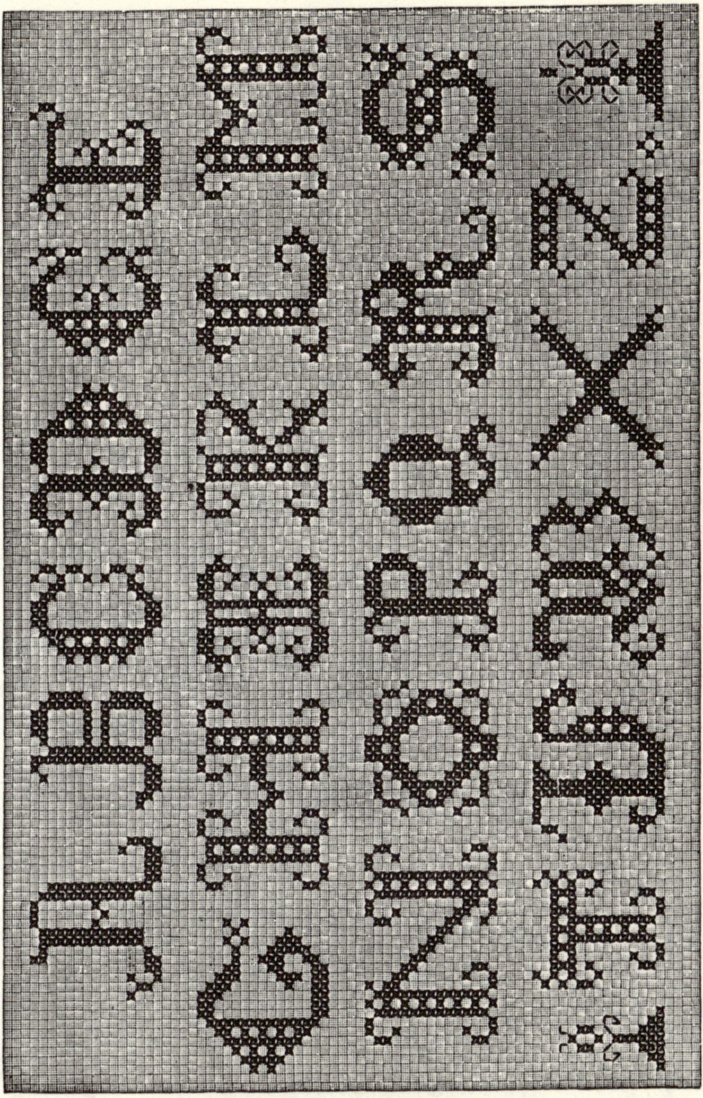

80. Typenmuster. Alphabet für Kreuzstichstickerei

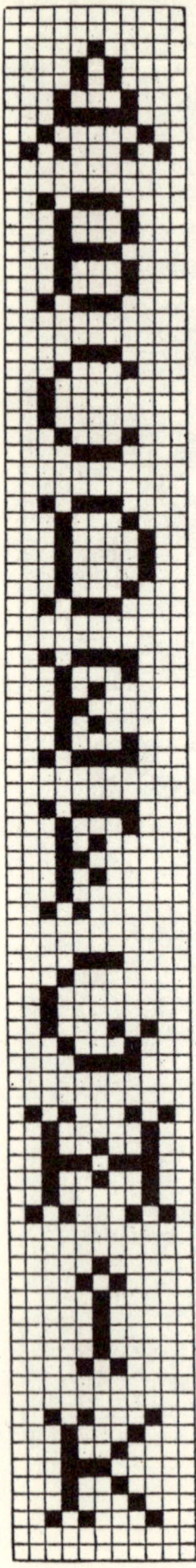

81

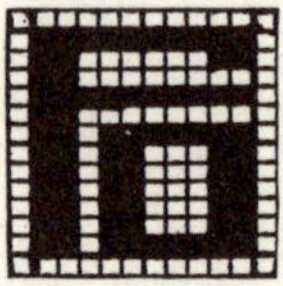

82

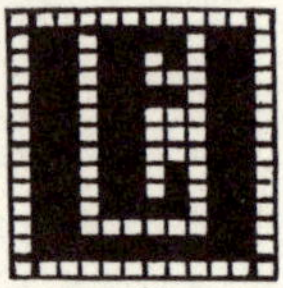

83

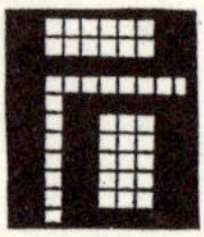

84

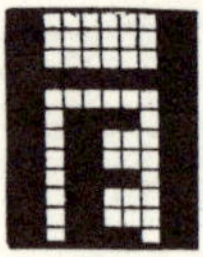

85

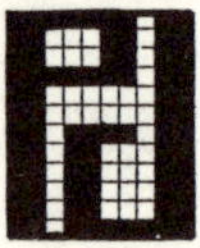

86

81—86. Sechs Typenmuster für Kreuzstich-Monogramme. Moderne Schrift
81 B. J., 82 F. O., 83 E. U., 84 P. O., 85 H. E. 86 P. J. Aus der Zeitschrift „Die Praktische Berlinerin" Entwürfe von Gustav Kalhammer, Wien

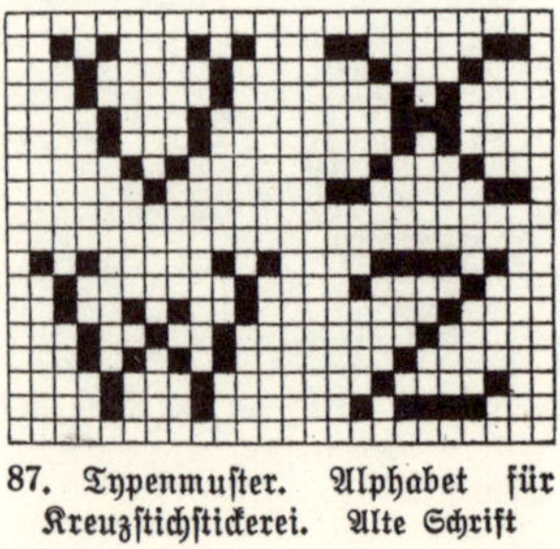

87. Typenmuster. Alphabet für Kreuzstichstickerei. Alte Schrift

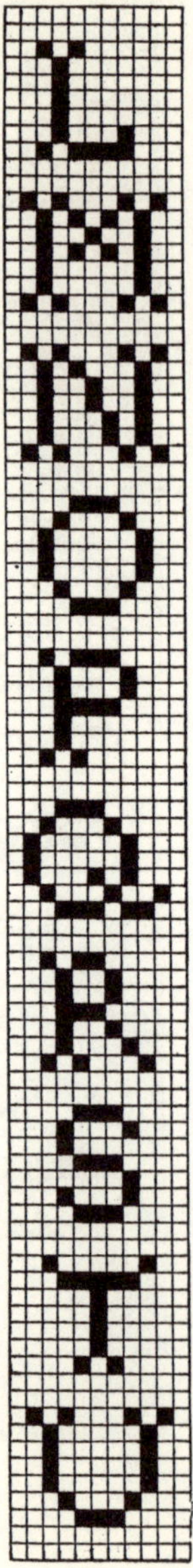

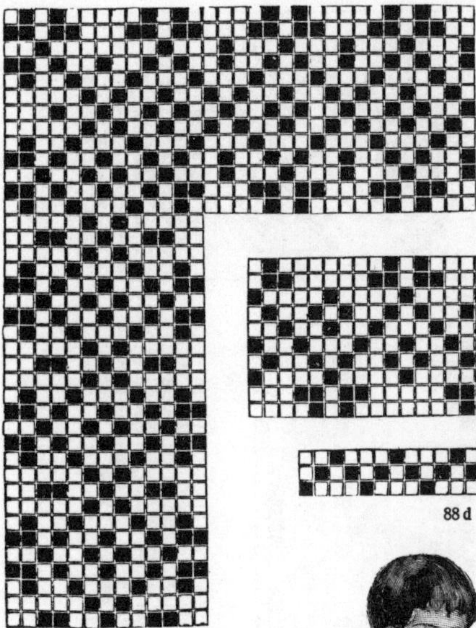

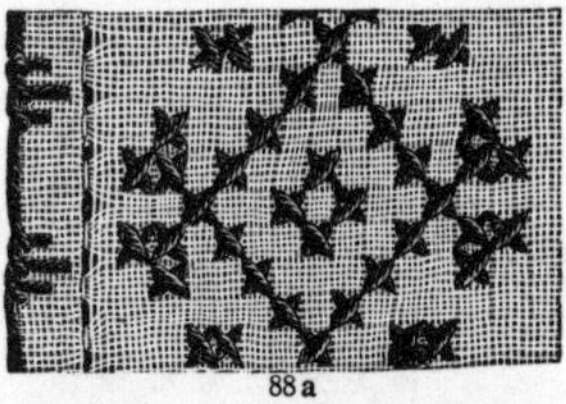

88 a

88 d

88 b

88 c

88 a. Stichprobe (natürl. Größe) für die Kreuzstichstickerei und Nahtverzierung zum Nachthemd Abb 88

88 b. Typenmuster mit Eckbildung für die breite Kreuzstichbordüre zum Nachthemd Abb. 88

88 c. Typenmuster für die schmale Zackenbordüre. Zur Verzierung des Stehkragens, der Nahtlinie am Halsansatz u. den Schultern zum Nachthemd Abb. 88

88 d. Schmale Zackenbordüre. Zur Verzierung des Ärmel- und Rocksaumes des Nachthemdes Abb. 88

88 Nachthemd in der Schnittform eines rumänisch-siebenbürgischen Bauernhemdes. Verzierung durch Kreuzstichstickerei. Typenmuster Abb 88 b—d. Arbeitsprobe 88 a. Aus der Zeitschrift „Das Blatt der Hausfrau". Schnittnummer 3469. Näheres Seite 15

Leine: schwarz. **Menschliche Figur**, Hut: smaragdgrün, Gesicht und Hände fleischfarben, Haare: gelbrot, Beine: schwarz, Anzug: kobaltblau.

Abb. 97. **Kissen. Kreuzstichstickerei.** An dem 60 zu 70 cm im Geviert messenden Modell ergibt naturfarbener Seidenrupfen den Bezug Die Mitte der Vorderseite schmückt Kreuzstichstickerei, die mit bunter Zephirwolle in der Farbenverteilung des erhältlichen Typenmusters ausgeführt ist. Je eine Type gilt für einen Kreuzstich, der 2 Gewebefäden in der Höhe und Breite umfaßt. Das Stickereimedaillon eignet sich auch zur Verzierung von Paravents.

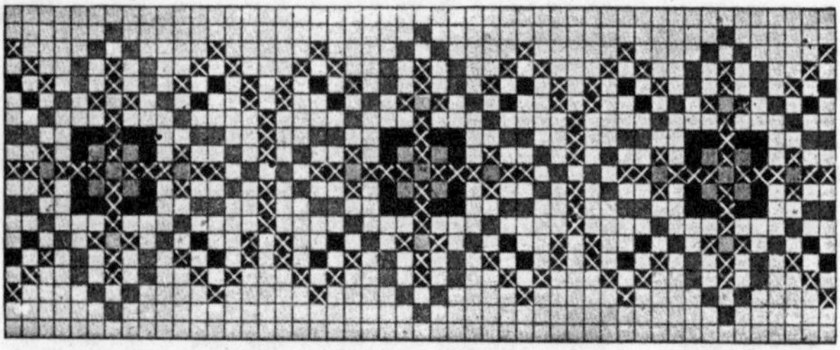

89

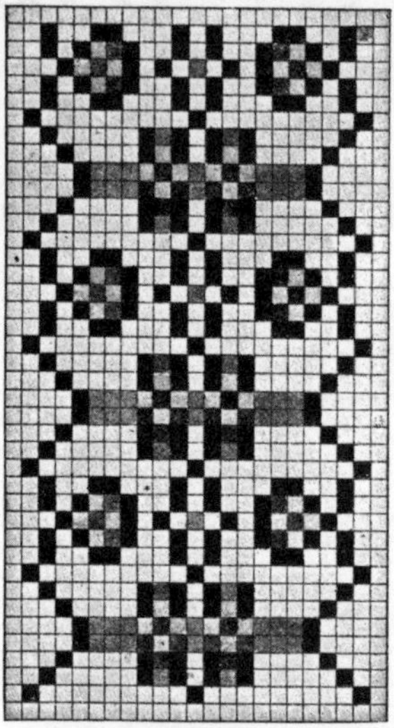

90

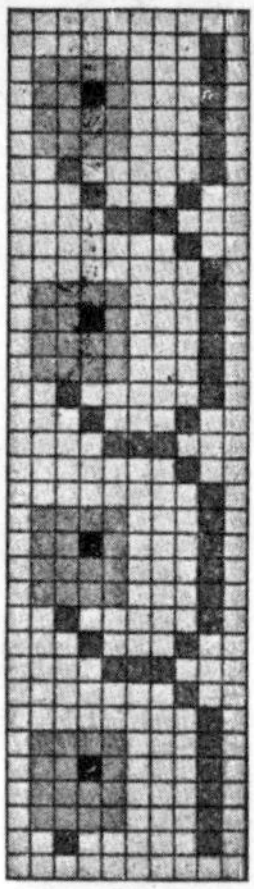

91

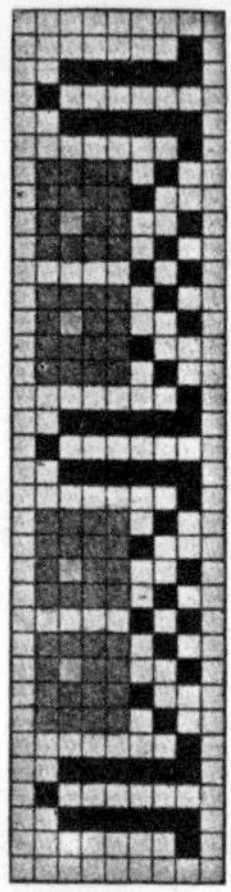

92

93

89—93. Typenmuster. Bordüren für Kreuzstichstickerei. Moderne Muster 89. Vierfarbig: schwarz, smaragdgrün, zitronengelb und kobaltbau. 90. Vierfarbig: schwarz, kobaltblau, terrakotta, dunkel-rotbraun. 91. Dreifarbig. Stiele: olivgrün, Beeren: goldgelb, Fruchtnarbe: schwarz. 92. Dreifarbig. Stiele: dunkelgrün, Beeren: braunrot, Fruchtnarbe: kobaltblau. 93. Zweifarbig: schwarz u. terrakotta. Aus der Zeitschrift „Das Blatt der Hausfrau". Entwürfe von Grete Löwy, Wien

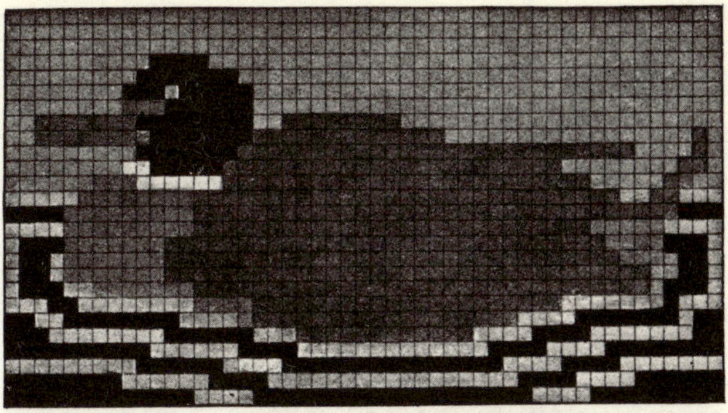

94. Typenmuster. Schwimmende wilde Ente. Entwurf von Carl Schnebel Farbenangaben siehe im Text Seite 241

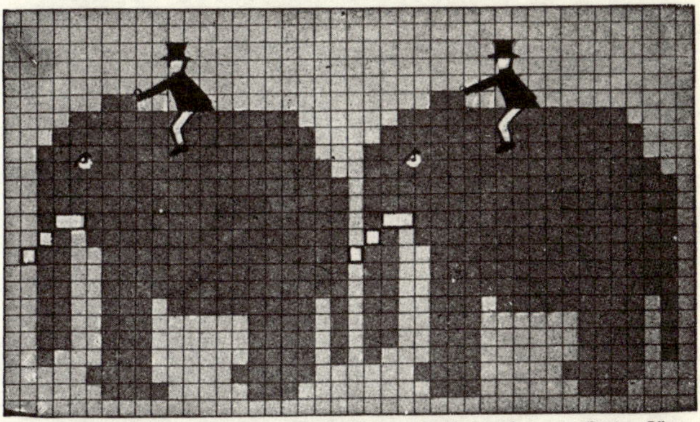

95. Typenmuster. Elefanten mit Reitern. Entwurf von Grete Löwy Farbenangaben siehe im Text Seite 241

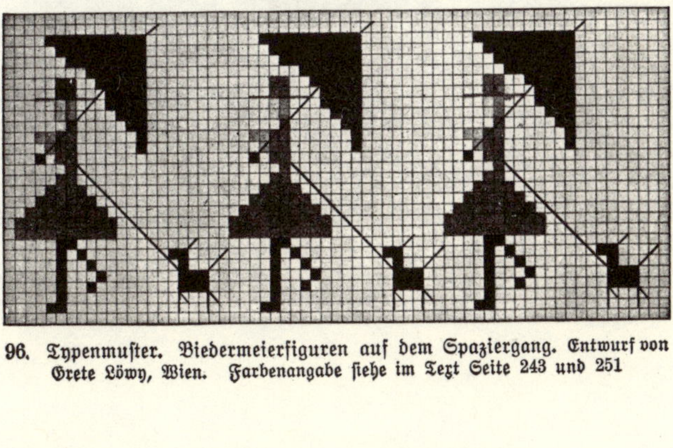

96. Typenmuster. Biedermeierfiguren auf dem Spaziergang. Entwurf von Grete Löwy, Wien. Farbenangabe siehe im Text Seite 243 und 251

97. Kissen aus naturfarbenem Seidenrupfen mit Kreuzstichstickerei. In bunter Wolle gestickt. Auch ausführbar in Gobelinstickerei und Webearbeit mit Wolle oder Seide Aus der Zeitschrift „Dies Blatt gehört der Hausfrau". Musternummer 1667. Näheres Seite 15. Text siehe Seite 251. Entwurf und Ausführung von Antonie Vašek, Wilmersdorf

Die Flachstichstickerei

Unter der Bezeichnung „Flachstichstickerei" verstehen wir die verschiedenen Sticharten, die wie die Kreuzstichstickerei nach abzählbaren Gewebefäden und Typenmustern auszuführen sind. Die dem Muster entsprechend nach einer bestimmten Regel gearbeiteten Stiche „Flachstiche" liegen flach und dicht nebeneinander, und die Stiche decken vollständig den Stoffgrund.

1. Breite Bordüre auf Kongreßstoffborte in Flachstich-, Stiel- u. Zierstichstickerei ausgeführt

(Text Seite 261)

Als Grundstoff eignen sich lose Gewebe mit leicht abzählbaren Fäden, z. B. Kongreßstoff, grobfädiges Leinen, Hardanger und Javaleinen, Wollkanevas und dergleichen.

Nach dem Grundstoff richtet sich die Art und Stärke des Stickfadens. Am besten geeignet sind weiche Fadensorten, die sich leicht dem Stoff anschmiegen und flach liegen, wie die verschiedenen Sorten von Baumwollfäden, Schafwolle und Seide. Diese kommt aber für solche Arbeiten in Betracht, die weniger dem Gebrauch unterliegen.

Das Werkzeug bilden halblange Nähnadeln oder sogenannte Tapisserienadeln (Sticknadeln). Die Stärke der Nadel ist von dem Arbeitsfaden und dem Grundstoff abhängig.

Vor Beginn der technischen Erklärungen für die verschiedenen einfachen Sticharten verweisen wir noch auf die Arbeitserleichterung, der man sich beim Arbeiten von größeren Mustern bedienen kann, indem man, wie zur Kreuzstichstickerei Seite 226 vermerkt ist, nach dem Muster den Stickgrund durch Stichreihen einteilt. Größere Arbeiten sind am besten im Stickrahmen auszuführen. Beim Sticken in der Hand beschwert man den Stoffrand mit Bleistücken oder schweren Gegenständen, um das Verzerren des Stoffes zu verhindern. Des leichteren Erlernens wegen zeigen wir die einzelnen Sticharten mit gelockerten Fäden, wonach sich die Stichrichtung und die Anzahl der Gewebefäden, die ein Stich deckt, leicht verfolgen lassen. An den größeren Mustervorlagen ist das gleiche Prinzip beibehalten.

Wir beginnen mit der Erklärung des einfachen Flachstiches in gerader Stichlage, Abb. 2, der auch unter dem Namen nordischer Flachstich bekannt ist. Wie bei der Kreuzstichstickerei wird bei Beginn der Arbeit das Fadenende in der Stofffläche vernäht, die durch die ersten Flachstiche überdeckt werden soll. Man stickt reihenweise, hin- und zurückgehend. Für den ersten Stich führt man den Stickfaden, von unten nach oben stechend durch die Stofflücke empor, × sticht in senkrechter Richtung über vier Gewebefäden nach oben, sticht nach unten, führt den Faden über die gleiche Anzahl Gewebefäden und einen Gewebefaden nach rechts resp. links übergehend, in senkrechter Richtung nach abwärts, sticht empor und wiederholt die Ausführung vom ×. Beim Sticken muß der Arbeitsfaden gleichmäßig nicht zu fest angezogen werden, damit sich die Gewebefäden nicht zusammenziehen können. Bei dieser Arbeitsweise entstehen auf der Rückseite leichte Schrägstiche. Die einzelnen Stichreihen werden dicht aneinandergestickt. Beim Sticken von farbigen Mustern läßt man nach dem Fertigsticken einer Farbe den Arbeitsfaden mit der Nadel lose hängen und arbeitet bei der nächsten Reihe mit den gleichen Fäden weiter. Bei größeren Entfernungen hat man den Stickfaden auf der Arbeitsrückseite zwischen der Stickarbeit zur nächsten Arbeitsstelle zu leiten. Dagegen sind bei zu großen Entfernungen die Stiche mit neuem Faden zu beginnen. Beim Sticken nach Typenmustern gilt die Anzahl der Gewebefäden, die ein Flachstich umfaßt, für eine Type. Man rechnet die Fäden im Geviert.

Abb. 3 und 4 machen die verschiedenen Arten des Gobelinstiches verständlich. Dieser Stich erhielt seinen Namen nach den kunstvollen Webereien, die alte Wandteppiche und Vorhänge schmücken, und in Gobelinstickerei lassen sich derartig gewebte Arbeiten imitieren. Abb. 3 erklärt den geraden Gobelinstich, dessen Ausführung mit dem nordischen Flachstich übereinstimmt, mit dem Unterschied, daß eine geringere Anzahl Gewebefäden überstickt wird, wodurch die bestickte Fläche die Wirkung von Ripsstoff erzielt. Sollen sich die Stichreihen kräftig von dem Grundstoff abheben, so stickt man über einen übergespannten quer liegenden Faden, den der Arbeitsfaden oder stärkeres Material, selbst Bindfaden (Spagat) bilden können.

Der gerade versetzte Gobelinstich Abb. 4 wird reihenweise in schräger Linie, auf- oder abwärts arbeitend, gestickt. Man beginnt mit einem über zwei Gewebefäden greifenden Stich in senkrechter Richtung nach aufwärts, sticht auf der Rückseite um einen Gewebefaden zurück und führt den Faden, um einen Gewebefaden weitergreifend, empor. Dann wiederholt sich der senkrechte Stich nach aufwärts usw. in schräger Linie weiterarbeitend. Bei der zweiten anschließenden Reihe beginnt der erste Stich zwei Gewebefäden von dem letzten Stich entfernt, und in gleicher Weise arbeitet man die Schrägreihe, wobei die Stiche in den gleichen Löchern der letzten

2. Der gewöhnliche oder nordische Flachstich. In geraden Reihen gestickt

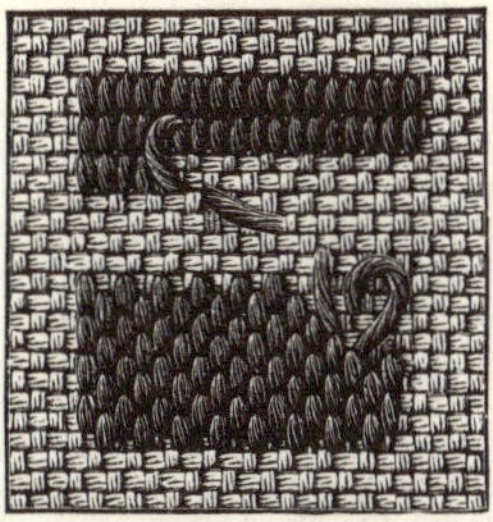

3 u. 4. Der gerade Gobelinstich u. d. gerade versetzte Gobelinstich

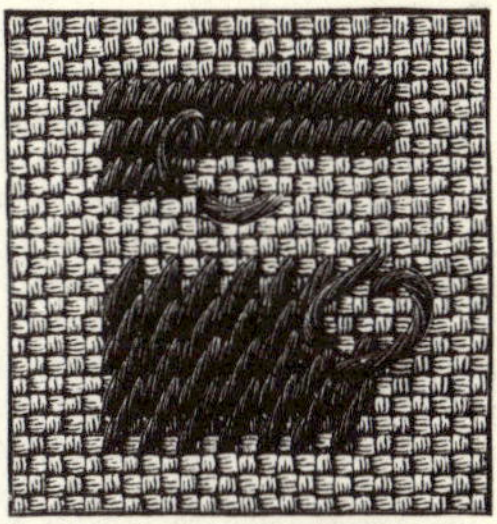

5 u. 6. Der schräge Gobelinstich und der schräg versetzte Gobelinstich

7. Der byzantinische Flachstich

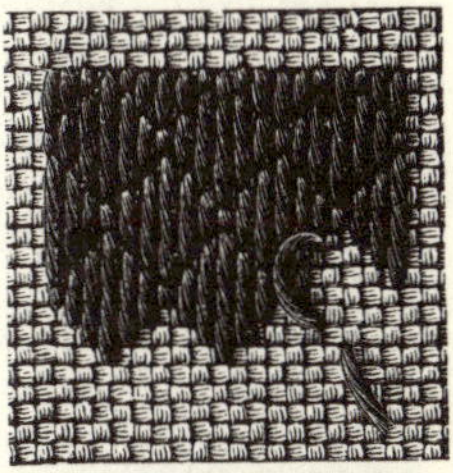

8. Der ungarische Flachstich

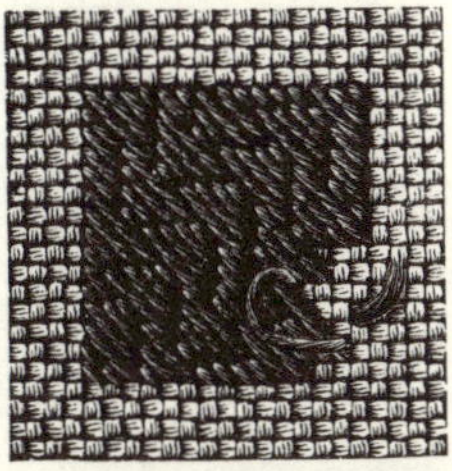

9. Der orientalische Flachstich

11. Der Flammen- oder Wasserstich

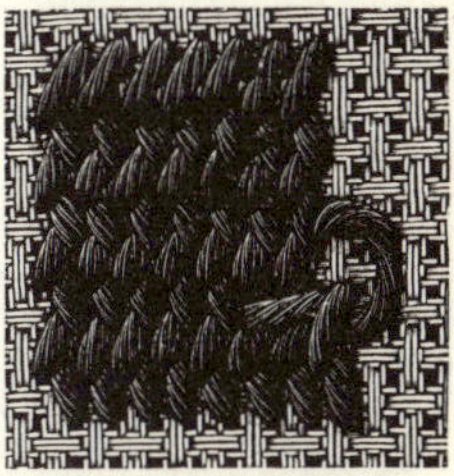

10. Der Flechtstich

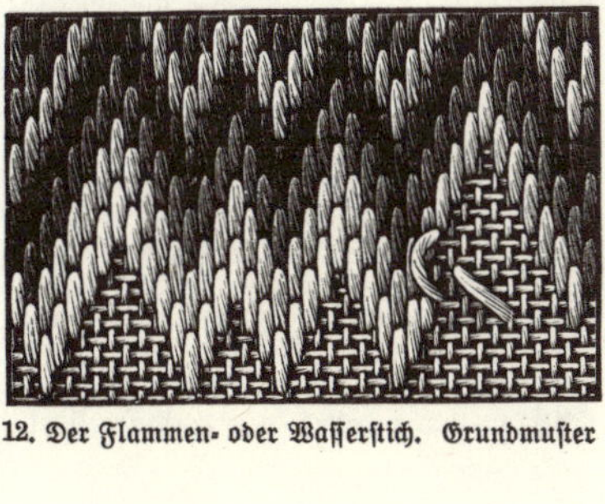

12. Der Flammen- oder Wasserstich. Grundmuster

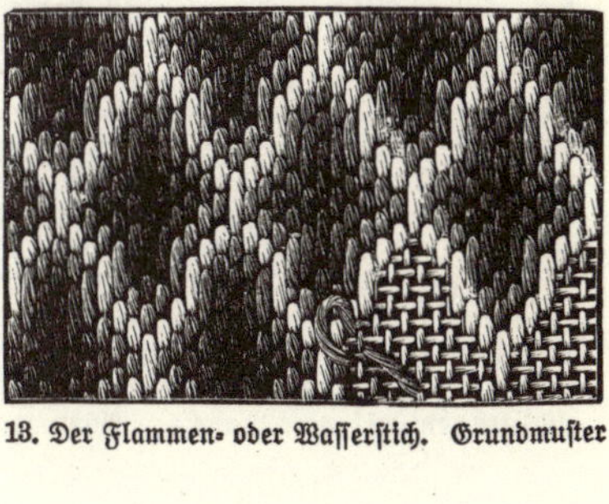

13. Der Flammen- oder Wasserstich. Grundmuster

Reihe zusammentreffen, so daß sich auf der Rückseite schräge Stichreihen bilden. Die offenen Stichlücken beiderseits vom Ansatz der Reihen sind durch kleine Hilfsstiche zu füllen. Ebenso werden die unbestickten Eckflächen durch Übersticken in verkürzten Schrägreihen ausgeglichen.

Der schräge Gobelinstich, Abb. 5, wird in geraden Reihen, hin- und zurückgehend, gearbeitet. Wie an Abb. 5 ersichtlich ist, greift ein Stich über zwei Gewebefäden in der Höhe und über einen Faden in der Breite. Man stickt Gewebe- um Gewebefaden umfassend, indem man auf der Rückseite einen senkrechten Stich über zwei Gewebefäden nach abwärts arbeitet. Infolgedessen bilden sich auf der Rückseite senkrechte Stichreihen. Eine andere Stickweise für den schrägen Gobelinstich ist das Übersticken von drei Gewebefäden in der Breite und zwei Gewebefäden in der Höhe, wobei man auf der Rückseite einen schrägen Stich über einen Gewebefaden zurückarbeitet, so daß sich auf der Rückseite schräge Stichreihen bilden. Bei den folgenden Reihen, die sich ohne Zwischenräume anschließen, achtet man darauf, daß sich stets die Stiche in gleichmäßiger Lage untereinander befinden.

14 u. 15. Der Perlstich (petit-point) und die Perlstickerei

Zu dem schrägen, reihenweise gearbeiteten Gobelinstich gehört noch der sogenannte Perlstich, Abb. 14 und 15. Für diesen stickt man über eine Fadenkreuzung greifende anschließende Schrägstiche in Hinterstichmanier, wodurch sich auf der Rückseite doppelt so lange Schrägstiche bilden. Dieser Stich wird häufig mit Kreuzstich in Verbindung gebracht, und zwar dient der Perlstich zur Füllung von feineren Musterfiguren, die der derb wirkende Kreuzstich nicht wiedergeben kann. Im Perlstich werden die beliebten Perlstickereien auf Kongreßstoff, Kanevas und Nessel ausgeführt. Hierbei gilt die Regel, daß man reihenweise in einer Richtung arbeitet, damit die Perlen in einer Stichrichtung liegen. Durch das Hin- und Zurückarbeiten entsteht eine unruhige Wirkung.

Der versetzte schräge Gobelinstich, Abb. 6, wird in schrägen Reihen wie der versetzte gerade Gobelinstich gearbeitet, mit dem Unterschied, daß man in Schrägstichen stickt. Wie an Abb. 6 ersichtlich ist, greift ein Schrägstich über vier Gewebefäden in der Höhe und zwei Gewebefäden in der Breite. Nach jedem Stich arbeitet man auf der Rückseite um zwei senkrechte Gewebefäden zurück. Bei der zweiten Reihe und den folgenden Reihen beginnt der erste Stich zwei Gewebefäden von dem End- resp. Anfangsstich der letzten Stichreihe entfernt, und man stickt in gleicher Weise in schräger Linie, wobei die Stiche in denselben Löchern zusammentreffen und versetzt wirken. Auf der Rückseite bilden sich senkrechte Stichreihen.

Zur Füllung von größeren Flächen wählt man gut deckende Sticharten, die sich leicht und rasch arbeiten lassen.

Abb. 7 zeigt die Ausführung des sogenannten byzantinischen Flachstiches. Man überstickt je sechs doppelte Gewebefäden in senk- und wagerechter Richtung, indem man stets über zwei Gewebefäden einen Schrägstich arbeitet und Gewebe- um Gewebefaden umfaßt. Die nächste Reihe und die folgenden Stichreihen sind in gleicher Treppenlinie anzusticken.

Der ungarische Flachstich, Abb. 8, wird reihenweise, Gewebe- um Gewebefaden umfassend, gestickt. Man beginnt mit einem senkrechten Stich über einen Gewebefaden greifend, * dann folgt ein verlängerter Stich, der drei Gewebefäden umfaßt und oben und unten den letzten Stich um einen Gewebefaden überragt. In gleicher Weise sind die zwei folgenden über 5 und 7 Gewebefäden greifenden langen Stiche zu sticken. Dann folgen drei abnehmende Stiche in der Länge von 5 und 3 Gewebefäden und einem Faden. Nun wiederholt sich die Ausführung vom *. Für die zweite Stichreihe, die bis zur Hälfte in die erste Stichreihe zurückgreift, stickt man nach Abb. 8 den längsten Stich an den kürzesten Stich an und arbeitet wie vorhin erklärt,

16. Bordüre. Schwedisches Muster. Ausführbar in Flach-, Gobelin- und Kreuzstichstickerei. Musternummer 3922. Näheres Seite 15

auf- und abnehmende Stiche; dadurch entsteht das versetzte Würfelmuster.

Abb. 9. Der orientalische Flachstich. In Schrägreihen, Gewebe- um Gewebefaden aneinander gearbeitete Dreiecke bilden das Füllmuster. Man stickt den ersten Schrägstich über eine Gewebekreuzung, die drei folgenden Schrägstiche über zwei, drei und vier Gewebekreuzungen. Dann wiederholt sich der erste kurze Stich in der Mitte der langen Stichreihe und dann folgen wieder die langen Stiche. Bei der zweiten Reihe sind die Dreiecke, wie an Abb. 9 ersichtlich ist, versetzt zu sticken.

Abb. 10 erklärt die Ausführung des Flechtstiches, der mit starker Wolle auf grobem Aidastoff oder Kanevas ausgeführt, eine gute Wirkung erzielt und zur Imitation von Sumakteppichen dienen kann. Man stickt am besten reihenweise, von unten nach oben arbeitend. * Der erste Schrägstich greift über zwei Gewebefäden in der Höhe und einen Gewebefaden in der Breite, wobei man von unten nach oben in der Richtung von links nach rechts den Stich legt. Dann folgt auf der Rückseite ein senkrechter Stich um einen Gewebefaden, man sticht empor und sticht von rechts nach links in schräger Richtung über zwei Gewebefäden in der Höhe und einen Faden in der Breite nach oben, führt den Faden auf der Rückseite in senkrechter Richtung um einen Gewebefaden nach abwärts, sticht empor und wiederholt vom *. In der gleichen Weise sind die nächsten Stichreihen anzusticken.

Abb. 11—13. Drei Grundmuster in Flammen- oder Wasserstich. Diese Stickart finden wir häufig an alten Stickereien aus der Empire- und Biedermeierzeit. Die Eigenart der Stickerei liegt in dem regelmäßigen Abschattieren der Musterfiguren in einer Grundfarbe oder in mehreren Farben. Ungeteilte Filoflosse- oder Filoselleseide, Zephir- oder Mooswolle eignen sich am besten als Arbeitsfaden. An Abb. 11 ist das Muster mit ungeteilter Filoselleseide in fünf Schattierungen Altblau auf feinem Kongreßstoff gestickt. Nach der klaren Darstellung Abb. 11 läßt sich das Muster ohne weitere Erklärung leicht nacharbeiten. Es sei nur erwähnt, daß die Vierecke in hellstem Blau zu sticken sind. Dann reihen sich die übrigen dunkleren Farbentöne an, bis sie allmählich wieder in die hellen Töne übergehen. Die Stiche sind Gewebe- um Gewebefaden umfassend zu sticken und zwar

17. Wandbehang für das Kinderzimmer
Nordische Gobelinstickerei. Arbeitsprobe Abb. 17 a. Aus der Zeitschrift „Die Praktische Berlinerin". Musternummer 6057. Näheres Seite 15

greifen die kürzesten Stiche über 2 und die längsten über 6 Gewebefäden. Zwei Gewebefäden beträgt die Abstufung der einzelnen Stiche von den nächsten Stichen. Das Muster eignet sich zur Verzierung von Buchhüllen, Mappen, Sachets und dergleichen.

In unregelmäßigen Zickzackreihen ist das *alte Muster* Abb. 12 mit ungeteilter Filoflosseseide auf Kongreßstoff gestickt. Wie es Abb. 12 zeigt, stickt man in auf- und abwärts steigender Richtung je über vier Gewebefäden greifende anschließende Flachstiche und fügt in den übrigen Reihen die gleiche Stichzahl an. Die Farbentöne sind in dem Wechsel Orange, Zitronengelb, Maisgelb, 4 Schattierungen dunkel bis hellstes Resedagrün, matte Fleischfarbe, dunkel Ocker, Goldocker, Terrakotta und hellstes Altblau anzusticken. Man wählt auch in anderen Schattierungen nur matte Farbentöne.

17a. Nordische Gobelinstickerei zum Wandbehang Abb. 17

Das in abgeschlossene Felder eingeteilte Muster Abb. 13 ist gleich den übrigen Mustern Abb. 11 u. 12 mit Filoflosseseide auf Kongreßstoff gestickt.

18. Karomuster mit Durchbruch-Einteilung. Flachstichstickerei
Muster geeignet zur Verzierung von Decken, Läufern, Gardinen

19. Kleine Decke. Flach- u. Strichstichstickerei. Bukowinaer Hausindustrie. Muster auch geeignet als Grundmuster zur Verzierung von größeren Decken und Läufern. Aus der Zeitschrift „Das Blatt der Hausfrau". Musternummer 16048. Näheres Seite 15

Die hellen Stichlinien, die die einzelnen Felder begrenzen, sind weiß, an diese Linien schließen sich nach innen je 3 Schattierungen einer Farbe für ein Feld an, und zwar in einer Reihe abwechselnd Violett und Orange bis Maisgelb, in der folgenden Reihe abwechselnd Karmoisinrot und Olivgrün, die 3. Reihe ist wie die erste, die Felder werden nur versetzt, die 4. Reihe ist wie die zweite, ebenfalls versetzt. Nach Abb. 13 läßt sich das Muster leicht nachsticken. Ebenso dürfte es jedem leicht gelingen die Bordüre Abb. 1 Seite 255 nachzuarbeiten. Man wählt Kongreßstoff als Stickgrund und arbeitet

20a. Arbeitsprobe (natürliche Größe) für die Flach- und Stielstichstickerei zur Decke Abb. 20

mit Moulinégarn, Twist, Filoselle- oder Filoflosseseide den Flachstich in einem hellen Farbenton und den Stielstich der Umrandungslinien sowie die Zierstiche in zwei dunkleren Farben, die zu der Flachstichstickerei stimmen müssen. Eine hübsche Wirkung erzielen hell-mattgrüner Flachstich, schwarze und ziegelrote Stielstichlinien und Zierstiche.

Abb. 16 zeigt eine Bordüre in schwedischer Webearbeit. Das nach alten mythologischen Motiven in moderner Auffassung komponierte, gewebte Muster wirkt blau und rot auf naturfarbenem Grund. Gobelinwolle bildet das Webematerial, mittelstarkes Baumwollschnürchen dient für die Kettfäden. Eine gute Imitation der Webetechnik erzielt die nordische Flachstichstickerei, siehe Abb. 2, auf nordischem, naturfarbenem Wollkanevas gestickt. Nordische Wolle bildet das Stickmaterial. Man stickt in wagerechter Stichlage je über zwei Gewebefäden greifende, Faden um Faden des Stoffes umfassende, übereinanderliegende Flachstiche resp. Gobelinstiche. Je eine Type des erhältlichen Typenmusters gilt für zwei Gewebefäden in der Höhe und Breite. Die Farbenanordnung bezeichnet das Typenmuster. An dem 45 cm breiten, gewebten Modell setzt die untere Querbordüre 15 cm vom unteren Rande entfernt an. Die losen Kettfäden bilden gleichzeitig die organische 7 cm hohe geknüpfte Franse. Die verschiedenen Motive lassen sich einzeln verwerten und die Muster eignen sich zur Verzierung von Kissenplatten, Läufern, Stuhlbehängen und dergleichen mehr.

Abb. 17. Wandbehang für das Kinderzimmer. Nordische Gobelinstickerei. Arbeitsprobe Abb. 17a.

20. Tischdecke. Flachstich- u. Stielstichstickerei. Arbeitsprobe Abb. 20 a. Aus der Zeitschrift „Dies Blatt gehört der Hausfrau“. Musternummer 19870. Näheres S. 15. Entwurf u. Ausführung von Emma Tanger, Berlin

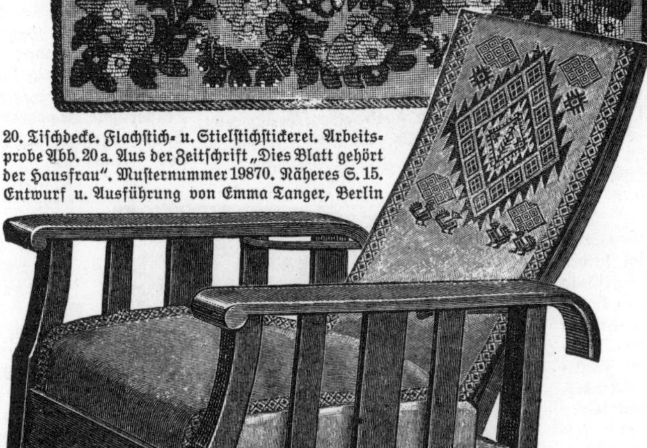

21. Stuhl mit gestickter Ausstattung. Nordische Flachstichstickerei. Aus der Zeitschrift „Die Praktische Berlinerin“. Musternummer 937 Näheres Seite 15. Modell der Firma F. W. Ernst Schmidt, Kgl. Hoflieferant, Berlin

Die originelle hübsche Vorlage ist die Kopie eines stilvollen schwedischen gewebten Originals. Cremefarbener Wollgobelinstoff ergibt den 40 cm zu 1 m betragenden Behang. Nordische Wolle (Gobelinwolle) in Dunkelblau, Rot, Olivgrün, Dunkelgrün bildet den Stickfaden. Dazu kommt noch eine stumpfe Tapisserienadel (Sticknadel). Man stickt in Querreihen über zwei Gewebefäden greifende senkrechte Gobelinstiche, wobei man nach Abb. 17a Faden um Faden des Gewebes umfaßt. Eine gelungene Wirkung erzielen auch Zopf- und Kreuzstichstickerei. Ein 5 cm breiter Saum begrenzt die Ränder.

Abb. 18. Karomuster mit Durchbrucheinteilung. Flachstichstickerei. Muster geeignet zur Verzierung von Decken, Läufern und Gardinen. Auf Kongreßstoff in mittlerer Stärke ist die Flachstichstickerei mit weißem Moulinégarn ausgeführt. Weißes Perlgarn Nr. 8 dient für die Büschel-Hohlnaht der Durchbrucheinteilung. Für die Ausführung des Durchbruchs ist die Erklärung zu Abb. 4 auf Seite 311 maßgebend.

Abb. 19. Kleine Decke mit Flach- und Strichstichstickerei. Bukowinaer Hausindustrie. Weißes, feines Holbeinleinen ergibt das 15cm im Geviert messende Deckchen. Das Stickmaterial bilden Filoflosseseide in Pfaublau, Grünlichbronze, Smaragdgrün, Dunkelaltrot, Ziegelrot, Schwarz, Rosa sowie feines Gold- und Silberschnürchen. Man stickt nach nach dem erhältlichen Typenmuster. Je eine Type gilt für drei Gewebefäden in der Höhe und Breite. Die Stichlage der Flachstiche ist an Abb. 19 ersichtlich. Man stickt mit dreiteiliger Filoflosseseide, Faden um Faden des Gewebes umfassend. Schwarzer Strichstich konturiert die Musterfiguren, bildet den Kästchenstich, die Verbindungslinien und die schmale Bäumchenbordüre.

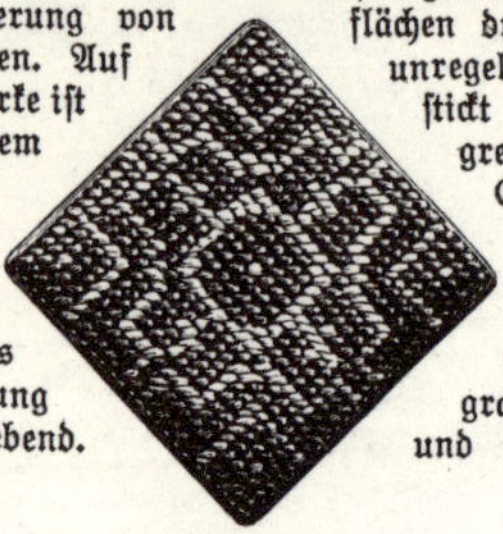

22. Zierknopf mit Perlstickerei
In zwei Farben gestickt

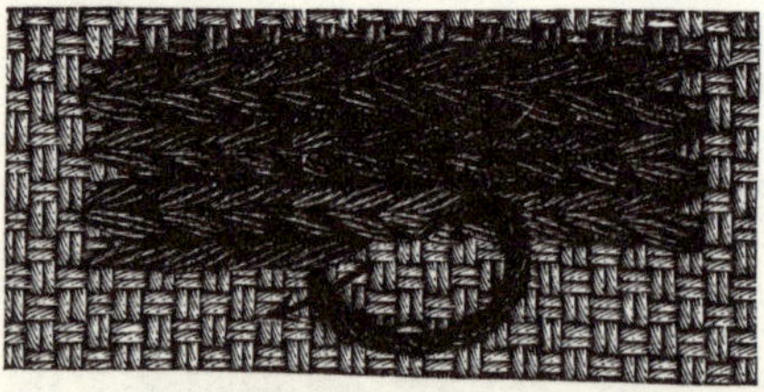

23. Ausführung des Kelimstiches, auch genannt Osmanischer und Trikotstich

Ein 1 cm breiter Ajoursaum begrenzt das Deckchen.

Abb. 20. Tischdecke. Flachstich- und Stielstichstickerei. Arbeitsprobe, siehe Abb. 20a. Die 1,05 m im Geviert große Decke ist aus grauem Juteleinen gearbeitet und mit Zephirwolle in den Farbentönen Schwarz, Smaragdgrün, Olivgrün, Ultramarinblau, Zitronengelb, Dunkelrosa, Grau und Lavendelfarben bestickt. 1 cm vom gesäumten Rand entfernt setzt die 22 cm breite Stickereibordüre an. Abweichend von dem Prinzip der Ausführung der Flachstichstickerei nach Typenmustern wird die Stickerei frei nach einem Konturenmuster gearbeitet. Man füllt die Musterflächen durch reihenweise gearbeiteten unregelmäßigen Flachstich. Zunächst stickt man über 2 Gewebefäden greifende, anschließende, senkrechte Gobelinstiche. Dann überstickt man die Stichreihe durch schrägen Gobelinstich siehe Abb. 20a. Die Blüten schattieren ultramarinblau, grau, zitronengelb, dunkelrosa und lavendelfarben; die Blattzweige sind olivgrün. Schwarzer Stielstich konturiert die Musterfigur. Den 1 cm breiten Saum begrenzt eine unsichtbar angenähte, kräftige schwarze Wollschnur.

Abb. 21. Stuhl. Nordische Flachstichstickerei. Größe: 52 cm Breite zu 72 cm Länge der Stuhllehne. 52 cm Breite zu 62 cm Länge des Sitzkissens. Hell-rehbrauner nordischer Wollkanevas überzieht die Polsterung. Ein nordisches Teppichmuster schmückt die Lehne und den Sitz. Nordische Wolle bildet den Arbeitsfaden. Die Farbentöne sind auf den erhältlichen Typenmustern vermerkt. Je eine Type gilt für zwei Gewebefäden in der Höhe und Breite. Man stickt in wagerechter Stichlage (Webestichmanier), Faden um Faden des Gewebes umfassend.

24. Kissen. Kelimstickerei. Hierzu die Arbeitsprobe Abb. 25. Aus der Zeitschrift „Dies Blatt gehört der Hausfrau". Musternummer 3795. Näheres Seite 15

Die imitierte Webearbeit

Orientalische, flach gewebte und geknüpfte Teppiche werden in verschiedenen Sticharten nachgeahmt, und diese Stickereien bezeichnet man in der Industrie mit dem Namen „Tapisserie". Zur Nachbildung der gewebten Sumakteppiche (Kelims) dient der Kelim- oder osmanische Stich; ebenso werden diese Teppichmuster durch Flach-, Gobelin- und Stopfstich nachgestickt. Zur Nachbildung von geknüpften Smyrna- und Perserteppichen kommen die verschiedenen Arten des Knüpfstiches in Betracht. Als Grundstoff für Kelim-, Flach- und Gobelinstickerei eignen sich Wollkanevas, Aidagewebe, Stramin, kräftiger Kongreßstoff und Ritterkanevas, d. i. ein loses Gewebe, das zur Nachbildung von Kelims in Stopfstich (Webestich) dient.

Das Stickmaterial bilden nordische Wolle (Gobelinwolle), Sudan-, Teppich- und Ritterwolle. Für den Knüpfstich eignen sich als Grundstoff: Smyrnakanevas, Panama- und Aidastoff. Das Stickmaterial bilden kräftige Wollarten, z. B. Smyrna-, Perserwolle, Herkuleswolle u. dgl. Man gibt stets erstklassigem Fabrikat den Vorzug, weil minderwertiges Wollmaterial nicht in den feinen Farbentönen und auch nicht in so reicher Farbenauswahl erhältlich ist als Primawolle. Dazu kommt noch der Nachteil, daß minderwertige Wolle leichter zum Mottenfraß neigt als

25. Ausführung des Kelimstiches über vorgespanntem Faden zum Kissen Abb. 24

gutes Fabrikat. Das Werkzeug für die verschiedenen Sticharten bildet eine kräftige, stumpfe Tapisserienadel (Sticknadel), deren Stärke sich nach dem Arbeitsfaden richtet. Für Knüpfstiche kann außer der Nadel noch eine kräftige Stahlhäkelnadel als Werkzeug dienen.

Wir beginnen mit der Erklärung des einfachen Kelim- oder osmanischen Stiches, Abb. 23 u. 25. Beim Nacharbeiten von Typenmustern gilt je eine Type für einen Kelimstich. Diesen bilden zwei Schrägstiche, die in spitzem Winkel zusammentreffen. Durch diese Stichbildung erfordert das Nachsticken von Typenmustern besondere Aufmerksamkeit. Es empfiehlt sich, vielfarbige Muster vor Beginn der Arbeit durch lose Spannstiche auf dem Stoff vorzuziehen. Das Vorziehen geschieht, indem man mit den verschiedenfarbigen Wollfäden stets in der Mitte über die später zu überstickenden Gewebefäden hinweg Spannstiche arbeitet. Wie die Flachstichstickerei wird auch die Kelimstickerei reihenweise ausgeführt, und vielfarbige Muster arbeitet man mit mehreren Nadeln. Beim Nachsticken von größeren Mustern mit Umrandungsstichen ist es eine Arbeitserleichterung, wenn man nach dem Vorziehen des Musters zunächst die Umrandungsstiche stickt und dann die abgegrenzten Flächen ausfällt. Um das Verzerren des Grundstoffes beim Arbeiten zu verhüten, beschwert man den Rand mit Bleistücken oder schweren Gegenständen

26. Stuhlläufer
Nordische Flachstichstickerei. Auch ausführbar in Kelim-, Gobelin-, Kreuzstichstickerei und Smyrna-Knüpfarbeit. Aus der Zeitschrift „Das Blatt der Hausfrau". Musternummer 3960. Näheres Seite 15. Entwurf von Mathilde Schönfeld, Wien

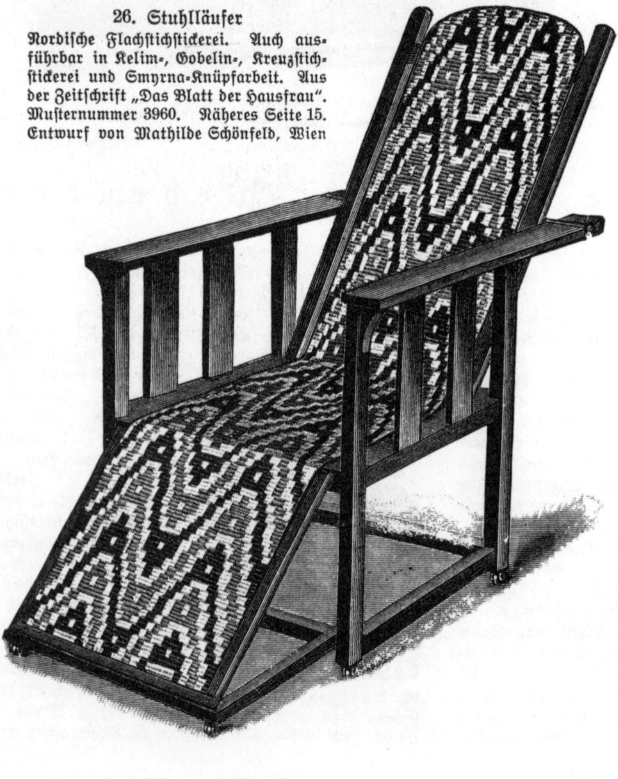

Am besten gelingt die Arbeit im Stickrahmen. Abb. 23 erklärt die Ausführung des Kelimstiches auf Javastoff. Man arbeitet die Stiche je über vier Gewebefäden in der Länge und einen Gewebefaden in der Breite; nach jedem Schrägstich greift die Nadel, der Richtung des Pfeils folgend, um 2 Gewebefäden zurück, dann wird wieder der nächste Schrägstich über 4 Gewebefäden gestickt. Bei der zweiten Stichreihe arbeitet man gleichartige Stiche, jedoch in entgegengesetzter Stichlage, so daß zwei Stiche in einem Stoffloch in spitzem Winkel zusammentreffen. Dadurch wird der Kel:mstich vollendet. Abb. 25 zeigt das Sticken über vorgespannten Fäden und die Ausführung des Kelimstiches in kleinerer Stichgröße, einen Schrägstich über zwei Gewebefäden in der Länge und 1 Faden in der Breite übergreifend.

Die Wirkung der Kelimstickerei läßt das orientalische Muster des Kissens Abb. 24 erkennen. Auf Aidagewebe ist die Stickerei mit nordischer Wolle ausgeführt. Das Muster schattiert: dunkel-pfaublau, grün, rot, bronze und modefarben (drap). Die fertige Stickereiplatte wird einem 40 cm im Geviert messenden pfaublauen Tuchkissen aufgesetzt.

An dem Stuhlläufer Abb. 26 wird durch Flachstichstickerei die Wirkung von Webearbeit erzielt. Die Größe des Läufers beträgt 45 cm

27. Behang oder Teppich in Stopfarbeit

Imitation gewebter „Karamany". Arbeitsprobe Abb. 28

Breite zu 2 m Länge. Das Muster ist mit nordischer Wolle in den Farben: hell Blaugrün, dunkel Pfaublau und dunkel Olivgrün auf mittelstarkem Kanevas gestickt. Ebenso gut können für die anderen Sticharten, die in der Unterschrift vermerkt sind (ausgenommen des Knüpfstiches), Kongreß- und Aidastoff Verwendung finden. Naturgemäß verändert sich nach der Stärke des Grundstoffes das Größenverhältnis des Musters, dementsprechend hat man auch feineres oder stärkeres Arbeitsmaterial zu wählen. Man stickt nach dem erhältlichen Typenmuster, siehe Seite 15. Je eine Type gilt für zwei Gewebefäden in der Höhe und Breite. Die Flachstiche sind in senkrechter Stichlage, nämlich Faden

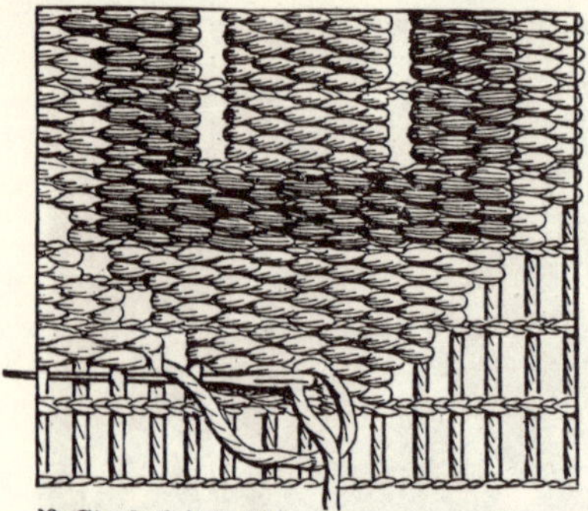

28. Stopfarbeit in Ritterkanevas zur Herstellung von imitierten Karamanys oder Gobelins

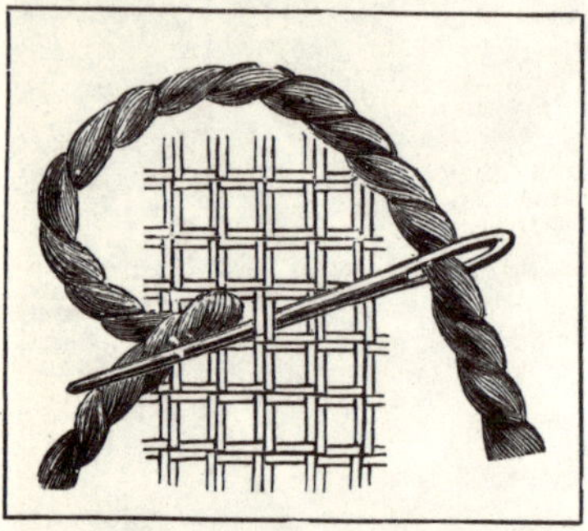

29. Ausführung des Smyrna-Knüpfstiches, mit der Nadel gearbeitet. Fortsetzung siehe Abb. 29 a

29 a. Vollendeter Smyrna-Knüpfstich und Beginn eines neues Stiches. Mit der Nadel gearbeitet. Siehe Abb. 29, 29 b u. c

um Faden des Gewebes umfassend, reihenweise auszuführen. Zuletzt wird die fertige Stickerei mit Hanfleinen oder Molton unterlegt, worauf man die Rückseite des Läufers mit dunkelblauem Leinen oder Satin bekleidet.

Abb. 27. Behang oder Teppich in Stopfarbeit. Imitation eines gewebten ungarischen Karamanys. Unser Modell ist in den klaren, ziemlich abstechenden Farbentönen der gewebten Teppiche gehalten und mit nordischer Wolle in Elfenbeinweiß, Hell- und Dunkelrot, Grün, Goldgelb und Dunkelblau auf Ritterkanevas in Stopfarbeit ausgeführt. Die losen Gewebefäden gelten wie bei der Gobelinweberei als Kettfäden, die man in gewöhnlichem Stopfstich (point de reprise) durchstopft; dabei bleiben die Kettelreihen unberücksichtigt. Beim Nacharbeiten von Typenmustern dient ein Fach zwischen zwei losen Gewebefäden für eine Type, und der Raum ist durch dicht anschließende Stopfstichreihen zu füllen. Beim Weiterarbeiten über die Kettelreihen hinweg dürfen die Kettelfäden nicht durchstochen werden, damit sich nach vollendeter Arbeit die gekettelten Reihen leicht entfernen lassen. Dieses geschieht einfach durch Lostrennen mittels Anziehens des betreffenden Kettelfadens. Beim Arbeiten hält man den Stoff mit der linken Hand gespannt, legt den übrigen Stoffteil auf eine Tischplatte und beschwert den Stoff mit einem Nähstein oder mit Gewichtstücken. Das Einnähen des Fadens geschieht mittels mehrerer Stopfstiche zwischen den Gewebefäden, die durch die Anfangstiche gedeckt werden sollen. Beim Stopfen läßt man stets am Anfang der Reihe den Faden als kleine lose Schlinge; dadurch wird das Einziehen der Arbeit beim späteren Spannen des Teppichs verhütet. Beim Stopfen muß der Arbeitsfaden gleichmäßig nicht zu fest und nicht zu lose angezogen werden, damit die Stichreihen flach wirken, siehe Abb. 28. Man stopft jeden Farbenton für sich, wodurch sich zwischen den einzelnen Farbenabstufungen die charakteristischen Schlitze der Webearbeit bilden. Wie vorhin vermerkt, werden die Kettelreihen nach vollendeter Stopfarbeit ausgetrennt. Zuletzt sind die kurzen Querränder auf der Arbeitsrückseite unsichtbar gegenzusäumen oder man sichert die losen Fäden durch Umfassungsstiche mit Wolle.

Der Knüpfstich in seinen verschiedenen Arten

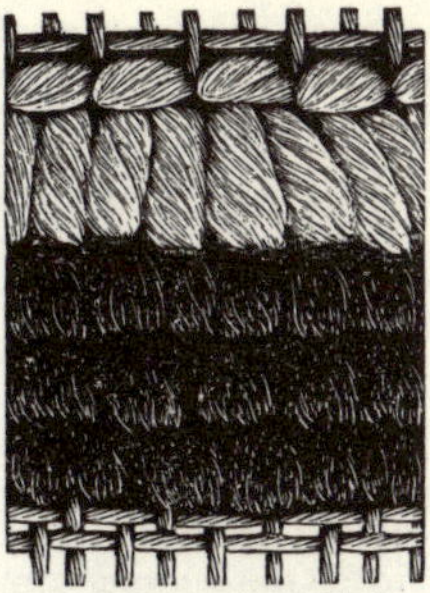

29b. Ansicht der rauhen Rechtsseite des Smyrnastiches

30 u. 30a. Ausführung des Smyrna-Knüpfstiches mit der Häkelnadel

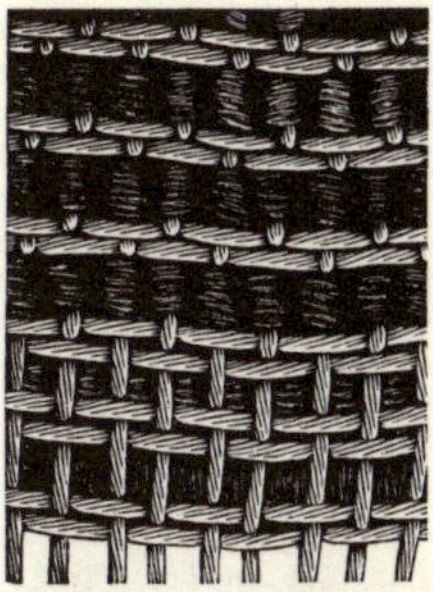

29c. Rückseite mit Stichreihen der Smyrna-Knüpfarbeit

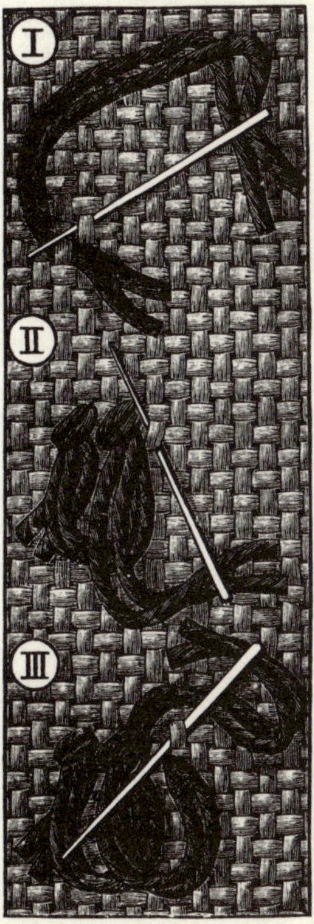

31. Ausführung des neuen persischen Knüpfstiches. I-III Sticherklärung. Kombinierter Stich von Adele Bettelheim, Wien

33 u. 33a

33b

33c u. 33d

33, 33a—33d. Ausführung des persischen Knüpfstiches. Quästchenstich. 33, 33a u. 33b. Sticherklärung 33c u. 33d. Vollendeter Knoten

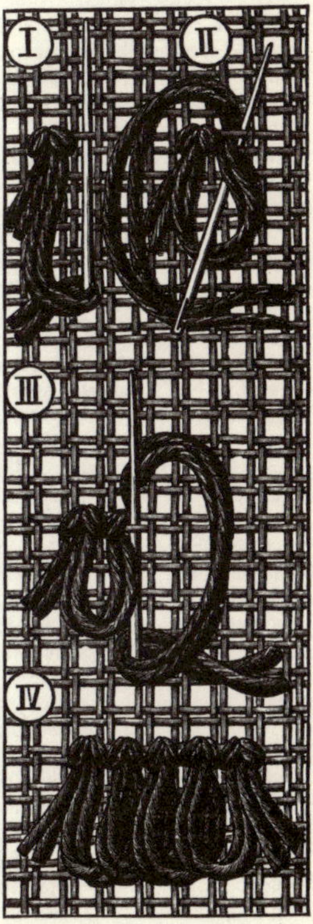

32. Der Kettenknüpfstich. I—III Sticherklärung. IV. Vollendete Knüpfreihe. Kombinierter Stich von Mizi Donner, Berlin

Wir beginnen mit der Erklärung des Smyrna-Knüpfstiches, der mit Smyrnawolle auf Smyrnakanevas mittels der Tapisserienadel (Sticknadel) oder mittels einer starken Stahlhäkelnadel auszuführen ist. Beim Knüpfen mit der Tapisserienadel arbeitet man mit langem Faden reihenweise von unten nach oben, von links nach rechts, dagegen werden mit der Häkelnadel kleine etwa 6 cm lange Wollstückchen eingeknüpft. Um gleichmäßige Fadenenden zu bekommen, wickelt man den Wollfaden über einen eigens konstruierten schmalen Holzstab, der in der Mitte mit einer Rinne versehen ist und schneidet mit einer guten scharfen Schere (Teppichschere) die aufgewickelte Wolle durch, indem man die Schere in die Rinne einführt. Die Wollstückchen werden nach Farben gesondert in offenen Behältern aufbewahrt. Gute Dienste leisten in Fächer eingeteilte Papp-kartons.

Abb. 29 u. 29a machen die Ausführung des Smyrna-Knüpfstiches mit der Tapisserienadel verständlich. Je ein Stich beansprucht zwei nebeneinander liegende doppelte Kanevasfäden für seine Vollendung, und ein Knüpfstich gilt für eine Type des Typenmusters. Man führt den Faden, von oben nach unten stechend, durch ein Loch, sticht auf der Rückseite über die doppelten Gewebefäden nach links, führt den Faden durch das Loch empor, leitet den Faden über zwei doppelte Gewebefäden nach rechts, sticht durch das Loch, führt die Nadel nach links durch das nächste Loch heraus und zieht den Faden an, wodurch sich der Knoten schließt. Nun läßt man den Faden in der an Abb. 29a ersichtlichen Länge als lose Schlinge hängen und wiederholt die Ausführung des Knüpfstiches. Die nächste Knüpfreihe beginnt nach einer doppelten Gewebebindung. Man achtet auf gleichmäßige Länge der Schlingen und schneidet nach zwei bis drei vollendeten Stichreihen die Schlingen durch. Abb. 29b zeigt die aufgeschnittenen Schlingenfäden der fertigen Knüpfarbeit auf der Rechtsseite, dagegen läßt Abb. 29c die Rückseite mit geraden Stichlinien erkennen. Zuletzt wird die Arbeit gleichmäßig geschoren. Am besten gelingt das Scheren mit der Maschine. Diese Arbeit übernehmen größere Teppichfabriken oder Handarbeitsgeschäfte. Um das Lockern der Knoten zu verhindern, bestreicht man die Rückseite der geschorenen Arbeit mit einer heißen Leimlösung, die man mit einem steifen Pinsel über den gespannten Teppich so aufträgt, daß der Klebstoff nicht auf die Rechtsseite durchschlagen kann. Man läßt die Arbeit so lange gespannt, bis der Leim vollständig trocken ist. — Fast mechanisch wird das Einknüpfen der Wollfäden mit der Häkelnadel. Man legt einen Faden doppelt zusammen, hält die Fadenenden mit der linken Hand fest, leitet die Häkelnadel durch die Schlinge, sticht, wie an Abb. 30 ersichtlich ist, durch zwei Stofflöcher und zieht die Fadenenden nach vorn durch die Schlinge, worauf man mit der Hand die Enden festzieht. Die Knoten werden in jedes zweitfolgende Loch geknüpft. Der übersichtlicheren Sticherklärung wegen ist an unserer Darstellung die Ausführung in einem größeren Abstand gezeigt. Dieser Knüpfstich wird am besten von rechts nach links gearbeitet. —

Abb. 31 zeigt an den Sticherklärungen Abb. I—III die Herstellung des neuen persischen Knüpfstiches, der auf dicht geschlagenen Geweben oder eigens für die Technik fabriziertem Teppichstoff auszuführen ist. Als Knüpffaden dient eine besonders für die Technik fabrizierte Wolle oder doppelfädige Perserwolle. Die Ausführung des Knüpfstiches ist wie folgt:

Man zieht den doppelten Arbeitsfaden nach Abb. I u. II von rechts nach links stechend unter einem Längsfaden des Gewebes empor, läßt die Fadenenden in etwa 2 cm Länge hängen, sticht von links nach rechts durch den nächst liegenden oberen Längsfaden, zieht den Stich an, bildet mit dem Arbeitsfaden eine kurze Schlinge, in der gewünschten Teppichhöhe (etwa 2 cm Länge) und wiederholt die Ausführung des Knüpfstiches in der an Abb. III ersichtlichen Art. Nach einigen Stichen werden die Schlingen in der Mitte durchgeschnitten. Bei der dicht anschließenden folgenden Stichreihe sind die Stiche direkt über die unteren Knüpfstiche zu nähen.

Der Kettenknüpfstich, Abb. 32, hat den Vorzug, daß er sich nie lockert und an Dauerhaftigkeit den handgeknüpften orientalischen Knüpfknoten gleichkommt. Am besten arbeitet sich der Kettenknüpfstich mit doppeltem Faden Perser- oder Sudanwolle, Smyrnawolle läßt sich, ihrer Sprödigkeit wegen, schwerer verarbeiten. Man knüpft mit langem Faden (den man in eine Tapisserienadel einfädelt) reihenweise, von links nach rechts, von unten nach oben, siehe Abb. I bis IV. Der Kettenknüpfstich erfordert drei Stiche für seine Vollendung. Abb. I zeigt den ersten Stich. Man sticht zwischen den zwei wagerechten Gewebefäden unter dem oberen Faden durch das obere Stoffloch herauf, läßt die doppelten Fadenenden etwa 1½ cm lose hängen, sticht nach Abb. II durch das untere Loch unter denselben Querfäden, indem man die Fadenenden nach rechts vor die Nadel legt, die Nadel mittels eines Schrägstiches nach rechts durch das obere Loch heraufführt und den Faden anzieht. Dann sticht man nach Abb. III durch das untere Loch, nimmt den unteren Querfaden des Gewebes auf, sticht zwischen den zwei Querfäden heraus und zieht den Faden an, wodurch sich der fertige

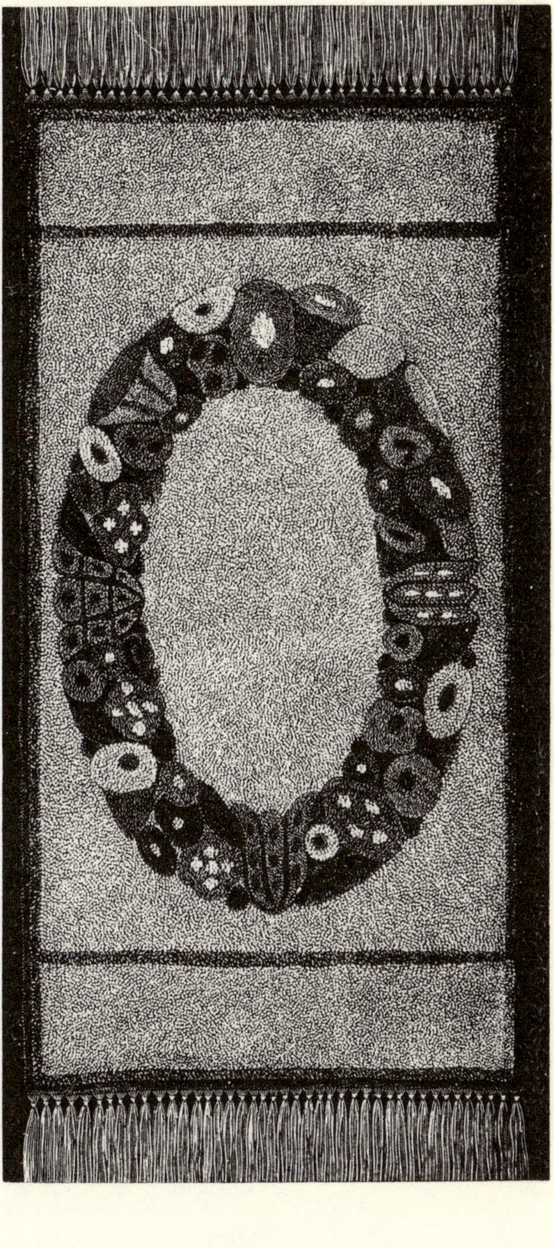

34. Teppich
Modernes Muster
Smyrnaknüpfarbeit u. eingeknüpfte Franse. Ketten-Knüpfstich. Arbeitsproben Abb. 32. Aus der Zeitschrift „Die Modenwelt“. Musternummer 17492. Näheres Seite 15

Knotenstich bildet. Nun wiederholt man die Ausführung vom Anfang, wobei man stets von Stich zu Stich den Doppelfaden als eine 1½ cm lange Fadenschlinge lose hängen läßt. An Abb. IV ist eine fertige Stichreihe gezeigt. Nach jeder Reihe werden die Schlingen aufgeschnitten. Nach einiger Übung läßt sich auch dieser Knüpfstich rasch und sicher arbeiten.

Um einen dichteren Vlies wie bei den alten orientalischen Teppichen zu erhalten, arbeitet man den sogenannten Quästchenstich oder persischen Knüpfstich, dessen Herstellung die Abb. 33—33d erklären. Dieser Stich braucht wie der Kettenknüpfstich drei Stiche für seine Vollendung. Man knüpft in Smyrnakanevas oder Teppichkongreßstoff mit feinerem Material: Perser- oder Sudanwolle. Ein Quästchenstich beansprucht für seine Herstellung vier Gewefäden in der Höhe und Breite; zwischen den einzelnen Reihen bleiben ebensoviel Gewebefäden frei. Abb. 33 zeigt die Ausführung des ersten Stiches. Man sticht in der Mitte zwischen vier Fäden von oben nach unten durch das Stoffloch, führt den Faden auf der Rückseite in senkrechter Richtung über zwei Gewebefäden nach unten, sticht empor, leitet den Faden in senkrechter Richtung über 4 Gewebefäden nach aufwärts, sticht durch das Stoffloch, nimmt auf der Rückseite unten in senkrechter Richtung zwei querliegende Gewebefäden auf die Nadel, sticht durch das erste Stoffloch heraus und zieht den Stich an. Für den 2. Stich, bei dem der Faden zur Schlinge gelegt wird, sticht man nach Abb. 33a durch dasselbe mittlere Loch auf die Rückseite, nimmt zwei Fäden, in senkrechter Richtung nach abwärts stechend auf die Nadel, sticht empor und läßt auf der Rechtsseite den Faden als lose Schlinge hängen. Dann leitet man den Arbeitsfaden nach links, sticht in senkrechter Richtung nach aufwärts, über vier Gewebefäden greifend, durch das Loch, nimmt nach Abb. 33b zwei Gewebefäden auf die Nadel, sticht durch das mittlere Loch empor und zieht den Stich fest an. Nach vollendetem Quästchenstich wird der Arbeitsfaden in der Länge des Quästchens abgeschnitten. Ebenso hat man nach jeder vollendeten Reihe die Quästchen aufzuschneiden. Die fertige Arbeit ist extra zu scheren.

Zur Nachahmung veröffentlichen wir verschiedene Teppichmuster, die in den erklärten Knüpfstichen auszuführen sind.

Abb. 34. Smyrnateppich mit eingeknüpfter Franse. Ausgeführt in Kettenknüpfstich. Größe des Teppichs: 77 cm zu 1,50 m, ohne die 20 cm langen Fransen gemessen, wenn man kräftigen Kanevas als Grundstoff benutzt. Selbstverständlich verändert sich die Größe beim Arbeiten auf stärkerem oder feinerem Grundstoff. Es empfiehlt sich vorher Stichproben vorzunehmen und nach diesen die Größe zu berechnen. An unserem Modell bildet Perserwolle den Knüpffaden, und zwar arbeitet man mit doppeltem Faden. Auf modefarbenem (drap) Grund schattiert das Kranzmuster in den Farben: Zitronengelb, drei Schattierungen Gelboliv, modefarben (drap), fleischfarben, dunkel Staubgrau, Orange, Kobaltblau, Blattgrün, hellstes Braun, Pfaublau, Hellgrau, Braungelb, Tabakbraun und Blaßrosa. Die Längsstreifen wirken gelboliv. Den Randstreifen bilden drei kobaltblaue Knüpfreihen, die nach dem Grund zu fünf grüne Reihen begrenzen. Die in modefarbenem (drap) Knüpfstich ausgeführte Fläche zwischen der letzten olivgrünen Knüpfreihe an den Schmalseiten bis zum olivgrünen Längsstreifen beträgt 25 Stichreihen. Den olivgrünen Streifen bilden wieder fünf Stichreihen. Nach zwölf modefarbenen (drap) Stichreihen beginnt das Kranzmuster. Zuletzt werden die Schlingen mit einer guten Teppichschere gleichmäßig aufgeschnitten, oder man läßt den Teppich mit der Maschine scheren. Nach dem Scheren werden die Stoffränder auf der Rückseite des Teppichs schmal gesäumt oder durch Langettenstiche mit modefarbener Perser- oder Smyrnawolle gesichert. An den Schmalseiten sind aus naturfarbenem, starkem Hanfgarn 20 cm lange Fransensträhnen einzuknüpfen. Für je eine Fransensträhne werden drei Doppelfäden in der Länge von je 24 cm (48 cm mißt ein ausgebreiteter Faden) um den Stoffrand geschürzt. Dann sind die Fadenbüschel durch gewöhnlichen Rundknoten zu verknüpfen. Bei der Ausführung auf kräftigem Smyrnakanevas oder Smyrnakongreßstoff empfehlen wir Prima-Smyrnawolle als Knüpfmaterial. Das Muster wirkt auch sehr gut in Kreuzstichstickerei mit Zephirwolle, Perl-, Moulinégarn oder Belafüllgarn auf naturfarbenem, grauem oder schwarzem Seidenrupfen oder Bauernleinen gestickt. In dieser Ausführung eignet sich das Muster zur Verzierung von Tischdecken.

Das Übertragen der Muster

1. Abbügeln des Musters auf den Arbeitsstoff

Für alle Techniken, die nach Konturen gearbeitet werden, hat man die Vorzeichnung direkt auf den Stoff zu übertragen. Die Art der Übertragung richtet sich nach der betreffenden Arbeitstechnik und nach der Beschaffenheit und Grundfarbe des Arbeitsstoffes. Man unterscheidet zwei Arten der Musterübertragung: I. Das Bügelverfahren, II. das Pausen. Dieses kann auf zweierlei Weise geschehen: 1. mittels Durchstechens, Durchreibens von Farbpulver und Nachzeichnens der Musterlinien und 2. mittels Durchzeichnens: a) mit Blau-, Graphit-, Kreide- oder Rötelpapier, b) direkt auf durchsichtigen Stoff. Nachstehend geben wir die Erklärungen für die verschiedenen Arten der Musterübertragung und praktische Vorteile für abweichende Arten der Musterverwendungen. 1. Das Spiegelverfahren, 2. Vergrößern und Verkleinern der Muster mittels eines Hilfsnetzes.

I. Das Bügelverfahren

Eine Zeit und Mühe ersparende Spezialität sind die Konturenmuster der Frauenblätter des Verlags Ullstein (Deutsches Reichspatent 203 953), die nicht gestochen und durchgepaust zu werden brauchen, sondern durch einfaches Bügeln mit dem Bügeleisen übertragbar sind. Nur für dunkle Stoffe und für solche, die das Abbügeln nicht ver-

2. Nach dem Bügeln ist das Muster vollständig auf dem Stoff sichtbar

tragen (z. B. Samt oder Plüsch) muß man das Pausverfahren anwenden. Zum Bügeln eignen sich glatte Stoffe: Leinen, Seide, Tuch, Flanell, Fries, Leder, Holz u. dergl. Ferner eignen sich die Muster für die mannigfachsten Techniken: Weißstickereien, Aufnäharbeiten, Plattstich- und Goldstickerei, Kurbel-, Schnur- und Soutachearbeiten, Tüllstickereien, Kerbschnitt, Ausgründung, Brandmalerei, Tiefbrand, Lederschnitt, Schablonenmalerei usw. Für irische Band-, Häkelgipüre und Nadelspitzen hat man das Bügelmuster auf die matte Seite von hellfarbenem Glanzkattun oder Pausleinen zu übertragen, weil auf der Glanzseite des Stoffes die Farbe nicht haftbar ist. Die Anwendung des Bügelverfahrens ist wie folgt: Will man irgendein Muster übertragen, so braucht man nur den Arbeitsstoff auf eine harte Unterlage (Tischplatte, Reißbrett) zu spannen. Das Muster ist nun mit der Druckseite auf den Stoff zu legen und festzustecken. Sodann führt man ein sehr heißes Bügeleisen, am besten ein schweres Stahlbügeleisen, unter gleichmäßigem, kräftigem Druck über die Papierfläche, ohne sie anzufeuchten. Während des Bügelns überzeuge man sich ab und zu vorsichtig, ob alle Musterlinien gleichmäßig abgebügelt sind, damit ungenügend abgebügelte Linien nochmals mit verstärktem Hitzegrad des Bügeleisens übergangen werden können. Die Farbe haftet fest auf dem Stoff und ist unverwischbar, läßt sich aber gut auswaschen. Also das sonst so nachteilig empfundene Auslaufen der Farbe und Abfärben auf den Arbeitsfaden und Arbeitsstoff oder bei Spitzenmustern auf die Rückseite der Arbeit ist hierbei nicht möglich. Alle von dem Verlag Ullstein gebotenen Bügelmuster lassen sich mindestens noch ein zweites Mal in gleicher Weise benutzen.

II. Das Pausverfahren

Dieses Verfahren muß überall dort angewendet werden, wo wegen der Stoffart oder wegen der Arbeitstechnik das Bügeln nicht möglich ist.

I. Pausen mittels Durchstechens

Man legt das Muster über eine glatte, weiche Unterlage — Fries oder Tuchplatte — und durchsticht mit einer senkrecht gehaltenen feinen Nähnadel (die man über die Hälfte in einen Holzgriff einklemmt oder in einer Metallhülse festschraubt) die Musterlinien so dicht, wie es das Papier, ohne zu zerreißen, erlaubt. Nach dem Durchstechen werden auf der Rückseite des Musters die Rauheiten der Lochstellen mit Bimsstein oder Glaspapier Nr. 00 glatt gerieben.

Zum Übertragen des Musters spannt man den Stoff fadengerade über ein Reißbrett, eine Tischplatte oder in den Stickrahmen. Dann legt man die Musterpause — die Rechtsseite des Musters nach oben gekehrt — über die Stofffläche und befestigt die Pause am Rande mit Reißnägeln oder feinen Stahlstecknadeln. Nun reibt man mit einem Durchreiber (siehe Abb. 3) Pauspulver durch die Löcher der Pause. Als Durchreiber kann man einen gerade geschnittenen, etwa 6 cm breiten zu 70 cm langen Tuchstreifen verwenden, den man fest zusammenrollt und in der Mitte mit einem Faden fest umwickelt. (Siehe die Einzelansicht Abb. 3.) Auch ein Flanell- oder Filzstück bilden gute Durchreiber. Für helle Grundstoffe nimmt man dunkles Pauspulver: pulverisierten Graphit, Blaupulver oder pulverisierte Zeichenkohle, dagegen dienen für dunkle Stoffe: pulverisierte Kreide oder gelbes Kraftmehl. (Blaupulver und Kraftmehl sind in Drogengeschäften, die Farbwaren führen, käuflich.) Man überzeuge sich zuweilen vorsichtig, ob sich alle Musterlinien auf dem Stoff markieren, damit ungenügend durchgepauste Linien nochmals mit Pulver bearbeitet werden können. Nach dem Durchreiben hebt man behutsam die Pause ab, bläst das Zuviel des durchgedrungenen Pulvers fort und zieht die punktiert wirkenden Musterlinien entweder mit fein gespitztem harten Bleistift Nr. 3 oder 4 oder mit feinem Haarpinsel und heller oder dunkler Deckfarbe (Wasserfarbe) nach.

Um bei rauhen Stoffen das Abspringen der Farbteilchen zu verhüten, ist es ratsam, die Farbe mit ein wenig Ochsengalle, Gummiarabikum oder geschlagenem Eiweiß zu vermischen.

Beim Übertragen der Vorzeichnung auf unempfindliche Waschstoffe (Lei-

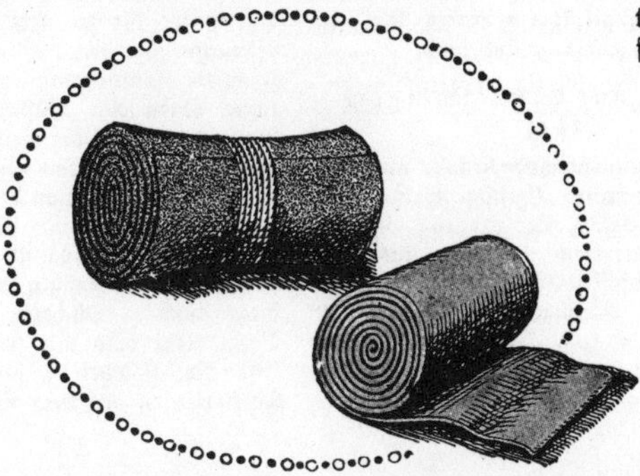

3. Durchreiber aus einem gerade geschnittenen Stoffstreifen hergestellt

nen, Satin, Köper) erübrigt sich das Nachziehen der Musterlinien. Hierfür eignet sich das Fixieren mit Spiritus, dem man ein geringes Quantum verdünnten farblosen Schellack zusetzt, etwa im Verhältnis 1 : 5. Zum Fixieren braucht man entweder einen Fixierapparat (der in jedem Künstlermagazin, das Malgeräte führt, käuflich ist) oder einen Parfümzerstäuber.

Beim Fixieren mittels Fixierapparats bläst man die Flüssigkeit durch das Metallröhrchen gleichmäßig auf den gespannten Stoff; dagegen wird beim Fixieren mittels Parfümzerstäubers die Flüssigkeit in bekannter Weise durch Drücken auf den Ballon aus dem Behälter gepreßt. Man achte darauf, daß alle Musterlinien gleichmäßig befeuchtet sind. Wenn alles gut getrocknet ist, wird der Stoff von der Unterlage entfernt.

II. Pausen mittels Durchzeichnens

a) Mit Blau-, Graphit-, Kreide- oder Rötelpapier

Dies kommt hauptsächlich bei den verschiedenen kunstgewerblichen Techniken in Betracht, z. B. für: Holz-, Porzellan-, Ton-, Glasmalerei, Ätz- und Metallarbeiten und dergleichen mehr.

Man legt auf die zu verzierende Grundfläche das betreffende Kopierpapier, nämlich mit der Farbseite nach unten gekehrt, befestigt darüber das Konturenmuster sicher am Rande, entweder durch Wachsstückchen, Reißnägel oder durch Beschweren mit Gewichtstücken. Dann zieht man die Muster-

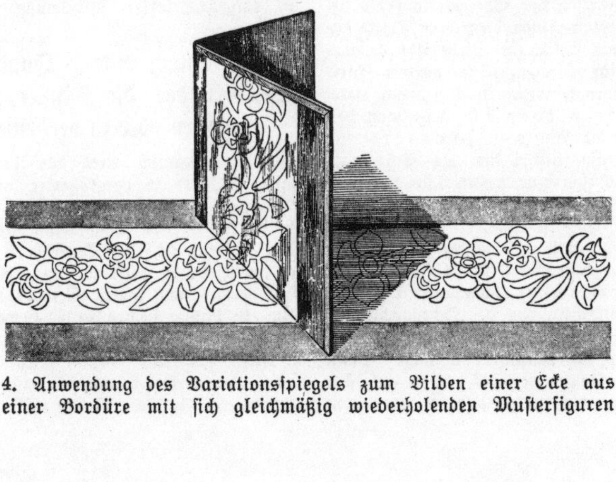

4. Anwendung des Variationsspiegels zum Bilden einer Ecke aus einer Bordüre mit sich gleichmäßig wiederholenden Musterfiguren

linien mit fein gespitztem harten Bleistift oder mit dem Kopiergriffel nach.

b) Direkt auf durchsichtigem Stoff

Diese Übertragungsmethode braucht man bei sehr feinen Techniken (feinste Weiß- und Tüllstickereien, Gold-, Perlen- und Seidenstickereien, Malereien u. dgl.), die auf durchsichtigen Stoffen (Nesselbatist, Seidenmull, Gazestoff, Brüsseler Tüll) ausgeführt werden.

Zum Durchzeichnen des Musters spannt man den Stoff in den Stickrahmen, legt unter die zu verzierende Fläche das gedruckte oder mit kräftigen Tuschlinien gezeichnete Konturenmuster so, daß die Zeichnung gegen den Stoff liegt, wodurch die Musterlinien auf der Rechtsseite des Stoffes durchscheinen. — Des bequemen Durchzeichnens wegen, legt man den Stickrahmen auf eine Tischplatte und füllt den Hohlraum zwischen dem gespannten Stoff und der Tischplatte gleichmäßig mit geraden, glatten Gegenständen (Büchern, Holzplatten) aus. Dann zieht man mit fein gespitztem Bleistift Nr. 3 oder 4 die durchscheinenden Musterlinien auf dem Stoff nach.

Behelfe für abweichende Arten von Musterverwendungen

1. Bilden von Ecken, Mittelfiguren und Einzelmotiven mittels des Variationsspiegels. 2. Vergrößern bezw. Verkleinern der Muster mittels eines quadratischen Hilfsnetzes

1. Das Spiegelverfahren

Vielen Leserinnen ohne zeichnerische Vorkenntnisse dürfte das einfache Spiegelverfahren nicht bekannt sein, nach dem man aus jedem Bordürenmuster mit gleichmäßig sich wiederholenden Musterfiguren, Ecken, Mittelfiguren und Einzelmotive bilden kann. Der Variationsspiegel (in jedem größeren Papiergeschäft, das Malgeräte führt, käuflich) besteht aus zwei im Zusammenhang montierten beweglichen Spiegelplatten mit sehr schmaler Randeinfassung Beim Aufstellen des Spiegels auf die betreffende Musterfläche dient eine Platte der anderen als Stützpunkt (siehe Abb. 4), wodurch beide Platten ohne weitere Hilfe gerade stehen bleiben. Will man nun eine Ecke bilden, so stellt man den Spiegel nach Abb. 4 in schräger Linie auf die am besten für die Eckbildung passende Musterfigur, wodurch sich im Spiegelbild die fertige Ecke zeigt. Hierauf zieht man mit Bleistift auf dem Muster, dem Spiegelrand entlang, eine schräge Linie und entfernt dann den Spiegel. Auf die Musterfläche legt man feines Pauspapier und zeichnet mit Bleistift, von der Schräglinie ansetzend, bis über den ersten Mustersatz weitergehend, die Musterlinien nach. Dann wird die Pause verkehrt, d. h. mit der Rechtsseite nach unten liegend, genau an der schrägen Linie des Musters angelegt, worauf man die Vorzeichnung der halben Eckfigur nach der Methode II, a auf das Muster überträgt. Nach dem Abheben der Pause ist die Ecke vollendet. Stellt man beide Spiegelplatten in spitzem Winkel auf das Muster, so erhält man eine vollständige Karofigur. In gleicher Weise lassen sich auch Sternformen bilden. Das Spiegelverfahren läßt sich auch bei Typenmustern anwenden. Man zeichnet auf einem mit gedrucktem Quadratnetz versehenen Bogen (Typenpapier) das Muster, an der Schrägkante ansetzend, in entgegengesetzter Anordnung nach.

2. Verfahren, mittels Quadrierens des Grundes die Muster zu vergrößern oder zu verkleinern

Fast mechanisch wird das Umgestalten eines Musters in vergrößerter oder verkleinerter Form, wenn man sich des einfachen Hilfsmittels „des Quadierens des Grundes“ bedient. Abb. 5 u. 5a, 6, 6a u. b lassen an verschiedenen Beispielen das Umgestalten der Muster nach dieser Methode erkennen. Um ein Muster in der Größe zu verändern, paust man die Zeichnung entweder auf gedrucktes kariertes Papier (Typenpapier) oder man zieht sich mit Bleistift das Netz selbst direkt auf dem Muster nach. Je nach der gewünschten Umgestaltung des Musters versieht man einen zweiten Papierbogen mit einer karierten Einteilung, wobei man die Größe der einzelnen Felder für die Vergrößerung bezw. Verkleinerung des Musters vorher ausrechnet. Unsere Vorlagen machen diesen Vorgang leicht verständlich, z. B. ist das Muster Abb. 5 mit Abb. 5a in halber Verkleinerung wiedergegeben, somit hat man hierfür um die Hälfte kleinere Karos für das Hilfsnetz zu zeichnen. Wie man ein Muster in gleicher Höhe breiter und schmaler gestalten kann, ist an den Abb. 6, 6a und 6b gezeigt Für die Verbreiterung des Musters Abb. 6 hat man nach Abb. 6a die Vierecke in der entsprechenden Breite und für die Verschmälerung nach Abb. 6b enger zu zeichnen. Auf Grund dieser Einteilung wird es der ungeübtesten Hand möglich, selbständig die Musterlinien in die abgegrenzten Flächen einzuzeichnen. Soll man nach einer fertigen Arbeit eine derartige Umgestaltung vornehmen, so legt man entweder Pauspapier über die Arbeit und paust das Muster ab, indem man mit feingespitztem Bleistift die Konturlinien nachzieht oder man spannt über die fertige Arbeit ein Fadennetz in quadratischer Einteilung, wobei man den Faden am Rand oder außerhalb der Arbeit auf der Tischplatte oder auf dem Reißbrett mit Stecknadeln befestigt. Nach dem Fadennetz ist die Quadrierung des Grundes auf dem Papier für die Umgestaltung des Musters vorzunehmen.

Das Einspannen in den Stickrahmen

Die wichtigste Vorarbeit beim Sticken ist das Einspannen des Stoffes in den Stickrahmen, denn nur in einem gut eingespannten Rahmen läßt sich die Arbeit leicht ausführen.

Man wählt einen gut gebauten Pfostenrahmen mit Gurtbändern (die in gleichmäßiger Breite eingeleimt sind) und geraden Spannschienen mit Löchern, die in gleichmäßigen Entfernungen eingebohrt sind. Um den Stoff gleichmäßig an allen vier Seiten spannen zu können, befestigt man mittels überwendlicher Stiche beiderseits 2—4 cm breite Stoffstreifen, die mit Löchern versehen sind, durch die man den kräftigen Spannfaden einführt, den Bindfaden (Spagat) bildet. Die Streifen kann man sich aus fadengerade geschnittenem, doppelt gelegtem Leinen oder Nanking herstellen. An den Längsrändern biegt man den Streifen etwa 1 cm breit ein, legt die Bruchränder aufeinander und heftet den Streifen zusammen. Dann werden in den verstärkten Rand Metallösen mit einem Locheisen in gleichmäßigen Entfernungen von etwa 2 cm eingeschlagen oder Löcher kordonniert. Nun biegt man den fadengerade geschnittenen Rand des Grundstoffes ringsum schmal ein und näht beiderseits je den Bruchrand des Stoffeinschlages mit dem glatten Stoffbruch des Streifens durch überwendliche Stiche zusammen. Hierbei reiht man den Randstreifen etwas ein, so daß er sich kräuselt, dagegen ist der Grundstoff glatt anzunähen. Die Befestigungsstiche müssen die gleiche Länge haben, unregelmäßige Stichlängen erschweren das gleichmäßige spätere Spannen des Stoffes. Nach dem Annähen der Streifen folgt das Zusammennähen des Stoffes mit den Rahmengurten. Man bezeichnet durch ein Stichkreuz die Mitte an den Rahmengurten und durch eine eingesteckte Nadel die Mitte an dem Stoffbruch, steckt den Stoffrand, wie an Abb. 8a ersichtlich ist, an den Rand der Gurte, von der Mitte ausgehend, bis zum Gurtende fest und verbindet die Ränder durch überwendliche Naht, wobei man den Stoff gespannt und das Gurtband lose hält. Nun beginnt das Spannen. Man rollt den Stoff einmal nach der Rückseite der Rahmenwalze um, schiebt beiderseits die Schienen durch die Löcher der Walzen ein, wobei man beachtet, daß die Spannlöcher der Schienen in gleicher Richtung entweder nach außen oder nach innen zu liegen. Dann werden provisorisch die Nägel eingesteckt, worauf man die Spannung allmählich verstärkt und die Nägel in den nächstliegenden Löchern einsteckt. Um das Verzerren des Stoffes beim Einspannen zu verhindern, achte man beim Spannen darauf, daß beiderseits die gleiche Lochzahl zwischen den Nägeln ist. Nun zieht man durch die Löcher der Spannstreifen dünnen Bindfaden (Spagat) und wickelt diesen Faden um jede Schiene, siehe Abb. 8. Dann werden die Fadenumwicklungen gleichmäßig angezogen, wodurch sich der Stoff glatt spannt. Um eine fadengerade Spannfläche zu erzielen, legt man zur Probe einen gespannten Faden an die Nahtlinie der Spannstreifen an und reguliert danach etwaige Unregelmäßigkeiten beim Spannen durch festeres Anziehen oder Lockern des Spannfadens. Zuletzt werden die Fadenenden um die Rahmenstangen festgeknotet. Im Anschluß hieran sei bemerkt, daß sich die Größe der Spannfläche nach der Sehkraft des Auges richtet. Bei einem normalen Auge rechnet man 20 bis 23 cm. Weitere Regeln für das Einspannen sind in dem Lehrkursus „Die Goldstickerei", Seite 409 vermerkt.

5. Muster m. quadriertem Hilfsnetz. Um die Hälfte verkleinert Abb. 5a

5a. Das mittels quadriert. Hilfsnetzes um die Hälfte verklein. Muster Abb. 5

Das Bügeln im Stickrahmen

Berufsstickerinnen bügeln Arbeiten, die auf feinem oder leicht dehnbarem Grundstoff hergestellt sind, im Stickrahmen. Um dieses praktische Verfahren auch Laien leicht verständlich zu machen, geben wir mit Abb. 7 die bildliche Darstellung. Vor dem Bügeln hat man die Spannung etwas zu lockern, damit der Stoff dem Druck des Bügeleisens Widerstand leistet. Bei fester Spannung können leicht Gewebefäden sprengen. Man legt den Rahmen (die Arbeitsseite nach unten gekehrt) über ein Bügelbrett oder einen Tisch und versieht die Fläche mit einer weichen Tuchauflage, über die man ein glattes Leinen- oder Batisttuch legt. Dann legt man über die Rückseite der Arbeit ein trockenes oder feuchtes Tuch und bügelt glatte Stoffe solange, bis das feuchte Tuch trocken ist. Haarige Grundstoffe: Samt, Plüsch u. dgl. sind frei zu bügeln, d. h. man legt den Rahmen nicht über eine feste Unterlage, sondern läßt den Rahmen wie beim Sticken auf den Standpfosten liegen, dreht den Rahmen um und bügelt über ein feuchtes Tuch trocken; dabei muß das Bügeleisen gleichmäßig über den Stoff gleiten, siehe Abb. 7. Nach dem Bügeln wird der Stoff aus dem Rahmen entfernt, und an einer derartig gebügelten Arbeit ist nicht die geringste Veränderung zu bemerken.

6. Muster mit quadriert. Hilfsnetz (Originalgr.). Muster verbreitert Abb. 6a, verschmäl. 6b

6a. Das mittels quadrierten Hilfsnetzes verbreiterte Muster Abb. 6

6b. Das mittels quadrierten Hilfsnetzes verschmäl. Muster Abb. 6

7. Das Bügeln im Stickrahmen

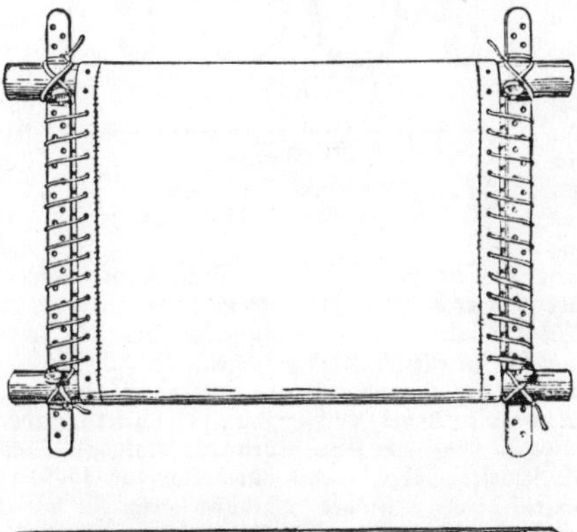

8. Eingespannter Stickrahmen (Pfostenrahmen)

Siehe das Annähen des Stoffes Abb. 8a

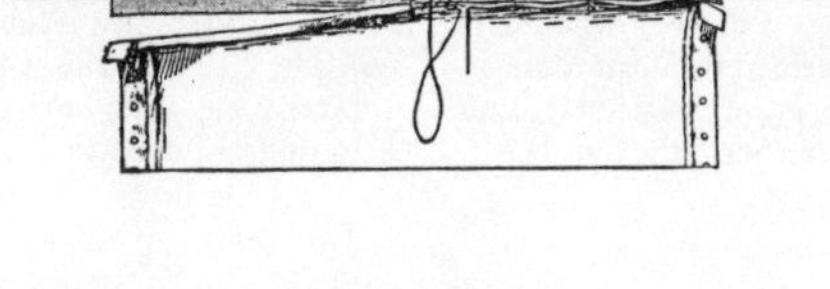

8a. Das Annähen des Stoffes an die Rahmengurten

Siehe den eingespannten Rahmen Abb. 8

Die Weißstickerei

Unter dieser Bezeichnung faßt man die verschiedenen Arten der Stickerei zusammen, die vorwiegend auf weißen Stoffen oder leinwandähnlichen Geweben mit waschechtem Material ausgeführt werden.

Die gebräuchlichsten Stoffe sind: Feines Leinen, Batist, Mull, Schirting und ähnliche Gewebe. Als Stickmaterial benutzt man nur anerkannte beste Qualität. Die bekanntesten Marken sind: DMC, Hohe Fichte, CB (Kreuzmarke). Man braucht fest gedrehtes feines Garn zum Vorziehen der Konturen, Twist (Stopfwolle) zum Unterlegen, in natürlichem Fadenglanz oder mit Hochglanz (mercerisiert) fabrizierte Stickbaumwolle zum Übersticken, Spitzenzwirn für die Spitzenstichfüllungen und die gezogenen Ajouren. Die Fadenstärke richtet sich stets nach der Stärke des Grundstoffes und nach der Gliederung des Musters, z. B. erfordert ein großzügig komponiertes Muster stärkeres Material als ein fein gegliedertes Muster.

Das Werkzeug für die Weißstickerei bilden: Ein Sortiment feiner, kurzer und halblanger Nähnadeln (die Nadel muß stets stärker als der Faden sein), eine feine flache Stickschere mit scharfer Spitze, eine feine Ausschneideschere, einen Fingerhut für die im ersten Kapitel erklärten Techniken und zwei Fingerhüte für die im zweiten und dritten Kapitel behandelte Hochstickerei und Pikeetechnik. Dazu kommen noch ein Bindlochstecher (Lochstecher) und ein sogenanntes Leitermesser, siehe Abb. I—III.

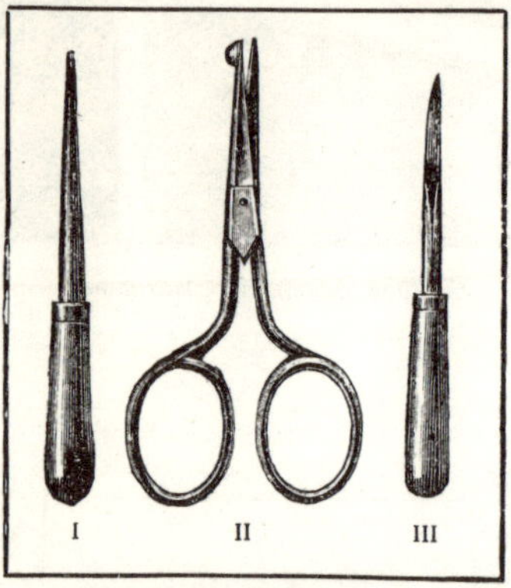

I—III. Werkzeug
I. Bindlochstecher (Lochstecher)
II. Ausschneideschere. III. Leitermesser

Jede Art der Weißstickerei erfordert für die Ausführung einen festen Halt, und der Grundstoff ist entweder fadengerade über Wachstuch zu spannen und aufzuheften oder in den Stickrahmen einzuspannen. Für kleine Arbeiten benutzt man einen runden Stickrahmen, siehe Abb. 49 Seite 290. Dagegen sind größere Arbeiten in einem gut gebauten viereckigen Pfostenrahmen auszuführen. Eine Erklärung für das Einspannen des Stoffes in den verschiedenen Arten ist auch in dem zweiten Kapitel enthalten. Das Übertragen der Mustervorzeichnung für Weißstickerei erfolgt mittels Abbügelns von Ullsteins Bügelmustern oder durch Pausen mittels gestochener Musterpause oder Durchzeichnen bei feinen durchsichtigen Geweben, siehe die Erklärung Seite 276.

Um Dilettantinnen und angehenden Berufsstickerinnen Gelegenheit zu bieten, die Weißstickerei in ihren Einzelheiten, von der einfachen bis zur komplizierten künstlerischen Ausführung sachgemäß gründlich zu erlernen, haben wir den Kursus in drei Kapitel geteilt. In dem 1. Kapitel werden die einfachen Techniken gelehrt, die allmählich zur künstlerischen Ausführung hinüberleiten. Zu den einfachen Arten der Weißstickerei zählen: Die Langettenstickerei (Schlingstichstickerei), die Lochstickerei, auch bekannt unter den Namen Madeira- und englische Stickerei und zuletzt die Richelieustickerei, die auch als Renaissance- und Venezianer-Durchbrucharbeit bekannt ist. —

Das **zweite Kapitel** bringt Abhandlungen über die komplizierten, künstlerischen Arten der Weißstickerei. Diese sind: Die Hochstickerei, sogenannte französische Stickerei, die Hochstickerei in Verbindung mit Spitzenstichfüllungen (Schweizer Stickerei), die Monogrammstickerei, die Stickerei auf Mull, Tüll u. dgl. m. — Im **dritten Kapitel** werden die im weiteren Sinne zur Weißstickerei gehörenden Techniken erklärt. Diese sind: Die Pikeetechnik, auch bekannt unter „Marseiller Technik" und die Perser Ajourarbeit. Wir erklären alle wichtigen Stadien der einzelnen Techniken in Bild und Text und hoffen, daß es auch Laien ohne Vorkenntnisse gelingen wird, die Techniken erlernen zu können.

Die den Kapiteln eingefügten Abbildungen von fertigen Gegenständen geben Anregung das theoretisch Erlernte praktisch zu verwerten. Bei der Auswahl der Vorlagen wurde stets der künstlerische Wert der Muster geprüft, um die Lernenden von vornherein darauf hinzuweisen, daß für Weiß in Weiß gehaltenen Stickereien die künstlerische Anlage des Musters von großer Wichtigkeit ist. Durch die Reliefwirkung der gestickten Figuren heben sich die Musterformen scharf von dem Grundstoff ab, und jede unedle Linie fällt einem künstlerisch empfindsamen Auge sofort als störendes Moment auf. Dieser Eindruck wird noch verstärkt, wenn durchbrochene Flächen oder farbige Effekte hinzukommen.

1. Das Aufheften des Stoffes und das Vorziehen durch Vorstich

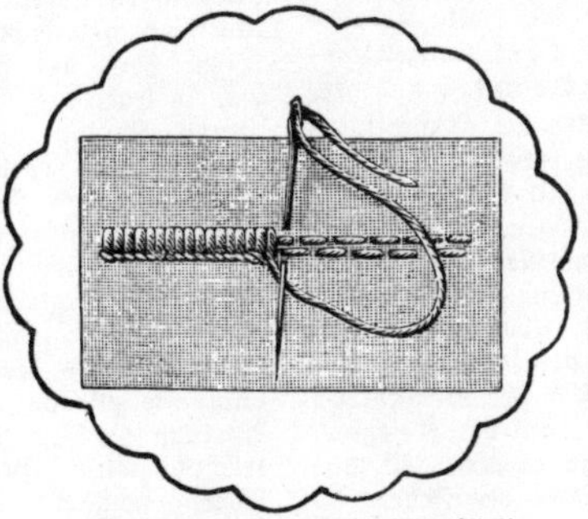

2. Der Langettenstich (Schlingstich)
Um zwei Vorstichreihen gearbeitet

I. Die einfache Weißstickerei

1. Die Langettenstickerei

(Feston- oder Schlingstichstickerei)

Diese Technik ist nicht nur die leichteste, sondern auch die populärste Art der Weißstickerei, und die Langettenstickerei dient fast ausnahmslos zur Sicherung von Randverzierungen, wo der Grundstoff auszuschneiden ist. Im übrigen gibt es noch verschiedene Zweige der Stickerei, die fast nur auf dieser Technik beruhen, z. B.

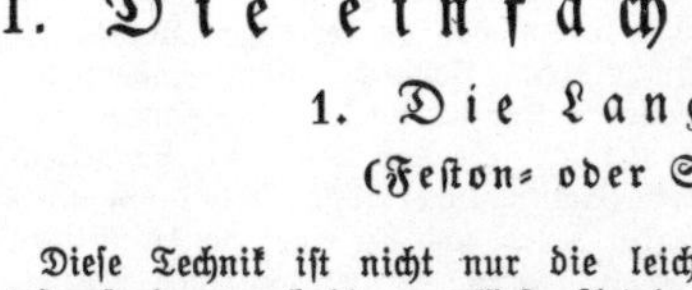

3. Schmale Zackenlangette
Um zwei Vorstichreihen gearbeitet

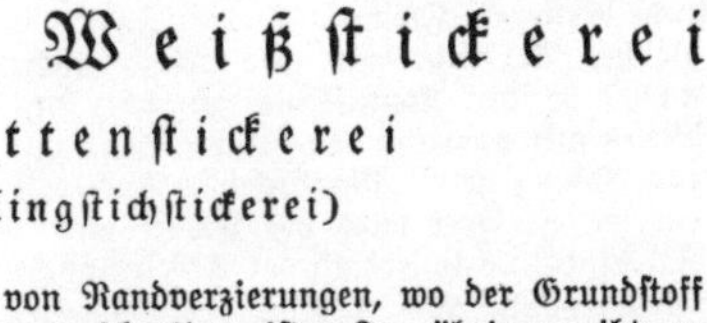

4. Schmale Bogenlangette
Um zwei Vorstichreihen gearbeitet

die auf Seite 287 erklärte Richelieustickerei, die imitierten Nähspitzen, sowie die edelste Spitzenausführung, die „Nähspitze", Seite 337. — Bei der Langettenstickerei werden mit der Vorzeichnung versehene Streifen oder kleinere Arbeiten über Wachstuchunterlage gearbeitet, dagegen hat man größere Arbeiten im Stickrahmen auszuführen, siehe die Erklärung für das Einspannen des Stoffes Seite 277. — Die Langettenstickerei erfordert, wie die meisten Arten der Weißstickerei, drei Arbeitsgänge für ihre Vollendung. Den ersten Arbeitsgang bildet das „Vorziehen", auch genannt Zetteln oder Trassieren. Der zweite Arbeitsgang ist das „Unterlegen" und der dritte Arbeitsgang ist das „Übersticken" (Langettieren — Schlingen). Unter „Vorziehen" versteht man das Übersticken der Musterlinien durch eine fast ununterbrochen wirkende Vorstichreihe, die man mit Stickbaumwolle oder scharf gedrehtem Garn Nr. 100 ausführt. Die Stickbaumwolle ist um eine Nummer oder zwei Nummern stärker zu wählen, als die zum Übersticken vorgesehene Nummer des Arbeitsfadens. Zunächst sei erwähnt, daß in der Weißstickerei der Arbeitsfaden stets auf der Rechtsseite (Arbeitsseite) zu vernähen ist, das Einnähen durch Verknoten des Fadens ist unzulässig. Sollen nur die Musterlinien durch Stickerei gedeckt werden, so geschieht das Einnähen des Fadens in der Linie mittels einiger Rückstiche. Beim Übersticken von breiteren Flächen ist der Faden in gleicher Art innerhalb der Musterfläche, nicht in der Konturlinie zu vernähen. Dieses gilt auch für das „Unterlegen" und den Anfang beim „Übersticken" Nach vollendeter Stickerei wird der Faden mittels Zurückstechens innerhalb der Arbeit unsichtbar vernäht. Abb. 1 zeigt das Aufheften des Stoffes und das Vorziehen einer geraden und gebogenen Linie. Man arbeitet auf der Rechtsseite gleichmäßig lange Stiche und führt den Arbeitsfaden zur Bildung des nächsten Stiches etwa um zwei bis drei Gewebefäden resp. Gewebekreuzungen auf der Rückseite weiter. Bei feinen Stickereien auf klaren Stoffen: Nesselbatist, Mull u. dergl., nimmt man nach Möglichkeit nur einen Gewebefaden bis zwei Fäden resp. Gewebekreuzungen auf. Parallellaufende Doppelkonturen werden nach Abb. 2—4 durch gleichmäßig versetzte Vorstichreihen vorgezogen. Breitere Figuren sind nach dem Vorziehen im Zwischenraum zu unterlegen. Dieses geschieht nach Abb. 5—11 durch anschließende Vor- und Kettenstichreihen und durch Kreuznaht, deren Ausführung Abb. 8 erklärt. Spitzen und Ecken sind besonders sorgsam zu unterlegen, damit sie nach dem Übersticken scharf hervortreten. Besonders feine Musterfiguren werden nach dem Prinzip der Hochstickerei unterlegt.

Nachstehend folgt die Erklärung des Langettenstiches (Schlingstich), wie ihn Abb. 2 lehrt. Nach dem Befestigen des Arbeitsfadens zwischen den vorgezogenen Linien und dem ersten Aufstich unterhalb der unteren Kontur, von links nach rechts arbeitend, hält man mit dem Daumen der linken Hand den Faden fest, dann sticht man in senkrechter Stichlage außerhalb der oberen Kontur und unten in gleicher Stichlinie zum ersten Stich durch den Stoff, so daß der lose Faden unter der Nadel liegt und beim Anziehen des Stiches sich als Fadenschlinge flach über die Musterstelle legt. In gleicher Weise ist der nächste Stich, dicht anschließend, auszuführen. Beim Anziehen des Fadens darf sich der Stoff nie zusammenziehen, damit die gute Wirkung der fertigen Arbeit nicht beeinträchtigt wird. Bei tief einschneidenden Bogen und Zacken stickt man jeden Bogen resp. Zacke für sich, wobei man die fein auslaufende Spitze der zuletzt vollendeten Figur durch die Anfangsstiche der neuen Figur überstickt, siehe Abb. 3—11. Man achtet stets auf gleichmäßige Wirkung der Stichlage, indem man an der engen Kontur die Stiche dicht zusammen drängt und an der weiteren Kontur weiter voneinander entfernt stickt, siehe Abb. 3—9. Die Langettenstiche (Schlingstiche) müssen stets die Konturlinien decken, und bei einer mustergültigen Arbeit dürfen die vorgezogenen Musterlinien nie sichtbar sein. Flache Bogen sind nach Abb. 10 und 11 ohne Unterbrechung im Zusammenhang zu arbeiten. Diese Bogen werden in gerader Stichlage überstickt, und die Stiche arbeitet man in gleichmäßigen Entfernungen. Um eine glatt gestickte Fläche zu erzielen, hat man beim Unterlegen darauf zu achten, daß die Musterflächen gleichmäßig gedeckt sind. Abb. 10 zeigt die Flächen durch reihenweise gearbeitete anschließende Kettenstichreihen und Abb. 11 durch anschließende Kreuznaht (Hexenstich) gefüllt. Ebenso gut kann man die Flächen

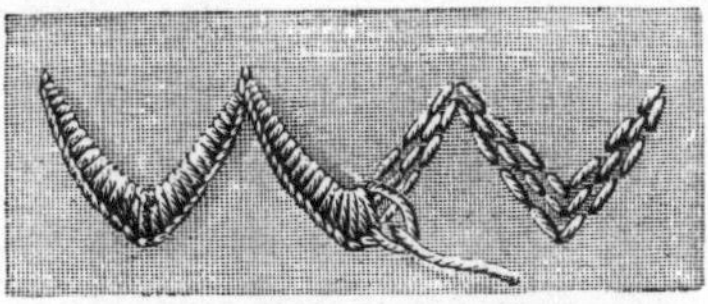

5. Breite Zackenlangette
Vorgezogen und in der Mitte des Zwischenraumes mit einer Reihe von Vorstichen unterlegt

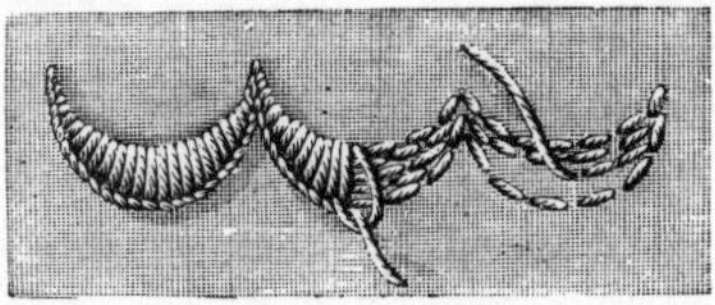

6. Breite Bogenlangette
Vorgezogen und dicht mit reihenweise gearbeiteten Vorstichen unterlegt

durch reihenweise gestickte Vorstiche flach oder reliefartig unterlegen. Beim Übersticken hat man den Arbeitsfaden gleichmäßig anzuziehen, damit sich saubere Stichkonturen bilden.

In Verbindung mit dem Langettenstich (Schlingstich) treten häufig der

Kordonnier-, Feston- oder Bindloch- u. Stielstich

auf. Diese sind auch in den übrigen Arten der Weißstickerei unentbehrlich. Der Kordonnierstich dient zunächst als Grundlage für die *zweite* Art der Weißstickerei, die *Lochstickerei* (Madeira- oder englische Stickerei). Wir beginnen zunächst mit der Erklärung des *Stielstiches*, der in verschiedenen Stichrichtungen, von rechts nach links und umgekehrt, von oben nach unten und entgegengesetzt ausgeführt werden kann. Je nach der Arbeit stickt man frei in der Hand oder im Stickrahmen. Beim Arbeiten frei in der Hand achtet man auf gleichmäßiges Anziehen des Arbeitsfadens; es darf beim Sticken der Arbeitsstoff nicht zusammen gezogen werden. Man heftet den Stoff über Wachstuch.

7. Breite Bogen
Vorgezogen und mit Kettenstich unterlegt

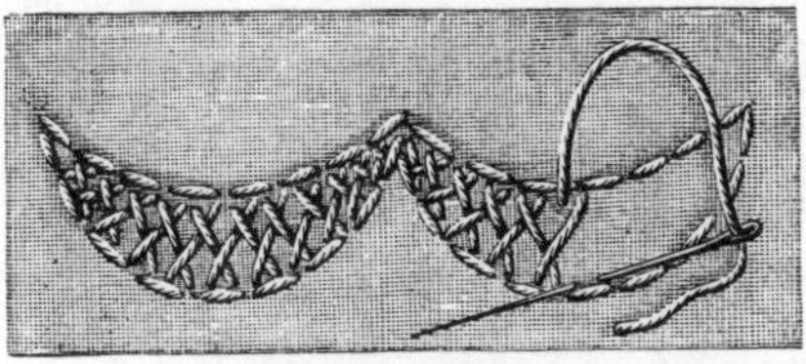

8. Breite Bogen
Vorgezogen und mit Kreuznaht unterlegt

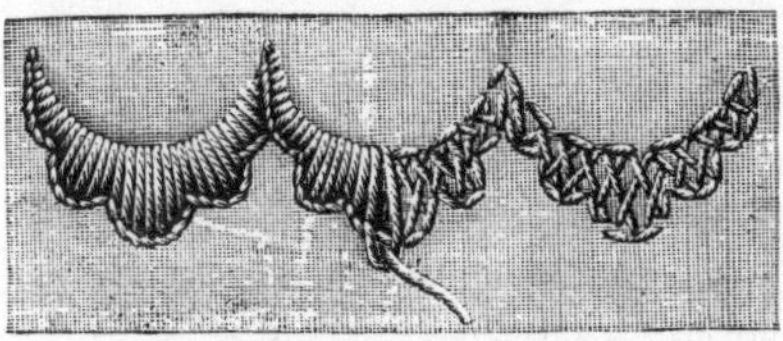

9. Bogenlangette mit Bogenabschluß
Vorgezogen und mit Kreuznaht unterlegt

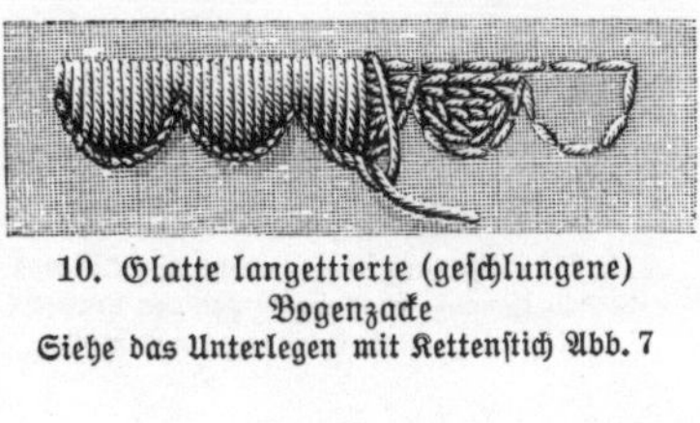

10. Glatte langettierte (geschlungene) Bogenzacke
Siehe das Unterlegen mit Kettenstich Abb. 7

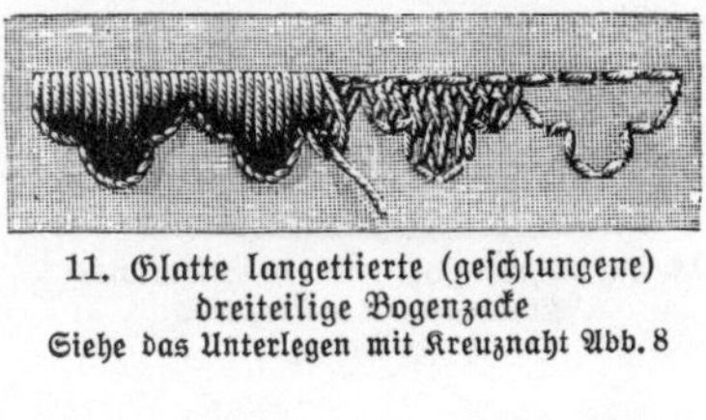

11. Glatte langettierte (geschlungene) dreiteilige Bogenzacke
Siehe das Unterlegen mit Kreuznaht Abb. 8

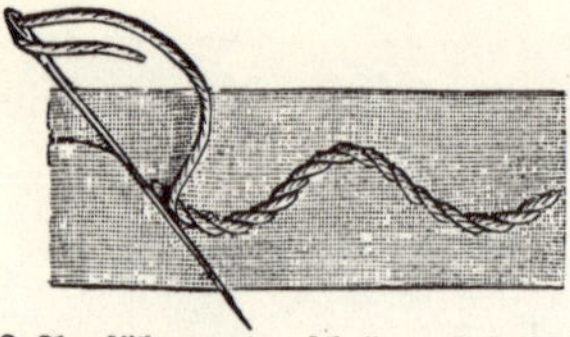

12. Ausführung des schrägen Stielstiches, von rechts nach links arbeitend

13. Ausführung des schrägen Stielstiches, von links nach rechts arbeitend

2. Die Lochstickerei
(Madeira- oder englische Stickerei)

Abb. 12 und 13 lehren die Ausführung des einfachen, sogenannten schrägen Stielstiches beim Arbeiten nach verschiedenen Richtungen. Man führt den in der Kontur gesicherten Faden von unten nach oben in der Linie stechend empor, × bildet auf der Linie einen kleinen, etwa 2—3 mm langen Stich, führt den Faden in der halben Stichlänge unter dem Stich zurück und sticht knapp unter dem vollendeten Stich empor. Dann wiederholt die Ausführung fortlaufend vom ×. Der Stielstich kann verschiedenartige Wirkungen erzielen. Stickt man in der Stichrichtung der Fadendrehung, so entsteht eine flach wirkende gestickte Linie ohne Unterbrechung. Erfolgt jedoch die Ausführung des Stielstiches entgegengesetzt zur Fadendrehung, so ergibt sich eine schnurähnliche Wirkung. Abb. 14 u. 15 zeigen die Ausführung des sogenannten Stielstiches in zwei Arbeitsgängen. Beim ersten Arbeitsgang stickt man eine Vorstichreihe mit etwa 2—3 mm langen Stichen auf der Rechtsseite und mit um die Hälfte kürzeren Verbindungsstichen auf der Arbeitsrückseite. Beim zweiten Arbeitsgang zieht man den Faden lose durch die oben liegenden Stiche, wodurch sich auch eine schnurähnliche Stichlinie ergibt. Nachstehend folgt die Erklärung des Kordonnierstiches, auch genannt gesticktes Schnürchen oder Bindlochstich. Je nach der gewünschten Breite des Stiches hat man die Musterlinie durch eine Vorstichreihe oder mehrere anschließende gleichartige Stichreihen zu decken. Soll der Kordonnierstich wie ein unsichtbar aufgenähtes Kordelschnürchen wirken, so überstickt man die Vorstichreihen mit Unterlegwolle (Twist) in zwei bis drei schichtweise übereinander liegenden Stichreihen. Ebensogut kann man statt der gestickten Unterlage zwei oder mehrere lose Fäden

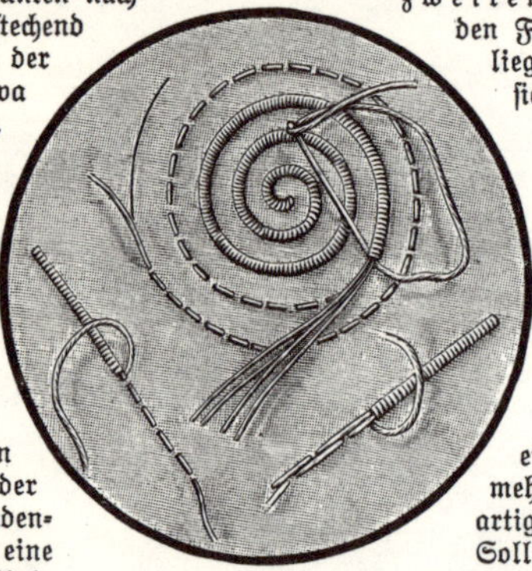

16—18. Ausführung des Kordonnierstiches (Bindlochstich, gesticktes Schnürchen). 16. Der Kordonnierstich, um eine Vorstichreihe gestickt. 17. Der Kordonnierstich, um doppelreihigen Vorstich gestickt. 18. Ausführung einer kordonnierten Volute. Das Übersticken eines Fadenbüschels

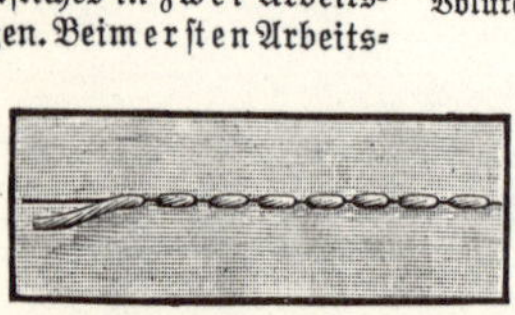

14. Ausführung des geraden Stielstiches 1. Arbeitsgang. Das Vorziehen mit Vorstichen

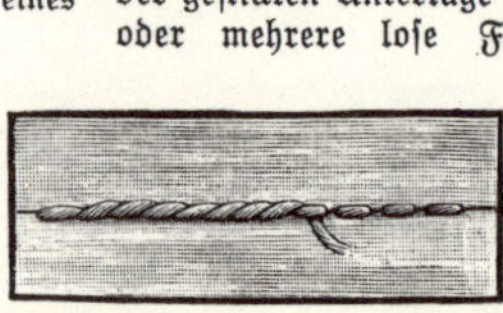

15. Ausführung des geraden Stielstiches 2. Arbeitsgang. Das Übersticken der Vorstichreihe mittels lose durchgezogener Stiche

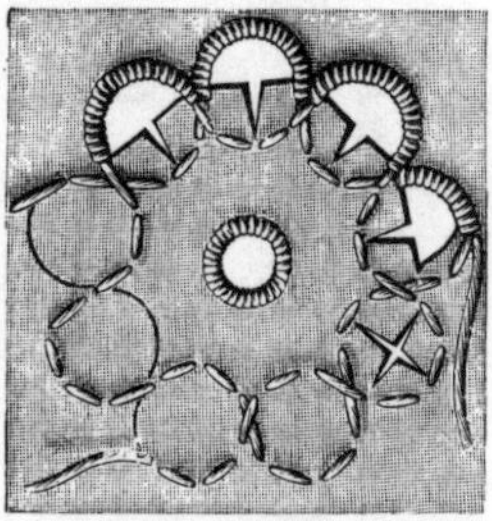

19. Rosette mit kordonnierten Kreislöchern
Im Schlangenlauf vorgezogen, siehe Abb. 23

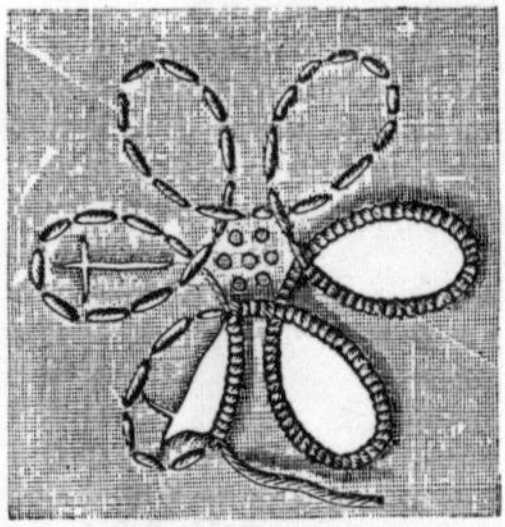

19a. Rosette mit kordonnierten Blattlöchern
In einem Linienzuge vorgezogen

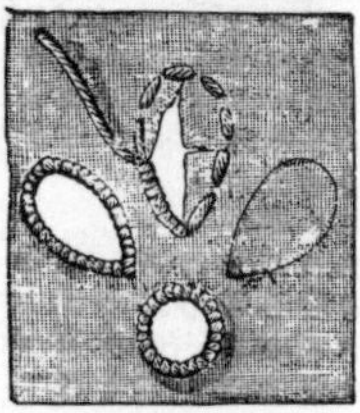

20. Löcher-Figur mit für sich bestehend vorgezogenen und kordonnierten Löchern
Das kreuzweise Einschneiden des Stoffes

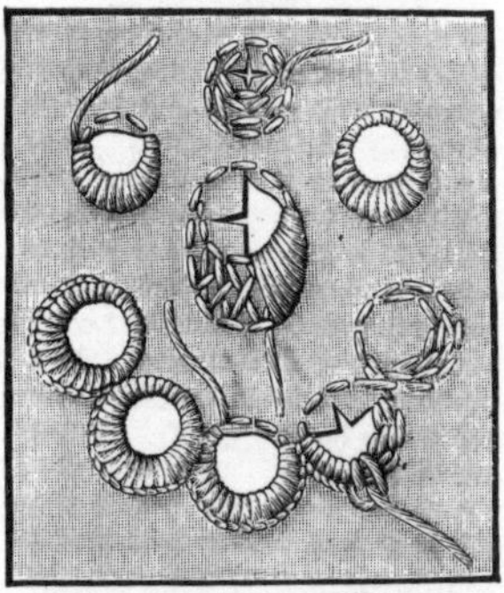

22. Langettierte (geschlungene) und kordonnierte Schattenlöcher

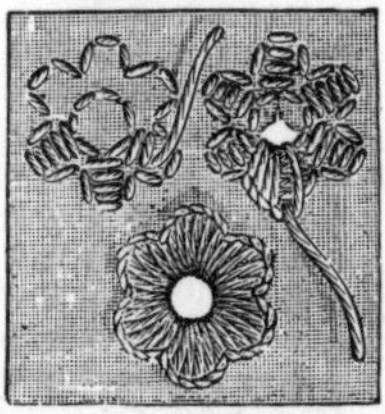

21. Langettierte (geschlungene) Rosette mit durchbrochener Mitte
Das Unterlegen durch anschließende Spannstiche

Stickbaumwolle zu einem Büschel vereinigen und diesen Fadenbüschel übersticken. Das Übersticken mit Stickbaumwolle geschieht in kurzer, gerader Stichlage in entgegengesetzter Richtung zur Unterlage. Man stickt dicht anschließende, übergreifende Stiche, siehe Abb. 16—18, wobei die Nadel in leichter Schräglage an der Kontur einzuführen ist. Das Emporstechen erfolgt in senkrechter Richtung. Gerade Linien können in beliebiger Arbeitsweise überstickt werden, in der Richtung von rechts nach links, von oben nach unten oder umgekehrt. Dagegen gilt bei gerundeten Linien die Regel: **Die Stichlage ist der Form anzupassen und man arbeitet von dem weiten Raum in den engen.** Voluten werden von innen begonnen. Bei weiten Rundungen stickt man außen in weitläufigen, jedoch nicht störend wirkenden Abständen die übergreifenden Stiche und arbeitet innen die Stiche dicht aneinander gedrängt.

23. Das Vorziehen im Schlangenlauf

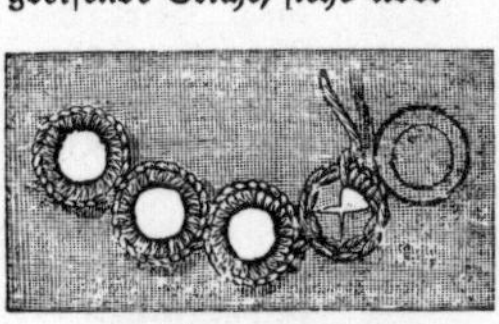

24. Langettierte (geschlungene) Löcher
Einzeln vorgezogen, dann ringsum langettiert

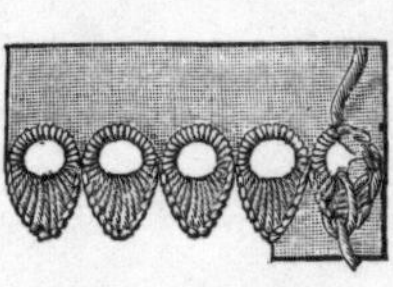

25. Schmale Zacke mit Schattenlöchern
Langettiert (geschlungen) und kordonniert

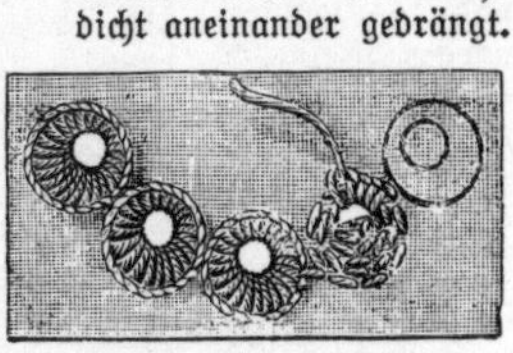

26. Langettierte (geschlungene) Schattenlöcher
Einzeln vorgezogen und mit Vorstichen unterlegt

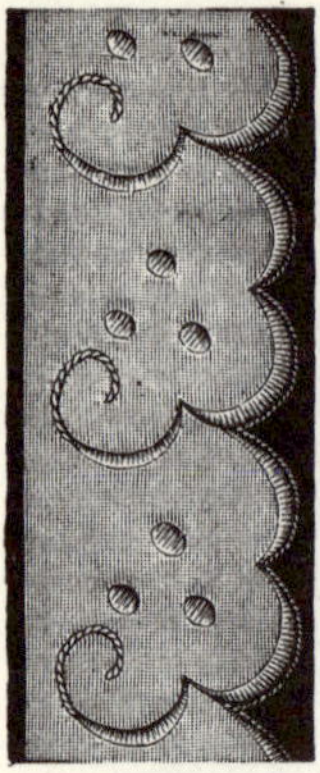
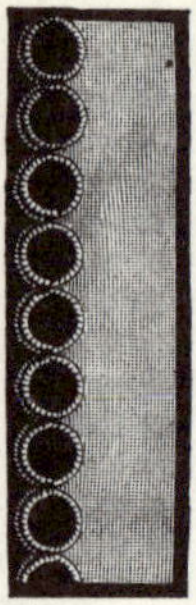
28 (18427)

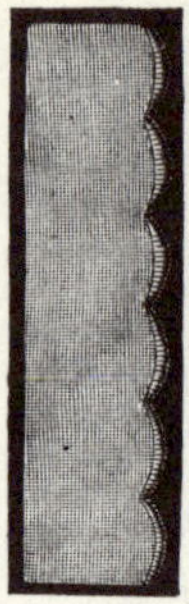
30 (18426)

27 (18433) 29 (18434a) 31 (18434)

27—31. Vier Spitzen und ein Einsatz

Langetten- (Schlingstich-) und Madeira-Stickerei (Lochstickerei). Näheres Seite 15

Die in den Klammern stehenden Nummern gelten für die Musternummern

Beim Übersticken von einem losen Fadenbüschel hält man den Büschel während des Überstickens mit der Hand gespannt, wodurch die gestickte Linie glatt wird.

Für *Lochstickerei* kommt der Kordonnier-, Feston- oder Bindlochstich am häufigsten in Anwendung. Nach dem Vorziehen der Musterlinien bildet man kleine Kreislöcher mit dem Bindlochstecher (Lochstecher) und macht größere Kreis- und Blattlöcher mit der Schere. Für die Blattlöcher und Kreislöcher in mittlerer Größe schneidet man nach Abb. 19 in der Musterfläche, fast von Kontur zu Kontur treffend, kreuzweise ein. Dann streicht man mit der Nadel die losen Stoffteile unter die Kontur und kordonniert um den Stoffbruch, worauf man nach vollendeter Stickerei die losen Stoffteile auf der Arbeitsrückseite fortschneidet.

Abb. 19, 21, 22, 24—26 zeigen die verschiedenen Arten der Ausführung und die Sicherung der Ränder durch Kordonnier- und Langettenstich (Schlingstich). An Abb. 22 wird die Ausführung der sogenannten *Schattenlöcher* gelehrt. Man überstickt zunächst die breite Stelle der Umrandung und dann die schmale Stelle. Anschließende Figuren sind im Schlangenlauf, siehe Abb. 23 vorzuziehen. Bei langettierten (geschlungenen) Löcherreihen mit und ohne Schatten wird auch, wie an Abb. 24 bis 26 ersichtlich ist, einzeln vorgezogen und überstickt, indem man nach Vollendung eines Loches das nächste vorzieht und dann mit dem Faden stets soweit zurückgeht, daß er wieder an die zum Beginn des Kordonier- oder Langettenstiches der nächsten geeigneten Stelle gelangt. Beim Übersticken von Löchern hat man darauf zu achten, daß man stets im Zusammenhang weiter arbeiten kann. Es ist daher ratsam, stets an der Kontur zu beginnen, die an die nächste Musterfigur schließt.

32. Babyschuhe mit Madeirastickerei (Lochstickerei)
Aus der Zeitschrift „Die Modenwelt“
Musternummer 30125. Näheres Seite 15

33—35. Drei Taschentücher mit Randverzierung durch Lochstickerei (Madeira- oder englische Stickerei), Richelieustickerei und Durchbrucharbeit
33 u. 35. Entwürfe von Antonie Bašek. 34. Modell aus dem Verein „Zadruha", Prag
Aus der Zeitschrift „Die Dame". Musternummer 17417 u. 17419. Näheres Seite 15

3. Die Richelieustickerei

(Renaissance- oder Venezianer Durchbrucharbeit)

zählt zu den beliebtesten spitzenähnlich wirkenden durchbrochenen Weißstickereien. Wie bereits erwähnt, bildet der Langettenstich (Schlingstich) die Grundlage für die Technik. Als Grundstoffe eignen sich feines Leinen oder Batist. Das Stickmaterial können bilden: Weiße Stickbaumwolle in feiner oder mittlerer Fadenstärke, feines Perlgarn, Flachsgarn und feines Baumwollgarn. Am besten geeignet für die Ausführung der Technik sind ausdrucksvolle kräftige Spitzenmuster mit im Zusammenhang komponierten Formen, die sich möglichst in einem Linienzuge arbeiten lassen. Nach dem Übertragen der Mustervorzeichnung heftet man kleine Arbeiten über Wachstuch und führt größere Gegenstände im

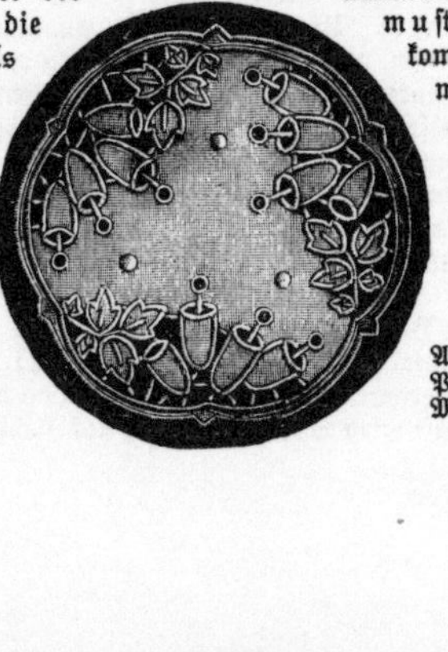

36. Kleines rundes Tellerdeckchen mit Richelieustickerei

Aus der Zeitschrift „Die Praktische Berlinerin" Musternummer 16870a Näheres Seite 15

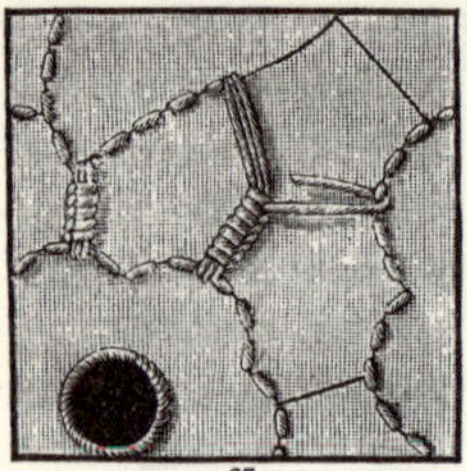

37

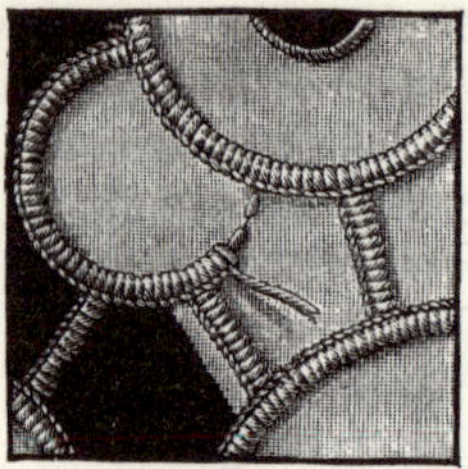

38

39

37—39. Ausführung der Richelieustickerei in den einzelnen Stadien
Das Vorziehen in Verbindung mit den genähten Stegen im Mustergrund Das Langettieren (Schlingen) der Konturen. Das Ausschneiden des Stoffgrundes

Stickrahmen aus. Zunächst werden die Konturlinien in der bekannten Art vorgezogen, wobei man im Laufe der Arbeit die Verbindungsstege („brids") im Mustergrund ausführt. Man spannt den Arbeitsfaden dreimal, von Kontur zu Kontur treffend, hin-, zurück-, hingehend und überstickt den Büschel, zur Kontur zurückgehend, durch anschließende Langettenstiche (Schlingstiche) oder durch Umwickeln. Gekreuzte oder verzweigte Stege werden nach Abb. 37 im Zusammenhang geschürzt. Für den ersten Büschel spannt man den Arbeitsfaden dreimal von Kontur zu Kontur und überstickt den Büschel nur bis zur Stegkreuzung zurück. Von dieser Stelle aus spannt man den Arbeitsfaden, wie vorhin erklärt, hin-, zurück-, hingehend zur Kontur und überstickt den Büschel, zurückgehend wieder bis zur Stegkreuzung. Auf diese Weise werden wenig oder mehrzählige Stäbe vereinigt. Zuletzt ist der erste Steg zu vollenden, indem man den losen Büschelteil überstickt. Nach dem Vorziehen werden die Konturlinien durch Außenlangetten gedeckt, d. h. die Langetten (Schlingen) müssen stets nach dem Grund zu liegen. Um eine gute Musterwirkung zu erzielen, achtet man darauf, daß die scheinbar unten liegenden Musterfiguren zuerst gearbeitet werden und dann die Deckfiguren. Das Weiterführen des losen Arbeitsfadens auf der Arbeitsrückseite ist unzulässig. Man arbeitet stets im Anschluß und beginnt entfernter liegende Figuren mit neuem Faden. Aneinandertreffende Konturen sind im Laufe des Langettierens zusammenzuschürzen, ebenso hat man die Stege den langettierten Konturen anzufügen. Die fertige Arbeit wird von der Unterlage resp. aus dem Rahmen gelöst, dann bügelt man die Spitze auf der Arbeitsrückseite. Man legt über die Stickerei ein feuchtes Tuch und bügelt trocken. Nach dem Bügeln schneidet man mit einer feinen Ausschneideschere, siehe Abbildung 38, den Stoff im Mustergrund, knapp den langettierten Konturlinien folgend, sorgsam aus und bügelt die durchbrochene Arbeit in der oben angegebenen Art nochmals. Die Richelieuarbeit eignet sich vorzüglich zur Verzierung von Gegenständen, die oft gewaschen werden, z. B. für Leib-, Bett- und Tischwäsche, Altardecken, Chorhemden u. dgl. In den letzten Jahren wird die Technik von der Mode begünstigt, und mit Richelieuarbeit schmückt man waschbare Garderobegegenstände. Eine gute Wirkung wird auch in Seidenstickerei erzielt. Hierfür eignet sich als Stickfaden Kondonnet- oder Filoflosseseide; offene Seide oder Kunstseide sind unzulässig. —

An alten italienischen Leinenstickereien finden wir oft die Musterkonturen in Kordonnierstich (Bindlochstich) und die Stege als gewickelte Fadenstäbchen gearbeitet. In dieser Ausführung wird die Technik mit dem Namen „punto muresco" bezeichnet. —

Unter Renaissance- oder Venezianer-Durchbrucharbeit versteht man diejenigen Spitzenmuster, an denen die Musterflächen mit Zierstichen bestickt sind, z. B. findet man die Figuren durch Langetten-, Knötchen-, Fischgräten-, Gitterstich und anderen Zierstichen überstickt. Die Verbindungsstege zieren häufig langettierte (geschlungene) Pikots, deren Ausführung Abb. 108 und die technische Beschreibung auf Seite 344, siehe „Die Reticellaspitze", erklärt.

48. Büfettdecke. Richelieu- u. Madeirastickerei (Lochstickerei). Modern
Aus der Zeitschrift „Die Dame"
Muster Nr. 17490
Siehe Seite 15

47. Läufer
Richelieustickerei
Imitation einer alt. Venezianer Reliefspitze
Aus der Zeitschrift „Die Modenwelt"
Muster Nr. 17039
Siehe Seite 15

II. Die künstlerische Weißstickerei

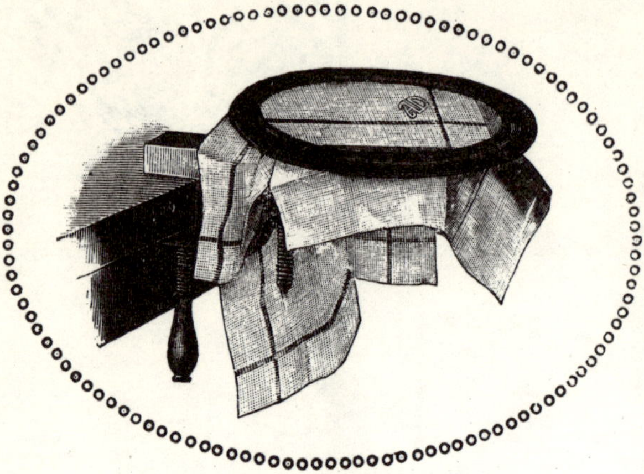

49. Runder Stickrahmen mit eingespanntem Taschentuch und angesetztem Spannstreifen

Wir sind nun auf das künstlerische Gebiet der Weißstickerei gekommen, das in seiner Mannigfaltigkeit interessanter ist, dessen Techniken in der Ausführung jedoch schwieriger sind, als die vorhin erklärten einfachen Arten der Weißstickerei.

Zunächst sei bemerkt, daß die Hochstickerei nur eingespannt auszuführen ist. Das von Dilettanten gepflegte Frei-in-der-Hand-Sticken oder das Aufheften über Wachstuch ist unzulässig, wenn die Arbeit, sowohl in der technischen Ausführung, als auch in der sauberen Musterwirkung, Anspruch auf künstlerischen Wert und Vollkommenheit erheben will. Diesen Voraussetzungen muß aber jede Arbeit gerecht werden.

Das Einspannen des Stoffes erfolgt am besten in einem gut gebauten viereckigen Pfostenrahmen mit eingefügten Stoffgurten, siehe die Erklärung für das Einspannen des Stoffes, Seite 277. Für das Einsticken von Merkzeichen in Wäschegegenständen genügt das Einspannen in einem runden Rahmen, siehe Abb. 49. Sollen fertige Gegenstände: Taschentücher u. dgl. m. am Rand verziert werden und erweist sich der Stoff zum Einspannen zu knapp, so begrenzt man den Rand durch angesäumte, gerade geschnittene Leinen- oder Batiststreifen, siehe Abb. 49, die nach vollendeter Stickarbeit abzutrennen sind. Eine einfache praktische Art für das Einspannen kleiner Gegenstände ist das fadengerade Auf- resp. Unterstecken der zu verzierenden Fläche am Rande eines Ausschnittes. Hierfür spannt man in einen viereckigen Stickrahmen kräftiges Leinen oder starken Baumwollstoff ein, schneidet in der Mitte des Stoffes ein viereckiges Loch heraus und faßt den Rand mit einem Bandstreifen ein oder man sichert den Ausschnitt durch Langettenstich. Unter den Ausschnitt wird der mit der Vorzeichnung versehene Stoff mit feinen Stahlstecknadeln, bei empfindlichen dünnen Geweben mit feinen Nähnadeln, fadengerade gespannt und festgesteckt. Ebenso gut kann der Stoff oben befestigt werden. Dann wird der Stoffteil am Rande des Ausschnittes durch kleine Vorstiche aufgenäht, worauf man die Nadeln entfernt. — Das Übertragen der Vorzeichnung erfolgt nach den auf S. 273—275 erklärten Arten.

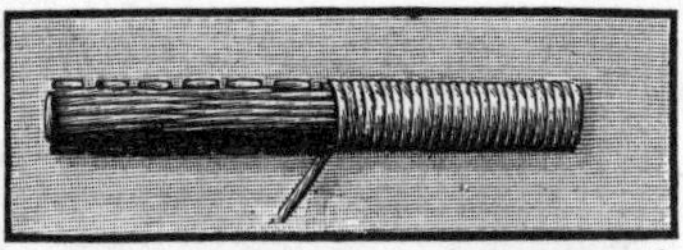

50. Unterlegen eines geraden Balkens und Übersticken in gerader Stichlage

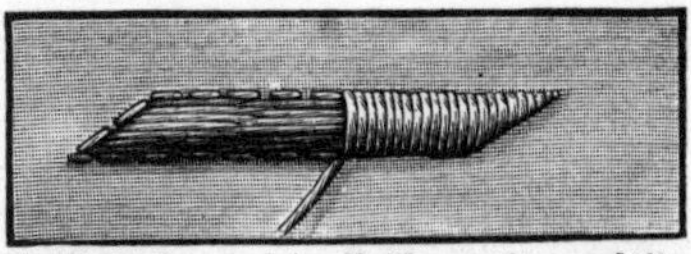

51. Unterlegen eines Balkens mit zugespitzten Enden. Übersticken in gerader Stichlage

1. Die Hochstickerei

Unter Hochstickerei im eigentlichen Sinne gilt die Art der Weißstickerei, in der sich die Musterfiguren reliefartig modelliert von dem Grundstoff abheben. Feine Licht- und Schatteneffekte erzielen verschiedenartige Füll-, Zier-, Durchbruch- und Spitzenstiche.

Für Hochstickerei sind nur eigens für die Technik komponierte Muster verwendbar, z. B. kann nicht jede Schriftart Anwendung finden, am besten eignen sich für Wäschezeichen: gotische, Fraktur-, Schwabacher-, Antiqua- und englische Blockschrift, sowie moderne, leicht lesbare Schriftarten, siehe die Vorlagen Seite 299—302. Die Muster sind mit Beachtung der weiß in weiß gehaltenen Tonwirkung zu komponieren, und zwar eignen sich fein gegliederte Formen besser als großzügige Kompositionen. Nachstehend geben wir in knapper Form die Erklärung für die verschiedenen Ausführungsarten der Muster und Monogramme. Zunächst werden die Musterfiguren mit feinem Garn oder feiner Stickbaumwolle in der bekannten Art vorgezogen. Dann beginnt das reliefartige Unterlegen mit Twist (Stopfwolle) oder offener Stickbaumwolle, sogenannter Schweizer Wolle. Diese Vorarbeit ist mit besonderer Sorgfalt auszuführen, weil nur eine gute Unterlage für das gute Gelingen der Arbeit bürgt. Abb. 50 u. 51 erklären das Unterlegen gerader Formen, die in ihrer Vollendung in der Mitte gewölbt, seitlich abgeflacht wirken sollen. Um dieses zu erreichen, muß die Unterlegearbeit so ausge-

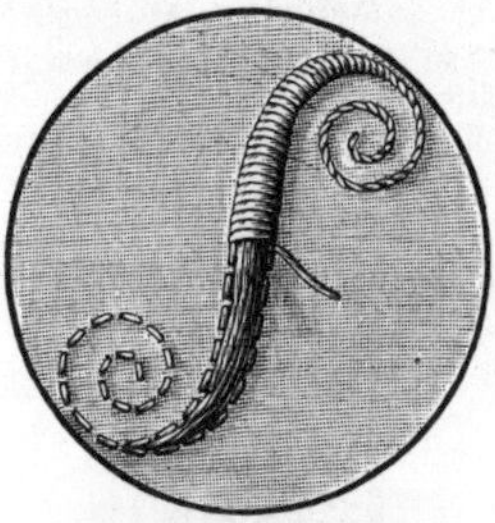

52. Unterlegen einer gebogenen Figur
Übersticken in gerader Stichlage
Voluten in geradem Stielstich, siehe Abb. 14 und 15, Seite 284.

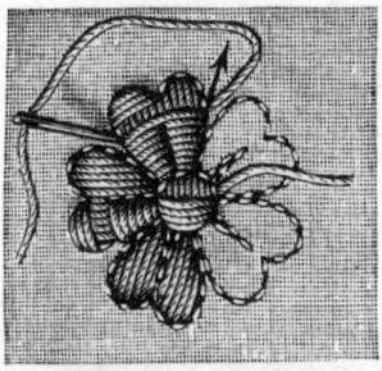

53. Blume mit gespaltenen, herzförmigen Blättchen und Mitte mit gesticktem Tupf
Vorziehen, Unterlegen und Übersticken in gerader Stichlage

54. Gerader Balken m. abgeschlossenen Spalten
Das Unterlegen und Übersticken

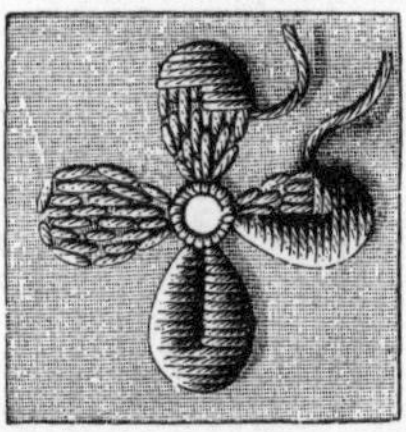

55. Blume mit gespaltenen Blättern
Das Unterlegen und Übersticken in gerader Stichlage

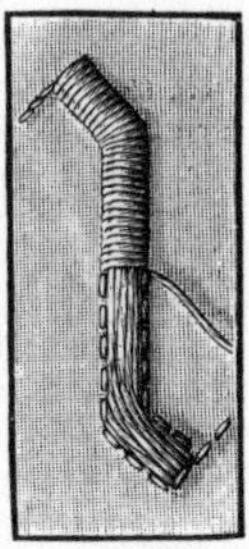

56. Eckige Fig.
Das Unterlegen und Übersticken in gerader Stichlage

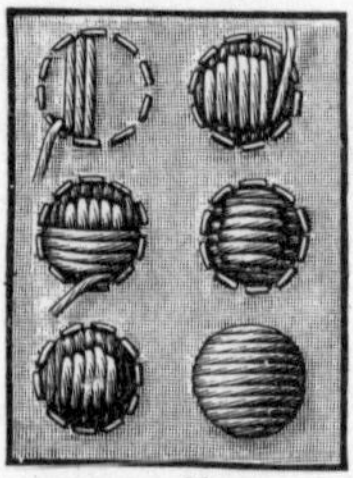

57

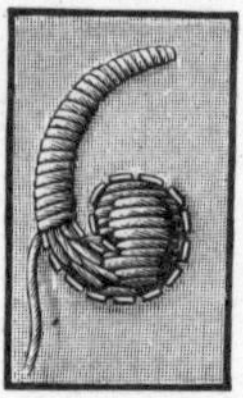

58

58 a

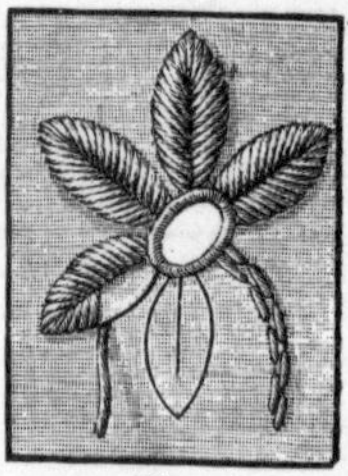

59

57. Der Tupf (Punkt) in der Hochstickerei

a) Das Unterlegen der ersten Stichschicht. b) Das Aufbauen über der ersten Stichschicht. c) Das Unterlegen der zweiten Stichschicht in entgegengesetzter Stichlage. d) Das Aufbauen über der zweiten Stichschicht. e) Das Unterlegen der dritten Stichschicht in entgegengesetzter Stichlage. f) Das Übersticken

58 u. 58 a. Das Sticken der Abschlußknoten. 58. Unterlegt und halbfertig überstickt. 58 a. Vollendet

59. Blume mit gespaltenen Blättern und kordonniertem Mittelloch

Blätter ohne Unterlage in schräger Stichlage, entgegengesetzt zum Spalt treffend, überstickt

61. Sternblume

Hochstickerei in gerader Stichlage, quer unterlegt, längs überstickt

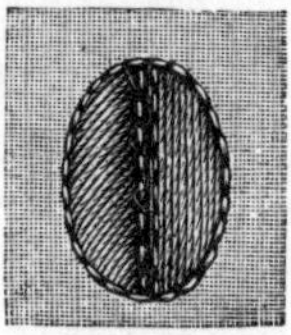

60. Bohne

Vorziehen und Unterlegen. Zuerst in gerader, dann in schräger Stichlage

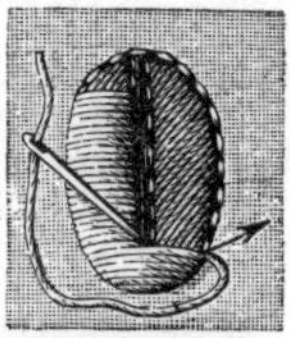

60 a. Bohne

Vollendet unterlegt und halbfertig überstickt

62. Dreiteiliges gespaltenes Zackenblatt

Längs unterlegt und quer überstickt

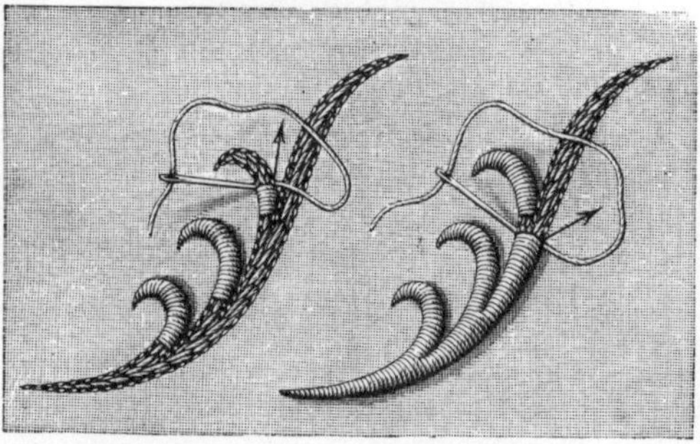

63 u. 63 a. Vierteiliger Ast. Hochstickerei. Zunächst werden die Äste vollendet, dann überstickt man den Grundstiel

63. Das Unterlegen und Übersticken der Äste. 63a. Das Unterlegen und Übersticken des Grundstieles

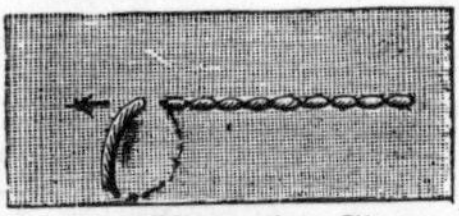

64. Ausführung des Steppstiches
Beschreibung siehe Seite 294

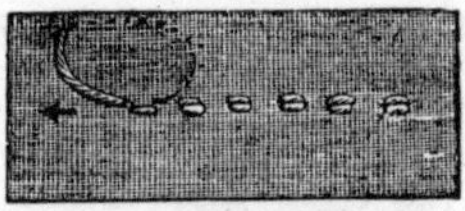

65. Ausführung des Muschenstiches
Beschreibung siehe Seite 294

führt werden, daß sich in der Mittelachse der Figur die Stichlagen schichtweise übereinander häufen und seitlich durch Verringern der Stichschichten allmählich abflachen. Zunächst wird die Form in sogenannter Sparstichmanier gleichmäßig überstickt. Hierfür arbeitet man in unregelmäßiger Stichlänge auf der Rechtsseite lange, gerade Stiche und führt den Faden zur Bildung des nächsten Stiches durch einen kleinen Vorstich (Sparstich) auf der Arbeitsrückseite weiter. Der Deutlichkeit wegen, zeigen wir das Unterlegen mit gedrehtem Arbeitsfaden. Bei der zweiten Stichschicht in gleicher Ausführung werden die Unebenheiten durch Übersticken ausgeglichen. Dann hat man der Mitte zu die Form durch hoch, seitlich allmählich flacher werdend zu unterlegen. Hierfür unterlegt man in verschiedenen Richtungen. Man beginnt die Unterlegearbeit in entgegengesetzter Stichlage zur beabsichtigten Stichlage der Unterlage und überstickt zunächst die ganze Fläche, wobei man knapp innerhalb der vorgezogenen Kontur mittels Sparstiche weiterarbeitet. Für die mittlere Erhöhung stickt man über die Stichschicht allmählich der Mitte zu kürzer werdende übereinander gehäufte Stiche.

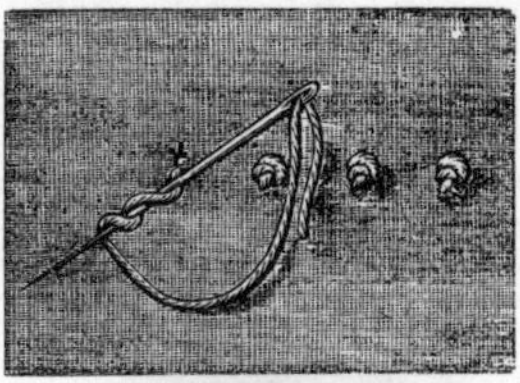

70. Ausführung des gewundenen Knötchenstiches
Das Umwinden der Nadel mit dem Faden

71. Ausführung des flachen Knötchenstiches

66

67

66 und 67. Zwei Füllstiche
66. Der Pikeestich. In Schrägreihen versetzt zu sticken
67. Der Perlstich. Reihenweise zu arbeiten

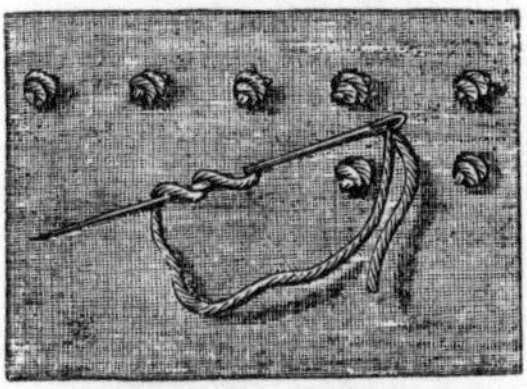

72. Ausführung des geschürzten Knötchenstiches

Unterlegen bis zur gewünschten Höhe aufzubauen. Zuletzt sind Unebenheiten durch Übersticken mit feinerem Faden zu glätten. Spitzen müssen mit besonderer Sorgfalt fein unterlegt und ausgeglichen werden. Tupfen (Punkte) sind in der Mitte

68

69

68 und 69. Zwei Füllstiche
68. Der gleichmäßig versetzte Sandstich. 69. Der unregelmäßige Sandstich (Schweizer Sandstich)

73. Zweig mit Knötchenfüllung

74. Zweig mit Pikeestich-Füllung

Dann erfolgt das Unterlegen in der beabsichtigten Stichlage, wobei man zunächst die ganze Fläche überstickt. Dann hat man in der Mitte durch kürzere Stiche die Wölbung zu verstärken, worauf man wieder die ganze Fläche überstickt. Am schwierigsten ist das Unterlegen eines Abschlußknotens (Kugelvolute). Man unterlegt sie ihrer Form nach und achtet darauf, daß der Einschnitt scharf hervortritt und nicht durch Stiche verdeckt wird, siehe Abb. 58 u. 58a. An allen Figuren, Abb. 57—63, zeigen wir gleichzeitig das sachgemäße Unterlegen und Übersticken. Tupfen werden in zwei Hälften, je von der Mitte ausgehend, überstickt, wobei man die gleiche Stichzahl arbeitet. Gerundete Formen sind, wie bereits bekannt, von dem weiten Raum in den engen stechend, zu übersticken. Winzig kleine Tupfen werden erzielt, wenn man kleine Steppstiche schichtweise so lange übereinanderstickt, bis sich ein kleiner Tupf bildet. Technisch werden diese Tupfen „gehäufte Tupfen" genannt. Abb. 63 u. 63a zeigen das Unterlegen und Übersticken von gespaltenen und verästelten Figuren. Es gilt stets die Regel: *Scheinbar unten liegende Formen sind zunächst zu unterlegen und auch zu übersticken.*

Reizvoller und mannigfaltiger wird die Ausführung der Muster, wenn man die Hochstickerei in Verbindung mit *Zierstichen, durchbrochenen Spitzenstichfüllungen oder gezogenen Ajouren* ausführt. Wir beschränken uns auf die Erklärung der gebräuchlichsten Sticharten. Abb. 64 und 65 zeigen die verschiedenartigen *Steppstiche*. Für den *gewöhnlichen Steppstich* Abb. 64 arbeitet man kleine zurückgreifende Stiche (Hinterstiche) dicht aneinander. Der *Muschenstich*, Abb. 65, besteht aus zwei bis drei anschließenden Steppstichen, die man in kleinen Abständen ausführt. Man stickt stets den unteren Stich zuerst. — Den *Pikeestich*, Abb. 66, bilden anschließende Steppstichreihen mit gleichmäßig versetzten Stichen. Dieser Stich dient gleich dem verschiedenartig auszuführenden Sand- oder *Staubstich* zur Füllung von Formen.

75. Zweig mit geteilten Zackenblättern
Blatthälften in schräger Hochstickerei und in Perlstichfüllung. Konturen und Stiele kordonniert

Man unterscheidet den *gleichmäßig versetzten Sandstich*, Abb. 68, und den *unregelmäßigen Sandstich*, Abb. 69. Der gleichmäßig *versetzte Sandstich* ist nach abgezählten Gewebefäden in Schrägreihen auf dicht gewebtem Grundstoff auszuführen. Man beginnt nach Abb. 68 mit einem schrägen Hinterstich (Steppstich), den man über eine Gewebekreuzung ausführt. Dann leitet man den Faden unten in der Schräglinie um zwei Gewebekreuzungen weiter, sticht empor und wiederholt die Ausführung vom Anfang. Die nächste Reihe und die folgenden Reihen sind in gleicher Weise zu arbeiten, und jede Reihe wird so begonnen, daß der Schrägstich drei Gewebefäden in der Höhe und Breite von den Anfangsstichen der letzten Reihe entfernt ist, wodurch die einzelnen Stiche stets in der gleichen Linie zu den Stichen der ersten Reihe liegen. — Für den

76. Blumenzweig
Kreuznahtstich (gekreuzter Steppstich, point d'armes), verziert durch Knötchenstiche, Spannstiche und kordonniertes Kreisloch

77

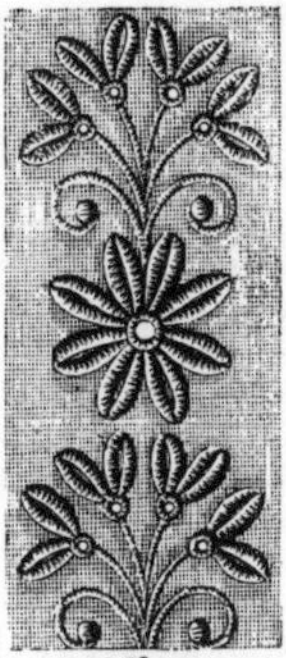
78

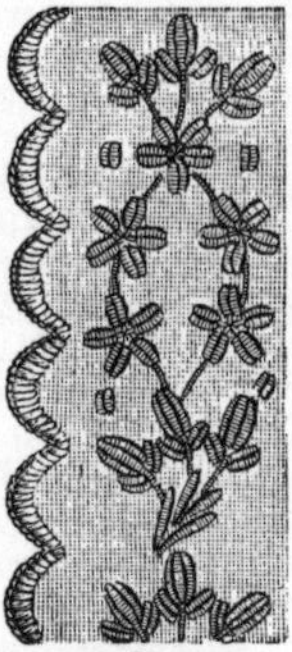
79

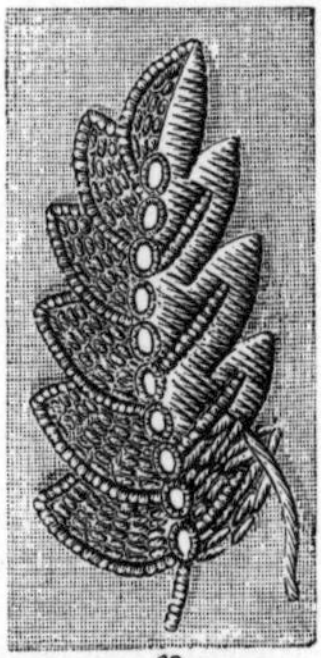
80

77. Ausführung des Wickelstiches (broderie à la minute).

78. Bordüre, Wickelstich, Stielstich, Lochsticterei (Madeirasticterei)

79. Bordüre Wickelstich. Abschluß durch langettierte Bogen

80. Geteiltes Zackenblatt mit durchlochter kordonnierter Mittelader

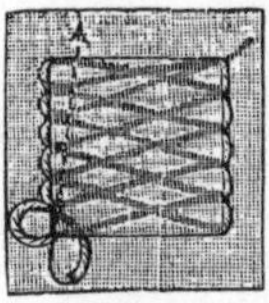
82

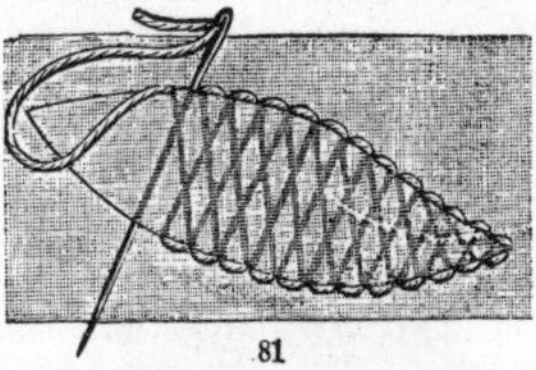
81

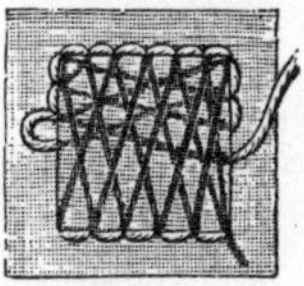
82a

81. Ausführung des Kreuznahtstiches (point d'armes)
Zur Bildung von Blättern, Blumen oder Arabesken

82 u. 82a. Kreuznahtstich (point d'armes) in einfacher und doppelter Lage
Ausführung von Vierecken

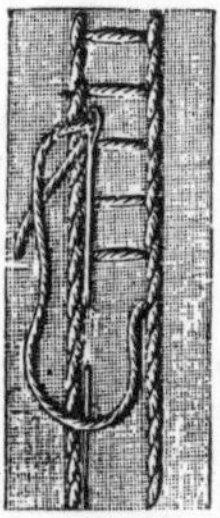
83

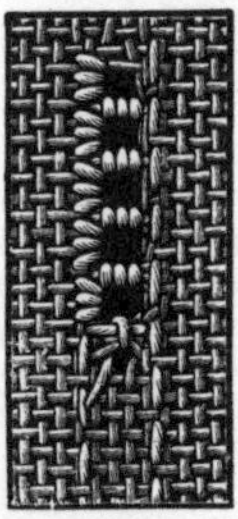
84

84a

85

86

83. Ausführung des imitierten Leiterstiches. Konturen in Stielstich, Sprossen in Spannstich
84 u. 84a. Ausführung des Leiterstiches mit geradestelligen Sprossen. Kordonnierte Konturen
84. Erster Arbeitsgang. Das Kordonnieren einer Kontur und das Umwickeln der Sprossen
84a. Zweiter Arbeitsgang. Das Kordonnieren der zweiten vorgezog. Kontur. Vollendeter Leiterstich
85. Ausführung des Leiterstiches in einer gebogenen Figur, siehe Abb. 84 und 84a
86. Ausführung des Leiterstiches in einem Arbeitsgang ohne überstickte Konturen
Zur Füllung zwischen Hochsticterei

unregelmäßigen Sandstich, auch bekannt unter dem Namen „Schweizer Sandstich", stickt man nach Abb. 69 dicht anschließende kleine Steppstiche in willkürlicher Stichlage. Diese Ausführung erzielt die Wirkung verstreuter Sandkörner. Als Arbeitsfaden eignet sich am besten Stickbaumwolle. Die Fadenstärke richtet sich nach dem Grundstoff, auf jeden Fall wählt man aber einen stärkeren Faden, damit die Stiche gerundet wirken. Für den Perlstich, Abb. 67, arbeitet man reihenweise über zwei bis drei Gewebefäden in die Höhe greifende, senkrechte Stiche, die Faden um Faden des Gewebes umfassend, oder, bei besonders feinem Stoff, in Stichbreite voneinander entfernt zu sticken sind. — Abb. 70, 71 und 72 zeigen drei verschiedene Ausführungen des Knötchenstiches, der in der Weißstickerei als Einzelstich reihenweise oder als Füllstich gearbeitet wird. Für den gewundenen Knötchenstich, Abb. 70, beginnt man an der bestimmten Arbeitsstelle, leitet den Faden durch den Stoff empor, hält den Faden mit der linken Hand über der Arbeitsstelle gespannt und führt mit der Nadel in der rechten Hand die Windungen aus, macht mit der Nadel eine Wendung zurück und sticht in geringer Entfernung über dem Ausgangstich durch den Stoff zurück. Des leichteren Nacharbeitens wegen ist die Befestigungsstelle an Abb. 70 durch ein × bezeichnet. Man hält den Faden gespannt und zieht vorsichtig nach unten, damit sich die Fadenwindungen gleichmäßig runden und sich nicht durch den Stoff schieben können. — Zur Bildung des geschürzten Knötchenstiches nimmt man nach Abb. 72 einige Gewebefäden auf die Nadel, schiebt die Nadel zur Hälfte durch und führt mit der rechten Hand eine zweimalige Fadenwindung um die Nadel aus, indem man mit dem Daumen der linken Hand die Windungen festhält und die Nadel vorsichtig durchzieht. Auf diese Weise schürzen sich die Windungen zu einem festen Knoten zusammen, den ein kleiner Rückstich befestigt. — Für den Knötchenstich, Abb. 71, gilt die zu Abb. 70 gegebene Erklärung mit dem Unterschied, daß man nur eine Fadenwindung ausführt. — Der Wickelstich (broderie à la minute), Abb. 77, läßt sich mit großer Geschwindigkeit fast „in der Minute" ausführen. Den Stich bilden raupenähnliche lose Teile, die je zu zweien zusammengestellt, Blumen oder Blätter zum Ausdruck bringen können. Man schiebt die Nadel durch den Stoff in der ganzen Länge des Stiches ein, umwickelt die Nadel mit dem Faden so oft, bis die Anzahl der Windungen die Stichlänge erreicht hat. Dann zieht man die Nadel vorsichtig durch die Windungen, wobei man den Faden mit der linken Hand festhält, und arbeitet nach vollendetem Stich noch einen Rückstich in der Länge des Raupenteiles. Dicht anschließend wird der zweite Raupenteil in gleicher Länge ausgeführt. — Eine reizvolle Tonwirkung in der Weißstickerei wird durch den linksseitigen Kreuznahtstich (gekreuzten Steppstich — point d'armes) erzielt. Dieser Stich eignet sich fast für jede Figur. Abb. 81, 82 u. 82a lassen die Ausführung in zwei verschiedenen Arten erkennen. Man arbeitet mit weichem Arbeitsfaden: Stickbaumwolle, Twist oder offener Schweizer Wolle. Abb. 81 zeigt die Ausführung an einem Blatt. Man führt den Faden, wie beim Steppstich, von einer Seite der Kontur durch den Stoff und × leitet den Faden unten in schräger Richtung zur gegenüberliegenden Kontur, sticht empor, bildet auf der Rechtsseite den Steppstich und wiederholt fortgesetzt vom ×, bis die ganze Musterfläche unterstickt und die Kontur durch Steppstiche gedeckt ist. Vierecke werden in zwei Arbeitsgängen gestickt. Abb. 82 zeigt den vollendeten ersten Arbeitsgang mit Beginn des ersten Stiches für den zweiten Arbeitsgang. Abb. 82a zeigt das fortgesetzte Arbeiten im zweiten Gang. Nach Belieben kann der Steppstich die betreffende Figur begrenzen oder man überstickt den Steppstich durch Kordonnierstich. Bleiben die Steppstiche sichtbar, so benutzt man gedrehte Stickbaumwolle als Arbeitsfaden, sollen die Stiche überstickt werden, so arbeitet man mit weichem offenen Material, Twist oder Schweizer Wolle.

Um parallellaufende Linien in Zusammenhang zu bringen, arbeitet man mit Vorliebe den imitierten gestickten Leiterstich, Abb. 83, oder den durchbrochenen Leiterstich, Abb. 84, 84a, 85 u. 86. Für den imitierten Leiterstich, Abb. 83, werden zunächst die Konturen durch Stiel- oder Kordonnierstich gedeckt. Dann füllt man den Zwischenraum durch kurze parallellaufende Querstiche, die in gleichmäßigen Abständen auszuführen sind. Um die durchbrochene Wirkung zu imitieren, kann man nach dem Vorziehen den Zwischenraum mit dunkelbrauner oder schwarzer, offener Seide durch ineinandergreifenden, nach der Form gestickten Plattstich füllen. Ueber den Plattstich sind mit weißem Faden die Spannstiche auszuführen. Der durchbrochene Leiterstich kann verschieden gearbeitet werden. Unsere bildlichen Darstellungen erklären die meisten gebräuchlichen Arten. Abb. 84 u. 84a zeigen den Leiterstich in zwei Arbeitsgängen ausgeführt. Beim Arbeiten in losem Gewebe, dessen Fäden sich leicht zusammenschieben lassen, wird der geradsprossige Leiterstich durch Zusammendrängen und Ueberstichen der Gewebefäden gebildet. Dagegen hat man für breiten oder in der Runde gearbeiteten Leiterstich und bei der Benutzung von dichtem Grundstoff die Löcher entweder mit dem Bindlochstecher (Lochstecher) oder mit dem Leitermesser, siehe Abb. III am Anfang des ersten Kapitels, zu bilden. Nach dem Vorziehen der Konturen wird der erste Arbeitsgang wie folgt ausgeführt: Man beginnt an der linken Kontur und überstickt die vorgezogene Linie durch Kordonnierstich. Hierfür schiebt man mit der Nadel in losem Stoff in der Mitte des Zwischenraumes die Gewebefäden auseinander und überstickt die Kontur durch drei Kordonnierstiche, wobei man außen die Stiche, Faden um Faden des Gewebes umfassend, ausführt und nach innen in das Loch sticht.

87. Bordüre. Hochstickerei auf Tüll. Alte Stickerei aus der Biedermeierzeit

* Dann wird für die Leitersprosse der Faden neben dem Loch quer, von Kontur zu Kontur treffend, gespannt, worauf man nach drei geraden Querfäden des Gewebes in der Mitte des Zwischenraumes mit der Nadel die Gewebefäden auseinander drängt. Nun sind, von rechts nach links arbeitend, die frei liegenden Querfäden einschließlich des gespannten Fadens dicht zu übersticken. Dann überstickt man an der vorgezogenen linken Kontur die Gewebefäden, sticht innen in dasselbe Loch und wiederholt vom *. An Rundungen überstickt man zusammengeschobene, gekreuzte Gewebefäden, die parallel zu den übrigen Sprossen zu übersticken sind. Läßt sich dieses durch Zusammenschieben der Fäden nicht erreichen, so bildet man die Löcher mit dem Bindlochstecher oder mit dem Leitermesser, indem man in der gewünschten Richtung einsticht und Fäden sprengt. Beim zweiten Arbeitsgang wird die rechte vorgezogene Kontur kordonniert. Soll der Leiterstich als Grundfüllung dienen, so wird er nach Abb. 86 ohne gestickte Kontur in einem Arbeitsgang, von links nach rechts und umgekehrt gearbeitet. Nach dem Vorziehen der Konturen bildet man in der Mitte des Zwischenraumes ein Loch und überstickt die frei liegenden Gewebefäden der Sprosse bis zur gegenüber liegenden Kontur. * Dann macht man für die nächste Sprosse wieder ein Loch, überstickt die losen Fäden der Sprosse zur gegenüberliegenden Kontur und wiederholt fortgesetzt vom *.

2. Die Schweizer Ajourarbeit

Reizvoll wirken Weißstickereien in Verbindung mit Durchbrucharbeit. Je nach der gewünschten Schattenwirkung wählt man dicht oder lose gearbeitete, gezogene Ajouren oder in Stoffausschnitte frei mit der Nadel eingenähte Spitzenstichfüllungen, die in vollendetster Art die in der Schweiz ausgeführten künstlerischen Weißstickereien schmücken. Es ist uns nicht möglich, diese Technik in ihren Einzelheiten hier zu erklären, darum verweisen wir auf den Abschnitt Seite 337—349 „Die Nähspitze". Wir bemerken nur, daß die Spitzenstich-Füllmuster innerhalb einer gestickten Kontur aus-

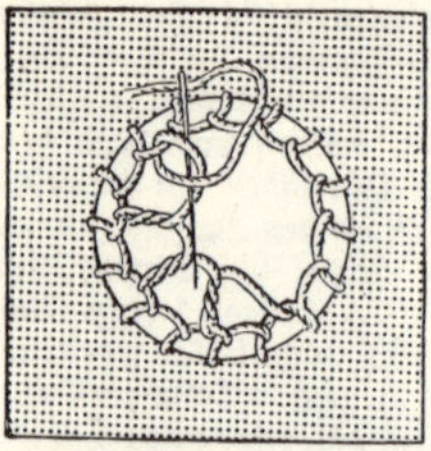

88. Ausführung eines Spitzenstich-Füllmusters in Schweizer Ajourarbeit
Erster und zweiter Arbeitsgang. Zwei Langettenstichreihen mit einfacher und doppelter Fadendrehung

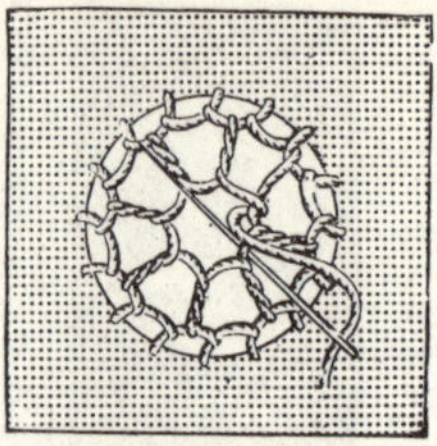

88a. Dritter Arbeitsgang für die Fadenanlage eines Spitzenstich-Füllmusters. Das Durchleiten des Fadens um die Fadenschlingen für das Zusammenziehen zur Rundung

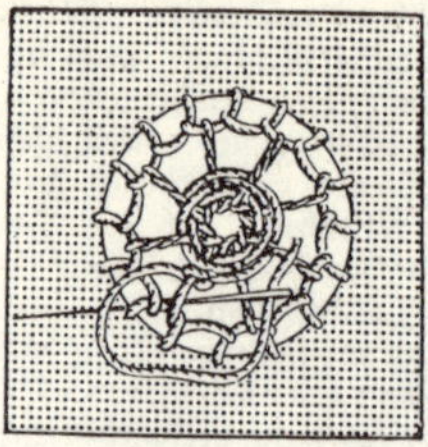

88b. Vollendetes Spitzenstich-Füllmuster mit eingestopfter Spinne
Zurückführen des Arbeitsfadens zur gestickten Kontur und Vernähen des Fadens in der Kontur

zuführen sind. Als Arbeitsfaden dient Spitzenzwirn. Nach dem Übersticken der unterlegten Kontur hat man mit einer kleinen, scharfen Stickschere den Stoff, knapp der Kontur entlang, sorgsam auszuschneiden. Dann wird die Lochkontur mit feinstem Spitzenzwirn durch Langettenstiche, die in geringen Abständen zu arbeiten sind, überstickt. Durch diese Stichreihe verschwinden die nicht zu beseitigenden Stoffasern. Man sticht entweder nur am Rande vorsichtig durch die gestickte Arbeit, indem man die Langettenstiche zwischen den Überfangstichen ausführt, so, daß die eingestickten Stiche in der Stickarbeit verschwinden und nur die Langettenkontur (Schlingstich) sichtbar wird. Man kann auch um die gestickte Kontur langettieren, so daß die Stiche zu sehen sind. Dann erfolgt die Fadenanlage für das Spitzenstich-Füllmuster. Der Deutlichkeit wegen zeigen wir an den einfachen Mustern die Arbeitsproben Abb. 88, 88a—b mit ungestickter Kontur und an den schwereren Mustern Abb. 88c—g mit gestickter Kontur. Die deutlichen Abbildungen machen die Erklärungen überflüssig. Im Anschluß an den Lehrkursus geben wir auf Seite 299—301 leicht ausführbare Vorlagen für Alphabete in künstlerisch modernen Schriftarten. Auf Seite 299 wird gezeigt, wie man die Buchstaben selbst zu Monogrammen zusammenstellen kann. Seite 302 enthält eine Auswahl von Künstlermonogrammen in verschiedenen modernen Schriftarten, und Seite 303 gibt gute Beispiele für die Ausführung von Adelskronen, die zur Verzierung von Wäschegegenständen dienen können.

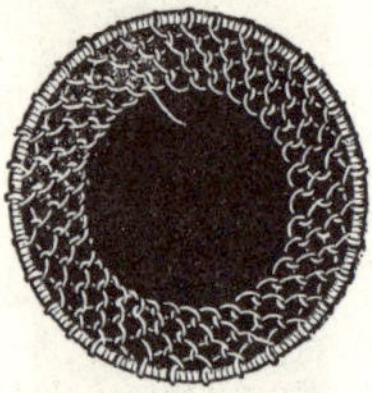

88 c

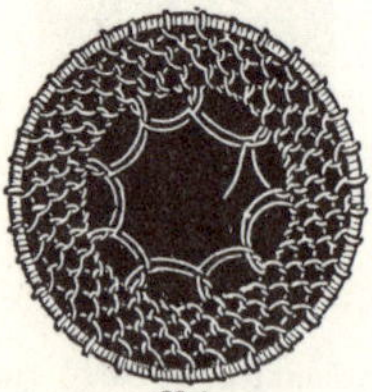

88 d

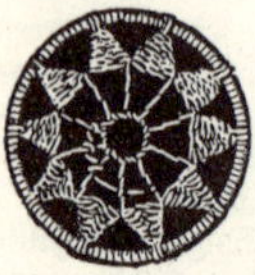

88 e

88c—e. Muster in drei Stadien. Das Muster Abb. 88e füllt die Mitte des Musters Abb. 88d. Die doppelten Langetten bilden die Anlage der Zäckchen

88 f

88f. Muster mit doppelreihigen versetzten Pyramidenzäckchen
88g. Muster mit Büschellangetten (Schlingstich)

88 g

89. Alphabet und Beispiele für das Zusammenstellen der Buchstaben für Monogramme. Ausführbar in Hochstickerei
Entwurf von Gustav Kalhammer, Wien

90. Großes und kleines Alphabet. Ausgeführt in Hochstickerei
Entwürfe von Carl Schnebel, Berlin

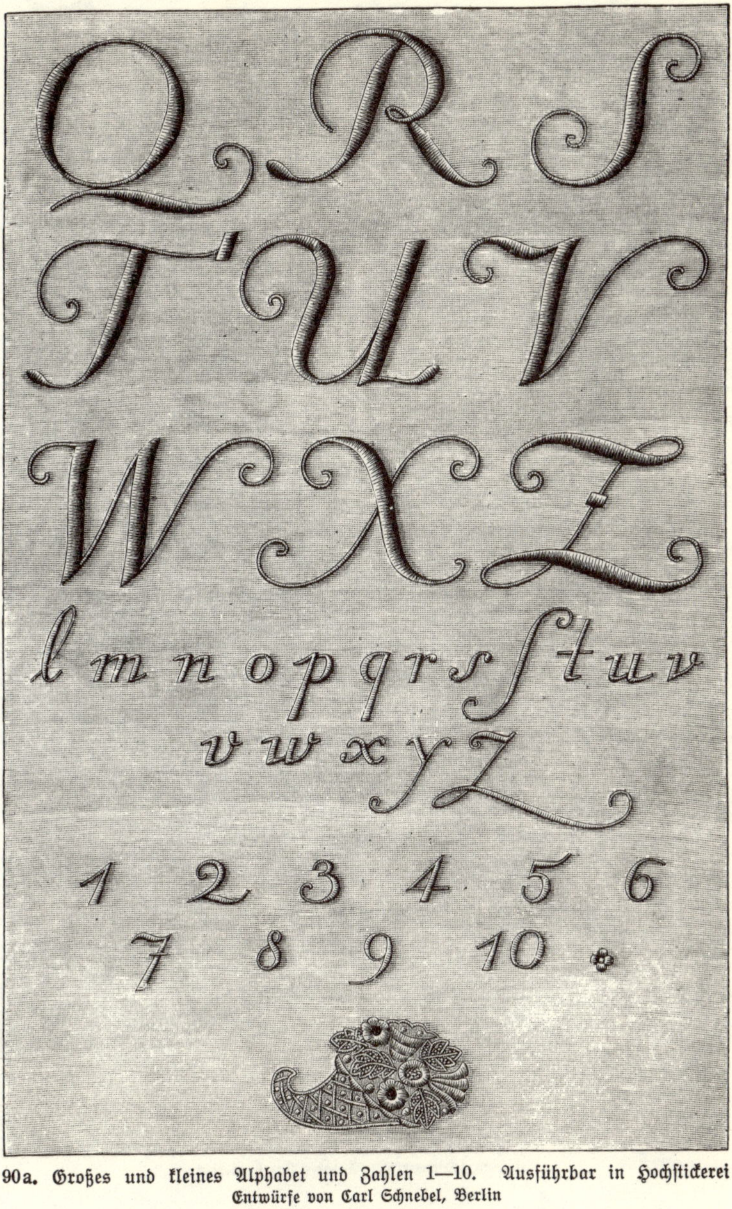

90a. Großes und kleines Alphabet und Zahlen 1—10. Ausführbar in Hochstickerei
Entwürfe von Carl Schnebel, Berlin

91 (GB) · 92 (ES) · 93 (BS) · 94 (OH) · 95 (HU) · 96 (ASt) · 97 (AP) · 98 (KR) · 99 (GR) · 100 (OZ) · 101 (AO) · 102 (AM) · 103 (NB) · 104 (AS) · 105 (HA) · 106 (MK) · 107 (OE) · 108 (OL) · 109 (OW) · 110 (RV) · 111 (AR) · 112 (MO) · 113 (AB) · 114 (RU) · 115 (WS)

91—115. Fünfundzwanzig Monogramme für Weißstickerei
Abb. 91, 95, 105: Entwürfe von Gustav Kalhammer, Wien. Abb. 92, 93, 96—98, 100—104, 106—115: Entwürfe von Fritz Schatz, Duisburg. Abb. 94: Entwurf von Helene Ady, Berlin
Abb. 99: Entwurf von Antonie Vašek, Berlin

116

117

118

119

120

121

122

116—122. Sieben Adelskronen. Hochstickerei
116. Dreizackige Krone. 117—120 und 122. Fünfzackige Kronen. 121. Siebenzackige Krone

III. Die Pikeetechnik

(Marseiller Technik)

Die Eigenart der Technik beruht auf der Reliefwirkung, die durch Stopfarbeit erzielt wird. Man braucht zur Herstellung zwei Stoffteile in gleicher Größe. Ein Teil bildet den Oberstoff, und hierzu benutzt man dicht gewebte Seide (Bastseide, Taft), feines Leinen oder diagonalgewebten feinen Baumwollstoff. Der zweite Teil dient als Unterlage. Hierfür wählt man lose gewebtes Leinen, am besten Hausmacherleinen. Als Arbeitsmaterial braucht man weichen Baumwollfaden, z. B. starke, weiße Strickbaumwolle DMC coton à tricoter Nr. 6 oder 8 oder weiches Baumwollschnürchen DMC fil à pointer Nr. 20 oder 25 nebst feinem Garn, etwa Nr. 100, oder Spitzenseide. Dazu kommen noch eine lange Stopfnadel mit stumpfer Spitze und eine halblange feine Nähnadel etwa Nr. 10. Am besten eignen sich für die Ausführung Bandmuster oder Muster mit wenig gegliederten Formen, die eine gute Reliefwirkung erzielen. — Man spannt zunächst den Oberstoff in den Stickrahmen und überträgt die Vorzeichnung mittels Abbügelns oder gestochener Musterpause, siehe die Anleitung für die verschiedenen Uebertragungsarten der Konturenmuster S. 273. Nach dem Uebertragen des Musters heftet man auf die Rückseite den Unterstoff so auf, daß dieser lose aufliegt und nicht zu straff gespannt ist. Dieses ist für die Technik w i c h t i g, da später der Hohlraum zwischen den Stofflagen durch eingestopfte Baumwollfäden zu füllen ist. Zunächst werden auf der Rechtsseite alle Musterlinien mit feinem Garn oder Seide durch eine Steppstich- oder Stielstichreihe gedeckt. Man sticht durch beide Stoffteile und arbeitet kleine Stiche. Der Arbeitsfaden ist stets auf der Arbeitsrückseite in der gestickten Linie sicher zu vernähen. Nach dem Besticken der Linien wird die Arbeit aus dem Rahmen entfernt, und die S t o p f a r b e i t ist auf der Arbeitsrückseite auszuführen. Je nach der Breite der zu füllenden Fläche fädelt man in die Stopfnadel den Baumwollfaden oder das Baumwollschnürchen ein. Für erhabene Linienwirkung wird der Stopffaden nach Abb. 2 zwischen beiden Stoffteilen in der Nadellänge eingezogen, dann sticht man durch den Unterlegestoff empor, zieht den Faden an, sticht in dasselbe Loch zurück und stopft den Faden in der oben angegebenen Art weiter ein. Je nach der Breite der Linien zieht man einen Faden oder mehrere Fäden, die man dicht nebeneinander einstopft, zwischen den Stofflagen durch. Nach jeder Stopfreihe wird der Faden so abgeschnitten, daß ein kurzes Fadenende, etwa 4 Millimeter lang, stehenbleibt. Breite Flächen werden in kurzen Reihen hin- und zurückgehend durchstopft (siehe Abb. 3). Man führt die mit dem Faden versehene Nadel am Ansatz einer Musterfigur, unmittelbar an der Kontur beginnend, durch den Unterlagestoff, leitet den Faden in ge-

2. Das Einstopfen des Fadens für schmale Flächen
Man stickt in der Mitte der Fläche durch den losen Unterstoff, führt die Nadel zwischen den Stoffteilen ein und zieht den Faden durch

rader Richtung zur gegenüberliegenden Kontur und sticht dort heraus. In dieser Weise arbeitet man schichtweise nebeneinanderliegende Füllstiche, indem man den Faden durch kleine Vorstiche an der Konturlinie weiterführt. Diese Stiche dürfen

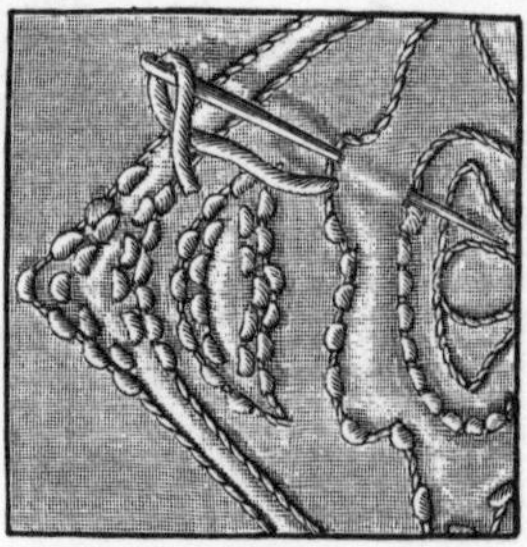

3. Das Einstopfen des Fadens für breite Flächen
Man stopft von Kontur zu Kontur treffend den Faden ein und arbeitet hin- und zurückgehend dicht anschließende Stopfreihen

1. Toilettekissen mit Pikeetechnik Arbeitsproben Abb. 2 und 3

Entwurf von Antonie Bašek, Berlin

nicht angezogen werden und müssen als kleine Schlingen lose liegen, damit sich beim späteren Spannen der Arbeit der Stoff nicht zusammenziehen kann. Nach vollendeter erster Schichtreihe arbeitet man über diese in gleicher Richtung eine verkürzte zweite Reihe und wiederholt die Stopfarbeit der verkürzten Reihen so oft, bis auf der Rechtsseite die gewünschte Reliefwirkung sichtbar wird. Nach Vollendung der Stopfarbeit spannt man den Stoff wieder in den Rahmen ein und bügelt die Arbeit auf der Arbeitsrückseite im Rahmen über weicher Unterlage. Man legt über den Stoff ein feuchtes Tuch und bügelt trocken; dann ist die Arbeit auszuspannen. Die Pikeetechnik wird auch oft in Verbindung mit gezogenen oder geschnittenen Ajouren, Knötchenstich, gestickten Füllmustern und Zierstichen ausgeführt. In dieser Ausführung wird die Arbeit Renaissancestickerei oder Marseiller-Technik benannt. Unsere Vorlage zeigt ein dreieckförmiges Toilettekissen, das auf der Oberseite mit Pikeetechnik verziert ist. Die Größe des Kissens beträgt 18 Zentimeter Basis zu 16½ Zentimeter Höhe. Weißes, feines Leinen bildet den Oberteil für die Pikeestickerei und für die Rückseite des Kissens. Lose geschlagenes Leinen dient für den Unterlegestoff. Die Musterlinien werden mit weißem Garn Nr. 100 durch Stepplinien gedeckt, worauf man mit den oben vermerkten Fadensorten die Stopfarbeit ausführt. Nach dem Bügeln der fertigen Arbeit wird das Kissen montiert.

IV. Die Perser Ajourarbeit

Diese aus dem Orient stammende Technik wird zur Füllung von Muster- und Grundflächen benutzt, die durchbrochen wirken sollen. Da die Muster in Perser Ajourarbeit nur durch festes Zusammenziehen der Gewebefäden erzielt werden, braucht man lose gewebten Grundstoff, dessen Fäden sich leicht mit freiem Auge abzählen lassen. Die am besten geeigneten Grundstoffe für die Technik sind: feinster Kongreßstoff, Batist, Mull und loses, feines Leinen. Nach der Stärke des Grundstoffes richtet sich die Stärke des Stickfadens. Man arbeitet mit Spitzenzwirn, Stickbaumwolle, Spitzenseide, feinster Kordonnetseide und mit feinstem Metallfaden. Dazu kommt noch eine halblange Nähnadel, deren Stärke der Fadenstärke anzupassen ist. Da sich nach bestimmten Regeln durch Abzählen und Zusammenziehen der Gewebefäden die mannigfachsten Muster hervorbringen lassen, deren Wirkung voneinander verschieden ist, gibt es auch bestimmte Regeln für die Anwendung der Muster; z. B. eignen sich feine Muster zur Füllung von kleinen Flächen, dagegen benutzt man größere und mehr durchbrochen wirkende Muster für größere Flächen. Es liegt in dem künstlerischen Empfinden der Stickerin, durch die richtige Wahl der Muster die für die betreffenden Formen am besten geeignete Licht- oder Schattenwirkung hervorzubringen. Oft wird Perser Ajour mit feiner Weißstickerei oder mit Flachstichstickerei in Verbindung gebracht, siehe Abb. 8, daher ist es wünschenswert, die Technik kennen zu lernen. Mit Abb. 1—7 zeigen wir an mehreren Vorlagen die verschiedenartige Wirkung, die durch regelmäßiges Zusammenziehen der Gewebefäden entstehen kann. Das Muster Abb. 1 wird in Schrägreihen hin- und zurückgehend gearbeitet. An der Vorlage Abb. 1 lassen sich die Arbeitsweise und der Fadengang leicht verfolgen. Man beginnt z. B. den ersten Arbeitsgang an einer linken oberen Ecke mit einem wagerechten Stich, den man, von rechts nach links über zwei senkrechte Gewebefäden ausführt. × Dann folgt auf der Rückseite ein Schrägstich in der Richtung nach abwärts, von links nach rechts über zwei Gewebefäden greifend, worauf man den Faden durch das Stoffloch emporzieht. Nun bildet man einen senkrechten Stich um die zwei wagerechten Gewebefäden nach oben, sticht abwärts, und führt den Faden auf der Rückseite in diagonaler Linie, von links nach rechts über vier Gewebekreuzungen nach unten, sticht empor, bildet einen wagerechten Stich, von rechts nach links, um die zwei senkrechten Gewebefäden und wiederholt fortgesetzt von ×. An der unteren Kontur angekommen, wird der Arbeitsfaden in der Konturlinie mittels mehrerer Stiche zur Ausführung der nächsten Stichreihe weitergeführt. In der Regel arbeitet man fortgesetzt die Stichreihen hin und zurück gehend. Des leichteren Erlernens wegen raten wir, am Anfang die Stichreihen von oben zu beginnen.

2. Arbeitsgang. Man beginnt mit einem wagerechten Stich, den man von rechts nach links um die zwei senkrechten Gewebefäden neben dem ersten wagerechten Stich der ersten Reihe ausführt. ×× Dann leitet man den Faden auf der Rückseite in schräger Linie nach rechts abwärts, sticht nach vier Fäden empor, bildet einen senkrechten Stich nach oben über die zwei wagerechten Gewebefäden, führt den Faden in der Schrägrichtung nach rechts auf der Rückseite über zwei Fäden weiter, sticht empor, bildet einen wagerechten Stich von rechts nach links über die senkrechten Gewebefäden und wiederholt fortgesetzt vom ××. Die nächste Stichreihe wiederholt vom Anfang der ersten Reihe, worauf man die Reihen weiter arbeitet. Zuletzt wird die unbestickte Ecke gefüllt.

Das Muster Abb. 2 wird in Schrägreihen im Zickzack gearbeitet. Man überstickt nach Abb. 2 je fünf wagerechte und fünf senkrechte Gewebefäden, indem man Faden um Faden des Gewebes mittels eines senk- resp. wagerechten Stiches umfaßt und zum Wechseln der Stichlage den Faden auf der Rückseite des Stoffes mittels eines Schrägstiches über fünf Gewebefäden weiterführt.

1. Muster in Perser Ajourarbeit. In Schrägreihen, hin- und zurückgehend zu arbeiten

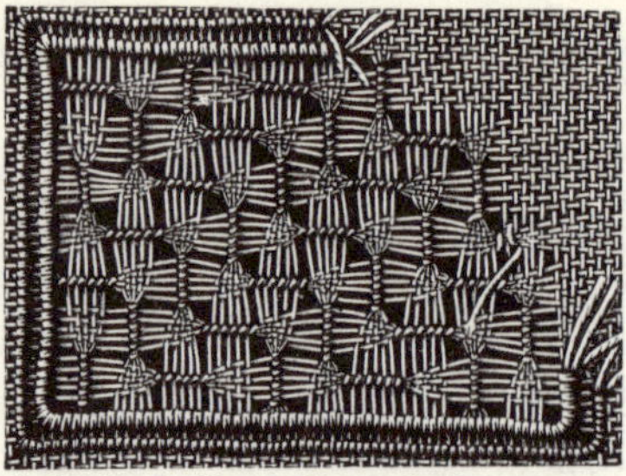

2. Muster in Perser Ajourarbeit. In Schrägreihen, hin- und zurückgehend zu arbeiten

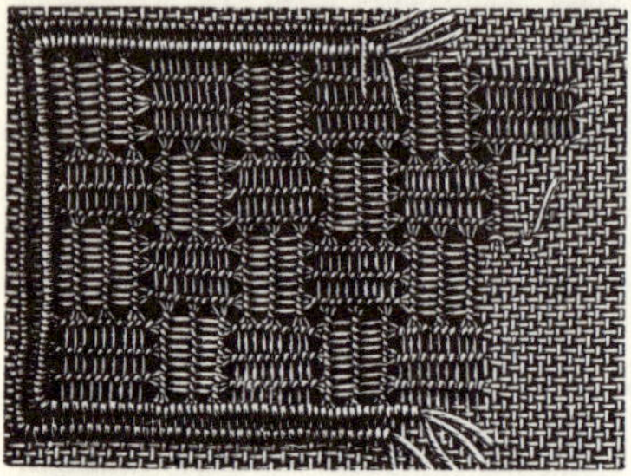

3. Muster in Perser Ajourarbeit. In Gruppen reihenweise, hin- und zurückgehend zu arbeiten

4. Muster in Perser Ajourarbeit. Reihenweise, hin- und zurückgehend zu arbeiten

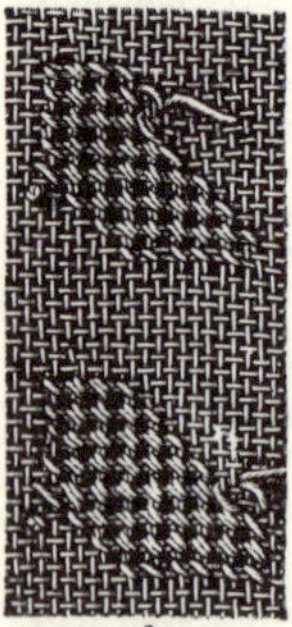

6

6. Muster in Perser Ajourarbeit In Schrägreihen, hin- und zurückgehend zu arbeiten

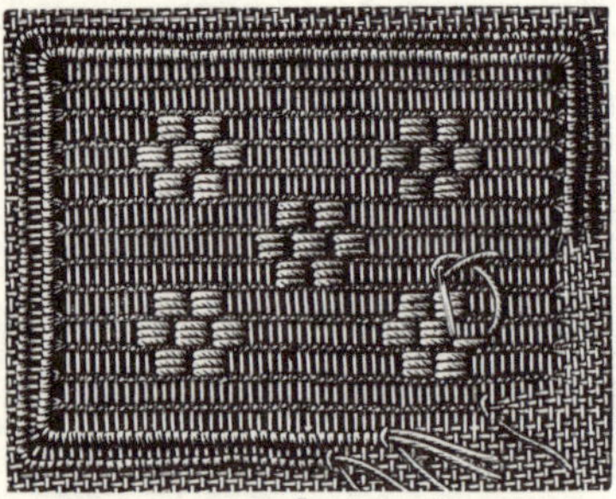

5

5. Muster in Perser Ajourarbeit mit aufgestickten Plattstichfiguren Reihenweise, hin- und zurückgehend zu arbeiten

7

7. Muster in Perser Ajourarbeit In Schrägreihen, hin- und zurückgehend zu arbeiten

An Abb. 3 wird das Muster in Gruppen von je drei gleichartigen Stichreihen ausgeführt. Man beginnt z. B. mit einer Gruppe von senkrechten Stäben. Hierfür überstickt man drei senkrechte Gewebefäden durch 10 untereinander liegende wagerechte

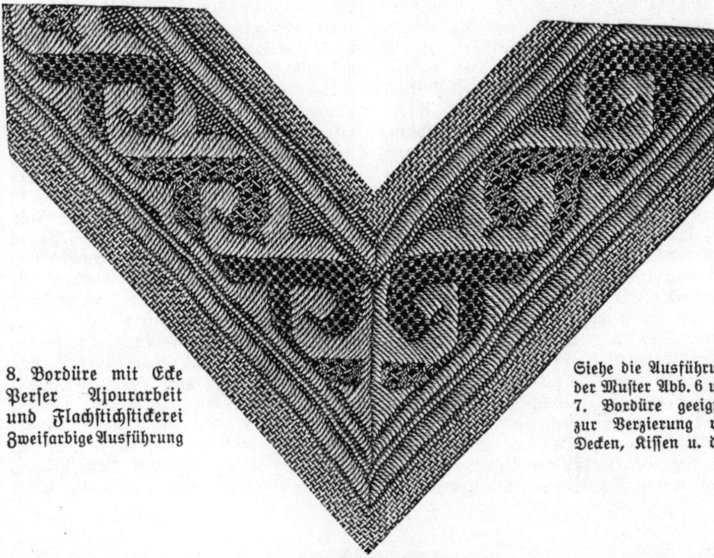

8. Bordüre mit Ecke Perser Ajourarbeit und Flachstichstickerei Zweifarbige Ausführung

Siehe die Ausführung der Muster Abb. 6 und 7. Bordüre geeignet zur Verzierung von Decken, Kissen u. dgl.

Stiche, wobei man, von rechts nach links stechend, die einzelnen Stiche ausführt und wagerechten um wagerechten Gewebefaden weiterarbeitet. Nach dem letzten Stich führt man mittels eines kleinen Ueberfangstiches um den rechts liegenden unteren wagerechten Gewebefaden den Arbeitsfaden weiter und arbeitet nun von unten nach oben 10 wagerechte Stiche, die je über drei Gewebefäden greifen. Zuletzt wird der Faden wieder mittels eines Hilfsstiches weitergeführt, worauf man die dritte Stichreihe wie die erste arbeitet. Nach dem letzten Stich führt man den Arbeitsfaden mittels eines Ueberfangstiches um den letzten quer liegenden Gewebefaden weiter, sticht unter drei wagerechten Gewebefäden nach oben und überstickt nun diese Fäden durch 10 senkrechte Stiche, die man in bekannter Art, wie bei der ersten Stichgruppe, ausführt. Nach den drei wagerechten Stichreihen wiederholt sich die Ausführung vom Anfang der ersten Gruppe.

Das Medaillonmuster, Abb. 4, wird in wagerechter Richtung gearbeitet. Man beginnt mit dem Zusammenziehen von sechs wagerechten Gewebefäden mittels drei Kreuznahtstichen, siehe die Erklärung der Kreuznaht Seite 296 zu Abb. 81. An unseren Mustern liegen die Schrägstiche der Kreuznaht auf der Arbeitsrückseite, und man umfaßt stets zwei Gewebefäden mittels eines wagerechten Stiches. × Nach vollendetem letzten kleinen Querstich arbeitet man um die mittleren zwei Gewebefäden sechs kleine Schrägstiche, wobei man Faden um Faden des Gewebes umfaßt. Dann werden die nächsten sechs Fäden wieder mittels drei Kreuznahtstichen zusammengezogen usf. vom × wiederholend. — Abb. 5 zeigt ein bestricktes, einfaches Grundmuster. Für das durchbrochene Streifenmuster arbeitet man in wagerechten Stichen je über drei Gewebefäden greifende senkrechte Stiche, wobei man, Faden um Faden des Gewebes umfassend weiterarbeitet. Zuletzt werden mit stärkerem Faden die Musterfiguren im Plattstich aufgestickt. Für je eine Musche arbeitet man drei Plattstiche über vier Gewebefäden, siehe Abb. 5. Die Fadenenden werden unsichtbar zwischen der Stickerei vernäht.

Um Anfängerinnen einen Anhalt geben zu können, in welcher Weise verschiedene Muster richtig zu verteilen sind, zeigen wir mit Abb. 8 eine Bordüre und mit Abb. 9 ein Fragment aus einem Muster für eine Decke.

Die Flachstichstickerei ist mit cremefarbener Kordonnetseide und die Ajourarbeit mit Spitzenseide ausgeführt. Abb. 6 erklärt die Ausführung des dichten Musters mit oben liegenden Schrägstichen. Man arbeitet in Schrägreihen wie folgt: × Ein Schrägstich über zwei Gewebefäden, wobei man von oben nach unten, von links nach rechts sticht, auf der Rückseite einen wagerechten Stich über zwei senkrechte Fäden zurückstechend, einen Schrägstich über zwei Gewebefäden, von links nach rechts, nach unten stechend, auf der Arbeitsrückseite einen Stich über zwei wagerechte Gewebefäden nach oben zurückstechend, dann vom × fortgesetzt wiederholen. Nun in gleicher Weise die übrigen Reihen arbeiten, wobei man die einzelnen Reihen stets um die gleichen Gewebefäden der letzten Reihe beginnt, so, daß stets zwei Schrägstiche zusammentreffen.

Das klare Muster, Abb. 7, mit lose liegenden Fäden der Gewebekreuzung wird auch in Schrägreihen, hin und zurückgehend, ausgeführt. × Man beginnt mit einem wagerechten Stich von links nach rechts um drei Gewebefäden, sticht auf der Rückseite um drei Gewebefäden in schräger Stichlinie nach links, in der Richtung nach unten weiter, zieht den Faden empor, bildet einen senkrechten Stich nach oben über die drei wagerechten Gewebefäden, wodurch der Stich in das gleiche Loch des ersten Stiches greift, sticht unten in schräger Stichlinie nach links, in der Richtung nach unten weiter, zieht den Faden empor und wiederholt die Ausführung vom ×. In dieser Weise werden alle Stichreihen gearbeitet, jedoch muß zwischen den einzelnen Reihen eine Fadenkreuzung des Gewebes Zwischenraum sein, und man berechnet den Anfang jeder Reihe so, daß sich die Stichlöcher nach einer dazwischenliegenden Fadenkreuzung bilden können, siehe Abb. 7. Zu der Perser Ajourarbeit zählt auch der einfache Kästchenstich und der Kästchenstich mit Doppelstichen, wenn er zusammengezogen gearbeitet wird.

9. Fragment aus einem Muster für eine Decke

Florstickerei (gekreuzter Steppstich), siehe Abb. 81, Seite 295, in Verbindung mit Perser Ajourarbeit. Entwurf von Elisabeth Karstens, Hamburg, staatliche Kunstgewerbeschule

Die Durchbrucharbeit

Durch Ausziehen von Gewebefäden und Umnähen der losen Fäden nach bestimmten Regeln entstehen verschiedene Muster, die in glatten Stoffen wirksam hervortreten und einen gediegenen künstlerischen Schmuck bilden. Um die Technik in ihrer großen Mannigfaltigkeit von der einfachsten bis zur künstlerischen Ausführung gründlich zu erlernen, beginnen wir den Lehrkursus mit der einfachen Art des Durchbruchs, den Hohlnähten, die zum Teil wohl schon vielen Leserinnen aus der Näharbeit bekannt sein dürften, die aber der Übersichtlichkeit wegen doch hier wiedergegeben werden müssen. Den Nähten und Nahtverzierungen schließen sich dann reichere Muster an, die aus der Hohlnaht hervorgegangen sind. Dann folgen die schwierigeren Techniken, für die Fäden ausgezogen und geschnitten werden müssen. Durch Umwickeln und Durchstopfen der losen Fäden, sowie durch Einnähen von Figuren in die Löcher entstehen die mannigfachsten Muster, die allmählich zur Ausführung der höchsten Nadelkunst (die „Nähspitze") hinüberleiten. Diese Durchbrucharbeiten werden mit den italienischen Namen punto tirato, punto tagliato und punto in aria bezeichnet. Für punto tirato, französisch point tiré (gezogener Stich), werden die Gewebefäden nur in einer Fadenlage ausgezogen. Die losen Fäden umschließen Stopf- oder Wickelstich. Unter punto tagliato, französisch point coupé (geschnittener Stich) versteht man Durchbrucharbeiten, bei denen Gewebefäden in beiden Fadenlagen ausgezogen und geschnitten werden. Die losen Fäden umschließen Wickel- oder Stopfstich; ebenso werden die Muster eingestopft oder in dem bekannten Spitzenstich (point d'esprit, siehe Abb. 35—40, Seite 159 „Die Netzarbeit") ausgeführt oder in glattem Stoff ausgespart. Beim Ursprung der Technik dürfte die Netzarbeit als Vorbild gedient haben, wir finden an alten Arbeiten stets den netzartigen Grund mit gewickelten Stäbchen und die an Netzarbeit erinnernden Stopfmuster. Allmählich verschwindet die Struktur des Gewebes, es werden größere Flächen ausgeschnitten und die Löcher durch frei in die Luft gearbeitete Stiche (Schlingstiche) gefüllt. Daher die italienische Bezeichnung punto in aria, „Stich in die Luft". Die kunstvollste Ausführung in dieser Technik ist der griechische Doppeldurchbruch, der die Vorstufe zur Nähspitze, der sogenannten Reticellaspitze bildet. Zu diesen Durchbrucharbeiten gehören auch die nordischen, z. B. die dänischen, schwedischen, sowie die slawischen, chinesischen und mexikanischen Arbeiten, von denen wir in unseren bildlichen Darstellungen einige gute Beispiele wiedergeben. Oft finden wir die Durchbrucharbeit in Verbindung mit Flachstichstickerei und mit anderen Zierstichen vereinigt sowie auch farbige Ausführung in verschiedenartigem Material. Farbige Durchbrucharbeiten lieben die Orientalen, Italiener und slawischen Völker, dagegen sind nordische Arbeiten fast durchweg weiß.

Stoff und Arbeitsmaterial

Für Durchbrucharbeiten braucht man Gewebe, deren Fäden sich mit freiem Auge leicht abzählen lassen, z. B. unappretiertes kerniges Leinen, Batist, Kongreßstoff, Nessel. Der Arbeitsfaden richtet sich nicht nur nach dem Stoff, sondern auch nach dem Muster. Oft werden zu einem Muster verschiedene Fadenstärken und Fadensorten gebraucht. Zur Sicherung der Schnittränder durch Langettenstich (Schlingstich) oder überwendliche Stiche (Kordonnierstich) benutzt man im allgemeinen feines Garn, das unauffällig wirkt, im Gegensatz zu dem stärkeren Arbeitsfaden, der zum Verschränken und Abbinden der Fadenbüschel und zur Herstellung von Spinnen und Spitzenstichen dient. Geeignete Fadensorten sind: Nähgarn, drelliertes Garn in verschiedenen Stärken, Spitzenzwirn, Stickbaumwolle, Glanzgarn, Perlgarn, offenes Garn, sog. Moulinégarn, drellierte Seide und offene Seide, sowie feiner Metallfaden. Nadeln mit stumpfer Spitze, Tapisserie- (Sticknadeln), auch sogenannte Sattlernadeln werden zum Arbeiten bevorzugt. Für feine Arbeiten benutzt man halblange Nähnadeln, die man in der Stärke dem Arbeitsfaden anzupassen hat.

I. Hohlnähte

Man unterscheidet drei Arten der Hohlnähte. 1. Abgenähte Hohlnähte, deren Muster nur durch verschiedenartiges Abnähen der Ränder entstehen. 2. Verschränkte oder verschrägte Hohlnähte, bei denen die einzelnen Fadenbüschel verschränkt (verschrägt) werden. 3. Hohlnähte mit abgeknoteten Fadenbüscheln, sogenannte Büschelhohlnähte, die sich wieder in solche mit stramm eingeknotetem Faden und in solche mit umwundenen Mittelstäbchen gliedern. Durch Zusammenstellung von einfach abgenähten mit verschrägten oder Büschelhohlnähten kann jedes Muster reicher und breiter gestaltet werden. Oft wird als Verbindungsnaht zwischen zwei verschiedenen Mustern die bekannte gewöhnliche Kreuznaht, siehe Abb. 11, angewendet. Hohlnähte finden als Saumabschluß und Zierat in glatter Stofffläche Verwendung. Soll die Hohlnaht gleich den Saum begrenzen, so ist beim Abnähen der Ränder der Stoffbruch des Saumes auf der Rückseite bei jedem Stich mit zu fassen. Die Ränder von Hohlnähten können noch durch einzelne Stiche verziert werden, wie es unsere verschiedenen Vorlagen zeigen. Anfängerinnen empfehlen wir, alle Vorlagen der Hohlnähte unseres Lehrkursus durchzuarbeiten, um Hand und Auge für schwierigere Durchbrucharbeiten zu schulen. Man arbeitet am besten in senkrechter Haltung des Stoffes, wie es die Abb. 1—18 zeigen.

Abb. 1. Einfache Hohlnaht. Abnähen des Randes. 10 Fäden ausziehen. Dann beginnt das Abnähen des einen Stoffrandes, der zugleich den Saum bilden kann. Man leitet die Nadel drei Fäden neben dem Rande, von unten nach oben stechend, durch das dichte Gewebe, dann × 6 lose Fäden vorgreifen, unter diesen 6 Fäden die Nadel zurückführen, die Fäden umfassen und den Faden emporziehen. Nun oben über den 6 Fäden hinweg die Nadel am Rand weiterführen, von unten nach oben 3 Fäden vom Rand entfernt emporstechen, wodurch die Fäden mittels eines Querstiches zusammengefaßt werden. Nun vom × fortgesetzt wiederholen.

Abb. 2 u. 3. Stäbchen- und Zäckchen-Hohlnaht. Beide Arten werden an einem Streifen gezeigt. Zehn Fäden ausziehen. Bei der Stäbchen-Hohlnaht, Abb. 2, ist auch der zweite Rand in der zu Abb. 1 erklärten Weise abzunähen, doch müssen stets die gleichen Gewebefäden umfaßt werden, damit sich eine gerade Stäbchenreihe bildet. — Für die Zäckchen-Hohlnaht, Abb. 3, werden beim Abnähen des zweiten Randes die Fadenbüschel zur Hälfte geteilt und so entstehen in einfacher Weise die Zacken resp. die Zickzackstäbe.

Abb. 4 und 5. Einfach verschränkte Hohlnähte, ohne und mit abgenähten Rändern. 20 Fäden ausziehen. Für die Naht ohne abgenähte Ränder, Abb. 4, führt man die mit grobem Faden versehene Nadel hinter dem 12. losen Gewebefaden ein, erfaßt den 1.—6. Faden und führt die Nadel, den Arbeitsfaden stramm anziehend, durch. Infolgedessen kommen der 7.—12. Faden vor und über dem 1.—6. Faden zu liegen. — Durch das Abnähen der Ränder in der zu Abb. 1 erklärten Art entsteht die an Abb. 5 ersichtliche Musterwirkung.

Abb. 6. Doppelt verschränkte Hohlnaht. 30 Fäden ausziehen. Die doppelt verschränkte Hohlnaht bildet man, indem man den 3. Fadenbüschel über den 1. und den 4. Büschel über den 2. faßt.

Abb. 7. u. 8. Verschränkte Hohlnähte mit befestigten Rändern. An der Vorlage zeigt der obere Teil die Ränder mit je 8 Fäden abgenäht, dann sind die Büschel zu teilen, um sie wie bei Abb. 4 zu verschränken. An der unteren Hälfte des Musters sind nur je 4 Fäden am Rande zusammengefaßt. Das Verschränken geschieht dann ohne weitere Teilung, wie bei Abb. 6.

Abb. 9 u. 10. Zweimal durchzogene, verschränkte Hohlnähte. 25 Fäden ausziehen. Nachdem man die Ränder mit je 4 Fäden abgenäht und die Fadenbüschel zweimal in gleichen Zwischenräumen versetzt verschränkt hat, bildet sich das an der Vorlage gezeigte obere Muster, Abb. 9. Werden je 8 Fäden abgenäht und die Fadenbüschel geteilt, wie bei der Zäckchennaht Abb. 3, so bildet sich das untere veränderte Muster Abb. 10.

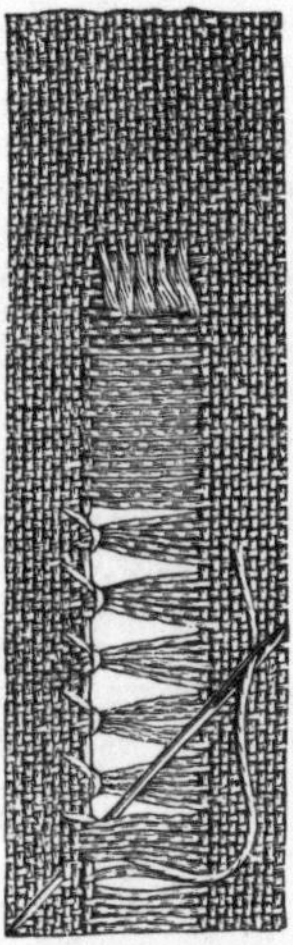

1. Einfache Hohlnaht
Abnähen des Randes
Gewöhnliche Hohlnaht
für Saumsicherung

Abb. 11. Verschränkte Hohlnaht mit Kreuznaht. 25 Fäden ausziehen. Nach Belieben kann man jede verschränkte Hohlnaht in Gruppen einteilen, wie wir es bereits mit Abb. 4—8 zeigten. Abb. 11 bietet eine neue Variation einer gruppenweise gearbeiteten Hohlnaht mit Randsicherung durch Kreuznaht. Unsere Vorlage erfordert: 4 Fäden ausziehen, 4 stehen lassen, 20 ausziehen, 4 stehen lassen, 4 ausziehen. Ueber die beiden Streifen aus 4 Gewebefäden ist die Kreuznaht zu arbeiten. Die Fadenbüschel des inneren breiten Streifens werden dann verschränkt und in Gruppen mit dem Faden durchzogen, so, daß der 1. und 4. Büschel ganz bleiben, der 2. und 3. Büschel sich teilen.

Abb. 12 u. 13. Büschel-Hohlnähte. Einreihig. 18 Fäden ausziehen. Die Ränder sind abzunähen mit je 6 Fäden für zweifache, mit je 4 Fäden für dreifache Büschel. Für die vereinigten Büschel wird die Nadel über zwei oder mehrere Fadenbüschel geführt, unter diesen hindurch und auf der Rechtsseite von rechts nach links unter dem Nähfaden wieder emporgeführt. Durch Zuziehen der Schlinge mittels eines gewöhnlichen Schürzknotens, den Abb. 12—13 erklären, ziehen sich die Büschel fest zusammen.

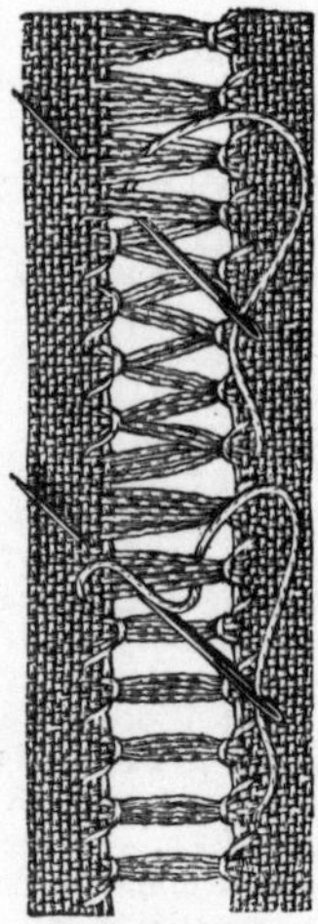

2 u. 3. Stäbchen- u. Zäckchen-Hohlnaht
Beiderseitige Randsicherung

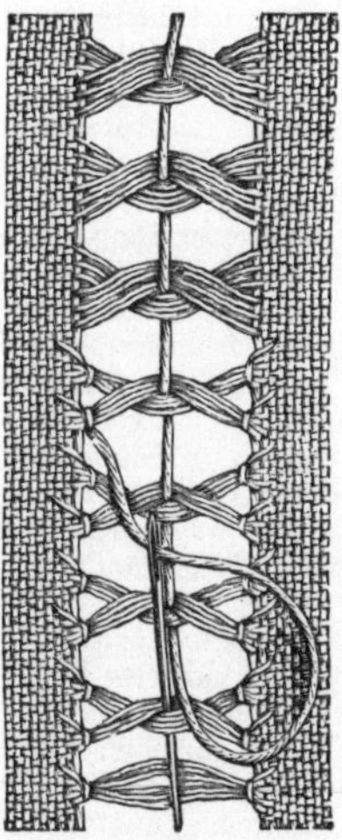

4 u. 5. Einfach verschränkte Büschel. Hohlnähte ohne und mit Randsicherung

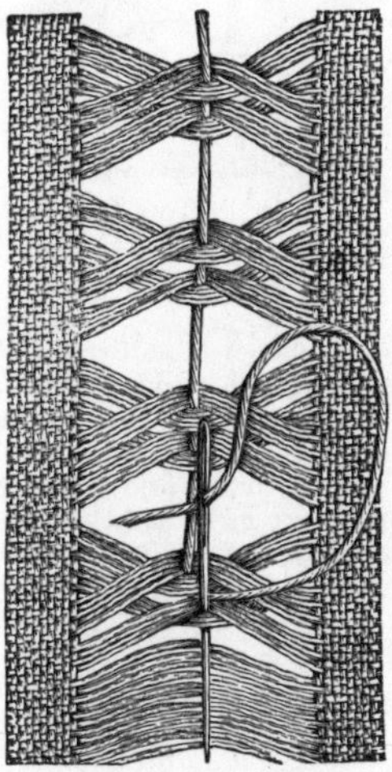

6. Doppelt verschränkte Hohlnaht

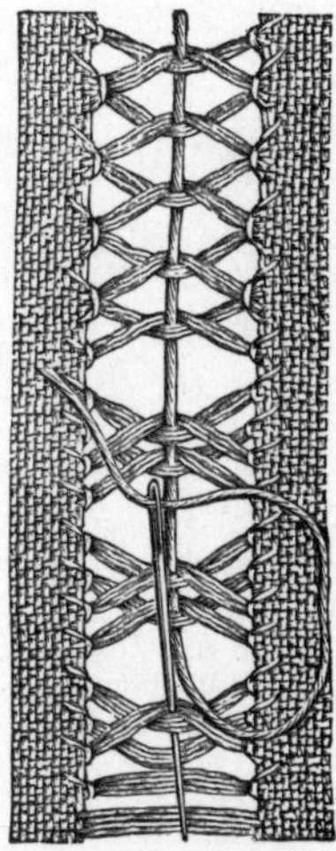

7 u. 8. Verschränkte Büschel. Hohlnähte mit befestigten Rändern

Abb. 14. u. 15. Büschel-Hohlnähte. Zweireihig. Mit geradem Steg. Ohne und mit abgenähten Rändern. Nach Abb. 2 werden die Fäden zu Büscheln vereinigt, so daß sich in der Mitte gerade Stäbchen bilden. Der obere Teil zeigt unbenähte Ränder dagegen sind am unteren Teil die Ränder nach Abb. 1 abgenäht.

Abb. 16. Büschel-Hohlnaht mit abgeknoteten Rändchen. 30 Fäden ausziehen. Die losen Gewebefäden sind beiderseits nahe am Geweberand durch einfache Knoten abzubinden, wobei man je vier Fäden vereinigt. In der Mitte werden die Büschel durch Schürzknoten vereinigt.

Abb. 17 u. 18. Büschel-Hohlnähte mit umschürzten Mittelstäbchen. In einem Arbeitsgang sind die Hohlnähte in der Mitte herzustellen. Der Unterschied der beiden Vorlagen liegt in dem losen Rand an Abb. 17 und der Vereinigung von 10 Fäden zu einem Büschel und an Abb. 18 in den abgenähten Rändern, wobei je 2 Fäden umfaßt werden. 16 Fäden bilden einen mittleren Büschel. Für Abb. 17 werden 22 Fäden ausgezogen, zehn Fäden auf die Nadel gefaßt und durch den an Abb. 17 ersichtlichen Schlingknoten (punto-tirato-Knoten) zugeschürzt. Hierauf teilt man den Büschel, führt den Arbeitsfaden über 5 Gewebefäden, nimmt die 5 nächsten Fäden auf die Nadel und faßt alle 10 Fäden wieder durch einen Schlingknoten (punto-tirato-Knoten) zusammen. Für die Hohlnaht, Abb. 18, sind 30 Fäden auszuziehen. Dann werden an den Rändern je 2 Fäden abgenäht, worauf man je acht Fadenbüschel (16 Fäden) mittels Schlingknotens vereinigt.

Abb. 19. Büschel-Hohlnaht mit zweifarbig umwundenem Mittelstäbchen. In der ersichtlichen Breite Fäden ausziehen. Dann werden beiderseits an den Stoffrändern in der zu Abb. 17 erklärten Art 8 Gewebefäden mittels Schlingknotens vereinigt, wobei man am Stoffrand vor der Bildung des Schlingknotens den Arbeitsfaden in der Mitte zwischen den 8 Fäden mittels eines kleinen Stiches, der über 3 Randfäden greift, befestigt. Unten wird der Faden über vier Gewebefäden weitergeführt, worauf man mittels des Schlingknotens die 8 Fäden vereinigt. In der Mitte werden mit dem gleichen Arbeitsfaden zwei Büschel (8 Fäden) mittels Schlingknotens zusammengeschürzt. Dann umwindet man mit andersfarbigem Faden je die Spannfäden und die einzelnen Schürzknoten (punto tirato-Knoten) in der an Abb. 19 ersichtlichen Art.

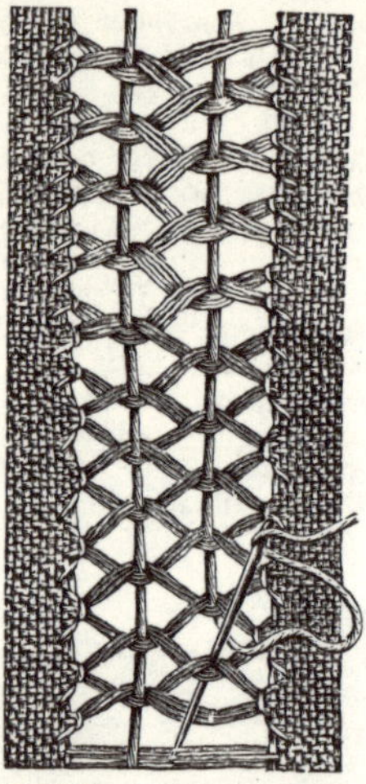

9 u. 10. Zweimal durchzogene verschränkte Hohlnähte mit befestigten Rändern

Abb. 20—22. Drei verschiedene Büschel-Hohlnähte mit abgenähten Rändern, umwundenen und umstickten Büscheln. Der dreireihige Durchbruch, Abb. 20, ist in der Mitte nach der Erklärung zu Abb. 17 u. 18 auszuführen, mit dem Unterschied, daß man in der Mitte jeden Büschel einmal umwindet, bevor man den Schlingknoten ausführt. Für die Herstellung des dreireihigen Durchbruchs, Abb. 21, gilt die Erklärung zu Abb. 4 u. 11. Für die schmalen durchbrochenen Streifen beiderseits vom äußeren Stoffrand überstickt man die inneren Stoffstreifen durch Kreuznaht, wobei je ein Stich 2 Gewebefäden vereinigt. Dann werden die mittleren Fäden in der an Abb. 21 ersichtlichen Art verkreuzt und mittels losen Wickelstichs zu drei Büscheln (6 Fäden) vereinigt. Nach dem Umschürzen sichert man den Arbeitsfaden zwischen der Arbeit, umwickelt die drei nächsten Büschel und vernäht unsichtbar den Arbeitsfaden zwischen der Arbeit. Dann werden mit andersfarbigem Faden die gewickelten Stäbchen durchstopft, wobei man die Fadenenden unsichtbar innerhalb der Arbeit vernäht. Mit gleichfarbigem Faden ist beiderseits die Ziernaht im dichten Stoff auszuführen. — Abb. 22 zeigt ⅔ einer dreireihigen Hohlnaht mit schmalen, durchbrochenen Randstreifen in Büschel-Hohlnaht mit je zweimal

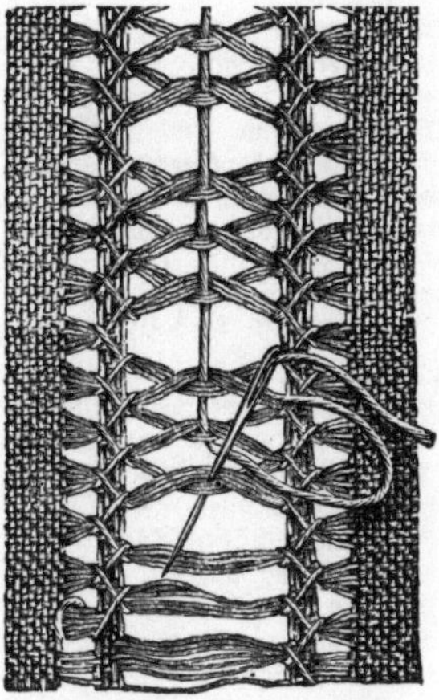

11. Verschränkte Hohlnaht in Verbindung mit Kreuznaht um den stehengebliebenen Stoffstreifen

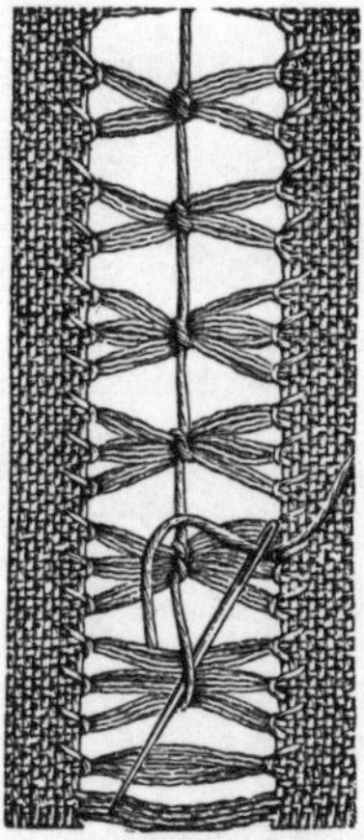

12 u. 13. Büschel-Hohlnaht, einreihig. Randsicherung durch Hohlsaumstich

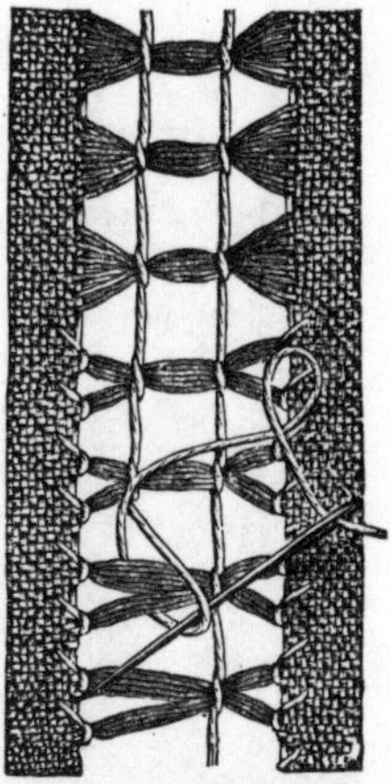

14 u. 15. Büschel-Hohlnähte, zweireihig mit geradem Steg, losen und befestigten Rändern

umwundenen Mittelstäbchen, abgenähten mittleren schmalen Stoffstreifen und umstickten mittleren Fadenbüscheln. Hierfür werden in aufnehmender und abnehmender Zahl von 1—6 die einzelnen Büschel (4 Fäden) mittels zurück- resp. vorgreifendem Flachstich umschürzt und zusammengezogen. Das Weiterführen des

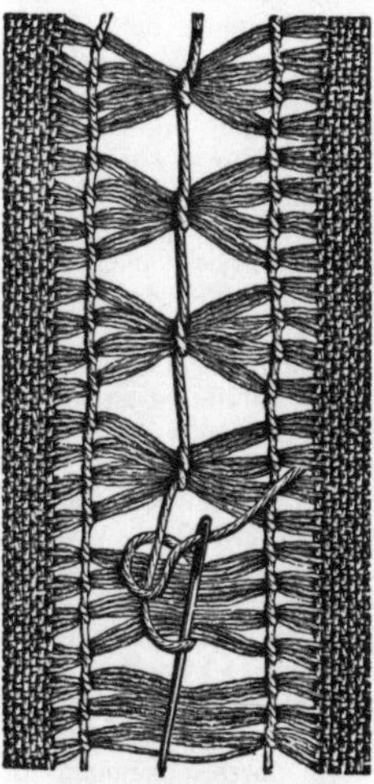

16. Büschel-Hohlnaht mit abgeknoteten Rändchen

17. Büschel-Hohlnähte mit umschürzten Mittelstäbchen

18. Büschel-Hohlnähte mit umschürzten Mittelstäbchen

19. Büschel-Hohlnaht mit zweifarbig umwundenen Mittelstäbchen. Randsicherung mit umschürzten Fäden

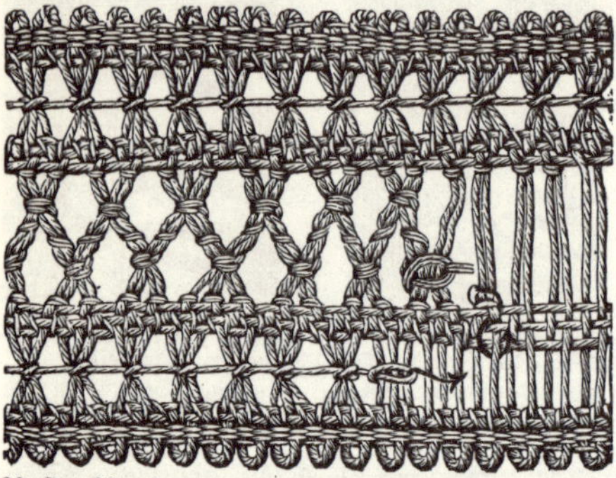

20. Durchbruch. Büschel-Hohlnähte in gewebter Stoffborte

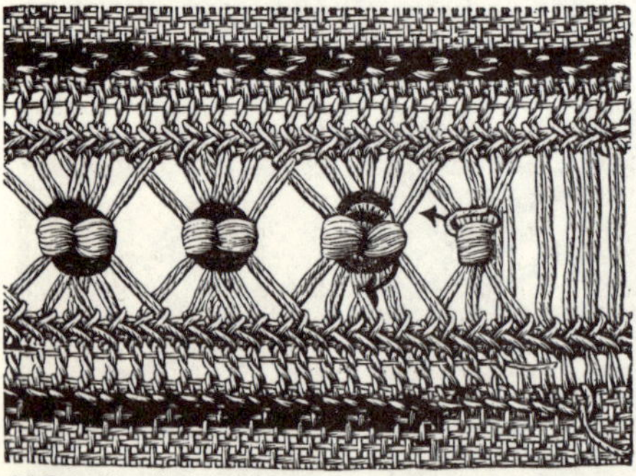

21. Durchbruch. Büschel-Hohlnaht m. verschränkten Stäbchen, zweifarbig umstickt. Randsicherung durch Kreuznaht u. Zierstich

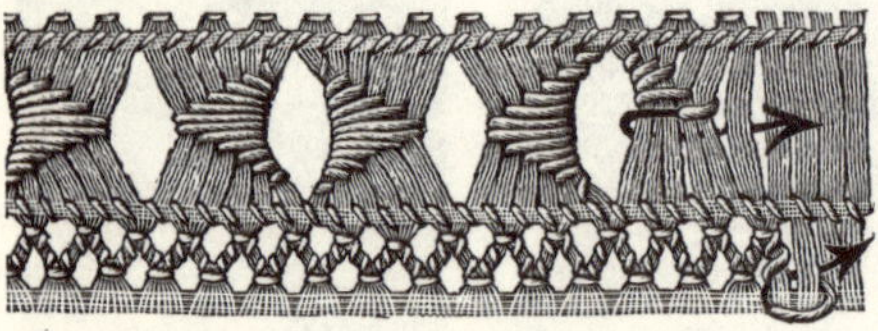

22. Durchbruch. Umstickte Büschel mit abgenähten Rändern und schmaler Büschel-Hohlnaht

Arbeitsfadens zur Vollendung der zweiten Hälfte einer Figur erfolgt mittels eines kleinen Hilfsstiches in den Stoffrand. Nach jeder vollendeten Figur muß der Arbeitsfaden unsichtbar zwischen der Arbeit vernäht werden.

Die Spinnen

Die durch Entfernen von Längs- und Querfäden entstandenen Löcher werden durch die in der Spitzenarbeit als Spinnen bekannten Muster gefüllt. Bei Hohlsäumen bilden Spinnen nur die Eckfüllung, dagegen gelten bei Grundmustern Spinnen und Sternfiguren oft als Bestandteile des Musters. Man unterscheidet einfache, mehr oder weniger strahlige Spinnen, solche, die nur den mittleren Stern aufweisen und solche, die durch verschiedene Spitzenstiche (point d'esprit oder point de reprise) verziert sind, siehe den Lehrkursus die „Netzarbeit", Seite 161—163, und die „irische Bändchenarbeit", Seite 360—363, Abb. 8, 28. 34. Alle Arten erfordern ein Spannen von Fäden, über die dann ein Stern gebildet wird. Abb. 23—31 erklären die Ausführung von einfachen gewöhnlichen Spinnen mit weniger und vermehrten Strahlen. An Abb. 23 wird gezeigt, wie man die Fäden kreuzweise spannt und zur Mitte umwickelt, so daß eine schnurähnliche Fadendrehung entsteht. Nach dem Umwickeln des dritten Halbstabes werden in der Mitte die Stäbe durchstopft. Dann umwindet man den freigelassenen Faden der Spinne und vernäht den Faden unsichtbar. Abb. 26 u. 27 zeigen Spinnen mit acht und zwölf Strahlen in ihrer Vollendung. Die Ausführung einer Spinnen-Gruppe erklärt Abb. 28. Für die quadratische Einteilung werden zunächst in senk- und wagerechter Richtung dreimal die Fäden in gleich-

23. Kreuzweises Spannen der Fäden zur Spinne mit 4 Strahlen. Siehe Abb. 24

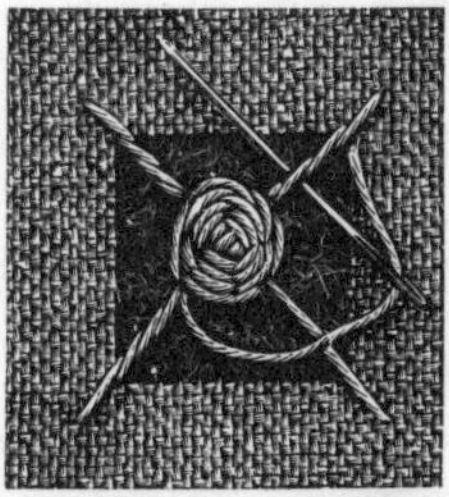

24. Ausführung einer gestopften Spinne (point de reprise) Spannen der Fäden siehe Abb. 23

25. Spinne mit 6 Strahlen Umwinden des letzten freigelassenen Fadens der Spinne

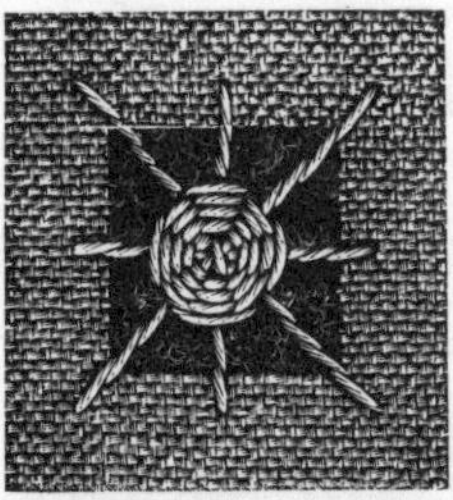

26. Spinne mit 8 Strahlen Gewickelte Strahlenstäb. Spinne im Stopfstich (point de resprise)

27. Spinne mit 12 Strahlen Gewickelte Strahlenstäb. Spinne im Stopfstich (point de resprise)

28. Spinnen-Gruppe Ausführung der letzten Spinne um die Spannstäbchen

29. Spinne mit langettiertem (geschlungenem) Rand. Kreuzweise gespannte Fäden

30. Sechzehnstrahlige Sternspinne in gewöhnlichem Stopfstich (point de reprise)

31. Räderspinne mit gewickelten Stäbchen u. langettiertem (geschlungenem) Rand

mäßigen Abständen gespannt, worauf man in diagonaler Richtung kreuz und quer die Fäden spannt und im Laufe des Zurückwickelns die Spinnensterne einarbeitet. — An Abb. 29 ist die Ausführung einer Spinne mit langettiertem (geschlungenem) Rand ersichtlich. Der Faden ist zuerst in wagerechter und dann in senkrechter Richtung zu spannen. Dann hat man einen in die Ecken gestellten Schlingstich (point d'esprit), siehe die Erklärung zu Abb. 35—40, Seite 159, „Die Netzarbeit", einzunähen und diesen durch Umwinden zu befestigen. Um den viereckigen Fadenrahmen werden nach Abb. 29 Langettenstiche (Schlingstiche) gearbeitet. — Die sechzehnstrahlige Spinne

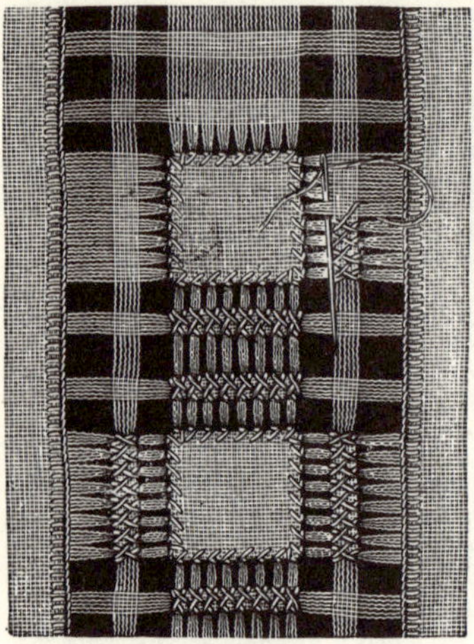

32a. Durchbrucheinsatz
Stäbchen- und Büschelдurchbruch und abgenähte Stoffkaros. Untere Seite. Siehe die obere Seite Abb. 32

im point de reprise, Abb. 30, erfordert zur Herstellung je drei in den Ecken liegende Strahlenfäden und einen senk- und wagerechten mittleren, umwickelten Kreuzungsfaden. Diese beiden Fäden bleiben frei. Dagegen werden je drei Eckfäden, je von der Mitte beginnend, in gewöhnlichem Stopfstich (point de reprise) durchstopft. Nach vollendeter Stopffigur wird der Faden zwischen den Stopfreihen zur Mitte zurückgeleitet und zuletzt auch dort unsichtbar vernäht. — Die Räderspinne, Abb. 31, braucht ein diagonales Fadenkreuz als Anlage. Im Laufe des Umwindens des letzten freien halben Fadens wird der Arbeitsfaden als Kreisring um die Spannfäden eingestopft und umwickelt. Dann überstickt man den Fadenring durch Langettenstich (Schlingstich) und bildet stets in der Mitte zwischen den Spannfäden einen kleinen unsichtbaren Befestigungsstich um den Stoffrand.

Gemusterter Durchbruch

Um die Muster für Grundfüllungen und in vielgestaltigen Formen ausführen zu können, müssen meistens die Gewebefäden nach beiden Richtungen ausgezogen werden (punto tagliato). Wie an den regelmäßigen quadratischen Formen, Abb. 44 bis 46, ersichtlich ist, werden die Fäden kreuz und quer eingeschnitten und ausgezogen. Die Endfäden bleiben in der Länge von 10 bis 15 mm frei hängen, dann werden sie auf die Rückseite des Stoffes gebracht und dort beliebig mit einigen Heftstichen befestigt. Auf der Rechtsseite sind die Ränder durch Langettenstich (Schlingstich), einfachen Heftstichen oder Flachstichen einzufassen, worauf man auf der Arbeitsrückseite die losen Fadenenden abschneidet. Die lose stehengebliebenen Fäden können beliebig vereinigt gruppiert werden, und reiche Muster entstehen, wenn man die Löcher mit losen Stichen oder eingestickten Figuren füllt. Mit Abb. 32—43 zeigen wir die mannigfachsten Muster in einfacher und schwieriger Ausführung, und zwar geben wir nur eingehende Erklärungen für neue Sticharten, die wir noch nicht erörtert haben. Für

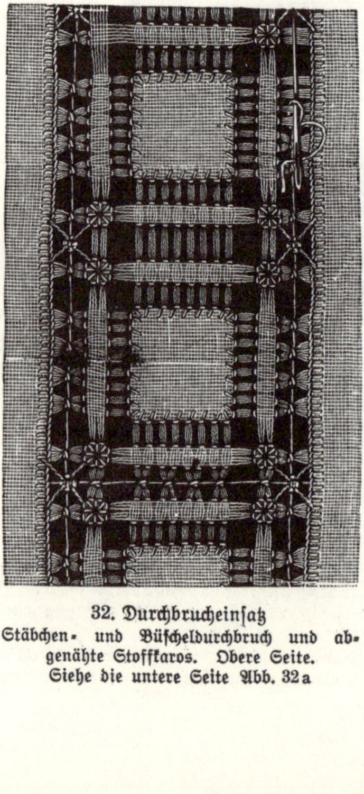

32. Durchbrucheinsatz
Stäbchen- und Büschelдurchbruch und abgenähte Stoffkaros. Obere Seite. Siehe die untere Seite Abb. 32a

33

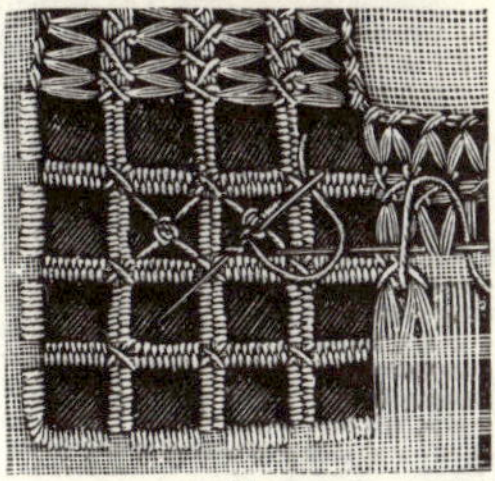

34

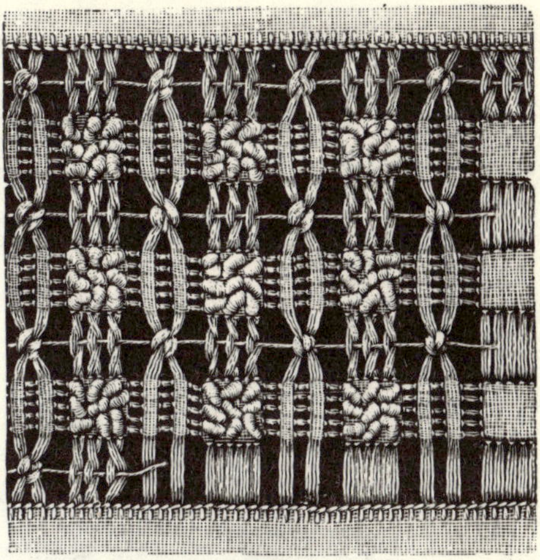

35. Grundmuster mit abgenähten Fadengruppen, verschrägten Hohlnähten, Spinnen und bestickten Karos

33. Durchbruch
Büschel-Hohlnaht mit Spinnen und Nahtverbindung durch lose eingenähte Pyramidenzäckchen

34. Büschel-Hohlnaht in Verbindung mit Kreuznaht, Eckverzierung durch gestopfte Stäbchen (point de reprise) und vierstrahlige Spinne

36. Grundmuster mit Sternfiguren Geknoteter Spitzenstich (point d'esprit)

37. Grundmuster mit gewöhnlichem Spitzenstich (point d'esprit)

Muster, die in den bereits bekannten Sticharten herzustellen sind, halten wir Erklärungen für überflüssig und empfehlen das Nacharbeiten der Muster nach den deutlichen bildlichen Darstellungen. Durch diese Methode wollen wir Anfängerinnen selbständig machen.

38. Grundmuster mit abgenähten Fadengruppen und eingestickten Sternchenfiguren

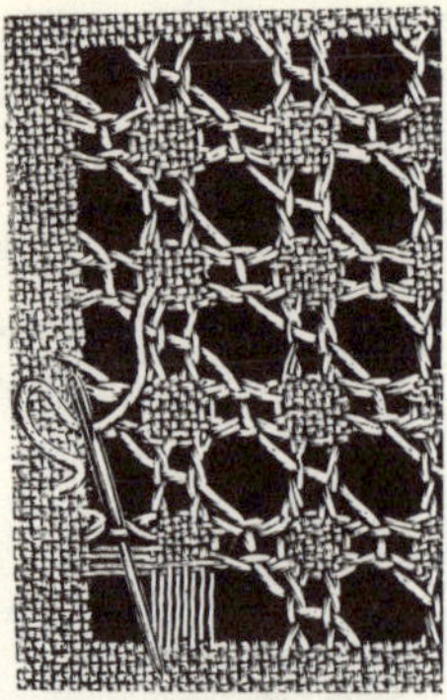

39. Grundmuster mit verschränkten Gewebefäden In schrägen Reihen zu arbeiten

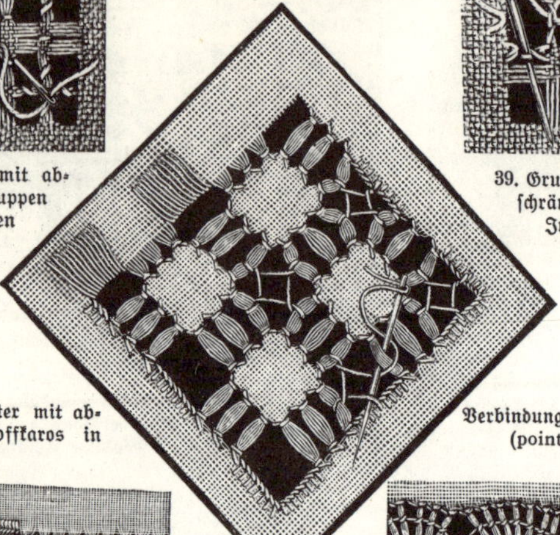

40. Grundmuster mit abgenähten Stoffkaros in Verbindung mit Spitzenstich (point d'esprit)

41

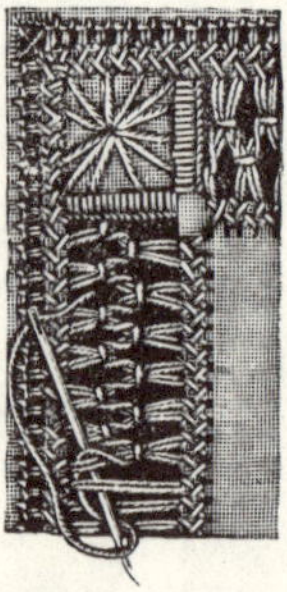

43

42

41. Durchbrucheinsatz. Büschel-Hohlnaht mit geraden Stäbchen. Eckfüllung durch eine achtstrahlige Rosette in gewöhnlichem Stopfstich (point de reprise)

42. Durchbrucheinsatz mit eingestopften Sternfiguren und Muschen in gewöhnlichem Stopfstich (point de reprise)

43. Büschel-Hohlnaht mit umschürzten Fäden, Randsicherung durch Kreuznaht

Abb. 32 u. 32a. **Einsatz mit Stäbchen-, Büscheldurchbruch und Stoffkaros.** Abb. 32 obere Seite, Abb. 32a untere Seite. Für die Einteilung des Musters zieht man 10 Fäden aus, läßt auf beiden Seiten 6 Fäden stehen und zieht 7 Fäden aus, so daß für die Stoffkaros 32 Fäden stehen bleiben. Die Stoffkaros werden in Hohlsaumstich abgenäht, indem man je vier lose Fäden vereinigt. Kreuznaht mit auf der Rückseite liegenden Schrägstichen, siehe Abb. 32a, sichert die losen Fäden an den Stoffstreifen. Man vereinigt wieder 4 Fäden zu einem Büschel. Die kleinen aus 6 Gewebefäden bestehenden Karos werden durch acht strahlenförmig zur Mitte treffende Stiche abgenäht. In den breiten Streifen ist die Büschel-Hohlnaht, Abb. 13 einzuarbeiten. Die Löcher werden durch achtstrahlige Spinnen ausgefüllt.

Abb. 33. **Durchbruch. Büschel-Hohlnaht mit Spinnen und Nahtverbindung durch lose eingenähte Pyramidenzäckchen.** An der Vorlage ist ersichtlich, wie man zwei Säume durch eingearbeitete Hohlnaht verbinden kann. Zunächst spannt man den Arbeitsfaden lose von Saum- zu Saumrand treffend, hin- und zurückgehend, und befestigt den Faden durch zwei Langettenstiche (Schlingstiche), siehe Abb. 33. Dann werden die Pyramidenzäckchen in gewöhnlichem Stopfstich (point de reprise) eingestopft. *Man spannt nach Abb. 33 von oben nach unten treffend den mittleren Faden, durchstopft die losen Fäden bis zur oberen Kontur, sichert den Faden in den Randstichen und führt den Faden mittels kleiner Hilfsstiche am Rande bis zur Mitte des Zwischenraumes der nächsten Spannfäden weiter, worauf die Ausführung vom * wiederholt. Für den Büscheldurchbruch sind in der an Abb. 33 ersichtlichen Breite die Gewebefäden auszuziehen. Dann werden in der Mitte je 12 Fäden mittels eines Schlingknotens vereinigt, worauf man im gekreuzten Schlangenlauf, hin- und zurückgehend, beiderseits die Fäden durch Schlingknoten umfaßt und stets 3 Gewebefäden vereinigt. Im Laufe des zweiten Arbeitsganges werden die Fäden an den Kreuzungen durch Spinnenstich gesichert.

Abb. 34. **Büschel-Hohlnaht in Verbindung mit Kreuznaht, Eckverzierung durch geteilte, gestopfte Stäbchen (point de reprise) und vierstrahlige Spinnen.** Die einfache Ausführung ist an Abb. 34 klar ersichtlich, so daß sich die Erklärung erübrigt.

Abb. 35. **Grundmuster mit abgenähten Fadengruppen, verschrägten Hohlnähten, Spinnen und bestickten Karos.** 18 Querfäden ausziehen, 18 stehen lassen; 5 Längsfäden ausziehen, 4 stehen lassen, 5 ausziehen, 4 stehen lassen, 5 ausziehen,

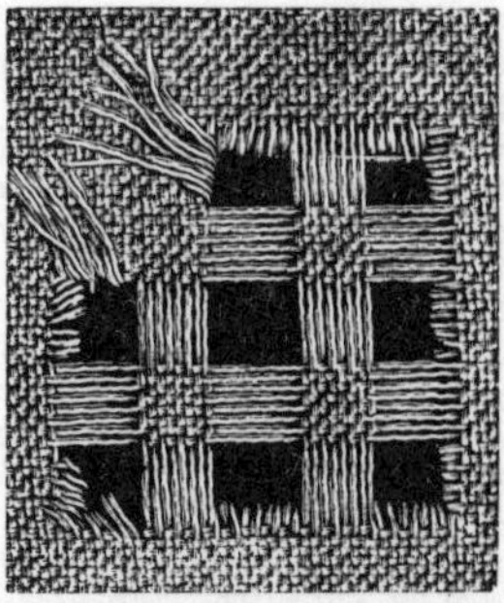

44. Ausziehen der Stoffäden nach beiden Richtungen für gemusterte Durchbrüche

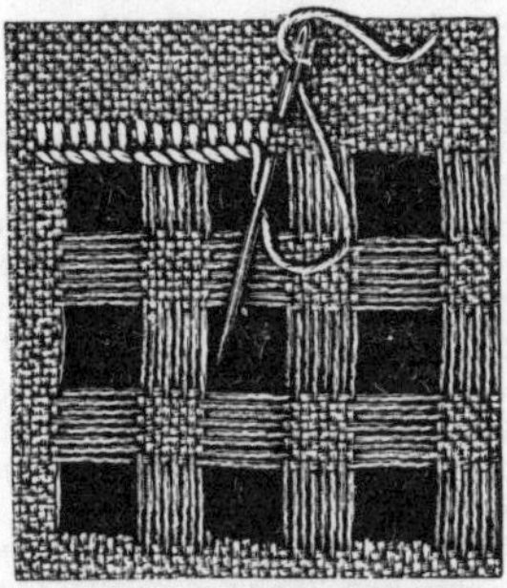

45. Sichern der Ränder durch Langettieren (Schlingstich), obere Seite. Siehe die untere Seite Abb. 46

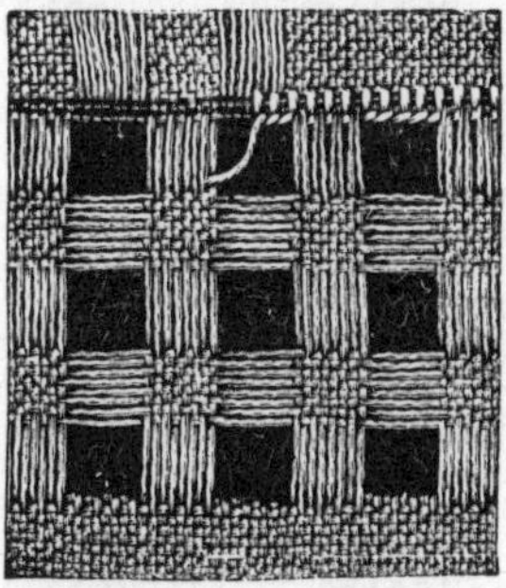

46. Sichern der Ränder durch Langettieren (Schlingstich), untere Seite. Siehe die obere Seite Abb. 45

18 stehen lassen. Die Stoffkaros und die Stoffstreifen sind in der zu Abb. 32 erklärten Art durch Kreuznaht abzunähen, wobei man je 3 Fäden durch einen Stich vereinigt und an den Karos zwei Stichreihen in senk- und wagerechter Richtung ausführt, siehe Abb. 82 u. 82a, Seite 295, Lehrkursus „Die Weißstickerei". Die Fadenbüschel zwischen den Karos werden verschränkt, wobei man die dazwischenliegenden Fadenstreifen zu Büscheln abbindet und mit einer Spinne schmückt. Zuletzt verziert man die Stoffkaros durch neun aufgestickte Wickelpikots, siehe die Ausführung Abb. 66, Seite 163, „Die Netzarbeit".

Abb. 36. Grundmuster mit Sternfiguren. Kreuz und quer in gleichmäßigem Wechsel 14 Fäden ausziehen, 12 Fäden stehen lassen. Zuerst werden die Ränder gesichert. Dann beginnt man mit dem kreuzweisen Spannen der Fäden, die jedesmal an den Ecken der Karos und an ihren Kreuzungspunkten aneinander geknotet werden. Ist der Stoff ganz mit der netzartigen Füllung überdeckt, so arbeitet man über die Spannstiche Spitzenstich (point d'esprit), den Schlingknoten an die diagonal gespannten Fäden befestigen.

Abb. 37. Grundmuster mit Spitzenstich (point d'esprit). Kreuz und quer in gleichmäßigem Wechsel je 12 Fäden ausziehen, 6 Fäden stehen lassen. In diesen karierten Grund ist der Spitzenstich (point d'esprit) einzuarbeiten, siehe auch die Erklärung zu Abb. 35—40, Seite 159, „Die Netzarbeit".

Abb. 38. Grundmuster mit abgenähten Fadengruppen und eingestickten Sternchen. Kreuz und quer 4 Fäden ausziehen, 8 stehen lassen, 4 ausziehen, 4 stehen lassen. Nachdem man die Fadenstreifen durch Umnähen gesichert hat, sind die kleinen Sternchen den großen Stoffkaros aufzusticken.

Abb. 39. Grundmuster mit verschränkten Gewebefäden. In schrägen Reihen ausführbar. Kreuz und quer 6 Fäden ausziehen, 8 stehen lassen. Nach Abb. 39 sind die Gewebefäden in schrägen Reihen zu verschränken. Je einen verschränkten Büschel bilden 4 Fäden.

Abb. 40. Grundmuster mit abgenähten Stoffkaros in Verbindung mit Spitzenstich (point d'esprit). Kreuz und quer je 12 Fäden ausziehen, 18 Fäden stehen lassen. Zunächst werden die Stoffkaros durch Hohlsaumstich umnäht, wobei man je 6 Fäden zu einem Büschel vereinigt. Nach jedem Karo ist der Arbeitsfaden auf der Rückseite zu vernähen. Dann werden die Löcher durch Spitzenstich (point d'esprit) gefüllt.

Abb. 41. Durchbrucheinsatz. Nach dem Ausziehen der Fäden in der erforderlichen Breite werden die losen Fäden je am Rande durch Hohlsaumstich abgenäht, indem man stets die gleiche Anzahl Fäden vereinigt. Dann arbeitet man reihenweise die Schlingknoten und umfaßt stets die gleichen Fäden. Zuletzt wird die Ecke durch die achtstrahlige Rosette gefüllt, die zur Anlage 24 Fäden braucht.

Abb. 42. Durchbrucheinsatz. Hat man die Gewebefäden entfernt, so sichert man beiderseits die Stoffränder mittels Hohlsaumstichs und vereinigt je 6 Fäden zu einem Büschel. Dann spannt man in der Mitte den losen Faden und fügt mittels Schlingknotens je sieben Büschel zusammen. Nun wird die erste Wellenlinie gearbeitet. Man beginnt an der Ecke und vereinigt mittels Schlingknotens je die sieben Büschel der ersten Musterfigur. Dann spannt man den Faden in schräger Richtung über den mittleren geraden Spannfaden und vereinigt in geringer Entfernung vom mittleren Knoten der Musterfigur mittels Schlingknotens 2, 3 und 2 Büschel. In gleicher Art werden beim zweiten Arbeitsgang in Gegenüberstellung die Büschel vereinigt, indem man an den Kreuzungspunkten zwischen jeder 2. und 3. folgenden Musterfigur eine kleine Spinne näht. Beim dritten und vierten Arbeitsgang werden die einzelnen Büschel verknotet, und in den gleichen Löchern arbeitet man wieder die Spinnen, dagegen werden die übrigen Löcher durch eingestopfte Zierfiguren in gewöhnlichem Stopfstich (point de reprise) gefüllt. Die Ecklöcher füllen eingestopfte Sternfiguren. Außer den gespannten Fäden werden noch in diagonaler Richtung kreuzweise, von Ecke zu Ecke treffend, Hilfsfäden gespannt. Dann sichert man durch eine Spinne die Fadenkreuzung und näht in geringer Entfernung einen Fadenkreis, indem man um jeden Faden einen Schlingknoten (puntotirato-Knoten) schürzt. Dann wird der Stopfstich ausgeführt.

Abb. 43. Büschel-Hohlnaht mit umschürzten Fäden. Das einfache Muster läßt sich leicht nach der Darstellung herstellen.

II. Die Hardanger Durchbrucharbeit

Doppeldurchbruch (punto tagliato) oder Varotta-Arbeit

Die von den Schweden und Norwegern gepflegte Technik wird in weißem Material und in grobfädigem Hausmacherleinen hergestellt. Dagegen finden wir auch die Technik bei den slawischen Völkern und bei den Ungarn in bunter Ausführung unter dem Namen Varotta-Arbeit. Breite und schmale Durchbruchmuster schmücken nationale Kleidungs- und Ausstattungsstücke, die mit Baumwolle, Garn oder Seide ausgeführt sind. Die Eigenart der Hardanger Durchbrucharbeit besteht in der Verbindung des Durchbruchs mit anderen Stickereitechniken, z. B. Flachstich-, Gobelin-, Kreuzstich- und Zopfstichstickerei. Als Grundstoffe eignen sich die verschiedensten Leinen- und Baumwollgewebe, z. B. grobfädiges Leinen und Javaleinen, auch bekannt unter dem Namen „Hardanger Leinen", russisches Leinen, feinfädige, wie: Holbein-, Siebmacher- und antikes Leinen, siehe die Stofftabelle Seite 220 u. 221. Grobfädige Stoffe sind außer in Weiß auch ungebleicht, creme- und ekrüfarben im Handel erhältlich. — Die Art und Beschaffenheit des Stickfadens hängt von den zu arbeitenden Stichen ab. Für Flach-, Gobelin-, Zopf- und Kreuzstiche nimmt man leicht drelliertes Baumwoll- oder Leinengarn, Twist (Stopfwolle), jedoch kann man auch andere Garne, sowie Seide und Wolle verwenden. Der durchbrochene Gittergrund verlangt stets widerstandsfähigen, drellierten Faden, der, zur Stickerei stimmend, aus Baumwolle, Leinen oder Seide sein kann.

47. Ausführung der einfach umwundenen Stäbchen

48. Ausführung der geteilten Stäbchen in Stopfstich (point de reprise)

Auf Grund der Vorkenntnisse aus der einfachen Durchbrucharbeit und der vorhin erklärten Muster in Doppeldurchbruch wird es unseren Leserinnen leicht gelingen, die Technik zu erlernen und die Vorlagen nachzusticken. Es kommen nur die bekanntesten leichten Sticharten vor, die fast jedem geläufig sind. An den Darstellungen Abbildung 53 u. 54 sind die Gewebefäden und Stiche leicht ablesbar, so daß sich eine besondere Mustervorlage erübrigt, dagegen sind zu den übrigen verkleinerten Vorlagen, Abb. 55 bis 59, Typenmuster erhältlich, siehe Seite 15, wonach sich leicht arbeiten läßt. Es empfiehlt sich, nach einem bestimmten System zu arbeiten, indem man zunächst für die Einteilung des Grundes die Konturen der festen Musterfiguren durch Flachstich sichert, wobei die Richtung der Stichlage durch Schraffierungslinien an dem Typenmuster wiedergegeben ist. Knapp an den gestickten Konturen werden für den Durchbruch in senk- und wagerechter Richtung die Fäden durchschnitten und ausgezogen. Dann sind die losen Fäden entweder durch Wickelstich, wie in der punto-tagliato-Arbeit, siehe Abb. 52, oder durch gewöhnlichen Stopfstich (point de reprise) zu umschürzen. Am leichtesten wird das Überarbeiten der Büschel durch stufenweises Arbeiten in Schrägreihen, siehe Abb. 52. Einfach gewickelte Stäbchen entstehen, wenn man die durch das Muster bestimmten Fäden des Stoffgitters so lange umnäht, bis sie vollständig bedeckt sind. Um Stäbchen in gleicher Länge zu erzielen, achtet man auf gleichmäßige Stichzahl. Für die geteilten Stäbchen im Stopfstich (point de reprise) muß das Fadengitter stets eine gerade Zahl Gewebefäden haben. Der Stopfstich wird von rechts nach links oder umgekehrt ausgeführt, wie es Abb. 48—51 erklären. Im Laufe des Umarbeitens der Fäden können Löcher mit Spitzenstichen gefüllt, siehe Abb. 50 u. 51, und die Stäbchen mit Pikots verziert werden, siehe Abb. 49.

Abb. 54. Vorlage (Musterteil) zur Herstellung einer breiten Bordüre. Hardanger Arbeit. Auf Javaleinen werden mit weißem Perlgarn Nr. 8 die Gitterstäbchen, Spitzenstichfüllungen und die Hohlnaht gearbeitet. Weißes dreifädiges Moulinégarn bildet die Flachstiche und Zierstiche. In der Mitte der Bordüre stehen große Karos, die ringsum von einem durchbrochenen, schrägen Streifen umgeben sind. Die daran stoßenden Stoffdreiecke werden durch kleinere Karos und Dreiecke mit verschieden gemustertem Gittergrund ausgefüllt. Nach Abb. 54 werden die losen Fadenstäbchen durch Wickelstich oder Stopfstich (point de reprise) umnäht. Für die Ausführung des Zierstiches der Diagonallinien in den mittleren Grundflächen ist die Erklärung zum Perser-Ajourmuster, Abb. 9, Seite 306, maßgebend. Für die schmalen Hohlnähte werden 2 Querfäden ausgeschnitten, 3 Fäden stehen gelassen. Dann vereinigt man mittels doppelten Kästchenstiches je vier lose Fäden zu einem Büschel und überstickt mittels zwei Stichen die drei Gewebefäden des Stoffstreifens, siehe die Ausführung des Kästchenstiches, Abb. 24—27, Seite 235, „Die Holbeintechnik".

Abb. 53. Einsatz. Hardanger Arbeit mit Spitzenstich-Füllung (point d'esprit). Am leichtesten gelingt das Nacharbeiten des Musters auf Hardanger, russischem, antikem Leinen (Holbeinleinen) oder Kongreßstoff. Als Arbeitsfaden eignen sich: Häkelgarn Nr. 50, Perlgarn Nummer 7, Flachs-, Sirius- und Glanzgarn, Stickbaumwolle und dergleichen mehr. Unsere Vorlage zeigt die Ausführung mit Häkelgarn auf antikem Leinen. Für die Einteilung der Durchbrucharbeit entfernt man in senk- und wagerechter Richtung je

49. Ausführung der Pikotverzierungen aus Kettenstich

50. Ausführung des Spitzenstiches (point d'esprit) für die Lochfüllung

51. Ausführung eines Fadenkreuzes aus umwickelten Stäbchen für die Lochfüllung

16 Gewebefäden, läßt 16 Fäden stehen und entfernt wieder 16 Fäden. Dann werden je acht lose Fäden durch gewöhnlichen Stopfstich (point de reprise) überstickt. Im Laufe der Stopfarbeit sind die Löcher durch den bekannten Spitzenstich (point d'esprit) zu füllen. Langettenstich (Schlingstich) sichert die durchgeschnittenen Gewebefäden an dem Stoffrand.

Abb. 55—57. Drei Eisdeckchen. Hardanger Arbeit. Größenangaben. Abb. 55: 15, Abb. 56 und 57: je 17 cm im Geviert. Weißer Kongreßstoff dient zur Herstellung der Deckchen. Weißes Perlgarn Nr. 5 und gleichfarbenes Perlgarn Nr. 8 bilden das Stickmaterial. Man stickt zunächst mit Perlgarn in Flachstich die Einteilung der Muster und die Steinchenfiguren im Grunde des Deckchens Abb. 55. Zum Nacharbeiten gelten die erhältlichen Typenmuster, siehe Unterschrift, Abb. 55—57. Je eine Type bezeichnet zwei Gewebefäden in der Höhe und Breite. Die Flachstiche sind Gewebe- um Gewebefäden umfassend einzusticken und die schraffierten Typen zeigen die Stichlagen. Für den Durchbruch entfernt man in senk- und wagerechter Richtung die betreffenden Gewebefäden. Dann durchstopft man mit Perlgarn die losen Fadenbüschel. Kettenstichpikots, siehe Abb. 49, schmücken die durchstopften Stäbchen an den Deckchen, Abb. 55 u. 56. Die großen Lochausschnitte an Abb. 56 füllen eingestopfte vierblättrige Sternrosetten. Für je ein Blättchen braucht man sechs lose Spannfäden, die man von Kontur- zu Konturlinie treffend spannt, worauf man die Spannfäden, je von der Mitte der Kreuzungsstelle ausgehend, durchstopft. Zwischen den Blättchen ist je ein gewickeltes Stäbchen zu arbeiten. Die größeren Lochausschnitte an Abb. 57 füllen gestopfte glatte Stäbchen und diagonal, kreuz und quer gespannte, durch Wickelstich umschürzte lose Fäden. Langettierter (geschlungener) Stopfstich aus Perlgarn bildet den Zackenrand. Den Langetten (Schlingen) folgend, wird der überflüssige Stoff entfernt.

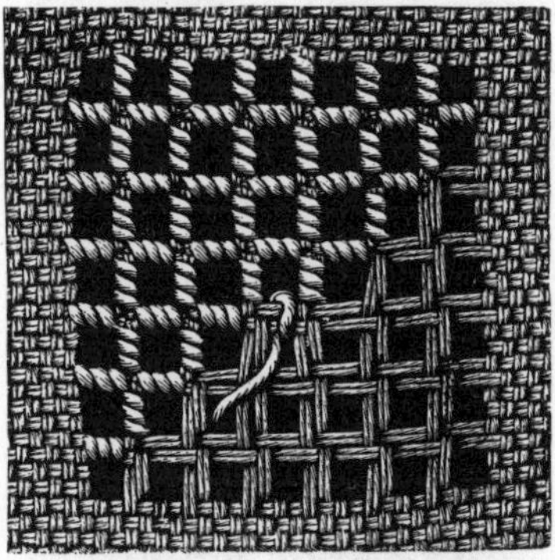

52. Ausführung des Gitterdurchbruchs (punto tagliato). Umwickelte Fadenstäbchen Man arbeitet treppenförmig in Schrägreihen

Abb. 58. Decke. Hardanger Arbeit. Größe: 87 cm im Geviert. Weißes feines Stickereileinen, unter dem Namen Holbeinleinen, antikes oder Siebmacherleinen käuflich, ergibt den Grundstoff. Weißes Moulinégarn und weiße waschechte Filoflosseseide bilden das Stickmaterial. Man beginnt mit dem Einsticken des Karomusters von der Mitte des Stoffes ausgehend. Zunächst wird mit dreiteiligem Moulinégarn die Flachstichstickerei der Lochsicherung gearbeitet. Je eine Type des erhältlichen Typenmusters gilt für vier Gewebefäden in der Höhe und Breite. Man stickt Faden um Faden des Gewebes umfassend, in der Stichlage der Type. Flachstich, mit dreiteiliger Filoflosseseide ausgeführt, bildet die abgestuften Dreiecke, die Schrägstreifen in der Randbordüre und die Sternfiguren. Beide Muster lassen sich im Typenmuster nicht gut wiedergeben und die dem erhältlichen Typenmuster angedruckte Arbeitsprobe gilt zum Nacharbeiten. Die Arbeitsprobe läßt auch die Ausführung der Durchbrucharbeit erkennen. Für den Durchbruch entfernt man in senk- und wagerechter Richtung die an dem Typenmuster bezeichneten Gewebefäden und man umschürzt mit dreiteiligem Moulinégarn die losen Fadenbüschel durch Wickelstich, wobei man im Laufe der Arbeit einzelne Löcher durch gewickelte gekreuzte Stäbchen füllt. Man spannt den Arbeitsfaden je in der Mitte, von Stäbchen zu Stäbchen treffend, schürzt das gegenüberliegende Stäbchen an und umwickelt den Spannfaden zurückgehend. Einzelne durchbrochene Blockfiguren zwischen den abgestuften Dreiecken füllen spinnenartig gewickelte Stäbchen. Hierfür umwickelt man zunächst die mittleren senk- und wagerechten Büschel der Gewebefäden. Dann spannt man in diagonaler Richtung den Arbeitsfaden, je von der Ecke in die Mitte des Stoffgrundes treffend, dreimal und umwickelt den Fadenbüschel zurückgehend. In der Stoffmitte werden die Gewebefäden mit der Nadel zusammengedrängt, wodurch sich das Mittelloch bildet. Ein 1½ cm breiter Durchbruch trennt das Mittelstück von der Randbordüre und den 1½ cm breiten Hohlsaum. Man sichert zunächst die Stoffkontur durch Kästchenstich, siehe die Erklärung des Kästchenstiches, Abb. 24—27, Seite 235, mit dreiteiligem Moulinégarn, dann werden die mittleren acht quer- resp. längslaufenden Gewebefäden ausgezogen, worauf man je acht Fäden durch anschließenden Wickelstich dicht umschürzt. Gewöhnlicher Hohlnahtstich sichert den Saum.

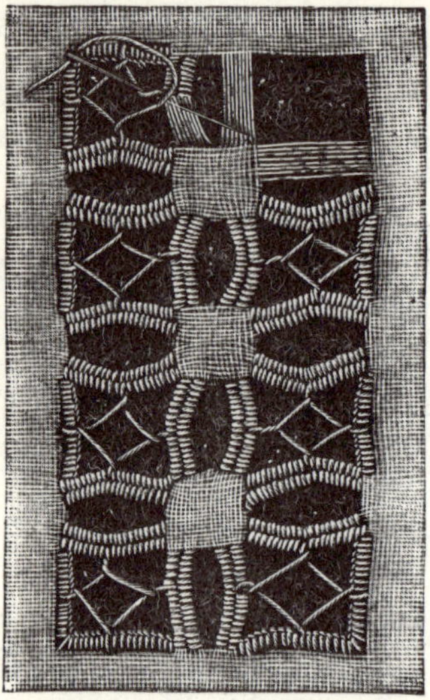

53. Einsatz. Hardanger-Arbeit mit Spitzenstichfüllung (point d'esprit)

Abb. 59. Läufer. Barotta-Arbeit. Größe: 43 cm breit, 1,90 m lang. Stoffmaterial: weißes, antikes Leinen. Stickmaterial: weiße Filoflosseseide und gleichfarbige feine Kordonnetseide, ebenso gut eignen sich Moulinégarn und Perlgarn als Arbeitsmaterial. Man stickt nach dem erhältlichen Typenmuster, siehe Unterschrift Abb. 59. Je eine Type gilt für vier Gewebefäden in der Höhe und Breite. Zunächst wird mit dreiteiliger Filoflosseseide die Flachstichstickerei ausgeführt, wobei man die einzelnen Stiche, Gewebe- um Gewebefaden weitergehend, in der Stichlage der schraffierten Typen arbeitet. Die Typen mit senk- resp. wagerechten Teilungslinien gelten für den Kordonnierstich der Lochsicherung. Man stickt nach der Stichlage der Type dicht anschließende Kordonnierstiche über zwei Gewebefäden. Mit Filoflosseseide ist auch die Kreuzstichstickerei auszuführen. Dagegen bildet die Kordonnetseide den Wickelstich der Durchbrucharbeit. Hierfür entfernt man zunächst kreuzweise in senk- und wagerechter Richtung die Gewebefäden und umschürzt die losen Fadenbüschel durch Wickelstich. Die großen Löcher sind durch eingestopfte, sechsstrahlige Spinnenfiguren zu füllen. Ein 2½ cm breiter einfacher Hohlsaum begrenzt den Läufer.

Abb. 60. Durchbruch-Einsatz (punto tagliato). Typenmuster Abb. 64, Arbeitsproben Abb. 65a—e. Leicht wird das Nacharbeiten des Musters nach unserem Typenmuster, Abb. 64 und den verschiedenen mit Abb. 65a—e wiedergegebenen Arbeitsproben, die die Ausführung der verschiedenen Spitzenstiche erklären. Die Typen des Musters Abb. 64 bezeichnen die Form der Spitzenmuster in den Löchern, und zwar gilt je eine Type für ein Loch. Je ein Loch mißt 1 cm im Geviert im Stoffgrund, 3 mm beträgt die Breite der zwischen den Löchern stehengebliebenen losen Fadenstäbchen (acht Fäden). An unserer Vorlage bildet antikes Leinen oder loses gewaschenes feines Leinen den Grundstoff; der Einsatz ist zur Verzierung von Servietten, Decken, kleinen Kopfkissen u. dgl. geeignet. Bei der Benutzung von antikem Leinen beträgt die Größe des durchbrochenen Rahmens etwa 27 cm im Geviert. Man arbeitet mit weißer Stickbaumwolle Nr. 30 Perlgarn Nr. 8 oder Leinenzwirn Nr. 30.

Nach dem Ausziehen der Gewebefäden in senk- und wagerechter Richtung mit stehengelassenen losen Fäden in der oben

54. Vorlage. (Musterteil zur Herstellung einer breiten Bordüre.) Hardanger Arbeit

59. Läufer. Barotta- od. Hardanger Arbeit
Aus der Zeitschrift „Die Praktische Berlinerin" Muster Nr. 16605
Näheres Seite 15

angegebenen Breite resp. Fadenzahl (man läßt stets eine gerade Anzahl Fäden zwischen den Löchern stehen) durchstopft man mit weißer Stickbaumwolle Nr. 30 die losen Fadenbüschel, indem man je den Büschel teilt und dicht anschließende Stopfreihen in gewöhnlichem Stopfstich (point de reprise) arbeitet. Am leichtesten wird die Ausführung der gestopften Stäbchen, wenn man stufenweise in Schrägreihen arbeitet. Das Weiterführen des Arbeitsfadens geschieht auf der Rückseite der kleinen Stoffvierecke an den Kreuzungsstellen. Man kann die Stopf- und Spitzenarbeit in der Hand oder im Stickrahmen ausführen. Am gleichmäßigsten wird jedoch die Rahmenarbeit. Mit demselben Arbeitsfaden werden die verschiedenen Spitzenmuster ausgeführt. Nach den Abb. 65 a—d dürfte es in der leichten Spitzenarbeit geübten Leserinnen leicht gelingen, die verschiedenen Spitzenstiche nachzuarbeiten. Unkundige verweisen wir auf die Erklärungen in den Lehrkursen „Die irische Spitzenarbeit" und „Netzarbeit".

Abb. 61 u. 63. Karo und schmaler Durchbrucheinsatz (punto tagliato) und Typenmuster für einen breiten Durchbrucheinsatz. Grundstoff: feines weißes loses Leinen (antikes oder Holbeinleinen). Stickmaterial: Weiße Stickbaumwolle Nr. 30. Das Muster kann zur Verzierung von feiner Tischwäsche, Kissen, Decken u. dgl. dienen. Für die Ausführung ist die technische Erklärung zu Abb. 60 maßgebend. — Nach dem Typenmuster Abb. 63 läßt sich ein etwa 9 cm breiter Durchbrucheinsatz herstellen, wenn man feines Leinen als Grundstoff benutzt. Die Arbeitsproben Abb. 65, 65a—f machen die Ausführung der verschiedenen Spitzenstiche in den Löchern verständlich. Je eine Type des Typenmusters gilt für ein Stoffloch, 3 mm beträgt die Breite der losen Fadenstäbchen zwischen den Löchern (man läßt stets eine gerade Anzahl Fäden stehen, an der Vorlage 8 Fäden), siehe die Erklärung zu Abb. 60.

Abb. 62. Durchbrucheinsatz. Griechischer Doppeldurchbruch. Die Ausführung des feinen Musters wird erst verständlich, wenn die Herstellung der punto-in-aria-Technik bekannt ist, siehe Seite 332, Abb. 71. Die stehengebliebenen umwickelten feinen Fadenstäbchen geben nur die Verbindung zwischen den frei eingenähten Figuren in Spitzenstich. Den abgenähten Rand ziert Kästchenstich. Man arbeitet mit Spitzenzwirn in feinem, losem Leinen oder Batist.

Abb. 66. Durchbruch in punto - tirato - Technik. In einer Fadenlage werden die Gewebefäden ausgezogen. Dann durchstopft man die losen Fäden in gewöhnlichem

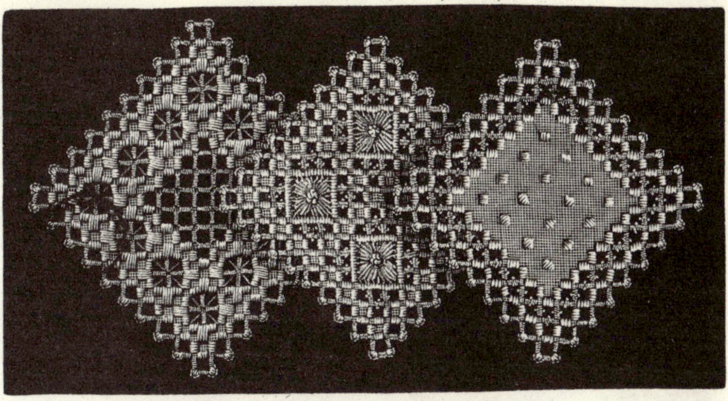

55—57. 3 Eisdeckchen. Hardanger Arbeit

Aus der Zeitschrift „Dies Blatt gehört der Hausfrau". Musternummer 7—9. Näheres Seite 15

58. Decke. Hardanger Arbeit

Aus der Zeitschrift „Die Praktische Berlinerin". Musternummer 16415. Näheres Seite 15

60 61 62

60. Durchbrucheinsatz (punto tagliato) Typenmuster Abb. 64. Arbeitsproben Abb. 65a bis 65e
61. Karo und schmaler Durchbrucheinsatz (punto tagliato). Arbeitsproben Abb. 65a—f
62. Durchbrucheinsatz. Griechischer Doppeldurchbruch (punto tagliato)

Stopfstich (point de reprise). Zunächst werden vier Fäden (d. s. 8 doppelte Fäden von Handangerstoff) bis zur Mitte durch Wickelstich umschürzt, dann wird das breite, geteilte Stäbchen in Leinenstopfstich (point de reprise gearbeitet, indem man 8 Fäden durchstopft und die Stiche je über 4 Fäden arbeitet. × Am Stoffrand angelangt leitet man den Arbeitsfaden zwischen der Arbeit zu den losen Fäden durch, führt den Faden zum gegenüberliegenden Stoffrand und befestigt den Faden mittels eines Stiches. Dann werden nach Abb. 66 wieder acht Fäden bis zur Mitte durchstopft, worauf man im Anschluß das nächste geteilte Stäbchen arbeitet und dann vom × wiederholt.

63. Typenmuster für einen breiten Durchbrucheinsatz (punto tagliato) Bordüre, geeignet zur Verzierung von Tischwäsche, Vorhängen u. dgl. Anwendung des Musters Abb. 61. Die Typen bezeichnen die Form der Spitzenmuster in den Löchern. Ausführung der einzelnen Spitzenmuster siehe Abb. 65, 65 a—65 f. Fadenbüschel mit gerader Zahl trennen die Löcher

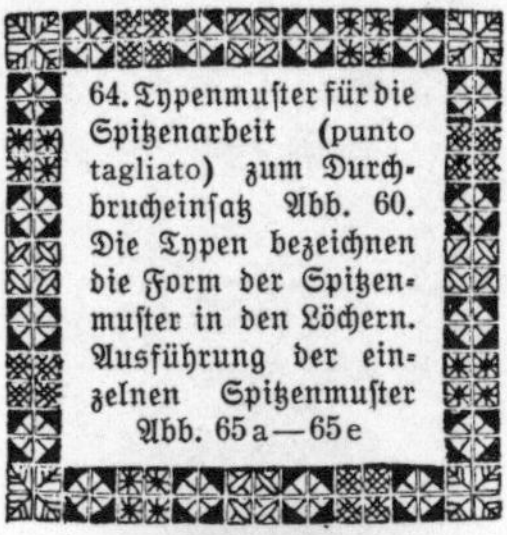

64. Typenmuster für die Spitzenarbeit (punto tagliato) zum Durchbrucheinsatz Abb. 60. Die Typen bezeichnen die Form der Spitzenmuster in den Löchern. Ausführung der einzelnen Spitzenmuster Abb. 65 a—65 e

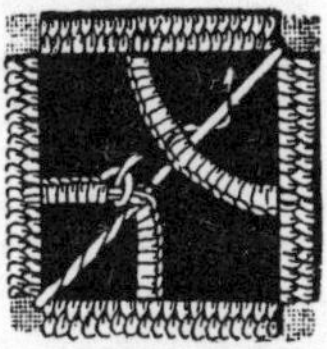

65. Spitzenmuster zu den Vorlagen Abb. 63

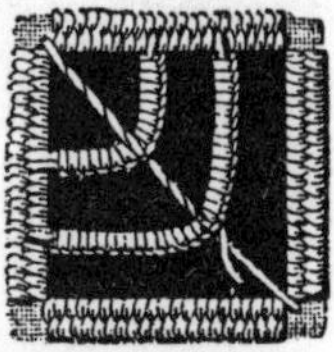

65 a. Spitzenmuster zu den Vorlagen Abb. 60, 61 und 63

65 c. Spitzenmuster zu den Vorlagen Abb. 60 und 63

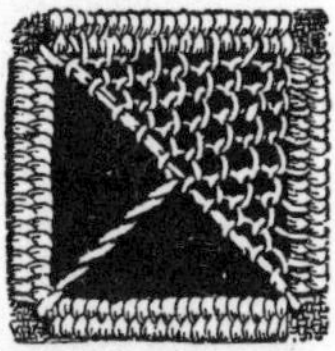

65 b. Spitzenmuster zu den Vorlagen Abb. 60, 61 und 63

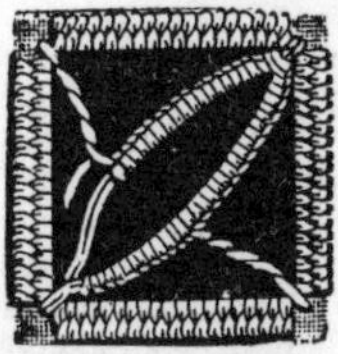

65 d. Spitzenmuster zu den Vorlagen Abb. 60 und 63

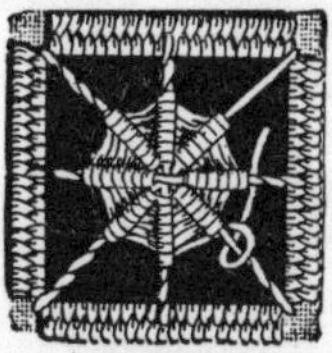

65 e. Spitzenmuster zu den Vorlagen Abb. 60, 61 und 63

65 f. Spitzenmuster zu Abb. 63

Abb. 67. Durchbruch in punto-tirato-Technik. Vor dem Ausschneiden der Fäden wird die für den Durchbruch erforderliche Stofffläche durch Flachstichreihen begrenzt. Hierbei greifen die Stiche über vier Gewebefäden, und man stickt Faden um Faden des Gewebes umfassend. Dann werden in der Mitte die Gewebefäden in einer Fadenlage ausgezogen. Nun durchstopft man in gewöhnlichem Stopfstich (point de reprise) acht Fäden, die man in zwei gleiche Büschel teilt und verengt allmählich zur Mitte das Stäbchen durch festeres Anziehen des Arbeitsfadens. In gleicher Weise ist das nächste Stäbchen zu arbeiten, das in der Mitte dem fertigen Stäbchen mittels eines Stiches, siehe Abb. 67, angeschürzt wird. Die nächsten 4 Fäden werden

66. Durchbruch in punto-tirato-Technik
Randsicherung durch Einzelstiche

67. Durchbruch in punto-tirato-Technik

68. Durchbruch in punto-tirato-Technik
Randsicherung durch Flachstich

Zur Verzierung v. Kissen, Tischwäsche u. dgl.

freigelassen. Dann wiederholen sich nach Abb. 67 wieder die Doppelstäbchen. Das Weiterführen des Arbeitsfadens von Stäbchen zu Stäbchen erfolgt in der gestickten Randlinie. Nach vollendeten geteilten Stäbchen werden die Zwischenräume durch eingestopfte Räderspinnen mit Wickelstäbchen gefüllt, siehe die Ausführung Abb. 67. Die losen Fäden bilden das mittlere Anlagestäbchen, und man umwickelt den Büschel bis zur Mitte, worauf man für die anderen Stäbchen den Arbeitsfaden je dreimal von der Mitte zu dem betreffenden geteilten Stäbchen, hin-, zurück-, hingehend spannt und zurückgehend die losen Fäden umwickelt. Vor der Umwicklung des letzten Stäbchens ist die Räderspinne zu langettieren (schlingen). Für die schmalen Hohlnähte der Randverzierung werden 2 Fäden ausgezogen, 4 Fäden stehen gelassen, 2 Fäden ausgezogen. Nun beginnt man mit einem Schrägstich über zwei Fäden des Stopfstreifens, von unten nach oben, von rechts nach links stechend, arbeitet einen gleichen Stich in dieselben Lücken, sticht um 2 Fäden unten vor, führt den Faden empor * sticht in Schräglage in entgegengesetzter Richtung in die gegenüberliegende Stichlücke zurück, wiederholt den gleichen Stich, sticht unten um 2 Fäden vor, führt den Faden von rechts nach links in Schräglage zur gegenüberliegenden Stichlücke, wiederholt den gleichen Stich und wiederholt vom*.

69. Durchbruch in punto-tirato-Technik
Perser Durchbruch

Abb. 68 u. 69. Zwei Durchbrucheinsätze in punto-tirato-Technik. Beide Muster sind ohne Erklärung nachzusticken.

70. Fruchtstück in italienischem Leinendurchbruch (punto tagliato)
Muster geeignet zur Verzierung von Decken, Kissen, Läufern und dergl. mehr
Aus der Zeitschrift „Das Blatt der Hausfrau"
Modell aus dem Verein zur Hebung der Spitzenindustrie, Wien

Abb. 70. Fruchtstück in italienischem Leinendurchbruch (punto tagliato). Weißes, feines (antikes) Leinen ergibt den Grundstoff. Für die Durchbrucharbeit entfernt man in senk- und wagerechter Richtung je die gleiche Fadenzahl Dann stopft man mit dreiteiligem Faden Moulinégarn das Muster ein, wobei je ein Loch drei Stopfstichreihen (point de reprise) füllen. Die losen Gewebefäden umschürzt man mit Leinenzwirn Nr. 45 durch Wickelstich.

Abb. 71. Breiter Durchbruch (punto in aria). In dieser Ausführung geben die losen Gewebefäden nur die Verbindung und einen Teil der Fadenanlage für die frei einzuarbeitenden Musterfiguren. Nach Abb. 71 werden beiderseits am Rand in 1 cm Breite für die Eckbildung die längs- resp. querlaufenden Gewebefäden ausgezogen, dann läßt man 3 Fäden stehen und schneidet in der Mitte je die längslaufenden Fäden für den breiten Durchbruch ein. Dann arbeitet man mit Leinenzwirn Nr. 50 die Randsicherung, mittels Hohlsaumstiches, indem man je 4 Fäden zu einem Büschel vereinigt. Die inneren schmalen Stoffstreifen werden durch Kästchenstich umnäht und ein Stich umfaßt 4 Gewebefäden in der Höhe und Breite. Die losen Fadenbüschel in den schmalen Durchbruchstreifen werden durch halben Schlingstich (point d'esprit) zu verstärkten Büscheln vereinigt, siehe Abb. 71. Für den mittleren Durchbruch benutzt man um eine Nummer stärkeren Leinenzwirn als Arbeitsfaden. Man heftet den Stoff über dunkelfarbenes Wachstuch. Zunächst werden in der Mitte je 13 Büschel (je ein Büschel besteht aus 4 Fäden) mittels Schling-

71. Breiter Durchbruch (punto in aria). Auf diese Art wird die Teneriffaspitze frei in der Hand genäht. Modell aus dem Verein „Zadruha“, Prag

knoten vereinigt, wobei man den Faden von Knoten- zu Knotenbildung spannt. Nun folgen beiderseits 5 Arbeitsreihen im Schlangenlauf mit allmählich vermehrten Knoten, siehe Abb. 71. In der 5. Reihe mit 6 Knoten werden je am Rand 3 Büschel und in der Mitte viermal je 2 Büschel zusammengefaßt. In den Ecklöchern werden die Fäden bis zum mittleren Spannfaden treffend gespannt und, zu den Fadenbüscheln zurückgehend, umwickelt. Dann folgt das Einstopfen der Musterfiguren in gewöhnlichem Stopfstich. Vor dem Einstopfen der Bogen werden die Spannfäden durch eine Reihe Schlingknoten befestigt.

III. Russischer Durchbruch

„Prutik" und „Myreschka"

Bei den aus Klein-Rußland stammenden Bauern-Stickereien zeigt sich oft eine eigenartige Durchbruchtechnik, die mit dem oben angeführten Namen bezeichnet wird. Unter „Prutik" versteht man Durchbrüche, an denen Stopfstich und Wickelstich vereinigt sind, siehe Abb. 72, dagegen gilt der Name „Myreschka" für Arbeiten, die nur Stopfstich aufweisen, siehe Abb. 73. Für den Stopfstich werden die losen Fäden nicht in üblicher Weise in hin- und zurückgehenden Reihen durchstopft, sondern man spannt zuerst lose den Arbeitsfaden über die zu vereinigenden Büschel, und führt um den gespannten Faden zwischen jedem Stoffbüschel einen kleinen Überfangstich aus, wobei der Faden auf der Rückseite jeden Büschel umfaßt, siehe Abb. 72. Die einzelnen Musterfiguren erfordern 4 Stoffbüschel (je einen Büschel bilden 4 Fäden). Man arbeitet vom Rand nach der Mitte zu, umfaßt zuerst 4 und dann 2 Büschel. Die freien Fäden werden zuletzt durch Wickelstich umschürzt. Nach jedem Stäbchen leitet man den Faden, zwischen der fertigen Stopffigur durchstechend, zum Stoffrand, führt den Faden durch unsichtbare Hilfsstiche zur nächsten Figur, sticht wieder zwischen der Stopfarbeit bis zum losen Büschel durch und führt den Wickelstich aus. Den Durchbruch begrenzt auf beiden Seiten eine Zierstichreihe, die man über 8 Fäden arbeitet. Man beginnt in der Mitte der Fadengruppe und stickt einen losen Schrägstich in das Loch nach dem vierten Randfaden, sticht auf der Arbeitsrückseite in gerader Stichlage über 4 Fäden zurück und leitet den Faden durch den losen Stich auf die Rechtsseite. Nun führt man den Faden in entgegengesetzter gerader Richtung zum gegenüberliegenden Randfaden, worauf man, wie vorhin erklärt, über 4 Fäden zurücksticht, und die Ausführung des Schrägstiches vom Anfang wiederholt, siehe Abb. 72.

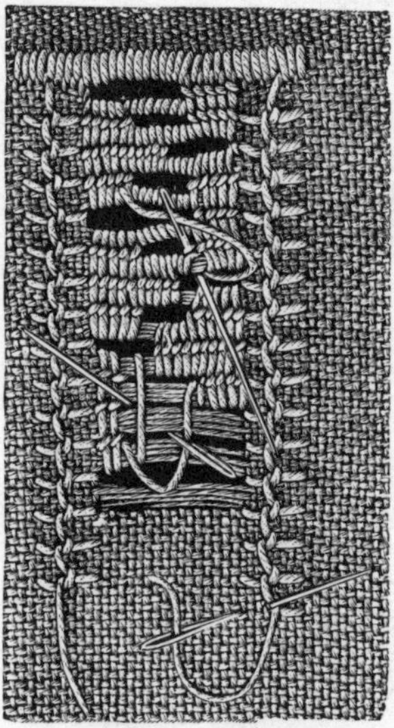

72. Russischer Durchbruch „Prutik"
Randverzierung durch Zierstich

Für den breiten und schmalen Durchbruch „Myreschka" der Bordüre Abb. 73 werden in einer Fadenlage 6 Fäden ausgezogen, 2 Fäden stehen gelassen. Die schmalen Stoffstreifen sind in Kästchenstich abzunähen, und man vereinigt stets 4 Fäden zu einem Büschel. Dann führt man um die losen Fäden die an Abb. 72 erklärte Stopfarbeit, dem Muster entsprechend, aus. Alle Musterreihen werden von rechts nach links gearbeitet. Das Weiterführen des Arbeitsfadens von Muster- zu Mustergruppe erfolgt mittels eines Hilfsstiches um den äußeren Büschel und den überstickten Stoffstreifen. Unsere Vorlage zeigt einen Musterteil aus einem kleinrussischen Bauernhandtuch. Derbes Hausmacherleinen ergibt den Grundstoff. Weißer Leinenzwirn Nr. 35 bildet den Arbeitsfaden. Eine gute Wirkung erzielt farbige Ausführung mit Baumwoll- oder Leinengarn. Die verschiedenen Muster lassen sich auch einzeln verwerten.

73. Breiter und schmaler russischer Durchbruch „Myreschka"
Muster geeignet zur Verzierung von Vorhängen, Überhandtüchern, Decken, Kissen usw.

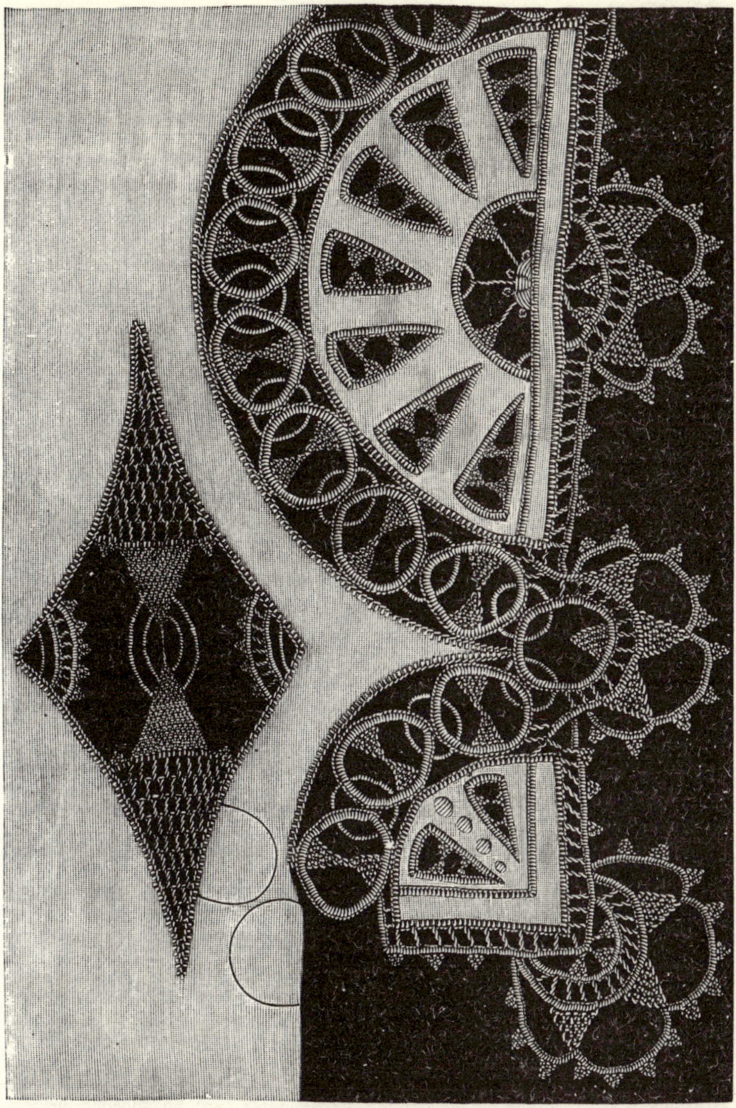

74 und 75. Randspitze und rautenförmige Füllung in dänischer Spitzenarbeit „Hedebo"
Arbeitsprobe Abb. 74a

IV. Die dänische Leinenspitze

(Hedebotechnik)

Zur reicheren Ausstattung von Weißstickereien benutzen die Dänen und Schweden eine besondere Spitzentechnik, die sogenannte „Hedeboarbeit", die frei, ohne Zuhilfenahme von Gewebefäden, zwischen den Stoff eingearbeitet wird. Die Eigenart der Technik beruht in der Fadenverschlingung bei der Ausführung der Schlingstiche, indem man stets, wie beim Knopflochstich, den Faden um die Nadel schlingt, siehe Abb. 74a. Wir erklären diese Spitzentechnik als Übergang zur freien Nähspitze. Für die dänische Leinenspitze überträgt man die Vorzeichnung auf den Stoff, siehe die Anleitung für die verschiedenen Übertragungsarten der Muster, Seite 273. Nach Willkür spannt man den mit dem Muster versehenen Stoff in den Stickrahmen oder man heftet den Stickgrund fadengerade über dunkelfarbenes Wachstuch. In der Regel werden die dänischen Leinenspitzen mit weißem Leinengarn gearbeitet, das einen seidenartigen Glanz erzielt. Neben den durchbrochenen Musterfiguren in Spitzenarbeit bringen in Plattstich oder Weißstickerei gearbeitete Figuren eine reizvolle Abwechslung in die Arbeit, siehe Abb. 74 u. 75. Gleich der Richelieu- oder Venezianer-Durchbrucharbeit werden die Stoffkonturen an den durchbrochenen Musterflächen durch Langettenstich (Schlingstich) gesichert. Man führt die Spitzenarbeit lose über dem vorgezeichneten Stoffmuster aus, wobei man achtet, daß der Stoff nicht mitgefaßt wird. Die technischen Vorteile lassen sich nach den Erklärungen zur Reticellaspitze, Seite 337, bald erlernen. Selbstverständlich fordert die Technik lange Vorübung, bis sie geläufig wird. Charakteristisch sind an den dänischen Hedebospitzen die dicht genähten Pyramidenzäckchen, die an die italienische Reticellaspitze erinnern, und die langettierten (geschlungenen) Ring- und Bogenfiguren. Im Anschluß geben wir die Erklärung für die Herstellung der Vorlagen.

74a. Arbeitsprobe für die Ausführung einer Musterfigur in dänischer Spitzenarbeit „Hedebo" zur Randspitze Abb. 74

Abb. 74 und 75. Randspitze und rautenförmige Füllung in dänischer Spitzenarbeit „Hedebo". In der Vorlage wird die Ausführung der Hedebospitze an einer unvollendeten Arbeit gezeigt. Wie bekannt, heftet man den Stoff über eine Unterlage aus Wachstuch und führt die Spitzenarbeit wie die Reticellaspitze aus, siehe die Erklärung zur Reticellaspitze, Seite 337.

Für die durch Knopflochstich umschürzten Ringe und Bogen, sowie für die gewickelten Stäbe spannt man den Arbeitsfaden dreimal lose und umnäht den Fadenbüschel. Vor dem Umschürzen der Ringe werden die in der Mitte zusammenstoßenden Pyramidenzäckchen und die gewickelten Stäbchen gearbeitet. Man beginnt die Zäckchen an der Basis und arbeitet nach Abbild. 74a über lose gespannte Faden ineinandergreifende Schlingstichreihen in Knopflochstich, wobei man allmählich am Rande die Stichzahl vermindert, bis ein Stich die Spitze bildet. Dann führt man den Arbeitsfaden durch unsichtbares Umnähen eines Randes zur Basis zurück. Das zweite Zäckchen wird nach seiner Vollendung an der Spitze mit dem fertigen Stäbchen durch einen Stich verbunden, bevor man den Faden zur Basis zurückführt. In gleicher Weise sind auch die kleinen Zäckchen und die großen Zacken in der Füllungsfigur, Abb. 75, zu nähen, und man verbindet die Spitzen der großen Zacken durch einen lose gespannten, umwickelten Arbeitsfaden. Einfacher Spitzenstich (Schlingstich mit doppelter Fadendrehung und umnähten Schlingen) füllt einzelne Flächen, siehe die Ausführung des Spitzenstiches, Abb. 84, Seite 338, Lehrkursus „Die Nähspitze". Nach vollendeter Spitzenarbeit werden die Stoffkonturen durch Knopflochstich umnäht, dann hat man die Weißstickerei auszuführen und zuletzt den Stoff unter der Spitzenarbeit zu entfernen.

Die Nähspitze

I. Die Reticellaspitze

Da sich die Nähspitze allmählich aus der Durchbrucharbeit entwickelt hat, beginnen wir den Kursus mit der sogenannten „Reticellaspitze“, die nun, losgelöst von der Struktur des Gewebes, frei mit Nadel und Faden ausgeführt wird. Der italienische Name „Reticella“ stammt von rete = Netz, reticella = Netzchen; wir finden diese Bezeichnung häufig in alten Spitzenbüchern in Verbindung mit punto tagliato vermerkt. Am Anfang wurden auch die gleichen Muster für beide Ausführungsarten benutzt, bis sich später die freie Technik vervollkommnete und die geometrische Form freieren Gebilden Platz machte. So entwickelte sich allmählich aus der Netzspitze die freie Formenspitze. Die noch an die Struktur des Gewebes erinnernden Gitterstäbe verschwinden, und die Figuren werden in losem Zusammenhang mit verschiedenartigen Verbindungen gearbeitet. Leider ist es uns nicht möglich, all die Spitzenarten unter ihrem Namen bildlich darzustellen. Wir beschränken uns daher nur auf die technischen Erklärungen für die Hauptgruppen. Diese sind:

I. Die Reticellaspitze.
II. Die Flachspitze.
III. Die Reliefspitze.

Für alle Spitzenarten braucht man das gleiche Werkzeug. Dieses bilden: eine feine lange Nadel mit rundem Öhr, in der Stärke zum Arbeitsfaden passend, eine sogenannte Pickiernadel (Stecher) siehe Abb. I Seite 280 „Die Weißstickerei“ und Abb. 2 Seite 406 „Die Goldstickerei“. Dazu kommen noch schwarzes, pergamentartiges Papier, gleichfarbenes Wachstuch und ein Stück doppelte Leinwand in der Größe des Musters. Die Leinwand dient als Unterlage.

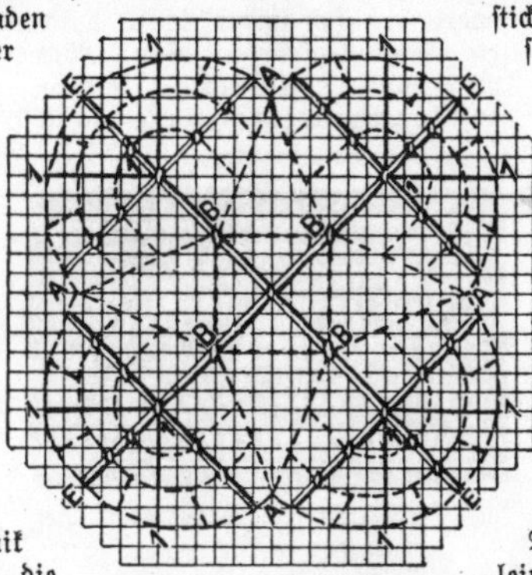

76. Vorzeichnung für die Fadenanlage des Sternmusters Abb. 77 zur Herstellung der Reticella-Spitzenarbeit

Das Übertragen der Muster. Die Vorzeichnung wird in klarer Linienzeichnung mit Bleistift auf Pauspapier oder mit chinesischer Tusche auf weißes Pausleinen übertragen. Berufs-Spitzennäherinnen geben dem Papiermuster den Vorzug. Jedoch empfehlen wir Anfängerinnen zuerst Muster auf Pausleinen zu benutzen, die dem Pergamentpapier oder Wachstuch aufgeheftet werden, siehe Abb. 93—95 und 98. Dadurch wird es leicht, die Linienzeichnungen zu verfolgen, im Gegensatz zu dem späteren Arbeiten frei auf dem schwarzen Grund, nur nach dem gestochenen Muster und der zu Grunde liegenden Linienzeichnung, die als Vorlage dient. Papier- und Stoffmuster werden über das schwarze Pergamentpapier oder Wachstuch gelegt und je am Rand, entweder mit eingesteckten feinen Nähnadeln oder durch Heftstiche miteinander verbunden, um ein Ver-

77. Stern in Reticella-Spitzenarbeit Siehe Vorzeichnung für die Fadenanlage Abb. 76

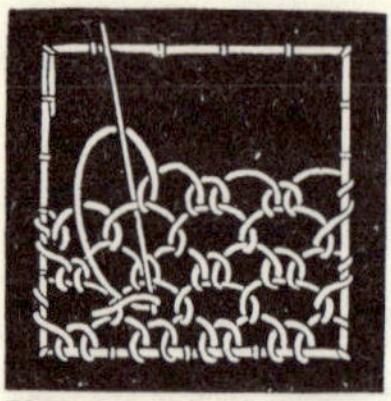
78. Grundmuster in Spitzenarbeit. Einf. Fadendrehung

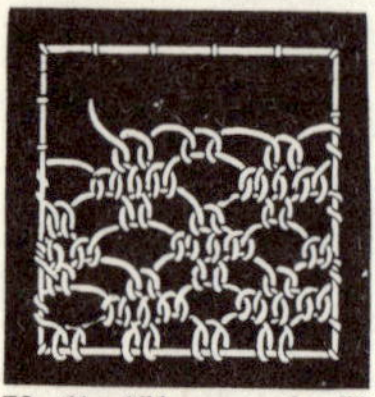
79. Ausführung wie 78

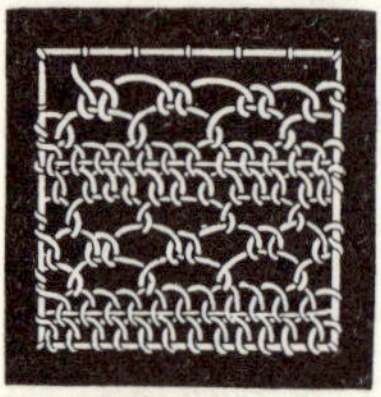
80. Ausführung wie 78

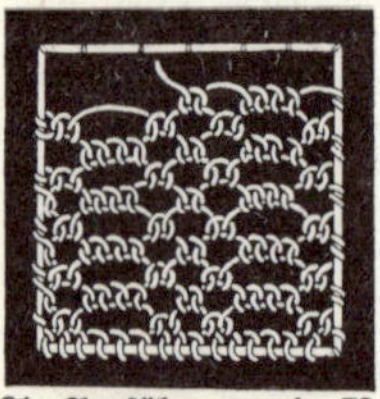
81. Ausführung wie 78

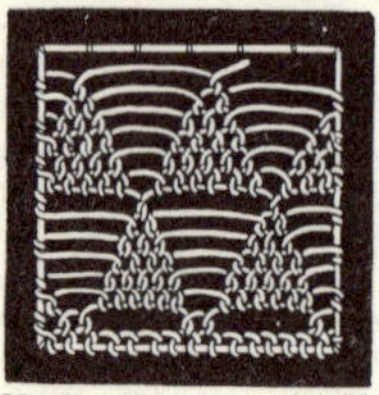
82. Ausführung wie 78

schieben des Musters über der Unterlage zu verhindern. Dann legt man das mit der Unterlage vereinigte Muster über eine Filz- oder Tuchplatte, so daß sich die Musterseite oben befindet; man durchsticht mit der Pickiernadel die Musterlinien in gleichmäßigen Entfernungen von etwa 2 mm. Dabei ist die Nadel senkrecht zu halten, damit nicht unregelmäßige Löcher und rauhe Lochränder entstehen können. Die Nähnadel muß sich später leicht durch die Löcher einführen lassen. Will man mehrere gleichartige Muster auf Pergamentpapier arbeiten, so ist

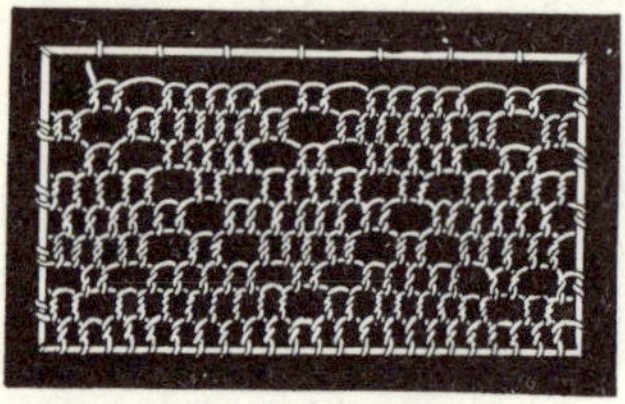
83. Grundmuster in Spitzenarbeit mit doppelter Fadendrehung

es eine Arbeitserleichterung und Zeitersparnis, wenn man auf einmal die erforderliche Anzahl Papiermuster sticht, weil nach einmaligem Arbeiten jedes Papiermuster unbrauchbar wird.

Vorarbeiten für die Nähspitze. Nach dem Durchstechen des Musters werden durchstochenes Pergamentpapier und dunkles Wachstuch mit feinem Spitzenzwirn über das doppelt zusammengelegte Stück Leinwand am Rand aufgeheftet. Anfängerinnen befestigen das auf Pausleinen gezeichnete, durchstochene Linienmuster in Verbindung mit dem durchstochenen Pergamentpapier in gleicher Weise auf der Unterlage, und dann beginnt das sogenannte „Vornähen" (Trassieren) des Musters. Diese Vorarbeit hat den Zweck, bei der Ausführung der frei einzuarbeitenden Spitzenstiche und Verbindungen dem Faden Halt zu verschaffen, sowie die Konturen klar hervortreten zu lassen. Je nach

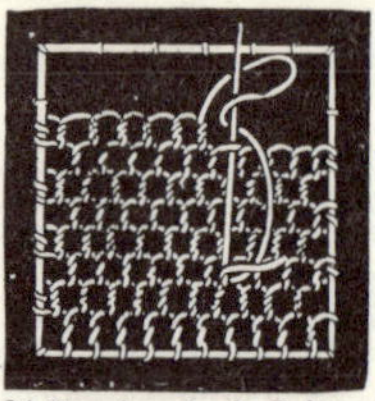
84. Grundmuster in Spitzenarbeit. Dopplt. Fadendreh.

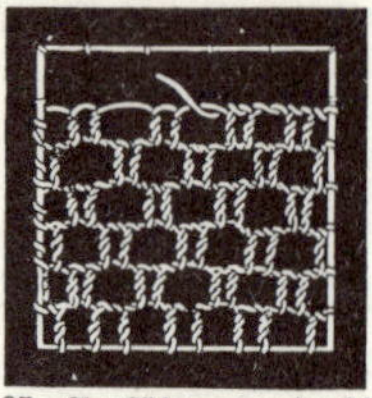
85. Ausführung wie 84

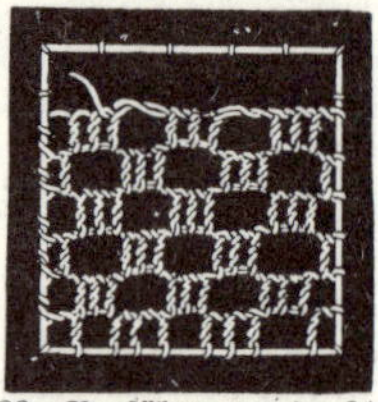
86. Ausführung wie 84

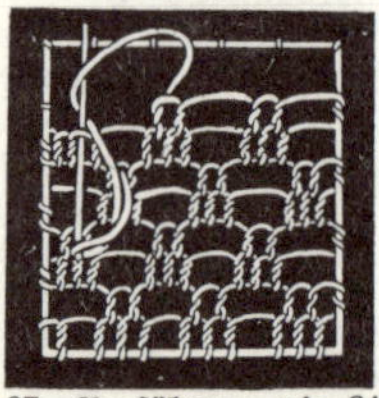
87. Ausführung wie 84

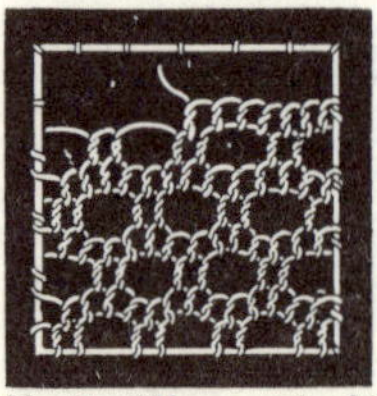
88. Ausführung wie 84

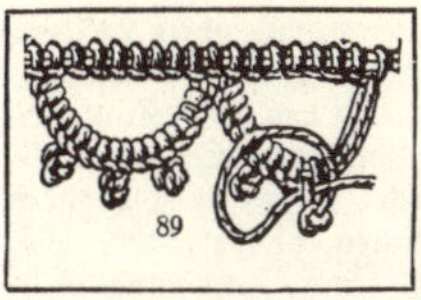

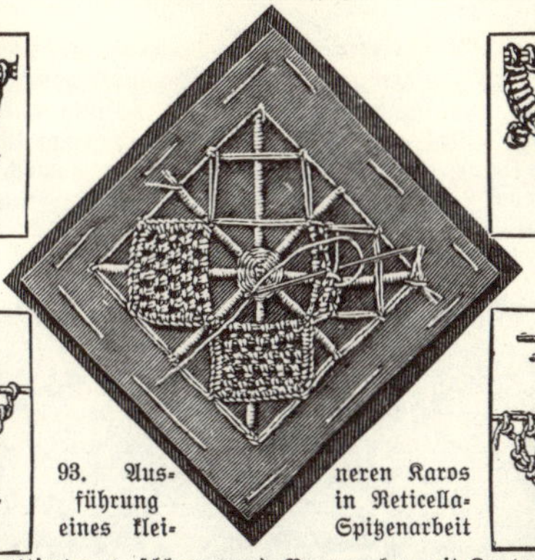

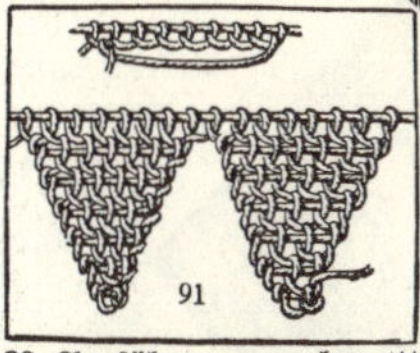

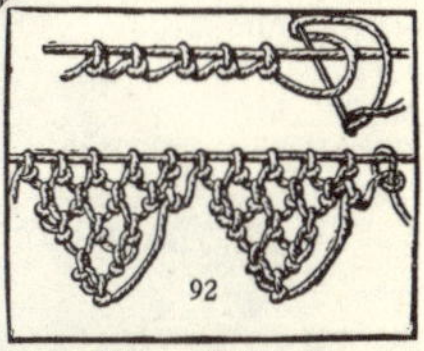

93. Ausführung eines kleineren Karos in Reticella-Spitzenarbeit

89. Ausführung von langettierten (geschlungenen) Bogenzacken mit Knotenpikots. Nebeneinander gereiht gearbeitet. 90. Ausführung von langettierten (geschlungenen) Bogenzacken mit Knotenpikots. In Gruppen gearbeitet. 91. Pyramidenzäckchen in reihenweise gearbeitetem Langettenstich (Schlingstich) mit eingelegtem Faden u. Einzelansicht für die Fadenanlage. 92. Pyramidenzäckchen in orientalischem Schlingstich. Reihenweise gearbeitet. Einzelansicht mit Fadenanlage und erster Stichreihe

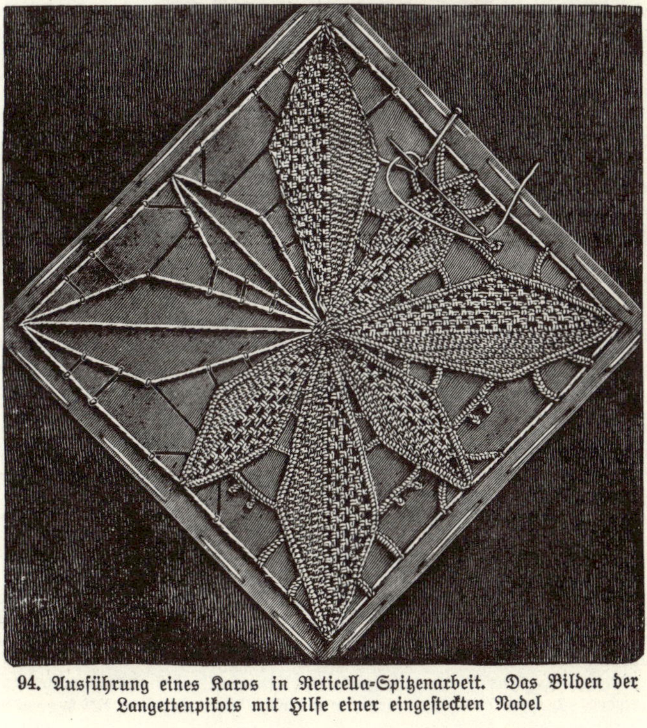

94. Ausführung eines Karos in Reticella-Spitzenarbeit. Das Bilden der Langettenpikots mit Hilfe einer eingesteckten Nadel

der Art der Spitze wird ein stärkerer oder feinerer Büschel aus Spitzenzwirn auf den Konturen befestigt. Man näht den Fadenbüschel mit Spitzenzwirn durch kleine Überfangstiche nieder, dabei muß der Büschel stets auf der Musterseite bleiben und der Fadenbüschel darf nie auf die Rückseite durchgestochen werden. Zunächst wird der Büschel an der betreffenden Musterlinie angelegt, so daß die Fadenenden etwa 1—2 cm lang überstehen. Nun führt man die mit dem Arbeitsfaden versehene Nadel, von unten nach oben stechend, durch das Anfangsloch der Musterlinie, umfaßt den Büschel mittels eines Überfangstiches und sticht durch dasselbe Loch nach unten, siehe Abb. 105, dann sticht man von oben nach unten durch das nächste Loch, umfaßt den Büschel und sticht, wie bekannt, in dasselbe Loch nach unten und so fort. Im Laufe des Annähens zieht man den Büschel fest an, damit er gerade und fest der Musterlinie aufliegt. Nach verbrauchtem Arbeitsfaden wird das Fadenende

95. Ausführung eines Karos in Reticella-Spitzenarbeit. Das Arbeiten der durchbrochenen Blättchen von der Mittelrippe ausgehend

96. Karo in Reticella-Spitzenarbeit. Ursprung Dalmatien

97. Karo in Reticella-Spitzenarbeit. Ursprung Dalmatien

98. Ausführung einer Rosette in Reticella-Spitzenarbeit
Das Langettieren der Stäbchen

99. Reticellaspitze mit Karos u. Randbogen in verschiedenem Muster. Ursprung Dalmatien
Aus der Zeitschrift „Das Blatt der Hausfrau". Muster Nr. 2910. Näheres Seite 15. Modell aus dem Verein zur Förderung der Hausindustrie in Dalmatien, Wien

100. Randspitze m. Pyramidenzäckchen in orientalischem Schlingstich

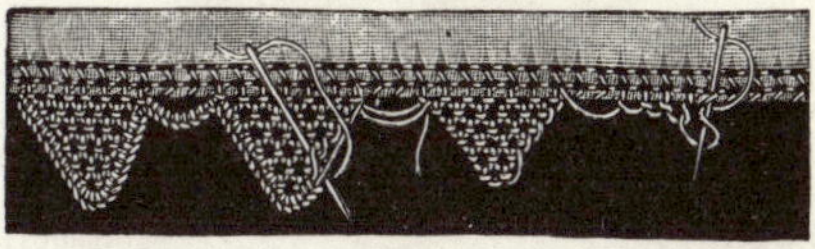

Am Stoffrand gearbeitet. Saumverzierung durch Kästchenstich

101. Karo in Reticella-Spitzenarbeit

Romanisches Muster. Übergang zur freien Formenspitze

auf der Rückseite in der genähten Musterlinie vernäht, ebenso hat man den neuen Faden durch mehrere Stiche in der genähten Linie zu sichern. Ist der Anlegebüschel verbraucht, so läßt man das Ende in 3—4 Stichlängen lose, legt das neue Ende entgegengesetzt an den Büschel an und näht beide Büschel zusammen durch 3—4 Stiche auf; dann schneidet man die losen Fadenenden ab. Um das neue Anlegen des Büschels für die einzelnen Musterfiguren zu ersparen, kann man verzweigte Musterlinien mit geteiltem Hauptbüschel nähen. Es ist daher empfehlenswert, derartige Muster mit verstärkten Büscheln zu arbeiten, damit die Büschel geteilt werden können. Bei der Benutzung von dünneren Büscheln mit etwa 2—3 Fäden ist diese Arbeitserleichterung nicht anwendbar.

102. Medaillon in Reticellaspitzenarbeit Ursprung Dalmatien. Aus der Zeitschrift „Dies Blatt gehört der Hausfrau". Modell aus dem Verein zur Förderung der Hausindustrie in Dalmatien, Wien

Das Arbeiten des Musters. Der Vorgang beim Einarbeiten des Musters ist fast bei allen Spitzenarbeiten der gleiche. Die eigentlichen Musterfiguren werden innerhalb des vorgenähten Rahmens durch Langettenstich (Schlingstich) gefüllt, der durch verschiedenartiges Arbeiten die mannigfachsten Wirkungen hervorbringen kann. — Gleichzeitig sei bemerkt, daß man bei den Nähspitzen eine andere Nadelstellung wählt, als die sonst übliche mit der von oben nach unten gerichteten Nadelspitze. Hier ist es anders: man arbeitet mit nach oben gerichteter Nadelspitze von sich, hält die Nadel mit dem zweiten und dritten Finger der rechten Hand und benutzt zum Nachschieben der Nadel den Daumen an Stelle des Mittelfingers. Am Anfang ist diese Arbeitsweise ungewohnt, und das Arbeiten geht langsam vonstatten, bis sich nach einiger Übung der Vorteil bemerkbar macht. Dieser liegt in dem freieren „Dirigieren-Können" der Arbeit, die in der linken Hand liegt, und darin, daß die Berührung der Arbeitsstelle mit der rechten Hand vermieden wird, wodurch die Arbeit stets sauber bleibt. Für die Ausführung der gebräuchlichsten Sticharten verweisen wir auf die eingehenden Erkärungen in dem Lehrkursus „Die irische Spitzenarbeit", Seite 358. Die Abb. 78—88 geben noch eine Auswahl verschiedenartiger Spitzenstichmuster, die sich zur Füllung der Figuren eignen. Der Mustergrund kann verschiedenartig gefüllt werden, z. B. durch sogenannte „Stege" (brides). Man unterscheidet 3 Arten: 1. glatte, langettierte (geschlungene) Stege, 2. mit Pikots verzierte, langettierte (geschlungene) Stege, 3. gewickelte (gezwirnte) Stege, sogenannte gewickelte Stäbchen. Eine andere Art ist das Füllen des Grundes durch Maschengrund (Schlingstich). In diesem gibt es wieder 3 Arten: 1. der einfache, gewöhnliche Maschengrund, siehe Abb. 106, 2. der kleine Maschengrund mit dicht angearbeiteten Stichen, 3. der gemusterte Maschengrund durch Tupfen oder Löcher. Nach Fertigstellung des Musters werden die Konturen der Musterfiguren überstickt, d. h. man umfaßt den Trassierfaden entweder durch dicht anschließenden Langettenstich (Schlingstich) oder durch kleine übergreifende Stiche. Die letzte Arbeit ist das „Ablösen" der Spitze von der Unterlage. Hierfür schneidet man auf der Rückseite ab und zu die Befestigungsstiche durch, faßt mit beiden Händen je am Rand die Leinenplatten und reißt sie gleichzeitig auseinander, wodurch die Stiche gesprengt werden und das mühsame Abtrennen fortfällt. Mit einer Pinzette oder dem Finger werden die an der Spitze haftenden kleinen losen Fäden entfernt. Im Anschluß sei noch bemerkt, daß größere Muster eine Arbeitsteilung gestatten, derart, daß sich verschiedene Hände mit der Herstellung einer Spitze beschäftigen können. Selbstverständlich muß bei der Arbeitsverteilung darauf geachtet werden, daß gleichartige Musterfiguren, sowie der Maschengrund von gleichartig arbeitenden Spitzennäherinnen ausgeführt werden. Bei dieser Arbeitsweise vermehrt sich die Herstellung des Musters um einen Arbeitsgang, der in dem „Zusammensetzen“ der einzelnen Teile besteht. Das Zusammensetzen wird in der Regel auf dem gestochenen Muster ausgeführt, jedoch geben besonders geübte Spitzennäherinnen dem Zusammensetzen frei in der Hand den Vorzug.

I. Die Reticellaspitze. Die Herstellung dieser Spitze mit geometrischen Figuren dürfte nach den oben vermerkten Angaben und unseren bildlichen Darstellungen ohne jede eingehende Erklärung für jedes einzelne Muster gelingen. Mit Absicht haben wir unter der Gruppe der Reticellaspitze mit Abb. 101 ein Karo in Flachspitze mit figürlicher freier Komposition in Gittergrund eingefügt, und zwar wollen wir damit zeigen, wie sich allmählich der Übergang von der strengen Stilisierung zur freien Komposition vollzogen hat.

Abb. 76 u. 77. Zeichnung (vergrößertes Muster) und Stern in Reticellaspitze. Die Zeichnung macht die Herstellung einer vergrößerten Vorzeichnung auf kariertem Papier (Typenpapier) verständlich. Gleichzeitig wollen wir den Leserinnen den Fadenlauf für das Vornähen (Trassieren) des Musters Abb. 76 zeigen.

Die Doppellinien gelten für verstärkte Büschel und die kräftigen Linien mit Zahlen bezeichnen feine Büschel. Die gestrichelten Linien bestimmen die übrigen Musterfiguren, die nach Abb. 77 in entsprechender Art auszuführen sind. Einzelne Verbindungsbogen schmücken Pikots, die man wie folgt herstellt: Man nimmt einen Hilfsfaden (diesen bildet ein kleines Fadenende, das feiner wie der Arbeitsfaden sein muß), legt ihn doppelt, faßt die Fadenenden zusammen, hält den Hilfsfaden mit der Schlinge zu der Kontur gerichtet in geringer Entfernung von der betreffenden Arbeitsstelle, an der das Pikot genäht werden soll, an, sticht den Arbeitsfaden durch die Fadenschlinge, läßt den Arbeitsfaden in der Länge des Pikots lose gespannt und umnäht den losen Arbeitsfaden durch anschließende Langettenstiche (Schlingstiche) zur Kontur zurückgehend. Dann zieht man den Hilfsfaden heraus und das Pikot ist fertig. Durch diese Arbeitsweise wird das Einstecken einer Nadel zur Herstellung des Pikots, siehe Abb. 94, überflüssig, und es entsteht ein fest gearbeitetes Pikot. An unserer Vorlage wurden für die Verbindungsstäbchen und Bogen je 3 Fäden, von Kontur zu Kontur treffend, hin-, zurück-, hingehend gespannt und zurückgehend umwickelt oder langettiert (geschlungen). Die 4 Pyramidenzäckchen bilden ineinandergreifende Langettenstiche, die reihenweise über einen lose gespannten Einlagefaden gearbeitet werden, siehe die Einzelzeichnung Abb. 91, Seite 339. Man näht an der Basis beginnend bis zur Spitze und verringert allmählich die Stichzahl bis auf einen Stich, worauf man den Faden an einen Rand durch Überstícken des Randes zur Basis zurückleitet.

Abb. 78—88. Elf Spitzenstichmuster in Langettenstich (Schlingstich), die sich nach den Abbildungen leicht nacharbeiten lassen (siehe auch die Erklärungen der verschiedenen Sticharten in dem Lehrkursus „Die irische Spitzenarbeit“ Seite 360). Man arbeitet die Spitzenstiche mit Spitzenzwirn.

Abb. 89 u. 90. Ausführung von Bogenzacken mit Verzierung durch Pikots. Abb. 89 zeigt nebeneinander gereihte Bogen, die im Laufe der langettierten (geschlungenen) geraden Linie zu nähen sind. Für einen Bogen schürzt man den Arbeitsfaden in der Spannweite des Bogens hin-, zurück-, hingehend der Langettenkontur an und umnäht den Büschel durch anschließende Langettenstiche (Schlingstiche), wobei man die Langettenpikots in der zur Abb. 77 gegebenen Erklärung arbeitet. Im Anschluß an den vollendeten Bogen wird die gerade Begrenzungslinie langettiert (geschlungen).

Abb. 90 zeigt die Herstellung von Zacken mit 3 Bogen, die in Gruppen aus je drei Bogen zu nähen sind. Wie zu Abb. 89 beschrieben, werden 2 Bogen nebeneinander gearbeitet, wobei man den zweiten Bogen nur bis zur Mitte langettiert (schlingt) und im Anschluß den mittleren Bogen den beiden Zacken anschürzt, siehe Abb. 90. In bekannter Art ausgeführte langettierte Pikots schmücken die Bogen.

Abb. 91. Nebeneinander gearbeitete Pyramidenzäckchen als Randspitze. Man arbeitet von links nach rechts um einen losen Spannfaden ineinandergreifende Langettenstiche in abnehmenden Reihen und führt an der

Spitze den Arbeitsfaden durch Übernähen (auch genannt „umschnüren") eines Randes zur Basis zurück

Abb. 92 Nebeneinander gearbeitete Pyramidenzäckchen in orientalischem Langettenstich (Schlingstich) Wie an Abb. 92 ersichtlich ist, werden die Zäckchen in kurzen Reihen mit eingearbeiteten Spannfäden ausgeführt Für den orientalischen Langettenstich (Schlingstich) schlägt man den Faden von rechts nach links hinter die Nadel nach vorn, sticht durch die Schlinge, zieht den Faden an, wodurch sich der Knoten schließt. Man näht die Zäckchen in verkürzten Reihen, hin- und zurückgehend und leitet nach vollendetem letzten Stich an der Spitze den Faden nach abwärts, indem man ihn an den Randfaden der ersten verkürzten Zäckchenreihe anschürzt und weitergehend den geraden Spannfaden umnäht.

Abb. 93. Karo in Reticellaspitze. Im Laufe der Arbeit wird die Herstellung des Musters gezeigt, wodurch eine Beschreibung überflüssig wird.

Abb 94. Karo in Reticellaspitze. Zuerst werden die Randlinien und die Konturen der Rautenfiguren vorgenäht (trassiert), dann füllt man die Fläche in je zur Hälfte gearbeitetem, dichtem und durchbrochenem Spitzenstich (point de venise), siehe Abb 95 Im Laufe der Näharbeit oder des Bestickens der Ränder durch Langettenstich (Schlingstich) sind die glatten und mit Pikots verzierten Stege im Grund zu langettieren (schlingen)

An Abb. 94 wird auch gezeigt, wie man ein Pikot mit Hilfe einer eingesteckten Nadel ausführt.

Abb. 95—97 3 Karos in Reticellaspitze. An dem alten Muster Abb 97 ist der Ursprung der Technik aus dem Leinendurchbruch (punto tagliato) erkennbar.

Abb. 98 Rosette in Reticellaspitze. Das in der Ausführung gezeigte Muster können Anfängerinnen leicht nacharbeiten.

Abb. 99 Reticellaspitze Ausgeführt mit Spitzenzwirn Nr 200 Das stilvolle Muster nationaler dalmatinischer Volkskunst dürfte viele Spitzenfreundinnen zum Nacharbeiten anregen. Wie bekannt, werden die durchstochenen Musterkonturen durch Trassierfäden gedeckt, dann hat man für die Einteilung des Musters die Fäden gerade, kreuz und quer und in diagonaler Richtung dreimal, hin-, zurück- und hingehend, zu spannen, worauf man zurückgehend den Büschel durch Langettenstich (Schlingstich) umschürzt und im Laufe des Arbeitens die Anschlußstäbe bildet. An den strahlenförmig zusammentreffenden Spannstäben sind Spinnen zu stopfen. siehe die Ausführung Abb 8. Seite 360 Bogenzacken mit Langettenpikots siehe Abb 89 schmücken den Abschluß der Spitze.

Abb 100. Zackenspitze in orientalischem Langettenstich (Schlingstich) am Stoffrand gearbeitet Die mit Spitzenzwirn Nr 100 gearbeitete Spitze wird direkt einem Hohlsaum angearbeitet. Abb 100 erklärt die Ausführung der Zacken. Nach jedem vollendeten Zäckchen wird der Arbeitsfaden durch Übersticken einer Randhälfte zur Basis geführt Dann spannt man den Faden lose bis zur Ansatzstelle des nächsten Zäckchens Bei einem zweiten Arbeitsgang werden die Zäckchen und losen Fadenbogen durch den lose gespannten, angeschürzten Arbeitsfaden begrenzt, wobei man den Faden je durch einen Langettenstich (Schlingstich) an den Zackenspitzen und Zackentiefen anschürzt Bei dem dritten Arbeitsgang sind die losen Spannfäden den Zackenrändern durch dicht gearbeitete Langettenstiche (Schlingstiche) anzuschließen, ebenso werden die losen Fadenbogen überstickt.

Abb 101 Karo in Spitzenarbeit (Flachspitze) Romanisches Muster. Das Muster in freier Stilisierung zeigt den Übergang von der Reticellaspitze zur freien Formenspitze, deren Herstellung am Anfang des Lehrkursus erklärt ist Dicht gearbeitete und durchbrochene Spitzenstiche füllen die durch Trassierfäden umrahmten Musterflächen Man arbeitet zunächst die Stege mit Pikots und Ringfiguren, dann wird das Muster genäht, das nach Abb 101 durch Langettenstich (Schlingstich) an den Konturen überstickt wird

Abb 102 Medaillon in Reticellaspitze Nach unseren gegebenen Erklärungen dürfte das Nacharbeiten des stilvollen Musters leicht gelingen Spitzenzwirn Nr 100 bildet den Arbeitsfaden Die mittlere Rosette kann auch einzeln gearbeitet werden. Das Medaillon eignet sich zur Inkrustation in Stoff, wobei man den Randfaden entweder durch Kordonnier- oder Langettenstich mit dem Stoff verbindet

103. Blumenstrauß in Nähspitze. Modell aus dem Verein zur Hebung der Spitzenindustrie, Wien

II. Die Flachspitze

Abb. 103. Blumenzweig in Nähspitze (point à l'aiguille). Mit feinstem Spitzenzwirn in technisch kunstvoller Ausführung hergestellt, erzielt das Muster eine ungemein reizvolle Wirkung, die durch keine andere Technik erreichbar ist. Die Vorarbeiten sind wie am Anfang vermerkt auszuführen. Dann beginnt das Einarbeiten der Füllmuster, und die kräftige Wirkung erzielt man durch reihenweise, je über einen Spannfaden gearbeitete, ineinandergreifende Langettenstiche (Schlingstiche), siehe Abb. 91 und 98. Für die allmählichen Tonabstufungen sind mit sicherem künstlerischen Empfinden die am vorteilhaftesten wirkenden durchbrochenen Muster gewählt. Diese bilden: Weitläufiger Langettenstich mit doppelt gedrehtem Fadenstäbchen, loser Maschengrund mit Ringen, Spitzenstich-Muster mit Streifen und Spinnen.

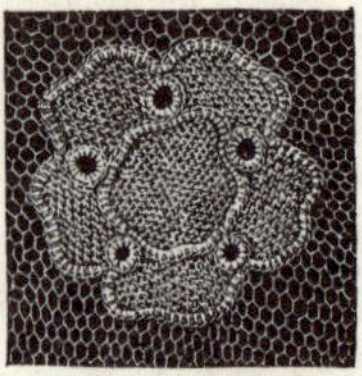

Blume in Nähspitze

Die Konturen der Blumen und Ringe sind durch Langettenstich (Schlingstich) überstickt. Dagegen werden die Blattadern, Teilungslinien in den Blütenkelchen, Verbindungsstege, sowie die Stiele und Staubfäden gewickelt (gezwirnt), s. „Das Arbeiten des Musters", Abb. 105. Die fertige Spitze kann über hellen oder dunklen Grund befestigt werden und zur Verzierung von Toiletten dienen.

Abb. 104. Schutzblatt beim Arbeiten von Nähspitzen. Zum Schutze der Arbeit, gleichzeitig zur Schonung der Augen deckt man über die Arbeitsstelle ein Stück Papier in der Größe unserer Vorlage und versieht die Mitte mit einem kreisrunden Ausschnitt. Dieser wird über die Arbeitsstelle gelegt, sodaß man die Spitzenstiche nur in kleinen Flächen arbeiten kann. Während des Arbeitens wird das Papier in der Arbeitsrichtung weiter geschoben.

Abb. 105. Mustervorlage. Unvollendete Arbeit. An Abb. 105 sind die verschiedenen Arbeitsgänge in der Herstellung der Nähspitze ersichtlich, z. B.: Das Vornähen (Trassieren) „Füllen der Musterfläche" durch Spitzenstich und „Besticken der Konturen" durch Langettenstich (Schlingstich). Dreiteilige, in gewöhnlichem Stopfstich (point de reprise) gearbeitete Stiele führen zu den Blüten. Gewickelte (gezwirnte) Stege füllen den Grund. Siehe die Erklärung zu Abb. 9 u. 10, Seite 364, „Die Bändchenspitze".

Abb. 106. Mustervorlage. Unvollendete Arbeit. Das Muster zeigt die Eckverzierung einer genähten Randspitze für ein Taschentuch. Blüten und Blätter sind in dichtem und gruppenweise gearbeitetem Langettenstichmuster hergestellt. Langettierte Ringe bilden die Blütenmitten und die kleinen Beeren, die an den Stielen ankomponiert sind. Feiner Maschengrund verbindet die genähten Figuren. Den Fuß der Spitze bilden doppelreihige, durch Außenlangetten überstickte Trassierfäden, die gewickelte Stäbchen verbinden. Für den Maschengrund arbeitet man Langettenstich (Schlingstich) mit doppelter Fadenverschlingung, siehe Abb. 84, Seite 338. An der Vorlage ist der kleinlöcherige Maschengrund mit feinerem Spitzenzwirn als das Muster genäht.

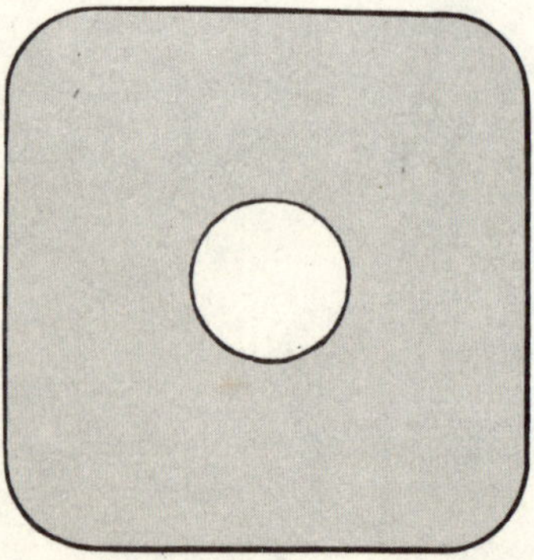

104. Schutzplatte beim Arbeiten von Nähspitzen

105. Spitzenmuster (unvollendete Arbeit) in Nähspitze (Flachspitze). Ausführung der Spitzenarbeit in einzelnen Stadien. a. Das Vornähen (Trassieren). b. Ausführung des Füllstiches. c. Übersticken (Langettieren) der Konturen. d. Einnähen des gezwirnten Steggrundes

106. Fragment einer Nähspitze (Flachspitze)

Gezwirnte Stege. Ausführung des Maschengrundes

III Die Reliefspitze

(point de Venise)

Die nach der Reticellaspitze zunächst gepflegte Spitzentechnik gelangte in Italien in der Zeit der Renaissance und des Barocks zu einer künstlerischen Vollendung, die bisher nicht mehr erreicht werden konnte. Einen Beweis für die Kunstfertigkeit aus damaliger Zeit gibt die mit Abb. 109 gezeigte Reliefspitze. Die Eigenart der Spitze besteht in den erhabenen (a relieto), wulstartig gearbeiteten, überstickten Konturen und in dem freien Grund, den nur Stege füllen, die glatt oder mit Pikots oder Bogen verziert sind. An alten Venezianer Spitzen finden wir die wulstartigen Konturen oft über eine Einlage aus Roßhaar ausgeführt. Seit dem Ursprung der Technik ist die Spitze der Liebling der Mode geblieben. Die schwere Technik der Reliefspitze fordert auch eine strengere Stilisierung des Musters und vor allem für die Technik geeignete Formen, wofür die Ornamentik aus der Zeit der Renaissance und des Barocks am günstigsten war. Es entwickelte sich somit aus dem Zeitstil die Technik zur höchsten Vollendung und es veränderte sich die Technik auch in den späteren Stilperioden. Es ist uns bekannt, daß die Kunst der freien Nähspitze in Frankreich mit der Erlernung der Technik der Reliefspitze (point de Venise) von italienischen Arbeiterinnen eingeführt worden ist. Nach der Begründung der Spitzenmanufaktur von Colbert in Alençon im Jahre 1665 wurde noch immer die Reliefspitze gepflegt, bis sich die Technik nun, von Frankreich ausgehend, veränderte und sich allmählich die Flachspitze entwickelte. Zunächst wurden die Konturen flacher unterlegt, allmählich verschwanden auch die übereinander „reliefartig" genähten Figuren, siehe Abb 108, bis sich die Umwandlung so weit vollzogen hatte, daß in der Technik die feinsten Formen in graziöser Stilisierung hergestellt werden konnten, siehe das mustergiltige Beispiel Abb. 103, Seite 345.

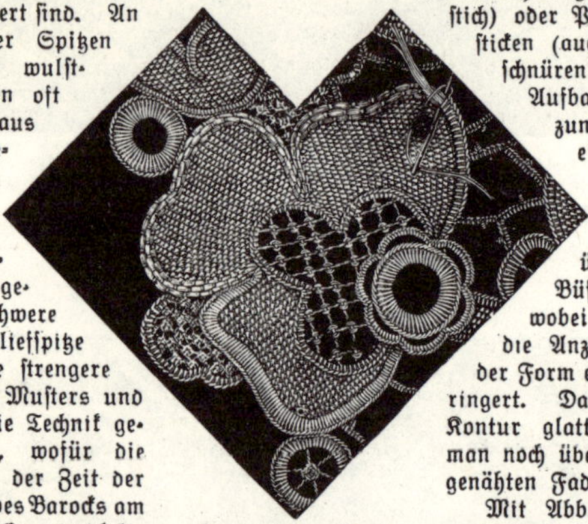

107. Spitzenmuster in Reliefspitze — point de Venise — Das Übersticken (Langettieren) der unterlegten Konturen

Abb. 107 Arbeitsprobe für die Ausführung einer Reliefspitze. Das Musterstück ist einer Reliefspitze aus späterer Zeit entnommen, und es wird gezeigt, wie die Konturen durch aufgenähte Fadenbüschel reliefartig zu unterlegen und dann durch Langettenstich (Schlingstich) oder Plattstich zu überstichen (auch genannt „umschnüren") sind. Für den Aufbau befestigt man zunächst flach nebeneinanderliegend die Büschel. Dann werden reihenweise die darüber liegenden Büschel aufgenäht, wobei man allmählich die Anzahl der Büschel, der Form entsprechend, verringert. Damit die gestickte Kontur glatt wird, arbeitet man noch über einen lose eingenähten Fadenbüschel.

Mit Abb. 108 wird eine point de Venise-Spitze neueren Ursprungs gezeigt. Das Muster ist die Kopie einer Renaissancespitze, jedoch wirkt die Spitze flacher als an der alten Spitze Abb. 109. — Wir zeigen mit Absicht aus verschiedenen Zeitperioden stammende Vorlagen, um die Veränderung der Technik und des künstlerischen Empfindens darzustellen. Der geübtesten Spitzennäherin dürfte es jetzt kaum gelingen, eine alte kunstvolle point de Venise-Spitze täuschend zu kopieren, weil sie die verschiedenen kunsttechnischen Kniffe nicht kennt, deren sich die Nadelkünstlerinnen aus damaliger Zeit bedienten. Es sei denn, daß die Technik wieder gepflegt würde, wodurch erst nach langer Übung gleichartige Kunstwerke entstehen könnten.

108. Reliefspitze (point de Venise). Kopie einer alten Renaissancespitze

109. Alte Reliefspitze (point de Venise). Reliefartig unterlegte Konturen, überstickt durch Langettenstich (Schlingstich). Langettierte (geschlungene) Stege mit Pikots

Die Tüllspitze

I. Der Tülldurchzug. II. Die Tüllstickerei in verschiedenartiger Herstellung

Nach der Einführung des gewebten Tülls in den Handel wurde der Tüll für die mannigfachsten Imitationen der echten Nadelspitze benutzt. Im besonderen sind Spitzentechniken entstanden, die nur auf Tüllgrund ausgeführt werden und unter dem Namen „Tülldurchzug" und „Tüllstickerei" bekannt sind. Je nach der Verwendung der Spitze richtet sich die Art und Stärke des Tülls und des Arbeitsmaterials. Für Tülldurchzug eignet sich am besten weiches Material, das sich flach legt, z. B. Mouliné-, Glanzgarn, Twist (Stopfwolle), Stickbaumwolle, weicher Seidenfaden, Filoflosse-, Filoselle- und offene Seide, Spitzenseide, Chenille, weiche Seiden- oder Baumwoll-Litze und dergleichen. Dagegen können für Tüllstickerei verschiedene Materialarten benutzt werden. Auf schwarzem Tüllgrund arbeitet man am besten mit Seidenfaden, weil sich Baumwollfaden leicht grau verfärbt.

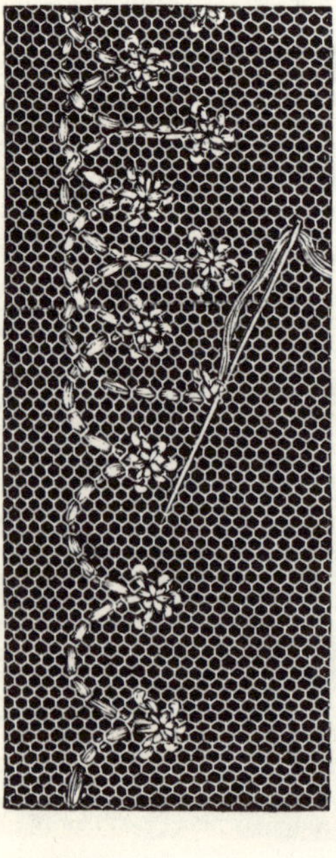

1. Tüllspitze
Tülldurchzug. Hierzu passendes Muster für einen Einsatz Abb. 2

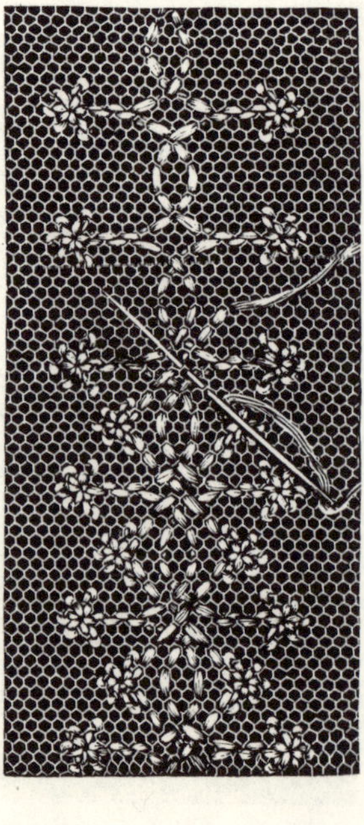

2. Tülleinsatz
Tülldurchzug. Passendes Muster für eine Spitze Abbildung 1

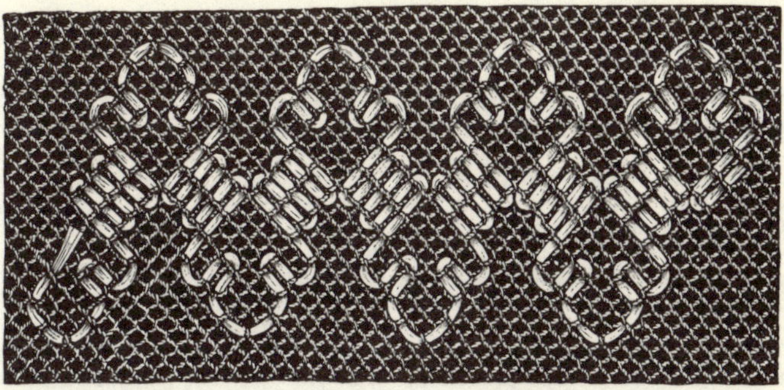

3. Bordüre in Tülldurchzug zur Verzierung von Wäschegegenständen, Schürzen, Kinderkleidchen und dergleichen mehr

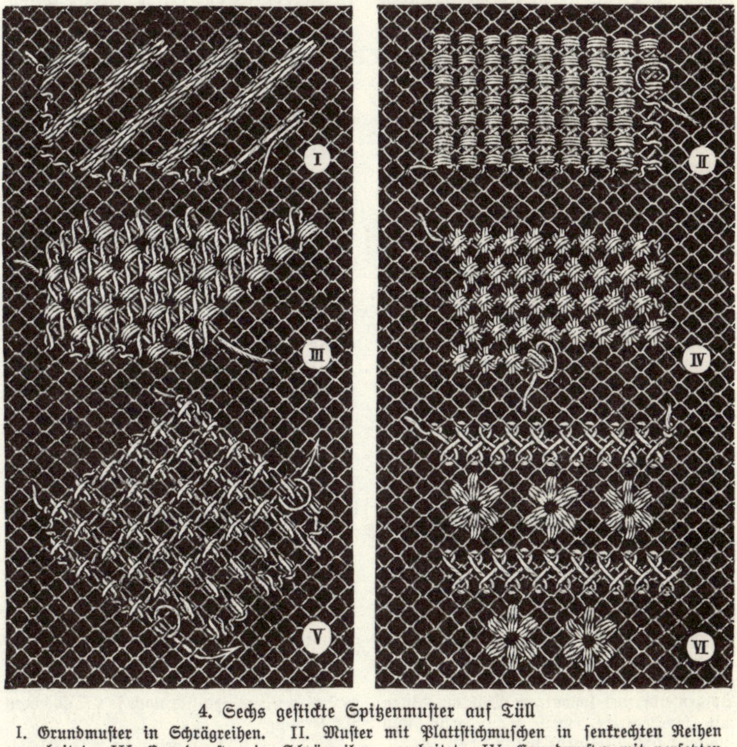

4. Sechs gestickte Spitzenmuster auf Tüll

I. Grundmuster in Schrägreihen. II. Muster mit Plattstichmuschen in senkrechten Reihen gearbeitet. III. Grundmuster in Schrägreihen gearbeitet. IV. Grundmuster mit versetzten Kreuzstichen, reihenweise gearbeitet. V. Grundmuster mit versetzten Kreuzstichen in Schrägreihen, kreuz und quer gearbeitet. VI. Grundmuster mit Kreuznaht und gestopften Sternchen

I. Der Tülldurchzug

Diese Technik wird in Stopfstichmanier entweder nach abgezählten Gewebefäden frei in der Hand oder nach einem zu Grunde liegenden Konturenmuster ausgeführt. Das Konturenmuster ist mit chinesischer Tusche auf weißes Pausleinen oder hellfarbigen Glanzkattun zu zeichnen. Dann heftet man über das vorgezeichnete Muster fadengerade den Tüll und führt in dem Tüll die Stopfarbeit aus, indem man mit einer Stopfnadel oder langen Nähnadel, den vorgezeichneten Linien folgend, den Stopffaden durch die Löcher des Tülls leitet, einen Gewebefaden aufnimmt und einen Gewebefaden liegen läßt, siehe die Mustervorlagen Abb. 1—3.

Abb. 1 u. 2. Spitze und Einsatz in Tülldurchzug. Material: Weißes DMC-Moulinégarn. Da beide Muster nach abzählbaren Gewebefäden zu arbeiten sind, verändert sich die Größe je nach der Stärke des Tüllgrundes. An den Vorlagen ergibt weißer feiner Waschtüll den Grundstoff. Es ist eine Arbeitserleichterung, wenn man den Tülldurchzug über dunkelfarbenem Wachstuch ausführt. Hierfür heftet man den Tüll fadengerade über die Unterlage. Durch das Aufheften behält der Tüll seine ursprüngliche Appretur, die er durch das Arbeiten frei in der Hand leicht verliert. Man arbeitet mit 3 Fäden Moulinégarn die Spitze in zwei und den Einsatz in vier Arbeitsgängen. Beide Vorlagen, Abb. 1 und 2, lassen sich nach den Abbildungen leicht nacharbeiten, wenn man den Fadenlauf des Tüllgrundes genau verfolgt.

Abb. 3. Bordüre. Material: Weißes Moulinégarn. Cremefarbener Erbstüll ergibt den Grundstoff. Man arbeitet das Stopfmuster mit ungeteiltem Faden und beachtet, daß der Faden gleichmäßig angezogen wird und flach liegt. Statt Moulinégarn eignet sich auch als Arbeitsmaterial weiße Baumwolle oder Seidenlitze, Filoflosse-, Filoselleseide und Chenille.

II. Die Tüllstickerei

Diese Technik wird nach Konturenmustern ausgeführt. Man unterscheidet 3 Arten der Tüllstickerei: 1. „Die Tüllstickerei mit gestickten Spitzenmustern in Verbindung mit Tülldurchzug, Lochstickerei und durchbrochenen Spitzenstich-Füllmustern", siehe Abb. 6 u. 7. 2. „Die Tüllstickerei in Verbindung mit Batist-, Leinen- oder Mull-Auf- resp. Unterlage und Weißstickerei", siehe Abb. 8. 3. „Die Kettenstichstickerei auf Tüll", siehe Seite 400 „Die Tamburierarbeit".

1. Die Tüllstickerei mit gestickten Spitzenmustern
in Verbindung mit Tülldurchzug, Lochstickerei und durchbrochenen Spitzenstich-Füllmustern

Abb. 4 u. 5. Ausführung der gestickten Spitzenmuster auf Tüll. Reizvolle Tonabstufungen lassen sich durch verschiedene Spitzenmuster erzielen. Bei der Benutzung von weißem Tüll stickt man mit Spitzenzwirn, feiner Stickbaumwolle oder Spitzenseide, bei schwarzem Tüll am besten mit Spitzenseide, weil Baumwolle und Zwirn leicht die Farbe verändern.

Abb. I. Spitzenmuster in Schrägreihen ausgeführt. Mit Spitzenzwirn oder weichem, feinem Arbeitsfaden werden in schräger Linie die Tüllöcher durch gewöhnlichen Stopfstich (point de reprise) gefüllt. Das Weiterführen des Arbeitsfadens geschieht durch kleine Hilfsstiche um die Tüllfäden, siehe Abb. I. Die Schrägreihen wiederholen sich nach je 2 Tüllöchern Entfernung.

Abb. II. Spitzenmuster mit Plattstichmuschen, reihenweise gearbeitet. Das Muster ist in 2 Arbeitsgängen herzustellen. Beim ersten Arbeitsgang sichert man das Ende des Arbeitsfadens an einem Tüllfaden, × arbeitet um eine Gewebekreuzung einen wagerechten Stich, führt den Arbeitsfaden auf der Rückseite in schräger Linie zur nächsten Gewebekreuzung weiter, sticht empor und wiederholt vom ×. Beim zweiten Arbeitsgang sticht man um dieselbe Gewebekreuzung zwei übergreifende wagerechte Stiche, jedoch in entgegengesetzter Stickart zum ersten Stich, und führt den Arbeitsfaden auf der Rückseite in schräger Linie zur nächsten Gewebekreuzung weiter, dadurch bildet sich ein Kreuzstich auf der Rückseite. Das Weiterführen des Arbeitsfadens zur nächsten Stichreihe geschieht mittels kleiner Hilfsstiche um die Tüllfäden.

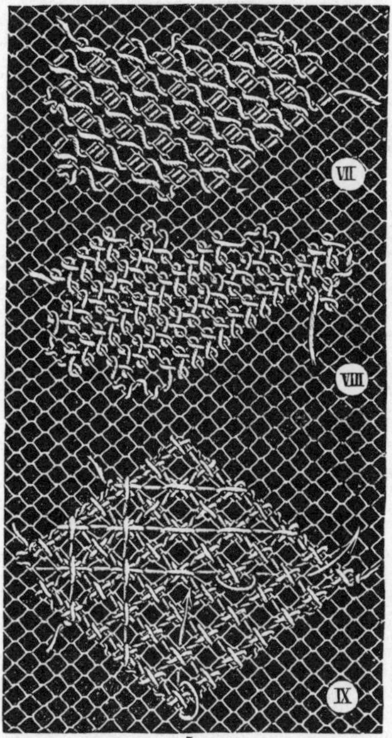

5.
VII. Grundmuster in Schrägreihen gearbeitet. VIII. Grundmuster in Schrägreihen gearbeitet (Kreuznaht). IX. Grundmuster mit versetzten Kreuzstichen in Schrägreihen, kreuz und quer, sowie in senk- und wagerechten Reihen gearbeitet

Abbildung III. *Spitzenmuster in Schrägreihen gearbeitet.* Das ausdrucksvolle Spitzenmuster bilden abwechselnd eine Schrägreihe mit losen Stichen und eine Schrägreihe mit Plattstichmuschen. Für die erste Schrägreihe mit losen Stichen arbeitet man nach Abb. III einen Schrägstich über ein Tüllloch und den nächsten Tüllfaden, sticht rückwärts, von unten nach oben oder umgekehrt, über das Loch hinweg zum gegenüberliegenden Querfaden und wiederholt den Schrägstich. Für die Reihe mit Plattstichmuschen überstickt man ein Loch durch 3—4 Stiche, führt den Arbeitsfaden mittels eines Hilfsstiches um den nächstliegenden Tüllfaden weiter und überstickt das Loch in der bekannten Weise und so fort. Dann folgt wieder eine Schrägreihe mit losen Stichen, siehe die Fortsetzung der Arbeit Abb. III.

Abb. IV. *Spitzenmuster mit versetzten Muschen, reihenweise gearbeitet.* Durch das reihenweise Übersticken der Löcher in jeder zweitfolgenden Lochreihe mittels kreuzweise gearbeiteter breiter Doppelstiche entsteht ein Muschenmuster, das sich zur Füllung von kleineren Flächen eignet. Zunächst wird der Arbeitsfaden mittels eines Überfangstiches um eine Fadenbindung gesichert. Dann überstickt man das Loch durch drei schichtweise übereinanderliegende gekreuzte Doppelstiche, wobei man in alle das Loch umschließenden Löcher sticht, siehe Abb. IV. Nach vollendeter Musche führt man den Arbeitsfaden mittels eines kleinen Hilfsstiches über die nächste Gewebekreuzung weiter. Die zweite Reihe und die nächsten Reihen werden bei jeder zweitfolgenden Lochreihe begonnen, und zwar arbeitet man reihenweise von links nach rechts oder umgekehrt. Zum Weiterführen des Arbeitsfadens hat man am Schluß der Reihe, wie an der Vorlage Abb. IV ersichtlich ist, kleine Hilfsstiche um die losen Gewebefäden zu arbeiten.

Abb. V. *Spitzenmuster mit Kreuzstichen in Schrägreihen, kreuz*

6. Blumenstück in feiner Tüllstickerei. Tülldurchzug in Verbindung mit gestickten Spitzenmustern und kordonnierten Löchern. Arbeit aus der Biedermeierzeit

7. Blumenstück in feiner Tüllstickerei. Tülldurchzug in Verbindung mit gestickten Spitzenmustern und kordonnierten Löchern. Arbeit aus der Biedermeierzeit

und quer gearbeitet. Man stickt das Muster in zwei Arbeitsgängen. Zunächst sichert man den Arbeitsfaden an einem Tüllfaden und überstickt ein Loch durch einen Hinterstich, × führt den Arbeitsfaden auf der Rückseite in schräger Linie über die zwei nächsten Tüllöcher weiter, überstickt das zweite Loch durch einen Hinterstich und wiederholt vom ×. Der zweite Arbeitsgang ist in gleicher Weise auszuführen, jedoch in entgegengesetzter Richtung. Man überstickt stets die bestickten Löcher. Das Weiterführen des Arbeitsfadens zur nächsten Stichreihe vermittelt ein kleiner Hilfsstich um die äußeren Tüllfäden, siehe Abb. V.

Abb. VI. Spitzenmuster mit Kreuznaht und gestopften Sternchen. Das Muster ist zur Füllung von größeren Flächen geeignet. Wie an Abb. VI ersichtlich ist, stickt man über zwei Tüllöcher greifende Kreuznaht und sticht auf der Rückseite stets über eine Fadenbindung zurück. Am Schluß der Reihe wird der Arbeitsfaden unsichtbar zwischen den Tüllfäden unter dem letzten Kreuznahtstich vernäht. Je nach fünf Tüllöchern Entfernung wiederholt sich die gleiche Stichreihe. Den Zwischenraum füllen in gewöhnlichem Stopfstich (point de reprise) eingestickte sechsstrahlige Sternchen. Für die Bildung eines Sternchens braucht man sieben Tüllöcher. Man füllt durch dicht gearbeitete Stopfstichreihen sechs in der Runde anschließende Löcher und läßt das mittlere Loch frei, wodurch sich das Sternchen bildet. Nach jedem Sternchen wird der Arbeitsfaden unsichtbar zwischen der Arbeit vernäht.

Abb. VII. Spitzenmuster in Schrägreihen gearbeitet. Die Ausführung des Musters ist leicht und rasch fördernd. Man befestigt den Arbeitsfaden an einem Tüllfaden und arbeitet nach Willkür von links nach rechts oder umgekehrt. Zunächst führt man den Arbeitsfaden auf der Rückseite über ein Tülloch weiter, sticht empor, führt den Faden in schräger Linie über eine Tüllreihe hinweg und sticht, um ein Loch zurückgreifend, auf die Rückseite, führt den Faden auf der Rückseite über das nächste Tülloch weiter, sticht empor, bildet einen Schrägstich in entgegengesetzter Richtung zum ersten Schrägstich über die gleiche Schrägreihe des Tülls und sticht in dasselbe Loch des ersten Schrägstiches zurück. Nun wiederholt sich die Ausführung vom Anfang, indem man die Schrägstiche stets in entgegengesetzter Stichlage zueinander stickt, siehe Abb. VII. Die einzelnen Stichreihen beginnen stets in der letzten gestickten Schrägreihe des Tülls, so daß sich auf der Rückseite Doppelstiche bilden.

Abb. VIII. Spitzenmuster. Kreuznaht in Schrägreihen gearbeitet. Für das dicht wirkende Muster arbeitet man in Schrägreihen anschließende Kreuznaht, hin- und zurückgehend. Nachdem man den Arbeitsfaden befestigt hat, führt man den Faden in schräger Linie über ein Tülloch, umfaßt mittels eines Hinterstiches den außerhalb des Loches liegenden Tüllfaden, führt den Arbeitsfaden empor, sticht in entgegengesetzter Richtung über dasselbe Tülloch zurück, arbeitet einen Hinterstich um den Tüllfaden außerhalb des Tülloches und wiederholt vom Anfang. Nach vollendeter Reihe wird der Arbeitsfaden mittels kleiner Hilfsstiche um die Tüllfäden zur nächsten Stichreihe weitergeführt. Die nächste Stichreihe wird um die Löcher der Schrägreihe gearbeitet.

Abb. IX. Spitzenmuster mit Sternstichen. In Schrägreihen, kreuz und quer, sowie in senk- und wagerechten Reihen zu arbeiten. Das Muster braucht vier Arbeitsgänge für seine Vollendung. Man beginnt den ersten Arbeitsgang von links nach rechts und stickt von oben nach unten. Zunächst wird der Arbeitsfaden unsichtbar an einem Tüllfaden befestigt, dann überstickt man das Loch durch einen Hinterstich, führt den Arbeitsfaden auf der Rückseite über das bestickte Loch und über zwei Löcher weiter, führt den Faden empor, überstickt mittels eines Hinterstiches das letzte Loch und wiederholt vom Anfang. In gleicher Weise werden nach jeder zweitfolgenden Schrägreihe die Tüllöcher überstickt und man achtet darauf, daß die Stiche in gleicher Stichlinie liegen. Beim zweiten Arbeitsgang überstickt man dieselben Löcher in entgegengesetzter Stichlage. Der dritte und vierte Arbeitsgang wird in senk- und wagerechter Richtung gestickt. Wie an Abb. IX ersichtlich ist, überstickt man in gleicher Arbeitsweise bei jeder zweiten Stichreihe die schrägen Kreuzstiche durch gerade Kreuzstiche, wodurch sich die Sternstiche bilden.

Mit den Vorlagen verfolgen wir den Zweck, den Lernenden Anregung zu bieten, sich selbständig neue Muster zu schaffen. Durch die Verwendung von stärkerem und feinerem Material lassen sich schon hübsche Variationen erzielen.

2. Die Tüllstickerei in Verbindung mit Batist-, Leinen- und Mull-Auf- resp. Unterlage

Abb. 6 u. 7. Zwei Blumenstücke in feiner Tüllstickerei. Tülldurchzug in Verbindung mit gestickten Spitzenmustern und kordonnierten Löchern. Die einem alten kostbaren Schal entnommenen Muster repräsentieren in der künstlerischen Ausführung den Wert einer echten Nähspitze. Mit feinem Empfinden sind die einzelnen Formen mit den am besten für die Lichtwirkung geeigneten Sticharten gefüllt, so daß eine malerische Wirkung entsteht, die leider unsere bildlichen Darstellungen nicht wiedergeben können. Um die gleichmäßige helle Tonwirkung zu erzielen, hat die Nadelkünstlerin die Lochreihe durch Stopfstich gefüllt. Je nach dem Lichtwert durchziehen die Löcher ein oder mehrere Stichreihen in gewöhnlichem Stopfstich (point de reprise) oder in Leinenstopfstich (point de toile). Stärkeres, weiches Material bildet den Durchzugstich der Konturen, Stiele und Ranken. Die durchbrochenen Spitzenmuster, Spinnenstiche in den großen Ausschnitten und der Kordonnierstich der Lochränder sind mit feinem Spitzenzwirn gearbeitet. Abb. VII erklärt die Ausführung des Spitzenmusters Abb. 88b, S. 298, siehe „Die künstlerische Weißstickerei", macht die Ausführung des Spinnenstiches verständlich. Vor dem Kordonnieren sind die kleinen und großen Kreise durch mehrere Vorstichreihen zu umziehen. Dann bildet man mit dem Bindlochstecher (Lochstecher) die kleineren Löcher und macht mit der Schere die großen Ausschnitte. Die Lochränder sind mit Spitzenzwirn dicht zu kordonnieren. Den Kordonnierstich begleitet eine kräftige Reihe in Durchzugstich.

Abb. 8. Einsatz in Tüllstickerei. Batistunterlage. Kordonnier- und Weißstickerei in Verbindung mit Spitzenstichen. Mit Abb. 8 zeigen wir an einem stilvollen Muster slawischer Volkskunst die zweite Art der Tüllstickerei mit Stoffunterlage, Kordonnier- und Weißstickerei. Für den im Original 5 cm breiten Einsatz ergibt feiner, weißer Waschtüll den Grundstoff; gleichfarbener Batist dient als Unterlagestoff, weiße Stickbaumwolle DMC Spezial Nr. 40 und 60 und Spitzenzwirn Nr. 100 bilden das Stickmaterial. Zunächst überträgt man auf den Batist mittels Abbügelns oder gestochener Musterpause die Mustervorzeichnung, siehe das Uebertragen der Muster Seite 273. Man spannt den Batist in den Stickrahmen, heftet über das Muster fadengerade den Tüll und deckt mit Stickbaumwolle Nr. 60 alle Konturlinien durch kleine Vorstiche. Dann werden mit dem gleichen Faden die gezähnten Blattkonturen durch Plattstich in gerader, kurzer Stichlage überstickt. Über einen doppelten Einlagefaden, den Stickbaumwolle Nr. 40 bildet, arbeitet man mit Stickbaumwolle Nr. 60 in Kordonnierstich die Stiele, Arabesken, Konturlinien der Löcher und je die innere Kontur der Blattausschnitte. Der Bindlochstecher (Lochstecher) markiert die Kreislöcher. Dagegen bildet man mit der Schere die ovalen Blattausschnitte. Diese füllt Spitzenstich, den man mit Spitzenzwirn arbeitet.

8. Einsatz in Tüllstickerei Batistunterlage. Kordonnier- und Plattstichstickerei in Verbindung mit Spitzenstichen. Aus der Zeitschrift „Die Praktische Berlinerin". Muster Nr. 5720. Siehe Seite 15. Modell aus dem Verein zur Hebung der künstlerischen Hausindustrie „Zadruha", Prag

Die Bändchenspitze

(Irische Spitzenarbeit, Point lace oder Dentelle Renaissance)

Diese Spitzentechnik zählt wohl zu den populärsten Spitzenarten, die bisher entstanden sind. Von England und den übrigen Ländern des Inselreiches ausgehend, wurde die Bändchenspitze bald Allgemeingut und es ist uns bekannt, daß die Spitze in Frankreich unter François I. als Dentelle Renaissance eingeführt worden ist. Gewebte Bändchen bilden die eigentlichen Musterfiguren und diese Bändchen werden durch die verschiedensten Spitzenstiche verbunden, die den kostbaren Spitzen der Vorzeit entnommen sind. Nach den betreffenden alten Spitzen werden auch häufig die Bändchenspitzen benannt, z. B. Point de Bruxelles, d'Anvers, d'Alençon, Valenciennes, Brûges, Malines, Venise, d'Espagne. Diese Namen gelten aber nur als Beinamen, die Hauptbezeichnung für die Spitzenart bleibt immer irische oder pointlace-Spitzenarbeit.

Das Material besteht aus gewebten Spitzenbändchen, die glatt, gemustert und in verschiedenen Formen im Handel erhältlich sind. An der Tabelle, Abb. 37, haben wir die mannigfachsten Bändchenarten vereinigt, die zur Herstellung von feinen und gröberen Spitzen Verwendung finden. In der Regel werden glatte oder glatte, gemusterte Bändchen, Abb. A—D, verarbeitet. Die sogenannten Medaillonbändchen, Abb. T1—T5, die dicht und durchbrochen gemustert, in den verschiedensten Formen im Handel erhältlich sind, dienen zur Nachbildung von alten Duchesse-, Alençon- und Brûges-Spitzen, und die Reticellabändchen, Abb. M1—M2, benutzt man für Muster, die im Stil der genähten Reticellaspitze komponiert sind. Die kräftigen Bändchen, Abb. N u. P, mit und ohne eingewebtem, kräftigem Kontur- und Mittelfaden dienen für großzügige Muster.

Als Arbeitsfaden wählt man nur glatt gesponnenes, bestes Material in Zwirn, Garn, Seide oder Metallfaden. Neuerdings wird sogenannter gewebter Pikotzwirn, siehe Abb. R, in verschiedenen Stärken hergestellt und zwar gilt dieses Material als Ersatz für Verbindungsstiche mit Pikotverzierung, die bisher mit dem Faden hergestellt worden sind.

Das einzige Werkzeug für die irische Spitzenarbeit bildet die Nähnadel. Man arbeitet am besten mit langen Nadeln, und die Stärke der Nadel muß sich stets der Stärke des Arbeitsfadens anpassen. Man beachtet, daß der Faden leicht durch das Nadelöhr gleitet.

Zum sicheren Arbeiten empfiehlt sich ferner noch eine glatte, feste Unterlage, über der die Spitzenarbeit ausgeführt wird. Man benutzt am besten weißes Pausleinen (Architektenleinen), jedoch genügt auch guter, hellfarbener Glanzkattun der sich billiger stellt und fast ausschließlich gewählt wird. Je nachdem es notwendig wird, verstärkt man die Unterlage mit Wachstuch oder steifem Papier, indem man diese Unterlage unter den Stoff heftet.

Das Uebertragen der Mustervorzeichnung kann auf verschiedene Weise geschehen. Am einfachsten ist das Abbügeln des Musters durch Ullsteins Bügelmuster, indem man das Muster auf die matte Seite von Pausleinen und Glanzkattun überträgt, weil die Glanzseite die Bügelfarbe nicht annimmt. Weitere Uebertragungsarten sind mittels gestochener Musterpause und Durchpausen, siehe die Erklärung für die verschiedenen Uebertragungsarten der Muster Seite 273. Es empfiehlt sich nach dem Uebertragen des Musters mittels gestochener Musterpause oder beim Durchzeichnen die Musterlinien mit chinesischer Tusche und Ausziehfeder nachzuziehen, wodurch das Abfärben der Musterlinien auf den Arbeitsfaden und die Rückseite der Arbeit vermieden wird. Für große Arbeiten mit Benutzung von Mustern mit sich regelmäßig wiederholenden Musterfiguren, z. B. meterweise herzu-

1. Vorzeichnung, Anlage und Ausführung der Spitzenarbeit

stellende Bordüren, Spitzen, Toiletten, Vorhänge u. dgl. ist es eine große Arbeitserleichterung, wenn man nur einen Teil des Musters mit mehreren Musterwiederholungen auf den Unterlagestoff überträgt. Der Abschluß des Musters muß aber so gewählt werden, daß sich beim Weiterarbeiten das Muster an der Anfangsstelle ohne Unterbrechung fortsetzen läßt. Denn es dient dieser Musterteil zur Herstellung der ganzen Arbeit. Für die Fortsetzung trennt man stets die fertige Arbeit von dem Muster ab und beginnt das Weiterarbeiten von vorn an der Anfangsstelle des Musters.

Das Aufheften der Bändchen ist die erste Vorarbeit für die Spitzenarbeit. Dem Muster folgend, wird das Bändchen mit feinem Faden mit Vorstichen in der Mitte sicher und glatt aufgenäht, so daß sich das Bändchen beim späteren Einarbeiten der Spitzenstiche nicht verschieben kann. An Rundungen muß das Bändchen so aufgeheftet werden, daß an der Erweiterung der Bändchenrand glatt liegt, an der Verengung bilden sich kleine Fältchen, die man mit feinem Faden durch überwendliche Stiche um den Bändchenrand einreiht oder durch Anziehen des meistenteils am Bändchenrand eingewebten Ziehfadens befestigt. An Stellen, wo das Bändchen abgeschnitten werden soll, läßt man stets ein kurzes Bandende lose und schiebt das Ende unter die nächstliegende Musterfigur. Das aufgesetzte neue Bändchen wird an dem zu befestigenden Ende sauber eingebogen. Nach vollendeter Arbeit hat man die losen Bandenden unsichtbar auf der Arbeitsrückseite gegenzusäumen. Bei größeren Arbeiten, die in der oben vermerkten Art, siehe „Das Uebertragen der Mustervorzeichnung" Seite 273, mit Unterbrechungen in einzelnen Musterteilen ausgeführt werden sollen, läßt man das Bändchen am Schluß des Musterteiles lose hängen, stellt die Spitzenarbeit fertig, löst diese von der Unterlage und heftet das

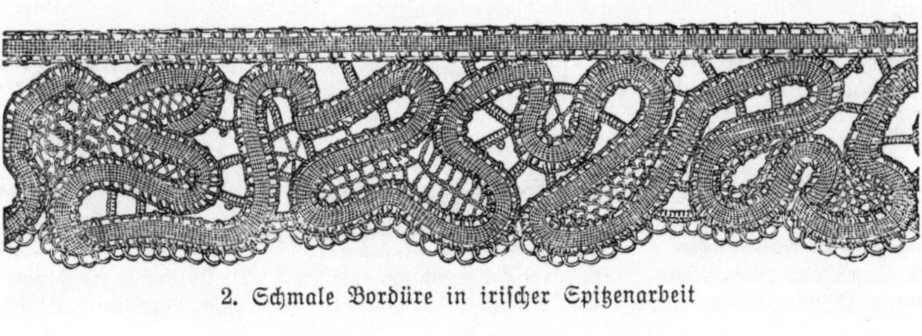

2. Schmale Bordüre in irischer Spitzenarbeit

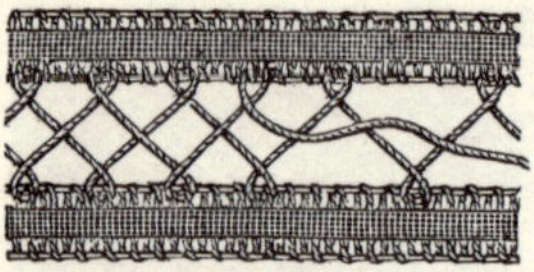

4. Lose Fadenstäbchen (Point d'Alençon). Doppelte Kreuznaht

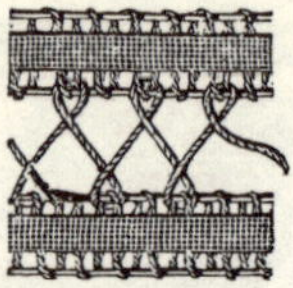

3. Lose Fadenstäbchen (Point d'Alençon) Einfache Kreuznaht (Hexenstich)

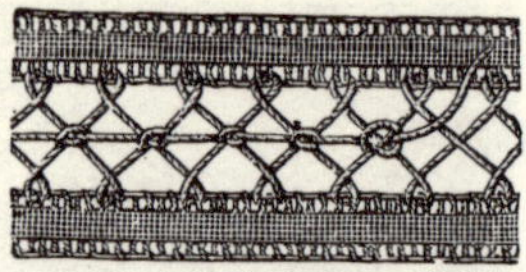

5. Lose Fadenstäbchen. (Point d'Alençon) Doppelte Kreuznaht in der Mitte durch Knoten gesichert

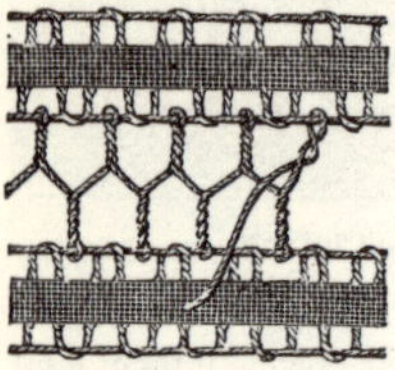

6. Gewickelte Fadenstäbchen. (Point d'Alençon) In der Art der Kreuznaht auszuführen

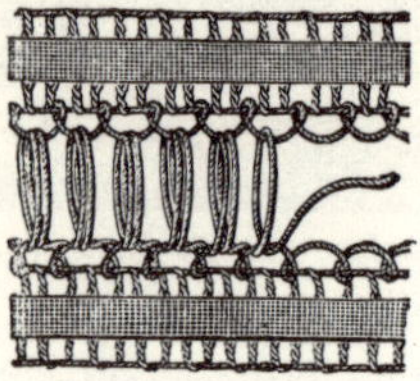

7. Lose Büschelstäbchen. (Point d'Alençon)

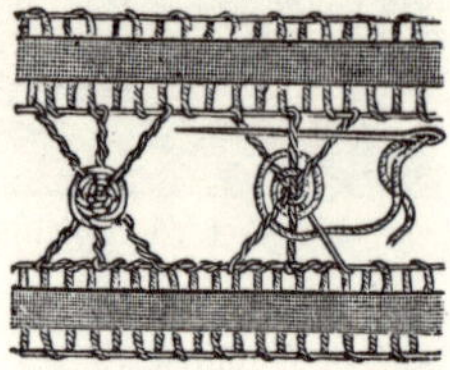

8. Englische Rosettenstäbe (Spinnen)

Bändchen am Anfang des Musters für die Fortsetzung der Arbeit wieder auf.

Die Spitzenstiche werden lose zwischen den Bändchen gearbeitet, ohne daß man durch die Unterlage sticht. Man befestigt den Faden resp. einzelne Spitzenstiche an den Bändchenkonturen und vernäht auch in diesen den Faden. Für die Reihenfolge beim Einarbeiten der Spitzenstiche besteht keine Regel, es bleibt jedem überlassen, sich selbständig die Arbeit einzuteilen und nach Willkür die Spitzenstiche in den Musterfiguren oder im Grund auszuführen.

Es ist unmöglich, die vielen Spitzensticharten vereinigt zu zeigen, bringt doch jede Variation gleichzeitig eine neue Abart, wodurch das Gebiet unerschöpflich wird, daher beschränken wir uns auf die wichtigsten für die Technik in Betracht kommenden Sticharten und verweisen für die Bereicherung der Muster auf die im Lehrkursus die Filetarbeit unter der Abhandlung Filetgipüre, Seite 170, Die Weißstickerei, Seite 298, Durchbrucharbeit, Seite 329, und Nähspitze, Seite 338, gezeigten Muster. Um von vornherein richtig bestimmen zu können, welche Stichart am besten für die zu füllende Fläche geeignet ist und welche Wirkung das Spitzenmuster hervorbringt, haben wir die verschiedenen Sticharten für die am besten geeigneten Flächen resp. Figuren zur Darstellung gebracht. Ver-

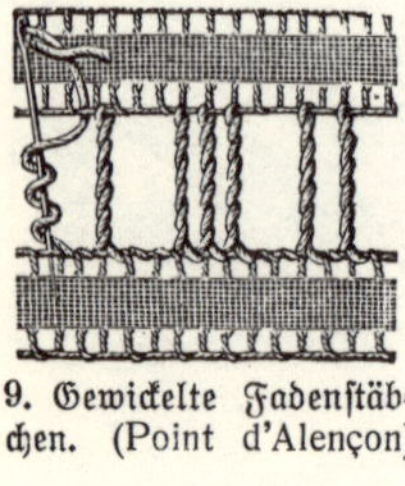

9. Gewickelte Fadenstäbchen. (Point d'Alençon)

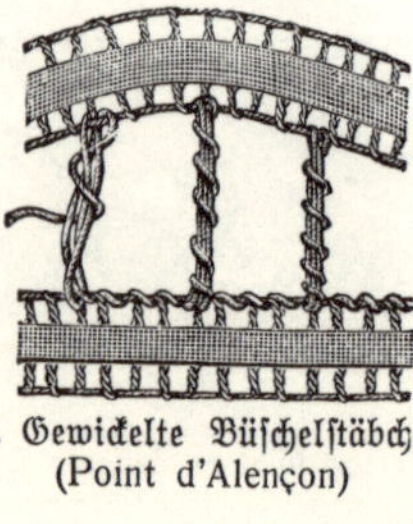

10. Gewickelte Büschelstäbchen (Point d'Alençon)

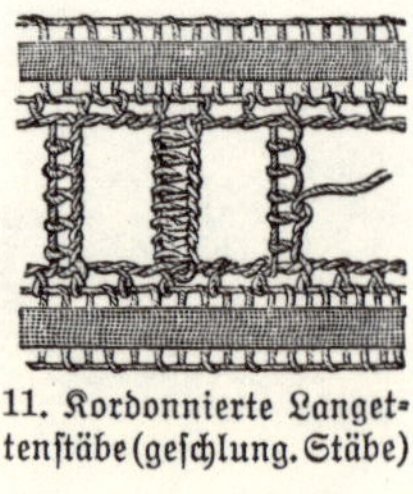

11. Kordonnierte Langettenstäbe (geschlung. Stäbe)

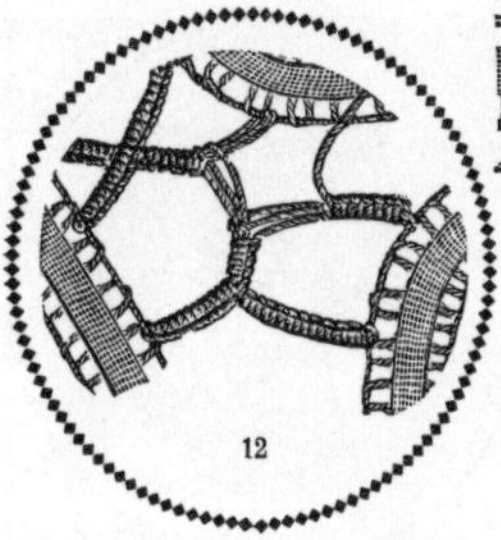

12

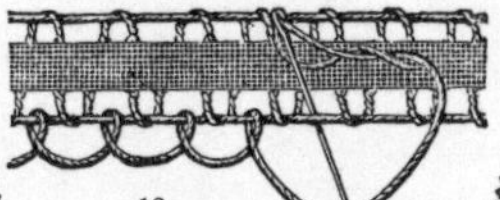

13

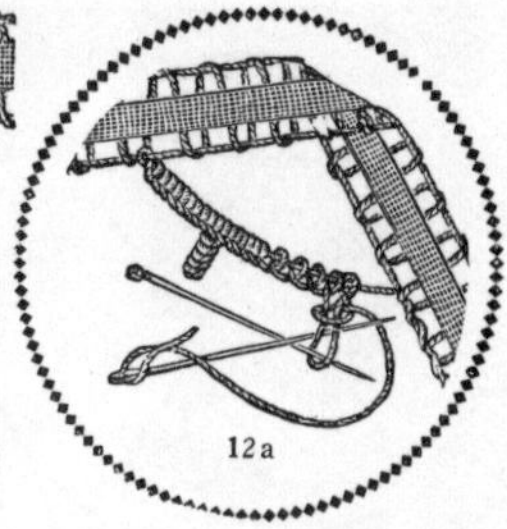

12a

12. Verzweigte Langettenstäbe (geschlungene Stäbe)
12a. Langettenstäbe m. Pikots
13. Gewöhnliche Langetten (Point de Bruxelles)

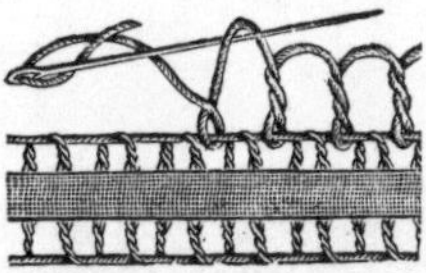

14. Gewickelte Spitzenstichlangetten (Point d Espagne) Stäbchen mit dreifacher Umwicklung

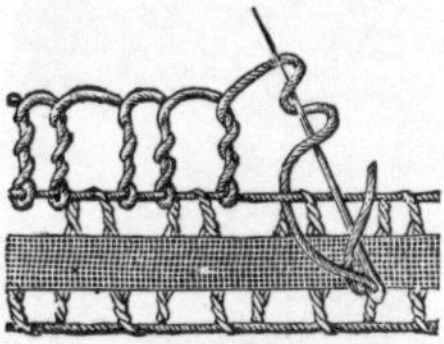

15. Gewickelte Spitzenstichlangetten (Point d"Espagne) Stäbchen mit zweifacher Umwicklung

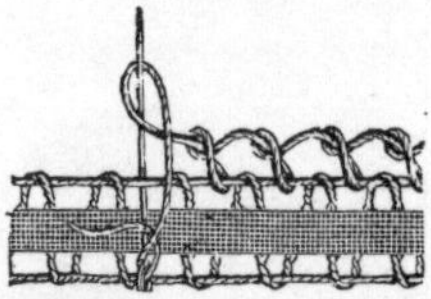

16. Verschlungene Langetten (armenischer Knoten oder Point turc). Ausführung als Abschlußrand

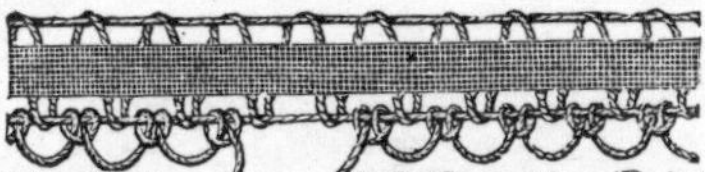

17. Mehrfache Langetten (Point de Sorrento) Ausführung von rechts und von links

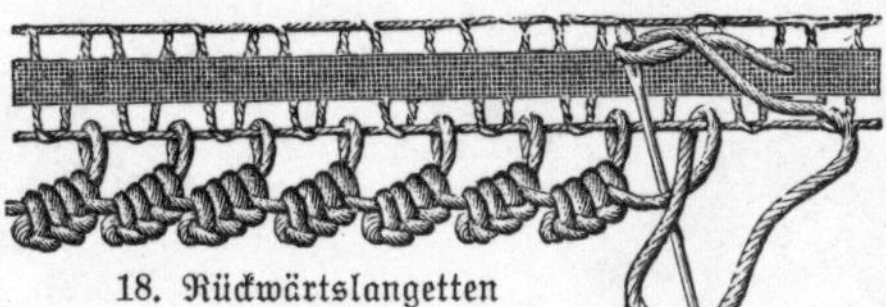

18. Rückwärtslangetten (Point de Venise)

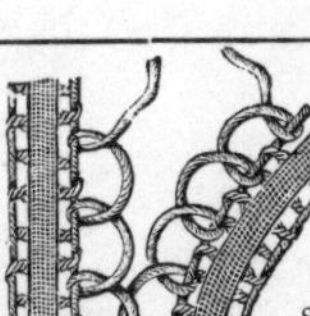

19

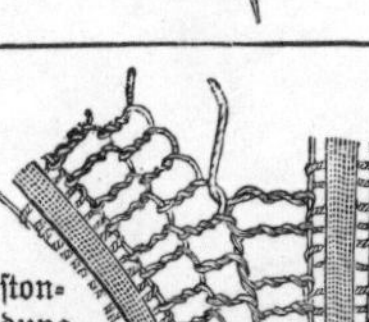

20

19. Feston-Verbindung (Point d'esprit) 20. Gewickelte Spitzenstichlangetten (Point d'Espagne). Verbindungsfigur

bindungsstäbe eignen sich zur Füllung von geraden Flächen. Abb. 3 zeigt die Ausführung des *einfachen Verbindungsstiches*, den lose gearbeitete Kreuznaht (Hexenstich) bildet und der in der Spitzen-Nähkunst zu den Point d'Alençon Spitzenstichen zählt oder auch russischer Stich benannt wird. Nach der leichtverständlichen bildlichen Darstellung Abb. 3 erübrigt sich die wörtliche Erklärung, es sei nur bemerkt, daß beim Arbeiten der Faden gleichmäßig anzuziehen ist, die Stiche müssen *flach* liegen. Die Ausführung der *doppelten Kreuznaht* mit zwei übereinander liegenden Stichreihen macht Abb. 4 verständlich. An Abb. 5 werden die losen Fäden an der Kreuzung durch einen gewöhnlichen Schürzknoten (punto - tirato-Knoten), siehe die Erklärung Seite 312, festgeschürzt. Von Knoten zu Knoten treffend liegt der Faden in der Mitte gespannt. Die Verbindung, Abb. 6, wird wie die

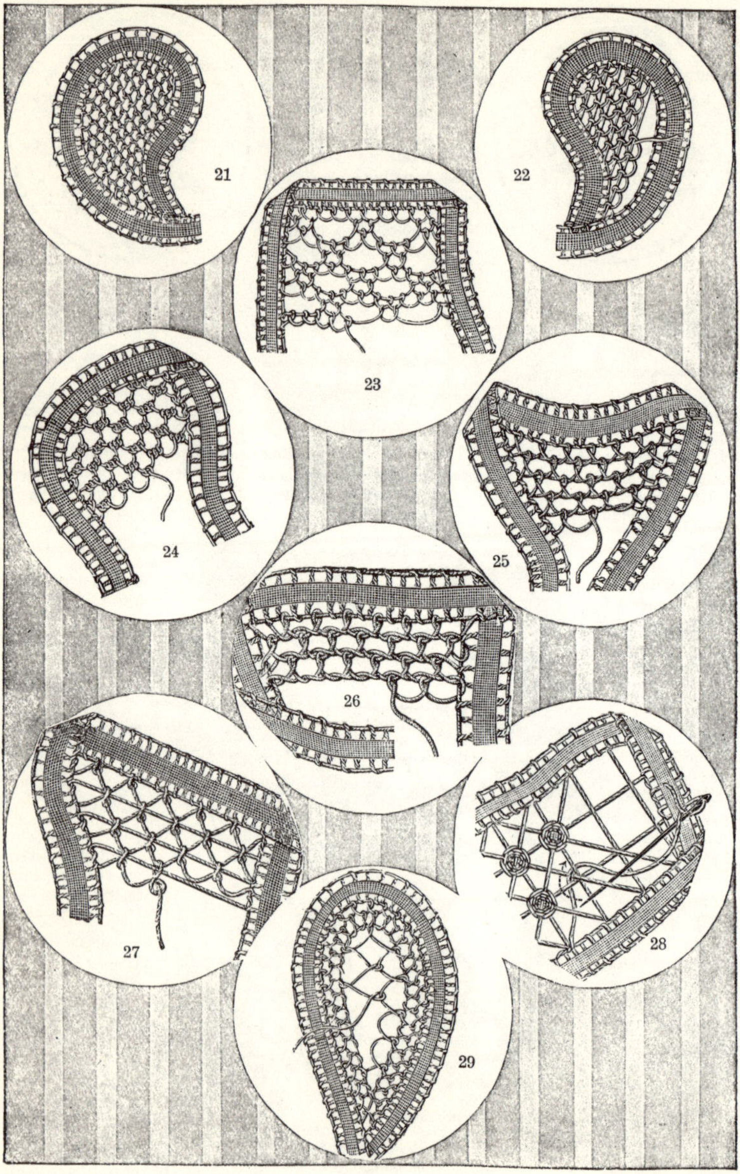

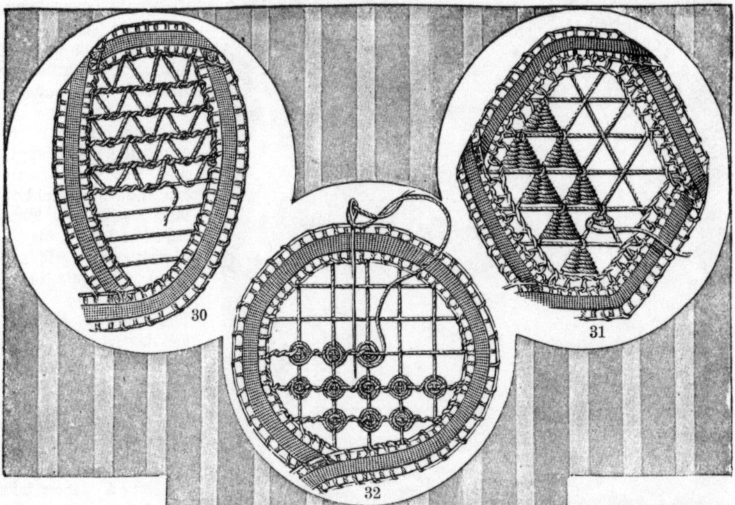

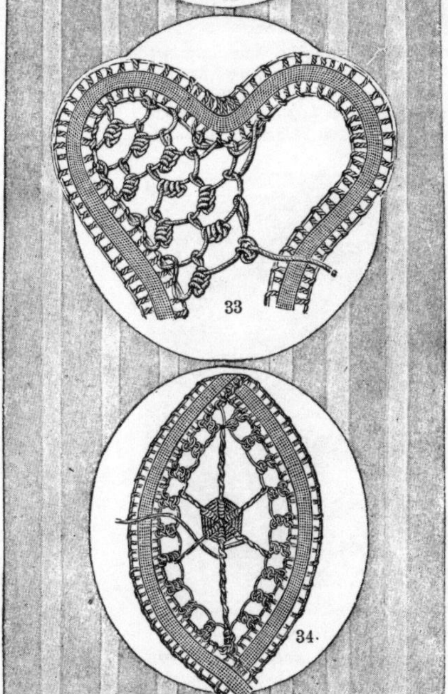

21. Gewöhnliche Langetten (point de Bruxelles). Dichter Tüllgrund

22. Gewöhnliche Langetten (point de Bruxelles). Mustergrund mit gespannten Fäden

23. Gewöhnliche Langetten (point de Bruxelles). Spitzenmuster

24. Mehrfache Langetten (point de Sorrento)

25. Kordonnierte Langetten (point d'Anvers)

26. Kordonnierte Langetten (point de Malines

27. Verschlungene Langetten (point turc). Muster über gespanntem Faden

28. Rosetten- oder Spinnenmuster mit doppeltem Gitter (point d'Angleterre)

29. Blattverzierung (point de Bruxelles und point d'Anvesr)

30. Durchbrochener Pyramidengrund (point d'Irlande)

31. Dichter Pyramidengrund (point d'Irlande)

32. Rosetten- oder Spinnenmuster mit einfachem Gitter (point d'Angleterre)

33. Rückwärts-Langetten (point de Venise) Gipüregrund mit Muschenbogen

34. Blatt mit Rand aus langettierten (geschlungenen) Stäbchen und Einzelspinne in der Mitte (Rippenspinne)

35. Taschentuch mit Randspitze. Bändchenarbeit auf Tüll. Imitation von Brüges-Spitze. Muster, ausgeführt mit glatten Bändchen, Bogen- und Medaillonbändchen. Aus der Zeitschrift „Die Praktische Berlinerin". Muster Nr. 3883. Näheres Seite 15

36. Arbeitsprobe
Ausführung von verschiedenen Spitzenstichen
Gewickelte Stäbchen, mehrfache Langetten (point de Venise), gewickelte Stäbchen mit Knotenpikots, langettierte Ringe

Kreuznaht ausgeführt, mit dem Unterschied, daß man beim Zurückführen des Fadens zur Bildung des nächsten Stiches in der gewünschten Länge des gewickelten Stäbchens nach Abb. 6 mehrmals den Faden umwickelt. Abb. 7 zeigt lose Büschelfäden, die in langettierte (geschlungene) Bogenschlingen gearbeitet sind. Das Weiterführen des Arbeitsfadens erfolgt mittels Überfangstiches um die Fadenschlinge. Derartige Büschel umwickelt, geben die an Abb. 10 ersichtlichen umwickelten Büschelstäbchen. Diese feste Verbindung eignet sich besonders für sich schnell abstufende breitere Räume. In gleichmäßigen Zwischenräumen oder in Gruppen gearbeitete, einfach gewickelte Fadenstäbchen, die nach Abb. 9 auszuführen sind, geben die gebräuchlichste Verbindung. Größere Flächen werden durch verzweigte, gewickelte Stäbchen oder langettierte (geschlungene) Stäbe gefüllt, siehe die Ausführung Abb. 12 und die Erklärung zur Richelieustickerei Seite 288. Die Ausführung der einfachen, geraden, kordonnierten Langettenstäbe erklärt Abb. 11. Zunächst wird der Faden in gerader Richtung von Kontur zu Kontur gespannt, dann umschürzt man den Faden zurückgehend und arbeitet, wieder zurückgehend, um die einzelnen Schlingen Kordonnierstich. Wie auf Seite 170 in der Filetgipüre erklärt wurde, können diese Stäbe durch Wickel-, Langetten- oder einfache Schlingenpikots verziert werden. Abb. 36 zeigt die Ausführung eines gewöhnlichen geschürzten Knotenpikots. Man steckt eine Stecknadel in geringer Entfernung von der Arbeitsstelle ein, schlingt den Faden um die Nadel, sticht nach Abb. 36 durch die Schlinge und arbeitet in diese zwei Langettenstiche, worauf man durch Umwickeln das lose Fadenstäbchen vollendet. — Für die Langettenpikots Abb. 12a hat man die Fadenschlinge einer Langette, lang nach abwärts gezogen, mit einer Hilfsnadel anzustecken. Mit dem Arbeitsfaden zurückgehend, wird diese Schlinge dicht mit Langettenstichen (Schlingstichen) umschürzt, bis zum Ende der Schlinge, dort angelangt, leitet man den Faden mittels Zurückstechens durch das Pikot bis zur Arbeitsstelle des Stäbchens zurück. Abb. 19 u. 20 zeigen Verbindungen, die durch einfache Spitzenstichlangetten und durch gewickelte Langettenstäbchen hergestellt sind.

Als Randverzierung kommen die verschiedenen Langettensticharten in Anwendung. Abb. 14—18 erklären die gebräuchlichen Sticharten, die gleichzeitig als Vorstufe für die Spitzenstichfüllmuster geübt werden können.

Die Spitzenstichfüllmuster verleihen der fertigen Arbeit ihren künstlerischen Reiz, und in der Hand der Spitzennäherin liegt es, durch die eigene Wahl der Muster eine persönliche Note in das Muster zu bringen. Wie bei der Nähspitze dient fast durchweg der Langettenstich (Schlingstich) für die Ausführung der Muster. Man arbeitet am besten mit verkehrt gehaltener Nadel, d. h. das Nadelöhr muß nach unten und die Spitze nach oben gerichtet sein; durch diese Nadelhaltung wird das Durchstechen der Fäden vermieden. Am Anfang wird das Arbeiten in dieser Nadelhaltung ungewohnt sein und langsam von statten gehen, bis sich nach einiger Übung der Vorteil und das raschere Arbeiten bemerkbar machen. Bei der Anlage von Spitzenmustern in geraden Flächen achtet man auf gleichmäßigen Musterabschluß, gleichmäßige Zahl der Stiche und gleichmäßige Stichentfernung. An Erweiterungen der Fläche vermehrt man die Stichzahl stets am Rande, dagegen hat man an verengten Stellen die Stichzahl am Rande zu verringern, nie in der Mitte, es sei denn zur Bildung von besonderen, extra eingenähten Mittelfiguren, Spinnen, Blättchen u. dgl. In den einzelnen Unterschriften ist neben der einfachen Bezeichnung noch der Beiname der alten Spitze vermerkt, aus deren Gruppe der betreffende Stich entnommen ist.

Der gewöhnliche Langettenstich (Point de Bruxelles). Dieser einfache Spitzenstich besteht aus gewöhnlichen Langettenstichen (Schlingstichen), die in hin- und zurückgehenden Reihen gearbeitet werden. Abb. 21 zeigt in einfacher Ausführung den Tüllgrund, der durch loses und dichtes Arbeiten die mannigfachsten Tonabstufungen erzielen kann. Eine reizvolle Abwechslung in der Musterwirkung entsteht, wenn man nach jeder vollendeten Reihe von rechts nach links lose den Faden neben die vollendete Reihe spannt und, zurückgehend, die nächste Langettenstichreihe um den Spannfaden und die Schlingen der letzten Stichreihe ausführt, siehe Abb. 22.

Kordonnierte Langetten (Point d'Anvers. Point de Malines). Abb. 25 u. 26 zeigen verschiedene Grundmuster, an denen die Langetten (Schlingen) stets nach vollendeter Reihe zurückgehend zu umwickeln (kordonnieren) sind. Die neuen Langettenstiche umfassen entweder die kordonnierten Schlingen (Point d'Anvers), siehe Abb. 25, oder sie werden nach Abb. 26 zwischen beiden Stichen eingearbeitet. Diese Stichvariation bezeichnet man mit Point de Malines. Man findet diese Muster häufig an alten Antwerpener Spitzen, die wieder unter dem Namen Point d'Anvers bekannt sind.

In Gruppen gearbeitete Langettenstiche werden mit Point de Sorrento bezeichnet.

In gleicher Weise wie die einzelnen Langettenstiche verschiedenartige Musterwirkungen hervorbringen, lassen sich auch durch gruppenweises Arbeiten mit Langettenstichen die mannigfachsten Muster bilden. Hierfür arbeitet man auch reihenweise, hin- und zurückgehend und achtet auf gleichmäßige Spannung des Fadens. Abb. 24 zeigt ein einfaches Muster, das ohne Erklärung nachzuarbeiten ist. Ähnliche Muster sind auch in dem Lehrkursus die Nähspitze, Seite 338, enthalten.

Verschlungene Langetten (armenischer Spitzenstich oder Point turc).

Diese Stichart muß vorher geübt werden, bevor sie schön und gleichmäßig ausfällt. Wie an Abb. 16 und 27 ersichtlich ist, wird die Nadel durch die Schlinge der vorigen Reihe eingeführt, dann schlingt man den Faden um die Nadel, sticht durch die Schlinge und zieht den Knoten fest.

Rückwärtslangetten (Point de Venise). Hierfür arbeitet man zunächst einen gewöhnlichen Langettenstich oder mehrere Stiche, die man nach Abb. 36 durch einen nach rückwärts gearbeiteten Langettenstich umschürzt. Abb. 18 u. 33 zeigen die Ausführung des beliebten Muschenstiches, der aus dicht geschlungenen Bogen (Muschen) besteht. Nach Vollendung der Musche führt man den Arbeitsfaden zwischen den Stichen zum ersten Stich zurück. In dieser Stichart läßt sich ein wirkungsvoller unregelmäßiger Gipüregrund arbeiten, siehe Abb. 33.

Spitzenmuster mit gewickelten Stäbchen (Point d'Alençon), Feston Verbindung (Point d'esprit), Spinnen oder Rosetten (Point d'Angleterre) und Pyramidenfiguren (Point d'Irlande) zeigen in ihrer Ausführung Abb. 19, 20, 28, 30, 32 u. 34. Die gewickelten Stäbchen werden in der zu Abb. 9 vorhin erklärten Weise ausgeführt. Der Feston- und Pyramidenstich sind in der Filetgipüre zu Abb. 35—40, 69—72 erklärt worden. Es bleiben nur noch die Rosetten- oder Spinnenmuster übrig. Diese Muster erfordern größere Räume für ihre Herstellung. Das Muster Abb. 32 ist in drei Arbeitsgängen auszuführen. Beim ersten Gang werden die Fäden für das Gitter zunächst in einer Richtung in gleichmäßigen Abständen gespannt. Dann hat man für den zweiten Gang die Fäden in entgegengesetzter Richtung zu spannen, wobei man nach Abb. 32 die Fäden durchflicht. Beim dritten Gang sind die Rosetten (Spinnen) an den Kreuzungsstellen auszuführen. Man umwickelt nach Abb. 32 den Spannfaden bis zur Kreuzungsstelle, umnäht diese durch mehrere Stopfstichreihen, indem man abwechselnd mit der Nadel einen Faden aufnimmt und einen Faden liegen läßt. Nach der letzten Reihe leitet man den Faden durch Umwickeln des Gitterfadens zur nächsten Kreuzungsstelle und wiederholt die Ausführung der Spinne. — Das Muster mit doppeltem Fadengitter Abb. 28 erfordert vier Arbeitsgänge zur Herstellung. Für den ersten und zweiten Gang werden die Fäden in gerader Richtung, kreuz und quer, übereinandertreffend gespannt. Beim dritten Gang spannt man die Fäden in einer Schrägrichtung. Beim vierten Gang werden die Fäden in entgegengesetzter Schrägrichtung gespannt und gleichzeitig arbeitet man an den einzelnen Kreuzungsstellen die gestopften Spinnen. Nach der letzten Stichreihe wird der Faden durch einen kleinen Befestigungsstich, der in die letzte Reihe greift, gesichert, worauf man weitergehend den Faden in schräger Richtung zur nächsten geraden Kreuzung spannt. Statt der einfach gestopften Spinnen kann man auch Rippenspinnen arbeiten. Hierfür führt man den Faden stets unter zwei Spannfäden weiter, sticht empor und bildet um den letzten Spannfaden einen kleinen Hinterstich (Rippenstich), siehe Abb. 34. Große, durchbrochen wirkende Räume füllt man mit Einzelfiguren: Spinnen, Rosetten, Blättchen u. dgl. Für die Ausführung verweisen wir auf die Abb. 50—84 und die Erklärungen in dem Lehrkursus „Filetgipüre". Im Anschluß an den Lehrkursus zeigen wir die Verwendung der Spitzenbändchen zur Herstellung einer Randspitze auf Tüllgrund. Die Spitze Abb. 35 imitiert eine echte Brüges-Spitze. In dieser schnellfördernden Ausführung werden jetzt die mannigfachsten Gegenstände gearbeitet, z. B. Spitzen, Einsätze, Decken, Läufer u. dgl. Für diese Arbeitsart heftet man zunächst den Tüll fadengerade über die mit dem Muster versehene Unterlage. Dann werden in bekannter Art die Bändchen aufgeheftet. Nun befestigt man mit Spitzenzwirn oder feinem Nähgarn durch unsichtbare Saumstiche die Bändchenkonturen auf den Tüllgrund, ohne dabei durch die Unterlage zu stechen. Für Ausschnitte, die mit Spitzenstichen zu füllen sind, hat man den Tüll zu entfernen und den Schnittrand durch Kordonnierstich zu sichern. Zuletzt sei noch bemerkt, daß die fertige Spitzenarbeit sorgsam von der Unterlage zu lösen ist. Man schneidet auf der Rückseite der Unterlage die Stiche durch und zupft mit den Fingern die losen Fadenenden aus. Dann bügelt man die Spitze auf der Rückseite über weicher Unterlage. Es empfiehlt sich ein feuchtes feines Leinen — oder Batisttuch über die Spitze zu legen und über dieser Auflage zu bügeln, dadurch wird die Spitze leicht gesteift.

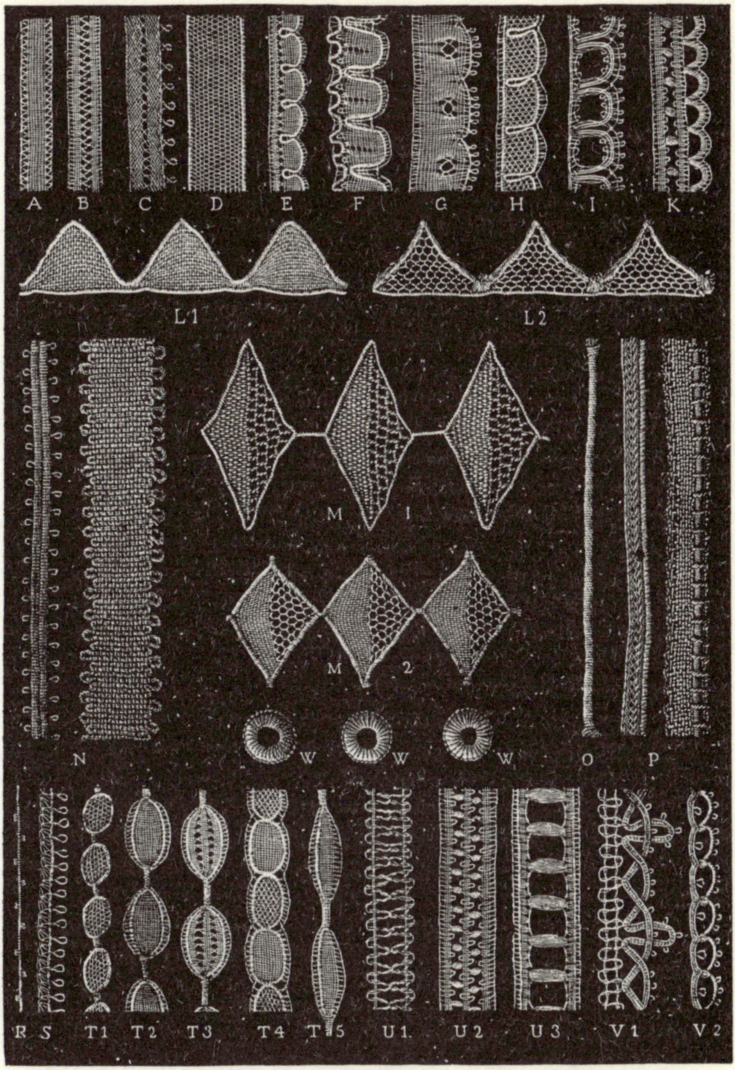

37. Gewebte Bändchen und Langettenringe für die irische Spitzenarbeit

A—D. Glatte, dicht gewebte und durchbrochene Bändchen. — C. Bändchen mit Pikotrand. — E—K. Dicht gewebte und durchbrochene Bogenbändchen. — L 1—L 2. Dicht gewebte und durchbrochene Zackenbändchen (Reticellabändchen). — M 1 und M 2. Bändchen mit viereckigen Medaillons. Eine Hälfte dicht gewebt, die andere Hälfte durchbrochen. — N. Pikotbändchen — O. Kordel. — P. Bändchen mit verstärktem Rand durch eingewebte Kordel. — R. Pikotzwirn. — S. Feines Pikotbändchen. — T 1—T 5. Medaillonbändchen. — U 1—U 3. Durchbrochene Bändchen. — V 1—V2. Spitzenbändchen

38. Bändchenspitze. Nachbildung einer geklöppelten Bandgipüre

Die Plattstich-stickerei

Die Plattstichstickerei zählt zu den sogenannten freien künstlerischen Techniken, die in ihrer Herstellung von der Textur des Grundstoffes unabhängig sind. Als Hauptbedingung gilt, das Muster klar und deutlich von dem Gewebe hervortreten zu lassen. Die Eigenart der Technik beruht auf dem Übersticken der Musterflächen durch dicht nebeneinander ausgeführte Stiche, die mit verschiedenartigem Material, in einer Farbe oder in mehreren zusammenstimmenden Farben, gearbeitet werden. Man unterscheidet zwei Hauptgruppen der Plattstichstickerei: erstens die unschattierte und zweitens die schattierte Plattstichstickerei. Jede Gruppe zerfällt wieder in verschiedene Unterabteilungen. In der unschattierten Plattstichstickerei werden durch die dicht anschließenden Stiche alle Musterflächen oder nur einzelne Musterfiguren gedeckt, unter Benutzung von verschiedenen Farbentönen, die durch malerisches Ineinandersticken verschmelzen. Man stickt entweder in gerader, kurzer Stichlage quer über die Musterfläche oder in schräger Stichlage. Infolgedessen entstanden die technischen Benennungen „gerader" und „schräger" Plattstich. Dazu kommt noch die Ausführung mittels ineinandergreifender Stiche, wobei die Stiche in unregelmäßiger Stichlänge, jedoch mit Beachtung einer regelmäßigen Stichlage, ineinandergreifend zu sticken sind. Diese Stickweise findet hauptsächlich in der zweiten Gruppe „Die schattierte Plattstichstickerei" Anwendung. Man unterscheidet die einfache schattierte Plattstichstickerei, wobei die Farben in einzelnen Tonabstufungen ineinander gestickt werden, mit Beachtung der richtigen Licht- und Schattenwirkung. Die andere Art ist die freie schattierte Plattstichstickerei, die sogenannte „Nadelmalerei". Hierfür sind feines Farbenempfinden, zeichnerisches und malerisches Verständnis, sowie die Befähigung, die richtige Wahl der Muster treffen zu können, ebenso wichtig, als die vollendete Beherrschung der Technik. Diese Voraussetzungen muß die Stickerin erfüllen, wenn eine Arbeit von künstlerischem Wert entstehen soll. Mit Nadel und Stickfaden werden der Bildmalerei ähnliche Wirkungen erzielt und so können in Nadelmalerei die mannigfachsten Naturformen, z. B. Pflanzen, Früchte, Mineralien u. dgl., sowie allerlei Figür-

I. Bordüre. Unschattierte Plattstich- und Stielstichstickerei. Aus der Zeitschrift „Das Blatt der Hausfrau". Muster Nr. 2959. Näheres S. 15. Entw. v. Hedi Stern, Wien

liches, selbst lebensvolle Tiergestalten und Menschen dargestellt werden. Künstlerische Prachtstücke mit Nadelmalereien sind uns aus der Renaissancezeit erhalten, und diese schönen Arbeiten stammen fast immer aus Italien, Spanien, Frankreich und Deutschland, wo die Technik hauptsächlich zur Ausstattung von kirchlichen Gewändern diente, aber auch zur Verzierung von profanen Gegenständen, z. B. für Banner, Fahnen, sowie für Damen- und Herrengarderobe herangezogen wurde. In unserer Zeit, wo der künstlerischen Ausschmückung der Wohnräume besondere Aufmerksamkeit und Sorgfalt gewidmet wird, hat sich der Plattstichstickerei ein neues, weites Feld eröffnet. Dazu kommt noch die Ausnutzung der Technik für Konfektionsstickereien.

Um unseren Leserinnen einen Begriff zu geben, wie mannigfaltig die Plattstichstickerei auszuführen ist und wie die Technik für unsere neuen, im Zeitgeschmack stilisierten Muster nutzbar gemacht wird, veröffentlichen wir verschiedene Vorlagen von Gebrauchsgegenständen und hoffen, daß die aus UllsteinsFrauenblättern entnommenen Arbeiten Viele zur Nachahmung anregen werden.

In dem Lehrkursus behandeln wir eingehend die Technik der schattierten Plattstichstickerei. Die unschattierte Plattstichstickerei braucht keiner besonderen Abhandlung, weil die Stickweise so einfach ist, daß es jedem leicht gelingt, nach unseren bildlichen Darstellungen die Ausführung zu übernehmen. Es sei nur noch darauf hingewiesen, daß die Stickerin nach eigenem Formempfinden die am besten für die Form geeignete Stichlage finden muß, z. B. werden bei gerundeten Formen an der inneren engen Kontur die Stiche enger aneinander gearbeitet, als an der äußeren Kontur, wodurch sich die Stichlage stets der Form anpassen läßt. Bei größeren Rundungen liegen die Stiche oft zu weit auseinander, so daß der Stoff durchschimmert und dann müssen diese Zwischenräume durch kleinere Hilfsstiche ausgefüllt werden. Die Hilfsstiche dürfen nicht sichtbar sein.

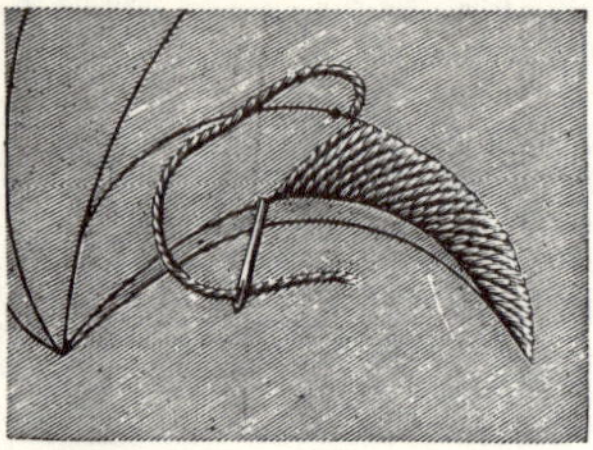

1. Ungeteiltes Blatt
Ausführung der ersten Stichlage. Die Fläche unter der Hilfslinie ist in der zweiten dunkleren Farbe zu übersticken

Stoff und Arbeitsmaterial

Jede Art Leinen-, Baumwollstoffe, Seide, Tuch, Samt, Plüsch und Brokat können für die Technik Verwendung finden. Widerstandsfähige Gewebe, die sich gut einspannen lassen und sich beim Sticken nicht verziehen können, eignen sich am besten und zum Besticken brauchen keine besonderen Vorsichtsmaßregeln gegeben werden. Empfindliche Stoffe, z. B. klare Gewebe, feine Seidenstoffe, Samt, Plüsch und Brokat, die sich leicht beim Arbeiten verziehen, werden mit einem haltbaren Untergrund versehen, den loses unappretiertes Leinen, Batist oder Nessel bilden können.

Dem Grundstoff ist das Material anzupassen. Man kann mit Wolle, leicht dralliertem Leinen- und Baumwollgarn, auch mit Twist (Stopfwolle), Seide und Chenille sticken. Für feine Nadelmalereien dient feinste offene Seide, sogenannte Malseide, als Arbeitsfaden. Um Abwechslung in die Arbeit zu bringen und einzelne Stellen des Musters besonders wirken zu lassen, werden häufig Metallfäden oder Perlen mit verarbeitet. Stets gibt man Material in bester Qualität den Vorzug, weil minderwertiges Material selten farbecht fabriziert werden kann und auch nicht in feinen Farbentönen erhältlich ist. Um erhöhte malerische Wirkungen hervorzubringen, werden häufig verschiedene Arten von Stickmaterial benutzt, deren Reiz meistens nur von sehr kurzer Dauer ist. Aus praktischen Erfahrungen ist bekannt, daß jede Art des Materials die Farbe verschiedenartig annimmt, z. B. färben sich Wolle-, Seiden- und Leinenfäden besser als Baumwollfäden. Von der Farbenannahme ist auch die Dauer der Haltbarkeit der Farbe abhängig. Je nach der Farbmenge richtet sich das allmähliche Verblassen der Farbe. Infolgedessen macht sich bei der Verbindung von verschiedenartigem Material ein ungleichmäßiges Verblassen der Farben bemerkbar, wonach in verhältnismäßig kurzer Zeit der ursprüngliche Farbenreiz, der auf

2. Geteiltes Blatt
Ausführung der ersten Stichlage
Siehe Abb. 3—5

dem harmonischen Zusammenklang der Farben beruht, verloren geht, die Arbeit wird unansehnlich und wertlos, und es lohnte sich nicht der Mühe für die technische Herstellung. *Garantiert dauernd farbechtes Material ist nicht fabrizierbar*, weil sich jede Farbe durch Einwirkung von Licht, Luft und Feuchtigkeit verändert. Jedoch ist heutzutage die Färbekunst imstande, unzählige Tonabstufungen in den verschiedenen Materialarten gut zu färben, wodurch es möglich wird, in einer Materialart leicht eine malerische, künstlerische Plattstichstickerei durchzuführen. Durch die Verwendung von feinerem und stärkerem Faden gelingt es, Abwechslung und verschiedenartige reizvolle Wirkung in die Arbeit zu bringen.

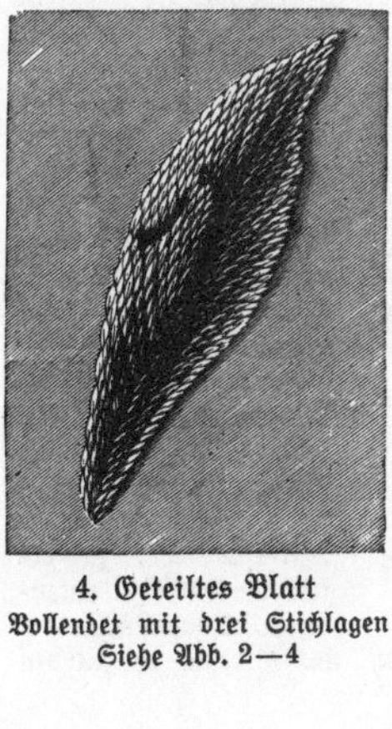

4. Geteiltes Blatt
Vollendet mit drei Stichlagen
Siehe Abb. 2—4

Das Einspannen des Stoffes

und das Übertragen der Mustervorzeichnung.

Das sorgfältige Einspannen des Stoffes ist die erste Bedingung für das gute Gelingen der Arbeit. Wie bereits erwähnt, sind empfindliche und leicht dehnbare Stoffe mit einer leichten Stoffunterlage zu versehen. Hierfür spannt man die Unterlage zuerst ziemlich lose in den Rahmen ein, siehe die Erklärung über „Das Einspannen des Stoffes“, Seite 277. Dann wird der Oberstoff zunächst mit feinen Stahlstecknadeln oder feinen Nähnadeln an allen vier Seiten am Rande festgesteckt, so, daß die Stofflagen fadengerade aufeinander liegen, wodurch das spätere Verziehen beim Festspannen unmöglich wird. Auch ist es geboten, den Unterlagestoff etwas loser zu fassen als den Oberstoff, der sich dann besser anspannt. Wird der Unterlagestoff zu straff gehalten, so wirft der Oberstoff leicht Falten, die die ganze Stickerei verunstalten können. Nun wird der sorgsam aufgesteckte Oberstoff ringsum, etwa 1 cm vom

3. Geteiltes Blatt
Ausführung der zweiten Stichlage. Siehe Abb. 2, 4—5

Rand entfernt, mit Hinterstichen auf dem Unterlagestoff festgenäht. Man wählt widerstandsfähigen festen Faden, jedoch nicht sprödes Material, das beim Anspannen den Stoff einreißen kann oder selbst beim Spannen reißt. Am geeignetsten sind Stickbaumwolle oder widerstandsfähige drellierte Seide. Erst auf den im Rahmen straff gespannten Stoff ist sorgsam das Muster zu übertragen. Bei besonders großen Arbeiten wird die Vor-

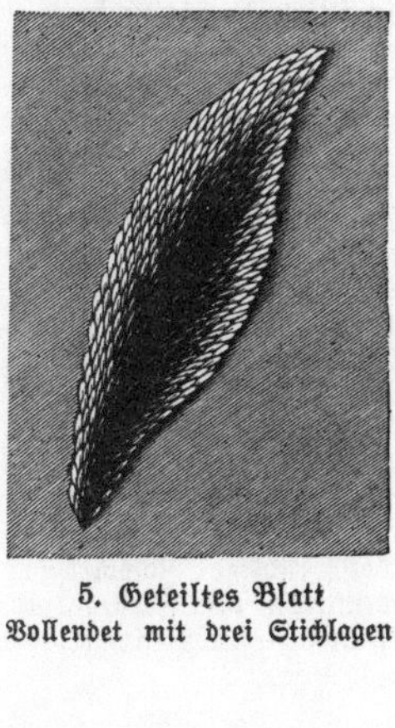

5. Geteiltes Blatt
Vollendet mit drei Stichlagen

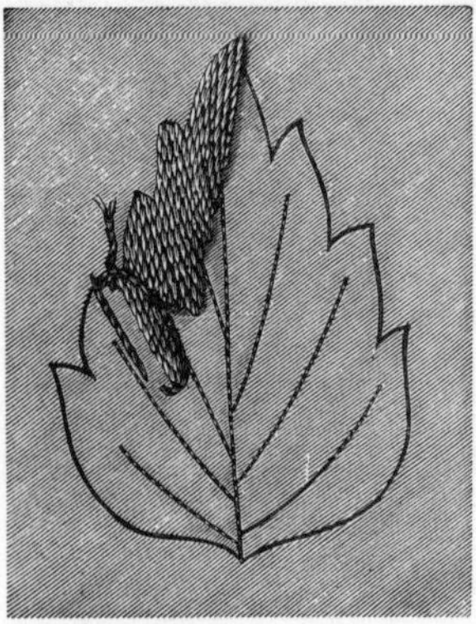

6. Gezahntes Blatt. Ausführung der ersten Stichlage. Sieh. Abb. 7 und 8

7. Gezahntes Blatt. Ausführung der zweiten Stichlage. Sieh. Abb. 6 und 8

zeichnung vor dem Einspannen sorgsam auf den Stoff übertragen, siehe „Das Übertragen der Mustervorzeichnungen" Seite 273. Man benutzt am besten zum Einspannen des Stoffes einen gut gebauten viereckigen Pfostenrahmen, siehe Abb. 1 „Die Goldstickerei", und spannt auch in gleicher Art, wie für die Goldstickerei, den Stoff ein. Für das Sticken von größeren Arbeiten empfehlen wir das Einspannen mittels Aufstecken des Stoffes über eingespanntem Stoff, siehe Seite 290 „Die Weißstickerei".

Das Sticken

Bei der Ausführung der schattierten Plattstichstickerei muß die Stickerin schon Vorübung im Sticken haben. Die beste Vorstufe ist die Beherrschung der Weißstickerei, wonach sich spielend die unschattierte Plattstichstickerei und nach dieser die künstlerische, schattierte Plattstichstickerei arbeiten lassen. Wie oben vermerkt, ist es Vorbedingung für das gute Gelingen einer Arbeit, wenn die Stickerin zeichnerische und malerische Vorkenntnisse besitzt und auch mit den wichtigsten Gesetzen der Farbenlehre resp. der Zusammenstellung der Farben vertraut ist, siehe die Abhandlung über „Farbenwahl" Seite 468. Das richtige Zusammenstellen der Farben ist von großer Wichtigkeit für den malerischen Erfolg der Arbeit. Durch die geschickte Verteilung der Farben wird es möglich, etwaige Schwächen oder Fehler in der zeichnerischen Anlage des Musters nicht in Erscheinung treten zu lassen. Stets muß die Farbe mit der Form im Einklang stehen, z. B. wird man sinngemäß bei einem Muster die Hauptformen in kräftigeren Farben ausführen, als die Nebenformen oder die scheinbar im Hintergrund liegenden Figuren. Auch muß bei der Farbenwahl des Musters der Grundfarbe des Stoffes richtige Beachtung geschenkt werden. Daher ist es ratsam, vorher das Stickmaterial dem zu bestickenden Stoff aufzulegen. Danach läßt sich die Wirkung der Farben

8. Gezahntes Blatt. Ausführung der dritten Stichlage. Siehe Abb. 6 und 7

9. Ornamentale Blume. Schattierte Plattstichstickerei

leichter bestimmen, als wenn man nach einem gemalten Papiermuster die Farben wählt. Papierfarben wirken im Material und im Stoff ganz anders als auf dem Papiermuster. Würde die von uns erwähnte Vorsicht in der Regel angewendet, so kämen nicht so viele Enttäuschungen vor, derart, daß man sich später darüber wundert, daß das Muster in der Stickerei entweder heller oder düsterer wirkt, als es das Papiermuster zeigt. Außer diesen Bedingungen sind scharfes Sehen im Verfolgen der Linien des Musters und ein geschulter malerischer Blick wünschenswert, wodurch sich richtige Stichlage und gute Farbenstimmung erzielen lassen. Man arbeitet am besten nach einer zugrunde liegenden farbigen Vorlage; dabei ist eine handgemalte Vorlage einer bunt gedruckten vorzuziehen, weil sich die Druckfarben nicht so rein und scharf wiedergeben lassen und weil durch die vielen Mischfarben das Nachsticken erschwert wird. Selbstentwerfende, malende Stickerinnen brauchen dieses Hilfsmittel nicht und sticken frei nach eigenem Farbenempfinden. Gleichzeitig sei noch erwähnt, daß man auf rauhen Stoffen: Samt und Plüsch über aufgeklebte ausgeschnittene Formen aus feinem Leinen oder Batist stickt, siehe das Befestigen der Formen unter „Goldstickerei", Seite 410. Eine andere Vorarbeit ist das Übersticken der Musterflächen mit dicht anschließenden Spannstichen in entgegengesetzter Stichlage zur Plattstichstickerei, wodurch die feinen Stoffhärchen gedeckt werden und sich nicht zwischen der Stickerei durchdrängen können. Über die Stoff- oder gestickte Unterlage wird die Plattstichstickerei ausgeführt. Auf jeden Fall haben Plattstichstickereien auf Samt oder Plüsch keinen Anspruch auf künstlerischen Wert.

Die einfache schattierte Plattstichstickerei läßt sich nach den bildlichen Darstellungen Abb. 1—9 leicht erlernen. Abb. 1 zeigt die Ausführung eines ungeteilten Blattes mit eingezeichneter Hilfslinie; diese dient zur Orientierung für die zu bestickenden Flächen in den einzelnen Farbentönen. Die obere, breite Fläche wird durch die helle Farbe gedeckt, die untere schmale Fläche dient zum Einsticken der dunklen Farbe. Man beginnt von der Blattspitze ausgehend und stickt in schräger Stichlage dicht anschließende Plattstiche, wobei man die Stiche glatt nebeneinander legt und den Faden gleichmäßig anzieht. Um die gleichmäßige Fadendrehung beizubehalten, hat man während des Arbeitens den gelockerten Faden leicht zuzudrehen, indem man mit der Nadel die Drehungen ausführt. Während des Stickens darf der Faden so wenig als möglich mit der Hand in Berührung gebracht werden, damit der Faden dauernd seinen ursprünglichen Glanz behält, dieser verschwindet leicht, wenn der Faden mit der warmen Hand häufig angefaßt wird. Es ist wichtig für das gute Gelingen der Arbeit, den Faden dauernd glatt zu erhalten. Das läßt sich erzielen, wenn man vorher den Faden zwischen Daumen und Zeigefinger der rechten Hand rasch durchgleiten läßt, wobei die linke Hand den Faden gespannt hält und die Fingernägel der rechten Hand den Faden glätten; dabei ist zu beachten, daß der Faden in der Richtung der Fadendrehung geglättet wird, entgegengesetztes Glätten hätte das Aufrauhen des Fadens zur Folge. Dieses Verfahren ist auch für offene Seidenfäden empfehlenswert. Sollten sich doch Rauhheiten des Fadens zeigen, so muß der rauhe Faden sofort entfernt und durch einen neuen glatten Faden ergänzt werden. Rauhe Stiche sind eventuell unsichtbar zu übersticken. Für Anfängerinnen empfiehlt es sich, die ersten Versuche genau nach unseren Vorlagen auszuführen. Nachdem die erste Stichreihe in derselben Farbe vollendet ist, hat man mit der zweiten Farbe die untere Fläche zu füllen, mit Beachtung der gleichen Stichlage. Hierbei greifen die Stiche tief in die erste Stichlage zurück. Abb. 2—5 erklären die Ausführung eines in der Mitte geteilten Blattes, das in schräg zur Mitte zueinander treffender Stichlage in drei Farbentönen auszuführen ist. Je von der Spitze beginnend, wird im hellsten Farbenton durch die erste Stichlage die Kontur gedeckt. Bei der Ausführung der zweiten Stichlage, Abb. 3, in der nächst dunkleren Tonabstufung, greifen die Stiche in die erste Stichlage tief zurück. Die Stiche dürfen jedoch nicht so dicht wie bei der ersten Reihe gestochen werden, um Raum zu lassen für den dritten dunkleren Farbenton, wobei die Stiche zwischen den Stichen der zweiten Stichreihe nach Abb. 4 einzusticken sind.

Gezahnte Blätter zeigen Abb. 6 bis 8 in ihrer Herstellung. Bei derartig gezackten Blättern beginnt man stets von der Mitte der einzelnen Blattzacken ausgehend und bis zu deren Einschnitten arbeitend, auf diese Weise lassen sich die Stiche für die Fläche gleichmäßig einteilen, und so wird die Ausführung bedeutend erleichtert. Auch das spätere Einschattieren der drei bis fünf Tonabstufungen ist auf diese Weise auszuführen.

Blumen und Doppelblätter mit übereinanderliegenden Blättern werden in der an Abb. 9 ersichtlichen Weise gestickt. Man stickt zuerst die scheinbar unten liegenden Blätter und zuletzt das oben liegende Blatt in zur Mitte treffender schräger Stichlage. — Kräftige Stiele werden meistens in schräger Stichlage ausgeführt. Dagegen stickt man feine Stiele und Linien in Stielstich, siehe die Ausführung Abb. 12—15 in dem Lehrkursus „Die Weißstickerei", Seite 284.

Die schattierte Plattstichstickerei in japanisch-chinesischer Art, auch genannt „japanische Plattstichstickerei". Unübertrefflich in technischem Können und feinem künstlerischen Farbenempfinden sind die Japaner und Chinesen. Vortreffliche Beispiele geben

10. Bordüre. Chinesisch-japanische Nadelmalerei. Mit offener Seide auf Seidenstoff ausgeführt

ihre farbigen Seidenstickereien, mit denen sie ihre profanen und kulturellen Gewänder, sowie ihre Gebrauchsgegenstände, wie Paravents, Decken, Fächer und dgl. schmücken. Mit feinster, offener, selbstgefärbter Seide werden die Stickereien häufig in Verbindung mit Metallfäden ausgeführt. siehe die japanische Goldstickerei, Abb. 25, Seite 415. Die japanische Plattstichstickerei unterscheidet sich von der europäischen Plattstichstickerei durch die Eigenart der Technik. Die Farben werden in einzelnen Zonen schichtweise übereinandergestickt, resp. angestickt, so daß die Farbenübergänge scharf voneinander abgegrenzt wirken und nicht wie bei der schattierten Plattstichstickerei ineinander verschmelzen. Man stickt in gleichmäßiger schräger Stichlage; um diese beizubehalten, hat man an Rundungen, wie bei der unschattierten Plattstichstickerei, siehe Seite 370, durch kleine Hilfsstiche weite Zwischenräume auszugleichen. Formen, die in zwei und mehreren Farbentönen gestickt werden sollen, werden stets

11. Fruchtzweig
Chinesische Knötchenstich- und Stielstichstickerei

an der äußeren Kontur begonnen. Man deckt die Fläche durch dicht anschließende Stiche in gleichmäßiger Stichlage. Der zweite Farbenton wird der inneren Stichkontur sorgsam aufgestickt, wobei die Stichlänge etwas über die Grenzlinie der nächsten Tonabstufung greift. Nun wiederholt sich das Aufsticken der einzelnen Farben so oft, bis die Form gefüllt ist, siehe das Musterstück Abb. 10. Unschwer läßt sich die japanische Plattstichstickerei gleichseitig ausführen, und die gleichseitige Stickweise findet für feine, durchsichtige Gewebe, die beiderseitig wirken sollen, Anwendung, z. B. für Fächer, Lichtschirme, Schärpen u. dgl. Eine gleichseitige Stickerei wird erzielt, wenn man die Stiche gleichmäßig dicht aneinander stickt, das allzu rasche Wechseln der Stichlage vermeidet und den Faden stets nach Fertigstellung jeder einzelnen Figur unsichtbar zwischen der Arbeit vernäht. Um eine künstlerisch wertvolle Stickerei zu erzielen, ist größte Aufmerksamkeit beim Arbeiten geboten. An unserer Vorlage, Abb. 10, wirkt die schmale Bäumchenbordüre der Randverzierung in hell- und mittelblaugrünem Plattstich und in blattgrünem Strichstich. Schwarzer Stielstich bildet die geraden Begrenzungslinien. Der Falter schattiert in drei abgestuften Tönen violett, weiß, kobaltblau, smaragdgrün, goldgelb, schwarz und kirschrot (cerise). Kobaltblau und violett wirken die Blüten an dem kleinen Blütenzweig, dessen Stiel hellblaugrüner schräger Plattstich bildet. Blattgrüner Plattstich bringt die Zweigblättchen und Blütenkelche zum Ausdruck. Die übrigen kleinen Streublüten sind kobaltblau. — Abb. 11 macht die Technik der chinesischen Nadelmalerei in reihenweise gearbeitetem Stielstich verständlich. Die Blätter sind in schattierter chinesischer Knötchenstichstickerei ausgeführt. Für den Stamm und Fruchtstiel kommt Anlegearbeit mit gerauhtem Kordonnetseidenfaden in Anwendung. Hierfür wird ein Fadenende mit einem Knoten versehen. Dann hat man einen Spaltfaden etwas anzuziehen und auf den gespannten Faden den zweiten Spaltfaden zusammenzuschieben, so daß sich lose Fadenschlingen bilden Der gerauhte Faden wird mit gleichfarbener, gespaltener Filoflosseseide oder Malseide unsichtbar durch Überfangstiche niedergenäht. Derartig dicht nebeneinander befestigte Seidenfäden erzielen eine eigenartige reizvolle Wirkung.

Eigenartig und geschmackvoll wirken chinesische Seidenstickereien, wobei die Muster in verschiedenen Sticharten ausgeführt sind. Häufig finden wir die Verbindung von japanischer Plattstichstickerei, schattierter Knötchenstich- und Stielstichstickerei. Vielfach werden Muster nur in Knötchenstichstickerei ausgeführt, und diese Stickerei erzielt den Eindruck von Pastellmalerei. Je nach der Farbenwirkung werden die Knötchenstiche, wie die japanische Plattstichstickerei, in den einzelnen Farbentönen zonenweise aneinander gestickt oder man stickt in ineinander verschmelzenden Farbentönen, wobei man für die feinen Farbenübergänge stets den Arbeitsfaden mit dem Faden des nächsten Farbentones vermischt, d. h. man stickt mit zwei verschiedenfarbigen Fäden. Feine Mischtöne werden durch verschiedenfarbige Fadenverbindungen erzielt. Den chinesischen Knötchenstich bilden flach liegende, lose Knötchen. Hierfür schlingt man den Faden, nach Abb. 71, siehe Seite 293, von rechts nach links um die Nadel und sticht in geringer Entfernung durch die Fadenschlinge, wobei man rasch den Arbeitsfaden nach abwärts zieht, wodurch sich oben das flache Knötchen bildet. Musterfiguren in Knötchenstickerei werden meistens durch andersfarbigen Stielstich, aufgenähte feine Metallfäden oder Schnürchen konturiert. Eine Abart der schattierten Plattstichstickerei ist auch der chinesische schattierte Stielstich, siehe die Vorlage Abb. 11. Hierfür füllt man die Musterflächen nach der Form durch dicht anschließend gearbeitete Stichreihen. Man stickt mit feiner gedrehter Seide, feinster Kordonnetseide oder mit mehrfädiger, offener Seide, die man während des Arbeitens gleichmäßig zusammendreht. Wie bei der Knötchenstichstickerei hat man für feine Farbenübergänge verschiedenfarbige Fäden zusammenzudrehen und diesen Fadenbüschel als Arbeitsfaden zu benutzen. Unter der Bezeichnung „nach der Form sticken“ versteht man das Füllen einer Form, wobei man an der Kontur beginnt und dieser folgend, nach innen arbeitend, dicht aneinanderschließende Stichreihen arbeitet. Die Stichreihen sind stets in derselben Stichrichtung auszuführen, in der man die erste Reihe gestickt hat. Durch das willkürliche Hin- und zurückarbeiten entsteht eine unruhige Wirkung. Diese Regel gilt auch für Plattstichstickerei.

12. Kissen aus schwarzem Samt. Bunte Woll- und Seidenstickerei. Flotte Nadelmalerei. Aus der Zeitschrift „Dies Blatt gehört der Hausfrau". Muster Nr. 6935. Näheres Seite 15. Entwurf und Ausführung von Elsa Niklaß, Berlin-Friedenau

Die Nadelmalerei

Bei dieser kunstvollen Technik, die nur von geschulten Händen in vollendeter Weise auszuführen ist, gibt es keine Regel für die Farbenverteilung. Auf Grund der Farbenskizze stickt die Stickerin nach eigenem Empfinden in freier Wahl die Farbentöne ineinander. Dabei ist zu beachten, daß die Stickerei glatt wirkt; einzelne Stiche oder Stichlöcher dürfen nicht sichtbar sein. Diese müssen durch Übersticken sorgsam ausgeglichen werden. Die Berufsstickerin hat hierfür die technische Bezeichnung „Das Vermalen der Flächen". Für feine Nadelmalereien benutzt man feinste offene Seide als Arbeitsfaden. Bei der ersten Stichlage, dem sogenannten „Untermalen", stickt man mit zwei bis drei Fäden. Dagegen wird mit einem Faden die Stickerei vollendet, „vermalt". — Sogenannte „dekorative" oder „flotte" Nadelmalereien, die man jetzt mit Vorliebe arbeitet, werden mit kräftigerem Material gestickt, z. B. mit Filoflosse-, Filoselle-, ungeteilter offener Seide, Kordonnetseide, geteilter Herkules- oder Cableseide, Moos-, Zephir-, Orientwolle und verschiedenartigem Baumwollgarn. Um diese Technik in ihrer Mannigfaltigkeit kennen zu lernen, veröffentlichen wir Vorlagen von fertigen Gegenständen mit Bezeichnung der Farben-

13. Zierknopf. Platt-, Stielstich- u. Perlstickerei. Aus der Zeitschrift „Das Blatt der Hausfrau" Entwurf von Hedi Stern, Wien

14. Seidenkissen mit Plattstichstickerei. Schräger und gerader Plattstich. Stiele: Stielstich. Arbeitsprobe Abb. 14a. Aus der Zeitschrift „Die Praktische Berlinerin". Muster Nr. 3508. Näheres Seite 15. Entwurf u. Ausführung von Gertrud Lorenz, Dresden

stimmung des Materials und der Größe des Modells. In der Voraussetzung der technischen Vorkenntnisse finden wir Sticherklärungen überflüssig.

Abb. 12. Kissen aus schwarzem Samt. Bunte Woll- und Seidenstickerei. Flotte Nadelmalerei. Größe: 50 zu 65 cm. Schwarzer Seidensamt ergibt den Kissenbezug. Die Vorderseite ziert ein künstlerisch stilisiertes Blütenmuster. Offene saftgrüne und kirschrote (cerise) Kunstseide und Mooswolle in zwei rötlichvioletten Farbentönen (eine Schattierung) und in Dunkelviolett bilden das Stickmaterial. Man spannt zunächst den Samt in den Stickrahmen und unterheftet den Stoff mit Batist oder Nessel. Dann wird die Mustervorzeichnung mittels gestochener Musterpause und Durchreibens von pulverisierter Kreide oder gelbem Kraftmehl übertragen, worauf man die punktiert wirkenden Musterlinien mit feinem Marderpinsel und weißer Deckfarbe (Wasserfarbe) nachzieht. Auf dem erhältlichen Muster sind die Farbentöne durch Zahlen markiert. Es ist ratsam, nach einer Farbenskizze zu sticken. Die Ausführung in den verschiedenen Sticharten läßt Abb. 12 erkennen. Man stickt mit Wolle und kirschroter Seide die Blüten. Grüne Kunstseide bildet die Farnkrautzweigchen und die Plattstichtupfen. Gleichfarbene chinesische Knötchenstiche füllen einzelne Blütenkerne.

Abb. 13. Zierknopf. Platt-, Stielstich- und Perlstickerei. Grundstoff für die Stickerei: cremefarbenes Tuch, Taftseide oder Leinen.

14a. Arbeitsprobe (nat. Gr.) für die Platt- und Stielstichstickerei zum Kissen Abb. 14

Stickmaterial: Filoflosseseide in Smaragdgrün, Rot, Orange, Schwarz und gleichfarbene, kleine runde böhmische Glasperlen. Nach dem Übertragen der Vorzeichnung mittels Abbügelns oder Aufpausens arbeitet man mit dreiteiliger Filoflosseseide im Stickrahmen. Die große Blütenrosette schattiert in pfaugrünem und ziegelrotem Plattstich, die unter der Arabeske liegende zweitgrößte in saftgrünem und ziegelrotem Plattstich; die anschließende in ziegelrotem und saftgrünem Plattstich und die kleine in saftgrünem Plattstich. Schwarzer Stielstich deckt die kreisförmige Umrahmungslinie, die gleichfarbene Arabeskenlinie konturiert und gliedert die Blütenrosetten und einzelne Plattstichtupfen. Den Mustergrund beleben in willkürlicher Farbenverteilung aufgestickte Perlen. Nach vollendeter Stickerei wird der Stoff, etwa 1 cm von der gestickten Randlinie entfernt, gleichmäßig fortgeschnitten. Für die Montierung schneidet man aus Flanell oder Barchent eine Scheibe in der Größe der Knopfplatte zurecht, klebt die Stoffplatte auf den Knopf und

15a. Arbeitsprobe (nat. Größe) für die chinesische Stielstich- und Knötchenstichstickerei, den schrägen, geraden und ineinandergreifenden Plattstich zum Kissen Abb. 15

15. Kissen mit bunter Wollstickerei. Chinesische Stielstich- u. Knötchenstichstickerei u. Plattstichstickerei. Arbeitsprobe Abb. 15a. Aus der Zeitschrift „Das Blatt der Hausfrau". Muster Nr. 1366. Näheres Seite 15. Entwurf von G. Kalhammer. Ausführung v. Marie Händler, Wien

befestigt darüber die Stickereiplatte, indem man auf der Arbeitsrückseite den Schnittrand durch strahlenförmige Spannstiche verbindet. Dann versieht man die Unterseite mit einer verstürzt angesäumten Deckplatte aus Tuch, Seide oder Satin.

Abb. 14. Seidenkissen mit Plattstichstickerei. Arbeitsprobe Abb. 14a. Größe: 45 : 60 cm. Grundstoff: Bastfarbene Japanseide. Stickmaterial: Filoflosseseide oder offene Seide (sogenannte spanische Seide) in Hell- und Dunkelorange und mittlerem Resedagrün. Das Muster wird durch Abbügeln auf den Grundstoff übertragen. Die Blüten schattieren hell- und dunkelorange; Kelchblätter, Stiele und Blätter wirken Resedagrün. Man stickt Blüten und Blätter in Plattstich und die Stiele in Stielstich, siehe die Arbeitsprobe Abb. 14a. Das Muster eignet sich auch für Paravents.

Abb. 15. Kissen mit bunter Wollstickerei. Chinesische Stielstich- und Knötchenstichstickerei, schräger, gerader und ineinandergreifender Plattstich. Arbeitsprobe Abb. 15a. Größe: 44 cm im Geviert. Stoff: Naturfarbenes englisches Leinen, etwa 1,90 m 3 cm breiter, schwarzweiß gestreifter Kattun für die Randeinfassung. Stickmaterial: Orient- oder Mooswolle in Dunkelultramarinblau, Russischgrün, Dunkelbronze, Granatrot, Weiß und Schwarz. Man überträgt die Vorzeichnung auf die Mitte der für die Vorderseite bestimmten Stoffplatte. Kordonnierstich (gesticktes Schnürchen), siehe die Erklärung unter „Weißstickerei", Seite 284, bildet die Arabeskenlinien, die äußere Konturlinie und die mittleren kleinen tulpenförmig zusammenkomponierten Palmettenblätter. Hierfür stickt man über einen losen Einlagefaden mit ultramarinblauer Wolle nach der Form anschließende Kordonnierstichreihen (gesticktes Schnürchen). Man beginnt an der Konturlinie und füllt durch anschließende geschlossene Stichreihen die mittlere Fläche. Bronzefarben wirken die Arabesken in der oberen Grundfüllung; die zwischen den Vögeln eingeschobenen Arabesken sind schwarz. In gleicher Farbe sind auch die Randlinie und die Grundflächen an den großen gelappten Blattzweigen gestickt. Weißer Stielstich deckt die Konturen der Blattzweige, dann folgt eine anschließende bronzefarbene Stielstichreihe, worauf man durch gleichartige anschließende, nach der Form gestickte grüne Stichreihen die Blatthälften füllt und die mittlere Blattader durch weißen Stielstich markiert. Gleichfarbener kurzer Plattstich, in gerader Stichlage zur Mittelachse, umschließt das herzförmige, gegliederte Mittelstück. Die mittlere Herzfigur bilden rote Knötchenstiche; anschließende Stielstichreihen markieren die bronzefarbene gelappte Blattkontur, den grünen Konturausschnitt der Bekrönungsfigur und das rote Blatt, das in der mittleren oberen Bogentiefe einkomponiert ist. Pfaublauer Plattstich füllt den Grund an dem Mittelstück. Nach der Form gearbeitete anschließende Stielstichreihen markieren auch den pfaublauen Kopf, die Flügel und den Schwanz der Vögel. Bronzefarbene anschließende Knötchenstiche decken die Musterflächen des unteren Teiles der Vogelkörper. Grüne und bronzefarbene Plattsticheffekte beleben den Schwanz; roter Plattstich markiert den Flügelansatz. Weißer Knötchenstich bildet das Auge. Gleichfarbener Strichstich konturiert den oberen Schnabelteil; bronzefarbener Plattstich bildet den Schnabel. Schwarzer Plattstich markiert die Beinchen. Rote Tupfen in Knötchenstich und bronzefarbene Plattstichtupfen beleben einzelne Grundflächen. Das künstlerisch stilisierte Muster eignet sich auch zur Verzierung von Paravents, Schrankeinlagen u. dgl.

Abb. 16. Gazefächer mit gleichseitiger japanischer Plattstich- und Flitternstickerei. Arbeitsprobe Abb. 16a. Größte Spannweite: 62 cm; Höhe des Fächerblattes: 18 cm. Cremefarbene Müllergaze (präparierte Fächergaze) ergibt das Fächerblatt. Weiße Malseide (feinste offene Stickseide) oder einteilige Filoflosseseide, runde Goldflittern in der Größe von 2 und 5 mm im Durchmesser und feinster Goldfaden bilden das Stickmaterial. Nach dem Übertragen der Mustervorzeichnung, siehe Seite 273, spannt man den Gazestoff in den Stickrahmen und stickt zunächst in gleichfarbigem schrägen Plattstich die Stiele, Arabesken, kleinen Zweigblättchen und die untere Konturlinie des Musters. Die größeren Zweigblättchen bilden nach der Arbeitsprobe Abb. 16a zonenweise aufgestickte Plattstichreihen, in der Art der japanischen Plattstichstickerei, siehe die Erklärung Seite 374—376. Um eine gleichseitige Stickerei zu erzielen, achtet man auf gleichmäßige Stichlage, korrekte Konturen und unsichtbares Vernähen des Arbeitsfadens, außerdem müssen die Stiche dicht

16. Gazefächer. Gleichseitige japanische Plattstich- und Flitternstickerei. Fächerschnur mit Chenillequaste, Arbeitsprobe Abb. 16a. Einzelansicht der Quaste Abb. 74, Seite 141, unter Posamenten-Knüpfarbeiten. Erklärung für die Knüpfarbeit der Quaste Seite 144. Aus der Zeitschrift „Die Modenwelt". Muster Nr 2500. Näheres Seite 15. Entwurf von Gustav Kalhammer, Wien. Ausführung von Marie Händler, Wien

16a. Arbeitsprobe (nat. Größe) für die gleichseitige japanische Plattstich- u. Flitternstickerei zum Fächer Abb. 16

anschließen. Für die Flitternstickerei werden die Flittern auf beiden Seiten extra befestigt. Man näht mit Goldfaden zunächst auf einer Seite die Flittern mittels zweier Überfangstiche in Gegenüberstellung auf, wendet, und befestigt in gleicher Weise auf der Rückseite den Flitter, worauf man den Goldfaden unsichtbar unter den Flittern im Stoff vernäht. Die Mitte des herzförmigen Ausschnittes kann das Monogramm zieren. Den losen Außenrand des Fächerblattes schmücken zwei dicht anschließende, unsichtbar durch goldgelbe Spitzenseide aufgenähte cremefarbene feine seidene Pikotbändchen. Mit der Montierung des gestickten Fächerblattes beauftragt man ein Fächergeschäft. Gestell aus weißem Perlmutter. Cremefarbene seidene Fächerschnur mit handgeknüpfter Passementeriequaste und Gehänge aus cremefarbener Seidenchenille. Erklärung für die Herstellung der Quaste siehe „Das Knüpfen von Posamenten" Seite 141, Abb. 74.

Abb. 17 Ovale Decke mit unschattierter Plattstich- und Stielstichstickerei. Größe: 39 cm Längsdurchmesser, 29 cm Querdurchmesser. Weißes feines Leinen ergibt den Grundstoff; kornblumenblaue, waschechte DMC-Filoflosseseide bildet das Stickmaterial. Statt Seide können auch Stickbaumwolle und Moulinégarn Verwendung finden Nach dem Übertragen der Mustervorzeichnung stickt man mit dreiteiligem Seidenfaden die Blattkonturen, Adern und Stiele in Stielstich und die übrigen Musterfiguren in Plattstich, dessen Stichlage an der Vorlage Abb. 17 ersichtlich ist. Über leichter Unterlage ausgeführter Langettenstich (Schlingstich) sichert den Rand der Decke. Den Langetten (Schlingen) folgend, wird der überflüssige Stoff entfernt. Das Muster wirkt auch sehr gut mit weißer Seide, Baumwolle oder Leinengarn gestickt.

Abb. 18. Leinenkissen. Leichte Buntstickerei. Arbeitsprobe Abb. 18a. Größe: 60 cm im Geviert. Stoff: Naturfarbenes feines Rupfenleinen. Stickmaterial: Perlgarn Nr. 7 in Kornblumenblau, Dunkellavendelblau, Mittellavendelblau, Hellavendelblau, Hellblauweiß, Bronze, Weiß, Fahlgrün, Blaugrün und DMC-Moulinégarn in Dunkelviolett, Dunkelolivgrün, Blauviolett und Dunkelrosa. Nach dem Übertragen des Musters spannt man die Leinenplatte für die Stickerei in den Stickrahmen. Dann sind nach der naturgroßen Vorlage Abb. 18a die Blätter und Blüten in den verschiedensten Sticharten einzusticken. Die Blütenblätter der Kornrade bilden drei anschließende gelbrote Stielstichreihen aus DMC-Moulinégarn, die mittlere Fläche ist im Grundton des Stoffes ausgespart. Blauviolett wirken die in dichtem Plattstich einzustickenden Blütenblätter der gleichartig stilisierten Blütchen, von denen Abb. 18a ein Einzelblütchen zeigt. Die eingeschobenen Deckblätter sind in grünem, ineinandergreifendem Plattstich aus Perlgarn gestickt. Der gleiche Faden bildet den bronzefarbenen Knötchenstich der Blütenkerne. Blättchenstich aus weißem Perlgarn bringt die Blättchen der

17. Ovale Tablettdecke Platt- und Stielstichstickerei. Aus der Zeitschrift „Das Blatt der Hausfrau" Muster Nr. 16276. Näheres Seite 15. Entwurf v. Milla Weltmann, Wien, Schule E. Margold

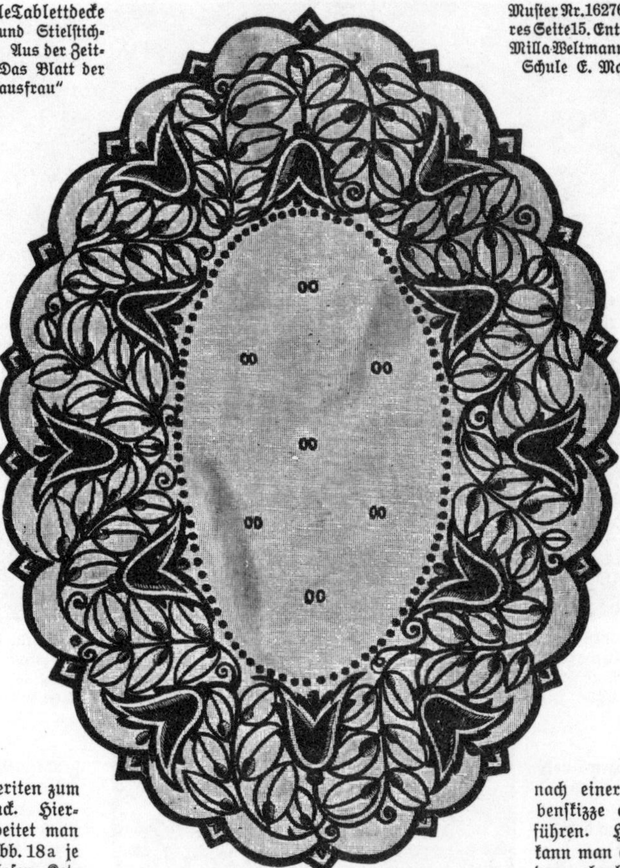

Margueriten zum Ausdruck. Hierfür arbeitet man nach Abb. 18a je einen losen Kettenstich und sichert die Schlinge in der Mitte durch einen kleinen Überfangstich. Die Kornblumen sind in dem natürlichen blauen Farbentone gehalten und in Plattstich in kurzer gerader Stichlage zur Mittelachse gestickt. Lavendelfarbene Stielstichreihen aus Perlgarn umschließen die runden Blütchen mit hellgelb-grünen in Plattstich gearbeiteten Blütenkernen. Hell- und dunkelgrüner Stielstich bildet die Stiele. Die Einzeltupfen sind in geradem Plattstich gearbeitet. Des leichteren Nacharbeitens wegen raten wir, die Stickerei nach einer Farbenskizze auszuführen. Hierfür kann man einfach das abgebügelte Bügelmuster benutzen, indem man nach der Farbenangabe die Musterfiguren mit Wasserfarben bemalt. Nach vollendeter Stickerei werden die Stoffplatten durch verstürzte Naht zum Bezug geschlossen. Für die losen Zipfel läßt man an den Ecken in je 10 cm Breite resp. Höhe die Schnittränder offen und versieht die Innenseite der losen Stoffteile mit resedagrünem englischen Leinen. Dann werden die Zipfel mit einer resedagrünen Baumwollschnur fest umwickelt, worauf man die je mit einer resedagrünen Quaste aus

18. Leinenkissen. Leichte Buntstickerei. Geeignet als Spielkissen für Kinderzimmer, für Balkon, Garten-Verandakissen. Arbeitsprobe Abb. 18a. Aus der Zeitschrift „Dies Blatt gehört der Hausfrau". Muster Nr. 6114. Näheres Seite 15. Entwurf von Hede Kletzl-Katzwendel, Reichenberg. Modell der Ersten Wiener Produktiv-Genossenschaft der Absolventinnen der k. u. k. Kunststickereischulen, Wien

Glanzgarn versehenen Schnurenden zur Schleife ordnet und diese festnäht.

Abb. 19 u. 19a. Runde Salontischdecke mit bunter Woll- und Seidenstickerei. Flotte Nadelmalerei. Arbeitsprobe Abb. 19a. Größe: 80 cm Kreisdurchmesser. Grundstoff: Silbergraue Bastseide. Stickmaterial:

18a. Arbeitsprobe (nat. Größe) für die leichte Buntstickerei zum Kissen Abb. 18

Zephirwolle in Zitronengelb, Silbergrau, Weiß und Blaugrau; Perlgarn Nr. 7 in Hellgrau, zweiteiliges Mouliné-garn in Creme, Kornblumenblau, Hellrosa, Hellblauviolett, Hell- und Dunkelkirschrot (cerise); Herkulesseide in Weiß und Kirschrot; zweiteilige Filoflosseseide in Fliederfarbe und Gelb. Für die

19. Runde Salontischdecke. Bunte Woll- und Seidenstickerei. Schattierter Plattstich Arbeitsprobe Abb. 19a. Aus der Zeitschrift „Die Modenwelt". Muster Nr. 1732. Näheres Seite 15. Entwurf und Ausführung von Margarete Sinsteden, Berlin

Farbenverteilung sind die Orientierungszeichen an dem erhältlichen Bügelmuster maßgebend, siehe Seite 15. Nach dem Abbügeln des Musters spannt man den Stoff in den Stickrahmen. Dann heftet man unter die Stofffläche Nessel oder Mull. Man stickt in flottem Plattstich und achtet auf gleichmäßige Konturen, da unregelmäßige Konturen die Arbeit entwerten. Für die Woll- und Seidenstickerei mit Herkulesseide benutzt man eine lange Tapisserienadel (Sticknadel) mit Spitze. Des leichteren Nacharbeitens wegen geben wir mit Abb. 19a die naturgroße Mustervorlage, an der die Ausführung der einzelnen Musterfiguren klar ersichtlich ist. Um fast mechanisch arbeiten zu können, raten wir, nach einer Farbenskizze zu sticken; diese läßt sich nach der Farbenerklärung des erhältlichen Bügelmusters herstellen. Hellgraue indische Seide bekleidet die Rückseite der Decke. Eine kräftige, schwarz-weiß gemusterte Seidenschnur begrenzt den Rand. Das Muster wirkt auch sehr gut auf Leinengrund gestickt.

Abb. 20. **Babyschuhe mit bunter Wollstickerei.** Stoff: etwa 15 cm weißer Flanell, 20 cm weißer Seidentaft für die Bekleidung der Innenseite. Stickmaterial: Zephirwolle in Fahlgrün, Vergißmeinnichtblau, Rot, Schwarz und Grau. Die originellen reizvollen Modellschuhe zeigen die Schnittform von holländischen Bauernschuhen mit der nach oben stehenden Spitze. Um diese Fasson zu erzielen, sind die einzelnen Schuhe in zwei Teilen zu arbeiten. Man überträgt die Vorzeichnungen auf den Flanell mittels Abbügelns nach schmaler Nahtzugabe an den Schnitträndern, spannt den Stoff in den Stickrahmen und heftet unter die Musterflächen weißen Batist oder Mull. Zunächst werden die Arabeskenlinien durch saftgrünen Stielstich gebildet. Dann stickt man mit roter und blauer Wolle die Blütchen in Plattstich. Schwarzer Knötchenstich markiert je die Blütenmitte. Die Blütchen an der vorderen Nahtlinie sind nicht zu besticken; diese werden zuletzt nach dem Zusammennähen der Teile frei aufgestickt. Graue Knötchenstiche beleben die Grundflächen. Nach Vollendung der Stickerei fügt man die mit den Schnittlinien mit schmaler Nahtzugabe zurechtgeschnittenen Teile durch verstürzte Naht zusammen, schneidet die Sohlen nach dem erhältlichen Schnitt, siehe Seite 15, aus weißem Leinen oder Handschuhleder zurecht, beklebt mittels dünnflüssigen Kleisters die Innenseite mit weißem feinen Leinen und verbindet durch überwendliche Stiche mit weißer Kordonnet- oder Knopflochseide den Sohlenrand mit dem Schuhrand. Nun bekleidet man die Innenseite mit dem Taft, versieht den oberen Schuhrand mit einem schmalen Zugsaum und leitet durch diesen ein farbiges Seidenschnürchen, das den vorderen Schleifenverschluß vermittelt. Zum leichteren Anziehen läßt man in der Mitte des Fußblattes am oberen Rand über der Naht einen kleinen Schlitz offen.

Abb. 21. **Gesticktes ornamentales Bild.** Schwarze Seiden- und Perlstickerei auf weißem Tuch. Arbeitsprobe Abb. 21a. Größe: 40 zu 52 cm, Rahmenbreite: 3 cm. Weißes feines Damentuch ergibt den Grundstoff. Schwarze feine Kordonnetseide und kleine runde schwarze Venezianer Glasperlen bilden das Stickmaterial. Man spannt den Stoff in den Stickrahmen und überträgt die Vorzeichnung mittels Abbügelns. Zunächst werden mit dem Seidenfaden die Konturen der Blütenrosetten durch schwarzen Langettenstich (Schlingstich) gedeckt. Stielstich bildet die feinen Linien an den Rosetten, sowie die Stielführungen der Arabeskenlinien, die je beiderseits in gleichmäßigen Abständen zueinander gestickte kurze Schrägstiche begrenzen. Plattstichtupfen markieren den Endpunkt der Arabeskenausläufer und beleben den Grund des Musters. Kettenstich (Tamburierstich) deckt die Kontur- und Zierlinien der Vase. Stielstich konturiert die Ringfiguren am Vasenfuß. Knötchenstich mustert einzelne Grundflächen. Hierfür stickt man chinesischen Knötchenstich, siehe die Erklärung Seite 376. Einzelne Musterflächen füllt Perlstickerei. Man deckt zunächst die Konturlinien und füllt nach innen die Fläche, indem man reihenweise, der Konturlinie folgend, die Perlen aufnäht. In Kreuzform befestigte Perlen markieren die Mitte der größeren Rosettenblüten beiderseits der unteren Rosette. Mit der Montierung der Stickerei beauftragt man ein Rahmengeschäft. Ein weiß lackierter, gewölbt gedrechselter Holzrahmen umschließt das verglaste Bild.

Abb. 22. **Mustervorlage mit bunter Wollstickerei. Platt-, Knötchen- und Stielstichstickerei.** Geeignet als Grundmuster. Der Reiz des Musters beruht auf der flotten Ausführung mit weißer und schwarzer Orientwolle auf orangefarbenem Leinengrund. An Abb. 22 ist die Verteilung der Farben, sowie die Anordnung der verschiedenen Sticharten ersichtlich. Für die weißen und schwarzen Knötchen wickelt man den Faden zweimal um die Nadel, siehe die Erklärung des gewundenen Knötchenstiches Abb. 70, Seite 293, unter „Weißstickerei". Nach Willkür läßt sich das Muster in beliebiger Zahl wiederholen und, gefällig angeordnet, als Grundmuster zur Verzierung von Decken, Vorhängen, Kissen u. dgl. benutzen.

Abb. 23. **Tischdecke mit Randbordüre in Platt- und Stielstich- und Soutachestickerei.** Größe: 1,50 m im Geviert. Stoff: Weißes russisches Leinen. Stickmaterial: Perlgarn in Schwarz, Blattgrün, Kirschrot (cerise), Moulinégarn in mittlerem Bronze, Kobaltblau und Weiß, dazu kommen noch schwarze, 5 mm breite Baumwollsoutache und gleichfarbenes feines Nähgarn für das Karo-

19a. Arbeitsprobe (nat. Größe) für die bunte Woll- und Seidenstickerei zur runden Salontischdecke Abb. 19

20. Babyschuhe. Bunte Wollstickerei auf weißem Flanell. Auch ausführbar in Seidenstickerei. Aus der Zeitschrift „Die Modenwelt". Musternummer 3556. Näheres Seite 15. Entwurf von Hildegard Simon-Moll, Berlin

muster des Grundes. Die Verteilung der Farben ist an dem erhältlichen Bügelmuster ersichtlich, s. Seite 15. Mit Abb. 23 zeigen wir ein Meisterwerk der modernen Ornamentik in technisch vollendeter Ausführung. An unserem Modell begrenzt die 18 cm hohe Borbüre den 6 cm breiten Steppsaum. Nach dem Übertragen der Mustervorzeichnung spannt man den Stoff in den Stickrahmen. Da die meisten Leserinnen nicht im Besitz eines großen Rahmens sein dürften, empfehlen wir das zonenweise Einspannen des Stoffes in einen Rahmen mittlerer Größe und verweisen hierfür auf die Anleitung Seite 290, Rubrik „Die Weißstickerei". Die Ausführung der Stickerei ist wie folgt: Plattstich in kurzer gerader Stichlage bildet die Blätter, die gebogten Konturlinien der einzelnen Musterfiguren, die Blätter der Sternfigur in den großen Blütenrosetten, das herzförmige Mittelstück in einzelnen Palmettenfiguren und die im Grund eingeschobenen Tupfen. Anschließende Knötchenstiche bringen die übrigen Tupfen zum Ausdruck. Die übrigen Musterflächen decken anschließende, nach der Form gestickte Stielstichreihen, siehe die Erklärung Seite 376.

21a. Arbeitsprobe (natürliche Größe) für die Seiden- und Perlstickerei zum Bild Abb. 21

Schwarzer Stielstich bildet die Blattadern, einzelne Konturen der Blütenrosetten und die Arabesken Anschließende Stielstichreihen markieren die Umrahmungslinien. Im Grunde wird die Soutache mit der Maschine aufgesteppt.

Abb. 24. **Kissen. Weiße Wollstickerei auf schwarzem Tuch.** Größe: 40: 44 cm. Stoff: 50 cm schwarzes Damentuch. Stickmaterial: weiße Zephir- und Mooswolle, 3 m weiße kräftige Wollschnur. An unserer Vorlage ist die Mitte der Vorderseite mit Stickerei verziert, die Rückseite bleibt. Man überträgt die Vorzeichnung mittels gestochener Musterpause, Durchreibens von Kreidepulver und Nachziehens der Musterlinien in weißer Wasserdeckfarbe mit einem feinen Haarpinsel, siehe „Das Übertragen der Mustervorzeichnungen", Seite 273. Zunächst werden mit Zephirwolle die ovalen Blätter der Blattzweige in schrägem Plattstich, in entgegengesetzter Stichlage zur Mittelader treffend gestickt. Der gleiche Arbeitsfaden bildet den Stielstich und schrägen Plattstich der Stiele und Arabesken. Mit Mooswolle werden die gezähnten Blätter in ineinandergreifendem Plattstich gearbeitet. Die Blattadern sind mit Zephirwolle in Stielstich aufzu-

21. Gesticktes ornamentales Bild. Schwarze Seiden- und Perlstickerei auf weißem Tuchgrund. Arbeitsprobe Abb. 21 a. Aus der Zeitschrift „Die Dame". Musternummer 3468. Näheres Seite 15. Entw. u. Ausf. von Dorothea Albert, staatliche Kunstgewerbeschule, Hamburg

sticken. Die Stoffplatten werden durch einen 4 cm breiten zwischengefügten gerade geschnittenen Tuchstreifen verbunden. Dann deckt man die Nahtlinie durch die unsichtbar aufgenähte weiße Wollschnur.

Abb. 25. Zierknopf. Plattstich-, Stielstich- und Perlstickerei. Ausführung wie bei der Vorlage Abb. 13, Seite 377.

Abb. 26. Teewärmer mit Bunter Wollstickerei. Größe: 28 cm Breite zu 35 cm Höhe. Material: 30 cm lose gewebtes Leinen 80 cm breit, 30 cm terrakottafarbener wattierter Satin, 1,70 m schwarz-weiß gemusterte kräftige Seidenschnur; Zephirwolle in Giftgrün, Dunkelblaugrün, Hell- und Dunkelolivegrün, Kupferrot, Bronze, Kornblumenblau, Hellpfaublau, Dunkelrot, in mittlerem Rot, Karmoisinrot, Blaurosa, Weiß, Rotbraun, Hellmattrot, Dunkelviolett und Rotviolett. Die Farbenverteilung bezeichnen Orientierungszahlen an dem erhältlichen Bügelmuster, siehe Seite 15. Beide Außenseiten des

Leinenbezuges sind mit dem gleichen Muster verziert. Man überträgt die Vorzeichnung und spannt den nicht zugeschnittenen Stoff in den Stickrahmen. An unserem Modell erzielt die Ausführung des Musters in verschiedenen Sticharten eine eigenartige hübsche Wirkung. Man arbeitet Plattstich-, Kreuznaht (Mossulstich), Langetten- und Knötchenstichstickerei. Die Verteilung der Sticharten läßt Abb. 26 deutlich erkennen. Verstürzte Naht fügt die nach den Schnittlinien zurechtgeschnittenen bestickten Teile zur Mütze zusammen. In gleicher Weise wird der im Muster abgesteppte Satin zur Mütze geschlossen, worauf man die

22. Mustervorlage. Ornamentaler Blütenzweig. Bunte Wollstickerei. Aus der Zeitschrift „Die Praktische Berlinerin". Entwurf von Melitta Löffler-Feldkirchner, Wien

23. Tischdecke mit Randbordüre, Platt- und Stielstichstickerei. Aus der Zeitschrift „Die Modenwelt". Musternummer 2407. Näheres siehe Seite 15. Entwurf von Gustav Kalhammer, Wien. Modell im Besitz des k. u. k. Museums für Kunst und Industrie in Wien

unteren Ränder gegeneinander einbiegt und unsichtbar zusammennäht. Dann wird die Seidenschnur an der Nahtlinie unsichtbar aufgenäht.

Abb. 27. **Kaffeewärmer. Platt- und Stielstichstickerei auf gestreiftem Stoff.** Größe: 23 cm Breite zu 29 cm Höhe. Material: Schwarzweiß gestreifter Seidenstoff mit je 2½ cm schwarzen und 3 cm breiten weißen Streifen für die Außenmütze, ultramarinblaue Libertyseide für die Innenmütze; Filoflosseseide in Saftgrün, Schwarz und Ultramarinblau, saftgrünes, mittelstarkes Seidenschnürchen für die Nahtverzierung und den Anfasser, zwei gleichfarbene Seidenpompons zur Verzierung der Schnurenden. Die weißen Streifen schmücken gestickte Girlandenbordüren, an denen die Blattzweige mit drei Fäden grüner Filoflosseseide in Plattstich zu sticken sind. Ultramarinblauer Plattstich bildet die Blüten. Schwarzer Stielstich deckt die Konturen, Blattadern, Teilungslinien in den Blüten und die in Arabesken endigenden Stiele. Mit ungeteilter schwarzer Filoflosseseide angestickte Knötchenstiche begleiten die Stiellinien. Nach vollendeter Stickerei fügt man die nach der Schnittlinie zurechtgeschnittenen Mützenteile durch verstürzte Naht zusammen und deckt die Nahtlinie durch das unsichtbar aufgenähte grüne Seidenschnürchen. Für den Anfasser wird das Schnürchen in der an Abb. 27 ersichtlichen Art in Doppelschlupfen geordnet und am Rande in der Mitte der Kuppel unsichtbar

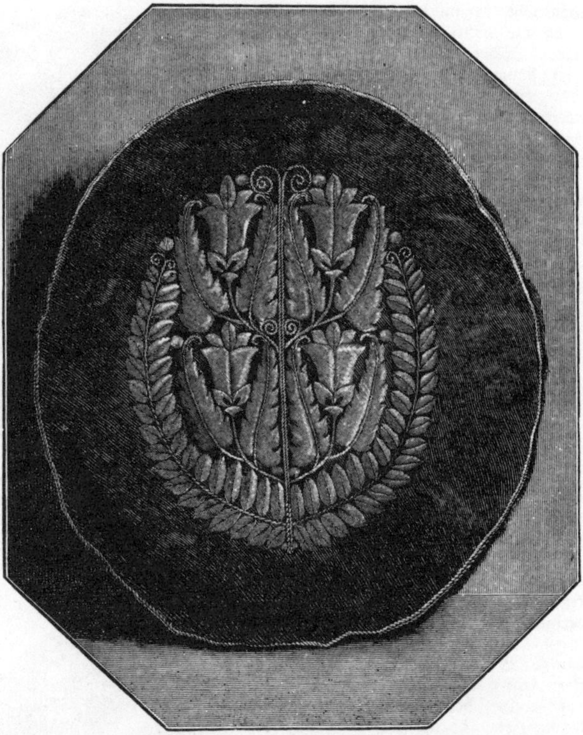

24. Kissen. Weiße Wollstickerei auf schwarzem Tuch. Aus der Zeitschrift „Das Blatt der Hausfrau". Musternummer 19. Näheres Seite 15. Entwurf und Ausführung von Milla Weltmann, Wien

25. Zierknopf
Platt-, Stielstich- und Perlstickerei. Entwurf von Hedi Stern, Wien

angenäht. Dann begrenzt man die Enden je durch einen Seidenpompon. Die mit blauer Seide bekleidete wattierte Innenmütze wird dem unteren Rand des bestickten Bezuges angesäumt. Da der gestreifte Stoff in der erforderlichen Streifenbreite nicht überall zu haben ist, empfehlen wir weißen Seidenstoff oder Leinen zu benutzen und die Streifen mit chinesischer Tusche, der man ein wenig Ochsengalle beimischt, einzumalen.

Abb. 28. Grundmuster in mittelalterlicher Plattstichstickerei. Arbeitsprobe Abb. 28a. Unsere Vorlage zeigt den hohen Stand der Stickkunst aus einer längst vergangenen Stilperiode. Trotz der naiven Stilisierung entbehren die alten Muster keineswegs ihres künstlerischen Reizes. Der entwerfende Künstler war sich bei der Anlage des Musters seiner Aufgabe von vornherein bewußt, er komponierte für die technische Wiedergabe, vermied malerische Perspektiven und Verkürzungen, die in der Stickerei doch nur unzureichend zum Ausdruck gebracht werden können. Als Hauptzweck galt dem Künstler die dekorative Flächenwirkung. Auf losem Leinen oder Baumwollgewebe, ähnlich unserem bekannten Seihtuch, sind die Stickereien mit Leinenfaden oder Seide vorwiegend in Rot, Grün, Weiß und Schwarz gearbeitet. Die zur Verwendung kommenden Sticharten sind unschattierter Plattstich, Flach-, Gobelin- und Stielstich.

26. Teewärmer. Bunte Wollstickerei. Aus der Zeitschrift „Die Praktische Berlinerin". Musternummer 16957. Näheres Seite 15. Entwurf und Ausführung von Gertrud Pfeffer, Kgl. Kunstgewerbeschule, Berlin

27. Kaffeewärmer. Platt- und Stielstichstickerei auf gestreiftem Stoff. Aus der Zeitschrift „Das Blatt der Hausfrau". Muster Nr. 2999, siehe Seite 15. Entwurf von Hildegard Simon-Moll, Berlin

28. Grundmuster in mittelalterlicher Plattstichstickerei. Aus einer Kelchdecke in Kloster Marienberg b. Helmstedt Arbeitsprobe Abb. 28 a

28a. Musterfigur (natürl. Größe) zur Vorlage Abb. 28 Mittelalterliche Plattstichstickerei

Die orientalische Buntstickerei

In den mannigfachsten Sticharten mit verschiedenartigem Stickmaterial ausgeführte südländische buntfarbene Stickereien werden in der Stickkunst mit dem Namen „orientalische Buntstickerei“ bezeichnet.

Am einfachsten in der Herstellung und von überraschend schöner Wirkung ist die sogenannte *Mossul- oder Janinastickerei*, die aus Mossul am Tigris stammt. An alten Originalarbeiten bildet meistens grobes Leinen den Grundstoff, dagegen sind neuere Stickereien auch auf leichten, gazestoffähnlichen Leinengeweben (orientalisches Leinen) und Seidenstoffen ausgeführt.

Nach der Art und Stärke des Grundstoffes richtet sich die Beschaffenheit des *Stickmaterials*. Für feine Stoffe und feingegliederte Muster wählt man neben feiner Kordonnet-, Filoflosse- oder Filoselleseide mit Vorliebe die glänzende, offene, bekannt unter dem Namen „spanische Seide“ oder die englische Tussorseide. In neuerer Zeit werden die merzerisierten Baumwollgarne — Perl- und Moulinégarn — bevorzugt.

Für starke Stoffe und großzügige Muster dient stärkeres Material. Gern wird die Mossulstickerei in Verbindung mit Metallfäden oder Schnürchen ausgeführt, wobei der Metallfaden zum Konturieren der Musterfiguren und für feine Linienführungen Verwendung findet.

Man stickt mit halblangen *Nähnadeln*. Die Stärke ist dem Arbeitsfaden anzupassen. Für die Stickerei spannt man den Stoff in den Stickrahmen. Man stickt nach vorgezeichneten Konturenmustern, die man auf verschiedene Weise auf den

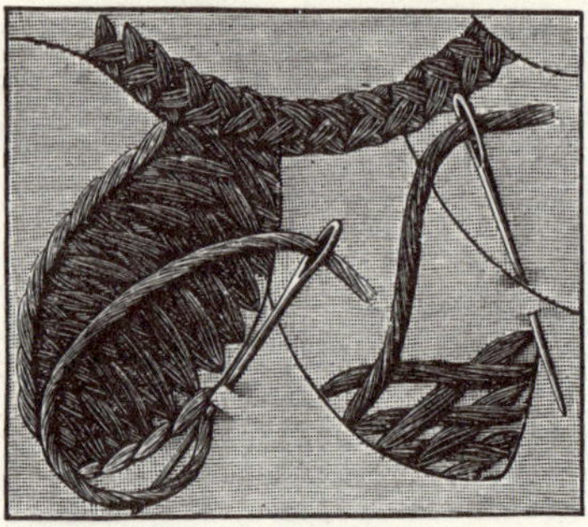

1. Ausführung des Mossul- oder Janinastiches mit Stielstichumrandung

Stoff übertragen kann, siehe die Anleitung Seite 273. Die Mossul- oder Janinastickerei besteht aus dicht zusammengedrängter Kreuznaht, die die Musterfläche vollständig deckt. Abb. 1 lehrt an einem Musterteil die Ausführung des Mossulstiches (Kreuznaht), die Erklärung für die Kreuznahtstickerei befindet sich auf Seite 296, siehe „Die Weißstickerei“. Nach Belieben läßt man die Konturen der gestickten Musterfiguren unbestickt oder man begrenzt die Figuren durch Stiel-, Strichstich-, Außenlangetten oder durch unsichtbar aufgenähte Metallfäden. Die Umrandung wird stets nach vollendeter Stickerei ausgeführt.

Abb. 4 zeigt eine kostbare *türkische Prunkdecke* aus purpurrotem Atlas. Reiche Mossulstickerei in Verbindung mit Goldstickerei schmückt die Mitte und den Rand. Die Mossulstickerei ist mit Kordonnetseide in den Farbentönen: Fahlrosa, hell Graugrün, dunkel Goldbronze, Zitronengelb, hell Terrakotta und hell Altblau gearbeitet. Feiner Goldfaden (Stechgold) dient für die in Stechtechnik ausgeführten einzelnen Stiele und Blattadern. An unserem Modell ist die Goldstickerei, ohne Unterlage, direkt auf dem Stoff gearbeitet, siehe die Erklärung der Stechtechnik, Seite 422, Lehrkursus „Die Goldstickerei“. Stielstich bildet die feinen Stiele und Musterlinien. Eine kräftige, purpurrote, mit Goldkordel übersponnene Seidenschnur begrenzt den Rand der Decke. Hellterrakottafarbene leichte Seide bekleidet die Rückseite.

Dem Mossulstich verwandt ist der sogenannte *Federstich* Abb. 2. Man beginnt mit einem Kreuzstich und stickt dann dicht anschließende Kreuznahtstiche mit großen zurückgreifenden Stichen, wodurch die gekreuzten Stiche gleichzeitig als Unterlage dienen, so daß die Stickerei erhaben wirkt. Man findet den Federstich häufig an gestickten liturgischen mittelalterlichen Gewändern mit symbolischen figürlichen Mustern, an denen die Schwungfedern der Vögel (Adler, Taube, Pelikan) in dieser Stichart ausgeführt sind. Durch diese Anwendung des Stiches erklärt sich der Name „Federstich". An islamitischen Stickereien bringt der Federstich meistenteils Schriftzeichen zum Ausdruck. Am besten eignen sich schmale gleichmäßige Figuren für diese Stichart. Abb. 3 zeigt den überstickten orientalischen Plattstich, der über Stoff- oder leichter gestickter Unterlage oder direkt über dem Grundstoff zu arbeiten ist. Man überstickt die Musterfläche mit anschließenden Plattstichen in sogenannter Sparstichmanier, indem man auf der Rechtsseite von Kontur zu Kontur treffende Stiche arbeitet und auf der Rückseite, an der Konturlinie weitergehend, mittels kleiner Vorstiche das Weiterführen des Stickfadens vermittelt. Die überstickte Fläche wird in der Mitte durch einen lose gespannten Faden in entgegengesetzter Stichlage geteilt. Dann hält man den Spannfaden durch Überfangstiche in gleichmäßigen weitläufigen Abständen nieder.

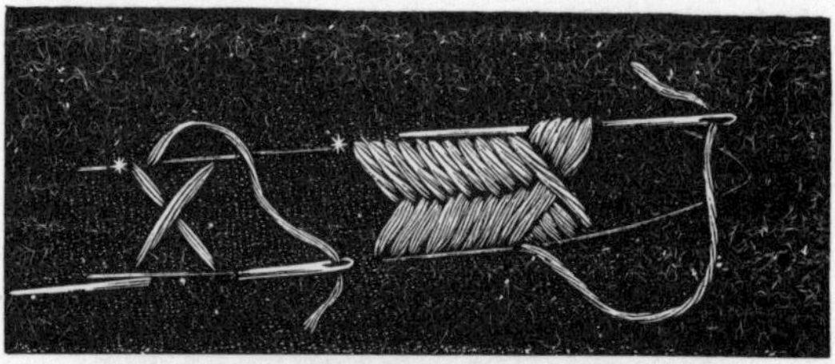

2 und 2a. Ausführung des Federstiches. 2. Anfangsstiche. 2a. Fortgesetzte Arbeit

3. Ausführung des überstickten orientalischen Plattstiches

An dem in orientalischem Geschmack stilisierten neuen Muster, Abb. 6, vereinen sich Mossul-, Langetten-, Stiel-, Platt- und Rhodusstich zu einer stilvollen Gesamtwirkung. Das Muster ist einer runden Tischdecke entnommen, und der Durchmesser der Stickerei beträgt 60 cm. Naturfarbenes russisches Leinen ergibt den Grundstoff. Perlgarn Nr. 5 in Ultramarinblau und Silbergrau und vierteiliges DMC-Mouliné-Garn in Rotviolett, Saftgrün und Schwarz bilden das Stickmaterial. Man arbeitet im Stickrahmen. Kreuznaht (Mossulstich) deckt die elipsenförmigen Figuren. Plattstich in kurzer gerader Stichlage füllt die Ausschnitte. An den Scheibenformen umschließt rotvioletter Langettenstich den mittleren blauen Plattstichkern, hierbei decken die Langetten (Schlingen) die Kontur. Schwarzer Rhodusstich bringt die kräftigen Musterfiguren der Umrahmung zum Ausduck. Abb. 28, Seite 393 zeigt die Verwendung des Rhodusstiches an einer mittelalterlichen Stickerei.

Abb. 6a läßt die Ausführung des Rhodusstiches erkennen. Man stickt reihenweise gleichmäßig versetzte Stiche, indem man fünf Gewebefäden überstickt, einen Gewebefaden frei läßt resp. auf die Nadel nimmt, so daß sich auf der Rückseite ein kleiner Stich bildet, 5 Gewebefäden überstickt usf. Bei der nächsten Reihe und den folgenden Reihen, die nach je 2 Gewebefäden Entfernung gestickt werden, nimmt man stets den mittleren Gewebefaden der langen Stiche auf die Nadel und stickt somit versetzte Stiche in regelmäßiger Wiederholung.

4a. Musterteil (verkleinert). Mossul- oder Janinastickerei in Verbindung mit Goldstickerei (Stechtechnik) zur türkischen Decke Abb. 4

Die arabische Technik

wird einfarbig oder schattiert ausgeführt. Eine besonders reizvolle Wirkung erzielt die schattierte Ausführung. Infolgedessen hat man mit Geschmack und künstlerischem Empfinden zusammenklingende Farben zu wählen. Jede gute stilvolle Zeichnung mit größeren Figuren eignet sich für die Technik. Glatte Gewebe jeder Art können als Grundstoff dienen.

Als Stickmaterial eignet sich am besten offene Seide (Malseide — Tramaseide), Filoflosseseide oder weiches, offenes mercerisiertes Baumwollgarn, außerdem Metallfäden, feine Seiden-, Baumwoll- oder Metallschnürchen.

Man arbeitet im Stickrahmen und versieht dünne oder leicht dehnbare Stoffe mit einer Unterlage aus Batist, Mull oder Nessel. Hierfür heftet man den Stoff glatt auf der Rückseite auf. Die Vorzeichnung ist durch eine gestochene Musterpause oder durch Abbügeln unter Verwendung von Ullsteins Bügelmustern zu übertragen. Zunächst werden die Konturen mit feinem Stickfaden oder mit Spitzenseide durch kleine Vorstiche vorgezogen. Die arabische Technik wird in drei Arbeitsgängen ausgeführt. Beim 1. Arbeitsgang überstickt man die Musterfläche entweder in der Richtung der Längs- oder Querachse durch dicht anschließende, von Kontur zu Kontur gespannte, parallellaufende Spannstiche (Sparstiche), siehe die Erklärung zum überstickten orientalischen 3 mm, von Kontur zu Kontur treffend, überspannt. Bei einem 3. Arbeitsgang befestigt man diese losen Spannstiche mit gleichfarbenem Stickfaden durch kleine Überfangstiche, die in gleichmäßigen Entfernungen in der Breite der Zwischenräume der Spannfäden auszuführen sind. Man ar-

4. Tischdecke mit türkischem Muster. Mossul- oder Janinastickerei in Verbindung mit Goldstickerei (Stechtechnik). Musterteil siehe Abb. 4a. Aus der Zeitschrift „Die Dame". Musternummer 30325. Näheres Seite 15

Plattstich Abb. 3. Bei schattierten Figuren sind die einzelnen Farbentöne in gleicher Stichrichtung anzusticken. Nach dem Übersticken werden für den 2. Arbeitsgang die Figuren mit gleichfarbenem Stickfaden in entgegengesetzter Richtung (stets im rechten Winkel zur unteren Stickschicht) in gleichmäßigen Zwischenräumen von etwa 2 bis

beitet reihenweise versetzte Stiche so, daß je ein Stich in der Mitte zwischen 2 Stichen des letzten überstickten Spannfadens liegt. Eine prächtige, eigenartige Wirkung wird erzielt, wenn man beim zweiten Arbeitsgang mit feinem Metallfaden die Flächen überspannt und die Fäden mit feiner, gleichfarbener Seide durch versetzte Überfangstiche

5. Riechkissen. Arabische Technik in Verbindung mit Mossul- (Janina-) Stickerei und Schnurstickerei. Arbeitsproben Abb. 5a u. 5b

niederhält. Zuletzt werden die Konturen durch Stielstich oder unsichtbar aufgenähte Schnürchen gedeckt. An unserer stilvollen Vorlage Abb. 5 ergibt purpurroter schwerer Atlas den Grundstoff. Die Stickerei ist in matten, fein abgestimmten Farbentönen mit offener Stickseide (Malseide) ausgeführt. Die mittlere Rosette wirkt außen hell-fahlrosa und

5a u. 5b. Ausführung der arabischen Technik in drei Arbeitsgängen. 5a. Erster Gang. Das Übersticken der Fläche durch anschließende gleichmäßige Platt- oder Spannstiche. 5b. Zweiter und dritter Gang. Zweiter Gang. Das Überspannen der gestickten Fläche durch weitläufige Stiche in entgegengesetzter Richtung zur ersten Stichlage. Dritter Gang. Das Befestigen der Spannstiche durch versetzte Überfangstiche

in der Mitte dunkel-heliotrop. Olivgrüner Mossulstich bildet den gegliederten Ring und die Arabeskenlinien zwischen den großen Palmettenblättern. Diese schattieren in hellstem und um zwei Schattierungen dunklerem Blaugrün. Hell- und dunkelmodefarben (drap) wirken die in den Ecken eingeschobenen Dreiblattfiguren. Hell-fahlrosa sind die kleinen Figuren zwischen den Palmettenblättern und den Arabesken gestickt. Gleichfarbener Mossulstich bringt die feine innere Begrenzungslinie zum Ausdruck. An der äußeren breiten Umrahmung ist der erste Arbeitsgang mit dunkel-blaugrüner Seide überstickt, feinster Goldfaden dient zum Überspannen der gestickten Flächen, worauf grüner Seidenfaden die Metallfäden befestigt. Hellmodefarbene (drap) Plattstichtupfen füllen je den Zwischenraum in der Gliederung des Ringes. Dunkelbraune feinste Kordonnetseide konturiert die olivgrünen Figuren, Plattstichtupfen, Palmettenblätter und eingeschobenen Figuren. Die übrigen Figuren begrenzt feines, unsichtbar aufgenähtes Goldschnürchen, das im Mittelring der Rosette und an dem breiten grünen Umrahmungsstreifen ein unsichtbar aufgenähtes feines Stahlschnürchen begleitet. Das gleiche Schnürchen bildet die feine äußere Umrahmungslinie. Purpurrote indische Seide bekleidet die Rückseite des leicht wattierten Riechkissens. Eine mittelstarke gleichfarbene Seidenschnur begrenzt den Rand. Die Ecken sind durch Schnurösen verziert. Im Anschluß an die arabische Technik erwähnen wir noch die sogenannte Elfenbeintechnik oder Renaissancestickerei. An alten Stickereien, meistenteils französischen Ursprungs, finden wir den Grund des Musters mit einfarbiger Stickerei gefüllt und

6. Mittelstück für eine runde Tischdecke. Moderne orientalische Buntstickerei. Mossul- oder Janinastickerei, Langetten-, Plattstich- und Rhodusstichstickerei

Arbeitsprobe Abb. 6a. Entwurf von Mizi Friedmann, Wien. Aus der Zeitschrift „Das Blatt der Hausfrau“. Musternummer 6584. Näheres Seite 15

das Muster in weißem Leinen oder hellfarbenem Seidenstoff ausgespart. Durch das klare Hervortreten des Musters wird der Eindruck von Elfenbeinschnitzerei erzielt, wodurch sich der Name „Elfenbeintechnik“ erklärt. Als Füllstich kommen in Betracht: die arabische Technik, der

6a. Der Rhodusstich
Siehe die Anwendung an Abb. 6

Rhodusstich, der versetzte Gobelinstich, der ineinandergreifende Plattstich und spitzenstichähnliche Ziersticke. Aufgenähte Gimpenschnürchen oder gewöhnliches Schnürchen mit scharfer Drehung dienen zum Konturieren der Figuren. Man findet auch Stielstich- oder Kordonnierstich-Konturen.

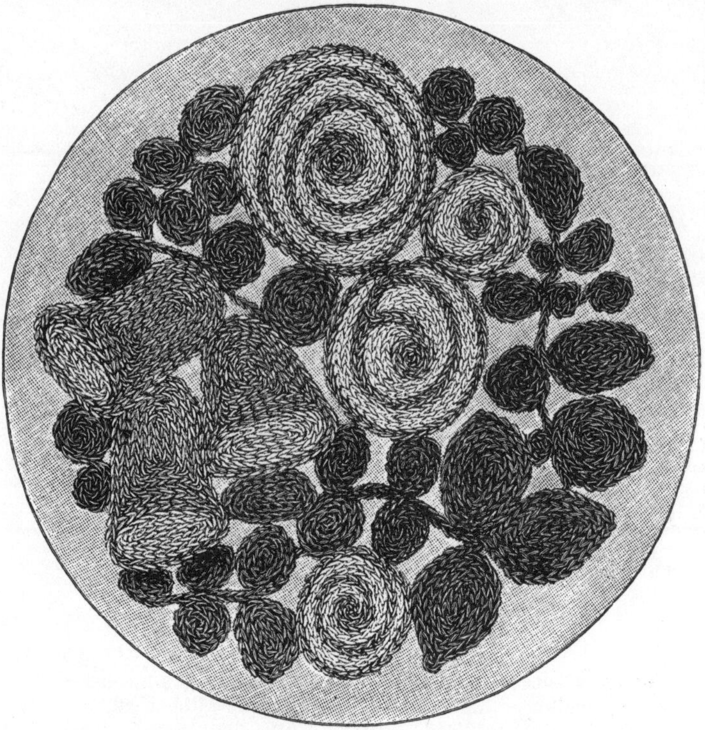

7. Blumenstück in Tamburierarbeit (Kettenstichstickerei)
Entwurf von Marie Gerken, München. Aus der Zeitschrift „Die Dame"

Die Tamburierarbeit
(Kettenstichstickerei)

Die Tamburierarbeit (Kettenstichstickerei) ist eine alte orientalische Technik, die in den slawischen und Balkanländern noch jetzt als Hausindustrie gepflegt wird. Im allgemeinen hat die Stickerei mit der Kurbelmaschine die Handstickerei fast vollständig verdrängt. Jedoch wird man stets der Handstickerei den Vorzug geben, wenn es gilt, feingegliederte Muster in reichen Schattierungen herzustellen, die mit der Maschine schwer oder gar nicht ausführbar sind. Jedes feste, glatte Gewebe eignet sich als Grundstoff. Als Material wählt man am besten gedrehte Fadengespinste in Garn, Baumwolle, Seide oder glatte Metallfäden. Die Stärke des Arbeitsfadens richtet sich nach dem Grundstoff und nach der Art des Musters, z. B. wird man für große Formen stärkeres Material als für feingegliederte

Muster benutzen. — Das **Werkzeug** bildet ein Tamburierhäkchen, d. i. eine kurze Stahlhäkelnadel, die in einer Hülse aus Holz, Metall oder Bein festgeschraubt ist. Kleinere Arbeiten werden in einem runden Stickrahmen (Tamburierrahmen), wie er in der Weißstickerei üblich ist, hergestellt, siehe Abb. 8 u. 9 und Abb. 49, Seite 290, Lehrkursus „Die Weißstickerei". Dagegen sind größere Arbeiten in einem viereckigen Stickrahmen auszuführen. Für die Tamburierarbeit muß der Arbeitsfaden als **Knäuel** aufgewickelt werden, und zwar hält man den Arbeitsfaden stets unter dem Rahmen. Hierfür läßt man das Knäuel entweder im Schoß liegen oder man steckt es in eine offene Arbeitstasche, die um die Taille befestigt wird. **Beim Beginn der Arbeit** sichert man das Fadenende mit einem Knoten. Dann führt man mit der linken Hand das Fadenende unter dem Stoff an die Arbeitsstelle. Die rechte Hand hält den Griff des Häkchens wie einen Bleistift über der Musterlinie und sticht das Häkchen durch den Stoff; * die linke Hand schlingt den Faden von hinten nach vorn, von rechts nach links um das Häkchen, dann zieht die rechte Hand den Faden mit dem Häkchen empor, wodurch sich eine kleine Schlinge bildet, die man auf der Nadel läßt. Nun sticht man auf der Linie innerhalb der Schlinge, in geringer Entfernung vom

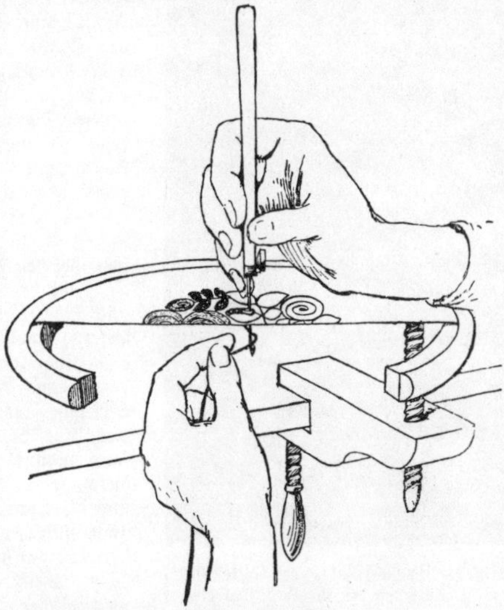

8. Handstellung bei der Tamburierarbeit. Die rechte Hand führt das Tamburierhäkchen durch den Stoff. Die linke Hand schlingt den Arbeitsfaden um das Häkchen. Fortf. siehe Abb. 9

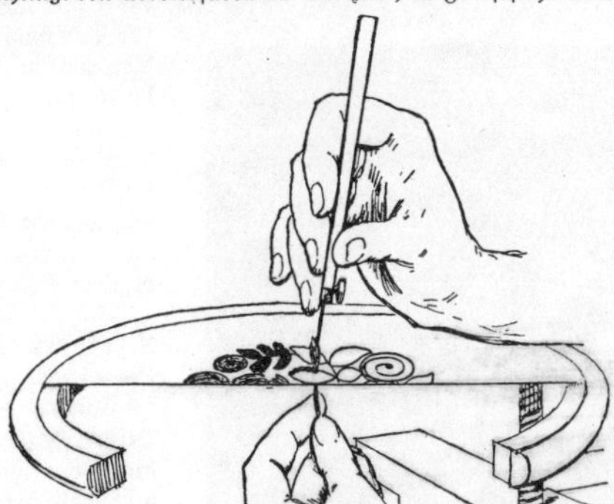

9. Handstellung bei der Tamburierarbeit
Die rechte Hand zieht den Faden als Schlinge durch den Stoff empor. Innerhalb der Schlinge wiederholt sich die Bildung der nächsten Schlingenmasche, siehe die Ausführung Abb. 8

10. Stufenweise Ausführung des Kettenplattstiches. Aufzeichnen des Musters, Unterlegen der Figuren mit Twist (Stopfwolle), Anlage des ersten Stiches und fortgesetzte Arbeit

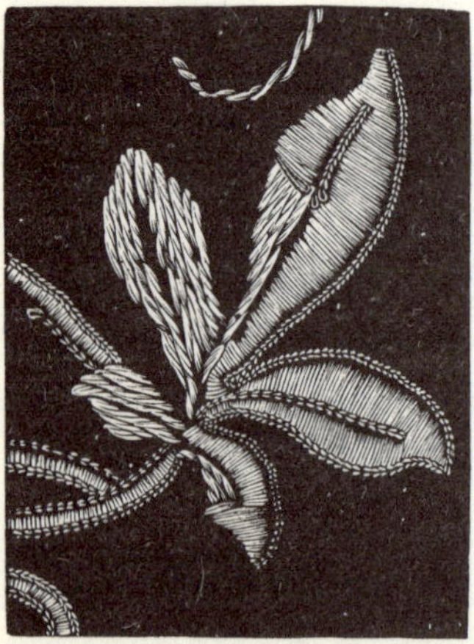

11. Ausführung des Kettenplattstiches an einer halbfertigen Figur. Das Unterlegen mit gewachstem Baumwollfaden wie für Goldstickerei. Siehe das Unterlegen für die Stechtechnik Seite 424, Lehrkursus „Die Goldstickerei"

ersten Stich, nach abwärts und wiederholt die Ausführung vom *. Man beginnt stets an der Kontur und füllt nach innen die Figur durch anschließende nach der Form gearbeitete Stichreihen. Bei geäderten Blättern oder geteilten Figuren stickt man zuerst die Adern resp. Teilungslinien und beginnt an der Kontur mit dem Füllen der Fläche. Um flache Ecken oder Spitzen in Tamburierstickerei zu erzielen, zieht man den Arbeitsfaden an der betreffenden Stelle durch die letzte Schlinge, schneidet den Faden nach etwa 5—6 cm Länge ab, zieht das Fadenende durch eine Nähnadel und sichert die Schlinge durch einen kleinen Befestigungsstich nach abwärts. Dann wird das Tamburieren von neuem begonnen, indem man durch die letzte oder vorletzte Schlinge das Häkchen einführt. Um Abwechslung in die einfache Technik zu bringen, kann man kleine oder langgestreckte Formen durch eine Tamburierstichreihe konturieren und die Innenfläche durch anschließende chinesische Knötchenstiche füllen, siehe die Erklärung der Knötchenstichstickerei Seite 296 zu Abb. 71: „Die Weißstickerei". Trotz der einfachen mechanischen Ausführung erfordert das Erlernen der Technik lange Übung und Geschicklichkeit, damit die Stiche gleichmäßig werden. Eine gute Vorlage für die richtige Ausführung der Tamburierstickerei ist mit Abb. 7 gezeigt. Auf weißem Seidengrund ist die Stickerei mit leicht gedrehter Seide in den Farbentönen: Schwarz, Dunkelviolett, Zitronengelb und Dunkelorange ausgeführt. Die Blätter wirken schwarz, die Rosen zitronengelb mit orangefarbenen Konturen und Teilungslinien, die Glockenblumen dunkelviolett mit pfaublauem Kelch.

Abb. 10 und 11 zeigen die Ausführung des Kettenplattstiches, der bei einiger Übung im Tamburieren die Wirkung einer gediegenen Plattstichstickerei hervorbringt. Beim Ketten-Plattstich werden die Maschen nicht in reihenweiser Kette fortgesetzt, sondern man holt die Masche quer über die vorgezeichnete Figur und schließt die Masche dann erst der Kette an, die den einen Rand bildet. Eine gewöhnliche Reihe Kettenmaschen ergibt die Begrenzung an der anderen Seite. Durch das Unterlegen mit weichem Material erhält die Arbeit eine leichte Reliefwirkung. In dieser Technik läßt sich auch Metallstickerei nachbilden, und zwar unterlegt man hierfür die Figuren in der zur Metallstickerei üblichen Weise.

Die orientalische Geflechtstickerei

Die orientalische Geflechtstickerei zählt zu den ältesten Handarbeitstechniken des Orients. Trotz der anscheinend schwierigen Ausführung ist die Geflechtstickerei leicht und rasch zu erlernen, wenn man einmal das Prinzip der Technik erfaßt hat. Da der Geflechtstich eine viereckige Grundfläche für seine Ausführung braucht, läßt er sich nach Typenmustern wie der Kreuzstich arbeiten. Als Grundstoff eignen sich glatte Gewebe jeder Art und Stärke. Bei Stoffen mit leicht abzählbaren Gewebefäden stickt man direkt auf dem Grundstoff, dagegen arbeitet man auf glatten Stoffen mit zählbaren Fäden über aufgeheftetem Kanevas oder Kongreßstoff, siehe die Erklärung Seite 226 „Die Kreuzstichstickerei". Fadensorten in leichter Drehung eignen sich am besten als Arbeitsmaterial. Um dem Lernenden die Ausführung leicht verständlich zu machen, unterstützen wir den Text mit den bildlichen Darstellungen, von denen Abb. 13 das Arbeiten nach abgezählten Fäden des Grundstoffes und Abb. 14 über Kanevas erklären. An Abb. 13 wird der Geflechtstich in den einzelnen Arbeitsgängen gezeigt. Zunächst arbeitet man die quadratische, kreuznahtstichartige Einteilung und beachtet, daß immer ein Faden oben und einer unten zu liegen kommt. Bestimmend für die Reihenfolge

12. Bordüre. Geflechtstickerei in Verbindung mit Mossulstickerei (Kreuznaht) Siehe die Arbeitsproben Abb. 13 und 14

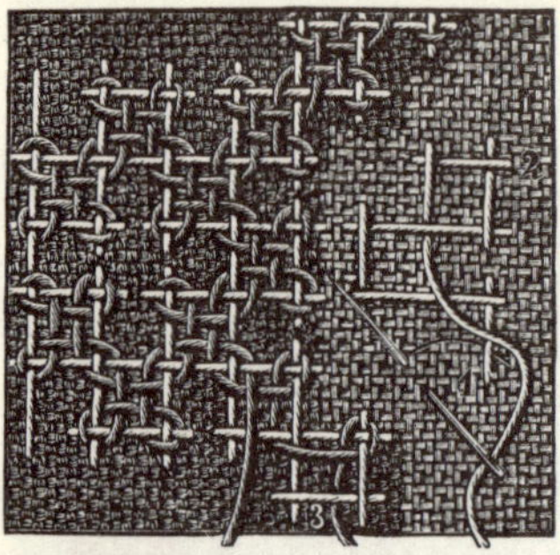

13. Ausführung des Geflechtstiches in den einzelnen Arbeitsstadien
Die Zahlen 1, 2, 3 bezeichnen je den Ausgangspunkt der Stichreihe

der Gänge sind die am Ausgangspunkt der Stichlinien angebrachten Zahlen 1 u. 2. Dann werden die umrahmten Quadrate durch den Geflechtstich gefüllt, dessen Ausgangspunkt die Zahl 3 bezeichnet. Wie an Abb. 13 ersichtlich ist, bildet den Geflechtstich der bekannte Spitzenstich (point d'esprit), dessen Herstellung in dem Lehrkursus „Die Filetarbeit", Seite 159, beschrieben ist. Die Geflechtstiche umfassen nur die Spannfäden und greifen n i c h t durch den Stoff. Der Deutlichkeit wegen sind an der Vorlage Abb. 13 die Hilfsstiche der quadratischen Einteilung hell und die Geflechtstiche dunkel wiedergegeben.

Dieses gilt auch für die Ausführung der G e f l e c h t s p i t z e, Abb. 14, an der vier Tonabstufungen das Nacharbeiten erleichtern. Außerdem wird das Arbeiten über Kanevas verständlich gemacht. Man beginnt mit der geraden Stichreihe für den Fuß der Spitze und arbeitet in 2 Reihen den ineinander verschlungenen Kreuznahtstich für die Einteilung. Dann arbeitet man den Geflechtstich und führt nach diesem die Einteilung für die Spitze aus. Wie an Abb. 14 ersichtlich ist, arbeitet man zunächst in Kreuznahtstich die Zahnschnittlinie im Zusammenhang für zwei Stichreihen. Dann wird für die mittlere Teilungslinie ein Faden quer eingestopft. Nun werden die umrahmten Flächen durch Geflechtstich gefüllt, wobei man im Laufe des unteren Arbeitsganges die Einteilung des einzelnen Abschlußstiches für die Zacke arbeitet. Gleichzeitig füllt man das Viereck durch den Geflechtstich und führt weitergehend die Vollendung des Geflechtstiches in den oberen Feldern aus. Zuletzt werden die Kanevasfäden sorgsam ausgezogen, wodurch sich die Spitze löst. Bei Geflechtstickereien findet man häufig die Verbindung des Geflechtstiches mit dem Mossulstich (Kreuznaht), und der Mossulstich dient zur Begrenzung von freien geschwungenen Figuren, die zwischen dem Muster der Geflechtstickerei einkomponiert sind, ebenso werden auch geschwungene Einzellinien in Mossulstickerei ausgeführt. Hierbei arbeitet man den Mossulstich nach einem Konturenmuster, dessen Vorzeichnung auf den Stoff übertragen wird.

Ein gutes Beispiel für die Verbindung der angeführten Techniken ist mit Abb. 12 an einer Bordüre wiedergegeben.

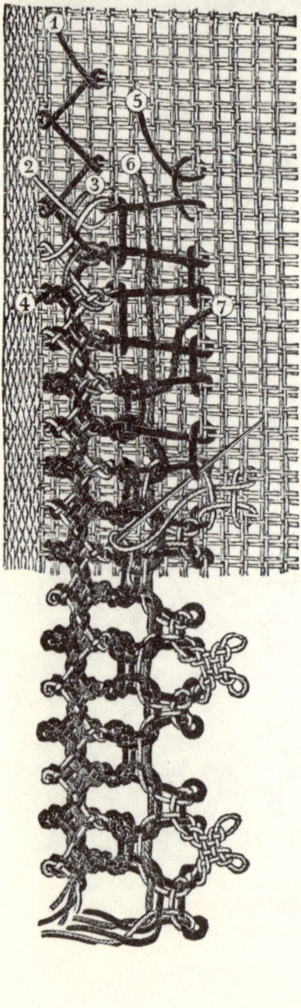

14. Geflechtspitze mit Hilfe von Kanevas gearbeitet. Die Tonabstufungen bezeichnen die einzelnen Stichreihen, die Zahlen gelten je für den Ausgangspunkt der Stichreihen

1. Die Goldstickerin bei der Stecharbeit
Siehe die Erklärung Seite 422

Die Goldstickerei

(Metallstickerei)

Unter Goldstickerei versteht man nicht nur das Sticken mit Gold, sondern mit jeder Art von Metall und Metallfäden. Die Goldstickerei ist derjenige Zweig der Stickerei, der die größte Sicherheit der Nadelführung erfordert. Jeder Stich muß wohl überlegt werden, trennen ist nicht ratsam, denn selten verträgt ein Stoff öfteres Durchziehen mit dem spröden Material. Dafür ist sie aber auch die einzige Stickereitechnik, die durch keine Maschinenarbeit nachzuahmen ist und nach der in allen Jahrhunderten und in allen Kulturländern verlangt wurde, sei es nun zu Kultus-Zwecken, zur Ausschmückung kirchlicher und weltlicher Prunkgewänder, für Banner, Fahnen, Thronbehänge, für Uniformen, Volkstrachten oder zur Verzierung von Gebrauchsgegenständen mit Wappen, Emblemen und Inschriften.

Proben von vollendetster Technik sind aus dem alten Byzanz und aus den arabischen Kunstwerkstätten des 11. und 12. Jahrhunderts erhalten. Den Höhepunkt ihrer künstlerischen Entwicklung erreichte die Goldstickerei wohl im 15. Jahrhundert. Ich erinnere an die burgundischen Gewänder im Kunsthistorischen Hofmuseum zu Wien, deren Zeichnungen aus der Schule van Eyks stammen. Bis zu dieser Zeit finden wir fast nur die sogenannte Anlegetechnik angewendet. Man verstand nicht den Metallfaden so herzustellen, daß er das Durchziehen des Stoffes vertragen konnte und man mußte sich damit begnügen, den Faden in den verschiedensten Variationen ohne oder über Unterlage, mit Seide auf den Stoff zu nähen. Später finden wir auch den Metallfaden in Plattstich durch den Stoff gearbeitet, und zwar über scharf modellierte Unterlagen, bis an den prachtliebenden Höfen des 17. und 18. Jahrhunderts in Italien und Frankreich an den Gewändern der Männer und Frauen Goldverzierungen fast unentbehrlich wurden. Da fing man an, in leichterer Weise als in vergangenen Jahrhunderten, auch ohne jede Unterlage die Stoffe mit Metallfäden zu durchsticken, und erzielte damit nicht nur eine harmonische Verbindung mit den Grundstoffen, sondern zugleich eine Schmiegsamkeit der Arbeit, die der Seidenstickerei kaum nachgibt.

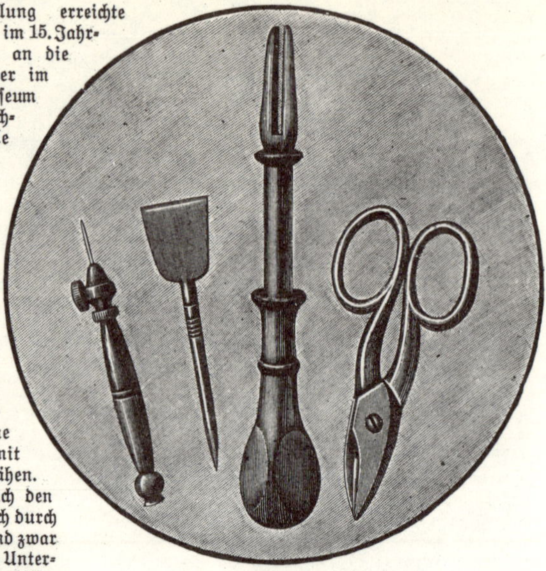

2—5. Das Werkzeug
2. Vorstecher. 3. Spatenförmiges Falzbein „Schaufel“. 4. Sprenggabel „Bretsche“
5. Schere mit kurzer Spitze

Die französischen Standarten aus der Zeit Louis XV. sind ohne jede Unterlage mit Gold in Plattstich doppelseitig durch den Stoff gestickt. Ein wahres Meisterstück dieser Art von Goldstickerei sind aber die Fahnen, die Napoleon I. seiner Garde verlieh.

Zur Ausführung des Plattstichs in Gold, ohne Unterlage, gehört vollkommenste Sicherheit der Nadelführung, und nur, wer mit dem Material und dem notwendigen Werkzeug schon ganz vertraut ist, kann sich an diese äußerst reizvolle Art der Stickerei wagen. Betrachten wir nun zuerst das zur Goldstickerei in erster Linie erforderliche Handwerkszeug und das verschiedenartige Material.

Das Werkzeug

Unentbehrlich für jede Art der Goldstickerei ist der Stickrahmen und der Vorstecher; ferner braucht man Nadeln in verschiedenen Stärken, 2 Fingerhüte, 1 Schere mit kurzer Spitze, 1 Falzbein oder Schaufelchen und die Sprenggabel oder Bretsche, sowie einen Lederlappen zum Abreiben der vollendeten Arbeit. Für das Ausschneiden der Unterlagen aus Karton oder Leder braucht man ein festes Holzbrett, die verschiedenen Messer und zum Abrunden der Schnittflächen bei starken Unterlagen eine scharfe Feile.

Die Kenntnis des Stickrahmens setzen wir voraus und beschränken uns daher auf einige wichtige Hinweise.

Da nur kräftige Seidenstoffe oder Samte die Stickerei mit Metallfäden ohne Unterlegestoff vertragen, spannt man nur solche, und zwar so straff wie nur irgend möglich, in den Rahmen, während für leichte Seide, Tuch usw. zuerst ein Unterlegestoff einzuspannen ist, am besten ungebleichter Nessel oder ausgewaschene Leinwand.

Der Rahmen mit dem Unterlegestoff darf nicht zu fest gespannt sein. Erst nachdem der Oberstoff ganz straff und fadengrade auf diesem aufgenäht ist, so daß der Unterstoff leichte Fältchen bildet, spannt man den Rahmen richtig fest. Zu beachten ist: Der Unterlegestoff muß stets etwas loser als der Oberstoff sein, soll die Stickerei später tadellos glatt wirken. Jetzt wird die Zeichnung aufgetragen. Entweder mittels Bügelmusters oder gestochener Papierschablone. Zum Durchreiben kann man die bekannten Pausfarben benutzen und mittels heißen Plätteisens oder Zerstäubens von reinem Spiritus fixieren, oder aber man nimmt dazu bei zarten Farben und empfindlichen Stoffen anstatt der Pausfarben Kartoffelmehl, dem man etwas pulverisierte Lindenkohle zusetzen kann, und zieht die Konturen bei hellem Stoff mit Bleistift, bei dunklem Stoff mit weißer Deckfarbe (Wasserfarbe, Honigfarbe) nach.

Ist die Arbeit so groß, daß ein Umrollen des Stoffes geboten ist, wird dem Rahmen an den Gurten ein Schutztuch von ungebleichtem Molton angeheftet und mit dem Stoff zusammen glatt gerollt. Das soll verhindern, daß sich die Ränder der Gurte abdrücken, und gleichzeitig soll es den umgerollten Stoff vor Reibung und Staub schützen. Die erste Spannweite des Rahmens darf 40—46 cm nicht überschreiten, weil weder die Sehkraft des Auges, noch die Hand weiter als 20—23 cm über den Rand des Rahmens hinausreicht. Am besten beginnt man jede Stickerei von der Mitte aus. Wenn ein Umspannen erforderlich ist, geschieht dieses von beiden Seiten zu gleicher Zeit, und wieder darf die zur Arbeit frei werdende Fläche auf jeder Seite den Umfang von 20—23 cm nicht überschreiten.

Bei großen Arbeiten, wie Courschleppen, Vorhängen und dergl. würde eine direkt in den Stoff gearbeitete Stickerei zu lange Zeit im Rahmen sein müssen. Man richtet eine solche Arbeit deshalb besser zum Applizieren ein. Es würden dann die einzelnen Musterfiguren auf mehreren mit ungebleichtem Nessel gespannten Rahmen zu gleicher Zeit von verschiedenen Personen angefertigt werden können. Die Gesamtfläche der fertig gestickten Figuren ist noch im Rahmen auf der Rückseite mit gekochter Stärke zu bestreichen. Jede Figur wird, wenn die Arbeit getrocknet ist, einzeln ausgeschnitten und kann, wie jede Auflage, natürlich nur durch Umrandung befestigt werden. Die zum Bestreichen der Formen gebräuchliche Stärke ist dieselbe, die zum Aufkleben der Unterlagen in Anwendung kommt. Sie

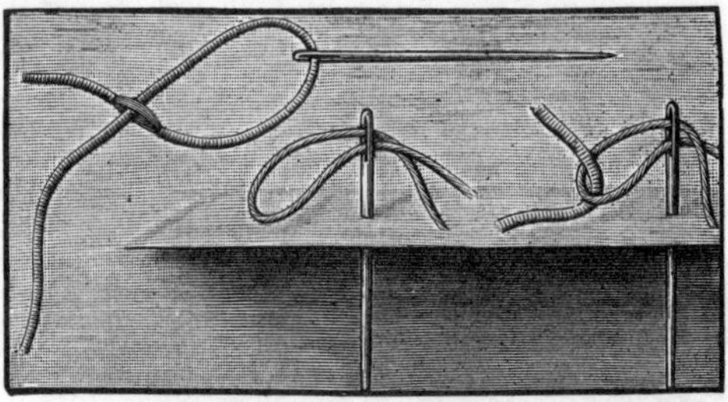

6. Das Einfädeln der Nadel
Sicherung des Fadenendes

6a. Das Durchführen von starken Metallfäden oder Schnürchen durch den Stoff mittels Fadenschlinge

ist unter dem Namen Terpentin- oder Kleisterstärke im Handel erhältlich, wird mit kaltem Wasser eingerührt und so lange gekocht, bis sie die Festigkeit weicher Butter hat. Man verwende sie nur kalt und ganz frisch. Nie darf sauer gewordene Stärke mit Metallstickereien in Berührung kommen, da diese durch Säure anlaufen.

Einfädeln der Nadel

Die Nadel für die Goldstickerei muß ein rundes Öhr haben und stets stärker sein als der Stickfaden. Damit dieser kein unnütz großes Loch in dem Stoff gibt, ist das obere Ende des Fadens vom Metall zu befreien und durch den nun bloßliegenden seidenen Unterfaden die eingefädelte Nadel zu ziehen, daß sie wie in einer Schlinge hängt, siehe Abb. 6. Der seidene Unterfaden wird gewachst.

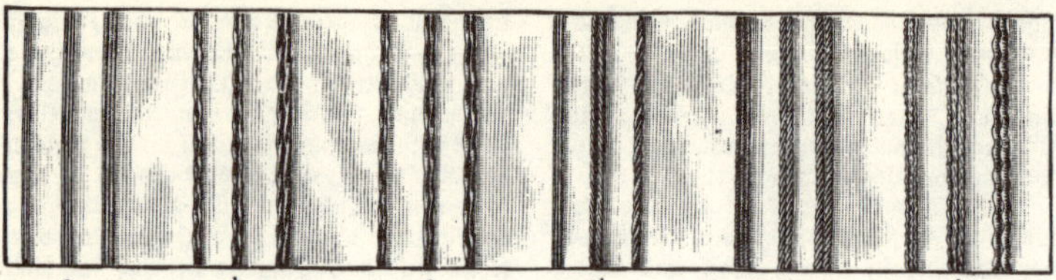

a b c d e f

5. Material für die verschiedenen Techniken der Goldstickerei

a) Glatte Gespinste. b) Mattbrillant-Gespinste. c) Glanzbrillant-Gespinste d) Gimpen. e) Schnürchen. f) Frisé oder Chagrin. g) Perldraht

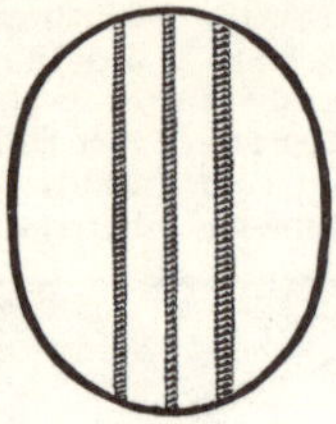

g

Der Gebrauch des Vorstechers beim Sticken

Der Vorstecher Abb. 2 dient dazu, der Arbeitsnadel, die ohne eine Hilfe den Faden von oben nach unten gezogen hat, den sicheren Weg in die Höhe zu weisen. Man hat hierzu die Nadel des Vorstechers senkrecht durch den Stoff zu führen und mit der unteren Nadel die Spitze des Stechers zu suchen. Hat man sie gefunden, wird der Stecher herausgezogen, er darf aber nicht fortgelegt werden, sondern bleibt so lange in der hohlen Handfläche ruhen, bis der Stich wieder von unten gemacht werden muß. Zuerst erscheint der Gebrauch des Vorstechers unbequem, nach kurzer Zeit, wenn die Stickerin sich seine richtige Handhabung angeeignet hat, ist es ihr aber undenkbar, ohne denselben im Rahmen arbeiten zu können. Die Stickerei geht nun viel schneller vorwärts, weil das unsichere Tasten der unteren Hand nach der richtigen Stelle fortfällt. Um Goldstickereien anzufertigen, ist der Gebrauch des Vorstechers aber doppelt notwendig, denn durch ein solches Tasten kann die Nadel leicht die schon gestickte Goldfläche treffen, und an ihr das Metall absplittern.

Das Material

(Siehe Abb. 5a—o)

Das für Goldstickerei gebräuchlichste Material ist:

1. Glattes Glanzgold, sogenanntes Stickergespinst, das je nach der damit auszuführenden Technik in verschiedenen Stärken in Anwendung kommt. Gewöhnlich nimmt man zum Umranden und zur Anlegearbeit stärkere, zur Stecharbeit mittlere, zur Sprengtechnik feinere Fäden.

2. Kordonnetgold, dasselbe ist 2—4fach gedreht in vielen Stärken anzufertigen und zu den erst angeführten Techniken zu verwenden.

3. Brillantgespinste, Frisé (auch Chagrin genannt) und Gimpen, gleichfalls in vielen Stärken zu haben, sind nur zum Anlegen, Umranden und Sprengen zu gebrauchen und lassen sich nicht, oder doch nur sehr schwer zum Stechen verwenden.

4. Lahn, glatt und gemustert, dient für Sprengarbeit und leichte Füllmuster.

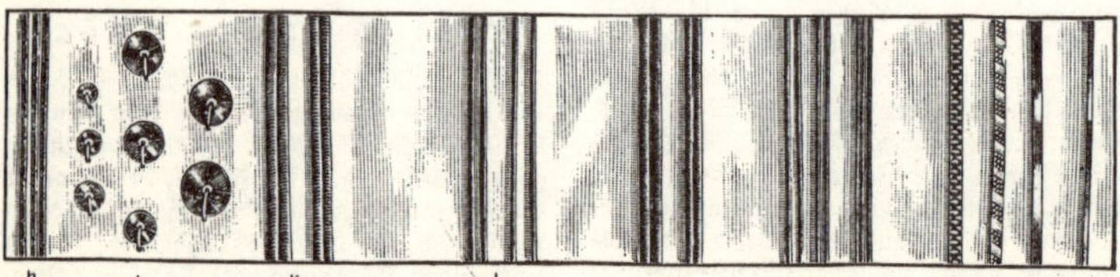

h i k l m n o

h) Japangold. i) Flittern. k) Glanzkraus-Kantille. l) Glatte Glanzkantille. m) Matte Krauskantille n) Matte Kantille. o) Lahne

5. Schnüre, Perldraht und Steifkantille zum Umranden.

6. Kantille zum Füllen von Formen kommt in vielen Stärken vor, als: glatte Glanz- und krause Glanz-, als glatte Matt- und krause Mattkantille.

7. Flittern und Hohlflittern in allen möglichen Formen und Größen.

8. Japangold.

Man unterscheidet im Handel echtes Gold, d. i. echtes Silber feuervergoldet, reichplattiertes Gold, d. i. Messing, feuervergoldet, echtes Silber und plattiertes Silber, außerdem gibt es Aluminium- und Stahlgespinste und Kantillen in diesen Metallarten.

Bei Silberstickerei empfiehlt es sich stets, das echte Material zu nehmen, da dieses sich vorzüglich putzen läßt. Da Gold dem Anlaufen nicht so leicht ausgesetzt ist wie Silber, kann man für Goldstickerei ohne Sorge das reichplattierte Material verwenden. Jedes Metall ist aber sorgfältig vor der Berührung mit schwefel-, chlor- und säurehaltigen Stoffen zu bewahren, damit es nicht schwarz wird; z. B. darf man Metallstickereien nie in weißes Seidenpapier verpacken, da dieses gewöhnlich chlorhaltig ist. Ich erwähne noch das Japangold, das echt und unecht im Handel ist, und das über Seiden- oder Baumwollenfäden gesponnenes Goldpapier darstellt. Leider kann man es nicht durch den Stoff ziehen, und ist es daher nur für Anlegetechnik und Umranden zu verwenden, ganz fein allenfalls zum Sprengen. Es verträgt keine Nässe und starke Reibungen, seine Vorzüge sind, daß das echte Material seine Farbe nicht verändert, während das unechte, welches auch in Japan fabriziert wird, oft schon bei der Arbeit seinen Goldschein verliert und leicht brüchig wird.

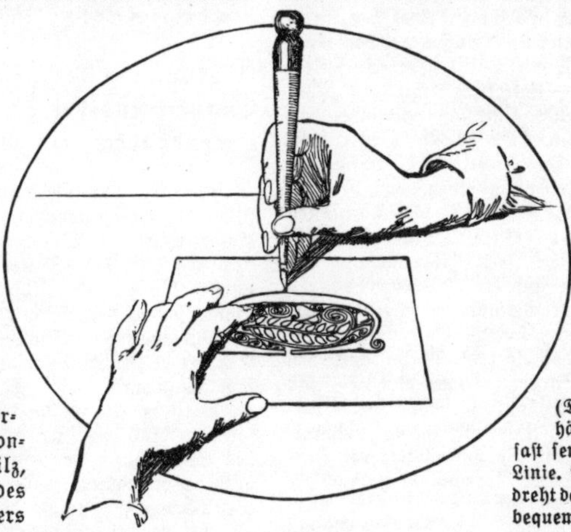

8. Richtige Handstellung beim Ausschneiden der Formen aus Kartonpapier, Leder, Filz, Kork mittels des Schabloniermessers

(Die rechte Hand hält das Messer fast senkrecht auf der Linie. Die linke Hand dreht das Papier in die bequeme Arbeitslage)

Das Unterlegen der Arbeit

Zur plastischen Herstellung der Musterfiguren dienen verschiedene Arten von Unterlagen. Das einfachste Verfahren, das hauptsächlich für kleine Formen Anwendung findet, ist das mit eingestochener Baumwolle, wie es bei Weißstickerei üblich ist, nur muß die Baumwolle vorher durch Wachs gezogen sein. Für größere Formen nimmt man starke gewachste Fäden ungebleichter Baumwolle, die mit Ueberfangstichen, je nach der plastischen Höhe, die erzielt werden soll, in 1—2 oder mehr Lagen auf dem Oberstoff befestigt werden. Die Enden der Fäden sind spitz abzuschneiden, und mittels des Falzbeinchens kann man der Form, die durch das Wachs eine

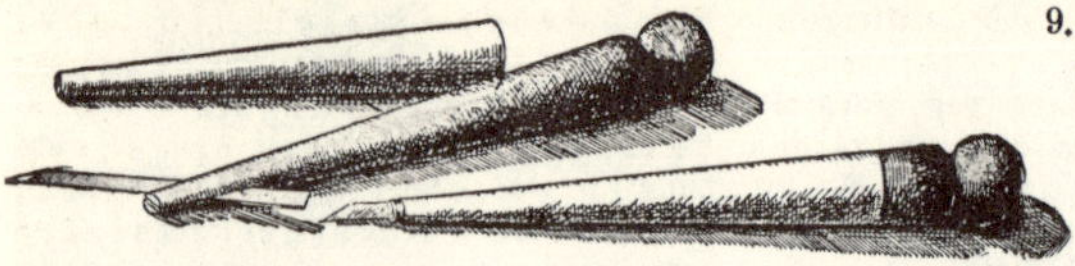

9. Das Schabloniermesser zum Ausschneiden der Formen aus Kartonpapier, Leder, Filz, Kork
Handhabung siehe Abb. 8

gewisse Festigkeit erhalten hat, die gewünschte Abflachung geben. Derartige Unterlagen können aber nur für gröbere Formen genügen, handelt es sich um die Ausführung zierlicher, feingegliederter Zeichnungen, so wählt man stets geschnittene Unterlagen, denen man, um die plastische Wirkung zu erzielen, durch Aufheften von gewachster Baumwolle Modellierung geben kann, siehe Abb. 27 u. 28, Seite 416.

Geschnittene Unterlagen werden in erster Linie aus Karton, der in verschiedenen Stärken im Handel ist, seltener aus Pergament, Leder, Filz oder Kork hergestellt. (Leder, Filz und Kork müssen vor dem Ausschneiden noch mit Batist oder chlorfreiem Seidenpapier unterklebt werden.) Will man eine solche Unterlage gewinnen, ist das unter Abb. 9 dargestellte Messer senkrecht auf der dem jeweiligen Material aufgetragenen Zeichnung einzusetzen, um mit ganz kurzen Schnitten einen glatten Schnittrand zu erzielen; sorgfältiges Abrunden mit der Feile hilft nach. Die Musterfiguren sind im Zusammenhang zu schneiden. Zur Verbindung einzelner Formen bleiben Kartonstäbe (sogenannte Brücken) stehen, die später beim Aufkleben ein Verschieben der Formen verhüten, und die erst im Verlauf des Einrichtens entfernt werden. Es sei hier darauf aufmerksam gemacht, daß die Anwendung von Karton nur für solche Gegenstände zu empfehlen ist, die nicht fest zusammengelegt werden, da der Karton leicht bricht, während Pergament, Leder oder Filz jede Biegung verträgt.

Besondere Sorgfalt ist auf die Befestigung der geschnittenen Unterlagen zu verwenden. Die auf der Rückseite mit gekochter Stärke leicht bestrichenen Figuren werden dem Grundstoff, der Vorzeichnung folgend, aufgedrückt und dann leicht mit einer Platte oder mit Büchern beschwert. Sind sie angetrocknet, befestigt man sie an den Spitzen und Winkeln mit kurzen Stichen von feinster Seide, schneidet erst dann überall da, wo sich die Musterfiguren kreuzen, aus der Unterlage einen schmalen Streifen mit der Schere, um Raum für den Stickfaden zu gewinnen, und entfernt auch auf diese Weise die erwähnten zusammenhaltenden Brücken, sorgsam darauf achtend, daß die Kontur nicht in ihrer scharfen Linie verletzt wird. Für Silberstickerei läßt man den Karton in seiner natürlichen Farbe, für Gold färbt man ihn für Anfänger gern mit Gummigutti gelb, damit nicht etwa weißer Karton durch das Gold durchschimmert. Eine geübte Stickerin wird die Metallfäden so dicht aneinander schieben, daß dies nicht zu befürchten ist.

Prüfung des Materials auf seine Echtheit und der Stoffe auf Verwendbarkeit für Goldstickerei

Ehe wir auf die verschiedenen Techniken der Goldstickerei eingehen, seien hier einige praktische Winke gegeben, die bei dem Einkauf des Materials sowie der Stoffe, die zur Goldstickerei Verwendung finden sollen, von Wichtigkeit sind.

Will man das Stickmaterial auf seine Echtheit prüfen, so reibe man den mehrfach zusammengelegten Faden auf einem Probierstein (in Gold- und Silbermanufakturen käuflich). Bei echtem Silber wird der Stein dann den weißen Schein des Silbers annehmen, während sich bei nur versilbertem Material die Silberauflage abreibt, das Grundmaterial, Kupfer oder Messing, bloßgelegt wird und dieses den Stein färbt. Bei sogenanntem „echten" Gold, das, wie schon bei der Materialbeschreibung gesagt wurde, nicht aus massivem Gold, sondern aus echtem Silber mit starker Feuervergoldung besteht, erzielt man dieselbe Wirkung. Das Gold reibt sich ab, der Stein nimmt die Silberfarbe an, während ihm bei plattiertem Gold die Messing- resp. Kupferunterlage die Farbe gibt. Beim Einkauf von Stoffen erkundigt man sich stets, ob sie schwefel-

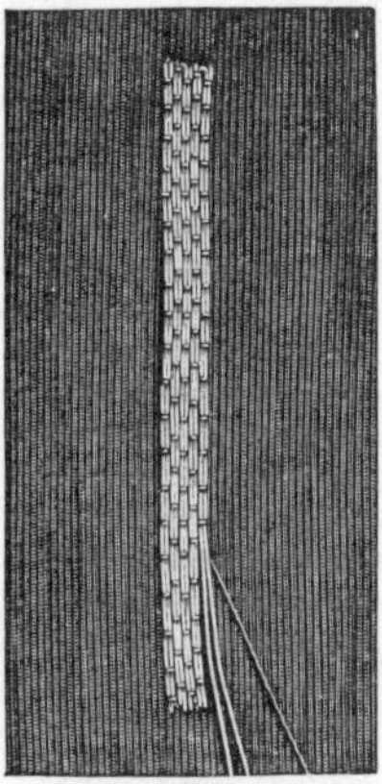

10. Das Anlegen in gerader Richtung
Beginn einer Reihe durch Wenden des einen Anlegefadens und Durchziehen des anderen Anlegefadens

und säurefrei sind, denn ist dies nicht der Fall, so wird das Metall, mit dem darauf gestickt wird, unfehlbar in kürzester Zeit schwarz. Ist man nicht in der Lage, absolute Sicherheit über die Unschädlichkeit der Stoffe zu erhalten, so scheue man die Mühe nicht, die Gewebe selbst daraufhin zu prüfen. Hierzu legt man einige Kantillestifte oder Gespinstfäden zwischen den fraglichen Stoff, den man vorher leicht angefeuchtet hat. Schon nach einigen Tagen wird das Metall seine Farbe verändert haben, wenn der Stoff etwaige Säuren oder Schwefel enthält.

11. Das Anlegen in gebogener Form
Das Arbeiten eines linksseitigen Knotens. Befestigung der Anlegefäden durch Überfangstiche in der Schräglinie

Anlegearbeit oder Legetechnik

1. Glattes Anlegen

Die älteste und einfachste Art der Metallstickerei ist das „Anlegen". Das ist das Überfangen von 2 oder mehreren Metallfäden mit feinster reinseidener Nähseide (am besten Singer-Nähmaschinenseide). Als Regel gilt, daß man für Gold gelben, für Silber grauen Seidenfaden nimmt. Für Flächenmuster oder zum Abschattieren können auch andersfarbige Seidenfäden dienen. Jedes Ornament, ob stilisiert oder naturalistisch, läßt sich durch Anlegen ausführen. Die Schwierigkeit besteht nur darin, stets die richtige Linienführung zu finden, um gleichmäßig mit dem gegebenen Raum auszukommen, ohne daß die anzulegenden Metallfäden scharfe Biegungen zu machen haben und ungefüllte Ecken und Winkel übrigbleiben.

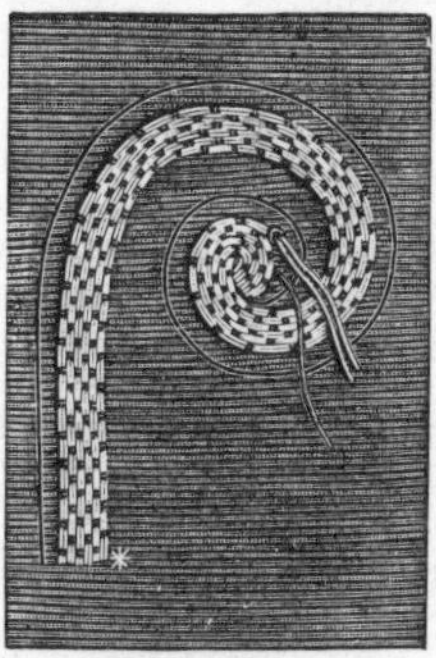

12. Das Anlegen in gebogener Form
Das Arbeiten eines rechtsseitigen Knotens. Befestigung der Anlegefäden durch versetzte Überfangstiche

I. Die mit einem Knoten befestigten Anlegefäden werden mit dem Seidenfaden überfangen. Der Überfangstich muß so weit sein, daß die Metallfäden reichlich Platz haben, denn ein zu enger Stich würde sie übereinander schieben. Am Ende der Reihe wird, wie Figur 10 zeigt, der eine Anlegefaden einfach gewendet, während der andere herunter- und wieder heraufgezogen wird. Dann beginnt die zweite Reihe mit versetztem Überfangstich.

II. Beim Anlegen gebogener und geschweifter Formen fängt man stets mit dem kürzeren inneren Bogen an, siehe die Ausführung an Abb. 11. Die Überfangstiche müssen im inneren Bogen meist ziemlich nahe aufeinander folgen, denn je größer der Bogen wird, je mehr erweitern sie sich, siehe Figur 11.

13. Anlegen einer Blattfigur mit spitzwinkeliger Naht

III. Bei dem Anlegen solcher Linien in Musterung, ist ganz besonders darauf zu achten, daß die Überfangstiche der Abb. 17 u. 18 entsprechend gleichmäßig ausgeführt werden.

IV. Ein Kreis wird von der Mitte aus angefangen. Bei einem größeren Kreise genügt das einfache Versetzen der Überfangstiche nicht, es müssen Hilfsstiche genommen werden, die geschickt zu verteilen sind (siehe Abb. 14). Man beginnt im Zwischenraum mit engen Stichen, die sich allmählich gleichmäßig erweitern, jedoch darf der Zwischenraum von Stich zu Stich 4 mm nicht überschreiten, damit die Metallfäden flach liegen.

V. Abb. 13 zeigt ein einfaches Blatt mit Muster über drei Fäden angelegt. Durch scharfe Wendung der Anlegefäden wird eine Mittelader erzielt. Wie ersichtlich, ist bei der Wendung jeder der 3 Anlegefäden extra mit möglichst engem Stich überfangen.

VI. Abb. 15 gibt Anweisung zur regelrechten Verteilung der einzelnen Durchschnittslinien, nach denen das reichgegliederte Blatt anzulegen wäre. Als Anhaltspunkt für derartige komplizierte Formen ist das Prinzip aufzustellen, daß man von jedem Gliede die mittlere Durchschnittslinie sucht und diese entweder zuerst anlegt, oder den Anfang so einrichtet, daß man auf diese Mittellinie hinauskommt. Näheres über die richtige Stichlage der Blattformen und Blüten siehe „Die Plattstichstickerei", Seite 370.

Abb. II lehrt die Ausführung eines Schildes mit einer in Seide ausgearbeiteten Musterfigur. Hierbei ist wohl zu beachten, daß der Überfangfaden, der das Muster herausbringen soll, nie stärker sein darf, als derjenige mit dem die Anlegefäden des Grundes übernäht sind, weil sich diese sonst sperren würden.

Nach dem gleichen Prinzip ist jede Zeichnung in allen erdenklichen Farbenschattierungen wiederzugeben. Bei feingegliederten Mustern figürlicher Darstellungen und dergl. arbeitet man das Muster stets nur über 1 Anlegefaden und kommt auf diesem Wege zu der künstlerischsten und mühevollsten Art der Goldstickerei, zur byzantinischen und Burgunder Technik, so genannt nach den berühmten Heiligenbildern und den Stickereien der kirchlichen Gewänder, die in dieser Weise gearbeitet wurden.

Gemustertes Anlegen und Kordeltechnik

Die einfache Art des Anlegens kann bequem zu reichen Mustern gestaltet werden. Geübte Stickerinnen arbeiten die Muster ohne Vorzeichnung, für Anfängerinnen ist sie aber angebracht. Am ratsamsten ist es, die Vorzeichnung auf mit Papier unterklebtem Schirting zu übertragen, der genau in der erforderlichen Form ausgeschnitten, mittels feiner Stiche auf dem Stickgrund befestigt wird. Ein Verfahren, das bei Anlegen auf Samt unentbehrlich ist.

Um derartige Muster wirkungsvoller und plastischer zu gestalten, wendet man die Kordeltechnik an. Man überspannt hierzu den Stoff entweder mit festdrelliertem Bindfaden (Spagat) oder mit gewachstem Baumwollfaden, deren Stärken sich nach der etwaigen Feinheit und Zierlichkeit des Musters zu richten haben. Die Fäden werden mit feiner Seide in Entfernung von etwa 1 cm überheftet. Bindfäden (Spagat) schneidet man jedesmal am Ende ab, während man Baumwollfäden mittels einer Stopfnadel herunter- und wieder hinaufziehen kann. Wohl zu beachten ist: Der Kordelfaden darf nie auf der Rückseite mitlaufen. Beim Überfangen der Metallfäden über Kordelunterlage verfährt man fast genau wie bei der Anlegearbeit. Die Anlegefäden müssen lose über die unterspannte Kordel hinweggleiten. Der starke Seidenfaden

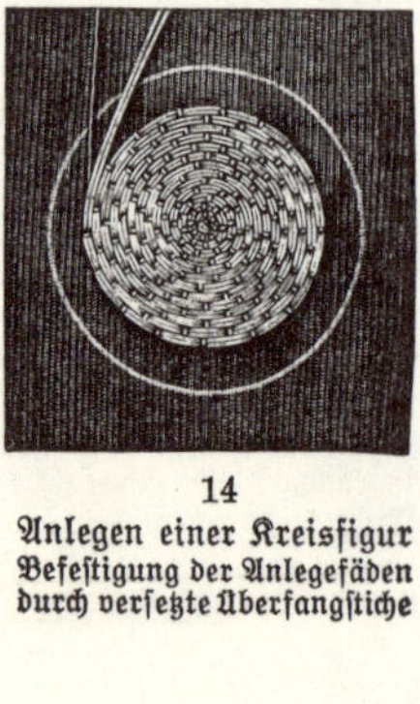

14
Anlegen einer Kreisfigur
Befestigung der Anlegefäden durch versetzte Überfangstiche

15. Anlegen einer geäderten Blattfigur
Befestigung der Anlegefäden durch versetzte Überfangstiche. Adern und Konturen aufgenähter Friséfaden. Die Vorzeichnung mit Strichlinien gilt für die Richtlinien des Anlegefadens

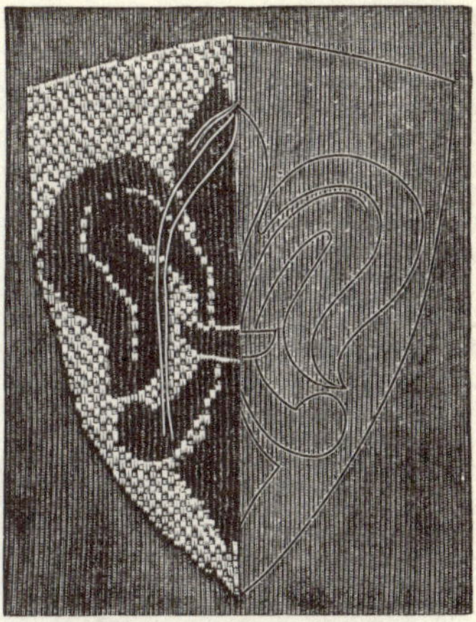

16. Wappenschild mit Lilie
Anlegen mit Muster in einer Farbe in der Art der Burgunder Technik. Ausführung über Schirtingunterlage, die mit der Vorzeichnung versehen wurde

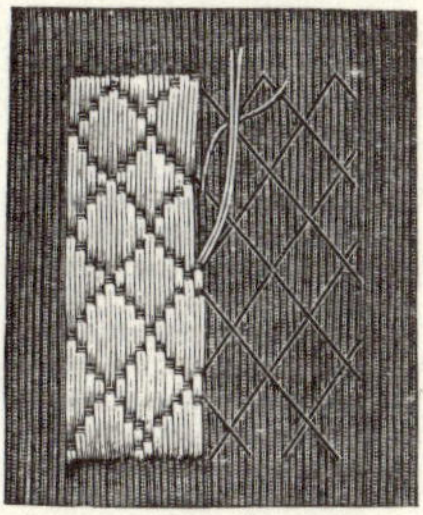

17. Anlegen eines Karomusters direkt auf dem Grundstoff

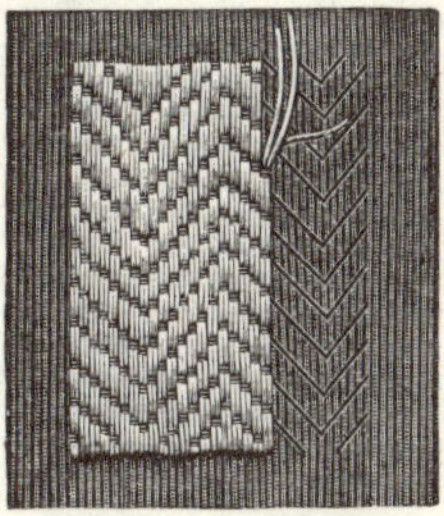

18. Anlegen eines Zickzackmusters direkt auf dem Grundstoff

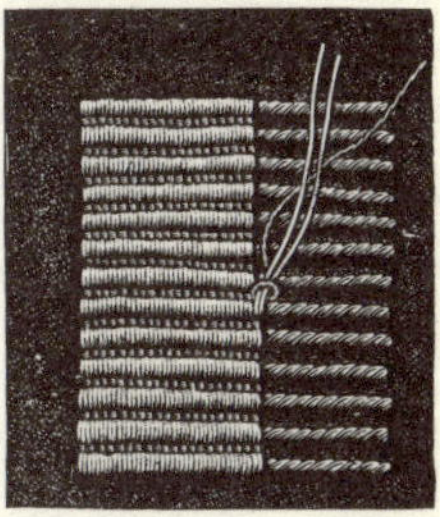

21. Grundmuster in Kordeltechnik
Direkt auf dem Grundstoff ausgeführt

19. Grundmuster in Kordeltechnik
Direkt auf dem Grundstoff ausgeführt

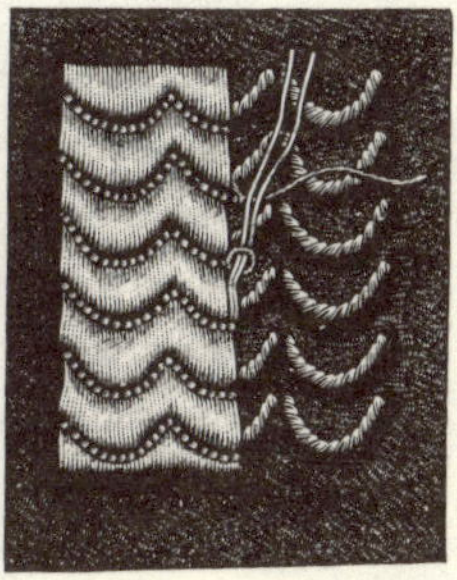

20. Grundmuster in Kordeltechnik
Direkt auf dem Grundstoff ausgeführt

(am besten doppelt und gewachst), der die Anlegefäden überfängt, ist sehr fest anzuziehen. Unsere Abbildungen zeigen deutlich die verschiedensten Formen dieser Unterlagen und zugleich, über wieviel Kordel der Faden zu den jedesmaligen Musterfiguren zu springen hat. Gleich der Anlegetechnik ist auch die Kordeltechnik über erhöhter Unterlage auszuführen (siehe Unterlegen, Seite 409). In diesen Techniken ausgeführte Stickereien können selten eine Umrandung entbehren, bei der Kordeltechnik ist sie aber stets unerläßlich.

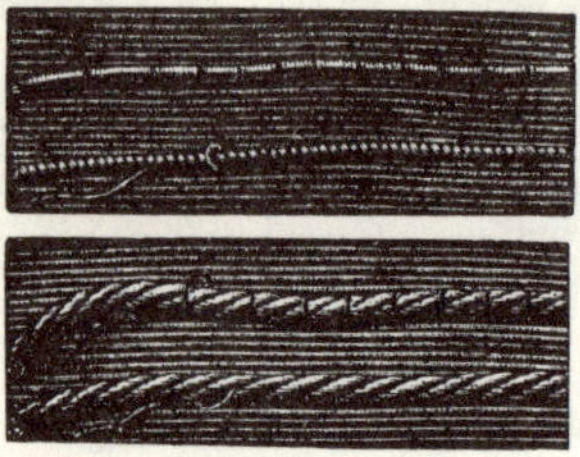

22 u. 23. Umranden der Formen mit Goldschnur, die Überfang- oder unsichtbare Stiche befestigen

Als Umrandung kann jede Art von Metallgespinsten, Gimpen oder Kordonnetfaden ein oder mehrfach genommen, mit Seidenstichen übernäht, dienen. Die schärfste Kontur wird jedoch stets aufgenähter Perldraht oder ein scharf gedrehtes Schnürchen geben, die je mit unsichtbaren Stichen auf dem Grundstoff zu befestigen sind. Abb. 22 u. 23 lehren das unsichtbare Aufnähen mit Seitenstichen, die immer in die Drehung der Schnur einzuführen sind, sowie das Übernähen der Begrenzungsschnur, der Gimpen und des Perldrahtes. Perldraht wird vor dem Gebrauch leicht ausgezogen, so weit, daß der Faden zwischen den einzelnen Perlen Platz findet und für den Beschauer der fertigen Stickerei unsichtbar wirkt. Da die Umrandung der Formen die Zeichnung schärfer hervorzuheben hat, legt man ganz besonderen Wert auf die sorgsamste Ausführung der Umrandung. Die Stiche, mit denen die Umrandung, sei sie aus Schnur, Gimpe, Perldraht usw., aufgenäht wird, dürfen nie zu weit voneinander entfernt sein. Bei starker Schnur z. B. nähe man in jede Drehung, bei feinerer in jede 2. und bei ganz feiner in jede 3. Drehung. Beim Aufnähen hält die linke Hand den Schnurfaden gespannt, vor der Bildung des Stiches wird die Drehung leicht gelockert, dann ist sie wieder festzudrehen. Wenn die Umrandung im Rahmen auch fest und glatt erscheint, so wirkt sie bei der ausgetrennten Arbeit doch leicht zu lose und unordentlich, wenn die Befestigungsstiche in zu weiten Abständen ausgeführt sind. Besonders ist darauf zu achten, daß die Spitzen der einzelnen Formen gut herausgebracht werden. Um scharfe Spitzen zu erzielen arbeitet man je einen Befestigungsstich über die Spitze hinaus, biegt den Umrandungsfaden scharf um und arbeitet den ersten Stich dicht anschließend an den befestigten Faden.

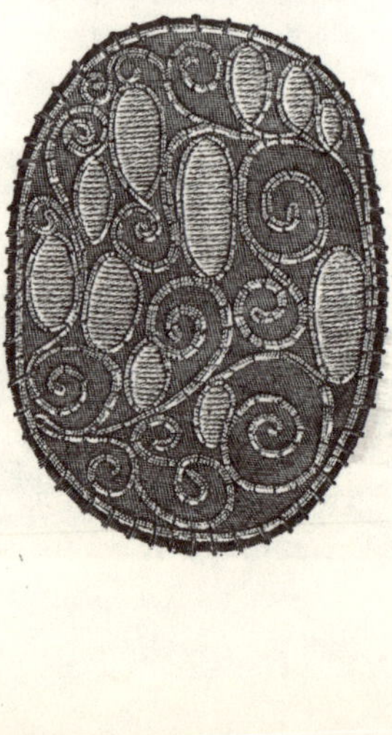

24. Muster Anlegearbeit in Verbindung mit Plattstichstickerei
Entwurf von Else Mader, Wien

25. Mustervorlage in japanischer Anlegearbeit
Vogel, Blume, Knospe und Ansatzzweig: Gold. Ast, Stiele und übrige Blätter: Altsilber

III. Die japanische Goldstickerei

Japaner und Chinesen arbeiten vorwiegend in Anlegetechnik. Sie führen die Richtung der Fäden aber nicht nach bestimmten Prinzipien, sondern geben den Fäden willkürlich eigenartige und vielfache Wendungen. Dadurch entstehen Lichter und Schatten, die einen wunderbaren, fast plastischen Reiz der Formen geben, der, gepaart mit dem Farbenspiel der in verschiedenen Tönen gewählten Überfangstiche, künstlerisch und prächtig wirkt. Abb. 25 zeigt zur praktischen Verwertung des bisher Gelernten eine solche japanische Stickerei, die sich zur Verwendung von Deckchen, Kissen und dergl. eignet.

IV. Die Kantillenstickerei (Bouillonstickerei)

Wenn die Vorarbeiten zu der mit Kantille auszuführenden Stickerei vollendet sind (siehe: Unterlegen der Arbeit), ist die Kantille in für die Form notwendige Längen zu zerschneiden. Man nimmt hierzu einen mehrfach zusammengelegten Kantillefaden, zerschneidet ihn mit der Schere in die erforderlichen Stifte, die man auf ein Stückchen Tuch fallen läßt. Dieses hat den Zweck, das Aufnehmen der Stifte beim Arbeiten zu erleichtern. Man hüte sich aber, die Kantille auszuziehen, weil sie dadurch nicht allein unansehnlich wird, sondern bei späterem Gebrauch und Berührung der Arbeit sich leicht wieder zusammenschiebt und den Mustergrund durchscheinen läßt. Geübte Stickerinnen mit sicherem Augenmaß können die Kantillen in den erforderlichen Längen für eine ganze Form auf einmal zuschneiden, wodurch die Arbeit bedeutend

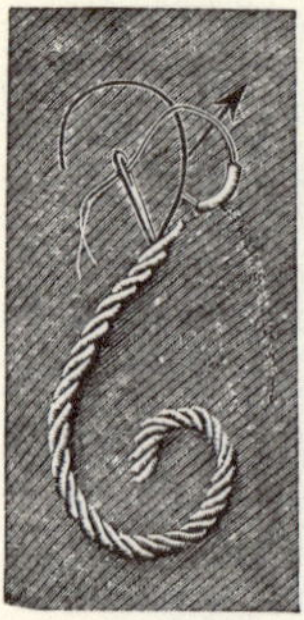

26

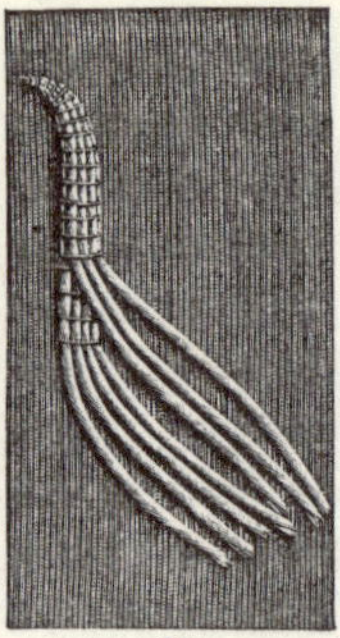

27

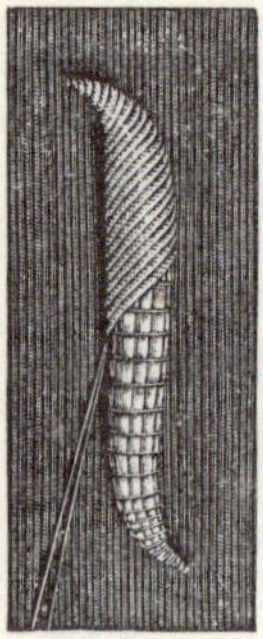

28

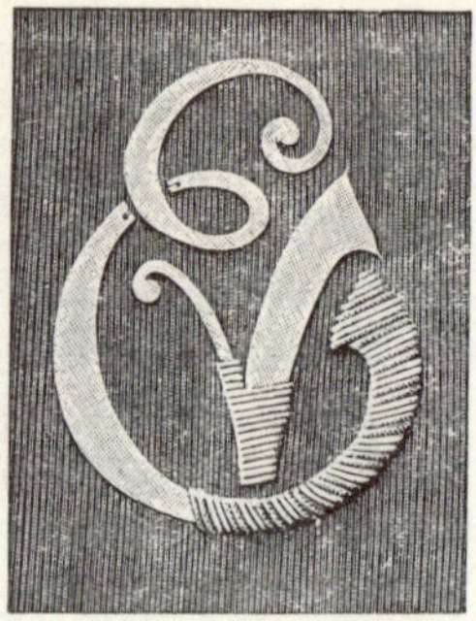

29

26. Schnörkel. Aufnähen der Kantille, schnurartig. 27. Einfach geschwungene Form. Ausführung der bourierten Unterlage. Das Unterlegen mit losen Fäden. 28. Einfach geschwungene Form. Aufnähen der Kantille in schräger Richtung. 29. Monogramm EV Geschnittene Kartonunterlage. Aufnähen der Kantille in schräger und gerader Richtung. E matte und Krauskantille, V matte Kantille. Siehe das vollendete Monogramm Abb. 30

rascher vonstatten geht. Anfängerinnen, die bei solchem Verfahren leicht das teure Material falsch zerschneiden würden, tun gut, erst die nötige Länge der Stifte an der Form auszuprobieren, ehe sie den ganzen Bedarf zurechtschneiden.

Aufnähen der Kantille, technisch „Füllen" genannt

Die Kantillestickerei muß die Wirkung erzielen, als träte sie weich und gerundet aus dem Stoff hervor, oder als sei sie direkt um die jeweilige Unterlage gewunden. Jeder Stift muß mit seiner Öffnung fest dem Stoff anliegen, und es darf bei der fertigen Arbeit nie das Loch des Kantilleröhrchens sichtbar werden. Eng müssen sich die Stifte aneinanderschmiegen, aber keiner darf sich heben und die gestickte Fläche muß sich absolut eben anfühlen. Jede aufsteigende Form, sei sie geschwungen, sei sie ein glatter Stab, wird von unten nach oben gearbeitet, bei wagerecht liegenden Formen beginnt man stets von links aus und arbeitet nach rechts. Man stickt von unten durch den Stoff nach oben, nimmt auf den stark gewachsten Seidenfaden (zu Gold von gelber, zu Silber von weißer Farbe) das entsprechend lange Kantillestückchen mit der Nadel wie eine Perle auf und überstickt in gerader oder schräger Stichlage die Form. Für eine gleichmäßige Gestaltung schräger Formen sticht man im Verlauf der Arbeit auf der einen Seite der Figur jedesmal eine Stichbreite von dem vorhergehenden Stich entfernt heraus, auf der entgegengesetzten Seite jedoch schiebt man die Spitze der Nadel dicht neben dem letzten Stich ein, wodurch sich die Kantille dem letzten Stich fest anschließt. Je nachdem die Linie des Musters ab- oder aufsteigt, nach rechts oder links ausbiegt, werden die stichbreiten Zwischenräume an der rechten oder linken Kontur erforderlich. Das gleiche Verfahren kommt bei runden Linien des Musters in Anwendung. Beim Arbeiten eines Bogens wird man von der Außenseite, als der längsten Linie, stets weit, an der Innenseite dicht beizustechen

30. Monogramm EV vollendet. Siehe das angefangene Monogramm Abb. 29
Entwurf von Gustav Kalhammer, Wien

31. Blattfigur Schirting-Unterlage. Aufnähen kleiner Kantillestückchen als Füllung (Sandstich). Siehe Seite 293 „Die Weißstickerei"

32. Aufnähen von Flittern in abgestufter Größe durch Kantillestückchen (Flitternschieben)

haben (Abb. 28). Jede Spitze läßt sich selbst bei dicker Kantille zierlich ausarbeiten. Es kommt hier vor allem darauf an, dicht an der Unterlage herunter und ebenso wieder herauf zu stechen, wobei die Enden der Kantille etwas umgebogen werden, was durch weites Unterschieben der Nadel unter den vorhergehenden Kantillestift geschieht.

Abb. 29 u. 30 zeigen die Kantillestickerei an einem Monogramm. Hier läßt sich die Verwendung verschiedenartigen Materials, wie die Richtung der Stichlage deutlich erkennen. Für einen Buchstaben wurde glatte Mattkantille, für den anderen abwechselnd zwei Stifte glatte Matt- und zwei Stifte krause Glanzkantille genommen. B e i d e n g l a t t e n K a n t i l l e n, m a t t s o w i e g l ä n z e n d, i s t g a n z b e s o n d e r s d a r a u f z u a c h t e n, d a ß d i e K a n t i l l e n i c h t a u s g e z o g e n i s t, d a m i t d i e g e s t i c k t e F l ä c h e g a n z r u h i g u n d g l e i c h m ä ß i g w i r k t.

Eine weitere sehr reizvoll wirkende Anwendung der verschiedenartigen Kantillesorten, namentlich der Krauskantillen, bietet die dichte Füllung einzelner Figuren mit winzigen 1 mm langen Kantillestückchen, die sandstichartig (siehe die Sticherklärung Seite 294 „Die Weißstickerei") in wechselnden Richtungen zerstreut die eingerandete Grundfläche überdecken (Abb. 31). Diese Füllung bedarf keiner plastischen Unterlage, nur bei rauhen oder gerippten Stoffen ist es ratsam, den Kantillesandstich auf unterklebtem Schirting zu arbeiten, den man dann der betreffenden Form aufzuheften hat (Abb. 31). Ebenso füllen aus glatten Kantillen gebildete kleine Ösen (Schuppen) die Fläche sehr wirkungsvoll. Man achte auf gleichmäßige Höhe der Bogen (Ösen).

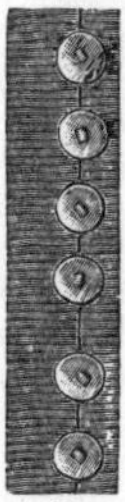

33

34

33. Aufnähen einzelner Flittern durch Kantillestückchen

34. Aufnähen von Flittern durch schnurähnlich aufgenähte Kantillestückchen

Aus Kantille gebildete, gewundene oder gerade aneinandergereihte Linien geben in Verbindung mit schuppenartig übereinanderliegenden Flittern hübsche Wirkungen. Diese Arbeitsart benutzt man auch zur Ausschmückung von Adern und dergl., wie der glänzende Flitter überhaupt außerordentlich viel zur Belebung der Metallstickerei beiträgt. Feingegliederte Muster zur Verzierung von Toiletten und Uniformen wie Stickereien von Fahnen und Paramenten entbehren selten der Mitwirkung jener kleinen Gold-

35. Blattzweig m. Beeren Leichte Flittern- und Kantillestickerei

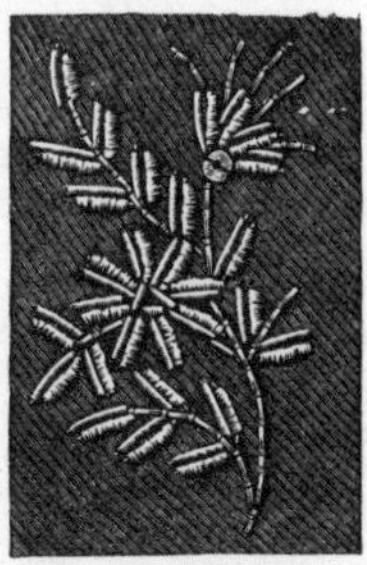

36. Blumenzweig Leichte Kantille- und Flitternstickerei

37. Bordüre. Indische Flittern- und Kantillestickerei
Arbeitsprobe Abb. 37a

und Silberplättchen, die in verschiedenen Größen und Formen in Verbindung mit Kantille, Perldraht, Lahn, Fadengespinsten und dergl. in Anwendung kommen. Ihre ausgedehnteste Anwendung finden Flittern bei indischen und russischen Stickereien, die daher für die Benutzung dieses Materials vorbildlich geworden sind. Die Befestigung der Flittern geschieht auf verschiedene Art. Einzelne Flitter werden einfach mit Perlen oder mit kleinen Kantillestückchen aufgenäht, wobei sich die Kantillestifte zu hochstehenden Ösen gestalten. Zur Herstellung einer Flitternreihe hat man stets abwechselnd einen Flitter und ein Kantillestückchen von der Länge des halben Flitters auf die Nadel zu fassen.

Für die Flitternreihe (Abb. 32) geschieht das Aufnähen mit längeren Stückchen der unter Abb. 33 veranschaulichten schnurartigen Kantille. Der Stich greift hierbei stets in den vorletzten Flitter.

Die Abb. 35 u. 36 stellen einzelne zierliche Figuren, Streublümchen, Ähren in einfachster Ausführung leichter Goldstickerei mit Kantille und Flittern dar.

Eine zierliche, ungemein lohnende Vorlage für Flitternstickerei wird durch die auf hellblauem Seidengrunde ausgeführte indische Borte, Abb. 37, gezeigt. Stiele, Ranken und die Kontur der Blüten (Abb. 37a) stellt feinster Perldraht her, von matter und glänzender Goldkantille sind sowohl die Blätter als die Rundungen und die schnurähnliche Befestigung der abschließenden Flitternreihen. Kräftige, silberne Krauskantille bildet die wirksame Füllung der kleinen kleeblattartigen Formen. Die Borte ist zum Schmucke von Gürteln, Spangen, Körbchen usw. verwendbar. Leichte Flitternstickereien ohne Verbindung mit Kantille oder sonstigem Material sind für Theaterkostüme, die dekorative Wirkungen erzielen sollen, sehr beliebt, aber auch bei direkter Anwendung von möglichst mattierten Metallflittern für Ball- und Gesellschaftstoiletten zu empfehlen. — Handtäschchen, Arbeitsbeutel, Lampenschirme usw. werden mit Vorliebe damit geschmückt, jedoch kein anderer Gegenstand eignet sich so vorzüglich zur Verzierung mit Flittern, wie der Fächer, weil hierfür durch die Bewegung die Flittern die verschiedensten Licht- und Farbenspiegelungen hervorbringen. In jedem Kunstgewerbemuseum finden sich aus längst vergangenen Stilperioden reizvolle Beispiele hierfür. Da weder große Schulung noch große Vorbereitungen für diese Arbeit erforderlich sind, wird sie umgemein lohnend, z. B. kann ein fertig montierter Fächer aus Seiden- oder Gazestoff noch nachträglich mit Flitternmustern verziert werden. Besonders geschickte Hände werden es auch verstehen, die Flittern rechts und links gleichseitig auf den Stoff zu nähen. Anleitung für das gleichseitige Aufnähen der Flittern durch Umfassungsstiche ist auf Seite 382 zu Abb. 16 in dem Lehrkursus „Die Plattstichstickerei" gegeben. Man kann auch Flittern gleichseitig durch Perlen aufnähen. Nach jedem Aufnähen ist der Arbeitsfaden unsichtbar zwischen den Flittern zu befestigen.

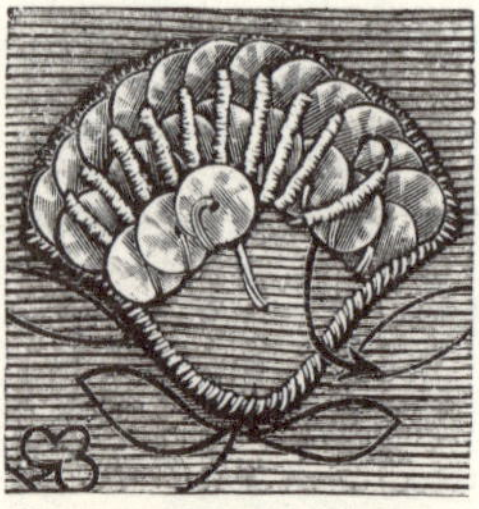

37a. Arbeitsprobe (vergr.) zur Bordüre (Abb. 37)
Flittern- und Kantillestickerei
Kontur, unsichtbar aufgenähter Perldraht

V. Die Sprengarbeit. VI. Die Stecharbeit

Sprengen mit Metallfäden

Hierzu kommt die Sprenggabel oder Bretsche in Anwendung. Der ganz feine Metallfaden wird 2-, seltener 4fach, über die Bretsche glatt gewickelt. (Abb. 4.) Nur bei starken Brillantgespinsten oder Gimpen nimmt man den Metallfaden einfach, weil besonders die Gimpen sehr hart sind und sich schwer zurückbiegen lassen. Beim Arbeiten legt man den Metallfaden (siehe Abb. 38) in der richtigen Stichlage hin und zurück und näht den Metallfaden nach jedem Legen an der Kontur mit kräftigem, gewachstem Seidenfaden durch einen kleinen Überfangstich fest. Wohl zu beachten ist, daß die Fäden sich eng aneinanderschmiegen und eine gleichmäßige Fläche bilden. Um dieses zu erreichen, ist ein gleichmäßiges Anziehen des Metall- wie des Seidenfadens durchaus nötig. Da man nur in gerader Richtung sprengen kann und da durch den zurückgebogenen Faden bei feinen, zierlichen Formen die Spitzen leicht plump erscheinen, müssen Anfängerinnen die Spitzen und Ausläufer immer anstechen, wie auch die Fäden vom Anfang und Ende durch Herunterziehen zu befestigen sind. Die Unterlagen (für die Sprengarbeit unerläßlich) sind dieselben wie bei der Kantillestickerei; doch kann man durch Aufnähen von Bindfaden in den verschiedensten Windungen der Kartonunterlage eine Musterung geben, durch die dann die übersprengte Musterfläche äußerst reizvoll belebt wird, siehe Abb. 40.

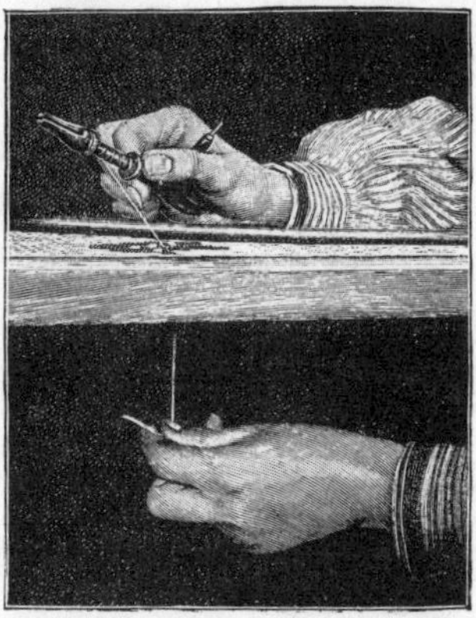

38. Richtige Stellung der Hände bei der Sprengarbeit

Der Stecher ruht in der rechten Hand. Diese hält die Sprenggabel über der Arbeitsstelle gespannt. Die linke Hand unter dem Rahmen zieht stramm den Faden an.

Sprengen mit Lahn

Unter Lahn versteht man ein dünnes Metallbändchen in verschiedenen Breiten. Das Sprengen mit Lahn geschieht in gleicher Weise wie bei Gespinsten durch Hin- und Zurücklegen von Kontur zu Kontur und Festhalten mittels Überfangstichen von starkem Seidenfaden. Der feine, ganz schmale, kaum 1 mm breite Lahn kann in Verbindung mit Brillant- oder anderen Gespinsten zu-

39

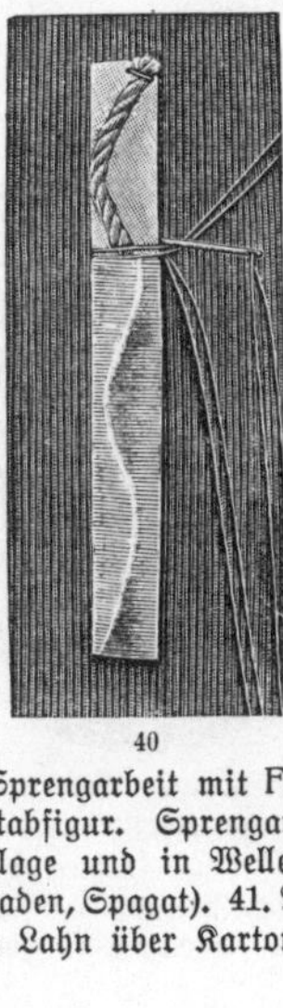

40

41

39. Blattfigur. Sprengarbeit mit Frisé über Kartonunterlage. 40. Stabfigur. Sprengarbeit mit Glattgold über Kartonunterlage und in Wellenlinie aufgenähter Hanfschnur (Bindfaden, Spagat). 41. Blattfigur. Sprengarbeit mit Lahn über Kartonunterlage

42. Monogramm A S. Sprengarbeit und Stecharbeit über Kartonunterlage
A mit Brillantine gesprengt. S mit Glattgold gestochen. Vollendetes Monogramm Abb. 43

43. Monogramm A S. In Spreng- und Stecharbeit ausgeführt
A mit Brillantine gesprengt. B mit Glattgold gestochen. Angefangenes Monogramm Abb. 42. Entwurf von Gustav Kalhammer, Wien

sammen auf die Sprenggabel gespult werden. Diese Mischung erzielt reizvolle Effekte. Breiter Lahn läßt sich nur einfach verarbeiten. Man kann bei breitem Lahn die Sprenggabel entbehren und von der Rolle sprengen, muß jedoch immer sehr vorsichtig bei der Verarbeitung sein, da dieses Material leicht knickt und dann unansehnlich und brüchig wird. Bei den Unterlagen ist darauf zu achten, daß sie keine scharfen Kanten haben. Man beginne jedes Blatt, jede Form stets von der Spitze aus und achte darauf, daß eine Lahnbreite die andere in gleichmäßigen Abständen etwa zur Hälfte deckt. Bei Biegungen und Rundungen sind an der inneren (kürzeren) Kontur die Lahnbreiten etwas enger, an der äußeren etwas weiter übereinander zu legen, und stets müssen die Lahnfäden bei einer Form in gleicher Richtung übereinander liegen. Da Lahn nicht durch den Stoff zu ziehen ist, biegt man den Anfang zu einem kleinen Haken, den man dicht an der Unterlage mit einem Seidenstich befestigt und der durch den folgenden Lahnfaden gedeckt wird.

Abb. 39 gibt Anweisung, wie ein einfaches Blatt mit starkem Brillantgespinst, Abb. 40, wie mit Lahn zu sprengen ist.

Abb. 48 zeigt einen Zweig, dessen Blätter in Lahn und dessen Beeren mit starkem Brillantgespinst über Karton mit Baumwollunterlage gesprengt sind, während die Stiele mit Chagrin angelegt wurden.

Der goldene Zweig, Abb. 48, ist der Bordüre einer historischen Courschleppe aus dem Jahre 1800 entnommen; das Muster eignet sich aber auch zur Ausführung in Sprengarbeit mit Brillantgespinsten und Frisé wie für Stecharbeit mit Stickergespinst u. Schnürchen

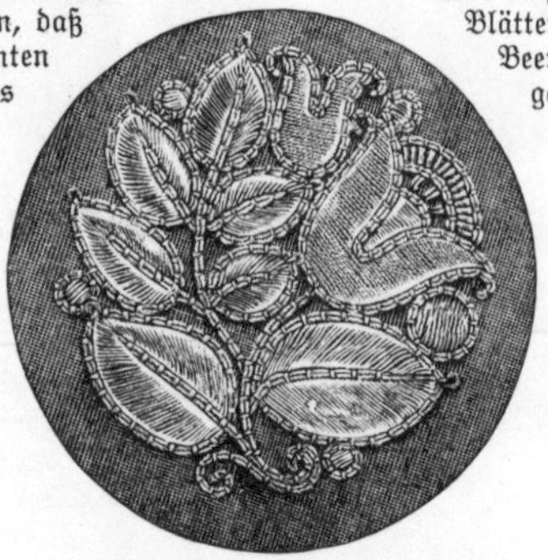

44. Blumenzweig. Stecharbeit mit Glattgold und Schnürchen, direkt über dem Grundstoff ausgeführt
Anlegearbeit mit Glattgold
Entwurf von Gustav Kalhammer, Wien

45—47. Wappenstickerei. 45. Deutsche Kaiserkrone. 46. Österreichische Kaiserkrone. Doppelkrone. 47. Preußisches Wappen
45 und 47. Ausgeführt von Elisabeth von Wedel, Berlin
46. Ausgeführt von Mizi Donner, Berlin

Stechen mit Metallfäden

Alle Stickereien, deren Ausführung auf einem Durchstechen von Metallgespinsten durch den Stoff beruht, heißen „gestochene Arbeiten“. Stechgespinste sind eigens für diesen Zweck in besonderer Weichheit und den in Betracht kommenden Stärken hergestellt. Man sticht mit Kordonnet- oder Riegelfaden und mit glatten Stickergespinsten. Brillantgespinste eignen sich weniger, Frisé oder Chagrin gar nicht zum Stechen.

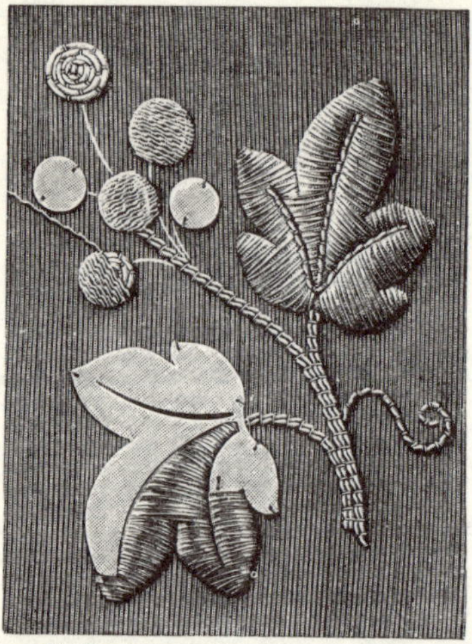

48. Zweig mit Blättern und Beeren
Blättcr, gesprengt mit Lahn. Beeren, gesprengt mit Brillantine über Kartonunterlage. Adern und Stiele. Anlegearbeit mit Frisé. — Ausführung von Elisabeth von Wedel

Das Unterlegen kann in gleich verschiedener Weise geschehen wie bei der Kantillestickerei, obwohl eine Kartonunterlage wegen der Schärfe der Kontur für Stecharbeit immer vorzuziehen ist. Handelt es sich um eine Stickerei, die später scharf gerollt werden muß, wähle man aus Leder geschnittene Unterlagen. Muß der mit Metallstickerei zu schmückende Gegenstand aber ganz weich und leicht bleiben, soll die Stickerei nicht plastisch hervortreten, vielleicht gar von beiden Seiten (bei Schals, Bändern und dergl.) wirken, läßt man die Unterlage ganz fort. Diese Art der Goldstickerei erfordert wohl die meiste Übung und vor allem einen guten Formensinn für die Anwendung der richtigen Stichlage, denn ein Trennen würde hierbei unmöglich sein.

Beim Stechen mit Metallgespinsten ist in erster Linie auf ein sehr straffes Spannen des Rahmens zu achten, um das feste Anziehen des Fadens zu ermöglichen. Ferner muß der Gebrauch des Vorstechers ganz geläufig und die Nadel richtig eingefädelt sein. Bei glattem Stickergespinst ist größte Sorgfalt bei der Behandlung des Materials unerläßlich. Man wickle den Faden vorsichtig von der Rolle, ziehe ihn straff, und achte darauf, daß das Metall keine Knicke dabei bekommt, denn an diesen würde es sich beim Durchziehen durch den Stoff absplittern. Dann macht man in der Länge von 45—50 cm einen Knoten und schneidet dicht hinter diesem den Faden ab usw., bis die Menge der Fäden geschnitten ist, die man für die auszuführende Form zu gebrauchen denkt. Dies Verfahren ist übrigens für jede Art von Gespinsten, mit denen man stechen will, angebracht. Wird der Faden dennoch bei der Arbeit schadhaft, so ist die verletzte Stelle zu „verstechen“, d. h. unter der Unterlage bis zu der Stelle zu vernähen, wo der Faden wieder seine untadelige Glätte zeigt. Was über die Stichlage und die Drehungen bei der Kantille gesagt ist, gilt auch hier beim Stechen.

An Abb. 42 ist die Ausführung eines Monogramms gezeigt, dessen einer Buchstabe mit Brillantgespinst gesprengt, der andere mit Stickergespinst gestochen ist. Abb. 43 zeigt dasselbe Monogramm fertig. Das kleine Blattornament Abb. 44 ist in glattem und Kordonnetgespinst (Riegelfaden) ohne jede Unterlage gestochen, die Randung aus Riegelfaden, der mit Seide in der Farbe des Grundstoffes übernäht ist.

Zum Schluß zeigen wir zwei Kronen, ein gesticktes preußisches Wappen mit der Königskrone, Abb. 45—47, bei dem, wie ersichtlich, fast alle besprochenen Techniken der Goldstickerei in Anwendung gekommen sind.

Die Aufnäharbeit

(Applikationstechnik)

Diese Technik zählt zu den ältesten Nadelkünsten, und wir wissen, daß die Aufnäharbeit vor der Plattstichstickerei entstanden ist. Beweise liefern uns die erhaltenen alten Arbeiten aus den Mumiengräbern der Ägypter, alte Bildwerke und Schriften. Zur künstlerischen Reife gelangte die Technik in der pracht- und kunstliebenden Zeit der Renaissance, wo die Arbeit sowohl zum Schmuck der Kirche als auch zur Innenausstattung von Palästen, zur Verzierung von Prachtgewändern u. dgl. diente. Die Eigentümlichkeit der Technik liegt in der Verwendung von verschiedenartigen Stoffen in abstechenden Farben von dem Grundstoff. Jede Gattung von Stoffen, sogar verblichene Teile alter Gewebe, sowie Bänder können für Aufnäharbeiten Verwendung finden.

Als Stickmaterial für die Umrandung der einzelnen Formen und für die Verbindungslinien des Musters eignen sich Schnürchen aus Metall, Baumwolle u. dgl. Stickseide, Baumwollgarn und Wolle verschiedener Gattung werden meistenteils für gestickte Konturen, Verbindungslinien und Effekte gewählt. Durch die vielseitige Verwendbarkeit der Technik für verschiedenartig stilisierte Muster, sowie durch die dekorative Wirkung und verhältnismäßig leichte, rasch fördernde Ausführung wird die Aufnäharbeit gern als Ersatz für die mühevoller und zeitraubender herzustellende Buntstickerei benutzt. Die Hauptsache bei der Technik ist die richtige Wahl des Musters und die geschmackvolle Zusammenstellung der Farben. Am besten geeignet sind für die Technik großzügige Muster mit im Zusammenhang komponierten Musterfiguren mit glatten Konturen, jedoch lassen sich auch feingegliederte Muster zur Geltung bringen. Immerhin erfordert die Technik künstlerisches Verständnis, guten

1. Anheften der Auflagen und Umranden durch Schnur

2. Anheften der Auflagen und unsichtbare Befestigung durch Saumstiche

Formen- und Farbensinn. Die Stickerin muß die Zeichnung nachempfinden, d. h. beim Ausschneiden und Konturieren hat sie jede Bewegung der Linie zu beachten und diese klar zum Ausdruck zu bringen. An alten Arbeiten und schweren Aufnäharbeiten aus neuer Zeit findet man stets die Auflagen mit dünnem Papier unterklebt. Außerdem werden jetzt leichte Arbeiten auch in weicher Ausführung ohne Unterklebung hergestellt. Diese Arbeitsart findet meistens für Konfektionsstickereien Verwendung.

Wir beginnen den Kursus mit der Erklärung der Vorarbeiten. Diese sind: 1. das Unterkleben, 2. das Übertragen der Vorzeichnung, 3. das Ausschneiden und 4. das Befestigen der Auflagen auf den Grundstoff. Die gewählten Stoffe für die Auflagen werden einzeln, entweder in den Stickrahmen oder je über ein Reißbrett gespannt, über das man vorher 2—3 Bogen Löschpapier oder anderes weiches Papier befestigt. Beim Spannen über ein Reißbrett muß die Rückseite des Stoffes nach oben und die Rechtsseite nach unten, dem Brett aufliegend, gerichtet sein. Dann bestreicht man dünnes Pflanzenpapier (Kaschierpapier) mit dick gekochtem Stärkekleister, den man sich nach dem Rezept Seite 407 „Die Goldstickerei" herstellt. Die Stärke wird mit einem breiten Borstenpinsel gleichmäßig dünn über das Papier gestrichen. Diese Arbeit ist rasch vorzunehmen, damit der Kleister nicht trocknet, bevor das Papier auf den Stoff geklebt wird. Man legt die bestrichene Seite des Papiers über den Stoff und drückt das Papier gleichmäßig mit einem flachen Lineal oder Falzmesser fest. Jede Luftblase muß fortgestrichen werden, damit das Papier gleichmäßig auf dem Stoff festklebt. Um besser festdrücken zu können, legt man einen Bogen weißes Löschpapier über das Klebepapier. Das Löschpapier saugt gleichzeitig den über den Rändern hervorquellenden überflüssigen Klebestoff auf, dieser muß auf jeden Fall sofort entfernt werden, entweder mit einem weichen Lappen oder mit einem Schwämmchen. Man läßt den Kleister trocknen und überträgt danach die Vorzeichnung auf das Kaschierpapier, d. i. die Rückseite des Auflagestoffes. Bei der Benutzung von gerippten oder diagonal gewebten Stoffen, z. B. Rips, Brokat, Satin u. dgl., achtet man beim Übertragen des Musters auf die gleichmäßige Fadenrichtung des Stoffes. Es müssen alle Auflagen in der gleichen Fadenrichtung des Gewebes ausgeschnitten werden. Durch das Ausschneiden in verschiedener Stoffrichtung wird eine unruhige Wirkung der fertigen Arbeit erzielt, die unter Umständen das Muster vollständig zerstören kann. Nach dem Übertragen des Musters werden die Musterfiguren ausgeschnitten. Dieses geschieht entweder mit einer feinen Schere frei in der Hand oder mit dem Schabloniermesser über einer harten Unterlage, siehe Seite 409, Abb. 8, Seite 410, Abb. 9 und die Erklärung in dem Lehrkursus „Die Goldstickerei". Das Ausschneiden mit dem Schabloniermesser empfiehlt sich besonders für Samt, Leder, Tuch, Filz und ähnliche schwere Stoffe. Für

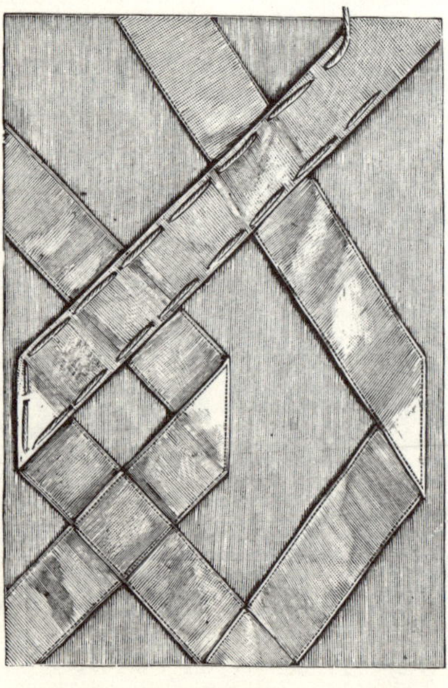

3. Anheften und Befestigen von Bändern durch Steppstichlinien

die nun beginnende Aufnäharbeit spannt man den Stoff in den Stickrahmen, siehe die Erklärung Seite 407 „Die Goldstickerei". Dann wird das vollständige Muster auf den Stoff übertragen, worauf man die ausgeschnittenen Auflagen mit Kleister auf den betreffenden Musterflächen festklebt. Hierfür bestreicht man die Rückseite gleichmäßig dünn mit dem Klebstoff und drückt die Auflage auf den Grundstoff. Dann werden die Auflagen mit Gewichtstücken oder Steinen so lange beschwert, bis die Auflagen festkleben und der Kleister trocken ist. Bei empfindlichen haarigen Stoffen legt man vorher mehrere Bogen Papier unter und über die Auflagen und beschwert dann die Formen. Durch diese Vorsichtsmaßregel behalten die Stoffe ihren ursprünglichen Charakter, so daß selbst an feinstem Seidensamt nicht die geringsten Druckstellen zu bemerken sind. Um jedem Irrtum beim Aufkleben der Formen vorzubeugen, empfiehlt es sich, bei einer vielfarbigen Arbeit nach dem Ausschneiden jede Figur sofort auf den Grundstoff zu kleben. Nach dem Trocknen werden die Schnittränder durch kleine Umfassungsstiche, die man mit einem feinen Faden ausführt, gesichert. Dann beginnt das Konturieren entweder durch aufgenähte Schnur, die man unsichtbar befestigt, siehe die Erklärung Seite 414 „Die Goldstickerei", oder sichtbar durch Überfangstiche in gleichmäßigen Entfernungen. Die Umrandung muß den Schnittrand der Auflage vollkommen decken, und keine Stoffasern dürfen zum Vorschein kommen. Besonders ist darauf zu achten, daß die Formen durch die Umrandung klar zum Ausdruck gebracht werden, es gilt hier die gleiche Regel wie für die Goldstickerei. Beim Übersticken der Konturen durch Stielstich, Platt-, Ketten-, Schnurstich u. dgl. ist dieselbe Sorgfalt zu verwenden; wird sie nicht geübt, so entsteht eine unordentliche Arbeit, die keinen Anspruch auf künstlerischen Wert hat.

An Arbeiten, die aus der nationalen Volkskunst stammen, z. B. aus Schweden, den slawischen Ländern, Ägypten usf., finden wir Aufnäharbeiten mit unsichtbar gesicherten Schnitträndern durch Saumstiche, siehe die Arbeitsprobe Abb. 2. Die aus leichten Stoffen ohne Unterklebung hergestellten Auflagen werden am Rand eingebogen und durch kleine Saumstiche mit feinem Faden festgenäht.

4. Kissen. Aufnäharbeit, Plattstichstickerei in Verbindung mit aufgesteppten und durchflochtenen Baumwollbändern. Entwurf von Willy Foltin, Wien Muster Nr. 4405. Näheres Seite 15

5. Kissen. Aufnäharbeit, Plattstichstickerei in Verbindung mit aufgesteppten Baumwollbändern Entwurf von Willy Foltin, Wien. Aus der Zeitschrift „Die Dame". Musternummer 4406. Näheres Seite 15

Die gleiche Befestigung zeigt die Bordüre Abb. 7. Dagegen ist mit Abb. 1 das Konturieren mit aufgenähter Schnur gezeigt.

Abb. 3 erklärt das Aufheften von Bandauflagen und die Befestigung der Bandränder durch Stepparbeit auf der Nähmaschine. Beim Aufheften hat man darauf zu achten, Herstellung braucht man etwa 16 m 3 cm breites schwarzes Band, 6 m 1½ cm gleichfarbiges, 7,50 m 3 cm breites grünes und 50 cm 1½ cm breites rotes Band, dazu kommen noch ein kleines Stoffviereck aus flaschengrünem Kattun oder Satin, schwarzes und rotes feines Nähgarn, schwarzes Moulinégarn. Zunächst überträgt man die

6a. Aufnäharbeit, Platt-, Stielstich- und Langettenstickerei zur Decke Abb. 6 (1/2 verkleinert)

daß an den Kreuzungen die Bänder korrekt übereinander liegen, damit sich das Bandmuster gleichmäßig fortsetzt. An den Ecken wird das Band scharf umgebogen. Das Aufsteppen der Bänder geschieht auf der Nähmaschine mit kleinem Stich.

Abb. 4 und 5 zeigen zwei Kissen mit Band- und Stoffauflagen. Abb. 4 mißt 57 und Abb. 5 reichlich 50 cm im Geviert. Besonders reizvoll wirkt die Ausführung des Musters Abb. 4. Das Mittelstück umschließt Flechtarbeit, die mit schwarz-grünem, 3 cm breitem Baumwollband ausgeführt ist. Zur Musterzeichnung mittels Abbügelns auf das weiße Leinen, dann werden für die Flechtarbeit die 3 cm breiten schwarzen resp. grünen Bandenden in einer Richtung dicht nebeneinander befestigt, indem man die Enden an der inneren Konturlinie des äußeren Randstreifens und der äußeren Konturlinie des Mittelstückes aufheftet. Nun durchflicht man die losen Bänder mit den andersfarbigen Enden in entgegengesetzter Richtung und näht die Enden an den Konturlinien fest. Hierauf werden für die leicht bewegten Umrahmungslinien des Mittel-

6. Bettdecke für ein Doppelbett. Aufnäharbeit, Platt-, Stielstich- und Langettenstickerei (Schlingstichstickerei). Arbeitsprobe Abb. 6a. Entwurf von Rose du Bois-Reymond, Potsdam Aus der Zeitschrift „Die Praktische Berlinerin". Muster Nr. 5953. Näheres Seite 15

stückes die 1½ cm breiten schwarzen Bänder aufgeheftet und an den Rändern durch schwarzes Nähgarn festgesteppt. Zwei dicht nebeneinander aufgesteppte schwarze 3 cm breite Bandstreifen oder 6 cm breites schwarzes Band bilden die Umrahmung der Kissenplatte. Für das Mittelstück wird die grüne Auflage befestigt, auf die man die betreffende Vorzeichnung mittels gestochener Musterpause oder Pausen durch Blaupapier überträgt. Dem Muster entsprechend wird für das Viereck das rote Band aufgesteppt. Dann bestickt man durch schwarzen Plattstich aus ungeteiltem Moulinégarn die schraffierten Musterflächen. — **Für das Kissen**, Abb. 5, braucht man als Arbeitsmaterial: Etwa 4 m 3 cm breites schwarzes Baumwollband, schwarzes Perlgarn Nr. 5, gleichfarbiges Moulinégarn und zwei je etwa 52 cm lange, 11 cm breite Streifen aus flaschengrünem Kattun oder Satin für die je 9 cm breiten Randstreifen. — Man überträgt die Vorzeichnung durch Abbügeln oder durch eine gestochene Musterpause auf das Leinen. Dann heftet man die grünen Streifen an den Längsrändern auf und befestigt auf den Streifen zwei schwarze Bandenden in je 3 cm Abstand. In gleichen Entfernungen sind auf dem weißen Grunde die verkürzten Enden aufzusteppen, wobei man an der Konturlinie des ovalen Mittelstückes die Bandenden sauber einbiegt und die Konturlinie durch eine Stielstichlinie aus schwarzem Perlgarn deckt. Der gleiche Faden bildet den Plattstich der Bogenlinien und des ovalen Umrahmungsstreifens des Mittelstückes. Man stickt nach der Form in gerader kurzer Stichlage. Plattstich, mit Moulinégarn gestickt, bildet das ovale Mittelstück und die Füllungsfiguren in den Bogenausschnitten. Verstürzte Naht verbindet die verzierte Platte mit der glatten Rückplatte. Die Einschiebekissen sind mit Daunen gefüllt.

Abb. 6 **Bettdecke für ein Doppelbett. Aufnäharbeit, Plattstich-, Stielstich- und Langettenstickerei (Schlingstichstickerei).** Hierzu die verkleinerte Arbeitsprobe Abb. 6a. Größe: 2,10 m zu 2,92 m. Kräftiges naturfarbenes Bauernleinen ergibt die Decke. Man braucht drei Stoffbreiten. Weißes antikes Leinen bildet den Auflagestoff, dazu kommt noch als Arbeitsmaterial weißes Perlgarn Nr. 5 und 6 und weißer Twist (Stopfwolle). Zunächst werden die Stoffteile der Decke verstürzt zusammengesteppt, worauf man die Mustervorzeichnung überträgt. An dem Modell sind die Nahtlinien durch die Bordürenstreifen gedeckt. Am besten gelingt die Arbeit im Stickrahmen. Da die meisten Leserinnen nicht im Besitz eines so großen Rahmens sein dürften als die Arbeit erfordert, raten wir zum öfteren Einspannen resp. Aufstecken des Stoffes in einen kleineren Rahmen und verweisen hierfür auf die Erklärung Seite 290, „Die Weißstickerei“. Zunächst werden die aus weißem Leinen ausgeschnittenen Blattauflagen auf die betreffenden Flächen des Musters aufgeheftet, worauf man die Schnittränder mit weißem feinen Nähgarn durch unsichtbare Saumstiche sichert. Hierauf deckt man die Konturen mit feinem Perlgarn durch weitläufigen Langettenstich (Schlingstich), den man über zwei lose Einlagefäden aus kräftigem Perlgarn ausführt. Dann werden die kräftigen Stielverästelungen und Beeren leicht mit Twist (Stopfwolle) unterlegt, worauf man die Formen mit Perlgarn Nr. 3 in Plattstich in kurzer gerader Stichlage überstickt. Der gleiche Faden bildet den Stielstich der Ranken. Weißer Satin bekleidet die Rückseite der Decke. Ein 3 cm breiter Saum bildet den Abschluß.

Abb. 7. **Bordüre. Aufnäharbeit und bunte Wollstickerei.** Höhe der Bordüre: 16 cm. Das künstlerisch stilisierte Muster eignet sich vorzüglich zur Randverzierung von Kappendecken, die an den Ecken zusammengeschnürt werden. An unserer Vorlage ergibt graues Tuch den Grundstoff. Kornblumenblaue weiche Seide dient als Auflagestoff für die Blätter und Blütenrosetten. Tabakbraune, kornblumenblaue und smaragdgrüne Zephirwolle und graue Mooswolle in der Farbe des Grundstoffes bilden das Stickmaterial, dazu kommt noch kornblumenblaue Nähseide zum Aufnähen der Auflagen. Nach dem Übertragen der Vorzeichnung spannt man das Tuch in den Stickrahmen und heftet unter die Musterfläche Mull oder Batist. Zunächst werden die mit der betreffenden Vorzeichnung versehenen Seidenauflagen den Musterflächen aufgeheftet, worauf man die Schnittränder mit kornblumenblauer Nähseide durch unsichtbare Saumstiche befestigt und die Kontur durch gleichfarbigen Stielstich überstickt. Kornblumenblauer Stielstich aus Zephirwolle bildet sämtliche Stielführungen, Arabesken und geraden Begrenzungslinien. Gleichfarbiger Plattstich deckt die gebogten kräftigen Randstreifen und die Blütenkapseln. Diese zeigen smaragdgrüne Umschläge, die in Plattstich zu sticken sind. Smaragdgrüner Plattstich in kurzer gerader Stichlage bildet die aufgestickten Blätter in den Blütenrosetten. Tabakbrauner Plattstich markiert an den Blütenrosetten je den mittleren Tupf und die ovalen Staubknoten zwischen den einzelnen Blattkonturen, sowie die aus den Blütenkapseln hervorquellende Blüte. Mit doppeltem Faden grauer Mooswolle sind die Blattadern, die gewellten Teilungslinien in den Blütenrosetten und die Teilungslinie in den Blütenkapseln in Stiel- resp. Plattstich zu sticken.

Mit Abb. 8 erklären wir die Aufnäharbeit, wie sie in der Konfektionsstickerei ausgeführt wird und auch unter dem

7. Bordüre. Aufnäharbeit und bunte Wollstickerei. Entwurf von Gustav Kalhammer, Wien. Veröffentlicht in der Zeitschrift „Das Blatt der Hausfrau". Muster Nr. 15992. Näheres Seite 15

8. Fragment aus einem Behang. Silhouettenaufnäharbeit (Ausschneidetechnik) mit geknüpfter Stoffranse. Entwurf von Regierungsbaumeister G. Erdmenger, Schneidemühl i. P. Musternummer 16273. Näheres Seite 15

Namen Ausschneidearbeit bekannt ist. Der vollständige Behang mißt 116 cm Breite zu 75 cm Höhe. Überschlag: 40 cm Höhe, davon entfallen 15 cm auf die Länge der Stoffranse. Stoffmaterial: 120 zu 130 cm bronzefarbenes Rupfenleinen und ein 25 cm breiter, 120 cm langer Streifen schwarzes Tuch oder gleichfarbiger feiner Filz für die Aufnäharbeit, 120 cm kräftig gedrehte bronzefarbene Baumwollschnur, schwarze Nähseide zur Befestigung der Auflagen und schwarze Orient- oder Zephirwolle. Der Überschlagstreifen wird extra gearbeitet und zuletzt dem oberen Querrand der 75 cm messenden glatten Rückwand aufgesteppt. Man überträgt die Vorzeichnung durch Abbügeln auf die Rückseite des Leinens, etwa 4 cm vom oberen Querrand entfernt. Dann heftet

11a. Motiv (Vogel). Stoff-Inkrustation. Zur Verzierung einer Scheibengardine

11b. Motiv (Häschengruppe). Stoff-Inkrustation

man auf die rechte Seite den Tuchstreifen fadengerade dem Muster gegen und durchsteppt auf der Maschine mit schwarzer Nähseide auf der Musterseite die Musterlinien mit kleinen Stichen. Um Kurven und feine Zackenkonturen leichter steppen zu können, ist es ratsam, den Transporteur wie bei der Maschinenstickerei zu entfernen oder tiefer zu stellen. Nach vollendeter Stepparbeit schneidet man mit einer feinen guten Ausschneideschere, etwa 1 mm von der Stepplinie entfernt, auf der Rechtsseite den schwarzen Stoff im Mustergrund sorgsam aus, wodurch das Silhouettenmuster klar hervortritt Nun überträgt man durch Abbügeln beiderseits des Silhouettenmusters die Vorzeichnung der geometrischen Längsblocke und deckt die Musterlinien mit

9. Scheibengardine für das Kinderzimmer. Aufnäharbeit, Platt-, Stiel- und Langettenstichstickerei (Stoff - Inkrustation). Originalmodell der Firma Bremer & Dornbrach, Berlin. Aus der Zeitschrift „Die Modenwelt". Muster Nr. 1407. Näheres Seite 15

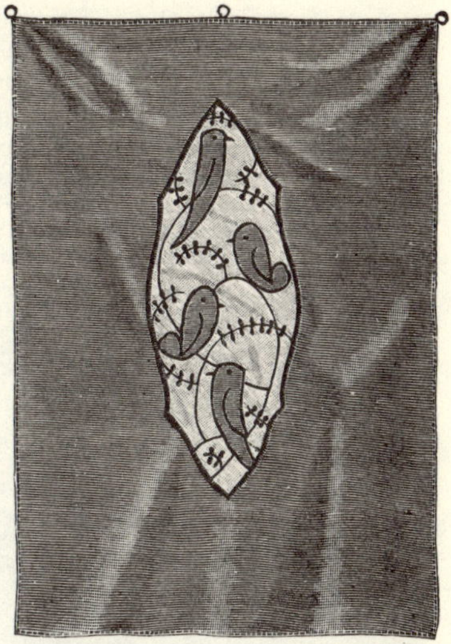

10. Scheibengardine für das Kinderzimmer. Aufnäharbeit, Platt-, Stiel- u. Langettenstichstickerei (Stoff - Inkrustation). Originalmodell der Firma Bremer & Dornbrach, Berlin. Aus der Zeitschrift „Die Modenwelt". Muster Nr. 1406. Näheres Seite 15

schwarzer Orientwolle durch schrägen Plattstich. Dann werden unterhalb des Musters für die Stoffranse die quer liegenden Gewebefäden in 25 cm Höhe ausgezogen, worauf man etwa 10 bis 15 lose Fäden mittels Rundknotens an der Stoffkontur verknüpft. Hierauf teilt man die Büschel in mehrere kleine Büschel mit 3 bis 4 Fäden und verknotet diese durch Rundknoten in willkürlichen Abständen. Je ein 1 cm breiter mit bronzefarbenen Stoffäden genähter unsichtbarer Saum begrenzt beiderseits die kurzen Ränder des Überschlagteiles. In gleicher Weise ist auch der Rand

11. Scheibengardine. Stoff-Inkrustation
Hierzu zwei passende Muster Abb. 11 a u. b. Originalmodelle der Firma Bremer & Dornbrach, Berlin. Aus der Zeitschrift „Die Praktische Berlinerin". Musternummern 2890 a, 2891 a u. 2892. Näheres Seite 15

der glatten Rückplatte zu säumen. Dann fügt man die oberen Schnittränder durch verstürzte Naht zusammen und befestigt an der Nahtlinie Knochen- oder Metallringe in gleichmäßiger Entfernung. Nun wird die Schnur angenäht. Man kann auch die Stickerei steif montieren und in einen Blendrahmen einspannen. Gut wirkt ein schmaler dunkler Eichenrahmen.

Abb. 9—11. Drei Scheibengardinen. Stoff-Inkrustation. Geeignet für das Kinderzimmer. Größenangaben. Abb. 9: 50 zu 63 cm; Abb. 10: 56 zu 80 cm; Abb. 11: 50 zu 57 cm.

Eine reizvolle Abart der Aufnäharbeit bildet die sogenannte Stoffinkrustation, die für durchsichtige Gewebe Anwendung findet und zur Herstellung von Gegenständen dient, die gegen das Licht gehängt werden, z. B. Scheibengardinen, Lampenschirme u. dgl. Gleich der vorhin erklärten Ausschneidearbeit zu Abb. 8 werden zwei verschiedenfarbige Stoffteile übereinandergeheftet. Dann überträgt man auf den Oberstoff die Vorzeichnung, bestickt die Konturen durch Langettenstich (Schlingstich) oder Kordonnierstich und schneidet nach Vollendung der Stickerei je nach der beabsichtigten Musterwirkung eine Stofflage im Muster oder Grund aus, wodurch der andersfarbige Stoff klar hervortritt und die Stickerei den Eindruck von Glasmalerei erzielt.

An der Gardine Abb. 9 ergibt goldgelbe indische Seide die Gardine, gleichartige smaragdgrüne Seide dient für die Bekleidung der Rückseite. Man überträgt die Mustervorzeichnung etwa 8 cm vom oberen Querrand entfernt und in gleichmäßigem Abstand von den Längsrändern. Hierauf spannt man den Grundstoff in den Stickrahmen, worauf man die ganze Stofffläche mit der grünen Seide unterheftet. Dann werden die Musterlinien durch Vorstichreihen aus dunkel-mattblauer Kordonnetseide gedeckt. Nach dem Vorziehen werden mit gleichem Faden die Stichlinien überstickt. Breiter Stielstich markiert die Stiele. Plattstich bildet den Kopfputz des Vogels, den Schnabel, das Beinchen, die Blütenkerne und Musterlinien in den Blütenfiguren, sowie die Flügelkontur und das Auge des Vogels. Die Konturen der Blätter, Blüten und die Kontur des Vogelkörpers deckt Langettenstich (Schlingstich). Hierbei müssen die Langetten (Schlingen) nach innen, der Musterfläche zu liegen. Knapp den Langetten (Schlingen) folgend, wird der gelbe Seidenstoff entfernt. Man hat auch den gelben Seidenstoff zwischen den Musterlinien in den einzelnen Musterformen (Blüten und Vogelkörper) fortzuschneiden. Das Muster wirkt grün auf gelbem Grund. — Goldgelber Batist bildet den Grundstoff für die Gardine Abb. 10, weißer Batist dient als Grund für das 20 zu 56 cm betragende Stickereimedaillon, papageigrüne Seide in gleicher Größe ergibt den Unterlagestoff. Man überträgt die Mustervorzeichnung auf den weißen Batist und spannt den Stoff in den Stickrahmen, dann unterheftet man die Stofffläche mit der grünen Seide. Hierauf stickt man mit dunkel-pfaublauer feiner Kordonnetseide die Stiele in breitem Stielstich und die Zweigblättchen in Plattstich in kurzer gerader Stichlage. Die Konturen der Vogelkörper werden durch gleichfarbige Vorstichreihen gedeckt. Dann überstickt man die Vorstichreihen durch Langettenstich (Schlingstich) und beachtet, daß die Langetten (Schlingen) nach innen, d. h. auf der Musterfläche, liegen. Den Langetten folgend wird der weiße Batist mit einer guten Ausschneideschere vorsichtig entfernt, worauf man mittels Durchpausens durch Kreide-

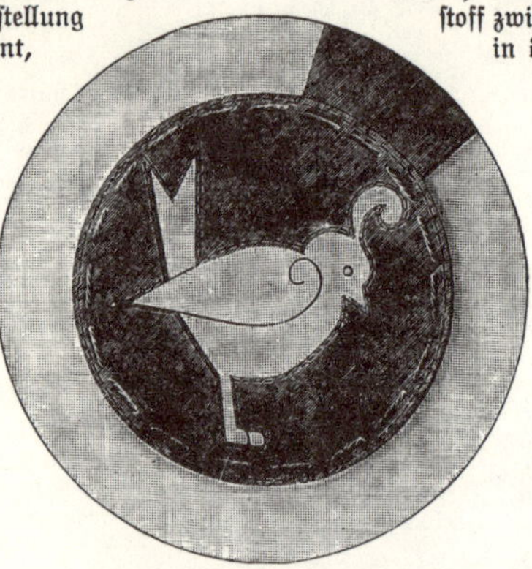

12. Unvollendete Arbeit in Stoff-Inkrustation. In der Arbeitsart der Aufnäharbeit für Konfektionsstickerei. Entwurf von Mizi Friedmann, Wien

13. Grundmuster. Aufnäharbeit auf Seiden-Damast. Alte Stickerei aus der spanischen Renaissance Verzierung eines kirchlichen Gewandes (Levitenrock)

Schlingen nach außen zu liegen. Nach dem Langettieren werden die losen Stoffränder des Medaillons fortgeschnitten. Dann entfernt man unter dem Medaillon den gelben Grundstoff. Ein 1 cm breiter Steppsaum begrenzt die Gardine. Am oberen Querrand befestigte Knochenringe dienen zum Durchleiten eines Metallstabes oder einer Schnur.

Abb. 11, 11a—b. Scheibengardine und zwei Motive. Stoff-Inkrustation. Nach der Vorlage Abb. 11 sind auch die Muster Abb. 11a und 11b in der Mitte eines Stoffgrundes einzufügen. Größenangaben: je 50 zu 57 cm. Indischer Mull in zwei harmonischen Farbentönen dient als Grundstoff und für die Stoff-Inkrustation der Motive Abb. 11a und 11b. Königsblaue Seide bringt das Vögelchen, Abb. 11a, zum Ausdruck. Für das Motiv mit Häschengruppe ergibt weißer, kariert gemusterter Mull den Grundstoff; goldgelber Mull dient für die Inkrustation des

papier die Vorzeichnung der Flügelkonturen und Augen auf die grünen Musterflächen überträgt und die Flügelkonturen durch breiten blauen Stielstich deckt. Gleichfarbene Plattstichtupfen markieren die Augen. Vor dem Besticken der bewegten Konturlinie heftet man das aus dem Rahmen entfernte fertige Stickereimedaillon auf den gelben Batist so, daß das Medaillon 18 cm vom unteren Querrand entfernt ansetzt und die Mitte des Stoffes schmückt. Nun fügt man durch blauen Langettenstich (Schlingstich) den Rand des Medaillons mit dem gelben Batist zusammen, hierbei müssen die

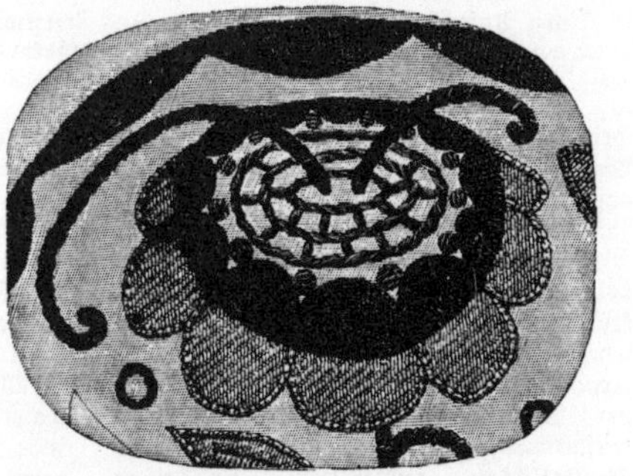

14a. Arbeitsprobe (verkleinert). Aufnäharbeit, Platt-, Schnur- und Zierstichstickerei zum Kissen Abb. 14

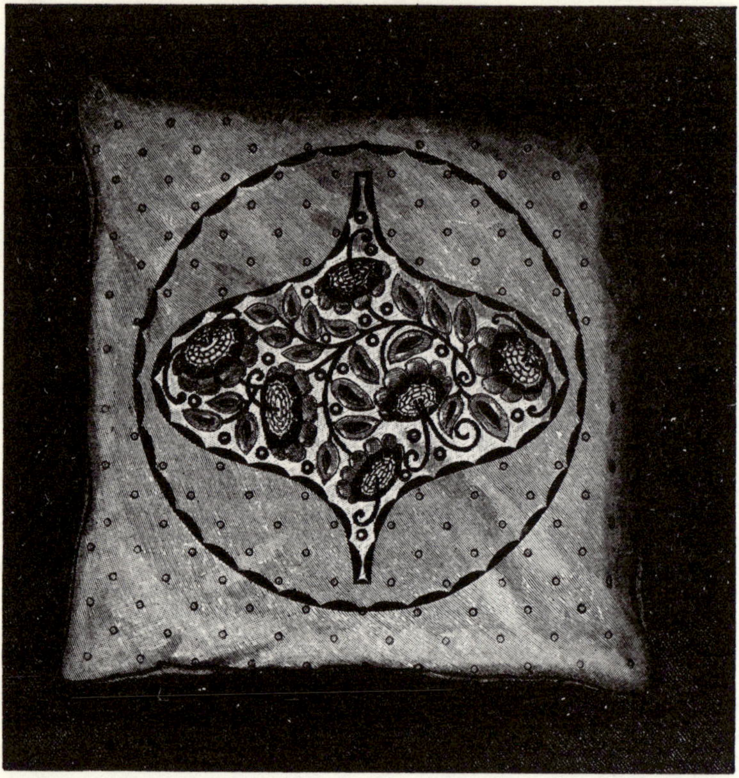

14. Kissen. Aufnäharbeit, Platt-, Schnur- und Zierstichstickerei. Arbeitsprobe Abb. 14 a, Seite 433
Entw. von Antonie Vašek, Berlin. Aus d. Zeitschrift „Die Dame". Musternummer 16427. Näheres Seite 15

Grundes im Muster. Das springende Lämmchen, Abb. 11, wirkt in weißem Mull auf gleichartigem papierblauen Grund. Dunkelblaues Moulinégarn bildet das Stickmaterial. Man überträgt die Mustervorzeichnung auf den Grund- und Inkrustationsstoff. An den Vorlagen sind die Muster 15 cm vom oberen Querrand entfernt in der Mitte eingestickt. Die nach der Vorzeichnung ausgeschnittenen Inkrustationsstoffe werden den betreffenden Musterflächen aufgeheftet. Unsichtbare Saumstiche sichern die Schnittränder. Dann deckt man die Kontur- und Musterlinien durch blauen gleichmäßigen schrägen Plattstich oder durch Kurbelstickerei. Unter der Auflage wird der Grundstoff sorgsam entfernt. Schmale Saumbegrenzung.

Abb. 12 zeigt an einer unvollendeten Arbeit die verschiedenen Stadien für die Ausführung der Ausschneidearbeit in doppeltem Stoff. An dem Modell sind die Konturen durch Stepplinien gesichert.

13. Aufnäharbeit auf Seidendamast. Der Hauptreiz dieser vornehmen Stickerei besteht in der Wechselwirkung zwischen den beinahe spärlichen, streng ornamentalen Formen der dunkel wirkenden Aufnäharbeit und dem reichen, blumigen Damastgrund von gelblich-weißer

15. Kissen. Aufnäharbeit, Schnur-, Stielstich- und Plattstichstickerei
Entwurf von Milla Weltmann, Wien. Aus der Zeischrift „Die Modenwelt".
Musternummer 17568. Näheres Seite 15

Farbe. Bräunlichem Brokat für die Auflagen gesellt sich für die Umrandung starke Schnur aus roter Seide und Gold zu. Die Schnur ist mit rotem Faden aufgenäht.

14. Kissen. Aufnäharbeit, Platt-, Stiel- und Zierstichstickerei. Arbeitsprobe Abb. 14a. Größe: 50 zu 54 cm. Cremefarbenes feines Damentuch ergibt den Kissenbezug. Weißer Seidenrips bildet den Auflagestoff für das mittlere Medaillon, Goldbrokat dient für die Auflagen der Blüten und Blätter. Dazu kommen als Stickmaterial: schwarze Moos- und Orientwolle, giftgrüne Zephirwolle, schwarzes Perlgarn Nr. 1, schwarze und goldbronzefarbene Filoflosseseide, giftgrüne offene Kunstseide und chinesischer Goldfaden. 2,15 m 1½ cm breites schwarzes Samtband bildet die Begrenzung des Kissenrandes. Man überträgt die Vorzeichnung durch Abbügeln auf die verschiedenartigen Grundstoffe. Auf das Tuch sind nur die Musterlinien außerhalb des mittleren Medaillons und die Konturlinie des Medaillons abzubügeln. Dagegen überträgt man auf den Seidenrips die Vorzeichnung des Medaillons. Außerdem hat man noch die betreffenden Musterlinien für die Blüten- und Blattauflagen auf den Goldbrokat aufzubringen. Da sich Goldbrokat schwer glatt aufnähen läßt und leicht am Schnittrand ausfasert, unterklebt man den Stoff mit entschwefeltem Seidenpapier mittels Stärkekleisters. Dann überträgt man die Vorzeichnung für die Brokatauflagen auf die Papierseite und schneidet

die einzelnen Figuren, den Konturlinien folgend, sorgsam aus, siehe die Erklärung Seite 424. Dann werden die Formen den betreffenden Musterflächen des Seidengrundes aufgeheftet, indem man je den Rand durch unsichtbare Saumstiche mit weißer Seide mit dem Grundstoff verbindet. Nun deckt man die Konturen durch den ungeteilten chinesischen Goldfaden, den Überfangstiche mit einteiliger Filoflosseseide in geringen Abständen befestigen. Die Schnurenden sind mittels einer Tapisserienadel (Sticknadel) auf die Arbeitsrückseite zu leiten und dort je unter der gestickten Linie zu vernähen. Da sich auf dem Brokat die Musterlinien schwer abbügeln lassen, markiert man die Vorzeichnung der Blattausschnitte und der Basis der Bogenzacken an den Blüten durch Vorstichreihen mit einteiliger goldgelber Filoflosseseide, indem man auf der Papierseite die betreffenden Musterlinien durch Vorstichreihen benäht, die auf der Rechtsseite sichtbar sind. Die Blattausschnitte bildet grüner Plattstich, der mit Kunstseide in kurzer gerader Stichlage auszuführen ist. Schwarze Mooswolle dient für den Plattstich der inneren Zackenkontur der Blütenauflagen. Für den Zierstich in den Blütenmitten stickt man mit grüner Zephirwolle ellipsenförmige Stielstichlinien, deren Zwischenräume lose Spannstiche gliedern, wodurch sich das Netz markiert. Mit gleichfarbiger Wolle gestickte Plattstichtupfen füllen die Zackentiefen der schwarzen Zackenkonturen. Die Staubfäden bildet je ein Faden schwarzes Perlgarn, den Faden befestigen mit schwarzer Mooswolle ausgeführte weitläufige Überfangstiche. Die Enden des Perlgarns werden mittels einer kräftigen Tapisserienadel auf die Arbeitsrückseite geleitet. In gleicher Weise sind die Stiele zu sticken. Die Ringfiguren des Grundmusters auf dem Seidenstoff werden mit schwarzer Mooswolle in Stielstich ausgeführt. Dagegen bildet dreiteilige schwarze Filoflosseseide den Stielstich der Ringfiguren auf dem Tuchgrund. Schwarze Orientwolle gibt den Arbeitsfaden für den Plattstich der Bogenzacken. Das nicht konturierte, extra gestickte mittlere Medaillon wird, der glatten Konturlinie folgend, ausgeschnitten, dann heftet man die Stickerei auf die Mitte der Tuchplatte, sichert den Schnittrand durch unsichtbare Saumstiche mit schwarzer Filoflosseseide und bestickt die Zackenkontur durch schwarzen Plattstich mit Orientwolle. Hierauf säumt man ringsum ein Samtband an, das, außen lose bleibend, die Naht des Kissenbezuges deckt.

15. Kissen. Aufnäharbeit, Schnur-, Stielstich- und Plattstichstickerei. Größe: 50 cm im Geviert. Hellgrauviolette Libertyseide ergibt den Kissenbezug ein Streifen Goldgaze in der Breite von 26 cm und in der Länge von 52 cm dient als Auflagestoff für den Grund der 25 cm breiten Längsbordüre. Dunkelvioletter Taft bildet die Blüten- und Blattauflagen, dazu kommen noch als Stickmaterial dunkelviolette Filoflosseseide, chinesisches Büschelgold und dunkelviolette feine Seidenschnur. Man spannt zunächst die für die Verzierung bestimmte hellgrauviolette Stoffplatte in den Stickrahmen heftet in der Längsmitte fadengerade den Gazestoff auf und heftet unter den Seidenstoff Mull oder Batist. Dann wird durch Abbügeln die Vorzeichnung der Bordüre auf den Gazegrund und die Vorzeichnung der senkrechten Strichlinien auf die Libertyseide übertragen. Nun werden die unterklebten, der Vorzeichnung entsprechend ausgeschnittenen Taftauflagen auf den betreffenden Musterflächen des Gazegrundes befestigt, indem man die Schnittränder mit einteiliger dunkelvioletter Filoflosseseide durch kleine Saumstiche sichert. Hierauf deckt man die Konturen durch gleichfarbigen Stielstich, der mit zweiteiliger Filoflosseseide auszuführen ist. Gleichfarbiger dreiteiliger Seidenfaden bildet die Stiel-, Verbindungs- und Arabeskenlinien. Den Zwischenraum der Linienerweiterungen füllt ineinandergreifender Plattstich, den man mit zweiteiligem Seidenfaden stickt. Dreiteilige Filoflosseseide bildet die Plattstichtupfen an den Blüten. Die Blattadern markieren mit dreiteiligem, chinesischem Goldgespinst ausgeführte kleine Plattstichtupfen, sog. gehäufte Tupfen; hierfür stickt man kleine Hinterstiche schichtweise solange übereinander, bis sich der Tupf rundet. An den Längsrändern der Bordüre wird der schmal eingebogene Gazestoff durch das violette Seidenschnürchen gedeckt. Das gleiche Schnürchen markiert die übrigen senkrechten Linien. Die fertige Stickerei wird auf der Rückseite im Rahmen gebügelt. Dann näht man die Platten zum Bezug zusammen.

Abb. 16. Wandbekleidung. Kopie einer alten Stickerei aus der Zeit der Renaissance.

16. Wandbekleidung. Aufnäharbeit mit alten Stoffen und Schnurumrandung. Nach einer alten Renaissancestickerei aus dem 17. Jahrhundert hergestellt

Die Soutache- oder Litzenstickerei

(Konfektionsstickerei)

Die Soutache- oder Litzenstickerei ist eine rasch fördernde Technik. In der Regel werden jetzt Soutachestickereien, die für die Konfektion dienen, mit der Maschine hergestellt, jedoch gibt man stets der Handstickerei den Vorzug, wenn es gilt, eine Wechselwirkung im Muster zum Ausdruck zu bringen, wobei die Soutache teilweise flach, teilweise hochstehend anzunähen ist, siehe Abb. 17. Als Arbeitsmaterial braucht man Soutache und feinen in der Farbe dazu passenden Nähfaden. Für Metallsoutache wählt man stets Seidenfäden zum Annähen. Das Werkzeug bildet eine feine Nähnadel.

Für diese Technik eignen sich nur Linienmuster, deren Einzelfiguren in einem Zuge komponiert sind. Mit Abb. 17 ist ein gut stilisiertes Muster wiedergegeben. Nach der Übertragung der Mustervorzeichnung auf den Grundstoff arbeitet man entweder im Stickrahmen oder frei in der Hand. Der Rahmenarbeit ist der Vorzug zu geben. Man beginnt stets an einer Ecke oder Spitze, weil das Zusammenfügen der Soutache in einer freien Linie sichtbar wird und störend im Muster wirkt. Das Soutacheende wird mittels einer Tapisserienadel oder einer Fadenschlinge, siehe Abb. 6a, Seite 407, „Die Goldstickerei" auf die Rückseite des Stoffes geleitet. Will man die Soutache flach aufnähen, so befestigt man sie in der Mitte durch kleine verlorene Vorstiche, die in geringen Entfernungen von etwa 2 bis 3 mm auszuführen sind. An Rundungen wird ab und zu am Rand ein kleiner Stich beigestochen. Für Ecken und Spitzen biegt man die Soutache scharf um und näht an der Wendung die Befestigungsstiche in kleineren Abständen. Soll die Soutache hochstehend wirken, so näht man sie nach Abb. 17 am Rand auf und wechselt an Kurven die Stichrichtung, indem man abwechselnd einmal von außen und von innen die Befestigungsstiche in den Rand der Soutache ausführt. Bei Verschlingungen oder Verflechtungen läßt man an den Kreuzungsstellen die zuerst aufzunähende Soutache lose und führt beim 2. Gang die Verschlingung resp Verflechtung aus. Eigentlich gilt für das Annähen der Soutache die gleiche Regel wie für die Schnurstickerei, die in dem Lehrkursus „Die Goldstickerei", Seite 414, eingehend erklärt ist.

17. Bordüre. Soutachestickerei mit flach- und hochstehend aufgenähter Soutache. Entwurf von Hildegard Simon-Moll, Berlin

1. Kissen. Schwedische Plattstichstickerei. Russischer Durchbruch „prutik“ und Fransenverzierung. Modern. Aus der Zeitschrift „Die Praktische Berlinerin“. Muster Nr. 5983. Näheres Seite 15 Modell aus der Stockholmer Kunstgewerbe-Ausstellung 1909. Ausgestellt von der Gesellschaft Bikupan

Kombinationstechniken in der Volkskunst

Fast in allen Ländern gibt es eine bodenständige nationale Volkskunst, die sich durch Traditionen erhält und fortentwickelt. Je abgeschlossener die Bewohner von fremdnachbarlichen Völkern und dem Großstadtgetriebe sind, desto reinrassiger, möchte man sagen, ist ihre nationale Kunst. Fremdnachbarliche Beziehungen und Anregungen aus großen Städten können unter Umständen günstig für die Förderung der Volkskunst sein, jedoch bleibt stets die Gefahr bestehen, daß unter dem fremden Einfluß die Eigenart leidet und leider oft verloren geht. Durch die rasche Steigerung der industriellen Fabrikationen und der Beteiligung der Landbevölkerung an diesem Wettbewerb ist manche schöne Volkskunst verloren gegangen, die in ihrer ursprünglichen Art nie mehr nachzuahmen ist. In unserer Zeit schenkt man den künstlerischen Arbeiten der Volkskunst großes Interesse und man ist bestrebt, durch die Gründung von Vereinen bereits im Aussterben begriffene Hausindustrien künstlerisch zu veredeln und zu fördern. An Hand von alten Musterbüchern und Original-Arbeiten sollen die schönen Techniken wieder geübt und zur Herstellung von stilvollen Mustern nutzbar gemacht werden. Durch die Beschaffung von künstlerischer Heimarbeit will man der Landbevölkerung wieder das Interesse für die früher gepflegten Nationalkünste wecken und eine neue gesunde Hausindustrie entstehen lassen, deren Erzeugnisse

2. Teemütze mit leichter schwedischer Buntstickerei. Altes Bauernmuster. Arbeitsprobe Abb. 2a
Muster Nr. 1869. Näheres Seite 15

auf dem Weltmarkt neben den maschinell hergestellten Arbeiten vertrieben werden können. Günstige Erfolge wurden bereits in verschiedenen Ländern erzielt, z. B. in England, Italien, Schweden, Österreich und Deutschland.

Unsere Vorlagen in dieser Abhandlung zeigen die verschiedenartigen Techniken und Muster der Volkskunst, die in neuer Art praktisch verwertet sind.

Interessant und originell wirkt die Verbindung der mannigfachsten Techniken, die oft zur Herstellung eines Musters dienen.

Abb. 1. **Kissen. Schwedische Plattstichstickerei, russische Durchbrucharbeit „prutik" und Fransenverzierung.** Naturfarbenes englisches Leinen ergibt den Kissenbezug. Die Größe beträgt 40 : 60 cm. Flachsgarn in Dunkelmattblau und 3 Tönen Altrosa bildet den Arbeitsfaden für die Plattstichstickerei, dazu kommt noch ekrüfarbenes Perlgarn Nr. 8 als Arbeitsmaterial für die je 2½ cm breiten Durchbruchstreifen. Nach der Übertragung des Musters für die Plattstichstickerei auf die zur Verzierung bestimmte Platte der Vorderseite spannt man das Leinen in den Stickrahmen. Dann stickt man mit blauem Flachsgarn in feinem schrägen Plattstich die Stiele und Ranken und in schrägem Plattstich die Blätter. An den großen Blättern arbeitet man den Plattstich in entgegengesetzter Stichlage zur Mittelader treffend. Man stickt in gerader Stichlage zur Mittelachse. Der Blütenkern und jede mittlere Ringfigur sind dunkelrosa, dann folgt ein Zackenrand in hellem Rosa, den ein in mittlerem Rosa eingestickter Bogenring begrenzt. Die obere Querbordüre mit losen Blattzweigen ist in blauem Platt- und Stielstich auszuführen. Für die Durchbrucharbeit verweisen wir auf das Muster und die Erklärung zu Abb. 72, Seite 333 „Russischer Durchbruch".

Nach dem Zusammennähen der bestickten Platte mit der glatten Rückplatte begrenzt man beiderseitig die kurzen Ränder durch eine 6 cm breite ekrüfarbene, aus mercerisierter Baumwolle gewebte Fransenborte, die je auf der Nahtlinie zu befestigen ist. Hell-mattblauer Satin überzieht das Einschiebekissen, das mit Daunen gefüllt ist.

Abb. 2. **Teemütze mit schwedischer Buntstickerei.** Arbeitsprobe Abb. 2a. Die naive Stilisierung des Musters erinnert an alte schwedische Bauernstickerei. Auf naturfarbenem feinen Hausmacherleinen ist das Muster mit kräftiger Stickbaumwolle in Dunkelrot (Karmin), Dunkelblau, mittlerem Mattblau und Goldgelb in Platt-, Stiel-, Zierstich und sogenanntem Nelkenstich gearbeitet. Beide Außenseiten der 29 : 35 cm

2a. Ausführung des Nelkenstiches, natürliche Größe, für die schwedische Buntstickerei zur Teemütze Abb. 2

großen Mütze schmückt das gleiche Muster. Man überträgt die Vorzeichnung auf beide Stoffplatten und spannt das Leinen in den Stickrahmen. Die Umrahmungsbordüre ist in Stielstichstickerei auszuführen. Es schattieren die 2 parallel laufenden Begrenzungslinien dunkelblau, die Schräglinie im Zwischenraum rot. An dem Blumenmuster bildet dunkelblauer Stielstich die Stiele. Die vierteiligen Sternblumen und die untere mittlere Rosette, sowie die herzförmigen Blätter sind in zonenweise abschattiertem ineinandergreifenden Plattstich (japanische Manier) gestickt, siehe Abb. 2. Gelb und rot schattieren die Blumen, dunkel- und hellblau die Blätter, rote Plattstichtupfen bilden die Beeren. Die zusammen gruppierten Blätter sind mit dunkelblauem Faden in ineinandergreifendem Plattstich zu sticken. Eine eigene Stichart bildet der wirkungsvolle „Nelkenstich", der für nelkenförmige Blumen benutzt wird. Man findet diesen Stich häufig an nordischen und slawischen

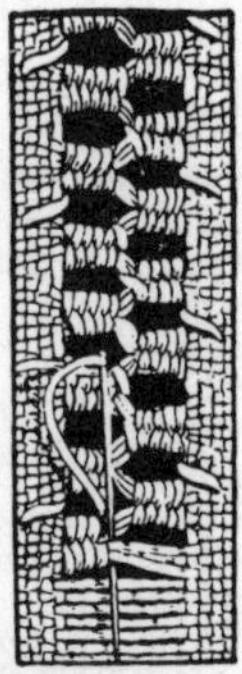

3b. Arbeitsprobe, nat. Gr., für die Durchbrucharbeit (punto tirato) zum Kissen Abb. 3

3. Kissen mit bulgarischem Muster. Kreuzstich-, Strichstichstickerei und Durchbrucharbeit (punto tirato) Arbeitsprobe Abb. 3a und 3b. Aus der Zeitschrift „Die Dame". Musternummer 17493. Näheres Seite 15

3a. Arbeitsprobe, nat. Gr., für die Kreuzstichstickerei zum bulgarischen Muster des Kissens Abb. 3

Nationalstickereien. Abb. 2a läßt die Ausführung erkennen. Für den Nelkenstich stickt man in gerader Stichlage zum Kelchansatz anschließende Stielstichreihen, wobei man achtet, daß die Stiche gleichmäßig versetzt werden. Die Stiche müssen in gleichmäßiger Länge gestickt werden (etwa 5 mm). Zu kurze Stiche erzielen eine unruhige Wirkung. Die Nelken schattieren am Rande rot und nach dem Kelchansatz zu gelb. Schräger blauer Plattstich bildet den Kelchknoten. Nach vollendeter Stickerei schließt man durch verstürzte Naht die Kuppelränder der Platten und sichert den unteren Schnittrand durch einen unsichtbaren Saum. Zuletzt wird eine wattierte, mit hellblauem Satin überzogene Mütze eingeheftet.

Abb. 3. Kissen mit bulgarischem Muster. Kreuzstich-, Strichstichstickerei und Durchbrucharbeit (punto tirato). Arbeitsproben Abb. 3a und 3b. Typenmuster erhältlich, siehe Seite 15. An unserem alten Originalmodell ist die Buntstickerei mit offener, handgesponnener Seide ausgeführt. Zum Nacharbeiten eignet sich Filoflosseseide und offene, sogenannte „spanische" Seide in den Farbentönen: Hellolív, Dunkelblaugrün, Dunkelrot, Lavendelblau, Mitteloliv, Hellrot, Dunkelbraunoliv. Weißes Glanzgarn bildet den Arbeitsfaden für die 1 cm breite Durchbruchbordüre, siehe Abb. 3b. Man beginnt mit der Ausführung der mittleren Bordüre, die nach schmaler Saumzugabe über dem Schnittrand ansetzt. Je eine Type des erhältlichen Typenmusters gilt für 2 Gewebefäden in der Höhe und Breite resp. für einen Kreuzstich. Man stickt mit dreiteiliger Filoflosseseide und arbeitet den Strichstich der feinen Verbindungs- und Konturlinien stets in dem äußeren Farbenton der betreffenden Musterfigur. An unserem Modellkissen wiederholen sich die Blütenrosetten 6 mal. Nach der letzten oberen Blütenrosette stickt man im Anschluß der senkrechten Begrenzungslinie in gleichfarbigem Kreuzstich zur Mitte zusammentreffende Schräglinien. An dem Treffpunkt arbeitet man in der Diagonale weitergehend 3 Kreuzstiche an und füllt oben das kleine offene Dreieck durch gleichmäßig versetzte Kreuzstiche in gleicher Farbe der Schräglinie. An den seitlichen Längsbordüren sind die schmalen Randbörtchen blaugrün statt rot zu sticken. Nach Vollendung der Stickerei werden für die Durchbruchstreifen in der Mitte der glatten Stoffflächen zwischen den Bordüren in 1 cm Breite die längslaufenden Gewebefäden entfernt, worauf man mit weißem Glanzgarn das Muster Abb. 3b einstopft. Man stopft stets um 3 lose Gewebefäden in gewöhnlichem Stopfstich (point de reprise) 2 Fadenbüschel, bis zur Mitte der durchbrochenen Fläche, teilt die Büschel, nimmt einen Büschel zu und arbeitet in gleicher Weise um 2 Büschel die nächste Stopffigur. Das Weiterführen des Arbeitsfadens vermittelt ein kleiner Hilfsstich um den dichten Stoffrand. Verstürzte Naht fügt die bestickten Kissenplatten zum Bezug zusammen.

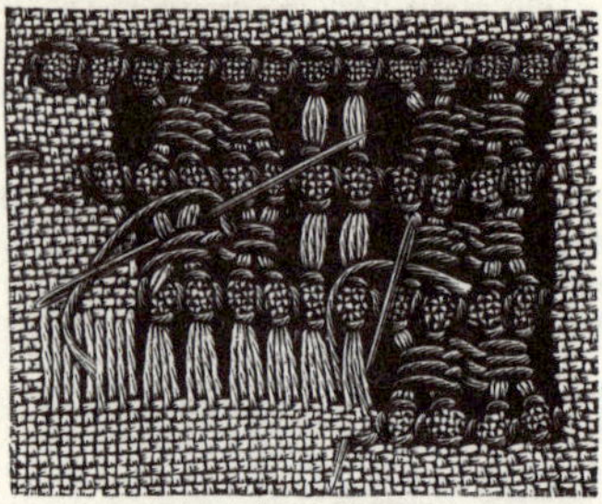

4b. Arbeitsprobe (vergrößert) für die Durchbrucharbeit „Myreschka" zum Läufer Abb. 4

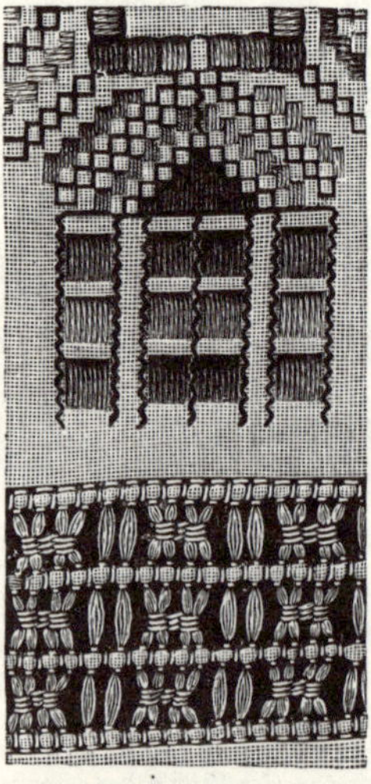

4a. Arbeitsprobe, nat. Gr., für die Flach-, Strichstichstickerei u. Durchbrucharbeit zum Läufer Abb. 4

Abb. 4. Läufer oder längliche Decke mit Flach-, Strichstichstickerei und Durchbrucharbeit. Istrianer Hausindustrie. Arbeitsproben Abb. 4a und 4b, Typenmuster Abb. 4c. Die Größe des Läufers ist 32 : 65 cm. Unsere Vorlage zeigt das Fragment einer großen, alten Prunkdecke mit stilvollem Muster istrianer Volkskunst. Weißes Hausmacherleinen in der an Abb. 4a ersichtlichen Stärke ergibt den Grundstoff unseres Modells. Das Stickmaterial für die Karos bildet Stickbaumwolle in den an dem Typenmuster

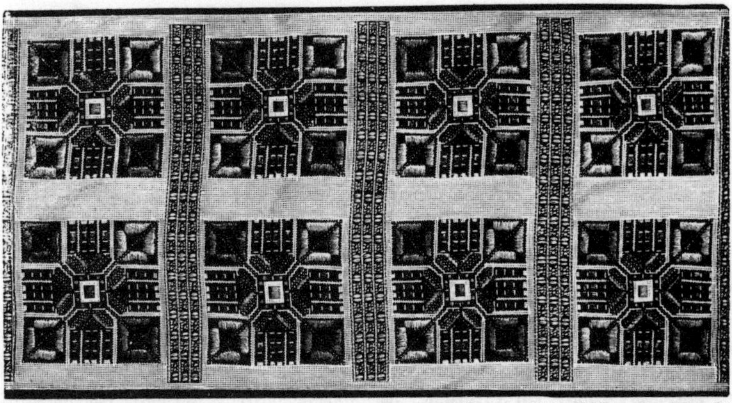

4. Läufer oder längliche Decke mit Flach-, Strichstichstickerei und russischer Durchbrucharbeit „Myreschka". Istrianer Hausindustrie. Nach alten Mustern zusammengestellt. Arbeitsprobe Abb. 4a u. 4b. Typenmuster Abb. 4c. Aus der Zeitschrift „Das Blatt der Hausfrau". Modell aus dem Verein zur Förderung der Hausindustrie in Dalmatien, Wien

4c. Typenmuster für die Flach- und Strichstichstickerei der gestickten Karos zum Läufer Abb. 4. Arbeitsprobe siehe Abb. 4a

Schwarzer Kreuzstich. Schwarzer Strichstich. Flachstich (Silberschnürchen). Granatrot (Flachstich). Goldbronze (Flachstich). Ultramarinblau (Flachstich). Dunkelrotviolett (Flachstich). Mittleres Olivgrün (Flachstich). Flachstich (Goldschnürchen). Grund.

5. Decke oder Läufer mit Strichstich- und Flachstichstickerei. Istrianer Hausindustrie. Verwendung eines alten Musters zur Herstellung des Grundmusters
Aus der Zeitschrift „Dies Blatt gehört der Hausfrau". Musternummer 90. Seite 15
Modell aus dem Verein zur Förderung der Hausindustrie in Dalmatien, Wien

bezeichneten Farben sowie feinste Gold- und Silberschnürchen. Je eine Type des Typenmusters Abb. 4c gilt für 3 Gewebefäden in der Höhe und Breite. An unserem Modell begrenzt ein 1 cm breiter Saum den Rand. An die Saumnaht schließen sich die etwa 2½ cm breiten Durchbruchstreifen an. Zunächst hat man für die Durchbrucharbeit die Gewebefäden zu entfernen. Man zieht nach Abb. 4a und 4b dreimal je 8 Fäden aus und läßt 4 Fäden stehen. Für die mit Figuren zu verzierende Stofffläche braucht man 195 Gewebefäden, 171 Fäden gelten für die Karos, je 12 Fäden entfallen beiderseits auf die glatten Stoffstreifen. An Abb. 4 sind die Karos in je 3 cm Entfernung gestickt. Abb. 4b erklärt die Ausführung der Durchbrucharbeit in gekreuztem Stopfstich. Kästchenstich bildet die Randsicherung und die Verzierung der stehengebliebenen Stoffstreifen. Je ein Kästchenstich wird über 4 Gewebefäden in der Höhe und Breite ausgeführt. Im Laufe der Kästchenstichreihen werden die gestopften Musterfiguren gearbeitet. Man durchstopft nach Abb. 4b je 4 Büschel durch 3 Stopfreihen. Nach der dritten Stopfreihe wird der Arbeitsfaden zwischen den Stopfreihen auf der Arbeitsrückseite in der Richtung zur Arbeitsstelle für die Fortsetzung des Kästchenstiches zurückgeleitet. Die Stickerei wird am besten im Stickrahmen ausgeführt. Man beginnt mit schwarzer Stickbaumwolle und arbeitet in Strichstich, Gobelinstich und Kästchenstich die Konturlinien. Hierauf werden die farbigen Musterfiguren im anschließenden Flachstich gestickt, wobei man Faden um Faden des Gewebes umfaßt.

5a. Karo. Flach- und Strichstichstickerei (natürliche Größe) zur Decke Abb. 5
Muster geeignet zur Verzierung von Decken, Kissen und dergl. Modell aus dem Verein zur Förderung der Hausindustrie in Dalmatien, Wien

6. Decke. Kreuz-, Strich-, Ketten-, Flachstich und Gobelinstickerei

Bukowinaer Hausindustrie. Nach alten Mustern zusammengestellt. Arbeitsprobe Abb. 6a u. 6b. Aus der Zeitschrift „Die Praktische Berlinerin". Muster Nr. 5527. Näheres Seite 15. Modell aus dem Verein zur Hebung der Spitzenindustrie in Österreich, Wien

Die Arbeitsprobe Abbildung 4a und das Typenmuster Abb. 4c bezeichnen die Stichlage. Nach Vollendung der Stickerei sichert man den Rand durch den 1 cm breiten unsichtbaren Saum.

Abb. 5. Tischläufer oder Decke mit Strich- und Flachstich - Stickerei. Istrianer Hausindustrie. Arbeitsprobe Abb. 5a.

6a. Ausführung eines Musterteiles, natürliche Größe, zur Decke Abb. 6

Kreuz-, Strich-, Ketten-, Flachstich- und Gobelinstichstickerei

Typenmuster erhältlich, siehe Seite 15. Größe: 40 zu 95 cm. Weißes antikes Leinen dient zur Herstellung des Läufers, zweiteiliges Glanzgarn in den Farbentönen: Dunkelpfaublau, Kupferrot, Dunkelviolett, Hellviolett, Hellfleischfarben, Dunkelrot, Hellblaugrün, Dunkelblaugrün, feinstes Gold- und Silberschnürchen bilden

6b. Ausführung der Randbordüre zur Decke Abb. 6 (natürl. Gr.)

Flach- und Strichstichstickerei

das Stickmaterial. Man arbeitet nach dem erhältlichen Typenmuster. Es gelten 3 Gewebefäden in der Höhe und Breite für eine Type. Zunächst werden die Kontur- und Verbindungslinien in Strichstich mit schwarzem Faden gestickt, dann hat man die Musterflächen durch anschließenden Flachstich mit Glanzgarn oder Metallschnürchen zu füllen. Hierbei umfassen die Stiche Faden um Faden des Gewebes. An Abb. 5a ist die Stichlage deutlich zu erkennen. An dem Typenmuster sind die schraffierten Typen für die Stichlage maßgebend. Eine reizvolle Wirkung erzielt die Anordnung des Musters in gleichmäßig versetzten Reihen.

7. Überhandtuch mit ungarischer Buntstickerei
Altungarisches Muster. Mustervorlage Abb. 7a. Aus der Zeitschrift „Das Blatt der Hausfrau". Muster Nr. 2895. Näheres Seite 15

Ein 3 cm breiter einfacher Hohlsaum begrenzt den Läufer. Das stilvolle Karomuster eignet sich zur Verzierung der mannigfachsten Gegenstände, z. B. für Kissen, Vorhänge und dergleichen. Eine gute Wirkung erzielt Seidenstickerei. Man benutzt Filoflosseseide, die man nach der Stärke des Grundstoffes geteilt oder als Büschelfaden verarbeitet.

Abb. 6. Decke mit Kreuzstich-, Strich-, Flachstich- und Gobelinstickerei. Bukowinaer Hausindustrie. Arbeitsprobe Abbildung 6a. Typenmuster erhältlich, siehe Seite 15. Größe: 46 cm im Geviert. Der Hauptreiz des Musters liegt in der frischen harmonischen Farbenstimmung und in der Wirkung der technischen Ausführung, die unsere Illustrationen nicht wiedergeben können. Weißes antikes Leinen ergibt den Grundstoff; dreiteiliges D.M.C.-Mouliné-Garn in den Farbentönen: Schwarz, Dunkeloliv, Dunkelrot, Ultramarinblau, Zitronengelb, mittleres Rosa, Hellmattblau, Orange, und feines Goldschnürchen bildet das Stickmaterial. Man beginnt mit dem Einsticken der mittleren Sternfigur nach dem Typenmuster. Je eine Type gilt für 2 Gewebefäden in der Höhe und Breite. Kreuzstich bildet die viereckige Mittelfigur der Blütenrosette und die kräftige schwarze Konturlinie. Gleichfarbiger Strichstich deckt die feinen Konturlinien, Stielführungen und Arabesken. Reihenweise gearbeiteter Gobelinstich (halber Kreuzstich) füllt die einzelnen Felder der achteckigen Figuren. Man stickt den Gobelinstich nach Abb. 6a über einen lose gespannten Einlagefaden. Hierbei greifen die einzelnen Schrägstiche über

2 Gewebefäden in der Höhe und Breite. Eine Kettenstichreihe aus Goldschnürchen füllt den Zwischenraum der äußeren doppelten Umrahmungslinien der Figuren. Flachstich in kurzer, gerader Stichlage, füllt die viereckigen Musterflächen in der Mitte der einzelnen Figuren und die Vierecke der kleinen Bäumchenbordüre. Originell und hübsch wirkt die in Flachstich gearbeitete, in bunten Farbentönen gehaltene Zickzackbordüre des Randabschlusses, die schwarzer Strichstich begrenzt, siehe Abb. 6b. Ein schmaler Hohlsaum sichert den Rand der Decke. Die einzelnen Musterfiguren lassen sich zur Verzierung der mannigfachsten Gebrauchsgegenstände verwerten, z. B. für kleinere und größere Decken, Läufer, Kissen, Sachets und dergleichen mehr. Eine hübsche Wirkung erzielt auch Kreuzstichstickerei in Verbindung mit Strichstichstickerei (Holbeintechnik).

Abb. 7. Überhandtuch mit ungarischer Buntstickerei. Mustervorlage Abb. 7a. Bügelmuster erhältlich, siehe Seite 15. Mit Abb. 7 zeigen wir ein echtes, altes, stilvolles ungarisches Muster, das von Bäuerinnen des Trencsiner Komitats zur Verzierung ihrer Trachtenkleider traditionell nachgearbeitet wird. Unser Modell war mit offener blauer Seide gestickt. Ebenso gut wirkt auch das Muster in Rot, Schwarz und Orange mit dreiteiliger Filoflosseseide oder Mouliné-Garn gestickt. Weißes Holbeinleinen ergibt den Grundstoff. Je ein 5 cm breiter einfacher Hohlsaum begrenzt die Querränder. Ein 1 cm breiter Saum sichert die Längsränder. Man überträgt die Vorzeichnung der 15 cm hohen Bordüre, etwa 2 cm von der Hohlnaht entfernt über einen Querrand gemessen. Das Muster ist nach Abb. 7a in Plattstich, reihenweise gearbeitetem Stielstich und gitterartigem Zierstich ausgeführt. Diesen bilden nach der Vorzeichnung reihenweise gestickte Zickzackstiche. Stielstich deckt die Konturen der durch Zierstiche gefüllten Musterflächen. In senkrechtem Plattstich gearbeitete, ineinandergreifende Zahnschnittlinien bilden die kräftigen Teilungslinien in den Blüten. Plattstich in schräger Stichlage zur Mittelader treffend, markiert die Blätter und bildet die geraden Begrenzungsreihen der schmalen Bordüre. Das wirkungsvolle, stilvolle Muster eignet sich auch zur Verzierung von Büfett-, Servier-, Tischdecken, Schürzen und dergleichen mehr. Je nach der Verwendung des Musters richtet sich die Wahl des Grundstoffes und Stickmaterials.

7a. Mustervorlage für die Platt- und Stielstichstickerei in Verbindung mit Zierstichen zur unteren Querbordüre des Überhandtuches mit ungarischer Buntstickerei Abb. 7

Zierstiche, Nahtverbindungen

und verzierte Säume

Zum Schluß wollen wir noch erklären, wie man mit wenig Arbeit Gegenstände einfach und künstlerisch verzieren kann.

Die mit Abb. 1 bis 9 gezeigten Zierstiche können Nahtlinien decken oder frei dem Stoff aufgestickt werden.

Abb. 1. Der doppelreihige, altdeutsche Schlingstich ist in beliebiger Breite herzustellen. Für den ersten Stich arbeitet man einen gewöhnlichen Langettenstich (Schlingstich) in der beabsichtigten Breite, den man aber nach Abb. 1 nicht festzieht, sondern locker läßt, und mit dem nächsten, zurückgehenden Langettenstich festhält. Je nach Willkür und Material arbeitet man die Stiche enger oder weiter auseinanderliegend.

Abb. 2 Steinchenbordüre in Plattstichstickerei. Die einfache Herstellung des wirkungsvollen Stiches ist aus der Abbildung ersichtlich.

Abb. 3. Romanischer Grätenstich. Dieser Stich wird in der Art des altdeutschen Schlingstiches gearbeitet, mit dem Unterschied, daß man die Nadel in schräger Richtung zur Mitte zurückführt und hier die Langette durch einen Umfassungsstich in der Breite des beabsichtigten Zwischenraumes befestigt, wobei man gleichzeitig mit einem Schrägstich zur Kontur zurückgeht und die Ausführung nach Abb. 3 wiederholt.

Abb. 4 zeigt denselben Stich in abgesetzten Zwischenräumen durch kleine Umfassungsstiche befestigt.

Abb. 5. Fischgrätenstich. Dieser beliebte Zierstich ist schon Kindern geläufig. In gleichmäßigen Abständen arbeitet man wechselseitige Langettenstiche stets mittels eines Schrägstiches zur Mitte zurückgreifend.

Abb. 6 gibt eine Abart des Fischgrätenstiches mit Doppelstichen.

Abb. 7. Bäumchenbordüre mit Blättchenstich. Der Blättchenstich kann in verschiedener Verbindung angewendet werden. An der Vorlage begrenzt er eine Stielstichlinie, die in einem Arbeitsgang mit den Blättchen gearbeitet wird. Für das Blättchen stickt man einen Kettenstich und befestigt die Schlinge durch einen kleinen Umfassungsstich.

Abb. 8. Zickzackstich. Man beginnt mit einem Schrägstich in der gewünschten Stichbreite, sticht an der Kontur in gerader Linie in geringer Entfernung zurück, zieht den Faden empor, arbeitet in derselben Entfernung einen Hinterstich von dem Schrägstich zurück, zieht den Stich an, arbeitet in entgegengesetzter Richtung einen Schrägstich und wiederholt den Umfassungsstich.

Abb. 9. Gitterstich (doppelter Zickzackstich). Hierfür stickt man einfach 2 Reihen in Zickzackstich, Abb. 8, nebeneinander. Dieser Stich ist in beliebiger Wiederholung zu verbreitern und dient außer für Bordüren auch zur Füllung von Musterflächen.

Nahtverbindungen. Schlichte Schnittlinien an Blusen, Kinderkleidchen, Schürzen u. dgl. können durch gestickte oder gehäkelte Nahtverbindung geschmackvoll hervorgehoben werden. Als Anregung dienen unsere Vorlagen Abb. 10—19.

Abb. 10 erklärt die durchbrochene Nahtverbindung mittels Wickelstäbchens. Zunächst wird der Stoffrand zum schmalen Rollsaum eingebogen und durch Saumstiche befestigt. Dann legt man die Saumränder von 2 Teilen nebeneinander, siehe Abb. 10a u. 10b, und verbindet sie durch einen Wickelstich, dessen Ausführung zu Abb. 77, Seite 295, in dem Lehrkursus: „Die Weißstickerei" erklärt ist. Die Befestigung des Wickelstiches erfolgt durch einen unsichtbaren langen Vorstich zwischen dem gegenüberliegenden Saumrand. Der Vorstich ist in der beabsichtigten Stichentfernung auszuführen, dann wiederholt sich das Wickelstäbchen und dessen Befestigung an dem gegenüberliegenden Saumrand, worauf man fortgesetzt wechselseitig die Wickelstäbchen arbeitet. Die Wirkung der reizvollen Nahtverbindung zeigt Abb. 10.

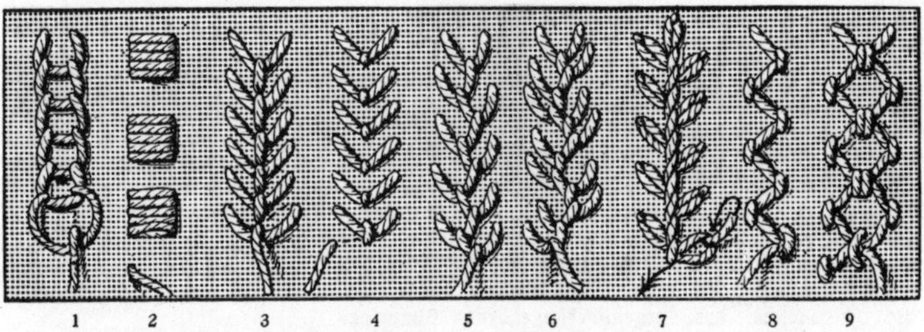

1—9. Neun Zierstiche

1. Doppelseitiger, altdeutscher Schlingstich. 2. Steinchenbordüre in Plattstichstickerei 3. Romanischer Grätenstich. 4. Abgesetzter romanischer Grätenstich. 5. Fischgrätenstich 6. Doppelter Fischgrätenstich. 7. Blättchenstich. 8. Zickzackstich. 9. Zweireihiger Zickzackstich

10a. Das Umwickeln der Nadel mit dem Faden für die Bildung des Wickelstäbchens. Der Richtung des Pfeiles folgend wird die Nadel durchgezogen

10b. Befestigen des Wickelstäbchens mittels eines Vorstiches zwischen dem gegenüberliegenden Stoffbruch. Siehe auch Abb. 10 und 10a

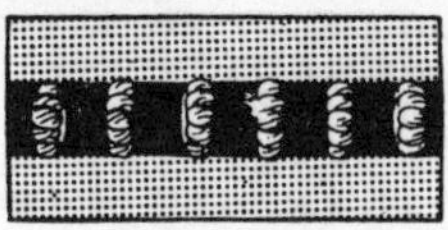

10. Nahtverbindung durch Wickelstäbchen. Siehe die Ausführungen 10a und 10b

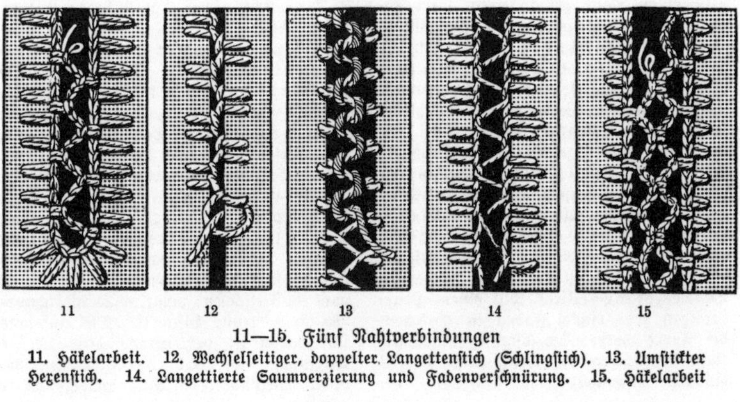

11—15. Fünf Nahtverbindungen

11. Häkelarbeit. 12. Wechselseitiger, doppelter Langettenstich (Schlingstich). 13. Umstickter Hexenstich. 14. Langettierte Saumverzierung und Fadenverschnürung. 15. Häkelarbeit

Abb. 11 u. 15. Gehäkelte Nahtverbindungen. Für Abb. 11 biegt man den Stoffrand zum schmalen Rollsaum ein und umhäkelt diesen durch feste Maschen, je getrennt durch eine Luftmasche. Dann werden die behäkelten Säume durch eine Zickzackreihe verbunden. Man häkelt eine feste Masche um die zwischen 2 festen Maschen liegende Luftmasche des Saumes, dann macht man 2 Luftmaschen, eine feste Masche um die Luftmasche des gegenüberliegenden Saumes usf., immer 2 Luftmaschen, eine feste Masche um die zweitfolgende Luftmasche im Zickzack häkelnd. Für die Nahtverbindung, Abb. 15, sind die Säume gleich der Vorlage Abb. 11 zu umhäkeln. Dann begrenzt man einen Saum durch eine Luftmaschenbogenreihe, gebildet aus je 5 Luftmaschen, 1 feste Masche um jede zweitfolgende Luftmasche des Saumes. Der zweite Saum wird in gleicher Weise behäkelt, jedoch schürzt man in der Mitte der einzelnen Bogen den gegenüberliegenden Bogen durch eine feste Masche an. Siehe Abb. 15.

Abb. 12. Nahtverbindung mittels Langettenstiche (Schlingstiche). Man arbeitet um die Stoffränder wechselseitig je 2 anschließende Langettenstiche (Schlingstiche). Der Zwischenraum von Stich- zu Stichgruppe ist ebenso groß wie 2 Stiche.

Abb. 13. Umstickter Hexenstich als Nahtverbindung. Man vereinigt die eingebogenen Stoffränder durch weitläufigen Hexenstich (Kreuznaht) und verziert die Naht mit andersfarbigem Faden durch wechselseitige Umfassungsstiche.

Abb. 14 Nahtverbindung mittels Fadenverschnürung. Man befestigt die Stoffränder durch gruppenweise gearbeitete Langettenstiche (Schlingstiche), wobei man einen kurzen, einen längeren und wieder einen kurzen Stich arbeitet. Nach einem Zwischenraum in der Breite der Stichgruppe wiederholen sich die 3 Langettenstiche. Um die versetzte Musterwirkung zu erzielen, beachtet man bei dem Besticken des zweiten Stoffrandes, daß die Stichgruppe dem Zwischenraum des ersten Saumes gegenüberliegt. Mit einem gleichfarbigen oder einem Faden in abstechender Farbe werden die losen Verbindungsstiche der Saumverbindung nach Abb. 14 zusammengeschnürt.

Abb. 16—19 geben Nahtverbindungen in Perlstickerei, die sich sehr gut zum Zusammensetzen von Bändern eignen, die man in geringer Breite zu Krawatten, Pompadours u. dgl., in größerer Breite zu Schürzen, Vorhängen, Lampenschleiern usw. verarbeiten kann. Durch die klaren Darstellungen wird eine Erklärung der einzelnen Muster überflüssig. Jedes Börtchen ist in zweifarbiger Ausführung gedacht, wobei man stets zusammenstimmende Farben wählt.

Abb. 20—22. Saumverzierungen. In gleicher Weise wie die Nahtverbindungen kann man auch Säume, die als Abschluß dienen, schmücken.

Für Abb. 20 umstickt man den Saum durch weitläufigen Langettenstich (Schlingstich), begrenzt den oberen Rand der Stichreihe durch eine Stielstichlinie in der gleichen Farbe und überstickt in einem anderen Farbenton 2 Spannstiche durch Plattstichvierecke. Zwischen je 2 Vierecken muß ein Spannstich liegen.

Abb. 21. Saumverzierung durch Umhäkeln. Man biegt den Stoff in der Breite der längsten Stiche ein, sichert den Saum durch Heftstiche und umhäkelt den Saum wie folgt: Eine feste Masche in ⅔ Breite um den Saum, eine feste Masche um die ganze Breite des Saumes, wiederum eine feste Masche in ⅔ Breite, 3 Luftmaschen, die den Saum glatt begrenzen, dann das Umhäkeln vom Anfang wiederholen. Die zweite Reihe wird in abstechender Farbe ausgeführt. Man häkelt 2 feste Maschen um die 3 Luftmaschen und 3 Luftmaschen über den 3 langgezogenen festen Maschen.

Abb. 22. Saumverzierung durch Langettenstiche (Schlingstiche) in Verbindung mit Perlen. Nach Abb. 22 umstickt man den gehefteten Saum durch 4 anschließende Langettenstiche, faßt eine ovale Glas- oder Holzperle auf den Faden, begrenzt durch die Perle glatt den Saum und wiederholt die langettierte Stichgruppe.

Verschiedenartige Schnurstiche. Zur Verbindung von Musterfiguren sowie zur Begrenzung und Füllung von Musterflächen wählt man oft schnurähnlich wirkende Stickerei. Die einfachste Art davon ist der gerade oder schräge Stielstich, siehe Abb. 12—15, Seite 284, unter Weißstickerei. Eine reichere Wir-

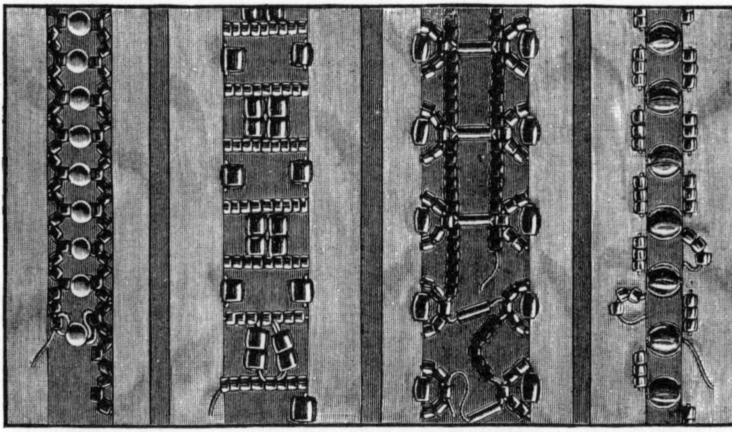

16 17 18 19

16—19. Nahtverbindungen in Perlstickerei. 16. Zweifarbiges Börtchen mit kleinen geschliffenen und mittelgroßen runden Perlen. — 17. Breites Börtchen mit kleinen runden und größeren viereckigen Druckperlen. — 18. Breites Börtchen mit kleinen geschliffenen, größeren ovalen und langen Stiftperlen. — 19. Schmales Börtchen mit kleinen runden und erbsgroßen runden Perlen

kung erzielt der Kettenstich, den man sogar börtchenähnlich gestalten kann, siehe Abb. 23 u. 24, Ausführung des Kettenknüpfstiches. Die rasch fördernde Technik eignet sich vorzüglich für Konfektionsstickerei, als Ersatz für aufgenähte Passementeriebörtchen und Schnur. Abb. 23 u. 24 erklären die Ausführung des Kettenknüpfstiches in zwei Stadien. Man beginnt an einer Konturlinie mit einem kleinen Kettenstich, siehe Abb. 23, arbeitet nach Abb. 24 einen Kettenstich in entgegengesetzter gerader Stichlage zur gegenüberliegenden Konturlinie treffend, sichert die Fadenschlinge durch einen kleinen Überfangstich, leitet den Faden auf der Rückseite zur Lochstelle der Schlinge des kurzen Kettenstiches zurück, sticht der Pfeilrichtung Abb. 24 folgend durch die Schlinge nach oben und wiederholt die Ausführung des kleinen Kettenstiches in der an Abb. 23 ersichtlichen Art, worauf in gleichmäßigem Wechsel lange und kurze Stiche sich wiederholen. Um eine gute Wirkung des Ketten-Zierstiches zu erzielen, achtet man auf gleichmäßige Stichlage der querliegenden einzelnen Kettenstiche. Nach einiger Übung sind die praktischen Vorteile bald gefunden, und das Arbeiten des Stiches geht dann rasch vonstatten.

20

21

22

20—22. Saumverzierungen

20. Langettenstich (Schlingstich), Stielstich und Plattstichstickerei. — 21. Zweifarbige Häkelarbeit. — 22. Langettenstickerei (Schlingstichstickerei) in Verbindung mit Perlen

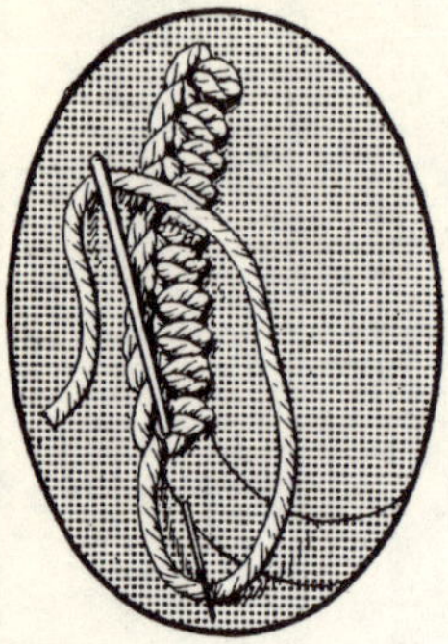

23. Ausführung des Kettenknüpfstiches. Fortsetzung siehe Abb. 24

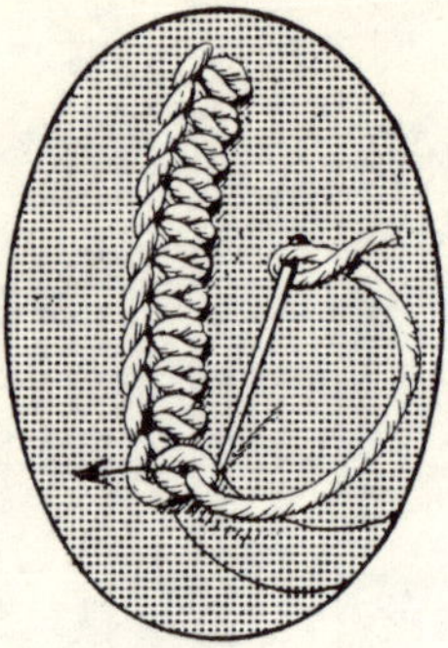

24. Vollendung des Kettenknüpfstiches Abb. 23

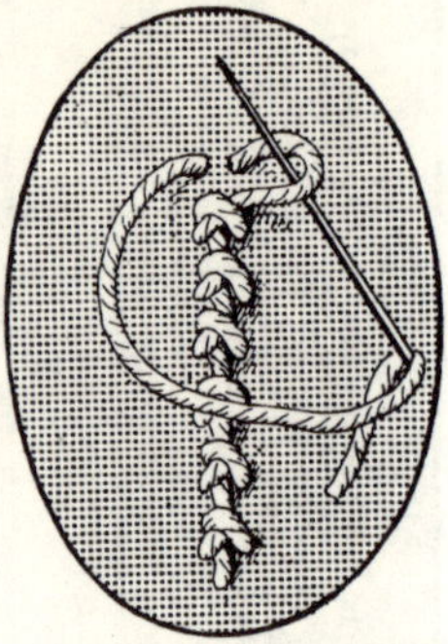

25. Altdeutscher Knüpfstich Von unten nach oben zu arbeiten

Abb. 25. Altdeutscher Knüpfstich. An alten Leinenstickereien findet man oft diesen wirkungsvollen Stich, der im Gegensatz zu den anderen Sticharten von unten nach oben gearbeitet wird. Man beginnt mit einem Schrägstich, von links nach rechts, arbeitet auf der Rückseite einen kurzen wagerechten Querstich, zieht den Faden empor, sticht nach Abb. 25 durch den Schrägstich, zieht den Faden an, wodurch sich der Knoten schließt, und wiederholt den langen Schrägstich usw.

Abb. 26. Schnurstich „umstickter Kettenstich". Man arbeitet eine Kettenstichreihe und überstickt bei dem zweiten Arbeitsgang die einzelnen Schlingen durch kurze Umfassungsstiche. Will man den Schnurstich börtchenartig verbreitern, so arbeitet man mehrere Kettenstichreihen aneinander und umstickt die einzelnen Glieder der Stichreihen im Zusammenhange.

Abb. 27. Schnurstich, gebildet durch verschränkten Kettenstich über einem Einlagefaden. Man befestigt auf der Stichlinie einen losen Faden und überstickt diesen nach Abb. 27 durch verschränkten Kettenstich, der in geringen Abständen gearbeitet wird. Nach Abb. 27 wird der Faden um die Nadel geschlungen und diese durch die Fadenschlinge durchgezogen.

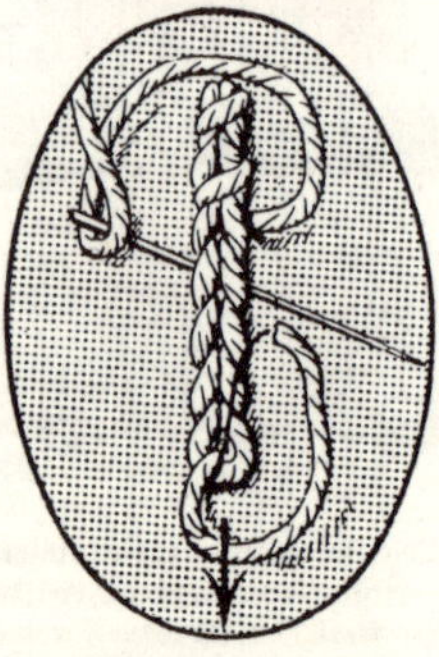

26. Schnurstich, umstickter Kettenstich

Abb. 28 u. 28a. Passementerieknopf, verziert durch Langettenstiche (Schlingstiche). Zur Herstellung des Knopfes braucht man eine flache Holzform, die man mit weißer Kunstseide umwickelt und mit schwarzer Kordonnetseide umnäht. Zunächst wird die Grundplatte mit ungeteilter Kunstseide, von der Mitte ausgehend, strahlenförmig dicht umwickelt, worauf man zuletzt das Fadenende auf der Rückseite unsichtbar vernäht. Dann umnäht man die vordere Platte mit Kordonnetseide durch lose ineinandergreifende Langettenstiche (Schlingstiche), wobei man nach Abb. 28a auf der Rückseite unter dem Rand beginnt und in der Mitte allmählich dicht anschließende Stiche näht. Das Fadenende ist unsichtbar in der Mitte zu vernähen. Auf diese Weise lassen sich flach umsponnene Knöpfe durch verschiedenartige Spitzenstichmuster verzieren. Sehr gut wirken aufgestickte Metalleffekte durch feinen Faden oder Schnürchen.

27. Schnurstich, gebildet durch verschränkten Kettenstich über einem Einlegefaden

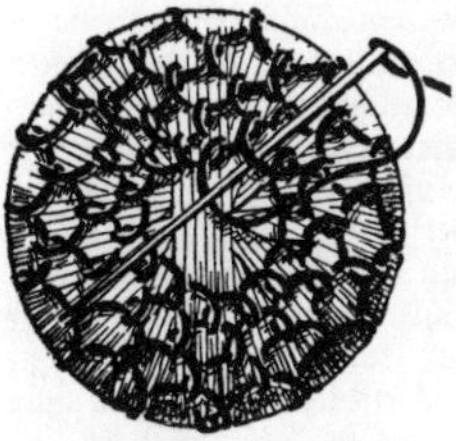

28. Herstellung eines Passementerieknopfes, verziert durch Langettenstiche (Schlingstiche). Siehe untere Seite des Knopfes Abb. 28a

28a. Untere Seite des Zierknopfes Abb. 28

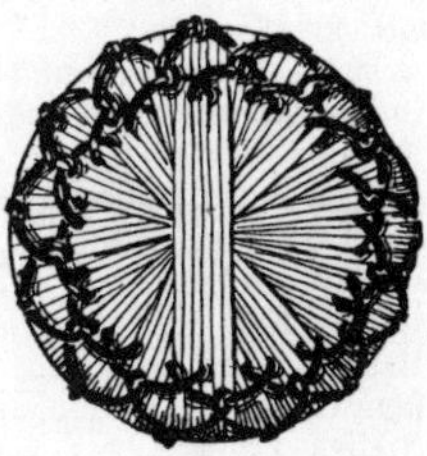

28

28 a

Das Montieren

Montieren heißt: eine Arbeit gebrauchsfertig machen. Ein Kissen ist z. B. nicht fertig, wenn die Stickerei vollendet ist, sondern es gehören noch verschiedene Ergänzungsarbeiten dazu, wie Herstellung des Einschiebekissens, Zusammennähen des äußeren Bezuges und eventuelle Ausstattung, z. B. Schnurumrandung, Volantgarnitur u. dgl.

Für jedes Kissen muß man ein Einschiebekissen haben. Man wählt dazu dichte Stoffe, die das Durchdringen der Füllung verhindern, z. B. leichtes Federleinen, Satin, Köper, Hanfleinen u. dgl. Was die Füllung betrifft, so nimmt man für Sofakissen Daunen, Pflanzenfasern, Watte, für Toilettekissen Watte oder Pflanzenfasern, für Sitz- und Fußkissen Roßhaar oder Seegras. Schwere Nähkissen werden mit geschwemmtem Sand oder Kleie gefüllt.

Beschäftigen wir uns zuerst mit dem Montieren eines einfachen Sofakissens. Ist der äußere Kissenbezug 40 zu 50 cm groß, so muß der Stoff für den Bezug des Einschiebekissens 42 zu 52 cm betragen. Zwei Stoffplatten in dieser Größe näht man an drei Seiten mit feinen Stichen zusammen, an der vierten Seite läßt man in der Mitte einen handgroßen Schlitz. Dann wendet man den Bezug um, damit die Naht nach innen kommt, streicht sie gut aus und füllt den Bezug. Besondere Aufmerksamkeit ist auf die Ecken zu verwenden, die man fest ausstopft, worauf man den Schlitz zusammennäht. Bei dem Zusammennähen der äußeren Kissenplatten verfährt man in gleicher Weise, nur läßt man einen bedeutend größeren Schlitz, damit man das Einschiebekissen gut einstecken kann. Der Schlitz ist mit möglichst unsichtbaren Stichen zu schließen. Will man die Naht mit einer Schnur decken, so näht man diese unsichtbar mit kleinen Stichen auf, siehe die Erklärung der Schnurumrandung in der Goldstickerei, Seite 414. Die Schnurenden werden entweder zusammengedreht oder man sichert sie durch Fadenumwicklung und läßt sie möglichst geschickt an den Ecken verschwinden. Soll ein Volant oder eine Puffe das Kissen schmücken, so wird diese Garnitur vor dem Zusammennähen der rückwärtigen Kissenplatte auf der Innenseite aufgesetzt, siehe Abb. 6. Für geradlinige Kissen können die Volants oder Puffenstreifen gerade oder schräg geschnitten werden; runde oder Fassonkissen verlangen schräg geschnittene Garnituren. Abb. 6 zeigt das Ansetzen der Puffen mit Köpfchen; an Abb. 7 hat man die Garnitur unsichtbar (verstürzt) angenäht und die Naht durch eine Schnur verziert, was bei sauberer Arbeit aber nicht erforderlich ist.

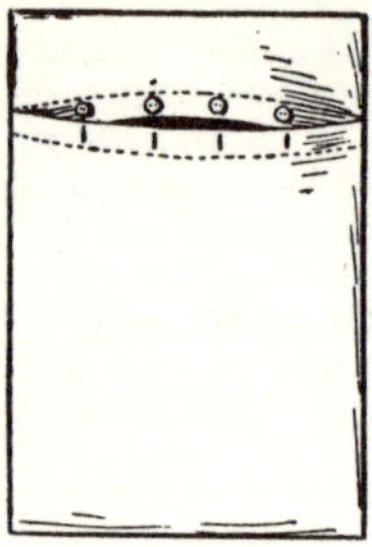

8. Abknöpfbarer Kissenüberzug

Fußkissen werden immer hart und hoch montiert mit einem gerade geschnittenen Verbindungsstreifen zwischen den beiden Platten. Die Höhe richtet sich nach der Größe und beträgt 4—10 cm. Der Verbindungsstreifen wird an den Rändern schmal eingebogen und durch überwendliche Stiche mit den Kissenplatten zusammengenäht. An der unteren Platte läßt man den Schlitz wie beim Sofakissen offen oder an der Ecke, wie es Abb. 2 zeigt. Man hat bei den Fußkissen zu beachten, daß das Einschiebekissen genau die Größe des Bezuges hat und nicht wie bei den Sofakissen größer ist. Damit die Kissen Form behalten, tut man gut, vor der Füllung eine dicke Pappeplatte auf den Boden zu legen. Die nötige Steifheit läßt sich auch ohne Pappeplatte erzielen, wenn man das gefüllte Kissen durchnäht, wie es Abb. 4 zeigt. Mit einer starken Tapezierernadel und kräftigem Leinenzwirn macht man mehrere in gerader Richtung durch das Kissen greifende Stiche und verknotet jedesmal die Fadenenden. Auf dem fertigen Einschiebekissen befestigt man zuerst die Seitenstreifen, darauf mit überwendlichen Stichen die obere Platte und zuletzt die untere, die am besten aus Wachstuch oder Leder besteht. Die Nähte deckt man durch eine Schnur. Abb. 5 zeigt das Aufnähen der oberen Platte an einem weich montierten, ovalen Sofakissen.

Waschbare Kissenbezüge werden leicht abnehmbar eingerichtet. Eine gute Verschlußart dafür zeigt Abb. 3. Ein Schnurbörtchen ist den gesäumten Rändern der Kissenplatten untergesetzt, in der Weise, daß der Saum das Börtchen etwa ½ cm überragt, wodurch der Schluß unsichtbar wird. Man kann die Kissen an allen vier Seiten und ebenso an einer Seite zusammenschnüren. Abb. 8 zeigt den gewöhnlichen Knopfschluß, wie er in der Weißnäherei üblich ist.

Montieren von Täschchen mit Bügel. Um ein Täschchen mit Bügel fertigzustellen, sind die meisten Damen gezwungen, ein Galanteriewarengeschäft damit zu beauftragen. Man kann es aber gut selbst machen, wenn man einen durchlochten Bügel wählt. Neben der Außentasche muß man das gleichgroße Taschenfutter nähen, das man der Tasche lose einschiebt und nur an den Ecken befestigt. Die Seitennähte bleiben oben so weit offen, wie es der geöffnete Bügel erfordert, siehe Abb. 11, Seite 456; die losen Teile von Außen- und Innenstoff werden unsichtbar zusammengenäht. Dann näht man in einfacher Weise mit kräftigem Faden den Bügel an, indem man jedesmal beim Durchführen des Fadens durch ein Loch des Bügels nach der Außenseite eine Perle aufreiht und durch dasselbe Loch zurücksticht.

Im Anschluß geben wir noch Ratschläge für das *Fertigstellen von Deckchen.* Man macht entweder einen breiten Saum, langettiert den Rand oder begrenzt ihn durch Schnur oder Spitzen. Besondere Sorgfalt ist auf saubere Ecken zu verwenden, da unordentliche Ecken oft die schönste Arbeit entwerten. Wir zeigen mit Abb. 9 die Rückseite einer *richtig* und mit Abb. 10 die einer *falsch* gesäumten Ecke. Bei der richtig gesäumten Ecke wird der eingekniffene Saum an der Ecke in der Diagonale gebrochen; dann faltet man den Saum auseinander und schneidet das kleine Viereck

1. Annähen des Verbindungsstreifens zum Einschiebekissen Abb. 2

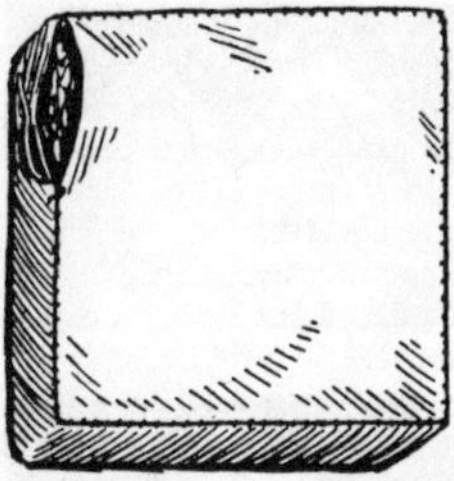

2. Einschiebekissen mit Schlitz

3. Abnehmbarer Kissenüberzug mit Verschnürung mittels Schnürbörtchens

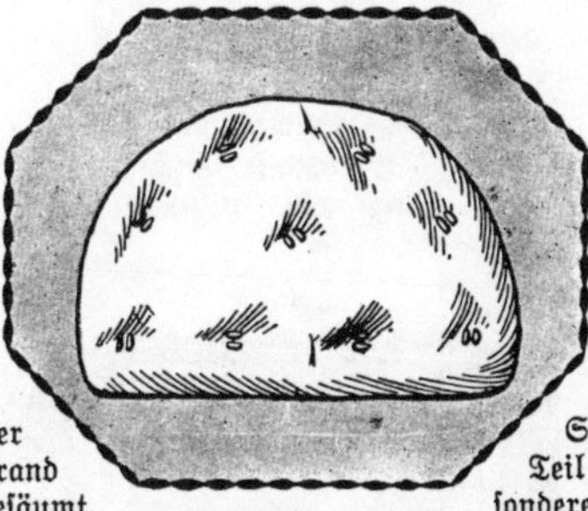

4. Durchnähtes Kissen

nach Abbildung 9a heraus, wobei man sehr darauf achten muß, daß man den Stoff nicht zu knapp stehen läßt, damit reichlich Stoffeinschlag zum Saubermachen der Schräglinie bleibt. Der eingeschlagene Schrägrand wird unsichtbar angesäumt. Das Häßliche an der *falschen* Ecke ist die übermäßig dicke Stofflage an den Ecken und der dadurch bedingte unsaubere Rand.

Bei dem *Begrenzen von Decken mit Spitzen* wird oft der Fehler gemacht, daß die Spitzen an den Ecken nicht gleichmäßig verteilt eingereiht sind. Die Zugabe für die Ecken richtet sich nach der Breite der Spitze. Man kann das Maß genau bestimmen, wenn man für jede Ecke zweimal die Breite der Spitze zugibt. Dieser Teil wird mit einem besonderen Faden eingereiht, um die Ecken verteilt, festgesteckt und wie die übrige Spitze überwendlich angenäht. Die gleiche Regel gilt beim Ausmaß von Einsätzen und eingereihten Volants. Für in Falten gelegte Volants berechnet man zweimal die Breite und gibt noch etwas zu. Schnüre sind von der Rückseite der Decke aus anzunähen.

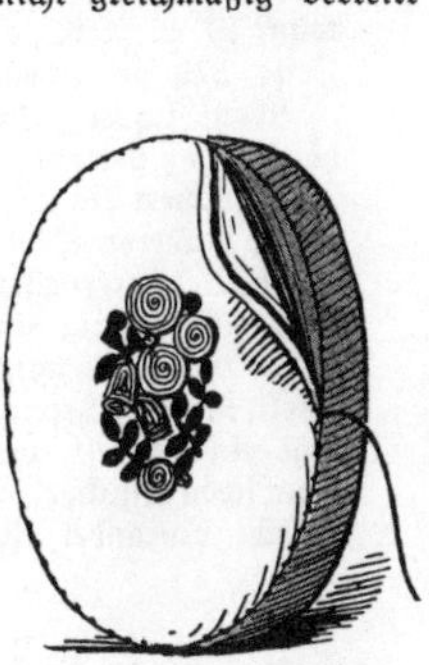

5. Aufnähen der oberen Kissenplatte

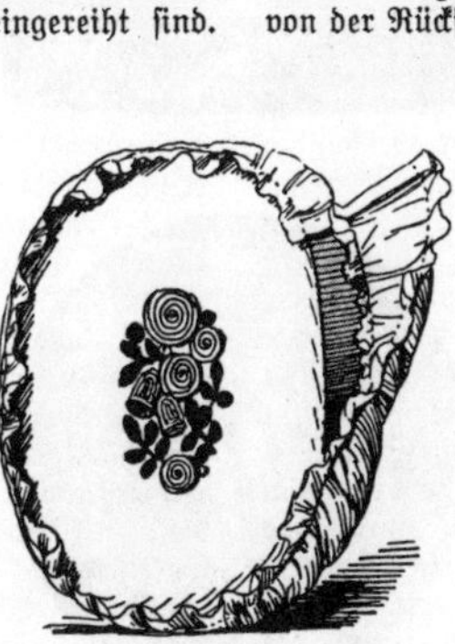

6. Annähen der Puffengarnitur

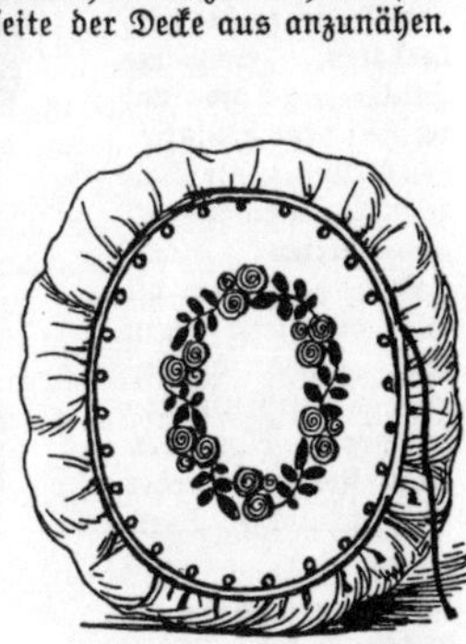

7. Verstürzt aufgenähte Puffe, Naht durch Schnur verziert

9. Richtiges Einbiegen des Saumes an der Ecke
Siehe das Ausschneiden Abb. 9a

9a

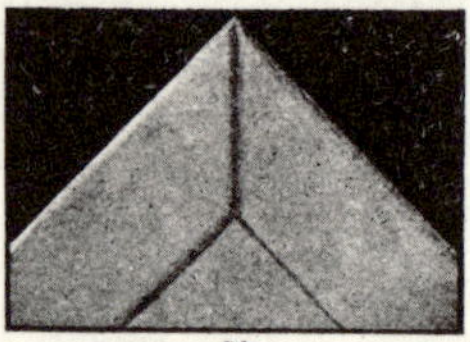

9b

9a. Ausschneiden der Ecke
9b. Unsichtbar gesäumte richtige Ecke. Vollendet

10. Falsch eingebogene Ecke
Siehe die richtige Ecke Abb. 9

Wenn man farbige Schnüre oder Zierborten nimmt, kann man oft auch den Effekt der Arbeit in sehr hübscher Weise steigern.

Schwarze oder weiße Decken mit kleinen kräftig-farbigen Mittelstücken fangen oft erst dann an, gut auszusehen, wenn man den Rand mit einer schmalen farbigen Borte besetzt hat. Dabei läßt man irgendeine, aber nicht die brillanteste Farbe der Stickerei sich in der Bortenfarbe wiederholen. Schwarze Stickereien, die auf weißen oder hellfarbigen Gründen als Mittelstücke in einer sonst unverzierten Fläche stehen, gewinnen oft sehr an Reiz, wenn man solche Decken- oder Kissenflächen schwarz einrandet. Man steppt entweder eine schwarze Borte auf oder umstickt den Saum durch Langettenstich. Sollte das Schwarze am Abschluß zu hart wirken, so läßt sich ein pikanter Effekt hervorbringen, wenn man eine zweite schmalere Borte in strohhalmbreiter Entfernung befestigt. Das empfindet das Auge als angenehme Überleitung der Farbenwirkung, und die anfänglich störende Härte ist dann völlig ausgemerzt. Was man durch Einfassung mit Borten an hübschen Wirkungen erreichen kann, ist an Abb. 14, Seite 379 zu sehen.

Man findet sehr häufig, daß der schönheitliche Wert des richtigen, sauberen Montierens unterschätzt wird. So wenig ein Bild ohne Rahmen wirkt, so wenig befriedigt eine Arbeit, die zwar schön gestickt, aber schlecht umrandet ist.

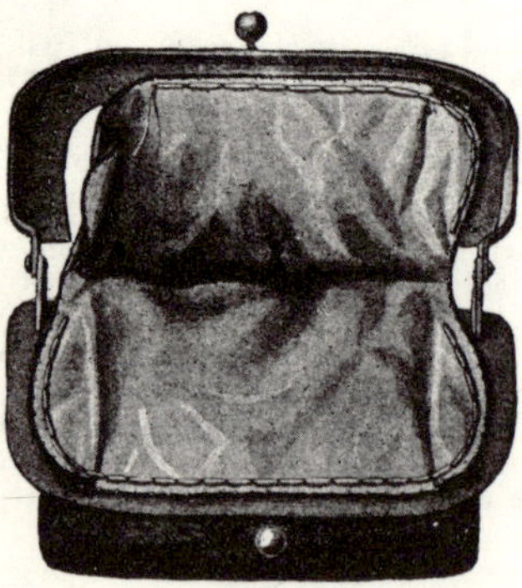

11

11. Innenansicht der Tasche. Das Annähen an den Bügel. Siehe die Außenseite Abb. 11a

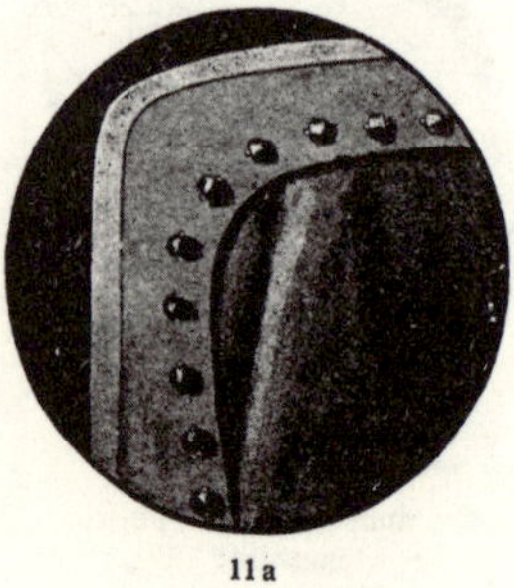

11a

11a. Annähen des durchlochten Bügels mittels Perlen

Die Stopfarbeit

Die gewöhnliche Stopfarbeit und die Kunststopferei in Geweben

Es ist nützlich, zu erfahren, wie man schadhafte Stellen in Geweben unmerklich stopfen kann. Je nach der Arbeitsweise unterscheidet man verschiedene Arten der Stopfe, z. B. die Leinen-, Atlas- oder Köperstopfe, Damast-, Tuch-, Tüllstopfe, Gobelin-, Teppichstopfe u. v. a. Es ist uns nicht möglich, alle Arten zu erklären. Wir beschränken uns auf die im praktischen Gebrauch am meisten vorkommenden Stopfarbeiten und zeigen die Stopfen in zwei Farben, wodurch sich das Nacharbeiten erleichtert.

Das Werkzeug bilden Stopfnadeln, d. s. besonders lange Nähnadeln mit tiefem oder rundem Öhr. Die Nadeln sind in verschiedenen Stärken käuflich.

Das Arbeitsmaterial richtet sich nach der Beschaffenheit des Grundstoffes. Wenn es angängig ist, benutzt man ausgezogene Gewebefäden zum Ausbessern. Eignet sich der Stoffaden nicht, so wählt man den Faden in der Farbe, Art und Stärke zum Gewebe passend, z. B. für Leinen oder Baumwollgewebe Twist (Stopfwolle), Moulinégarn, feine Stickbaumwolle, Leinenzwirn u. dgl. Der Stopffaden muß weich und elastisch sein, damit er sich dem Gewebe flach einfügt. Seidenstoffe fordern Seidenfäden als Stopfmaterial. Hierfür eignen sich am besten Filoflosse- und Kordonnetseide. Um Risse in Wollsachen unsichtbar zu stopfen, wählt man entweder ausgezogene Gewebefäden oder entfettetes Menschenhaar, das man sich vom Friseur besorgt. Am stärksten ist graues und rotes Haar. Fast alle Stopfarten sind auf der Rückseite des Stoffes auszuführen. Durch Abnützung dünn gewordene Stellen werden durch die sogenannte „Beistopfe" verstärkt. Hierfür legt man neben den dünn gewordenen Gewebefaden den Stopffaden, wobei man stets in der Fadenrichtung des Gewebes und der Webeart stopft. Ist eine Fadenlage gut und die andere schlecht, so trennt man die schadhaften Fäden heraus und ergänzt sie durch neu eingestopfte Fäden. Sind beide Fadenlagen schlecht, so müssen die Fäden ausgeschnitten werden, und es ist das Loch durch Stopfarbeit zu füllen. Wir beginnen mit der Leinenstopfe, Abb. 1 u. 1a. Abb. 1 zeigt die Fadenlage in einer Richtung. Hierfür wird der Arbeitsfaden in dem Stoffrand durch mehrere kleine Vorstiche eingezogen, wobei man beim Zurückführen des Fadens stets den Faden etwas lose läßt,

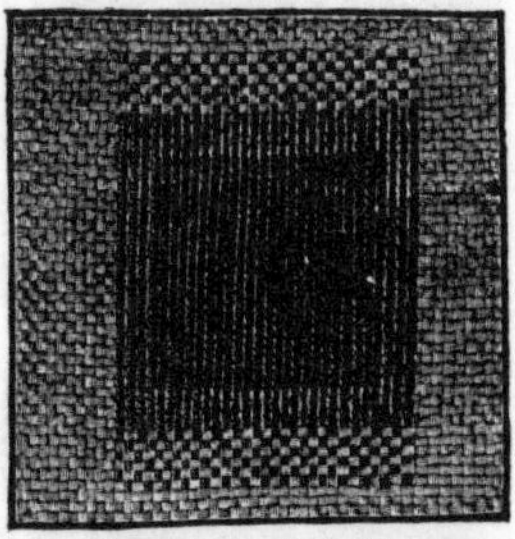

1. Leinenstopfe. 1. Fadenlage

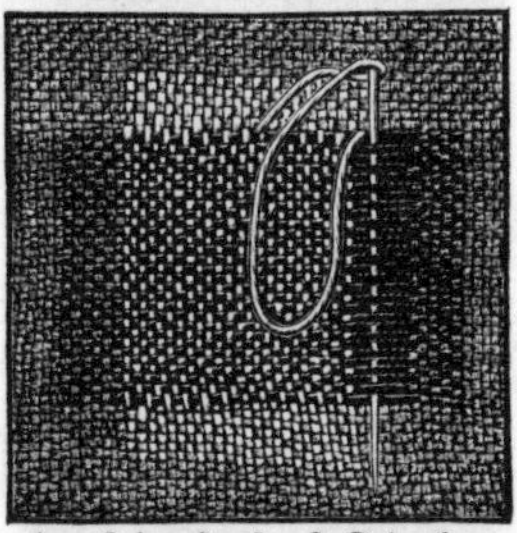

1a. Leinenstopfe. 2. Fadenlage

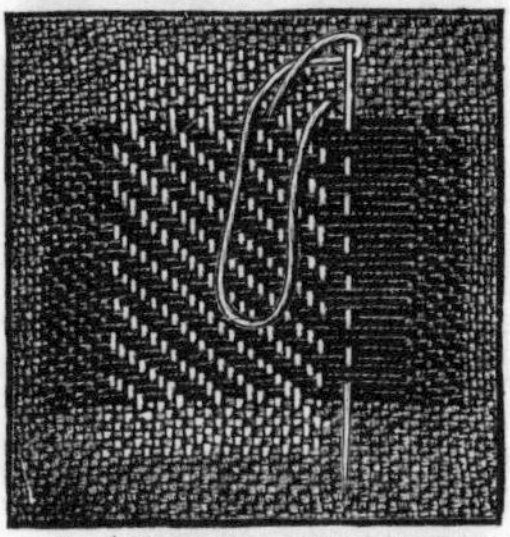

2. Atlas- oder Köperstopfe

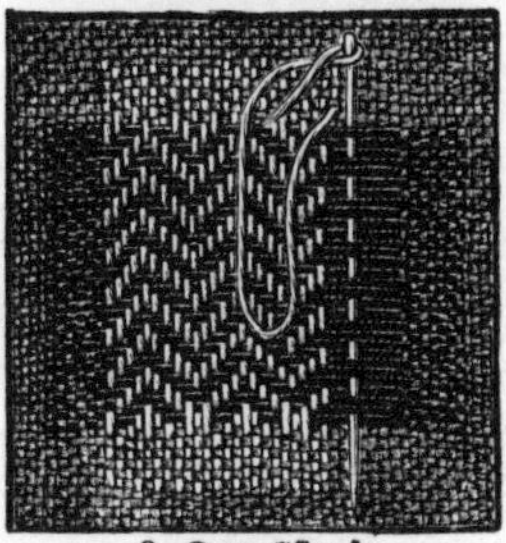

3. Damaststopfe

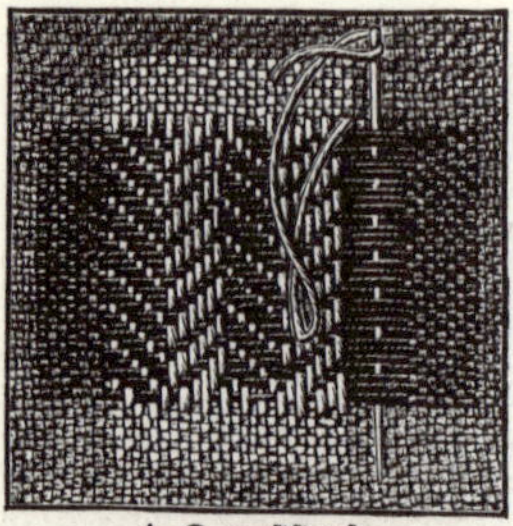

4. Damaststopfe

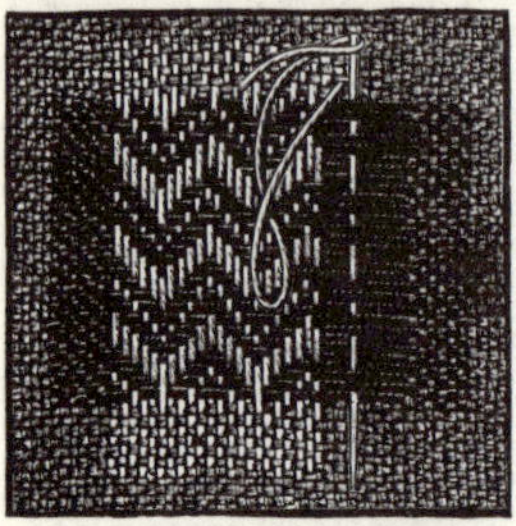

5. Damaststopfe

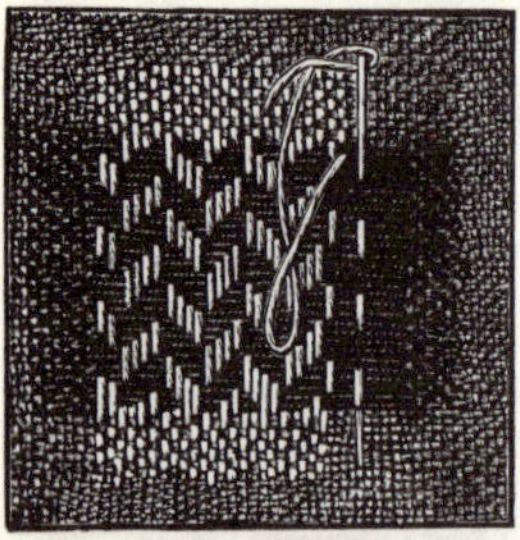

6. Damaststopfe

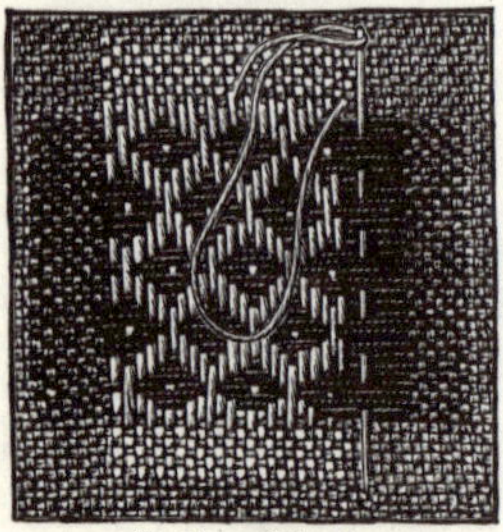

7. Damaststopfe

wodurch beim Waschen das Einziehen der Stopfe vermieden wird. In der Fadenrichtung des Gewebes werden die Fäden über das Loch hinweg dicht nebeneinander liegend gespannt. Hat man das Loch durch Stichreihen gefüllt und den Stoffrand durch mehrere Beistopfreihen verstärkt, so beginnt das Stopfen in entgegengesetzter Richtung, wobei man nach Abb. 1 a in gleichmäßigem Wechsel einen Faden aufnimmt, einen Faden liegen läßt und bei den nächsten Reihen die Stiche versetzt arbeitet.

Wie man eine Atlas- oder Köperstopfe ausführt, erklärt Abb. 2. Gleich der Leinenstopfe hat man zunächst beim 1. Arbeitsgang in einer Richtung die Fäden zu spannen und das Loch zu füllen. Beim 2. Arbeitsgang ist das Muster in entgegengesetzter Stichrichtung auszuführen. Wie es Abb. 2 zeigt, nimmt man in gleichmäßigem Wechsel 2 Fäden auf die Nadel und läßt 2 Fäden liegen. Bei den nächsten Reihen werden die Stiche stets um einen Faden vorgerückt, wodurch sich die Schrägreihen bilden.

Abb. 3 erklärt eine Damaststopfe im Zickzackmuster; es werden wie bei der Atlasstopfe die Fäden aufgenommen und liegen gelassen, mit dem Unterschied, daß man nach 6 Stichreihen die Stopfstiche versetzt arbeitet * und nach dieser Reihe in der neuen Richtung 4 Stichreihen stopft, worauf wieder eine versetzte Reihe folgt usf., vom * wiederholend.

Abb. 4 und 5 geben Zickzackmuster in verschiedener Ausführung wieder. Wenn man den Fadenlauf verfolgt, wird es jedem leicht möglich sein, die Muster ohne weitere Erklärung nachzuarbeiten.

Mit Abb. 6 wird die Stopfe in sogenanntem Gerstenkornmuster gezeigt. Es werden stets 4 Fäden aufgenommen und 4 Fäden liegen gelassen. Bei 4 Reihen rücken die Stiche um einen Faden vor. Dann arbeitet man eine Reihe mit versetzten Stichen * und stopft danach 3 Reihen in gleicher Richtung, wobei man stets um einen Faden vorrückt. Nun folgt wieder eine versetzte Reihe usf. vom * wdh.

Das gefällige Damastmuster Abb. 7 läßt sich nach der klaren Darstellung ohne Erklärung nacharbeiten. Hat das Auge die Sicherheit im Verfolgen der Gewebefäden des Musters erreicht, so wird es einer geübten Hand leicht, jedes Muster nachzustopfen. —

Risse in glatten Stoffen, Tuch, Seide u. dgl., werden durch die verlorene Stopfe ausgeglichen.

Abb. 9 erklärt die Vorarbeit für die verlorene Stopfe in Tuch. Zunächst wird das Tuch am Rißrande mit einem scharfen Messer über einer harten Unterlage und neben einem dem Tuch auf der rechten Seite angelegten Lineal durchschnitten. Es ist nicht ratsam, den Schnitt mit einer Schere auszuführen, weil dadurch leicht die feinen Tuchhärchen am Rand fortfallen, wodurch die Stopfnaht sichtbar wird. Für die Stopfe heftet man das

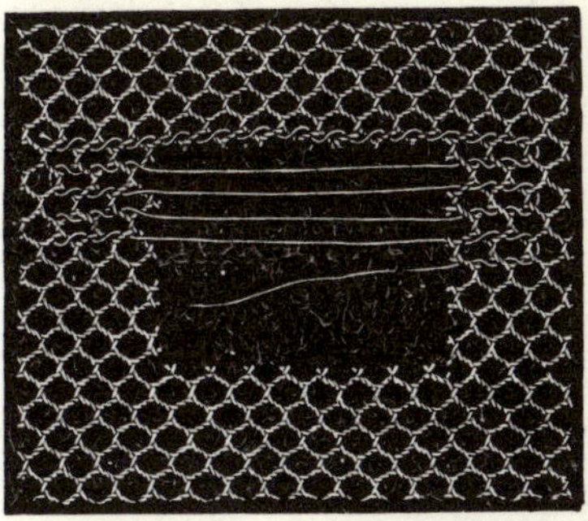

8. Tüllstopfe
Erster Arbeitsgang. Das Spannen der Querfäden. Fortgesetzte Stopfarbeit siehe Abb. 8a u. b

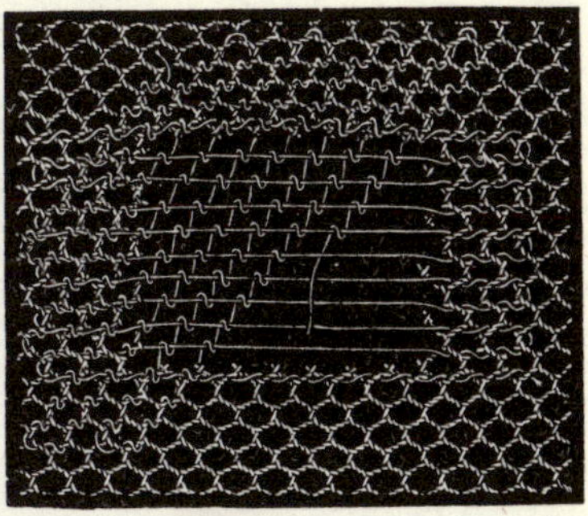

8a. Tüllstopfe
Zweiter Arbeitsgang. Das Überspannen der Fäden in Schrägreihen. Vollendung der Tüllstopfe siehe Abb. 8b

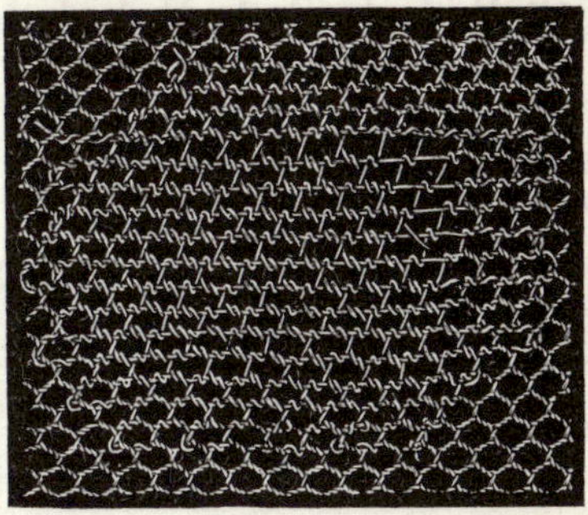

8b. Tüllstopfe. Das Durchstopfen der Spannfäden in entgegengesetzter schräger Richtung zur ersten Schrägreihe, siehe Abb. 8a. Vollendung der Tüllstopfe

Tuch und den eventuell in das Loch einzusetzenden Stoffteil über Wachstuch, die Schnittränder müssen dicht aneinanderpassen. Dann faßt man die durchschnittenen Teile durch weitläufige gerade Umfassungsstiche oder durch Kreuznaht zusammen. Die Stopfe wird mit einer sehr feinen Nähnadel ausgeführt. Man fädelt das Haar mit der Wurzel in die Nadel ein, führt die Nadel in geringer Entfernung, etwa 2 bis 3 mm vom Schnittrand entfernt, durch den Stoff, so daß die Nadel auf keiner Seite sichtbar wird, leitet das Haar zwischen den Schnitt hinweg, sticht in gleicher Länge wie am Anfang durch den Stoff, zieht das Haar durch und führt die Nadel genau an derselben Stelle, an der sie herauskam, wieder in den Stoff ein, worauf man in schräger Richtung unsichtbar zwischen dem Tuch weiterstopft; dabei darf das Haar nicht zu straff angezogen werden. Nach Vollendung der Stopfe werden die Heftstiche entfernt, dann legt man das Tuch, mit der Rückseite nach oben gerichtet, über eine harte Unterlage, die eine Tischplatte oder ein unbezogenes Bügelbrett bilden können, breitet über die Stopfe ein feuchtes Tuch und bügelt trocken. Nach dem Bügeln wird die Stopfe nicht zu finden sein.

Schadhaftes Tüllgewebe und schadhafte Spitzen lassen sich durch die Tüllstopfe tadellos ausbessern. Man heftet den Tüll an der schadhaften Stelle fadengerade über Wachstuch oder starkes pergamentähnliches Papier. Dann werden die gerissenen oder mürben Fäden

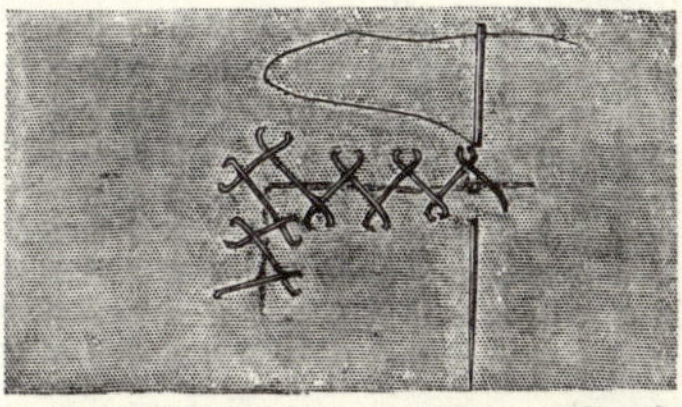

9. Ausführung der verlorenen Stopfe (Tuchstopfe). Befestigung der Schnittränder durch Kreuznaht

fadengerade glatt abgeschnitten, worauf man mit einem zum Tüllgrund passenden Faden die Stopfarbeit ausführt. Beim 1. Arbeitsgang wird das Loch durch gleichmäßig gespannte Fäden gefüllt. An der Kontur des Gewebes werden die Randfäden etwa 1 cm vom Lochrand entfernt umnäht, siehe Abb. 8. Ist das Loch gefüllt, so beginnt der 2. Arbeitsgang, wobei man die gespannten Fäden schräg durchstopft, siehe Abb. 8a, und an jeder Kreuzung einen kleinen Umfassungsstich um den unteren Faden arbeitet. Beim 3. Arbeitsgang stopft man in entgegengesetzten Schrägreihen. Wie an Abb. 8b ersichtlich ist, werden die geraden Spannfäden durch 2 Umfassungsstiche überstickt, worauf man den Faden über oder unter dem unteren Schrägfaden kreuzt und zum nächsten Querfaden leitet. Dadurch werden die Tüllmaschen täuschend nachgebildet.

Gleich dem Beistopfstiche der Randsicherung werden auch abgenutzte Stellen des Tüllgrundes verstärkt.

Kinderarbeiten

Es dürfte für Eltern und Erzieher von Interesse sein, zu erfahren, welche Vorlagen sich zum Nacharbeiten besonders gut für Kinder eignen. Wir geben in Kürze nachstehend einen Auszug aus den verschiedenen Kapiteln mit Nennung der Abbildungsnummer und Seitenzahl, wo die Vorlagen zu finden sind.

Abbildung	Seite	Abbildung	Seite	Abbildung	Seite	Abbildung	Seite
23—28	26	18	121	57—61	242	1—18	311—313
39—41	39	25—26	123	66—70	245	1—3	350—351
30	90	83	145	73	246	1—9	451
34	93	84—88	146	88 b u. 88 c	251	11—15	451
45	104	87	167	89—93	252	16	453
48—51	107	19—20	233	94—97	253	19—22	453

Donner, Mizi:
Handarbeiten wie zu Großmutters Zeiten: ill. Handbuch für d. Häkeln, Stricken, Sticken, Knüpfen, für d. Klöppel-, Durchbruch- u. Spitzenarbeit, d. Goldstickerei u. d. Ziersticke/Mizi Donner; Carl Schnebel. – Faks.-Dr. d. Orig.-Ausg. „Ich kann handarbeiten" Berlin, Ullstein, 1913. – Frankfurt am Main; Berlin; Wien: Ullstein, 1982.
(Das gelbe Buch)
ISBN 3-550-06097-1

NE: Schnebel, Carl: